安徽省首批“十四五”普通高等教育本科省级规划教材

当代大学健康体育教程

（第2版）

谢叶寿◎主编

北京师范大学出版集团
BEIJING NORMAL UNIVERSITY PUBLISHING GROUP
安徽大学出版社

图书在版编目(CIP)数据

当代大学健康体育教程/谢叶寿主编. —2 版. —合肥:安徽大学出版社,2023. 8(2025. 7 重印)
ISBN 978-7-5664-2657-4

Ⅰ. ①当… Ⅱ. ①谢… Ⅲ. ①体育－高等学校－教材 ②健康教育－高等学校－教材
Ⅳ. ①G807. 4②G647. 9

中国国家版本馆 CIP 数据核字(2023)第 118229 号

本书为安徽省质量工程重大教研项目:普通高校公共体育教学个性化人才培养模式研究(项目编号:2022jyxm140)的阶段性成果。

当代大学健康体育教程(第 2 版)

谢叶寿 主编

出版发行: 北京师范大学出版集团
安 徽 大 学 出 版 社
(安徽省合肥市肥西路 3 号 邮编 230039)
www. bnupg. com
www. ahupress. com. cn

印 刷: 安徽利民印务有限公司
经 销: 全国新华书店
开 本: 880 mm×1230 mm 1/16
印 张: 28. 5
字 数: 894 千字
版 次: 2023 年 8 月第 2 版
印 次: 2025 年 7 月第 3 次印刷
定 价: 45. 00 元
ISBN 978 - 7 - 5664 - 2657 - 4

策划编辑:李晨霞 胡国娥
责任编辑:李晨霞
责任校对:刘婷婷
装帧设计:李伯骥 孟献辉
美术编辑:李 军
责任印制:陈 如 孟献辉

《当代大学健康体育教程(第2版)》

编 委 会

主　编　谢叶寿

副主编　胡　好　金庆红

编　委(以姓氏笔画为序)

王　建　王红涛　闫　林　许明思　杜静歌

张　航　李道锋　季　华　周　芳　易志雄

陈　智　胡万祥　姜海银　徐　玲　寇　猛

董仕林　薛保红

PREFACE

前言

习近平总书记在党的二十大报告中提出:“加强青少年体育工作,促进群众体育和竞技体育全面发展,加快建设体育强国。”党的二十大报告中,关于体育的具体表述,是习近平总书记近5年来在各种体育活动的重要讲话中一再提及的。加快建设体育强国,是党的二十大作出的战略布署。

大学体育教育是高等学校教育的重要组成部分。它主要包含体育课程教学、课外体育活动、课余体育训练和体育竞赛等内容,其中体育课程教学是大学体育教育的核心内容,是实现体育教学目标、完成高校体育教学任务的重要途径,是学生学会运动技能、掌握科学的锻炼方法、提高体育素养和道德素养的重要途径。

随着我国经济、社会和生活水平的提高,习近平总书记提出了健康中国战略和全民健康的发展理念,人们对健康内涵和体育功能的传统认识发生了改变。结合社会与个人的发展要求,高校体育教育不断改革与发展。《全国普通高等学校体育课程教育教学指导纲要》、《高等学校体育教育工作基本标准》(2014)、《国家学生教育体质健康标准》(2014年修订)、《国务院办公厅〈关于强化学校体育促进学生身心健康全面发展的意见〉》(2016)和《教育部办公厅〈关于加强学生心理健康管理工作的通知〉》(2021)等文件,从各个层面对当代大学生的身体健康和心理健康、体育课程和课外体育活动、课余体育训练和学校体育管理等方面提出了具体的要求,充分体现出新时代党和国家对学校体育工作的高度重视。高校体育教学必须肩负起历史使命,在教学内容、教学方式等方面进行改革与创新。

本教材始终坚持“以人为本、健康第一”的指导思想，突出全面健康的发展理念以及德智体美劳“五育”并举思路，在注重技能教学和体育理论学习的前提下，加强学生的体育素养的培育和体育行为生活化习惯的养成。在教材的结构与内容的安排上力求科学性、系统性和针对性，力求做到既符合新形势下高等学校体育教育发展的特点和要求，又充分考虑当代大学生的兴趣爱好和生活行为特点。本教材结合我校大学体育教学实践，全书共有23章，分为三篇。理论篇：健康理论与健康促进、现代体育的内涵与价值、科学健身的基本理论与方法、全民健身与奥林匹克文化；实践篇：田径运动、篮球运动、足球运动、排球运动、乒乓球运动、羽毛球运动、网球运动、武术、散打、空手道、跆拳道、瑜伽、健美操、体育舞蹈、民族舞、健身健美运动、拓展训练、定向越野；体质健康测试篇：大学生体质健康测试。

本教材此次修订以习近平新时代中国特色社会主义思想为指导，贯彻党的二十大精神，顺应新时代课程教材的要求，将相关精神贯穿于书稿修订、编写的全过程，特别注重本教材思政功能的发挥和彰显。完善大学体育教材体系，组织编写大学体育示范教材，科学规范教学内容。创新大学体育教育教学手段，有效改进教学方法，通过理论讲授和实践演示等多种形式，激发大学生学习兴趣，提高课堂教学效果，不断提升教学质量。

本教材由谢叶寿担任主编并负责统稿，胡好、胡万祥、薛保红、王建、金庆红、徐玲、王红涛、周芳、杜静歌、姜海银、许明思、易志雄、陈智、季华、张航、寇猛、董仕林、李道锋、闫林等参加编写各章节。由于编写人员水平有限，时间仓促，虽尽了最大努力，但难免有不妥之处，敬请专家、学者以及广大师生批评指正。此外，在本书的编写过程中，参考并引用了相关学者的文献和资料，在此表示诚挚的感谢！

CONTENTS

目 录

理论篇

2 第一章 健康理论与健康促进
2 第一节 新时代健康的内涵
6 第二节 影响个体健康的主要因素
8 第三节 运动对健康的促进与维护

12 第二章 现代体育的内涵与价值
12 第一节 现代体育的内涵与组成
16 第二节 体育的主要功能
19 第三节 高等学校体育的地位、目标与任务

22 第三章 科学健身的基本理论与方法
22 第一节 健身的误区与科学健身
24 第二节 科学健身的基本原则与基本要求

28 第四章 全民健身与奥林匹克文化
28 第一节 全民健身文化
33 第二节 奥林匹克文化

实践篇

44 第五章 田径运动
44 第一节 田径运动概述
46 第二节 田径项目简介
47 第三节 田径运动基本技术
54 第四节 田径运动专项教学与训练

62 第六章 篮球运动
62 第一节 篮球运动概述
63 第二节 篮球运动基本技术
72 第三节 篮球运动基本战术
79 第四节 篮球比赛基本规则
85 第五节 篮球运动专项教学与训练
89 第六节 篮球运动专项拉伸与损伤保护

91 第七章 足球运动
91 第一节 足球运动概述
94 第二节 足球运动基本技术
101 第三节 足球运动基本战术
106 第四节 足球比赛基本规则
109 第五节 足球运动专项教学与训练
115 第六节 足球运动专项拉伸与损伤防护

119 第八章 排球运动
119 第一节 排球运动概述
120 第二节 排球运动基本技术
129 第三节 排球运动基本战术
133 第四节 排球比赛基本规则
138 第五节 排球运动专项训练
142 第六节 排球运动专项拉伸与损伤防护

145 第九章 乒乓球运动
145 第一节 乒乓球运动概述
146 第二节 乒乓球运动基本技术
153 第三节 乒乓球运动基本战术
155 第四节 乒乓球比赛基本规则
159 第五节 乒乓球运动技术练习
161 第六节 乒乓球运动常见运动损伤与防护

164 第十章 羽毛球运动
164 第一节 羽毛球运动概述
166 第二节 羽毛球运动基本技术
176 第三节 羽毛球运动基本战术

177 第四节 羽毛球比赛基本规则
179 第五节 羽毛球运动教学与训练
182 第六节 羽毛球运动常见损伤与防护

185 **第十一章 网球运动**
185 第一节 网球运动概述
187 第二节 网球运动基本技术
196 第三节 网球运动基本战术
199 第四节 网球比赛基本规则
201 第五节 网球运动专项教学与训练
203 第六节 网球运动专项拉伸与损伤防护

206 **第十二章 武 术**
206 第一节 武术概述
207 第二节 武术基本功和基本动作
210 第三节 武术套路技术动作
225 第四节 武术竞赛规则
226 第五节 武术常见损伤与防护
227 第六节 武术（套路）的运动训练

230 **第十三章 散 打**
230 第一节 散打概述
231 第二节 散打基本技术
238 第三节 散打基本战术与训练
241 第四节 散打竞赛规则
243 第五节 散打专项拉伸与损伤防护

248 **第十四章 空手道**
248 第一节 空手道概述
249 第二节 空手道技法
258 第三节 空手道比赛规则
262 第四节 空手道专项训练

267 **第十五章 跆拳道**
267 第一节 跆拳道概述
268 第二节 跆拳道基本技术

274 第三节 跆拳道基本战术
275 第四节 竞技跆拳道基本规则
277 第五节 跆拳道专项教学与训练
278 第六节 跆拳道专项拉伸与损伤防护

281 **第十六章 瑜 伽**
281 第一节 瑜伽概述
283 第二节 习练益处与注意事项
284 第三节 瑜伽体式
299 第四节 瑜伽体式组合
299 第五节 瑜伽调息

301 **第十七章 健美操**
301 第一节 健美操概述
302 第二节 健美操基本技术
305 第三节 健美操比赛评分规则
306 第四节 健美操专项训练
315 第五节 健美操损伤预防及处理

317 **第十八章 体育舞蹈**
317 第一节 体育舞蹈概述
319 第二节 体育舞蹈基本理论
322 第三节 体育舞蹈基本姿势及舞步
331 第四节 体育舞蹈基本技术及专项训练
334 第五节 体育舞蹈常见运动损伤及预防

337 **第十九章 民族舞**
337 第一节 民族舞概述
338 第二节 民族舞基本技术
350 第三节 民族舞蹈健身操编创
354 第四节 民族舞基本规则
358 第五节 民族舞蹈健身操运动处方

360 **第二十章 健身健美运动**
360 第一节 健身健美运动概述
361 第二节 健身健美运动主要训练内容

369 第三节 健身健美运动基本训练方法
372 第四节 健身健美运动应注意的问题
373 第五节 健身健美运动竞赛规则

375 **第二十一章 拓展训练**
375 第一节 拓展训练概述
376 第二节 拓展训练基本技术
382 第三节 拓展训练教学内容
386 第四节 拓展训练应遵循的原则

387 **第二十二章 定向越野**
387 第一节 定向越野概述
389 第二节 定向越野器材
391 第三节 定向越野基础知识
406 第四节 定向越野基本技、战术

体质健康测试篇

412 **第二十三章 大学生体质健康测试**
412 第一节 体质基本知识与大学生体质测试
414 第二节 大学生体质健康测试主要指标与技术要求
420 第三节 体质健康测试指标锻炼方法

426 **附录一 《国家学生体质健康标准》（2014年修订）**

428 **附录二 大学生体质测试相关附表**

443 **参考文献**

理论篇

第一章　健康理论与健康促进

【学习目标】

1. 了解健康的内涵。
2. 掌握促进健康的运动方式。
3. 培养健康生活与积极学习的价值观。

第一节　新时代健康的内涵

一、健康的内涵

(一)健康的概念

健康是个体生活和生产的基础,是人们共同追求的目标。古希腊伟大的哲学家苏格拉底提出“健康是人生最为可贵的”,马克思提出“健康是人的第一权利”。

1. 世界卫生组织(WHO)对健康的定义

健康的理念自古以来一直都有,并且随着时代的发展,内涵逐渐丰富。1948年,世界卫生组织给健康下的定义是:健康是一种躯体、精神与社会和谐融合的完美状态,而不仅仅是没有疾病或身体不虚弱。从定义的外延与内涵来看,健康包含三个层次:躯体健康、心理健康以及良好的社会适应能力。世界卫生组织对健康的定义虽然较为全面和合理,但忽视了人与自然界的关系,存在着目标高于实际、忽视了人类群体健康指标等不足,缺乏可操作性。尽管如此,该定义仍然是目前被最普遍接受的概念。

1986年,世界卫生组织从个体与环境之间相互作用的角度又丰富了健康的内涵:健康不是生活的目标,而是生活的一种资源,健康是社会资源、个人资源和个人能力的积极体现。该定义将健康理解为:健康是人与环境的生态关系中的一部分,是个体与环境之间相互作用的结果;个体健康取决于生物学因素、个人卫生习惯、完善的医疗体系、安全的环境以及良好的生活条件等。此后,世界卫生组织陆续地对健康的内涵作出了进一步的解释,主要关注躯体健康、心理与精神健康、社会适应健康和道德健康等方面,并对影响健康的主要因素进行了归纳与总结,主要包括环境中的生物因素、物理因素、化学因素,社会经济和文化等因素,以及生活习惯、卫生医疗条件、遗传因素等。

2. 中国传统医学对健康的解释

我国传统医学对健康的解释也非常丰富。《晋书》提出“健”即肌体强劲有力,《尚书》指出“康”即平安、安乐,“健康”包括体健、心安和适应社会三个方面的内容。可见,我国古代思想家对健康的认识较为朴实和全面。

中医学特别重视人体的统一性，强调人处于自然生活环境中，应与自然、社会和谐相处，提倡养生保健、预防为主。中医将健康解释为“平人”。“阴阳匀平，以充其形，九候若一，命曰平人”。“形肉血气必相称也。是谓平人”。意为阴阳平和，充盛形体，三部九候之脉一致，是健康的表现。“平人”是中医学对于健康内涵的认识，在中医学的理论体系中，阴阳的概念涵盖着身体、营养、心理、环境（社会环境与自然环境）等多方面因素。“平人”是阴阳平衡、形神统一、天人统一、人与社会统一。因此，中国传统医学认为，健康是指阴阳平衡、气血脏腑和调、形神统一、人与自然、社会统一的平衡状态。

（二）现代健康的主要内容

随着社会的发展，现代健康的内容逐渐丰富，主要包含以下几个方面：

1. 躯体健康

躯体健康一般指人体的生理健康，主要指人体结构完整、生理功能正常，并且身体各项生理生化指标没有明显的异常情况和没有疾病存在。与此同时，还具有发育正常且强壮的体格。

世界卫生组织给躯体健康界定了十条标准：

(1)有足够充沛的精力，能从容不迫地应付日常生活和工作的压力。

(2)处事乐观，态度积极，乐于承担责任，不挑剔事务的巨细。

(3)善于休息，睡眠良好。

(4)应变力强，能适应环境的各种变化。

(5)能够抵抗一般性感冒和传染病。

(6)体重得当，身体匀称，站立时，头、肩、臂位置协调。

(7)眼睛明亮，反应敏锐，眼睑不发炎。

(8)牙齿清洁，无空洞，无痛感，牙龈颜色正常，无出血现象。

(9)头发有光泽，无头皮屑。

(10)肌肉、皮肤有弹性，日常走路轻松有力。

2. 心理健康

心理健康是健康的重要组成部分。随着经济和社会的发展，心理健康越来越受到人们的关注。21世纪是心理疾病严重威胁人类生命安全的世纪，这绝不是危言耸听。随着生活节奏的加快、竞争压力的增大，人们的心理障碍和心理问题也呈增多趋势。

何谓心理健康？在第三届国际心理卫生大会上，专家们一致认为：“心理健康是指在身体上、智能上、情感上与他人的心理健康不相矛盾的范围内，将个人心境发展成最佳状态。”此外，世界卫生组织指出心理健康的个体主要表现状态是：身体、智力、情绪调和；适应环境，在人际关系中能彼此谦让；有幸福感；在工作中能充分发挥自己的能力，过着有效率的生活。可见，心理健康并不仅是指没有心理疾病，更重要的是指一种积极、适应良好的、能充分发展身心潜能的状态。

个体心理健康的主要表现特征有：第一，人格是完整的，自我感觉良好，积极情绪多于消极情绪，有较好的自控能力，情绪稳定，能保持心理上的平衡，能自尊、自爱、自信，而且有自知之明，能正确评价自己；第二，在自己所处的环境中有充分的安全感，能保持正常的人际关系，能受到别人的欢迎和信任；第三，对未来有明确的生活目标，并且切合实际生活，有理想和追求，对未来的生活充满希望。

3. 社会健康

社会健康也称社会适应性，指个体与他人及社会环境三者之间相互作用，个体具有良好的人际关系和实现社会角色的能力。有此能力的个体在交往中有自信心和安全感，与人友好相处，心情舒畅，知道如何结交朋友、维持友谊，知道如何帮助他人和向他人求助，能充分聆听他人意见、清楚地表达自己的思想，能以负责任的态度行事并在社会中找到自己合适的位置。社会健康是现代健康观念中最活跃、涉及范围最广和最不确定的一部分。最活跃是因为社会的每次发展和变革都会为其注入新的内容；涉及范围最广是因为社会健康不仅涉及每个个体，还涉及一个群体乃至整个社会的健康评价，并受到社会环境的各方面影响；最不确定是因为在每一个特定条件下的社会都有不同的政治、经济、文化、道德观，在全球范围内难以形成一个公认的统一的评价标准。

人既有自然属性，又有社会属性。现代健康观强调个体是自然和社会的统一体，人体的生命活动和生老病死不仅是生物现象，更是复杂的社会现象。因此，人体健康必须包含对社会环境的适应性。个体的社会适应性是指一个人的心理活动和行为表现，能很好地适应复杂的环境变化，为他人所理解，为大家所接受。对于一个具备社会健康的个体来说，他应该对所处的社会环境有正确的认识，自我与社会环境之间保持良好的协调和均衡关系，能够处理好人与人、人与社会之间的关系，扮演好各种社会角色，如同学、朋友、邻居、公民、恋人、配偶、子女或父母等，并承担起相应的责任，这些都是社会健康的基础。

4. 道德健康

道德健康是指人与人在交往过程中应遵循的健康行为准则，它着重于健康的维护和促进。道德健康是平衡健康的第一要素，健康应“以道德为本”。“道”，既是人在自然界及社会生活中待人处世应当遵循的一定规律、规则、规范等，也是社会政治生活和做人的最高准则。“德”则是指个人的品德和思想情操。道德健康最主要的是不以损害他人的利益来满足自己的需要，有辨别真伪、善恶、荣辱、美丑、是非等观念的能力，能按社会公认的规范、准则来约束和支配自己的行为，能为人类的幸福作贡献。

道德健康不但要求个体对自身的健康维护和促进负责，譬如建立良好的生活方式，保持良好的心境等，而且要求个体应对他人的健康负有责任，将维护和促进整个社会群体的健康行为转化为行为自觉。可以说，道德是人类所应当遵守的所有自然、社会、家庭、人生的规律的统称。违反了这些规律，人们的身心健康就会受到伤害。道德健康的核心是“仁爱”，“仁爱”是传统道德的精髓，也是道德健康的核心。有“仁爱”之德的人不仅心身平衡，而且能与自然、社会、他人和谐相处，视他人为亲人，与人为善，乐在其中。

二、健康内涵的发展

(一) 亚健康

现代科学对健康的定义是指我们的机体与自然环境和社会环境三者之间处于一个动态平衡的关系，是一种身体、精神和社会三者完美结合的状态。但是在实际的生活中，大多数人都不同程度上处于一直非完全健康但又没有明显患病的状态。这种既不完全健康又没患病的状态，医学上称为“第三状态”或“亚健康状态”，是健康与疾病之间存在的一种中间状态，也是健康与疾病相互转化的“中介点”。世界卫生组织认为，亚健康状态是健康与疾病之间的临界状态，并且各种检验结果为阴性，但人体总是感觉到有各种各样的不适。这是社会发展、科技发展与人们生存状态改变的产物，也是医学的新理论与新课题。它与现代社会人们的不健康生活方式及所承受的社会压力不断增大有直接关系。造成身体出现“第三状态”的原因，主要有以下几个方面：

(1)心态失衡。古语云：“万事劳其行，百忧撼其心。”日益激烈的社会竞争，错综复杂的社会关系，使个体常常处于一种日夜焦虑状态，心绪不宁，不仅导致个体睡眠不足，甚至会影响人体的神经体液调节和内分泌调节，进而影响机体各系统的正常生理功能。

(2)摄取营养不全。现代人的食品中往往添加剂过多，再加上人工饲养动物成熟期短、营养成分偏缺，造成很多人体重要的营养素缺乏、肥胖症增多，机体的代谢功能紊乱。

(3)生存环境恶劣。工业发展、车辆增多、人口增加，使很多居住在城市的人群生存空间变小，备受噪声干扰；对人体的心血管系统和神经系统产生很多不良影响，使人烦躁、心情郁闷。

个体亚健康的主要表现有:①烦躁不安,惊悸少眠;②出汗津津,经常感冒;③舌赤苔垢,口苦便燥;④面色郁滞,目围灰暗;⑤四肢发胀,目下卧蚕;⑥指甲成像,变化异常;⑦潮前胸胀,乳生结节;⑧口吐黏物,呃逆胀满;⑨体温异常,倦怠无力;⑩视力模糊,头胀头疼。

(二)大健康

"大健康"是一种新型的健康理念,我国在倡导建设健康中国过程中,提出要以提高人民健康水平为核心,加快转变健康领域发展方式,全方位、全周期维护和保障人民健康。"大健康"是对"健康"概念的拓展与升华,与传统的"身体无病即健康"的认识不同,"大健康"追求包含身体、心理、生理、精神、社会、环境等方面的全面健康。它是根据时代发展、社会需求和疾病普查的变化而提出的一种全局理念,围绕人的生老病死,关注各类影响健康的危险因素,提倡自我健康管理和健康环境管理,从而降低疾病风险,促进人民健康水平的提升。从健康中国关注的领域来看,大健康的核心内涵是:覆盖全人群的全生命周期健康,即包括生命孕育期(母婴期)、儿童少年期、成年期、老年期和临终关怀在内的"从负一岁到终老"的全过程健康;覆盖全人群的全方位健康,即身体健康、心理健康、社会适应健康、生活方式健康、人居环境健康等。

(三)健康素养

健康素养是指个体获取和理解健康信息,并运用这些信息维护和促进自身健康的能力。居民健康素养评价指标已被纳入国家卫生事业发展规划,被作为综合反映国家卫生事业发展的评价指标。公民健康素养包括三方面内容:基本知识和理念、健康生活方式与行为、基本技能。

健康素养其实是指一种能力,是一种什么样的能力呢?是当我们遇到健康问题的时候,运用我们所掌握的健康知识和技能去应对健康问题的能力。目前主要从三个方面来考察一个人是否具备了健康素养:第一,是否具备了基本的健康知识和理念;第二,是否养成了健康的生活方式与行为;第三,是否具备了维护和促进健康的基本技能。也就是说,我们考察一个人是否具备健康素养,主要从健康理念、健康知识、健康行为和健康技能等方面来进行综合的考评。

虽然当前我国居民的健康素养水平和过去相比已经有了比较大的提升,但还有很大的提升空间。数据显示,2021 年我国居民健康素养平均值为 25.4%,而《健康中国行动(2019-2030 年)》规定,到 2030 年,全国居民健康素养水平要不低于 30%。

(四)健康优先

健康优先是一个伴随经济社会、思想文化、国际交往等发展而产生的概念,其基本内涵是随着社会的进步与时代的变迁而不断丰富、动态发展的。

2016 年,李克强总理在第九届全球健康促进大会上指出,"要坚持在发展理念中充分体现健康优先,在经济社会发展规划中突出健康目标,在公共政策制定实施中向健康倾斜,在财政投入上着力保障健康需求",首次对健康优先的内涵与要求作了深入阐释。

2019 年颁布的《中华人民共和国基本医疗卫生与健康促进法》规定,"各级人民政府应当把人民健康放在优先发展的战略地位,将健康理念融入各项政策","建立健康影响评估制度,将公民主要健康指标改善情况纳入政府目标责任考核"。

综合国家的相关政策与实践,健康优先是指:政府将健康作为国家或区域整体发展进程中的优先事项加以安排的一系列理念、制度、发展模式的集合,通常表现为发展理念优先、发展规划优先、公共政策优先、财政投入优先、考核问责优先等方面。健康优先的内涵既涵盖了对生命健康的本质与规律的理解,也包含着对人的发展、经济社会进步和科学技术变革的能动的认识;既包含对健康的地位与作用的理解和价值判断,也包含着对健康与相关领域协调互促的期盼,具有全局性、基础性、战略性、一贯性和规制性的显著特征。具体到个体的发展观念,健康始终应处于第一位,健康是"1",没有了健康生活中再多的"0"都没有任何的价值。当代大学生作为未来社会的建设者，始终应将健康促进作为首要的发展目标。

（五）全民健康

所谓全民健康，从字面上理解就是：全国人民，不分男女老少，在身体上、心理上、精神上、社会适应上完全处于良好的状态。从实践上看，党和国家历来高度重视人民健康问题。为全面提升我国人民的健康水平，在2008年全国卫生工作会议上，卫生部正式提出了“健康中国2020”战略；2016年，中共中央、国务院印发了《“健康中国2030”规划纲要》，将未来健康的发展不再停留于卫计委层面，而是上升到国家优先发展的战略，作为治国理念融入政策制定和实施的全过程。《“健康中国2030”规划纲要》中明确指出“全民健康”是建设健康中国的根本目的。

综合全民健康的字面意思和实践表现，全民健康是指覆盖全体公民的大型社会民生工程，是国家的基本国策，它以贯彻和落实国家相关健康政策、法规为主要工作内容，以共建共享为基本路径，通过合理地控制影响健康的各种因素，在生命全周期过程中实现包括生理健康、心理健康、精神健康和社会适应良好在内的全身心健康，最终实现全民幸福。这一定义阐明的要点包括：①全民健康是国家战略，要将健康融入所有政策制定与实施的全过程；②卫健委是全民健康的重要实施主体；③全民健康的基本路径是共建共享，要求针对生活行为方式、生产生活环境以及医疗卫生服务等健康影响因素，统筹社会、行业和个人三个层面，形成维护和促进健康的强大合力，推动人人参与、人人尽力、人人享有；④全民健康的终极目标是全人群全生命周期的健康，重点要解决好社会弱势群体的健康问题，实现健康公平；要针对生命不同阶段的主要健康问题及主要影响因素，确定若干优先领域，强化干预，实现从胎儿阶段到生命终点的全程健康服务和健康保障。

第二节　影响个体健康的主要因素

从个体健康的促进来看，影响健康水平发展的因素众多，主要分为客观因素和主观因素。其中，客观因素指的是对人们的健康有影响，在目前依靠个体尚不能很好解决的问题，比如生物学因素、环境因素等。生物学因素包括病原微生物、遗传、生长发育、衰老、个人生物学特征（包括年龄、性别、形态和健康状况等）等；环境因素包括空气、水体的污染，电视、手机、电脑等电子设备的辐射。主观因素指的是对人们的健康有影响，我们可以自我控制的因素。比如乐观的心态、充足的睡眠、适量的运动、合理的膳食等。可以看出，从个体所处的环境来说，目前影响个体健康的主要包含生物学因素、环境因素和行为与生活方式因素。

一、生物学因素

生物学因素是目前影响个体健康最大的因素。20世纪初，人们称引发传染病和感染性疾病的病原微生物为生物性致病因素。从危害性上来说它比物理和化学因素更可怕，它广泛存在于环境中，繁殖能力特别强，寄生于人体或动物的体内，很难被发现，并且具有极强的遗传和变异能力，对环境具有很强的适应性。

在生物学因素中，影响人类健康最重要的是遗传因素和心理因素。现代医学研究发现，遗传性疾病目前有两三千种之多，而且发病率高达20%。随着人们对疾病认识的不断加深，除了明确的遗传病，许多疾病如高血压、糖尿病等的发生，亦包含一定的遗传因素。发育畸形、寿命长短也不排斥有遗传方面的原因，同属生物性致病因素范围。心理因素影响疾病的产生与健康的促进，消极心理因素能引起许多疾病，积极的心理状态是保持和增进健康的必要条件。医学临床实践和科学研究证明，消极情绪如焦虑、怨恨、悲伤、恐惧、愤怒等可以使人体各系统机能失调，会导致失眠、心跳加速、血压升高、食欲减退、月经失调等疾病。不过，从危害健康的发生可能性上来说，生物学因素一般只是必要危险因素，而不是充要条件。疾病是否发生及其严重程度还受到一定的环境因素和行为与生活方式因素的影响。

二、环境因素

(一) 自然环境

人类的自然环境是人类生存的必要条件，与人类的健康密切相关。在人类的自然环境中，具有大量对健康有利的因素，也存在许多不利因素。自然环境不断赐予人类维持生命的必需物质，为人类提供保持健康的诸多自然条件。如适时适量的日照、化学成分正常且保持清洁的大气、宜人的气候、洁净的水源、有益的微量元素和天然有机生物活性物质等自然条件和因素，对控制人体生物节律、保持正常代谢、调节体温、增强免疫功能、促进生长发育等具有十分重要的作用。此外，青山绿水、鸟语花香、奇花异草、怪石险峰、浩瀚海洋、茫茫原野等美景奇观，能使人轻松愉快、脑醒神明，得到舒适、满足和美的享受，这对人的心理和精神的健康无疑具有重要意义。

但是，在自然环境中也存在一些对人类健康不利的元素，如各种地质和气象灾害，不良的气候和天气条件，有毒有害的动物、植物，天然有害化学物质、天然放射性物质和致病性微生物等。虽然随着科学技术的发展，人类在战胜自然的威胁方面取得了一定的进步，消除了一些危险因素，但是自然环境中仍然有很多目前人类还无法战胜的有害和不利的自然因素，它们依然对社会的发展存在巨大威胁，严重地威胁着人类的健康。目前影响人类健康的环境因素主要包括大气污染、土壤污染、水体污染和噪声污染等。

1. 大气污染对健康的危害

长期生活在低浓度污染的空气环境中，机体可受到慢性潜在性危害，使慢性呼吸系统疾病的发病率增高。如吸烟引发肺癌、石棉引起石棉肺、二氧化硅致矽肺等。

2. 土壤污染对健康的危害

当土壤被有机性废弃物或毒物所污染，其含量超过土壤本身的自净能力，就形成了土壤污染。土壤被污染后，对人体产生的影响大都是间接的。主要通过土壤—植物—人体或土壤—水—人体这两个基本环节对人体产生影响。土壤的污染对个体健康的影响主要包括引起中毒、诱发癌症、传播疾病等方面。

3. 水体污染对健康的危害

水是人体的基本成分，也是生命活动、工农业生产不可缺少的物质。水体是以陆地为相对稳定边界的天然水域，当排入水中的物质量超过水体的自净能力，使水质物理与化学性质发生改变，水质变坏，水的使用价值降低，水体即受到污染，不小心饮用了这样的水将对身体的健康造成很大的危害。

4. 噪声污染对健康的危害

凡是干扰人们正常休息、睡眠和影响人们正常工作、学习、思考和谈话等不协调的声音，均属噪声。噪声对人体健康的危害可体现在神经系统、心血管系统和消化系统几方面，对神经系统的作用最直接。长期接触噪声，人体神经系统会受到危害，主要表现为听力下降、头痛、头晕、耳鸣、心悸及睡眠障碍等神经衰弱综合征，心率加快或减缓、血压不稳、胃肠功能紊乱、消瘦、胃液分泌减少、胃肠蠕动减慢等症状。

(二) 社会环境

社会环境又称非物质环境，是指与社会主体发生联系的外部世界。其主体包括个人和群体。社会环境是由政治制度、经济文化、教育水平、人口状况、人的行为方式等要素构成的，是人类通过长期有意识的社会劳动，加工和改造自然物质所创造的物质生产体系、积累的物质文化等所形成的环境体系。社会环境对人们健康的影响、制约作用是巨大的，作为社会人口中正经历着生长发育和逐渐社会化的当代大学生来说，也毫不例外地深受社会环境的影响和制约。国际政治、经济格局的调整异动、科技上的每一次重大突破、各种新的社会文化思潮的产生，通过现代信息渠道的快捷传播，都会广泛而深刻地影响大学生的思想观念及行为方式，特别是当前社会环境中一些突出的社会问题，如道德困境问题、腐败问题、贫富差距问题、就业问题等，对心理尚处在不完全成熟时期的大学生造成了比较大的冲击，引发诸多心理不适或心理问题。

三、行为与生活方式因素

有专家认为，健康=15%遗传因素+10%社会条件+8%医疗条件+7%自然环境+60%生活方式。可以看出，生活方式的健康与否对个体的健康有着很大的影响。尤其是对于一些行为与生活方式极不健康的大学生而言，影响最大。因此，当代大学生应该树立一个全面的健康生活方式的观念。健康的生活方式主要体现在“乐观的心态”“充足的睡眠”“适量的运动”“合理的膳食”。近年来，几乎每年在全国各地都会发生多起大学生猝死事件，人们普遍认为熬夜、少运动、不良饮食习惯等生活方式是导致猝死的原因。目前大学生主要的不良行为与生活方式主要表现在以下几个方面：

(1)不吃早餐。许多大学生因为爱睡懒觉，平时基本上不吃早餐，即使上午有课，也只是象征性地吃点零食或喝点牛奶。

(2)生活作息不规律。在大学生活中很多同学该休息的时候不休息，经常为了打游戏、看影视剧或者聊天而熬夜，殊不知经常熬夜会导致疲劳、免疫力下降、头痛、有黑眼圈、长青春痘等。

(3)参与运动的积极性不高。在应试教育制度下，大多数学生一直以升学、考高分为目标，忽略了体育的重要性，久而久之失去了对体育的兴趣，认为体育课就是简单地玩玩而已，又累，又浪费时间，也就逐渐放弃了体育锻炼。

第三节　运动对健康的促进与维护

随着科学技术的发展和生活水平的提高，老年化、“富贵病”、抑郁症等一些有关健康的问题逐渐突出，如何促进健康以及维护健康已经成为亟待解决的问题。特别是在“体医”结合的理念下，如何发挥体育在健康促进和健康维护中的作用成为目前我国体育和卫生部门共同关注的话题。早在1982年，美国学者Jack H. Wilmore就曾指出，运动锻炼对身体和情感确实存在间接或直接的影响，学者们通过大量实验证实适量运动可以有效治疗和预防心血管疾病、中风、高血压、2型糖尿病、骨质疏松、抑郁症等慢性病。Wannamethee. S. G(2000)提出适宜的身体活动能够有效预防与控制心血管疾病；Warburton D(2006)提出有氧力量训练能够有效减少糖尿病的发生；加拿大健康和老龄化方面的学者Laurin D(2001)等研究得出，积极参加体育锻炼能够有效降低老年人的认知损伤和老年痴呆症的概率。

一、运动对身体形态的促进与维护

身体形态是指身体整体形态以及身体主要部分结构的长、宽等外形，如身高、臂长、腿长、胸围、腰围、臀围、坐高等。运动项目的不同以及部分职业的特殊性对身体形态的要求是不同的，如篮球运动员一般要求身高较高、腿长，跳高运动员则要求腿长、臂长，身体形态匀称，而举重运动员则相反，身高不能太高，大腿要短而粗壮有力，这样身体做功会少一些。

从生理学角度来说，参与运动对身体形态的改变主要表现在以下几个方面：

(1)适当的体育锻炼，可使骺软骨的细胞正常增殖，促进骨骼和机体生长速度加快，促使身体得到快速增长。另外，体育运动加速了新陈代谢，使肌纤维增粗、体积增大，肌肉变得粗壮、结实、发达而有力。

(2)坚持体育锻炼可增强骨质密度，使骨骼变粗。骨骼内新陈代谢的加强，改善了骨血液循环，从而在形态结构上产生良好的效果，抗折、抗弯和抗扭等方面的性能都能够得到有效改善和提高。由于年龄、性别以及锻炼项目的不同，锻炼对人体各部分骨骼所产生的影响也不同。如经常参加篮球运动的对上肢骨骼的影响就大，身高普遍较高,参加足球运动的就对下肢骨骼产生影响,下肢普遍粗大有力。所以体育锻炼中项目的多样化、形式的多样化、锻炼的经常化是改善与增强骨骼形态结构的有效方法。

(3)参与集体运动项目可以培养团队协作精神、相互的信任以及克服困难的信心,减少负面情绪对身体发育的干扰。

二、运动对身体机能的影响

身体机能,通俗地讲是指身体各器官的运转能力,通常可通过某些指标反映出来。如心脏的机能,可用心率、血压、心电图反映出来;肺的机能,通常用肺活量的大小来反映;肝脏的机能用肝功能指标来反映;眼睛的机能用裸眼视力来反映,等等。运动对身体机能有以下几个方面积极影响:

(一)改善和提高中枢神经系统的机能

首先,参与体育运动能改善和提升大脑和中枢神经系统的功能。运动可以改变大脑的供血、供氧状况,大脑皮层的兴奋性增强、抑制加深,神经生理过程中的均衡性与灵活性提高。大脑皮层的综合分析能力增强,中枢神经系统对身体各器官系统调节作用提高。参与运动一方面可以改善神经系统的均衡性和灵活性,提高大脑皮层的分析、综合能力,以保证机体对外界不断变化的环境有更强的适应能力;另一方面可以调节内脏器官的活动,使其与运动系统相适应,以保证能量的供应和内环境的稳定。

其次,参加体育运动能够形成稳定的条件反射。中枢神经系统活动的基本形式是反射。反射分为条件反射与非条件反射。非条件反射是机体先天的本能反射,即人体遇到外界某种干扰所产生的某种本能的防御反射。而条件反射是后天的,是通过学习与不断的实践所建立的。人体各器官系统的活动都是在神经系统的直接或间接的调节、控制下,相互制约、相互协调,以保证生命活动的正常进行。

(二)促进血液循环,提高心血管系统功能

随着生活水平的提高,目前心血管疾病是世界上危及人类健康的主要杀手,每年有数百万人死于心血管疾病。据统计,我国心血管疾病的发病率目前呈上升趋势,而且逐渐年轻化,男性高于女性。参与体育运动时,体内血液循环加速,能量消耗增加,代谢产物增多,新陈代谢旺盛,从而使心血管系统从结构和功能上得到改善。特别是机体的重要脏器——心脏,经常从事运动,能使心脏产生工作性肥大,心肌增厚,心脏容积增大,脉搏输出量增大,安静时心跳频率变慢,这就大大减轻了心脏的负担,心率和血压变化比一般人小,表现出心脏工作的“节省化”现象。因此,加强身体锻炼是改善心血管系统功能的有效方法,只有坚持锻炼,才能保持健康。

(三)改善和提高呼吸系统功能

呼吸是人体重要的生命现象,肺是呼吸系统的重要器官,具有气体交换的功能,通过吸收更多的氧气排出体内的二氧化碳。经常参与运动能使呼吸肌发达,使更多肺泡参与工作,肺泡富有弹性,使得肺活量增加,呼吸过程加深、匀和,呼吸频率也变慢。如一般人安静时每分钟呼吸12~18次,每分钟肺通气量6~8升,而经常锻炼者安静时每分钟呼吸7~10次,运动时可增至40~50次,每分钟肺通气量可增加到70~120升。因此,增强呼吸系统的功能,不仅可以满足肌肉运动的需要,增加肌肉的工作时间,而且能提高锻炼效果。

(四)提高机体对外界环境的适应能力

经常参与体育运动能提高人体应变能力,使机体在复杂多变的环境中能够尽快适应。运动可以使大脑皮层对各种刺激的分析综合能力增强,反应更敏锐,判断空间、时间和体位能力增强,从而能够准确判断、及时反应。同时经常在严寒或炎热环境中运动,可以提高机体调节体温的能力,增强身体对气温急剧变化的适应能力。

(五)增强机体免疫能力

研究资料表明,经常参与运动可使血清免疫球蛋白增多,免疫调节功能、细胞活性及机体免疫能力增强,可以使中老年人保持精力充沛和生命力旺盛，推迟人体衰老的生理过程，从而达到防病治病、延年益寿的目的。

三、运动对身体素质的促进与维护

通常人们把人体在肌肉活动中所表现出来的力量、速度、耐力、灵敏及柔韧等机能能力统称为身体素质。如力量用引体向上、负重深蹲、立定跳远等反映，耐力用长跑反映，柔韧用劈叉、体前屈等反映，灵敏素质则一般用折返跑的速度来反映。

力量方面，力量的增强就是对肌肉需求增加，想全面增强就需要多方面的运动。主要分为上肢力量、腰腹力量、核心力量和下肢力量。

耐力方面，跑步运动作为一种简单易行的身体锻炼方式，对于人们心肺耐力的提升有着极大的作用。人们按照有计划、有目的的运动处方进行跑步运动，不仅能不断改善心肺耐力，也能较为明显地增强体质、降低得病率与死亡率。

柔韧灵敏方面，灵敏是运动员在运动中所表现的运动技能和各种素质在运动过程中的综合表现。灵敏素质只有在熟练掌握运动技能后才能表现出来，因为运动技能掌握得越多，在运动中动作就越灵敏。这是大量的训练使大脑皮质灵活性和可塑性提高的结果。

四、运动对心理健康的促进与维护

参加体育运动不但可以强身健体，而且可以促进心理健康。大学生正处在身心发展的关键时期，心理健康是个体健康的重要内容。目前，大学生心理健康问题已是当前重要的社会问题，一方面，全球化的急剧进程和我国特殊的计生政策的大环境，对现阶段以独生子女为主体的学生群体影响较深，造成大学生在学习、生活、人际交往和自我意识等方面不可避免地会产生或遭遇各种心理不适与困境。另一方面，社会竞争压力增大，学生的心智虽然逐渐成熟，但还不够成熟，存在认知片面、遇事控制力不强、情绪化严重、遇到挫折易灰心丧气、心理承受能力弱等问题。有些问题如不及时解决，将会对学生的健康成长产生不良的影响，严重的甚至会使学生出现行为障碍或人格缺陷。

相关资料表明，目前我国大学生群体心理健康水平普遍较低，他们既要承受学习的压力，又要承受社会上拜金、享乐等不良风气的诱惑压力。受身心发展和社会阅历等方面的限制，他们往往自我控制能力不强，情绪易急躁，这时如果内心的压力得不到及时、正确的释放，就可能引发打架、斗殴、抑郁、自暴自弃等问题，给社会、学校、家庭都造成严重的经济负担和沉重的精神压力。体育运动对学生心理健康的促进作用主要有以下几个方面：

（一）正确认识自我，树立自信

体育运动集竞争性、团队性、公平性、公开性于一体，参与运动可以明确认识自我的能力、修养、接受度、技术等，从而对自我有一个清晰的认识。竞争的成功可以提高自信心和抱负水平，可以获得同伴和集体的承认，从而可以正确地认识自己的社会价值。体育还有助于自我教育，在体育运动中暴露自己的缺点、发现自己的优点，不断修正自己的认识和行为，开发自己的潜能，将长处发扬光大，对自己的缺点和不足努力改正，正确对待成功与失败。

相关研究表明，体育运动后运动者的自我概念清晰度明显提高，这有助于学生正确认识自我，培养克服困难、持之以恒的精神。同时，参加体育运动的学生大多数是根据自我兴趣和能力选择项目的，他们一般都能很好地胜任其运动的内容，从而有利于增强自信心。

（二）锻炼意志，培养品质

行动的自觉性、果断性、坚韧性和顽强性是意志健康的重要标志。经常参加体育运动，既是对身体的锻炼，更是对意志的考验,敢于向困难挑战、坚持不懈、锲而不舍、勇于拼搏,则是体育精神的充分体现。如果学生能在紧张、激烈的运动对抗中,敢于挑战自身运动的极限,则必定产生强烈的生理、心理负荷,这种运动要求参与者必须具有较大的(有时是极大的)意志力,克服自身心理、生理与运动项目的矛盾,完成预定的任务。而在这一运动过程中,学生的意志品质在潜移默化中得到了发展和完善。

一个心理健康的人应有明确的学习和生活目的,并有达到目的的坚定信念和自觉行为,其行为表现出果断、坚韧、自制的毅力。体育运动一般伴有艰苦、疲劳、对抗、竞争等特点,我们在参加运动时,总是伴随着强烈的情绪体验和明显的意志努力。因此,参加体育运动有助于培养学生的勇敢顽强、吃苦耐劳、坚持不懈、克服困难的思想作风;有助于培养学生团结友爱、互相帮助、集体主义和爱国主义精神;有助于培养学生机智灵活、沉着果断、谦虚谨慎等优秀品质,使其保持积极向上的心理状态。

(三)缓解焦虑,稳定情绪

情绪是影响心理健康的主要因素之一,不良的情绪是导致生理、心理产生异常和疾病的重要因素。参加体育运动可使人的不良情绪得到调节,使人从中得到乐趣、振奋精神、陶冶情操。这种积极的情绪状态可以使学生自信、自尊、自强,使焦虑、抑郁等不良情绪得以消除,从而促进心理健康。如麦格曼等人(1993)对体育锻炼后的运动者立即进行测量,发现他们焦虑、抑郁、紧张的心理紊乱等水平显著降低,而精力和愉快程度显著提高。拜巴沙(1985)认为,体育运动具有减轻应激反应降低紧张情绪的作用,因为体育运动可以锻炼人的意志,增强人的心理坚韧性。

健康、稳定的情绪能使人对现实保持积极的态度,有效地从事学习、工作。经常参加体育活动可以为郁积的各种消极情绪提供一个发泄口,尤其可使受挫后产生的冲动得到升华或转移,可以消除轻微情绪障碍,缓解和治疗某些心理疾病,如抑郁症等。当学生学业负担重、心理压力大、疲劳时,可通过适当的体育运动进行心理调节,使情绪处于积极良好的状态,从而有助于消除疲劳,强化学习效果。

(四)融洽人际关系,培养合作与竞争意识

一个心理健康的人应具有宽容、热情、友爱、合群等品质,能妥善处理人际关系。体育运动存在着人与人之间、个人与集体之间、集体与集体之间的相互交往性,具有集体和公开的特征。首先,为学生提供了一个活动空间,在这一空间中,学生的心理与身体、学生的心理与学校环境、学生与教师之间、学生与学生之间能够充分地交融在一起,从而提高学生适应环境的能力。其次,在体育运动中各主体相互影响、相互作用,产生情感上的共鸣,从而增进彼此之间的了解,促进良好人际关系的发展,融洽关系,有助于心理健康。

体育运动是在规定的规则下,使双方在对等的条件下进行体能和心理等方面的较量。体育运动又包括个人和集体项目,在一个集体中,成员为达到共同的目标而相互合作。因此,体育运动要求每位成员都有整体意识,要从全局出发,抛弃个人的私心杂念,为增强和发挥整体力量而努力。当然,这种合作不局限在同一个集体,还应包括与对手、观众、裁判等方面的合作。如果不尊重对手、观众,不服从裁判的判罚,比赛就无法进行。因此,学校积极开展各项体育活动,在锻炼学生身体的同时能有效地培养他们的合作与竞争意识,使他们身心并进,这是现代教育的重要理念。

思考题

1. 简述健康的内涵。
2. 影响健康的主要因素包括哪些?
3. 运动对身体健康的促进主要表现在哪些方面?

第二章　现代体育的内涵与价值

【学习目标】

1. 知晓体育的发展历程、体育运动的主要内容。
2. 理解体育的主要功能、重要意义。
3. 培养热爱体育运动的精神，增强自身体质。

第一节　现代体育的内涵与组成

一、体育的内涵

（一）体育的概念

体育的概念是逐渐形成的。古代社会，虽然可以发现一些“体育活动”的影子，但只是“体育”这一概念的雏形。在古希腊的哲学家（如苏格拉底、柏拉图、亚里士多德）著作中有许多关于体育的论述。古希腊时期关于体育的基本术语有竞技、训练、体操等。中国古代与体育有关的术语主要有养生、尚武、游息、角力、讲武等。中国现代所用的“体育”一词，可追溯于1897年，由日本传入我国，也经历了从“体操”到“体育”的演进历程。

目前普遍认为，体育（或称为体育运动），是通过有规则的身体运动改造人的“自身自然”的社会实践活动。体育的基本表现形式是人的有规则的身体运动，其基本任务是对人自身改造，其作用对象是参与者的“自身自然”。

体育的概念有狭义和广义之分。狭义的体育指身体教育，是通过身体活动，增强体质，传授锻炼身体的知识、技能、技术，培养道德和意志品质的有目的、有计划的教育过程。它是教育的组成部分，是培养全面发展的人的一个重要方面。

广义的体育即社会文化活动，指以身体练习为基本手段，以增强体质，促进人的全面发展，丰富社会文化生活和促进精神文明建设为目的的一种有意识、有组织的社会活动。它是整个社会文化的一部分，其发展受到一定社会、政治和经济的制约，同时也促进社会、政治和经济的发展。体育作为文化的一个组成部分，是根据人的生理、心理发展规律，以专门性的身体活动为基本手段，增强人体体质，发展人体运动能力，提高人们生活质量的一种有目的、有价值的社会活动。

（二）体育的发展历程

体育虽然具有悠久的历史，但是“体育”一词却出现得较晚。在“体育”一词出现前，世界各国对“体育”这一活动过程的称谓都不相同。“体育”一词的最初产生起自“教育”一词，它最早的含义是指教育体系中的一个专门领域。

在古希腊，游戏、角力、体操等曾被列为教育内容。17-18世纪，在西方的教育中也加进了打猎、游泳、爬山、赛跑、跳跃等活动，只是尚无统一的名称。18 世纪末，德国的 J. C. F. 古茨穆茨曾把这些活动分类、综合，统称为“体操”。进入 19 世纪，一方面德国形成了新的体操体系，并广泛传播于欧美各国；另一方面多种新的运动项目相继出现。在学校也逐渐开展了超出原来体操范围的更多的运动项目，建立起“体育是以身体活动为手段的教育”这一新概念。于是，在相当长的一段时间里，“体操”和“体育”两个词并存，相互混用，比较混乱，直到 20 世纪初才逐渐在世界范围内统一称为“体育”。

直到 19 世纪中叶，德国和瑞典的体操才传入中国，随后清政府在兴办的“洋学堂”中设置了“体操课”。1902 年左右，一些在日本留学的学生从日本传来了“体育”这一术语。“体育”这个词最早见于 1904 年，在湖北幼稚园开办章程中提到对幼儿进行全面教育时说：“保全身体之健旺，体育发达基此。”在 1905 年《湖南蒙养院教课说略》上也提到：“体育功夫，体操发达其表，乐歌发达其里。”最早创办的体育团体是 1906 年上海的“沪西士商体育会”。1907 年我国著名女革命家秋瑾在绍兴也创办了体育会。同年，清皇朝学部的奏折中也开始有“体育”这个词。辛亥革命以后，“体育”一词就逐渐传播开来。随着西方文化不断涌入我国，学校体育的内容也从单一的体操向多元化发展，课堂上出现了篮球、田径、足球等。许多有识之士提出不能把学校体育课称体操课，必须厘清概念层次。1923 年，《中小学课程纲要草案》正式把“体操课”改为“体育课”。

“体育”一词在含义上也有一个演化过程。它刚传入我国时，指身体的教育，是作为教育的一部分出现的，是一种与维持和发展身体的各种活动有关联的教育过程，与国际上理解的“体育”(Physical education)是一致的。随着社会的进步和体育事业的不断发展，其目的和内容都大大超出了原来“体育”的范畴，体育的概念也出现了“广义”与“狭义”之分。广义的概念，一般指体育运动，其中包括体育教育、竞技运动和身体锻炼三个方面；而狭义的概念，一般指体育教育。不少学者对“体育”的概念提出了一些解释，比较趋于一致的解释为：“体育是以身体活动为媒介，以谋求个体身心健康、全面发展为直接目的，并以培养完善的社会公民为终极目标的一种社会文化现象或教育过程。”体育的这一定义既说明了它的本质属性，又指出了它的归属范畴，同时也把它从与其邻近或相似的社会现象中区别出来。但是，体育的概念并非一成不变的，随着社会的发展和进步，我们对体育的认识也将有所发展。

二、体育运动的主要内容

(一)竞技体育

1. 竞技体育的概念

竞技体育是指在全面发展身体，最大限度地挖掘和发挥人(个人或群体)在体力、心理、智力等方面的潜力的基础上，以攀登运动技术高峰和创造优异运动成绩为主要目的的一种运动活动过程。竞技体育是一种制度化、体系化的竞争性体育活动，具有正式的历史记载和传说，以打败竞争对手来获取有形或无形的价值利益为目标，在正式组织起来的体育群体的成员或代表之间进行，强调通过竞赛来显示体力和智力，在对参加者的职责和位置作出明确界定的正式规则所设立的限度之内进行。

2. 竞技体育的主要特征

(1)竞争性：激烈的竞争是竞技体育区别于学校体育和大众体育的本质特征。竞技体育也因竞争性具有排他性。

(2)规范性：现代竞技运动为保障运动员发挥技战术，制定了大量规则以维护比赛的正常进行。同时运动员的技战术训练建立在规范要求的基础之上。

(3)公平性：竞技运动不偏袒任何参赛者，对比赛项目、时间、地点、场地器材、运动员参赛资格都进行了明确规定，并要求比赛相关主体遵守共同的行为规范。

(4)公开性：公开性使体育具有更强的传播能力和更大的影响力，促进了运动技战术的交流、竞争和赛事公平的推进。

(5)功利性:竞技体育具有明确的功利目的,伴随胜利会有多种形式的收益。而且,比赛结果产生于对抗之中,经过社会承认,结果产生直接而迅速,不容置辩。

(6)不确定性:比赛中突发和不可预料的情况经常发生,是竞技体育的魅力所在。

(7)娱乐性:竞技体育随着发展竞争日趋激烈,却并未失去娱乐特征,对参与者来说胜利或仅仅是参与都可以获得心理满足,对观赏者来说可以获得轻松、自由。

3. 竞技体育组织形式

(1)运动员选材:训练与竞技的基础,根据项目特点和要求,使用现代技术手段挑选运动天赋良好的青少年作为竞技体育的后备力量。

(2)运动训练:运动员在教练员指导或自我主动的条件下,为提高竞技能力和成绩进行的有组织、有计划的训练过程,是实现竞技体育目标的最重要途径。

(3)运动竞赛:联系竞技体育环节的核心要素,既是训练检验的平台,又是使竞技体育与社会发生关系、作用于社会媒介的平台。

(4)竞技体育管理:提供良好的有组织的环境以促进竞技体育发展,管理水平也是衡量竞技体育水平的重要指标。

(二)社会体育

1. 社会体育的概念

社会体育又称群众体育或大众体育,是指普通民众自愿参加的,以强身、健体、娱乐、休闲、社交等为目的,一般不追求达到高水平的运动成绩,内容广泛、形式多样的体育活动。

人们通常所说的群众体育,属于体育社会学范畴的概念,它与竞技体育属同一层次,为体育的主要组成部分,是体育的主要内容之一。在我国,群众体育通常是与竞技体育相对而言的,是除竞技体育之外的包括学校体育在内的整个体育运动。具体来说,群众体育是指以社会全体成员为对象,以增强体质、丰富余暇生活、调节社会情感为目的,形式多样的体育运动。

2. 社会体育的目的与任务

发展群众性的娱乐体育活动,扩大体育人口,提高人的身体素质和精神素质,丰富人民群众的余暇生活,调节社会感情,预防和治疗职业病或因职业造成的生理缺陷和机能障碍。

3. 社会体育的分类

社会体育按区域特征分为城市体育、乡镇体育、农村体育;

按年龄分为婴幼儿体育、儿童少年体育、青年体育、中年体育和老年体育;

按性别分为女子体育、男子体育;

按职业分为职工体育、农民体育、军人体育;

按健康状况分为正常人体育、亚健康体育、病患者体育、残障人体育;

按组织形式分为家庭体育、社区体育、企业体育、俱乐部体育;

按场所分为室内体育、室外体育、野外体育等。

4. 社会体育的特征

(1)参与对象的广泛性:社会体育以全体社会成员为对象,无论是何年龄、性别、爱好、职业,都可以在其中找到自己的位置。近年来弱势群体和特殊群体的体育活动不断开展,在实践上更为明确了社会体育的这一内涵。

(2)活动时间的业余性:作为业余文化活动的内容之一,伴随着民众生活水平提高和闲暇时间增多,社会体育发展迅猛。

(3)活动内容的娱乐性:社会体育的活动内容以群众喜闻乐见为前提,是非功利的体育活动,娱乐性质的活动在活动中占主要地位。

(4)参与目的的多样性:由于主体或需要的不同,社会体育活动可以满足健身、健美、康复、休闲娱乐、社会交往、陶冶情操等多种需要。

(5)组织形式的灵活性:由于社会体育是主体自愿参加,具有自发性和松散性特征,参与者人数多、范围广、素质水平差异较大,因此组织管理难度较大。

5. 社会体育组织方式

国家体育总局、地方体育局中的相应部门对群众体育进行宏观管理,人民团体中的群众体育组织管理本部门系统的群众体育,体育群体与社团在前两种组织的支持下承担和落实一些具体活动。社会体育多以个人和家庭、锻炼小组、单位、街区或健身俱乐部为载体实施。

(三)学校体育

1. 学校体育的概念

学校体育是指以在校学生为参与主体的体育活动,通过培养学生的体育兴趣、态度、习惯、知识和能力来增强学生的身体素质,培养学生的道德和意志品质,促进学生的身心健康。学校体育是教育的重要组成部分,是计划性、目的性、组织性较强的体育教育活动过程。

由于社会制度、国家性质和教育目标的不同,各国的学校体育目标也不尽相同。一般有:促进学生身体生长发育、增进健康,使学生掌握一定的锻炼身体的知识、方法,培养学生运动的兴趣、能力、习惯以及良好的品行,发展个性。有的国家还将提高运动技术水平和为国防服务作为学校体育目标。中国学校体育的根本目标是通过增强学生的体质、促进其身心健康发展,为提高中华民族的身体素质和为社会主义现代化建设培养德、智、体、美、劳全面发展的建设者和接班人服务。学校体育包括校内体育和校外体育两部分。

2. 学校体育组成要素

学校体育由五个主要部分或要素构成:

(1)体育教学(以体育课为主要形式);

(2)课外体育活动(由学校或学生自行组织,以学生体育锻炼为主要内容);

(3)运动代表队训练和各种形式的体育比赛(如班级赛、校际赛、各类选拔赛,以及地区和全国性比赛等);

(4)早操和课间操(前者多由学生个人自由锻炼或学生自由组合锻炼,后者多为有组织的徒手体操活动);

(5)科学的作息和保健措施(旨在保证学生足够的睡眠、休息和锻炼时间,同时培养学生讲究卫生的习惯,预防疾病发生等)。

3. 学校体育的目的、任务

中国学校体育的目的是:促进学生身心发展,增强学生的体质,并对学生进行道德品质的教育,使他们能很好地完成学习任务,从事社会主义建设和保卫祖国。

要达到这些目的,必须完成下列具体任务:

(1)促进学生身体健康地生长发育,使学生养成坐、立、行的正确姿势;促进学生力量、速度、灵敏、耐力等身体素质的发展,增强学生走、跑、跳跃、投掷、攀援等身体基本活动能力。体育活动大多在室外进行,能促使学生适应严寒酷暑,能登山、泅水,以增强他们适应自然环境、抵抗疾病、克服困难的能力。

(2)传授体育的基本知识、技能和方法,使学生爱好体育活动,懂得怎样锻炼身体,养成坚持锻炼身体的习惯;对有发展条件的学生进行系统的业余运动训练,为国家发现和培养优秀的体育人才。

(3)结合体育向学生进行道德、品质等精神文明的教育。要教育学生认识体育对个人、对民族和国家的重要意义，启发其锻炼身体的自觉性。

4. 学校体育的特征

（1）基础性。首先，体育教育在整个教育中具有基础性地位，是德智体美劳教育的重要组成部分；其次，学校体育的对象是在校学生，其身心发育处于关键时期，体育有助于促进他们的健康成长；再次，学生阶段是生活习惯和行为养成的重要阶段，体育知识的掌握与体育习惯的养成，将为竞技体育和大众体育打下坚实的基础。

（2）普及性。学校体育以全体学生为对象，以全面传授体育知识、普及体育活动为宗旨。

（3）系统性。学校体育遵循儿童青少年发育成长的基本规律，并根据教学规律设计教学活动；教师按照循序渐进的原则有计划地指导学生；课余体育同课堂教学一起构成体育活动体系，在潜移默化中实现教学目标。

5. 发展学校体育的意义

（1）学校体育是学校教育的重要组成部分。学校体育是全面发展教育的组成部分，是培养社会所需人才的重要内容。体育和教育都是人类社会的文化现象，随着人类社会的产生而产生，随着人类社会的发展而发展。同时，它以越来越复杂的形式适应社会发展的需要。体育和教育从来就有紧密联系。体育作为培养人和教育人的必要手段，历来都是教育的重要组成部分。体育在教育中的重要作用已为更多的人所认识，体育作为一种理论、知识、方法体系已为更多的人所接受。

（2）学校体育是国民体育的基础。发展学校体育对增强国民体质和提高国家竞技体育水平有重要的战略意义。民族体质的强弱，关系到国力强弱和民族兴衰。在学生时期，加强体育锻炼，全面发展身体，增强体质，为一生的健康打下良好的基础。此外，由于各个运动项目的运动员必须经过多年的系统训练和竞赛，才能达到较高水平，因此，各国都把运动成绩的提升寄托在大中小学生等后备力量。

（3）促进学生智力发展。学校体育不仅能够使学生的体质得到增强，而且可以促进学生智力的发展。科学实践证明，经常参与体育锻炼，可以提高大脑皮层细胞活动的强度、均衡性和灵活性，促进身体内多巴胺的分泌，调节身体内环境的平衡。通过体育运动，还可以培养敏锐的感知能力：灵活的思维和想象能力，良好的注意力和记忆力。这些都有利于学生的智力开发，从而有利于他们更好地学习和运用科学文化知识。

（4）培养学生高尚品德和坚强的意志品质。严格的体育教学和训练，可以加强学生的组织性、纪律性，培养他们的集体主义精神。体育教学和训练的对抗性，可以促进学生良好的个性心理品质和意志品质的形成。同时，学校体育还为学生的道德行为的表现提供了有利的条件，有助于学生形成良好的道德行为。

（5）提升学生文化修养，陶冶情操。学校体育以自己丰富的内容和形式，不仅能塑造学生的体形外在美，而且能培养学生的审美情趣。通过提高学生在体育运动中感受美、表现美、创造美的能力，更好地培养学生认识和表现自身在运动方面的美，使其身心得到更加充分、自由、全面的发展。同时，学校体育还是一项娱乐休闲活动，广大学生在学习科学文化知识之余参加体育活动，可以调节学习紧张的气氛和心情，享受运动带来的快乐。体育既是一种很好的体脑调剂和恢复手段，又是一种有助于社会主义精神文明建设的业余文化手段。

第二节　体育的主要功能

体育功能主要指体育对个体和社会所能发挥的作用和效能。它主要取决于两方面：一是体育本身的属性；二是个体或是社会的需要。可以分为健身功能、教育功能、政治功能、经济功能、文化功能等。

一、健身功能

体育具有强身健体的作用，能够满足人们增强体质、防病治病、延年益寿的需求。体育以自己特有的运动方式使人的机体各部分能够更协调地均衡发展，使人的身体的各种机能在活动中得到保持和增强，从而提高人改造生存环境的能力。体育运动的强身健体功能主要体现在:体育可以通过促进人体八大系统,即运动系统、神经系统、循环系统、呼吸系统、消化系统、内分泌系统、免疫系统及泌尿系统的健康发展来促进个体的健康。

二、教育功能

体育的教育功能是通过体育对人的身心的促进与发展,来促进教育目的的实现而体现出来的。体育的教育功能主要体现在:体育运动可以促进学生良好生活习惯的形成;通过提供社会规范教育、社会角色尝试来促进人的社会化;通过促成个性形成、约束个性发展和养成进取精神来发挥体育在促进个性形成和发展中的作用。通过体育活动,还可以培养人们的情感和意志品质,对广大群众进行爱国主义、集体主义和共产主义道德品质的教育。

(一)心理教育

体育运动通过发展人的认知能力、完善人的性格、气质及增强人的意志品质来发挥健康心理的作用。

体育运动可以发展人的认知能力。研究发现,大脑的右半球对形象知觉、空间知觉、音乐知觉起主要作用。体育锻炼是发掘右半球的重要手段。人的身体协调、形象记忆、空间感都属于右脑的辖区。体育锻炼可以直接使右脑的相应部位兴奋。体育活动多是整个身体的运动,通过体育活动可以使右脑得到充分的锻炼。

体育运动可以完善人的性格、气质。人格是构成一个人的思想、情感及行为的特有模式,是一个人区别于他人的稳定而统一的心理品质。人格是一个复杂的结构体系,由性格和气质等要素组成。相关研究发现,人格对于体育参与、体育项目的选择都起到决定作用,通过相应的体育锻炼,人格也会随之发生改变。体育运动可以增强人的意志品质。坚持体育锻炼,要不断地克服各种主客观困难,这个过程既是锻炼身体的过程,也是培养良好意志品质的过程。

(二)智力发展

体育能促进学生智力的发展与提高。健康的身体、健全的神经系统是智力发展的物质基础。现代科学证明,一个人聪明与否与大脑的物质结构有关。经常坚持体育锻炼,能提高大脑细胞发育水平。而且不同性质的体育活动能给大脑和神经系统提供各种信息刺激,提高大脑皮层细胞活动的强度、均衡性和灵活性,使整个大脑和神经系统的结构、功能得到改善与提高。此外,体育认识能力的培养与提高,如敏锐的观察能力,良好的注意力与记忆力,丰富的想象力和灵活的思维能力,特别是战术思维能力的形成与发展等,可直接促进学生智力的发展。

(三)人际交往

参加体育活动,特别是一些必须通过合作才能完成的集体性体育活动,能够增加人与人之间的交流,打破自我封闭,使人获得自信。

参加体育活动有利于培养参与者的群体观念、责任意识、助人为乐等精神品质,有利于培养参与者具备尊重裁判、尊重对手、遵纪守法、文明礼貌、公平竞争的品德行为,有利于培养参与者保持积极进取、奋发向上、持之以恒的精神风貌。体育活动具有促进人际交往、培养合作精神、形成竞争意识的作用,可以促进健康人际关系的建立。

人们在体育活动中形成的合作、竞争、遵守规则的意识和行为,通常会迁移到日常社会生活、学习和工作中,有利于人们理解和遵守社会规范的意义及重要性,有利于人们形成尊重他人的行为习惯,从而能促进人际关系的和谐发展。

三、政治功能

体育作为一项在全世界具有广泛影响的社会文化和教育活动，在当今社会中与政治有着密切的关系，在维护统治阶级的利益、处理国际关系和民族关系方面，具有独特的功能。

体育的政治功能首先表现在人类跨国、跨地区、跨政治制度、跨种族的友好交流方面。例如曾经敌对的美国与中国，借助于小小的乒乓球，开创了震惊全球的“乒乓外交”，从而全面恢复了两个大国之间的外交关系，充分体现了体育的政治功能。

体育的政治功能还表现在和平时期全世界人民的情感交流方面，而这种政治功能是金钱、物质援助所无法取代的。例如涵盖全球范围的奥运会、世界锦标赛、足球世界杯等，都能使世界人民抛弃种族、信仰、政治制度的束缚而欢乐地进行体育比赛。最重要的是，还可以提高国家和民族的威望，可以服务国家外交，可以增强民族团结。

四、经济功能

体育经济功能是指体育在社会经济发展中所产生的作用。或者说是体育产品(体育服务和体育运动技术)经过社会生产各环节而被体育消费者消费后，对社会经济各部门以及人们生活消费所产生的各项经济效益的总和。体育与经济相联系是伴随着现代市场经济的发展而开始的。体育的经济功能主要体现在：体育运动可以提高劳动者素质，促进生产力的发展；体育运动可以促进消费，拓展经济增长点。

五、文化功能

多年来，我国体育健儿提出的“从零开始”“人生能有几回搏”“冲出亚洲，走向世界”，因其富有时代特点、人生哲理而为社会所承认和运用，成为中华民族共同的精神财富。体育能够促进观念更新，鼓励人们公平竞争，永不满足，敢于拼搏，超过前人，战胜自我。作为一种实践活动，体育运动的文化价值就在于人自身的价值，即人的全面、自由、和谐的发展，是个体人格和社会人格的和谐统一。

(一)休闲娱乐

休闲娱乐是人们闲暇时间里进行的自由的、自愿的、愉悦身心的活动。体育作为发展人的“自身自然”的身体活动，其在休闲娱乐中所发挥的个体和社会功能是其他休闲娱乐活动所不可取代的。体育的休闲娱乐功能主要体现在：体育活动始终关注人的“自身自然”的发展，体育活动存在大量的人与人的交往。体育休闲娱乐功能的实现主要有两种基本途径：一是亲身参与体育活动，二是欣赏体育比赛。

(二)陶冶情操

体育通过丰富多彩的内容和形式，强健体魄，匀称体形，端正姿态，矫健动作，培养学生的形体美、动作美、姿态美。另外，体育具有观赏性、趣味性和审美价值，能够促进人的审美能力的发展。

体育运动中蕴藏着丰富的美育因素，多少年来，艺术大师们总是从运动健儿的形体上捕捉美的灵感。著名雕塑家米隆的代表作《掷铁饼者》，历经两千多年仍使观赏者赞叹。随着社会的发展，越来越多的人把参加或观赏体育活动当作审美享受。经常参加体育活动、观赏体育比赛，对培养和提高感受美、理解美、鉴赏美的能力具有十分积极的作用。

第三节　高等学校体育的地位、目标与任务

一、高等学校体育的地位

高等学校体育是高校教育的重要组成部分，为未来的社会建设者提升身体素质以及养成体育锻炼的习惯发挥着重要的作用。高等学校体育是学校体育教育的最后一个阶段，如何合理定位高校体育教学的教育地位和发挥高校体育在高校教育中的作用是一个重要的学校发展内容。

（一）高校体育是培养身心健康发展的大学生的重要途径

国家体育科研人员曾对我国 11 个省、市部分高校科研机构 1 万名高级知识分子进行体检调查，并对其中 200 名高级知识分子近期死亡的原因进行统计分析，得出的结论是：高级知识分子的预期寿命，比全国人均寿命短近 10 年，这和他们用脑过度、体育活动严重不足以及没有受到良好健康保健教育有关。实践证明，高校以提高体力、发展智力、培养能力为宗旨的体育教育，在健全大学生的体格、体能及增强大学生意志等方面，起到了重要作用。

（二）高校体育是国民体育的基石，是发展我国体育事业的后备军

从人的生长发育全过程的规律来讲，学校体育教学对促进大学生身心发展、提高大学生体质与健康水平有着直接的影响和深远意义。多年来，由于人们普遍的“重智轻体”思维惯性，目前我国大学生的体质与健康状况与世界一些发达国家大学生相比仍存在一定差距。

高校体育深化改革，提出终身体育观，促进大学生增强体育意识，培养体育能力，掌握科学锻炼方法和体育保健基础理论，这不仅为大学生终身锻炼打下良好基础，而且也是为社会“全民健身”活动培养体育骨干，使之成为群众体育锻炼的组织者和指导员，有利于推动我国体育事业的发展。

从当代竞技运动发展来看，高科技正广泛用于竞技训练和比赛，这就要求运动员只有具有智力和体力结合的能力，才能提高运动技术水平，才能保证竞技比赛取得好成绩。高校具有高学历的体育师资队伍和体育科研团队，大学生具有较大的体育潜能和智慧优势，高校体育应当承担起竞技运动的任务，为我国竞技运动输送后备人才。

（三）高校体育教育是校园文化建设的重要途径

大学生是一群富有朝气、充满青春活力的时代骄子，推动着校园文化生活的发展。体育教育对学生的影响是多维的。譬如，开展体育卫生知识讲座，使大学生获得体育促进健康的知识与技能；组织体育比赛与表演，可以培养大学生审美观和能力；开展课余体育活动，使大学生调节生活节奏、改变生活方式；在体育活动过程中，培养大学生良好的思想品质、进取心、团结协作精神和爱国主义精神等。开展校园体育活动，引导大学生健康文明地生活，是主导课余思想阵地、抵制精神污染、防止和纠正不良行为的重要手段，这充分体现了体育教育是校园精神文明建设的重要途径。

二、高等学校体育的目标

（一）增进学生健康，增强学生体质

大学生正处在青年期，机体的同化作用和异化作用基本平衡，生长发育日趋完善和稳定，生理机能和适应能力均发展到较高水平，这一时期是生命活动最旺盛的时期，也是身心发展的关键时期。在这个时期，通过体育教育，有效地促进大学生的身体形态结构、生理机能和心理的正常发育和完善，全面发展他们的身体素质和人体的基本活动能力，提高他们对环境的适应能力和对疾病的抵抗能力，从而使他们以强健的体魄和充沛的精

力完成当前的学业，迎接未来的工作。

（二）提升学生运动技术水平，使其熟练掌握1~2项运动技术

高校要在广泛开展群体性体育活动的基础上，对部分体育基础较好并有一定专项运动才能的学生进行有计划、有组织的课余运动训练，不断提高他们的专项运动技术水平。这样不仅能为高校培养体育骨干，同时能带动学校大众体育活动的开展，丰富校园文化生活。

（三）培养学生体育素养，使其养成终身体育习惯

高校体育教学要想达到增进学生身体健康、增强学生体质的目标，提升大学生的体育素养是主要的手段之一。体育素养表现为个体形成正确的体育意识，学习、掌握体育的基本知识、技术和技能，掌握科学锻炼身体的方法，养成自觉、经常地锻炼身体的良好习惯，并能持之以恒，最终达到形成终身体育的行为习惯。

（四）培养学生形成科学的体育价值观和健康意识

培养大学生的社会适应能力是高校教育的又一项重要内容，它贯穿在学校教育的全过程。作为高等教育重要组成部分的大学体育教育，必须根据体育教学自身的规律和特点，以丰富多彩的体育内容和表现形式对大学生实施思想品德教育。通过体育教育，培养大学生勇敢顽强、坚持不懈、遵纪守法、集体主义、团结协作的高尚品质；塑造他们拼搏进取、开拓创新等适应现代社会发展的心理素质；提高他们的审美、鉴赏、表达和创造能力，陶冶他们的情操；使他们形成文明的行为方式和树立良好的体育作风，自觉形成科学、文明、健康的生活方式，促使学生综合素质全面发展。

三、高等学校体育的任务

为了有效地增强学生的体质，达到学校体育教育的目的，高等学校体育要完成下列基本任务：

（1）全面锻炼学生身体，使之增强体质，增进健康，提高抵抗疾病与适应环境变化的能力；

（2）系统传授体育基本知识和技能，激发学生参加体育锻炼的兴趣，养成自觉锻炼身体的习惯，提高体育文化素质，为终身体育奠定基础；

（3）通过体育向大学生进行思想品德教育，培养学生良好的思想品质和道德风尚，促进学生个性和身心和谐发展；

（4）发展大学生的体育才能，提高学生运动技术水平，推动体育进一步普及。

四、达到高校体育教育目的的基本途径

高校体育教育是学校教育的重要组成部分，也是国民体育的基础。高校体育教育对培养全面发展的现代人才，增强民族体质，建设精神文明有重要意义。而要达到学校体育教育的目的，就必须认真进行体育课教学，积极开展课外体育活动、课余训练和体育竞赛等多种途径协同并进。

课堂体育教学是一个传授和掌握体育知识、技术和技能的教育过程。通过体育教学传授学生体育知识、技术和技能以及锻炼身体的方法，提高学生体育能力；培养学生高尚的道德情操。

课外体育活动是大学生在学习之余进行的体育锻炼，如早操、课间操和其他课外体育锻炼。其主要任务是增强大学生体质、丰富其课余文化生活，培养大学生的体育能力和运动习惯。

课余体育训练是指为了提高大学生运动技术水平而专门组织的一种教育过程。它的主要任务是提高大学生运动技术水平，培养体育骨干，为体育竞赛作准备。

体育竞赛是检查、促进和推动体育教学、课外体育活动和运动训练的重要手段，它对于提高运动成绩具有一定的作用。

体育健身俱乐部、体育协会是大学体育教育的特殊形式，它依据体育教育的目的、任务，充分考虑大学生的

个人身体状况、兴趣、爱好和特长，使他们在体育教师的指导和帮助下，享受更自主和更积极的体育教育，旨在培养他们的体育健身意识、行为道德规范、意志品质和积极的创新精神。有效地帮助大学生发展个性，拓宽生存与发展空间，有效地增进身心健康，使他们成为能适应社会发展与变化的高素质人才。

上述几种基本途径不是孤立存在的，而是互相交错、互相渗透、互相影响的，必须把它们有机地结合起来，充分发挥其整体效应，只有这样才能共同完成高校体育教育的任务。

思考题

1. 体育的内涵有哪些？
2. 体育的主要功能包括哪些？
3. 体育运动有哪些主要形式？

第三章　科学健身的基本理论与方法

【学习目标】

1. 掌握科学健身的基本原则与基本要求，知晓健身的误区。

2. 能够根据自身实际制定合理的健身方案。

第一节　健身的误区与科学健身

一、健身的误区及危害

清代教育家、思想家颜习斋说："一身动则一身强，一家动则一家强，一国动则一国强，天下动则天下强。"这句话充分说明了运动对健康的重要性。运动是人体的基本需要，必须讲究科学，不科学的运动对人体健康反而会产生副作用和危害。

（一）健身的误区及形式

（1）健身方法不科学。例如，运动量、运动强度过大，运动时间过长，选择的健身项目不适合自己，不进行准备活动和放松活动，动作技术不正确等。

（2）忽视健身的环境和场地、运动装备。例如，天气条件恶劣、空气质量差、服装不舒适、器械不合适等。

（3）没有良好的生活作息习惯。健身阶段其他不良生活方式依旧，如运动过程中吸烟或酗酒、作息不规律等。

（4）有疾病自己却不重视，仍照常运动。例如，患心脏病和高血压的人，不适合做剧烈运动。

（二）错误健身的危害

（1）引发损伤。一般来说，合理健身时引发的损伤较少，即使有也多为慢性的劳损，而不合理的健身则会使意外损伤的发生率大为增加，会造成肌肉韧带拉伤、撞伤甚至骨折等。

（2）引发运动性疾病。运动性疾病是指运动量过大超过自身可以承受的负荷或不注意休息等造成的过度疲劳、运动性贫血、运动性血尿这样一些疾病。女子长时间大运动量会引起内分泌失调，导致月经紊乱、闭经，甚至患上妇科病等。

（3）使原有疾病恶化。身体患有某些疾病尤其是心血管疾病如冠心病、肥厚性心肌病、马凡氏综合征、主动脉瘤等，若仍进行大负荷运动，可能会使病情加重，严重时可诱发死亡。

二、科学健身的必要性

(一)健身的概念

健身是一种健全个体的身体机能、增强个体的体质的一种手段。健身的运动形式和练习手段需要根据人体生命科学的原理进行选择,以达到提高人们身心健康的目的。

(二)何谓科学健身

所谓科学健身就是经过一定的健康教育,在掌握一定的解剖生理知识、卫生知识、心理知识、体育运动知识、营养知识、保健知识的前提下,结合医学检查,个体根据自身健康状况,在合理的运动处方指导下,进行健身活动、增强体质的过程。

(三)科学健身的重要性

现代社会的竞争从根本上说是人的素质的竞争。强国必先强种,强种必先强身。增强国民体质是建设社会主义物质文明和精神文明的奠基工程,是加快经济改革步伐,提高人民生活水平,建设中国特色社会主义的一项重要战略举措。

当前虽然健身之风盛行,但真正懂得科学健身的很少。科学的健身方式和正确的健身方法能使健身事半功倍。我国相当一部分人的健身科学性不高,他们对健身手段的选择、健身方法的掌握、健身设施的使用等都处于一知半解状态。很多时候,不正确地使用健身器材常使得锻炼效果欠佳,甚至会出现健身过度过量受伤的情况。对科学健身方法及健身器材使用方法认识不足已经成为阻碍我国全民健身发展的重要因素。

三、科学健身的价值

(一)改善和提高人的大脑和中枢神经系统的功能

科学健身能改善大脑的供血、供氧状况,使人头脑清醒、思维敏捷、大脑皮层的兴奋性增强、综合分析能力增强、抑制加深、中枢神经系统对身体各器官系统的调节功能增强,从而使各器官系统的活动更加灵活和协调,保证有机体对外界环境有更强的适应性,学习、工作能力得以全面提高。

(二)促进有机体的生长发育,塑造健美的体形,提高人的运动能力

实践证明,科学健身可以使人体的骨骼更加坚实、抗压性增强,特别是能使脊柱、胸部和骨盆等支撑器官的发育更趋完美,为塑造健美体形创造条件。科学健身还可以促进肌肉的血液供应量增加、肌纤维增粗、肌肉粗壮,同时还可以提高神经系统对肌肉的控制能力,使人适应劳动和运动的能力增强。

(三)促进人体内脏器官构造的改善和机能的提高

科学健身时,由于人的体内能量消耗增加、新陈代谢加快、代谢产物增多、血液循环加速,从而使血液循环、呼吸、消化、排泄等系统的机能得到改善,特别是心脏、肺等在构造上发生变化,从而出现心脏工作的“节省化”和肺活量增大、呼吸深度加深的现象。

(四)提高人对自然环境的适应能力

医学和生理学关于“适者生存”的理论,明确说明人的健康状况和工作效率,不仅取决于全身各器官、系统的功能及其相互协调,而且取决于整个身体对自然环境的适应能力。在严寒、酷暑、高山、高空等环境条件下进行科学健身,能提高人对自然环境的适应能力。

(五)提高有机体的应激能力和病后的抵抗力

科学健身有助于推迟人体衰老的生理过程,增强人对疾病的免疫力和人病后的康复力。

第二节　科学健身的基本原则与基本要求

一、科学健身的基本原则

(一)自觉积极性原则

自觉积极性原则是指体育锻炼者有明确的健身目标，充分了解科学健身的价值，自觉积极地从事体育锻炼活动。科学健身是一个自我锻炼、自我完善，并需要克服自身的惰性，战胜各种困难的过程。同时，还要确保一定的作息，只有把科学健身作为生活中不可缺少的一部分，才能奏效。

(二)实效性原则

讲求实效原则是指在选择锻炼内容、方法和安排运动负荷时，应根据个人的性别、年龄、健康状况，对锻炼的爱好和原有的基础，以及生活条件等实际情况来确定。只有按科学方法进行锻炼，才能取得最佳的锻炼效果。

(三)持之以恒原则

持之以恒原则是指体育锻炼必须经常性进行，使之成为日常生活中的重要内容。体育锻炼对机体给予刺激，每次刺激都产生一定的作用痕迹，连续不断地刺激作用则产生痕迹的积累。因此，科学健身贵在坚持，不能设想在短时间内取得显著效果，必须得长久地坚持。

(四)循序渐进原则

循序渐进原则是指科学健身必须遵循人体自然发展、机体适应的基本规律，从不同的主客观实际出发，合理安排运动负荷，在渐进的基础上提高锻炼水平。在科学健身过程中，运动负荷的大小直接影响人体机能的变化，负荷是否适宜，对锻炼效果的好差起很大的作用。因此，进行体育锻炼时应循序渐进，随时调整运动负荷，逐步提高锻炼水平。

(五)全面性原则

全面性原则是指科学健身必须追求身心全面和谐发展，使身体形态、机能、身体素质及心理素质等方面得到全面协调的发展。人体是由各局部构成的一个整体，各局部均按“用进废退”的规律发展，科学健身能促进新陈代谢的普遍旺盛，使身体各系统、组织、器官和谐发展，达到身体相对的完善和完美。

二、科学健身的基本要求

(一)普及健康教育，转变健康观念

所谓健康教育，就是通过有计划、有组织、系统的教育活动，促使人们自愿采取有利于健康的行为，消除或者降低危险因素，降低发病率、伤残率和死亡率，提高生活质量。通过教育增强人们的健康意识，引导人们改变不良习惯和行为，建立科学的生活方式。长期以来，有很多人没有真正理解健康的含义，没有树立正确的健康观念，宁愿买时装、买营养品，而不愿买锻炼器材。健康教育应推向全民，做到家喻户晓、人人皆知。

(二)掌握一定的有关健身的基础知识

我国著名的运动医学教授周士枋先生对科学健身作了这样一个比喻：“人体就是发电厂，外部的锻炼和消耗，如同是用电部门的需求，会刺激人体不断产生各种有益的刺激和新的能量。”全民健身首先提倡科学健身，而这一切应从普及人体解剖生理、卫生、运动、营养知识开始，使人们深刻理解和掌握健身的科学基础。

人体是复杂的，它由细胞、组织、器官系统构成。了解肌肉、骨骼、关节的特点，可减少运动时的损伤。了解心肌的生理特征，可知道如何保护心脏，而不做一些给心脏增加负担的事情，例如过量饮酒、高脂肪饮食等。消化器官的活动同样需要能量，需要供血，如果饭后马上运动，大量血液分配到运动器官，则造成消化不良，这就是饭后不能马上运动的原因。人体有性别、年龄差异,男女之间的生理特点,同一性别中少、青、中、老的生理特点各有不同,尤其在青春期和更年期这两个变化明显的时期内,其生理更有特色。有关运动的营养知识也是很重要的一个方面,如果能在运动中配以科学营养、养练结合,则能相得益彰。另外,还有体育卫生和心理卫生知识也是必不可少的。

(三)遵守科学健身的原则

如今真正采用科学健身方法的人只是少数一部分,有很多人健身时都是盲目的、不正确的。科学健身遵循的原则因人而异,重在科学,贵在坚持。不同人群的体质特征不同,因此所采用的健身方法有所不同。

(四)进行全面医学检查和加强自我监督

要想科学健身,必须掌握自身的健康状况、机能状态,知晓存在的生理缺陷甚至疾病。要注意自己的主观感觉,学会一些常见性生理指标的测定方法。在这一方面尤其是老年人和体弱者更要注意,并且经过一段时间健身后,还要再检查,来反馈和验证健身的效果,以便修正健身的方法。

(五)使用合理的运动处方

正如给病人拿药要有药方一样,体育锻炼也需要有锻炼的“药方”。这是保证科学健身的必要条件。比如一个健康的老人,每天坚持跑步,但跑的速度、距离、强度多少才适合呢?而一个体质较弱的老人又该如何跑呢?这些知识一般人未必清楚。如果盲目运动,不但达不到健身的目的,反而有害于健康。

所谓运动处方,是指由医生或体育工作者给锻炼者按年龄、性别、健康状况、身体锻炼的经历,用处方的形式规定适当的运动内容、锻炼方法和运动量的大小。如果运动的强度、时间、频率达不到一定的水平,有机体不产生反应,就起不到锻炼的作用。例如,强度过小,不论你重复多少次,都不会引起身体的变化和适应;间隔时间过长,出现消退抑制,锻炼效果也不好。但也不是运动强度越大越好,达到一定水平,再增加强度,就可能使身体蒙受其害。所以科学健身必须遵守运动处方,量力而行,“因质择方”。

(六)培养良好的生活习惯

人类是高度发达的生物群,影响人类健康的因素相当多,也相当复杂。就人类目前的认识水平而言,至少可以确定以下4个因素对人类健康起重大作用,即正常适量的身体锻炼、全面均衡的营养、文明健康的生活方式、规律充足的睡眠。

在我国人口死因构成的诸多因素中,生活行为因素所占比例高达44.7%。美国有位医学博士对1000名40岁以下的妇女做过调查,其结果是坚持每周锻炼4小时的人,比不锻炼的人患乳腺癌的危险性小50%,可见良好的生活习惯是何等的重要。有的人昏倒在麻将桌旁,有的人非命于觥筹交错之中,有的人扎根在电视机前,有的人大量吸烟,甚至吸毒等,这些都是有损健康的不良生活习惯。

(七)保持良好的心理健康

大量的医学实验证明,良好的心理状态可增进健康,有害的心理变化可促使疾病的发生。人们常说“人逢喜事精神爽”“笑一笑十年少”,而又有“气得浑身发抖”“吓得面如土色”等现象,这无不是心理因素在起作用。不良的心理因素,可以从各个不同的途径影响噬菌体,降低机体免疫能力,引发疾病。心理的变化直接影响人体的生理功能的变化,要想使身体健康,必须保持心理健康。

三、科学健身方式选择思路

(一)选择与健身目的相符的健身方式

每个人进行健身的目的都不同,有的人是为了强身健体、塑造形体,而有的人是想通过健身使患病的身体康复。现在的青年人健身多数以娱乐身心、塑造形体为目的。有的时候要想达到这些目的并不是通过一种健身方式就能够实现的,因为每一种健身方式的作用都不尽相同,所以需要健身者根据自己的目的选择适合自己的健身方式。

(1)以健身保健为目的应选择的运动方式。以健身保健为目的的锻炼通常以有氧运动为主，在选择健身项目时以全身大部分肌肉皆参与活动的周期性有氧运动项目最为恰当。比如可选择步行、慢跑、游泳、骑车、登山、划船、滑雪、滑冰等。如果体质较好，则可选择一些综合性非周期性的中高冲力项目，如网球、篮球、健美操等，这样则既可改善心肺耐力，又可提高肌肉力量以及柔韧性。

(2)以健身美体为目的应选择的运动方式。随着社会的进步，现代人对形体美的认识有了全新的理解。许多男孩子时常把拥有发达的肌肉、强壮的体魄当作自己的目标，而许多健身的女性往往把拥有曲线美当作她们的追求。不管是肌肉还是曲线美通常皆须进行力量训练以达到目的。但方式方法显然不一样，增粗肌肉的训练一般选用器械进行抗阻训练，而局部减肥训练多要求在全身有氧训练的基础上加强局部肌肉耐力的训练。

(3)以心理调节为目的应选择的运动方式。人们对于健康的要求越来越高，现代人已不满足于仅仅是没有疾病或拥有外形美，而是越来越重视自己的生活质量，重视自己的身心健康。体育活动可以舒缓人的心理压力，至于运动方式则可依据心理障碍的情况而有所区别，通常有抑郁问题的人可选择各种有氧运动形式，尤其是群体参与的非周期性有氧运动形式，或是一些中高冲力性运动项目，如各种球类运动、跳舞类；焦虑的人则最好选择周期性有氧运动形式，或是一些冲力性运动项目，如散步、游泳等。

（二）健身方式必须符合自身特点

由于健身者的自身健康状况、年龄、性别，甚至是职业、运动经历皆不一样，因而选择的方式也会不同。

(1)根据健康状况作选择。通常青壮年健身无须进行体检，但是中老年很大一部分都患有一种或一种以上的病症，如腰背痛、骨关节炎、心血管病、呼吸疾病等，如果不顾这些状况而草率地去运动，则有可能引发严重不良后果。

(2)根据体质状况作选择。通常人的体质状况会随着年龄增大而下降，年轻人体质强壮些，老年人体质弱一些，所以应根据自己的体质状况选择相应能耗或强度的项目。体质好的可以选择较为激烈的能耗高的中高冲力性运动，如网球、跑步等。体质较差的宜选择轻缓的、低冲击力性运动，如太极拳、气功、步行、保健操等，待机体机能提高和恢复再选择高冲力性运动。

(3)根据年龄作选择。不同年龄的人体力状况和健身目的不同，其健身的方式也应有所不同。青少年通常可以选择一些带有游戏性质的短时间运动，如乒乓球运动、羽毛球运动、游泳等；30岁以下的青壮年可以选择较激烈的高冲力性项目，如足球运动、篮球运动等；30~50岁可以选择慢跑、游泳或中等冲力性项目，如网球运动、乒乓球运动等；50岁以上宜选择一些低冲力性项目，如步行、太极拳等。

(4)根据性别、职业和运动经历作选择。两性在身体机能上是存在差距的，一般来说女性力量要略差于男性，但耐力及柔韧性则相对较好，因此女性更适合于体操、舞蹈、长距离步行等项目。而由于职业的特点，如果不加以注意，很多人易患上职业病，如长时间需要伏案工作的人群易患颈椎病、需长时间站立工作的人群易患静脉曲张等。预防职业病的一个最简单的方法就是多做全身性的运动，如跑步、散步、健身操、游泳、太极拳等。

四、健身注意事项

（一）掌握正确的呼吸方法

正确的呼吸是健身的一个重要环节。大部分健身者在健身的时候都倾向于少呼吸，很喜欢憋气，以为这样可以提高自己的抗压能力，其实这是非常错误的做法。在进行大重量的无氧运动时，千万注意不要过分憋气，一定要保持缓而深的呼吸，这样可以让动作做起来更省力，同时也可以降低颅内的压力，避免昏厥和耳朵受损。

（二）做好准备活动

健身过程中，人体由安静到运动状态需要一个过程，需要克服生理上的惰性。适当的准备活动可使体温适当升高、体内代谢加强，使内脏器官的机能水平逐渐提高以适应运动器官的需要。准备活动还可以帮助健身者在心理上做好准备，同时可以预防运动损伤，使健身者精力集中，提高健身的效果。准备活动虽然看似平常，但对每个健身者来说都是在健身开始前必做的一步，也是保证科学健身的重要条件之一。

（三）保证适当的运动量和强度

参加锻炼的人，普遍存在急于求成的心理，想要最快地看到锻炼成果，可是欲速则不达，急于求成往往不仅没有效果反而可能造成运动损伤。其实健身并不是练得越多越久就会越好，更不是越累越好。每天的健身时间最好控制在一个小时左右，一个小时以后激素的分泌会下降，肌肉的合成也会减慢，健身的效果就不好了，而且受伤的风险也会加大。

（四）重视重启健身的适应期

虽然有不少人坚持每天健身，但是总有那么一些时间因各种事不得不中断自己的健身，这是很常见的情况。在重新恢复健身的时候一定要注意，最少要花一个星期左右的时间来重新适应健身强度，最好采用有氧运动再加上小重量的器械运动来恢复，操之过急的话，身体很容易受伤。

（五）健身后的恢复

健身结束后，也需要注意很多问题，否则很有可能让我们的身体受伤或者导致健身的效果降低。在健身后，我们要做的第一件事就是先放松自己的身体，让身体充分冷却、舒缓。同时，我们可以进行适当的补水，然后用泡沫轴等工具放松自己的肌肉，充分进行动态拉伸和静态拉伸。在健身后的半个小时之内我们一定要摄入足够的蛋白质，建议半个小时后再去洗澡，尤其是在夏天绝对不要在健身后洗冷水澡，这一点一定要切记，充分休息调整后可以用温水洗澡。

（六）女子运动卫生

（1）一般要求。女子在青少年时期骨盆尚未发育完全，不要过多地进行负担量过大的练习。最好避免进行剧烈震动和会引起腹内压升高的身体练习，如从高处跳下、举重和憋气练习。青春后期可多从事一些增强腰背肌、腹肌、骨盆底部肌肉和上肢力量的练习。由于女子循环系统和呼吸系统机能较差，因此女子在体育锻炼中要掌握适宜的运动量。运动量过大不利于女子的健康和身心发展，而运动量过小则达不到锻炼目的。因此要因人而异，从个人的身体实际情况出发，制定适合自己的锻炼计划和选择科学的锻炼方法。

（2）女子月经期的运动卫生。月经是女子正常的生理现象，在月经期间，人体一般不会有明显的生理机能变化，所以，身体健康的女子在月经期间不必完全停止体育锻炼。进行适度的体育锻炼不仅可以改善盆腔的血液循环，减轻盆腔充血现象，而且由于腹肌和盆底肌的收缩与放松活动，能对子宫起到柔和的按摩作用，有助于经血的排出。但女子在月经期间参加体育锻炼应注意以下几点：

①运动量要适宜。在月经期间参加体育锻炼，运动量应小些，锻炼时间也不宜过长。可在早晨和课外活动时间，进行体操、散步、慢跑等运动量较小的活动。应避免进行强度大或震动大的跑跳动作，如速度跑、跨跳等。也不要做腹内明显增压的憋气和静力性动作，如推铅球、仰卧撑、倒立、收腹等，以免子宫受压、受推而引起经血过多或子宫位置改变。如遇有月经紊乱、痛经等现象发生时，则暂时停止体育锻炼。

②月经期间不宜游泳。因为经期子宫口开放，子宫内膜破裂出血，如果这期间参加游泳活动，病菌容易侵入内生殖器官，引起炎症性病变。

③月经期间要避免寒冷刺激，如冷水浴锻炼，以免发生痛经、闭经或月经淋漓不净等。月经期间也不宜进行日光浴锻炼。

思考题

1. 简述健身的错误表现及危害。
2. 科学健身的基本原则包括哪些？
3. 根据自身情况设计一套适合自己的健身方法。

第四章　全民健身与奥林匹克文化

【学习目标】

1. 了解全民健身运动、奥林匹克运动的发展历程。

2. 掌握奥林匹克文化的内涵和意义。

第一节　全民健身文化

一、全民健身的缘起与内涵

（一）全民健身的缘起

尽管“全民健身”这一术语是在1995年《全民健身计划纲要》颁布后才获得正式的政策指称，但如抛却语汇表述方面的争议，从群众参与多元化的体育活动实践来看，20世纪的群众性体育活动、思想与管理都应属于广义的全民健身运动。

1. 全民健身的萌芽

19世纪末，戊戌变法后，中国体育界以严复、康有为、梁启超为代表“纳西学之思想”，肩负“保种、保国、保教”和“救国图存”的历史使命，力主变革之言论，开创了多元思想之局面。1877年，严复指出中国贫弱的根本原因在于“民力已苶，民智已卑，民德已薄”。1890年，康有为提倡强兵尚武之道，他提倡学生“德、智、体”全面发展，以人为本，全面、有序的身心发展观。梁启超指出德、俄、日、美、法等国之所以能够国力强盛，“惟尚武故”，须以“心力”“胆力”“体力”养尚武之精神，以“体育”为工具，落实和推进“尚武”思想。

早在1917年，毛泽东在《体育之研究》中就提出了“文明其精神，野蛮其体魄”的思想。1927年，陶行知第一次在中国教育界和体育思想界明确提出“健康第一”的体育思想，将体育与健康摆在了首要位置。陶行知强调指出，体育锻炼可使身体强壮，卫生保健可以预防疾病，体育与卫生保健相结合，可使身体更加健康。

2. 全民健身的探索

在中华人民共和国成立之时，党和国家高度重视全民健身工作。1949年9月，在全国政协第一届全体会议上就要求“提倡国民体育”，毛泽东于1950年提出了“健康第一、学习第二”的方针。1952年6月毛泽东为中华全国体育总会题词：“发展体育运动，增强人民体质。”1953年，他进一步指出：“体育是关系到六亿人民健康的大事。”1954年3月，原政务院发布《关于在政府机关中开展工间操和其他体育活动的通知》，要求“人人都锻炼，天天上操场，为人民健康工作50年”。同年4月，《中央人民政府体育运动委员会党组关于加强人民体育工作的报告》提出：“改善人民的健康状况，增强人民体质，是党的一项重要政治任务。”

在政策与制度方面，1954年，原国家体委颁布《准备劳动与卫国体育制度暂行条例和项目标准》，1958年该文件修改为《准备劳动与卫国体育制度》(以下简称《劳卫制》)。《劳卫制》的实施采取部门协同的方式,各级体育运动委员会分别负责领导和监督全国或所属地区的劳卫制工作,教育部门和工会分别负责领导学校和职工的劳卫制工作;卫生部门负责劳卫制的医务监督工作,共青团在劳卫制工作中也起积极作用。1984 年,中共中央《关于进一步发展体育运动的通知》提出:“要积极发展城乡体育活动,努力提高人民健康水平,重点抓好学校体育,从少年儿童抓起。”1985 年 8 月,原国家体委在青海省西宁市组织召开全国首届体育发展战略讨论会,提出“全民体育”概念。

3. 全民健身的提出

20 世纪 90 年代,国家和体育学者开始把注意力转移到国民体质健康和公共服务的研究上来,对国民体质低下和体育资源匮乏现象进行了批判与反思。在全国人大八届三次会议的《政府工作报告》中李鹏指出“体育工作要坚持群众体育和竞技体育协调发展的方针,把发展群众体育,推行全民健身计划,普遍增强国民体质作为重点”。标志着我国全民健身事业进入了一个新时期。1995 年 6 月 20 日,国务院颁布实施《全民健身计划纲要》,全面统筹安排了我国全民健身工作的目标、任务、重点、对策等。其要旨在于通过政府领导、社会支持,为全民参与体育健身活动创造更多更好的体育环境和条件,实现国民体质的普遍增强。《全民健身计划纲要》的颁布对于动员和组织群众积极地投身于体育活动,以满足群众日益增长的健身需求是个很好的推动力。

(二)全民健身的内涵

目前对于全民健身的定义,学术界还没有作出统一的规范,比较权威的为《全民健身计划纲要》中的定义:“全民健身是指全国人民,不分男女老少,全体人民增强力量、柔韧性,增加耐力,提高协调、控制身体各部分的能力,从而使人民身体强健。”这只能说是对全民健身字面上的解释。

董新光(2003)认为,全民健身对于中国,不仅仅是一个词汇,它已经成为社会主义建设的一项事业和亿万人民的体育实践,是 20 世纪末期体育的热点和独具特色的社会现象;人们所使用的全民健身的含义,已经不仅仅是全国人民来健身的字面意义了,而是“全民健身计划”“全民健身战略”“全民健身工作”等的代名词。

全民健身是一项由体育行政部门主导的、覆盖全体公民的大型社会民生工程,它以贯彻和落实国家全民健身相关政策法规为主要工作内容,通过构建满足群众需求的全民健身公共服务体系,引导大众科学地参与运动、形成积极健康的生活方式,最终达到改善和提高大众健康水平的目的。这一定义阐明了以下几个要点:①全民健身作为民生工作,政府在其中起主导作用;②体育行政部门是全民健身的重要实施主体;③构建满足群众需求的全民健身公共服务体系是全民健身工作的重点;④全民健身的终极目标是改善和提高全民的健康水平,其关键是要引导群众形成科学的健身行为。

二、全民健身运动的建设历程

从 1995 年国务院发布《全民健身计划纲要》、2008 年我国成功举办北京奥运会,以及 2016 年中共中央和国务院印发《“健康中国 2030”规划纲要》等三个重大体育事件的宏观部署和社会影响来看,我国的全民健身运动的发展先后经历了建设体育大国、建设体育强国和建设健康中国的历史变迁。

(一)1995-2008 年:全面启动全民健身运动与建设体育大国

1995-2008 年,我国全民健身的工作格局主要是服务于建设体育大国目标。体育大国论断主要源自 2009 年 9 月,时任国家体育总局局长刘鹏在《求是》杂志发表了《从“东亚病夫”到体育大国——新中国体育 60 年》一文。在成功举办 2008 年北京奥运会之后,我国的体育事业发展站在了一个新的历史起点。逐步形成的竞技体育优势和广大人民群众日益增长的体育需求在客观上要求党和政府重新调整我国的体育事业政策,我国的全民健身开始进入一个新的工作格局。

1995-2008 年,党和政府基于建设体育大国工作格局制定和实施的全民健身政策体现了全面启动的特征:

一是党和政府制定的与全民健身相关的政策多达40余项；二是相关政策的类型齐，涉及规划（计划）、法律、法规、方案、项目等诸多类型。

第一，全民健身事业开始列入我国经济和社会发展规划的宏观统筹。《中华人民共和国国民经济和社会发展“九五”计划和二〇一〇年远景目标纲要》提出了“实施全民健身计划”，《中华人民共和国国民经济和社会发展第十个五年计划纲要》提出了“开展全民健身运动”，《中华人民共和国国民经济和社会发展第十一个五年规划纲要》提出了“开展全民健身活动”。

第二，全民健身事业开始进入党和政府的具体工作议程。2002年7月22日，中共中央、国务院联合印发并实施《关于进一步加强和改进新时期体育工作的意见》，指出“开展全民健身活动，增强人民体质”是我国体育工作的根本任务；2002年11月，党的十六大确立了全面建设小康社会的目标，并首次将全民健身作为全面建设小康社会目标体系的重要内容；在1995-2008年这一历史时期，国务院历年政府工作报告先后在“发展卫生、体育事业，提高国民身体素质”（1995-1997年），“提高生活水平”（1998年），“进一步实施可持续发展战略”（1999年和2002年），“高度重视和加强社会主义精神文明建设”（2000年和2003年），“调整消费结构，改善消费环境”（2001年）和“社会主义文化建设”（2004-2008年）等工作任务中对全民健身发展进行了相关部署。1995年6月20日，国务院发布《全民健身计划纲要》，并制定了《全民健身计划纲要》第一期和第二期工程。2006年，国务院发布《体育事业发展“十一五”规划》，提出“初步建成具有中国特色的全民健身体系”被列为我国“十一五”时期体育事业发展的总体目标之一。全民健身进入党和政府的工作议程，不仅体现了国家为每个公民身心发展创造良好社会条件的基本国策和增进健康、增强体质、促进民族繁荣和社会进步的体育方针，而且标志着我国改革开放和现代化建设进入了一个新阶段。

第三，全民健身事业开始成为国家立法的关注内容。实施全民健身计划，其本身就是保护我国公民体育权利的一个重大进展，其重要特点是通过国家权力来保护公民体育权利。1995年8月29日，全国人民代表大会常务委员会审议通过《中华人民共和国体育法》，其中第二条明确规定：我国的体育工作坚持“以开展全民健身活动为基础”。2003年6月26日，国务院颁布《公共文化体育设施条例》（国务院令〔382号〕），其中第六条明确规定：“国家鼓励机关、学校等单位内部的文化体育设施向公众开放。”在我国建设体育大国的工作格局中，稳步推进的依法治体进程逐步以法律形式正式确立了全民健身在整个体育工作中的基础地位。

第四，全民健身事业的操作标准逐步规范化。1996年7月2日，原国家体委发布《中国成年人体质测定标准》（国家体育运动委员会令〔22号〕），相关量化标准为提升我国全民健身的科学化水平提供了重要依据和实践指导。2001年，国家体育总局发布《社会体育指导员国家职业标准》，对社会体育指导员的职业概况、基本要求、工作要求和比重表进行了相关表述和具体规定。2006年12月20日，《教育部 国家体育总局关于进一步加强学校体育工作 切实提高学生健康素质的意见》（教体艺〔2006〕5号）提出，加强学校体育工作是全民健身计划的重点。

第五，全民健身事业的保障体系逐步制度化。①资金保障逐步明确了体育彩票公益金的支持功能。1998年9月1日，国家体育总局、财政部和中国人民银行联合颁布《体育彩票公益金管理暂行办法》，规定我国体育彩票年度公益金的60%必须用于落实《全民健身计划纲要》，省级及以下的体育行政部门根据实际情况参照上述比例执行。2000年9月18日国家体育总局发布《中国体育彩票全民健身工程管理暂行规定》（体群字〔2000〕124号），进一步明确了体育彩票公益金的捐赠方式、受赠单位和具体用途。②场地设施保障加强了全民健身路径等基础体育设施建设工作，并对农村和经济欠发达地区的体育场地设施建设给予了政策倾斜。2006年3月，国家体育总局发布《关于实施农民体育健身工程的意见》，明确了农村公共体育场地设施建设吸纳社会资金的具体方式。国家体育总局和教育部先后在2006年10月24日和2007年3月27日联合发布了《关于印发〈全国学校体育场馆向社会开放试点区工作会议纪要〉的通知》（体群字〔2006〕178号）和《关于申报

2007 年全国学校体育场馆向公众开放试点单位的通知》(群体字〔2007〕40 号),逐步明确了学校体育场馆对公众开放的具体操作思路和财政补贴标准。

(二)2009-2014 年:跨界整合全民健身运动与建设体育强国

2008 年 9 月 29 日,北京奥运会、残奥会总结表彰大会针对我国体育事业未来发展提出了“实现竞技体育和群众体育协调发展,进一步推动我国由体育大国向体育强国迈进”的宏伟蓝图。2009 年 10 月 27 日,时任国务委员刘延东撰文指出,推动全民健身、建设体育强国体现了党中央、国务院对国民健康的高度重视和深切关心。2010 年 1 月 26 日,全国体育局长会议进一步明确了全民健身是我国建设体育强国的首要内容和体育工作的重中之重。

2009-2014 年,我国全民健身的工作格局逐步进入服务于建设体育强国目标。党和政府基于建设体育强国工作格局实施的全民健身活动和政策体现了跨界整合的特征:一是相关政策在保障体系方面开始注重全民健身与其他民生事业的资源整合;二是相关政策在价值体系方面开始注重全民健身与养老、教育、旅游、消费等其他民生事业的目标整合。

第一,经济和社会发展规划逐步重视全民健身与经济、教育、文化等民生领域的目标整合。《中华人民共和国国民经济和社会发展第十二个五年规划纲要》在众多民生领域涉及了全民健身发展,如“强化农村公共服务”领域提出了“加强农村公共文化和体育设施建设”,“增强城镇综合承载能力”领域提出了“加快面向大众的城镇公共体育设施建设”,“积极应对人口老龄化”领域提出了“增加社区老年活动场所和便利化设施”,“加快残疾人事业发展”领域提出了“丰富残疾人文化体育生活”,“营造良好的社会文化环境”领域提出了“广泛开展面向青少年的各类文化体育活动”。

第二,党和政府逐步注重体育产业、养老、教育、文化等部门在全民健身领域的资源整合。2009 年 1 月 7 日,经国务院批准,每年 8 月 8 日定为全民健身日,确立了“全民健身日”作为国家级节日的地位;2009 年 8 月 30 日,国务院印发《全民健身条例》(国务院令〔560 号〕),规范了全民健身的相关工作,为我国全民健身事业发展提供了制度安排和法律保障;2011 年 2 月 15 日,国务院印发《全民健身计划(2011-2015 年)》,提出将全民健身事业纳入本级国民经济和社会发展规划;2012 年 11 月,党的十八大在“丰富人民精神文化生活”任务环节提出了促进群众体育和竞技体育全面发展;2014 年 10 月 20 日,《国务院关于加快发展体育产业促进体育消费的若干意见》(国发〔2014〕46 号)提出“将全民健身上升为国家战略”。

(三)2015 年至今,深度融合全民健身运动与建设健康中国

2015 年 10 月 29 日,党的十八届五中全会首次提出推进健康中国建设,我国全民健身的工作格局再一次发生了历史性变化。2016 年 8 月 19 日,全国卫生与健康大会明确提出“要实现全民健身与全民健康的深度融合”。2016 年 8 月 25 日,习近平总书记在会见第 31 届奥运会中国体育代表团时指出,“落实全民健身国家战略,普及全民健身运动,促进健康中国建设”。2017 年 5 月 8 日,时任国务院副总理刘延东在考察第十三届全国运动会筹办工作时强调:“要以举办全运会为契机,落实全民健身计划,积极推进全运惠民,改善群众体育场地设施,发展健身组织,促进全民健身和全民健康深度融合,在更高起点上开创全民健身新局面,为提高人民幸福感获得感、建设健康中国作出新贡献。”全民健身治理的战略升级,源于国家对其在实现健康中国中的全新定位,《“健康中国 2030”规划纲要》第 6 章中提出“完善全民健身公共服务体系”和“广泛开展全民健身运动”。当前,健康中国建设是全面提升中华民族健康素质、实现人民健康与经济社会协调发展的国家战略。体育运动能够较好地降低相关慢性病的发病率、延缓人体衰老,最大限度上减少医疗开支,提升国民的幸福指数。有鉴于此,及时提升全民健身的战略定位,最大化发挥全民健身的健康维护价值,无疑具有重要的战略意义与价值。

2015 年至今,党和政府基于建设健康中国工作格局制定和实施的全民健身政策体现了深度融合的特征:一是相关政策的工作视野逐步强调了“四个全面”的战略布局在全民健身领域的具体运用;二是相关政策的工作思路进一步深化了全民健身与健康、文化、教育、经济等诸多领域的纵深融合。

第一，经济和社会发展规划开始全面统筹全民健身与全民健康、文化惠民等领域的深度融合。《中华人民共和国国民经济和社会发展第十三个五年规划纲要》在“推进健康中国建设”部分明确提出了“推广全民健身，提高人民健康水平”，并对“广泛开展全民健身运动”进行了具体部署。此外，还在“提高生活性服务业品质”任务环节提出“加快教育培训、健康养老、文化娱乐、体育健身等领域发展”，在“完善服务业发展体制和政策”任务环节提出“完善各类社会资本公平参与医疗、教育、托幼、养老、体育等领域发展的政策”，在“提高贫困地区公共服务水平”任务环节提出“推动贫困地区县级公共文化体育设施达到国家标准”。

第二，党和政府的工作议程全面加强全民健身工作与其他民生工作的深度融合。①党中央和国务院联合发布的政策：2016年10月25日印发的《“健康中国2030”规划纲要》指出，完善全民健身公共服务体系和广泛开展全民健身运动是提高全民身体素质的重要内容；2017年4月13日印发的《中长期青年发展规划（2016-2025年）》指出，实施全民健身计划、组织青年广泛参与全民健身运动以及方便青年就近就便开展健身运动。②国务院发布的政策：2016年6月15日印发的《全民健身计划（2016-2020年）》指出，需要面对全面建成小康社会的目标要求和推动健康中国建设的机遇挑战，更加准确把握新时期全民健身发展内涵的深刻变化，不断开拓发展新境界，使其成为健康中国建设的有力支撑和全面建成小康社会的国家名片。2016年国务院政府工作报告在“推进文化改革发展”任务环节提出了“倡导全民健身新时尚”，2017年国务院政府工作报告在“发展文化事业和文化产业”任务环节提出了“广泛开展全民健身，使更多人享受运动快乐、拥有健康体魄”。2021年8月印发的《全民健身计划（2021-2025年）》提出：深入实施健康中国战略和全民健身国家战略，加快体育强国建设。

三、未来我国全民健身运动发展路径

（一）全民健身运动未来发展目标

“十三五”期间，全民健身的基本思路是落实全民健身国家战略和健康中国战略，即促进全国城乡各地的全体人民，人人参与、人人健身、人人快乐、人人健康、人人幸福的重要战略。其基本目标是针对人民群众多元化的健身需求，统筹全民健身公共服务体系建设，努力提高全民健康水平；其实质是要构建全民健康和全民健身型社会；其核心内容是要实现党的十八届五中全会建议提出的“发展体育事业，推广全民健身，增强人民体质”18字方针。而全民健身的总目标是，到2030年，全体人民的全民健身和全民健康指标达到高收入国家水平。

（二）未来我国全民健身运动发展的策略

1. 统筹政府、社会、公民三大主体，“三只手”合力推进全民健身事业发展

每个人都有健康和健身的基本需求，这是民生之需；社会有提供健康和健身的动力，这是产业之需；政府有管理健康和健身的义务，这是绿色发展、共享发展的要求。创新全民健身的协同联动机制体制，统筹政府、社会、公民三大主体，其中，政府提供全民健身的基本场地、组织和活动条件，保基本；社会发挥市场主体和各类社会组织法人参与全民健身活动的积极性和创造性，促多元；公民积极加入全民健身的队伍，通过参与运动，享健康。三者形成利益共同体、发展共同体、命运共同体，实现“三同”，即同心同德、同向同行、同力同建。

2. 引导广大群众树立以健身促健康的新理念，逐步养成健康文明的生活方式

把身心健康作为个人全面发展和适应社会的重要能力，树立和营造以参与体育健身、拥有强健体魄为荣的个人发展理念和舆论氛围，通过体育健身提高个人的社会协调能力和团队协作能力。《国务院关于发展体育产业促进体育消费的若干意见》中明确提出，倡导健康生活，树立文明健康生活方式，推进健康关口前移，延长健康寿命，提高生活品质的理念，并提出营造健身氛围，促进康体结合，加强体育运动指导，发挥体育锻炼在疾病防治以及健康促进等方面的积极作用。习近平总书记在全国卫生与健康大会上指出，“要倡导健康文明的生活

方式，树立大卫生、大健康的观念，把以治病为中心转变为以人民健康为中心，建立健全健康教育体系，提升全民健康素养”。因此，要广泛开展宣传教育活动，逐步纠正当前普遍存在的重医疗轻预防、重养生轻运动的传统观点，大力宣传“运动是良医”理念，采取多种方式鼓励民众通过广泛参加体育健身活动来促进个体健康。

3. 创新全民健身科技机制

运用云计算和大数据技术，开发利用国民体质健康监测大数据，研究制定并推广普及健身方案、运动处方库和“中国人体育健身活动指南”，提高群众的科学健身意识和素养，运用最新技术进行经常体育锻炼人数、体育设施利用率的及时分析和运动健身效果综合评价，提高对全民健身运动的指导水平和全民健身设施安全的监管效率，探索将全民健身数据纳入电子病历档案。

完善国民体质监测和全民健身活动状况调查制度，推动现代信息技术手段与全民健身相结合，定期进行国民体质监测和全民健身活动状况调查结果发布，是推动全民健身科学化的重要保障。下一步我们要利用移动互联网、云计算、大数据、物联网等技术手段，丰富和完善国民体质监测和全民健身活动状况调查，建设群众身边的体质测定与运动健身指导站，提高全民健身方法和手段的科技含量，建设全民健身管理资源库和服务资源库，使全民健身服务更加便捷、高效。大力推进全民健身场地设施、设备创新，为百姓提供更加便利、科学、安全的健身场地设施和可穿戴运动设备。

4. 加强科学健身指导，提高群众科学健身意识和素养

大力发展社会体育指导员队伍，完善运动防护师队伍建设，研究制定运动处方标准，编制“中国人体育健身活动指南”，出版面向群众的科学健身指导系列丛书，利用新媒体制作发布科学健身视频，倡导全社会形成爱健身、会健身的时尚氛围。

5. 推进全民健身工作供给侧结构性改革

目前全民健身事业发展中存在诸多矛盾和难题，突出表现在结构方面，主要是供给侧。一方面，当前提供的全民健身公共产品还远远不能满足群众的需求；另一方面，提供的公共产品质量低下，没有精准对接群众的实际需要。比如，近些年虽然人均体育场地面积在不断增加，但仍然有一些地方热衷于建设大型体育场馆，且大都远离市区，交通不便，广大老百姓并未真正享受到相应的服务，造成了新的资源闲置和浪费。再比如，国家每年投入很多资金来培训社会体育指导员，但有多少社会体育指导员真正在一线给群众进行健身指导服务？因此，推进全民健身供给侧结构性改革，核心就是围绕人的需求，使全民健身公共产品数量上更充足、质量上更契合群众需要，减少全民健身无效和低端供给，扩大有效和中高端供给，真正形成结构更加合理、保障更加有力的全民健身公共服务体系。实现全民健身公共产品由低水平供需平衡向高水平供需平衡的跃升，是今后一个时期全民健身工作的一项重要任务。

第二节　奥林匹克文化

奥林匹克运动是人类社会的伟大杰作，它将体育运动的多种功能发挥得淋漓尽致，影响力远远超出了体育的范畴，对当代世界的政治、经济、哲学、文化、艺术和新闻媒介等诸多方面都产生了深远的影响。奥林匹克运动不仅构成了现代社会所特有的体育文化景观，以其特有的文化魅力愉悦人们的身心，更以其强烈的人文精神催人奋进。奥林匹克运动是在奥林匹克精神指导下，以体育运动和4年一度的奥林匹克庆典——奥运会为主要活动内容，促进人的生理、心理和社会道德全面发展，推动各国人民之间相互了解，在全世界普及奥林匹克精神，维护世界和平的国际社会运动。

一、奥林匹克运动发展简介

（一）古代奥林匹克运动

奥林匹克运动起源于古希腊，因为举办地在奥林匹亚而得名。从公元前776年，至公元394年被罗马帝王下令废止，古代奥运会历时1170年，共举办了293届。参加第1届古代奥运会的国家仅有3个——伯罗奔尼撒、伊斯利、斯巴达。当时仅有一个比赛项目，即距离为192.27米的场地跑。后期规定每4年在奥林匹亚举办一次运动会。

1. 古代奥运会参赛运动员的资格

第一，必须是有纯希腊血统的男性，必须有良好的品行，从未被判过刑或受过刑。奴隶、妇女、外来人则被排斥在外。

第二，运动员要连续训练10个月才有资格参加奥运会比赛，最后一个月须集中在伊利斯城邦进行艰苦的训练。训练结束后，运动员须再次接受审查，在社会背景、个人品德、身体状况和运动技能等方面不合格的选手会被剔除。

第三，古希腊人无论是训练时还是比赛时均裸体，活动前在身上涂上橄榄油，这样既可防止日晒，保护皮肤，又会使裸露的身体在阳光下熠熠发光，显得矫健优美。比赛结束以后，运动员用金属或骨制刮刀除去身上的油污和沙土，然后洗澡。

第四，运动员按年龄分为少年级和成年级。少年运动员可参加成年人比赛，但须得到裁判的允许。

2. 古代奥运会授奖仪式

授奖台设在宙斯像前，橄榄冠放在一个特制的三脚台上。授奖时，先由报导官宣布运动员的姓名、比赛成绩、所属的城邦及运动员父母的名字，然后由司仪把优胜者领到主持人面前，主持人起身，将橄榄冠从三脚台上取下来，给优胜者戴上。这时，观众唱歌、诵诗、奏乐、欢呼，并向运动员投掷鲜花。以橄榄枝作为古代奥运会精神的象征，寓意深刻，影响久远。古希腊人认为，橄榄树是雅典保护神雅典娜带到人间的，是神赐予人类和平与幸福的象征，因此用橄榄枝编织的橄榄冠是最神圣的奖品，能获得它是最高的荣誉。据说，用于编织桂冠的橄榄枝必须由一个双亲健在的12岁儿童，用纯金刀子从神树上割下来，然后精心编制。

3. 古代奥运会的圣火

古代奥运会召开前，依照宗教规定人们聚集在奥林匹亚宙斯神庙前，举行庄严肃穆的仪式，从祭坛点燃火炬，然后奔赴希腊各个城邦。火炬手高举火炬，一边奔跑，一边呼喊：停止一切战争，参加运动会！火炬像一道严格的命令，有至高无上的权力，火炬到哪里，哪里的战火就会熄灭。即使正在激烈厮杀的城邦也会纷纷放下武器，神圣休战开始了，希腊又恢复了和平的生活，人们忘记了仇恨，忘记了战争，都奔向奥林匹亚参加奥林匹克运动会。

4. 古代奥运会运动项目简介

（1）赛跑。前13届奥运会只有赛跑一个项目。比赛距离为1个“斯泰德”（约192米）。公元前720年，第15届奥运会增加了长距离跑项目，距离为7~24个“斯泰德”。

武装赛跑是从公元前520年第65届奥运会开始被列为正式比赛项目的。武装赛跑者身着铠甲，头戴盔帽，腿裹护胫，左手执圆形盾牌。虽然只进行一次往返跑，但全身披挂，负担很重，因此，少年运动员不参加这个项目。

（2）拳击。拳击是古希腊最古老的运动项目之一，但直到公元前688年第23届奥运会上才被列为正式比赛项目。比赛的对手由抽签决定，比赛不分局数，不受时间限制，不按体重分级。比赛时仅允许用拳头或手掌击打对方。双方如果都不愿意弃权，比赛就一直继续下去，直到其中一方被打倒在地，或举起右手表示认输为止。

(3)摔跤。摔跤是古希腊人十分喜爱的运动项目。摔跤比赛分为立姿和卧姿。立姿比赛时,竞技者只要将对手摔倒3次即为胜利。卧姿摔跤是竞赛双方在泥泞的场地上进行比赛。由于泥浆沾满皮肤,很难互相抓住,增加了取胜的难度。卧姿摔跤十分激烈,直到一方举起右手,食指伸直,承认自己失败,比赛才决出胜负。

(4)混斗。混斗是由摔跤和拳击混合而成的一个竞技项目。比赛时,竞技者身体的任何部位都是进攻的武器,可以用各种动作和方法击打对手,但禁止用嘴咬对手和用手指刺伤对手的眼睛。混斗比赛剧烈而危险,比赛要一直进行到使对手丧失抵抗力或承认失败为止。

(5)五项竞技。五项竞技在公元前708年第18届奥运会上成为竞赛项目,包括短跑、跳远、掷铁饼、掷标枪和摔跤,其中短跑和摔跤既是五项竞技的内容,又是奥运会单独的竞赛项目,而最具特色的则是跳远项目。

(6)跳远。跳远用的沙坑叫作"斯卡玛",坑长约15米,同时它还兼作摔跤场之用。跳远比赛是在笛声伴奏下进行的,以激发起竞技者的情绪和跳远的节奏。跳远分为立定跳和助跑跳两种。比赛时,运动员手握名为助跳器、重量约1.48~4.63千克的半圆形重物。据说,这样既可增加跳远的距离,又有助于落地时保持身体平衡。跳远的成绩用线绳测量,用木桩标记。每个竞技者跳完3次后,才判断谁跳得最远,同时,还要看竞技者跳跃时姿态是否优美,只有两者兼备的竞技者才能获胜。

(7)掷铁饼。投掷用饼最初是中心厚、边缘薄的石饼,大约在公元6世纪前后,改用金属制造。由于各城邦运动会对铁饼的直径、重量未作统一规定,因此,在奥运会上使用的铁饼也不统一。竞技者比赛时,先在手上沾满沙子或泥土,以免投掷时铁饼脱手。测量投掷距离和现代铁饼比赛一样,并不在每次投掷后都测量,而是在铁饼落下的地方做记号,最后按最远的投掷距离算成绩。

(8)掷标枪。这种标枪是一种直木矛,通常用松木或橄榄枝制成,长度相当于一般男子的身高(约1.73米),粗细与食指相似。最初矛尖为锋利的石头,后来才换成金属制的不同类型的枪尖。比赛分投远和掷准两种。投远时,标枪上需置一个无锋刃的金属矛头,用以增加力量并保持平衡;掷准时,则改用一个有锋刃的金属矛头,以掷中目标的多少来确定最后的优胜者。

(9)战车赛。战车赛在公元前680年第25届奥运会上被列为竞技项目。由于战车赛规模宏大、设备豪华,加之惊险场面层出不穷,因而深受希腊人的喜爱。战车赛在竞技场里举行,起点设标志柱,终点设转向柱,以一个来回为一圈。最初为四马拉战车赛,公元前500年第70届奥运会时增加了骡子拉战车赛,但不久又取消了,之后还陆续增加了双马拉战车赛和幼马拉战车赛。比赛时场面十分激烈。竞技者赤身,手扬长鞭,拼命催马向前。赛车到转向柱处要突然掉转,如驾驭技术欠佳,不是车轮撞着转向柱翻车,就是竞技者被前冲力甩出车外。所以,赛车一旦驶近转向柱,号手即吹起号来,这一方面是提醒驾驭者注意安全,另一方面也是对这些冒险驱车前进的勇士们表示敬意和鼓励。一般情况下,车主并不亲自驾车比赛,而是雇人替他比赛,但是一旦获胜,被宣布为获胜者的仍是车主,而不是实际的驾车人。

(10)赛马。赛马在公元前648年第33届奥运会上被列为竞技项目,当时称作"奥林匹克大赛马"。到公元前496年第71届奥运会时又增加了牡马赛。赛马竞技与其他比赛不同,由于竞赛时马上无鞍、无马镫,骑手乘着裸马进行角逐,颇具危险性。因此,与赛车一样,骑手也是雇来的,马主人不亲自参赛。与赛车同样,一旦赛马获胜,被宣布为获胜者的是马的主人,而不是实际参赛的骑手。

(二)现代奥林匹克运动

1889年7月,在法国巴黎召开的国际田径代表大会上,"奥林匹克之父"——法国教育家皮埃尔·德·顾拜旦(Pierre de Coubertin)提出恢复奥运会的设想。1891年1月,顾拜旦以法国田径协会联合会秘书长的身份,邀请全世界体育组织和俱乐部参加于1894年6月16日在法国巴黎大学召开的国际体育运动代表大会。此次大会为第1届奥林匹克代表大会,来自9个国家37个体育组织的78名代表到会,大会通过决议复兴奥运会。

1. 现代奥林匹克运动的诞生

(1)国际奥林匹克委员会的成立。1894年6月16日,国际体育运动代表大会在巴黎大学举行,在开幕式上,为了唤起代表们对古代奥运会的向往,顾拜旦特意安排了大合唱《阿波罗颂》。6月23日,会议通过了恢复古代奥运会的建议,决定每4年举行一次奥运会,并为举办奥运会建立一个长期存在的委员会,即国际奥林匹克委员会(简称国际奥委会)。国际奥委会的成员都是接受聘请而进入委员会的。会议还决定于1896年在雅典举办第1届现代奥运会,并任命希腊诗人泽麦特里乌斯·维凯拉斯为国际奥委会第一任主席,顾拜旦任秘书长。

(2)第1届现代奥运会成功举办。1895年8月,希腊国家奥委会正式宣布了第1届现代奥运会的举办日期,并欢迎世界各国运动员来雅典参加盛会。

1896年4月6日,第1届现代奥运会在希腊雅典开幕。之所以将这一天作为开幕日,是为了纪念希腊反抗土耳其统治起义75周年。下午3时,希腊国王乔治一世庄严地宣布大会开幕。他以东道主的身份向各国来宾及选手表示热烈的欢迎。当他赞扬顾拜旦为创办现代奥运会所作的努力时,全场6.9万名观众掌声雷动,经久不息,向顾拜旦表示深深的敬意。国王致辞后,由希腊著名作曲家斯皮罗斯·萨马拉斯指挥演奏了他谱写的奥运会会歌。

参加第1届现代奥运会的有14个国家的241名运动员,运动员人数位居前列的是希腊、德国、法国。本届比赛项目有田径、游泳、举重、射击、自行车、古典式摔跤、体操、击剑和网球9个大项目。原计划中有赛艇项目,后因故取消了。

2. 奥林匹克的组织结构体系

国际奥林匹克的组织结构体系:以国际奥委会、国际单项体育联合会和各国或各地区奥委会三大支柱为骨干的组织结构体系以及部分附属机构。

(1)国际奥委会。国际奥委会是国际性、非政府、非营利性的组织,于1981年9月17日得到瑞士联邦议会的承认,是无限期存在的具有法人资格的协会。国际奥委会的正式语言是法语和英语,如果英文本和法文本之间出现差异,以法文本为准。在国际奥委会召开的全会上,有德语、俄语、西班牙语和阿拉伯语的同声传译。

(2)与奥运有关的国际单项体育联合会。

①奥运项目国际单项体育联合会。

a. 夏季奥林匹克项目国际单项体育联合会总会。1983年5月30日,在瑞士洛桑召开每年一度的国际奥委会执委会——国际单项体育联合会联席时,管理夏季奥运会项目的21个国际单项体育联合会成立总会,管理奥运会比赛项目的28个国际单项体育联合会。

b. 冬季奥林匹克项目国际单项体育联合会总会。该总会于1976年在奥地利的因斯布鲁克举行的冬季奥运会期间成立,1982年6月得到国际奥委会的承认。

②国际奥委会承认的非奥运项目国际单项体育联合会。虽获得国际奥委会承认,但普及率未达到进入奥运会标准的有29个联合会,如国际航空运动联合会、世界登山联合会、世界台球联盟等。

国际奥委会临时承认的国际单项体育联合会有效期一般为2年或国际奥委会执委会确定的时期。临时承认期结束时,若国际奥委会未给予书面的认可,该承认即自动终止。如国际摩托艇联盟、国际健美联合会。

③国际单项体育联合会协会组织。获国际奥委会承认的国际单项体育联合会总会于1983年成立,由虽获得国际奥委会承认但其管理的运动项目尚未进入奥运会比赛的国际单项体育联合会组成。

1967年4月21-23日,26个国际单项体育联合会在瑞士洛桑成立。到1997年10月其会员发展到管理世界上150个运动项目的90多个国际体育联合会,分为正式委员、联系委员和临时委员。该组织的正式工作语言为英语和法语。

(3)国家奥林匹克委员会。国家奥林匹克委员会简称国家奥委会,是按照《奥林匹克宪章》的规定建立起来,并得到国际奥委会承认的负责在一个国家或地区开展奥林匹克运动的组织。是奥林匹克运动的基本功能单位,是一个国家或地区奥林匹克运动唯一合法的组织者与领导者。

到2004年初,被国际奥委会承认的国家和地区奥委会已达202个,具体分布为:非洲53个、亚洲44个、欧洲48个、美洲42个、大洋洲15个。

(4)世界反兴奋剂机构。1999年11月10日,经国际奥委会倡议,“世界反兴奋剂机构”在瑞士洛桑成立,目前该机构的总部设在加拿大的蒙特利尔。其工作内容主要为:实施和扩大赛外检查,加强国际合作研究,制定兴奋剂教育计划,逐步同意药物检测分析和使用仪器设备的科学技术标准与程序,以及每年制定和公布禁药名单。

(5)国际体育仲裁法庭。1984年6月,国际体育仲裁法庭正式成立,由60名成员组成,其中国际奥委会15人,国际单项体育联合会15人,国家奥委会15人,国际奥委会主席指定15人。法庭的一切支出由国际奥委会承担。

处理案件分类:解决普通的争议案件;解决根据体育组织的章程上诉至法庭的案件;调解社会团体之间的纠纷;根据国际奥委会的要求,出具法律意见;体育范畴内一般的调解工作。

3. 奥林匹克的文化体系

《奥林匹克宪章》是国际奥委会制定的关于奥林匹克运动的最高法律文件。此宪章对奥林匹克运动的组织、宗旨、原则、成员资格、机构及各自的职权范围和奥林匹克各种活动的基本程序等作了明确规定。它是约束所有奥林匹克运动参与者行为的基本标准和各方进行合作的基础。

《奥林匹克宪章》明确规定,奥运会完全属于国际奥委会,国际奥委会拥有有关的全部权利,特别是涉及奥运会的组织、开发、广播电视和复制的权利。

奥林匹克标志:由5个奥林匹克环套接组成,有蓝、黑、红、黄、绿5种颜色。环从左到右互相套接,上面是蓝、黑、红环,下面是黄、绿环。

奥林匹克旗:白底无边,中间是奥林匹克环。

奥林匹克格言:更快、更高、更强。

奥林匹克会徽:由奥林匹克五环同其他特殊部分组成的图样。

奥林匹克会歌:是1958年在东京国际奥委会第55次全会通过的歌曲,其词作者是帕拉马斯,曲作者是萨马拉斯,均为希腊人。

4. 奥林匹克的思想体系

奥林匹克精神是将身、心和精神方面的各种品质均衡地结合起来,并使之得到提高的一种人生哲学。它将体育运动与文化和教育融为一体。

(1)奥林匹克精神的中心思想是人的和谐发展。

(2)体育运动是实现人的和谐发展的重要途径。苏格拉底认为:“一个人到了垂暮之年都没有亲身体会到健美的身体能带来多大的欢乐,那真是再遗憾不过了。”柏拉图认为,身体与精神相互影响,道德不良产生于教育不当和身体不健全。亚里士多德主张,体育先于智育进行,因为智力的健全依赖于身体的健全。

(3)体育运动必须与教育、文化相结合。顾拜旦认为:“在我看来,现时文明的未来此刻既不依赖于政治的又不依赖于经济的基础,而是完全取决于教育的方向。”

2008年北京奥运会会徽

(4)奥林匹克选手榜样的作用。奥林匹克运动的宗旨:“通过没有任何歧视、具有奥林匹克精神——以友谊、团结和公平精神互相了解的体育活动来教育青年,从而为建立一个和平的更美好的世界作出贡献。”

5. 奥林匹克运动的活动内容体系

(1)奥运会的运动项目。奥运会分为夏季奥运会和冬季奥运会，1992年前，在同一年举办。自1992年开始，夏季奥运会依然在每个奥林匹克周期的第1年举办，冬季奥运会改为在奥林匹克周期的第3年举办。

竞技运动比赛分为运动大项、分项及小项。奥运会比赛项目不是固定不变的，国际奥委会会对其进行调整。

《奥林匹克宪章》规定，只有在至少4大洲75个国家广泛开展的男子项目和3大洲40个国家广泛开展的女子项目，才能列入夏季奥运会比赛的大项或分项；冬季奥运会新项目的标准是至少在3大洲25个国家广泛开展。运动大项或分项列入奥运会比赛项目，至少在奥运会召开前7年确定，确定后不允许任何变动。

运动小项进入奥运会的标准是，男子项目必须至少在3大洲50个国家和地区开展，女子项目至少在3大洲35个国家和地区开展，同时还至少2次被列入世界或大洲锦标赛。运动小项列入奥运会，必须在有关的奥运会召开前3年确定。

夏季奥运会比赛项目必须包括至少15个运动大项，冬季奥运会没有最低限制。

(2)奥林匹克圣火点燃与传递仪式。1934年，国际奥委会决定，在奥运会期间，从开幕到闭幕，主会场要燃烧奥林匹克圣火，并且火种必须采自希腊的古奥运遗址——奥林匹亚，并以火炬接力的形式传到主办城市。

从1936年柏林奥运会开始，每届奥运会前，在奥林匹亚的赫拉神庙遗址前都要举行庄重的点火仪式。身着古装的首席女祭司用聚光镜采得火种，然后用火炬传到雅典，再由雅典传到主办城市。

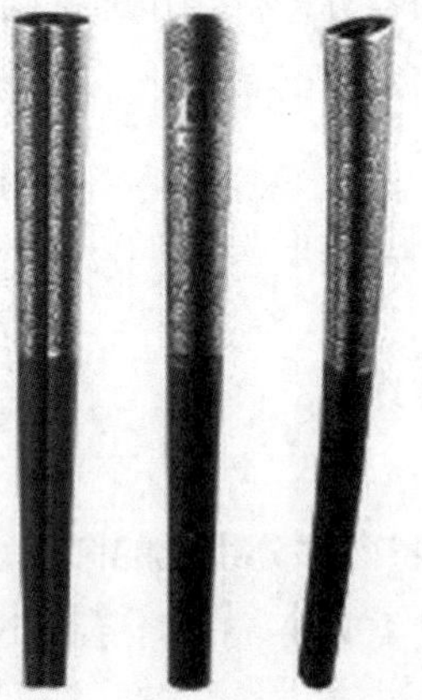

2008年北京奥运会火炬

(3)国际奥委会承认的大型综合运动会。

①残疾人奥林匹克运动会。简称“残奥会”，始办于1960年，是由国际奥委会和国际残疾人奥林匹克委员会专为残疾人举办的世界大型综合性运动会，每4年于夏季奥运会后举办。自1976年起，还举办冬季残疾人奥林匹克运动会。

②特殊奥林匹克运动会。简称“特奥会”，创办于1968年，是专为精神障碍患者以及智能低下者举办的世界大型综合性运动会。1975年以前不定期举办，1975年后每4年举办一届。

③大洲及地区运动会。

a. 亚洲运动会。其前身为远东运动会，1911年由菲律宾体育协会发起，每2年举办一次，后因战争中断。1951年第1届亚运会在印度首都新德里举行。亚运会是亚洲地区规模最大的综合性运动会，每4年举办一届，与奥林匹克运动会相间举行。最初由亚洲运动会联合会主办，1982年后由亚洲奥林匹克理事会主办。

b. 非洲运动会。创办于1965年，是由非洲最高体育理事会主办的非洲地区大型综合性运动会。1987年以前不定期举行，1987 年后每 4 年举办一届。

c. 泛美运动会。是泛美体育组织主办的美洲地区规模最大的综合性运动会，创办于 1951 年，每 4 年举办一届。泛美运动会的领导机构是泛美体育运动委员会，1955 年更名为泛美体育组织，总部设在墨西哥城。

d. 中美洲及加勒比海地区运动会。该运动会原名为中美洲运动会，创办于 1926 年，是美洲仅次于泛美运动会的地区性大型综合运动会。1935 年改名，每 4 年举办一届。

e. 泛阿拉伯运动会。由埃及和摩洛哥等国倡导，创办于 1953 年，是由阿拉伯联盟赞助，只限阿拉伯国家参加的不定期举行的大型综合性运动会。

f. 地中海运动会。创办于 1951 年，每 4 年举办一届，是由地中海沿岸各国参加的地区性综合运动会。组织和领导机构是地中海运动会国际委员会。比赛项目大部分是奥运会项目。

g. 奥林匹克大众体育活动。1948 年 1 月，国际奥委会在圣莫里茨举行的第 42 次全会上决定，以后在每年的 6 月 23 日举行世界性庆祝活动，纪念国际奥委会诞生的日子，以此宣传奥林匹克思想，推动大众体育的发展。这就是“奥林匹克日”。此后，在每年的 6 月 17-24 日，各个国家和地区奥委会都要组织各种庆祝活动。

h 奥林匹克日长跑。1987 年在国际奥委会大众体育委员会的倡议下，开始举行奥林匹克日长跑活动，长跑的距离因性别、年龄的不同而异，平均距离约为 10 公里。

i. 世界健康日。1986 年 4 月 7 日国际奥委会与世界卫生组织共同倡议，确定每年的 4 月 7 日为世界健康日。

二、我国奥林匹克运动的发展

(一) 奥林匹克运动在中国的初步开展

1. 中国首位国际奥委会委员的产生与中华全国体育协进会的成立

1922 年 4 月 3 日，中华业余运动联合会在北京成立，其是中国历史上第一个全国性的体育组织，会长为张伯苓。

1922 年 6 月，国际奥委会第 21 次全会在法国巴黎召开，会上王正廷被选为中国首位国际奥委会委员，中国与国际奥委会建立直接联系。

1924 年 8 月，中华全国体育协进会成立。中华全国体育协进会简称“体育协进会”或“全国体协”，张伯苓为名誉会长，国际奥委会委员王正廷为名誉主席董事，董事会 15 名成员全是中国人。

1931 年 6 月，在国际奥委会第 30 次全会上，中华全国体育协进会被正式承认为国际奥委会团体委员，成为国际奥委会承认的中国奥林匹克组织，行使中国奥委会的职能。

2. 中国最早参加的奥林匹克赛事活动

远东运动会是中国最早参加的大型国际赛事。1920 年 8 月，国际奥委会第 19 次全会正式承认远东体协与远东运动会。

3. 中国早期的国际奥委会委员和参加的奥运会

20 世纪上半叶，王正廷、孔祥熙和董守义先后被选为国际奥委会委员。

1932 年 8 月，第 10 届洛杉矶奥运会，中国首次派出由 3 人组成的代表团参赛，运动员仅刘长春一人。

1936 年 8 月，第 11 届柏林奥运会，中国首次派出大型代表团参加，总领队为王正廷，运动员 69 名，其中男子 67 人、女子 2 人。

1948 年 7 月 29 日-8 月 14 日，第 14 届伦敦奥运会，中国派出由 33 名运动员组成的代表团参加。

4. 中国早期奥林匹克运动的意义

①学习先进的体育体系，推动中国体育的发展与进步。

②促使中国体育与国际接轨，增进中国与国际社会的相互交流与了解。

③为中国体育事业和奥林匹克事业的发展奠定了最初的基础。

（二）中华人民共和国与奥林匹克运动

1. 中华人民共和国成立初期的奥林匹克运动

（1）中华全国体育总会成立。1949年10月26日，在北京召开了中华全国体育总会筹备会，决定将原中华全国体育协进会改组为中华全国体育总会。1952年6月，中华全国体育总会在北京举行成立大会。毛泽东为大会题词："发展体育运动，增强人民体质。"

1954年国际奥委会第49次全会承认中华全国体育总会为中国国家奥委会。

（2）中华人民共和国代表团首次亮相奥运会。1952年7月19日，第15届芬兰赫尔辛基奥运会，中华人民共和国首次派出代表团参加。

（3）中华人民共和国被迫与国际奥委会中断关系。为了抵制"两个中国"的阴谋，维护国家主权，1958年8月19日，中华全国体育总会发表声明，宣布断绝与国际奥委会的关系。与此同时，中华全国体育总会基于同样的原因，宣布推出国际游泳、田径、篮球、举重、射击、摔跤、自行车联合会及亚洲乒乓球联合会8个国际体育组织。董守义辞去国际奥委会委员职务。

2. 中国在国际奥委会合法席位的恢复

1971年3月，中国运动员赴日参加第31届世界乒乓球锦标赛，借此启动了著名的"乒乓外交"，改善了中国的国际关系。

1971年10月25日，第26届联合国大会通过恢复中华人民共和国合法席位的决议。

1979年10月25日，国际奥委会执委会名古屋会议，通过了恢复中国在国际奥委会合法席位的决议，批准了波多黎各会议的有关建议。确认代表全中国奥林匹克运动的是中华人民共和国奥委会，正式名称为"中国奥林匹克委员会"，会址设在北京，使用中华人民共和国的国旗和国歌；设在台北的奥委会将作为中国的一个地方性机构留在国际奥委会内，正式名称为"中国台北奥林匹克委员会"，不得使用原来的会旗、会歌和会徽，其新的会旗、会歌和会徽均需经国际奥委会批准。

3. 中国现代奥林匹克运动的组织体系

（1）国家体育总局。其前身是1952年11月成立的国家体育运动委员会，1998年3月24日改组为国家体育总局，是国务院直属的体育事务管理机构，主管全国体育工作。体育总局下设办公厅、群众体育司、竞技体育司、体育经济司等部门，还有运动管理中心以及有关体育科学研究、兴奋剂检测等领域的机构。

（2）中华全国体育总会（全国体总）。1979年，全国体总和中国奥委会分立。全国体总及其活动，接受其业务主管单位国家体育总局及社团登记管理机关中华人民共和国民政部的业务指导和监督管理。

③中国奥林匹克委员会。是以发展体育和推动奥林匹克运动为任务的全国群众性、非营利性体育组织，代表中国参与国际奥林匹克事务。会址设在北京。其宗旨是遵守宪法、法律、法规和国家政策，遵守社会道德风尚；在中国宣传和发展奥林匹克运动。

中国奥委会实行单位会员和个人委员制。奥委会委员由下列人员组成：奥运会项目的全国单项体育协会的代表，人数应占委员总数的三分之二；国际奥委会的中国委员是中国奥委会执委会的当然委员；体育界、运动员及其他社会各界的代表。

4. 中国奥运史辉煌篇章——零的突破

1984年7月28日，在第23届洛杉矶奥运会上，中国射击选手许海峰在男子自选手枪的比赛中以566环的成绩战胜各国强手获得冠军，为中国奥运史写下了新篇章。

中国女排在第23届奥运会上击败美国队夺得冠军，中国收获了第一枚奥运会团体项目金牌。

中国第一个获得奥运金牌的女运动员——吴小旋，在第23届奥运会女子标准步枪3×20项目上，她经过顽强拼搏，最终以581分的成绩成为中国奥运史上获得金牌的女子第一人。

2002年2月8日，第19届盐湖城冬奥会上，中国姑娘杨扬在女子500米、1000米速滑比赛中力夺两枚金牌，结束了中国冬奥会无金牌的历史，实现了冬奥会金牌“零”的突破。

5. 中国奥林匹克运动活动体系

国际比赛：夏季奥运会、冬季奥运会和其他国际赛事。

国内比赛：全国运动会、冬季运动会、城市运动会、全国工人运动会、农民运动会、少数民族传统体育运动会、大学生运动会、中学生运动会。

6. 奥林匹克日长跑活动

1987年，我国开始举办第1届奥林匹克日长跑活动。

7. 中国发展奥林匹克运动的意义

①促进中国的社会进步。

②推动中国体育事业发展，包括：促进现代体育观念在中国的确立；促进中国体育组织的建立和健全；促进中国体育，尤其是竞技体育的快速发展；促进体育在中国的普及。

③促进中国的经济建设。

④促进中国的和平统一及国际交往。

思考题

1. 全民健身的主要内涵是什么？

2. 简述现代奥林匹克运动发展的重要意义。

3. 谈谈我国未来全民健身运动发展的思路。

实践篇

第五章　田径运动

【学习目标】

1. 了解田径运动的起源与发展。
2. 掌握田径运动的基本技术。

第一节　田径运动概述

田径运动是田赛、径赛和全能比赛的全称。现代田径运动主要包括竞走、跑、跳跃、投掷以及由跑、跳跃、投掷的部分项目组成的全能运动，共计40多项。“更高，更快，更强”是田径运动永恒的追求。

田径运动中以时间计算成绩的项目称为径赛，以高度或远度计算成绩的项目称为田赛。全能运动项目，则是以各单项成绩按《田径运动评分表》换算分数计算成绩。

田径运动参与过程简单，不易受到外在客观环境的制约。从事田径运动既能全面发展力量、速度、耐力、灵敏、柔韧等身体素质和基本活动能力，还能培养勇敢顽强、拼搏进取、坚韧不拔的优良品质。

远在上古时代，人类为了获得食物、躲避天敌，在大自然中生存延续，不得不走或跑很远的距离，跳过各种障碍，投掷石块和使用各种捕猎工具。千百万年来不断地重复这些动作，便形成了走、跑、跳跃和投掷的各种技能。随着社会的发展，人们有意识地把走、跑、跳跃、投掷作为练习和比赛形式。在现代运动体系中，这些练习和比赛形式被归纳为田径运动。

在公元前776年的第1届古奥运会上，田径运动即为正式比赛项目之一。当时的田径比赛只有一个短距离赛跑项目，跑道为一条直道，长192.27米。到公元前708年的第10届奥运会上，才正式列入跳远、铁饼、标枪等田赛项目。在1896年第1届现代奥运会上，田径的跑、跳跃、投掷等项目被列为主要比赛项目。在之后的各届奥运会上，田径运动都是主要比赛项目之一，也是现代奥运会金牌数最多的项目。

田径运动于19世纪末传入我国，鸦片战争之后，美、英传教士在我国建立教会和开办学校，开展田径等体育运动，后来逐渐普及到全国。据专家考证，我国最早的田径比赛可以追溯到1880年上海圣约翰书院举行以田径为主要项目的运动会。随着田径活动在我国的逐步开展，中华人民共和国成立前我国举办了7届全运会，参加了3届奥运会和10届远东运动会。但由于当时我国经济落后，体育得不到提倡，所以田径运动水平很低，偶有高水平运动员出现，也未能在世界大赛上取得好成绩。如当时短跑运动员刘长春，作为我国奥运代表团唯一的运动员，1932年代表我国首次参加第10届洛杉矶奥运会，参加的就是田径比赛。当时在100米、200米、400米等项目上刘长春都已经具备世界级水平，却由于经费不足，长途跋涉，到达洛杉矶的第3天就参加100米预赛，以11秒1的成绩名列小组第5名，未能进入下一轮比赛。在200米比赛中，刘长春跑出了22秒1的好成绩，获小组第4名，也未能进入复赛。甚至在比赛结束后刘长春都没有回国的路费，还是在当地华侨的捐助下才得以返回祖国。

图 5-1　第 1 届现代奥运会

图 5-2　第 10 届奥运会中的刘长春

中华人民共和国成立后,随着我国经济恢复和建设事业的发展,体育事业也获得飞速发展,逐步建设了一批田径场地,开始生产田径教学、训练所需要的器材设备。从 1952 年起,我国每年都举行较大规模的田径运动会,仅在 1953-1954 年就建立起 6 所体育学院。经过广大体育工作者的努力,田径运动迅速发展起来,各项成绩也提高很快。至 1958 年 7 月解放军队的梁建勋以 10 秒 6 的百米成绩打破 10 秒 7 的全国纪录,田径运动各项纪录全部被刷新。1957 年 11 月 17 日,山东女子跳高运动员郑凤英跳过了 1. 77 米的高度,打破了美国选手麦克丹尼保持的 1. 76 米的世界纪录,轰动了世界体坛。

1959 年 9 月 13 日,第 1 届全国运动会在北京工人体育场召开。除台湾省外,各省、市、自治区和解放军共 39 个单位的代表参加了各项比赛,其中田径运动员就有 1299 人,有 37 人(男 31 人,女 6 人)打破了 25 项(男 17 项,女 8 项)全国纪录。这次田径比赛的丰硕成果标志着我国田径运动水平向前迈进了一大步。

20 世纪 60 年代我国有 10 个项目成绩进入了世界前 10 名。1983 年,在上海举行的第 5 届全运会上,朱健华以 2. 38 米打破了他自己保持的 2. 37 米的世界纪录。同年,徐永久以 45 分 13 秒 4 的成绩创女子竞走世界纪录,成为我国第一个在世界比赛中获得冠军的田径运动员。20 世纪 90 年代我国创造了一批女子中长跑世界纪录,其中,"亚洲神鹿"王军霞创造世界纪录、勇夺奥运金牌。1991 年在东京世界田径锦标赛上,我国女子铅球运动员黄志红以 20. 83 米的成绩夺得冠军,不仅为我国,而且为亚洲打破了在世界田径锦标赛上金牌"零"的纪录。2000 年悉尼奥运会上我国运动员王丽萍获得 20 公里竞走金牌;2004 年雅典奥运会上刘翔夺得 110 米栏冠军,继而在 2006 年瑞士洛桑田径超级大奖赛男子 110 米栏中,以 12 秒 88 的成绩打破了保持 13 年的世界纪录夺冠,打破欧美选手在直道项目上的统治,续写了黄种人田径的神话;2015 年刘虹获得女子 20 公里竞走金牌,同时打破世界纪录。

图 5-3　刘翔过栏瞬间

现在中国田径又涌现出以"亚洲飞人"苏炳添、谢振业及田径世锦赛铅球冠军巩立姣为代表的一大批优秀运动员,中国的田径运动有多个项目在亚洲具备优势地位,中国田径总体技术水平和成绩与世界最高水平间的差距已经缩短,在竞走等项目上已经居世界领先地位。

第二节　田径项目简介

一、项目分类

（一）径赛项目

径赛是在田径场的跑道或规定道路上进行的跑和走的竞赛项目的统称。奥运会的田径项目设有100米跑、200米跑、400米跑、800米跑、1500米跑、女子3000米跑、5000米跑、10000米跑、马拉松、3000米障碍赛（男子）、100米栏（女子）、110米栏（男子）、400米栏、10公里竞走（女子）、20公里竞走、50公里竞走（男子）、4×100米接力、4×400米接力。

（二）田赛项目

田赛是在田径场规定的区域内进行的跳跃及投掷项目竞赛的统称，分为跳和掷，其中，跳的项目有跳高、跳远、三级跳远、撑竿跳高，掷的项目有铅球、铁饼、标枪、链球等。

（三）全能项目

田径全能项目是将跑、跳、投掷等各种不同田径单项在规定日期内按一定顺序进行的综合性比赛项目。公元前776年开始的古代奥运会上，就举行过古代五项全能运动。现在的全能项目成绩是按照国际业余田径联合会制定的《田径运动评分表》，将各个单项成绩所得的评分相加来计算，总分最多者获胜。目前国际田联规定的奥运会正式全能比赛项目为男子10项全能和女子7项全能。此外，还有一些非奥运会项目的全能运动项目。

1. 男子10项全能

是由跑、跳、投掷等10个田径项目组成的综合性男子比赛项目。参加10项全能比赛的运动员必须在两天内按顺序完成10项比赛。第一天：100米跑、跳远、铅球、跳高、400米跑；第二天：110米跨栏、铁饼、撑竿跳高、标枪、1500米跑。

2. 女子7项全能

是由跑、跳、投掷等7个项目组成的综合性女子比赛项目。7项全能比赛顺序为：第一天100米跨栏跑、跳高、铅球、200米跑；第二天跳远、标枪、800米跑。

二、基本规则

（一）径赛基本规则

在径赛的各项比赛中，如果参加人数较多，可先举行预赛、次赛，最后有8人参加决赛，以决赛的成绩作为最后判定名次的成绩。径赛必须沿逆时针方向跑进。道次（或起跑位置）由抽签决定。分道跑项目和接力跑的第一棒运动员起跑时必须使用起跑器，其他各项径赛不得使用，采用“各就位”“预备”和鸣枪3个发令信号，部分分道跑和不分道跑项目只用“各就位”一个口令，然后鸣枪。起跑时犯规1次即取消比赛资格（在全能比赛中犯规2次方取消比赛资格）。在跑进中挤撞或阻挡别人跑进，取消资格。应在分道内跑进的运动员，不是直接受他人所迫而跑出分道者和比赛过程中接受他人援助（伴跑、提供情报或指导），受警告后再犯者，取消资格。各项竞赛到达终点的名次顺序以运动员躯干（不包括头、颈、臂、手、腿、脚）的任何部分触及终点线内沿垂直面的先后为准，以时间计取成绩。国际性径赛比赛用的场地第一道周长为400米，弯道半径约在36~38米之间，半径R=36.5米的称为标准400米田径场，并设有6~8条跑道，道宽为1.22米，跑道以铺垫塑胶面层以增大摩擦，从而提高运动员的竞技水平。

(二)田赛基本规则

在田赛的各项比赛中,如参加人数过多,可先举行及格赛,达到及格标准的参加正式比赛。远度项目(投掷和跳远)的正式比赛人数超过8人时,每人先试掷或试跳3次,择优选8人,每人再试掷(跳)3次,以6次中的最好成绩作为比赛成绩并以此排名次。高度项目(跳高)的正式比赛,裁判员先宣布起跳高度和横杆升高幅度的计划,每个高度运动员都可试跳3次,运动员可以选择起跳高度(不低于规定的高度),可对任何一次高度提出"免跳"。试跳时,任一高度连续失败3次,不能再继续比赛。试跳的最高成绩为本人的比赛成绩,并以此排名次。所有田赛项目,运动员都必须在规定的时间内完成试掷或试跳,违者作为一次失败,如再无故拖延,不得继续参加比赛(以前的成绩有效)。丈量远度或高度,最小计量单位为厘米。

(三)全能比赛基本规则

①比赛场地参照径赛、田赛场地规则要求。

②径赛项目运动员抢跑2次将被取消该单项比赛资格,但仍可参加其余项目比赛;田赛中的跳远和投掷项目每人只有3次试跳、试掷机会。

③比赛中途,如任何一个单项弃权,则不得计总分和名次。

④凡需计风速的单项成绩,每秒平均风速在4米以下者,其纪录可予承认。如风速超过每秒4米,仍可按总分计全能名次,但不能作为正式全能纪录。

⑤全能运动中的径赛项目可采用电动计时或人工计时,但不得混合使用,应分别设置纪录。

⑥成绩按照国际业余田径联合会制定的《田径运动评分表》,将各个单项成绩所得的评分相加来计算,总分多者为优胜。

第三节　田径运动基本技术

一、跑的基本技术

(一)短跑基本技术

短跑一般包括50米跑、60米跑、100米跑、200米跑、400米跑、4×100米接力跑等项目,其运动特性是人们同时以最快的速度,在田径跑道上跑完规定的距离,并以最先跑完者为获胜者。在人体机能供能方面,短跑表现为人体最大限度地发挥人的速度极限本能,并以无氧代谢供能的方式供能。

起跑的任务是获得向前冲力,使身体迅速摆脱静止状态,为起跑后加速创造有利的条件。正式比赛中必须在起跑器上采用蹲距式起跑。

(1)起跑器的安装。起跑器安装的方法通常有"普通式""拉长式"两种。常见的"普通式":前起跑器安装在起跑线后一脚半(约40~45厘米)处,后起跑器距离前起跑器一脚半;前、后起跑器的支撑面与地面分别呈40°~45°角和70°~80°角;前后两个起跑器的中轴线间隔约为15厘米。

图5-4　普通式起跑器安装

(2)起跑技术。起跑技术包括"各就位""预备""鸣枪"(或"跑")3个阶段。

听到"各就位"口令后,做2~3次深呼吸,走到起跑器前,两手撑地,两脚依次抵踏在前、后起跑器抵足板上。后置腿以膝跪地,两手放在起跑线后沿处,两臂伸直,肩与起跑线平行,两手间隔比肩稍宽,四指并拢和拇指成"八"字形支撑。颈部自然放松,两眼视前下方约40~50厘米处,集中注意力听"预备"口令。

图 5-5 “各就位”口令后的起跑姿势

图 5-6 “预备”口令后的起跑姿势

图 5-7 发枪后的起跑动作

听到“预备”口令后，随之深吸一口气，平稳地抬起臀部，臀部应与肩同高或稍高于肩，重心适当前移，使肩部稍超出起跑线。此时身体重量主要落在两臂和前置腿上。“预备”姿势时身体应该保持稳定，两脚贴起跑器抵足板，注意力高度集中。

听到枪声后，双腿迅速向后蹬起跑器，双手迅速推离地面，两手臂以屈肘的形态奋力作前后摆臂，使身体向前上方运动，前置腿快速有力地蹬伸髋、膝、踝3个关节，使身体快速离开起跑器。

图 5-8 加速跑

图 5-9 途中跑的腾空阶段

图 5-10 途中跑的着地缓冲阶段

（3）起跑后的加速跑。起跑后的加速跑是指运动员从后置腿蹬离起跑器，到途中跑之间的一个跑动阶段。其任务是充分利用起跑动作获得的冲力，在较短距离内用最短时间、最大限度的加速，获得一个较快的跑动速度。

当后置腿蹬离起跑器并结束前摆后，立刻积极下压着地。第一步的着地要尽量靠近身体重心投影点，着地后迅速转入后蹬。前置腿在蹬离起跑器后也要迅速屈膝向前摆动。离开起跑器后的最初几步，双脚沿着两条相距不宽的直线前进，随着跑速的加快，双脚的落地点逐渐合拢至一条直线两侧。加速跑的距离，一般约为25~30米。

（4）途中跑。途中跑是短跑项目全程中距离最长、速度最快的一个阶段。其任务是延续起跑加速跑获得的速度并最大限度保持高速度跑。途中跑时摆动腿的膝关节应迅速有力地向前上方摆出，支撑腿在摆动腿积极前摆的配合下，快速有力地伸展髋、膝和踝关节，蹬离地面，形成支撑腿与摆动腿协调配合动作。其需要注意的动作要领主要集中在腾空和着地缓冲两个环节。

①腾空阶段。小腿随着蹬地后的惯性和大腿的摆动，迅速向大腿靠拢，形成大小腿边折叠边前摆的动作。与此同时，摆动腿以髋关节为轴积极下压，膝关节放松，小腿随摆动腿下压的惯性自然向前下伸展，准备着地。

②着地缓冲阶段。着地动作应是非常积极的，在途中跑时，头部正直，上体稍有前倾，两臂前后摆动要轻快

有力。

(5)弯道跑。部分短跑项目比赛时运动员要经过弯道。从直道进入弯道跑时,运动员身体应有意识地向内倾斜,主动加大右腿的蹬地力量和摆动幅度,同时右臂亦相应地加大摆动的力量和幅度,这有利于迅速从直道跑进弯道,尽量减少速度的损失。弯道跑中,身体应向弯道圆心方向倾斜,后蹬阶段右腿用前脚掌的内侧用力,左腿用前脚掌的外侧用力。弯道跑的蹬地与摆动方向都应与身体向圆心方向倾斜趋于一致。

图 5-11　弯道跑

图 5-12　撞线动作

图 5-13　短跑的摆臂

(6)终点冲刺跑。也称"终点跑",是短跑全程跑的最后一段。其任务是尽力保持途中跑的高速度跑过终点。要求在离终点线 15~20 米处尽量保持上体前倾角度,加快两臂摆动的速度和力量。在跑到距离终点线一步时,上体急速前倾,用胸部或肩部撞终点线,并跑过终点。

(7)摆臂。短跑需要以较大的步幅蹬地,尤其在起跑加速阶段身体前倾角度大,所以摆臂动作也更大、幅度更长,肘部摆动时的屈伸角度也会大于 120°。途中跑后大臂小臂向前摆时约呈 100°角,向后约为 130°~150°。手向前摆动至胸口接近下巴处,向后时借手肘后顶力量带至臀部后方,高度约在腰部。手呈放松半握拳或掌状,绝对不能紧握拳作短跑摆臂动作。

(二)中长跑基本技术

中长跑是中距离跑和长距离跑的简称,属 800 米以上距离的田径运动项目。中距离跑通常指 800 米、1500 米跑,长距离跑路程通常在 3000 米及以上。田径比赛的长跑项目通常分为 3000 米跑、3000 米障碍赛、5000 米跑、10000 米跑、半程马拉松(约 21.0975 千米)、马拉松(约 42.195 千米)等。

中长跑各个项目的有氧训练与无氧训练比重不同,距离越长,有氧训练比重越大。中长跑是典型的周期性耐力项目。其能量代谢是有氧代谢、糖酵解和磷酸原(ATP-CP)三种供能系统兼有的混合代谢。代谢类型随项目中距离的增加,逐渐从无氧代谢为主的混合代谢过程向以有氧代谢为主的混合代谢过程过渡。优秀的中长跑运动员既要有良好的耐力作基础,又要具备很高的速度水平。

1. 呼吸

中长跑的距离长,消耗能量大,对氧气的需求量也大。因此掌握正确的呼吸方法至关重要。中长跑能量消耗大,机体要产生一定的氧债,为了保证机体对氧气的需求,呼吸必须有一定的频率和深度,还必须与跑的节奏相配合。一般采用两步一吸、两步一呼的方式,也可以三步一吸、三步一呼。呼气不仅应有一定的深度,而且要着重呼气,只有充分呼出肺中气体,才能充分吸进氧气。一般用鼻子与半张开的嘴同时呼吸,不能只张大口呼吸。冬季长跑或顶风跑时,为了避免冷空气和强气流直接刺激咽喉,应将舌尖上翘,微微抵住上腭。

2. 起跑

中长跑站立式起跑姿势为双脚前后开立,之间距离是运动员自己一脚到一脚半左右。听到"各就位"口令时,屈膝降重心,身体前倾,前腿异侧手臂屈肘在前,后臂于身后,听到"跑"的口令或鸣枪声后,两脚用力蹬地,迅速向前冲出。

图 5-14　中长跑起跑准备动作

图 5-15　中长跑加速跑

3. 加速跑

起跑后上体保持前倾，脚尖着地，腿的蹬地和前摆以及两臂的摆动都应快速积极，逐渐加大步伐和加快速度，随着加速段的延长，上体逐渐抬起，进入途中跑。加速段距离的长短和速度，应根据个人特点、战术需求和临场情况而定。

4. 途中跑

（1）直道跑技术。跑直道时要求两脚沿平行线跑，保持躯干稳定，抬腿时既不靠内也不靠外，上体正直往前，用脚前掌以扒地的姿态发力跑动。使用脚掌跑步有个重要的前提，就是要有一定的训练积累，具备一定的专项能力。平时多注意弹跳性训练，增加脚部力量，跑步时以重心在脚掌，脚跟微微离地为宜。仅以中长跑作为锻炼身体手段时，可以不强求此种脚掌落地方式。

（2）弯道跑技术。弯道跑时要求左脚前脚掌外侧、右脚前脚掌内侧着地，左腿膝关节外展和右腿膝关节内扣，身体重心向内倾斜协调用力，速度越快倾斜角度越大，右臂的摆幅稍微大于左臂摆幅。

5. 冲刺跑

冲刺跑是临近终点前一段距离的加速跑。主要任务是运用全部力量，克服疲劳，力争在最后阶段跑出好成绩。技术特点是在加快摆臂速度和加大摆幅的同时配合腿部动作加快频率。冲刺跑的距离根据自己的体力情况、战术要求和临场情况而定。在接近终点一步前身体躯干前倾，做出撞线动作。

图 5-16　冲刺跑

图 5-17　中长跑摆臂

6. 摆臂

摆臂应该在体侧前后摆，让身体得以平衡，可以想象手臂是一个钟摆，肩膀是支点，上臂是摆臂，手肘是末端的锤,以手肘为摆锤左右交替往后摆动。大臂小臂向前摆时约呈 90°角,向后约为 120°。

二、跳的基本技术

田径运动的跳跃,是人体运用自身的能力或借助于一定的器材,通过一定的运动形式,使人体腾越尽可能的高度或远度的运动项目。

(一)技术特点

跳跃运动按其用力特点,属快速力量类练习,跳跃成绩表现在运动员在腾空中所克服的垂直高度和水平距离上,这决定了跳跃项目的特点:运动员在快速助跑起跳后,身体有一个明显的腾空阶段。腾空中身体重心的移动轨迹呈抛物线,抛物线的高度是决定跳高成绩的基础,抛物线的远度是决定跳远成绩的基础。跳高运动员的抛物线轨迹形状像陡峭的山峰,跳远运动员的抛物线轨迹形状较平缓。三级跳远运动员身体重心的轨迹为三个相连的平缓抛物线,其轨迹的总长度是决定三级跳远成绩的基础。

(二)分类

分为远度跳跃项目和高度跳跃项目,具体有跳远、三级跳远、跳高、撑竿跳高 4 个正式比赛项目。

(三)动作阶段

跳跃项目的动作主要分为以下 4 个阶段:助跑—起跳—腾空—落地。在三级跳远项目中,起跳—腾空—落地这一系列动作要重复三次。

1. 助跑阶段

跳远、三级跳远的最终成绩取决于起跳时水平方向的速度,所以,运动员在这些项目中助跑阶段的宗旨是达到最佳速度,而非最快速度。助跑阶段也包括对起跳的准备。所以,跑步速度适合运动员的能力并使其能够在起跳中应用,以及运动员能够控制速度,这两点是至关重要的。助跑技术的要求是:动作轻松、自然,身体重心移动平稳,在短时间内发挥出能顺利完成起跳的最大水平速度,步长和节奏稳定,便于在助跑结束时准确踏上起跳板。助跑最后几步加速节奏明显,适当降低重心,为通过起跳改变人体运动方向创造良好的条件。在跳跃项目中,一次良好的助跑具有如下特点:

①动作正确且连贯。

②能够为运动员起跳准备一个良好的水平速度。

2. 起跳阶段

起跳是正确、合理地运用助跑获得的水平速度,通过起跳动作,使人体向预定方向腾起的过程。在起跳阶段,运动员的身体腾空路径是被确定的(所以最长距离和腾空最高高度被确定)。运动员在此阶段要确保自己的重心位置在起跳那一刻尽可能地高,尽可能将垂直速度的最大值与助跑中产生的水平速度相加,以最佳角度起跳。

起跳的任务是获得必要的垂直速度,以获得尽量大的腾起初速度和适宜的腾起角度。起跳是田径跳跃项目最关键的技术,包括放脚、缓冲和蹬伸 3 个有序的动作过程以及与之相配合的摆动腿与两臂的摆动动作。不同的跳跃项目采用不同的起跳方式,但共同的要求是:放脚着地动作要积极、快速,以脚跟接触地面后应迅速滚动至全脚掌着地;屈膝缓冲是踏跳腿肌肉完成退让性收缩,为用力蹬伸做好充分准备的过程。这时,膝关节的弯曲要适度,身体重心要快速移动,以缩短缓冲时间,蹬伸动作要快速、有力、充分,要使蹬伸动作的反作用力尽可能地通过身体重心;腿的摆动和两臂的摆动要积极、迅速、有力,并与蹬伸动作密切配合。

图 5-18　跳远项目的助跑

图 5-19　跳远起跳

一次有效的起跳特点如下：

①运动员一定要“高”，重心位置越高越好。

②起跳脚坚定、快速地落地，以脚后跟先着地，滚动至全脚掌着地。起跳脚落下是一个积极抓地动作，并不是脚印在地面上的僵直动作。

③摆动腿膝部被用力推压。

④髋、膝和踝关节完全伸展。

3. 腾空阶段

在跳远的腾空阶段及三级跳远的3个腾空阶段，运动员最重要的是规避那些在腾空过程中损失水平移动距离的动作，并为落地调整身体位置。在跳高的腾空阶段，运动员必须规避所有损失垂直位移距离的动作，确保过杆。当人体离地腾空之后，在没有外力的作用下，身体重心运动的轨迹是不会改变的。因此，腾空阶段的主要任务是充分利用起跳时的身体重心运动轨迹，根据不同项目的需要，做出相应的姿势和动作，以使自身顺利越过横杆或维持住身体平衡，为着地动作创造良好条件。

跳跃运动对腾空阶段的共同要求是：各种空中姿势和动作适时，并根据项目要求取得实效；充分利用和控制好因起跳产生的身体旋转，远度项目则主要是抑制身体的前旋。在跳高项目中，根据技术要求，有时还需一些特定动作来加快过杆时的旋转。另外，在三级跳远中，腾空阶段的姿势和动作还需为下落着地或下一次起跳创造良好的条件。

4. 落地阶段

在跳远的落地阶段和三级跳远的最后阶段，运动员的目的都是减少脚落地时产生的距离损失。三级跳的前两次落地，都是为下一次起跳做好准备。在跳高的落地阶段，运动员的目的是安全落地，避免运动损伤。

在高度跳跃项目中，下落着地的阶段主要任务是通过屈膝、团身、屈肘、倒地等动作来做好缓冲，以防止运动损伤和减少体力消耗。远度跳跃项目的下落着地动作会对运动成绩产生巨大影响。运动员两脚接触沙坑表面瞬间，其身体重心距离地面的高度越低，两腿触地点距身体重心投影点越远，越能取得好成绩。因此，运动员着地前，应形成两腿上举、前伸、两臂后摆的动作。着地时迅速屈膝、团身、将两臂前摆，使身体重心尽快通过触地点，可以采用侧倒或向前滑倒于落地点前面的方式，以避免身体后倒或坐入沙坑，从而影响成绩。

图 5-20　跳远腾空阶段

图 5-21　收腿落地

三、投掷的基本技术

田径的投掷项目是人体运用自身的能力，通过一定的运动形式，将手持的规定器械进行抛射并尽可能获得远度的项目。

（一）技术特征

人体通过持握器械，预先加速，最后用力使手中的器械产生加速度后，按适宜的角度抛射出去，达到最大远度。

（二）分类

投掷项目：一类为较重球形器械的投掷项目（重投掷），例如推铅球和掷链球；一类为较轻流线体器械的项目（轻投掷），例如掷标枪和掷铁饼。另一种分类方法将其分为短投掷（铅球）和长投掷（标枪、铁饼、链球）。

各投掷项目，虽然器械、场地、运动形式等不同，但都可以分为以下 5 个紧密相连的技术阶段，即准备阶段—预加速阶段—过渡阶段（转化阶段）—最后用力阶段—结束阶段，以上 5 个阶段，除链球外，对成绩影响最大的是最后用力阶段，过渡阶段（转化阶段）是关键。

（1）准备阶段。包括握持器械和预备姿势。

（2）预加速阶段。由于器械、场地等条件不同，预加速阶段有助跑、滑步、旋转等 3 种形式。

（3）过渡阶段（转化阶段）。由人体携持器械水平位移状态向器械抛射运动转变的开始阶段。

（4）最后用力阶段。由人体携持器械状态进入器械抛射运动的阶段。

（5）结束阶段。器械出手后的身体平衡阶段。

图 5-22　持标枪准备阶段

图 5-23　持铁饼准备阶段

图 5-24　标枪项目的助跑

图 5-25　铁饼的旋转预加速

图 5-26　引枪

图 5-27　铁饼最后用力阶段

图 5-28　铁饼运动员保持身体平衡

第四节　田径运动专项教学与训练

一、短跑的训练手段

（一）发展步长

步长能力的大小主要决定于跑时的后蹬力量、后蹬角度、摆动力量、摆动速度以及髋关节的灵活性等。着重发展大腿的伸肌、屈肌的力量和髋关节的灵活性。

方法：进行负重换腿跳，负重大步走，负重跑，负重跳台阶，跑台阶，大幅度地跨步跳（要求摆动腿积极下压和小腿由前向后积极着地），蛙跳，单足跳等练习，以提高跑时的后蹬能力。与此同时，采取高抬腿跑、拉橡皮条高抬腿"车轮跑"、收腹跳等训练手段，提高摆动速度，并且采取其他一些训练方法和训练手段，加强髋关节的灵活性和肌肉的伸展性。

（二）发展绝对速度

须注重步长和步频的最佳组合，培养跑的技术动作各环节的时间与空间的节奏感。

（三）跑的常用练习方法

（1）行进间快跑练习（20~40 米）。

（2）接力跑、加速跑、追赶跑练习（4×25~50 米）。

（3）下坡跑练习。

（4）上坡跑练习。

(四)训练方法

1. 变速训练

(1)计时间跑,30~60米,(3~4)次×(2~3)组。

(2)短距离接力跑,2人×50米或4人×50米,(3~4)次×(2~3)组。

(3)让距追赶跑,60~100米,(3~5)次×3组。

(4)短距离组合跑,(20米+40米+60米+80米+100米)×(2~3)组,或(30米+60米+100米+60米+30米)×(2~3)组。

(5)短距离变速跑,100~150米(30米快跑+20米惯性跑+30米快跑+20米惯性跑),3次×(2~3)组。

(6)胶带牵引跑,30~60米,(4~5)次×(2~3)组。

(7)反复跑,30~60米,(4~5)次×(2~3)组。

2. 发展反应速度和动作速度的训练

(1)各种游戏性质的反应练习,如各种球类运动。

(2)发令或听信号(口令、掌声等)的蹬起跑器的练习,半蹲踞式姿势,听到枪声迅速向上跳起并触及高物。

3. 基本技术训练

(1)最快速度的摆臂练习,持续时间5~10~20秒。

(2)最高频率的各种形式高抬腿跑,持续时间5~10秒。

(3)最快频率的小步跑、半高抬腿跑,距离30~40米。

(4)快速后蹬跑,完成距离50~100米。

(5)快速跨步跑,完成距离50~100米。

(6)快速单足跑,完成距离30~60米。

(7)直立姿势开始,逐渐向前倾斜,接快速跑出。

(8)在20°~30°倾斜跑道上加速跑练习,距离40~50米。

二、中长跑训练方法

(一)基本技术训练

(1)上体姿势练习。通过跑步中控制住腰部关节和肩关节,练习上身不左右晃动的跑动技术。

(2)摆臂姿势练习。通过原地练习以肩关节为轴的摆动和跑步过程中以肩关节为轴的摆动来训练。

(3)腿部动作练习。从单个辅助动作练习过渡到原地腿部动作练习,再进一步过渡到跑动过程中整套动作练习。

(4)从单个上体姿势练习、摆臂姿势练习、腿部动作练习后过渡到整套动作的练习过程。

(二)一般耐力练习

中长跑运动员必须具有良好的耐乳酸能力。提高有氧与无氧的训练水平是中长跑运动员训练的重要内容。耐力训练在全年训练的准备期安排的比重较大,由于该练习比较单调,在训练中一般采用越野跑等手段提高运动员的练习兴趣。

发展一般耐力主要采用强度不大和跑速稳定的长时间持续跑,心率控制在每分钟150次左右。各项目的一般耐力训练距离大致如下:

800米跑:5~8公里;

1500米、3000米跑:8~15公里;

5000米、10000米跑:10~25公里。

（三）中长跑速度耐力练习

速度耐力是指运动员在整个跑的过程中保持速度的能力，该能力对于中长跑运动员至关重要。速度耐力练习训练强度通常以80%～94%为宜，常见训练方法有以下几种：

（1）持续跑。要求运动员保持在85%左右的强度，匀速跑完2～3公里。

（2）重复跑。如采用4×400米训练法，要求运动员每400米在规定时间内完成，间歇5分钟，采用重复跑练习。也可以采用其他训练距离，选择的段落应短于专项距离。

（3）间歇跑。间歇跑的要求是：休息时间短，不能让体力充分恢复。如6×200米训练法，要求每个200米在一定时间内完成，每个200米快跑之间以一个慢跑200米作为间歇。间歇跑与持续跑、重复跑的区别在于训练的休息时间不同。

（四）中长跑运动后恢复

（1）在耐力性练习后，要做一些慢跑和徒手体操活动等进行放松。

（2）每次训练课结束时，要采用较低强度的慢跑进行放松，也可安排一些基本体操、游戏及放松按摩。

三、跳跃类项目身体素质训练方法

（一）身体素质类训练

跳跃类项目成绩的提高需要运动员身体素质全面发展，以此促进专项素质水平的提高。在教学与训练中，应采用丰富多样的手段与方法，有效促进身体素质的全面发展。在此基础上再着重进行快速力量、速度、跳跃能力等方面的训练，以此达到增强体质、提高成绩的目的。

1. 速度练习

速度是取得跳跃类项目优异成绩的基础，速度训练可采用以下手段与方法：

①跑的专门性练习：小步跑、车轮跑、高抬腿跑、后蹬跑等。

②短距离（40～60米）的加速跑或变速跑。

③利用助力（顺风、下坡）加速跑（40～60米）。

④牵引重物或负重跑（30～60米）。

⑤各种短距离的行进间跑。

⑥高抬腿跑、小步跑、后蹬跑过渡到加速跑。

⑦下坡全程助跑与平地全程助跑交替练习。

2. 快速力量练习

快速力量（爆发力）是跳跃类项目运动员必须具备的重要专项素质之一。训练中应将力量与速度紧密结合，着重于发展肩带肌群、躯干肌群、髋部和腿部肌群的力量。快速力量训练可采用以下手段与方法：

①中等重量的负重提踵练习。

②轻重量杠铃负重原地双脚跳练习。

③中等重量杠铃负重50米弓步走练习。

④杠铃负重半蹲跳练习。

⑤杠铃负重半蹲起练习。

⑥快速连续抓举轻杠铃练习。

⑦轻重量杠铃连续快速挺举练习。

⑧轻重量杠铃负重体前屈、体侧屈练习。

⑨仰卧起坐接抛实心球。

⑩前后抛铅球或实心球。

⑪大重量的杠铃深蹲起。

3. 跳跃能力练习

跳跃能力是跳跃类项目运动员速度与快速力量的综合体现,是创造优异成绩的最基础能力。跳跃能力的训练可采用以下手段和方法:

①立定跳远。

②立定三级、五级、七级、十级跳远。

③单足跳练习(30~60 米)。

④跨步跳练习(30~60 米)。

⑤换腿跳练习(30~60 米)。

⑥连续蛙跳练习(3~10 次)。

⑦双脚连续跳过栏架练习(5~10 个低栏架)。

⑧多级跳低台阶练习。

⑨各种高度的跳深练习。

⑩各种负重的跳跃练习。

(二)立定跳远技术及训练

1. 立定跳远技术

完整的立定跳远技术动作由预摆、起跳、腾空、落地 4 个部分组成。

(1)预摆。两脚左右开立,与肩同宽;两臂前后摆动,前摆时,两腿伸直,后摆时,屈膝降低重心,上体稍前倾,手尽量往后摆。

图 5-29 预摆

图 5-30 起跳腾空

图 5-31 落地缓冲

要点:上下肢动作协调配合,摆动时要领为一伸、二屈、三降重心,上体稍前倾。

(2)起跳腾空。两脚快速用力蹬地,同时两臂稍屈,由后往前上方摆动,身体向前上方跳起腾空,腾空后充分展体。

要点:蹬地快速有力,腿的蹬伸和手的摆动要协调,空中展体充分,离地前的前脚掌瞬间蹬地动作要强烈而充分。

(3)落地缓冲。收腹举腿,小腿前伸,同时双臂用力往后摆动,积极屈膝落地缓冲。

要点:小腿前伸时机要把握好,屈腿前伸再伸直,积极屈膝落地缓冲,身体重心迅速经过落地点,落地后身体主动往前不往后。

2. 立定跳远辅助练习

(1)深蹲跳(半蹲跳)。主要发展腿部肌肉力量和踝关节力量。

方法:双脚左右开立,脚尖平行,屈膝向下深蹲或半蹲,双臂自然后摆。然后两腿迅速蹬伸,使髋、膝、踝3个关节充分伸直,同时两臂迅速有力向前上摆,最后用脚尖蹬离地面向上跳起,落地时用前脚掌着地,屈膝缓冲,重复进行,每组练习15~20次,重复3~4组。

(2)足尖跳。发展小腿、脚掌和踝关节力量。

方法:上体正直,膝部伸直,双脚交替向上跳起。以踝关节发力起跳,用前脚掌快速蹬地跳起,离地时脚面绷直,脚尖向下。原地跳时,可规定跳的时间(20~60秒)或跳的次数(20~50次)。行进间跳时,可规定跳的距离(10~20米)。重复2~3组。

(3)踱跳步。发展腿后群肌肉和踝关节的力量,训练身体的协调性。

方法:用右(左)腿直膝向前上方跳起,同时左(右)腿屈膝向上举,右腿落地,然后换腿,重复进行,两臂配合腿前后大幅度摆动。跳时踝关节和前脚掌发力,要求动作轻快、连贯。每组练习15~20次,重复3~4组。

(4)原地摸高。发展腿部肌肉和踝关节力量。

方法:选一固定物体为目标,双脚自然开立成半蹲姿势,一臂或两臂向上伸直,接着两腿用力蹬伸向上跳起,用单手或双手摸目标物。每次练习10次左右,重复3~4组。

(5)连续蛙跳。发展大腿肌肉和髋关节力量。

方法:两脚分开成半蹲,上体稍前倾,两臂在体后成预备姿势。双腿用力蹬伸,充分伸直髋、膝、踝3个关节,同时两臂迅速前摆,身体向前上方跳起,然后用全脚掌落地屈膝缓冲,两臂恢复成预备姿势,重复进行。连续进行5~7次,重复3~4组。

(6)半蹲障碍跳。发展腿部肌肉和踝关节爆发力。

方法:地上放小障碍物若干块,间隔距离1米左右。练习者站在垫后,双脚左右开立,脚尖平行,屈膝半蹲,两臂自然后摆,主要用脚掌发力,向前跳起越过障碍,两臂配合向前上方摆动,落地时屈膝缓冲,落地起即开始下一跳,直至跳过所有障碍物。视障碍物数量,重复练习若干组。

(7)连续跳台阶。发展腿部力量和踝关节力量。

方法:选一组台阶(每阶高度以不超过30厘米为宜),双脚平行开立,做连续跳台阶动作(尽量以前脚掌发力为主)。每组10~20个台阶,重复3~4组。

(8)屈膝挺身跳。发展腰腹肌力量和腿部力量。

方法:双脚原地起跳,屈膝腾空,然后伸腿展腹,双臂向后上方打开,形成挺身动作,收腹、屈膝缓冲落地。连续进行,每组5~10次,重复3~4组。

3. 影响立定跳远成绩的因素

(1)力量因素:立定跳远对下肢肌群的爆发力要求很高,而最后用力点是在前脚掌,需要踝关节的跖屈充分、用力迅速。所以,对踝关节的力量也提出了很高要求。

(2)协调发力:髋、膝、踝三关节群协调用力的能力要强,需要依次迅速有力地伸展、蹬直,同时与上肢摆动动作要协调一致,使之起到带、领、提拉的作用。

(3)手臂的摆动作用:手臂摆动幅度越大,其带、领、提拉作用越强。

四、投掷类项目教学与训练

(一)身体素质训练基本内容与基本方法

1. 力量训练

基本内容:

(1)跳跃练习。原地跳跃练习可采用单脚跳、原地团身跳,行进间跳跃可采用立定跳远、多级跳。

(2)杠铃练习。指各种负荷的杠铃挺举、卧推、半蹲、深蹲等练习。

(3)静力练习。静力性力量练习可以发展绝对力量、支撑力量和固定力量,对在动力性力量练习中不易受到锻炼的肌肉以及力量落后的肌群有较好的补充训练效果。常用方法有平端杠铃、靠墙半蹲、平板支撑、单杆悬挂举腿等。

基本要求:

(1)多采用发展多关节和全身肌肉力量练习,以动力性力量练习为主,以静力性练习为辅。

(2)根据项目特点选择力量训练方法。投掷项目应注重最大力量和快速力量的发展,主要包括肩带、腰、背和上、下肢力量的全面发展。

(3)力量训练应科学安排练习顺序。在进行力量训练时,一般先安排发展爆发力、快速力量的练习,其次安排最大力量的练习,最后安排力量耐力的练习。

(4)先进行大肌肉群练习,再进行小肌群的练习。另外,应使各肌肉群交替练习,以保证肌肉在每次练习后有充分的恢复时间。各肌群力量发展过程中要注意比例合理化,既要重视主要肌群、大肌群的训练,也要注意次要肌群、小肌群的训练,使全身各运动肌群协调、均衡地发展。

2. 速度训练

速度素质是人体进行快速运动的能力,速度训练应防止速度障碍的产生。投掷的转身与最后用力动作最容易产生速度障碍,不可急于开展过于精细的速度专门训练,要突出速度力量的训练,采用多种手段、不同的形式进行练习。

3. 柔韧训练

柔韧素质是指人体各个关节的活动幅度和肌肉、韧带的伸展能力。良好的柔韧素质可以增加运动幅度,改善肌肉的发力状态,为最大幅度地完成技术动作创造条件。

(二)原地双手正向投掷实心球技巧及练习方法

1. 持球

正确的持球动作应为:双手伸直,五指微张,两大拇指呈“八”字状位于球体后方;以拇指的第一关节和食指、中指、无名指的第一、二、三关节托握住实心球的后面中下部(力量较弱者指跟可触及球),小指起到稳固球的作用;掌心空出。

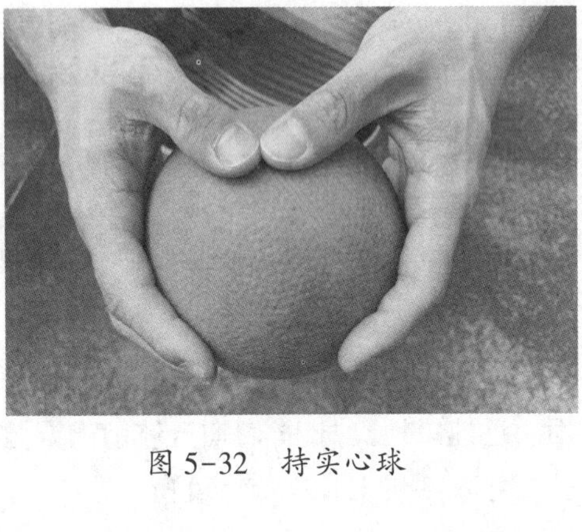

图 5-32　持实心球

2. 预备姿势

(1)站位。良好的站立姿势,有利于最有效地用力、稳定重心。常见的有两种站位方式,第一种方式:两脚平行分立,比肩略宽站立。第二种方式:两脚前后分开,采用弓步站位,视各人发力习惯而定。无论何种站位,都要求身体在做持球反弓动作时,能够很好地控制重心,且在出手时蹬地更有力。

(2)预摆。预摆是为球的最后出手作准备。正确的预摆能以最佳方式控制实心球的飞行路线,同时也能充分动员身体，为最后出手储备能量。在预摆时头部稍低或稍前倾，肩关节放松，双手微屈，小幅度地前后摆动2~3次，同时调整呼吸，放松身体。

3. 出手

实心球出手前身体做持球反弓动作时，球体明显落后于身体，身体的加速也明显早于球体，在投掷项目中称为“超越器械”。在练习“超越器械”时，反弓的程度越大，工作距离越长。良好的反弓技术动作的形成包括：抬头—挺胸—送髋—屈膝—后引球。头部后仰与水平的角度应在30°~45°之间。屈膝是为了更好地完成蹬伸，相关研究证明，当膝关节处于135°时，下肢蹬地力量较大，获得的加速也大。

后引球是指球经体前举起后，至头上方，向后引的过程。后引球时，要求将球较慢地向后引，同时大小臂的夹角保持在90°~135°之间，这个夹角最有利于力量的发挥。实践中，由于各人的力量素质、柔韧素质不同，具体的角度因人而异。

图5-33　平行站位

图5-34　后引球

图5-35　最后用力

4. 最后用力

实心球最后用力动作的合理性，直接影响球的出手速度。实心球最后用力的顺序包括：双脚抓地—伸腿挺髋—收腹—含胸—送肩—挥臂—甩腕—拨指。最后用力时，出手时机的选择直接影响到出手的角度：出手太晚，会形成砸球的现象；出手太早，又影响出手的水平速度。研究表明，球出手角度在33°~37°范围内投掷得最远。实心球出手时，应避免腿弯曲过多，膝关节微屈可以起到缓冲作用，但是如果弯曲过多，则无法起到良好的支撑作用，不仅会降低出手高度，而且也会分解出手瞬间作用于球上的力量。

（三）原地双手正向投掷实心球力量训练手段

原地双手正向投掷实心球是一项以力量为基础，以动作速度为核心的投掷项目。要着重发展最大力量与爆发力。因此，在力量训练中，应合理安排训练方法，促进练习者爆发力的发展。

1. 负重半蹲跳

肩负杠铃，双脚开立与肩同宽。保持背部挺直，屈膝、屈髋，直到大腿接近于地面平行。两脚爆发式发力，蹬伸至直立。练习臀大肌及大腿肌肉群的力量。

2. 前抛铅球

面对抛掷方向，双脚左右开立约一肩半宽，直臂双手持铅球举过头顶。团身下摆铅球至两小腿间接近地面。迅速蹬地挺身、挥臂向身体前上方抛出铅球。主要发展下肢、背部、肩部和上肢的动作速度和爆发力。

3. 双手头上接实心球回抛

面对抛掷方向，双脚前后开立，直臂双手举过头顶接同伴传来的实心球。接球后顺势形成“满弓”姿势。蹬腿、挺身、挥臂向前上方抛回实心球给同伴，重复练习。发展下肢、腹部、胸部和上肢的动作速度和爆发力。

4. 背向双手原地拉胶带

将 2~3 米长胶带一端缠在某固定物上(低于练习者腰部),背对胶带,两脚前后开立,双手握住胶带另一端举过头后。向后背屈挺髋。模仿掷实心球动作迅速拉动胶带,回弹后重复练习。

(四)容易产生的错误动作及纠正方法

1. 出手时腕指无用力

原因:持球手指完全放松,手指、手腕力量差。

纠正方法:要求持球握球时双手手指适度紧张,可以用铅球进行抓握练习;注意发展手指、手腕力量。

2. 出手角度过小,出现向下砸球现象

原因:球出手时肩部前移过早,上臂用力不当,使球出手点低,投掷近。

纠正方法:两个肘关节不能过早弯曲,投球时需抬头,目视前上方。

3. 投掷实心球时腰腹收缩与两臂用力不协调

原因:投掷时单纯用两臂力量将球投出,而腰腹没有协调做动作。

纠正方法:先进行徒手练习,注意蹬地、收腹、投球协调,再由轻球到重球进行练习。

思考题

1. 田径项目的分类有哪些?

2. 短跑时,我们应该怎样摆臂?

3. 中长跑时,我们应怎样呼吸?

第六章　篮球运动

【学习目标】

1. 了解篮球运动的起源与发展。
2. 掌握篮球运动的基本技术和基本战术。

第一节　篮球运动概述

一、篮球运动的起源

篮球运动诞生于19世纪,创始人是美国马萨诸塞州斯普林菲尔德市一名体育老师——詹姆斯·奈史密斯。在马萨诸塞州的冬天,天气尤为寒冷,很难在户外进行体育锻炼,作为一名体育老师,为了激发学生进行体育锻炼的兴趣,奈史密斯突发奇想,计划将一些室外运动项目移至室内,但是室内的足球运动使得体育馆内的许多窗户被打碎,曲棍球运动又由于室内场地较为狭小,而造成同学们在运动时的相互击打,而橄榄球运动更因为其运动中球的特点而无法在室内的坚硬场地进行,于是奈史密斯在分析了各种运动,借鉴了玛雅人发明的"场地球"和其小时候玩过的"打小鸭"游戏以及"扔桃子"游戏之后,发明了篮球运动。

起初的篮筐有底部,球员每次进球之后都得爬梯子上去将球取下来,之后为了比赛的流畅性将篮筐底部拿掉,接着将篮筐吊在两个端线对应的墙壁的支架上。至此,篮球运动的雏形已经基本具备。

二、篮球运动的发展

19世纪90年代至20世纪20年代,篮球运动开始从学校走入社会,其规则也在不断地完善中;20世纪30至40年代,为了适应篮球运动发展的需要,国际篮联成立,篮球运动在1936年的第11届奥运会上被列为正式比赛项目;20世纪50年代开始,由于篮球规则和篮球技战术之间的相互影响促进,球员身高逐渐成为篮球比赛中的一个重要制约因素,但是随着时代的发展,在20世纪60年代左右诞生了以美国为代表的,不仅仅依靠高度,而是将高度、速度、技巧有机结合的美式打法,还有以韩国为代表的小、快、灵的亚洲打法;从20世纪90年代开始,篮球运动的发展进入全盛时期,1992年国际奥委会通过了允许职业球员参加世锦赛和奥运会的决定,篮球运动进入新纪元。

篮球运动进入我国的时间也很早,在1896年,其由美国派任天津基督教青年会的总干事传入天津,所以天津这座城市也可以说是中国篮球的发源地。自此,篮球开始了它在中华大地上艰难而辉煌的旅程。

从1896年在天津举办的第一场篮球比赛到今天为止,篮球在我国也有了100多年的历史。在篮球运动刚传入中国至20世纪40年代,是篮球运动在我国的初始传播阶段,这一阶段,篮球运动没有得到应有的重视。20 世纪 30 年代后期,在革命根据地篮球运动逐渐成为共产党人喜爱的运动项目,共产党人努力拼搏、斗志顽强的良好品格也和篮球这项同场对抗性的项目进行了完美的融合。20 世纪 50 年代至 20 世纪 90 年代,篮球运动在我国经历了普及、困惑、停滞、复苏、提高等阶段。而从 1995 年至今,中国篮球运动进入了大力创新发展时期。随着社会主义市场经济体制在我国的建立稳固,篮球运动也进行了大力的改革,从青少年训练,到管理、竞赛体制,无一不进行了深度改革,促进了篮球运动在中国的发展,更为中国篮球更好地与世界接轨奠定了基础。在今天,篮球运动已经融入大众生活,不管是农村还是城市,小学还是大学,篮球运动都在展示自己的独特魅力。

三、中国大学生篮球联赛

中国大学生篮球联赛,简称“CUBA”,2022 年更名为“CUBAL”,是中国大学体育协会主办的高校间篮球联赛,其宗旨是“发展高校篮球,培养篮球人才”,模式参照美国的 NCAA 大学篮球联赛形式,中央电视台体育频道 CCTV-5 等每年都会现场直播部分重要场次的比赛。该联赛 1996 年开始酝酿,1997 年建立章程,1998 年正式推行,设男子组和女子组。

中国大学生篮球联赛已成为中国篮球运动比赛中的两大赛事之一,影响力仅次于中国男子篮球职业联赛(简称“CBA”)。

2015 年,CBA 正式开放选秀,第一届选秀仅有一名球员被选中,那就是来自西北工业大学的后卫方君磊。方君磊来自湖南株洲,司职后卫,在 CUBA 西北赛区赫赫有名,被重庆翱龙队(后更名为北京北控水务队)选中,成为中国职业篮球历史上第一位选秀状元。

2016 年,第二届 CBA 选秀在上海举行,共有 15 名大学生球员参加选秀,最终,来自北京大学的郭凯被佛山队在第一顺位选中,当选当年的 CBA 选秀状元。同时被选中的大学生球员还有来自太原理工大学的王洪、中国民航大学的谷玥灼。

2017 年,第三届 CBA 选秀于 2017 年在北京举行,篮协主席姚明出席。共有 18 名大学生球员参加选秀,其中乔文瀚以俱乐部推荐身份参选。最终,来自清华大学的班铎、北京大学的刘鸿博、清华大学的刘磊、天津大学的乔文瀚分别被选中。

由此可见,CUBA 在全国各高等学府飞速发展,可以对新时代高水平篮球人才培养模式进行摸索,为高水平职业队输送人才奠定良好的基础。

第二节　篮球运动基本技术

一、移动技术

移动是球员在场上为了改变速度、方向、位置等而采用的各种脚步动作的总称,它是所有篮球技术的基石,各种攻防运用都需要移动的参与。

移动是篮球比赛中最基本的技术,很多人以为篮球运动就是由投篮、运球和传球等部分组成的,只要学会了这些就可以拥有高水平的篮球技术。可现实是场上有 10 名队员,而篮球只有一个,所以判断一个人是否会打篮球很大程度上取决于他的移动技术。

(一)移动技术的分类

移动技术可以分为跑、跳、滑步、急停、转身。其中,跑可以分为启动跑、变向跑、变速跑、后退跑、侧身跑。跳可以分为单脚起跳、双脚起跳。滑步可以分为前滑步、后滑步、侧滑步、后撤步。急停可以分为跨步急停和跳步急停。转身可以分为前转身、后转身。

（二）移动技术的动作方法

1. 跑

跑是篮球比赛中为了到达目标位置争取时间的一种迅速移动手段，主要分为启动跑、变向跑、变速跑、后退跑和侧身跑。

（1）启动跑是初始阶段，是由静止变为运动的开始动作。

动作分析：从基本站立姿势开始，前脚掌短促有力地蹬地，同时上体前倾或侧倾，手臂协调地摆动，利用蹬地的反作用力，迅速向跑的方向迈出。

（2）变向跑是在比赛中突然改变方向从而达到自身战术目的的一种方法。

动作分析：在最后一步屈膝着地时，膝关节内收，右脚尖指向跑动方向，内脚掌内侧用力蹬地，向左前侧方转体，转移重心，左脚迅速向左前方跨出一小步，用力蹬地，右脚迅速向左前方跨出一大步，继续加速跑动，重心的转移要快。

（3）变速跑是在比赛中利用主动的运动速率的变化去争取优势的一种方法。

动作分析：在行进间加速时，两腿在发力蹬地时要迅速，减速时，前脚掌要主动发力去减弱前冲力，整体要掌握变速的节奏。

（4）后退跑是篮球运动员在由进攻转防守时，面对防守者，背对前进方向前进的一种方式。

动作分析：在后退跑时脚后跟要抬起，用脚前掌连续发力。

（5）侧身跑是篮球运动员在比赛中为了更好地观察场上形势所采取的侧身行进方式。

动作分析：侧身跑时，头部侧向比赛重点一侧，脚尖要朝向进攻方向。

2. 跳

跳是在篮球场上争取垂直空间，从而争取主动的一种方式，主要分为单脚起跳和双脚起跳。

（1）单脚起跳是篮球运动员利用单脚发力起跳的一种手段。

动作分析：支撑腿弯曲，重心往下。起跳时向上摆动双臂，起跳腿上抬，支撑腿蹬地。注意要向上跳，保持平衡。落地时起跳腿先着地，转换为支撑腿。支撑腿着地，双腿自然弯曲下蹲，进行缓冲。

（2）双脚起跳是篮球运动员利用双脚发力起跳的一种手段。

动作分析：双腿分开屈膝快速下沉，双臂往后随后前摆，两脚蹬地发力。跳起一瞬间，两臂迅速上提。落地时脚前掌着地，注意缓冲，保持身体平衡。

3. 滑步

滑步是篮球比赛中防守时常见的脚步移动方式，主要分为前滑步、后滑步、侧滑步和后撤步。

（1）前滑步动作方法：开始滑步时，双脚前后开立，后脚脚前掌迅速蹬地，前脚向前迈步，后腿随后跟上保持基础开立姿势。

（2）后滑步动作方法：开始滑步时，双脚前后开立，前脚脚前掌迅速蹬地，后脚向后迈步，前腿随后跟上保持基础开立姿势。

（3）侧滑步动作方法：身体保持基础防守姿势，双脚平行，双膝微屈，两臂抬起接近水平。以右侧滑步为例，左脚脚前掌内侧发力，右脚向右迈出，落地一瞬间，左脚跟上，两脚之间仍然保持最初的距离，不要太近，同时注意重心不要过于起伏。

（4）后撤步动作方法：在防守时，前脚掌内侧蹬地，同时扭转腰部，将前脚快速撤向斜后方，然后向后方进行滑步，注意蹬地发力要迅速，转髋要快，身体重心不要过于起伏。

4. 急停

急停是在比赛中突然制动,从而争取主动的一种方式,主要分为跳步急停和跨步急停。

跳步急停又称为一步急停,在行进间用单脚或者双脚起跳,双脚平行落地同时屈膝缓冲,全脚掌落地,并且使用前脚发力缓冲,重心降在两脚之间。

跨步急停又称为两步急停,在行进间向前迈出一大步,脚跟先着地,过渡到全掌着地同时屈膝。紧接着后腿跟上,脚着地时脚尖稍微内扣,用脚前掌发力缓冲,双膝弯曲。重心落在两脚之间,双臂屈肘自然分开,身体保持平衡。

5. 转身

转身是运动员用一只脚作为中枢脚,另外一只脚蹬地发力向前或者向后跨步从而改变身体运动方向的一种方式,分为前转身和后转身。

(1)前转身动作分析:一脚作为中枢脚,另一只脚脚前掌蹬地发力,朝向身前方向跨步,从而改变身体运动方向。

(2)后转身动作分析:一脚作为中枢脚,另一只脚脚前掌蹬地发力,朝向身后方向跨步,改变身体运动方向,用腰胯带动躯干进行转动。

二、投篮技术

投篮技术是指为将篮球投进对方篮筐而采用的技术的动作方法的总称。它是篮球比赛中唯一的得分手段。

随着时代的进步和运动员的身体条件、素质的提高,运动员的投篮技术也不断进步。现代篮球运动发展迅速,强调回合数的进攻,直接引发了球员出手速度快、出手次数多、投篮距离远、投篮技术变化多端的情况。良好的投篮习惯可以让运动员及时地适应现代篮球运动发展的趋势。

(一)投篮技术的分类

投篮的动作方法很多,姿势以及手势在各国运动员身上都有不同的表现,我们统一按照持球方法将投篮分为双手投篮和单手投篮。在运动中投篮按过程可以分为原地投篮、行进间投篮和跳起投篮。其中,原地投篮分为原地肩上投篮、原地头上投篮。行进间投篮分为行进间肩上投篮、行进间低手投篮、行进间反手投篮、行进间勾手投篮。跳起投篮分为单手肩上投篮、转身肩上投篮、接球急停肩上投篮、运球急停肩上投篮、补篮、扣篮。双手投篮分为原地胸前双手投篮、头上投篮、行进间时的低手投篮、跳起时的补篮和扣篮。

(二)投篮技术的动作方法

1. 原地投篮

以原地单手肩上投篮为例,它是各种投篮的基础,使用最为广泛,需要出手点高,便于结合其他相关篮球技术动作。

(1)动作方法。以右手投篮为例,原地单手投篮时右脚在前,左脚相对在后,膝盖微屈,重心落在双脚前脚掌上。右手五指自然分开,手腕翻转持球的后下部位,左手扶在球的侧方略微偏上,举球于同侧头与肩的前上方,大臂与肩关节平行,大、小臂约成90°。肘关节稍微内收。投篮时下肢蹬地发力,身体随之向前上方伸展,同时抬肘向投篮方向伸臂,手腕压腕,手指拨球,柔和地从食、中指尖拨出。球出手时,手臂要随球自然跟送。

图 6-1　原地投篮

（2）动作要点。上下肢协调发力，动作伸展充分，注意压腕拨球，食指中指控制球的方向与旋转。

2. 行进间单手肩上低手投篮

行进间单手肩上低手投篮是在高速跑动中利用速度优势摆脱对手后在篮下时最常用的一种迅速投篮的方法，具有伸展距离远、动作速度快、出手平稳的优点。

（1）动作方法。以右手低手投篮为例，右脚向前跨出一大步的同时接球，接着左脚跨一小步，并用力蹬地起跳，右腿屈膝上提，身体重心前移，双手向篮筐方向举球。当身体接近最高点时，左手离球，右手外旋，掌心向上托球，并充分向球篮上方伸展，接着屈腕，食、中指用力拨球，通过指端将球投出。

图 6-2　行进间单手肩上低手投篮

（2）动作要点。起跳后的身体腾空时，身体向前上方充分伸展，投篮出手前保持托球手的稳定性，指腕上挑，拨球动作要协调。

3. 跳起投篮

跳起投篮，又称为跳投。它具有突然性、出球点高和不易被防守队员影响的特点，可在原地、行进间急停或转身后的跳起后投篮。原地跳起单手肩上投篮是在原地单手肩上投篮基础上的一种投篮方式，也是现代篮球运动普遍运用的投篮方式之一，动作方法与原地单手肩上投篮相同。

（1）动作方法。两手持球于胸前，两脚左右开立，两膝微屈，重心落在两脚之间。以右手投篮为例，起跳时，迅速屈膝，脚掌用力蹬地向上起跳，同时双手举球到右肩上方，右手持球，左手扶球的左侧方，当身体接近最高点时，左手离球，右臂向前上方伸展，手腕前屈，食、中指拨球，通过指端将球投出。落地时屈膝缓冲。

图 6-3　跳起投篮

(2)动作要点。起跳垂直向上,起跳与抬手举球、出手动作应协调一致,在自身跳起接近最高点时出手。

三、传接球技术

传接球技术是指在篮球比赛中进攻队员之间有目的转移球的方法,是进攻队员之间在场上相互联系和组织进攻战术发起进攻的纽带。现代篮球运动要求运动员在比赛中运用传接球技术时应做到隐蔽、及时、多变、准确,合理利用球的转移调动防守,从而打乱对方的防守布阵让对方感到不适,创造良好的进攻机会。

(一)传接球技术分类

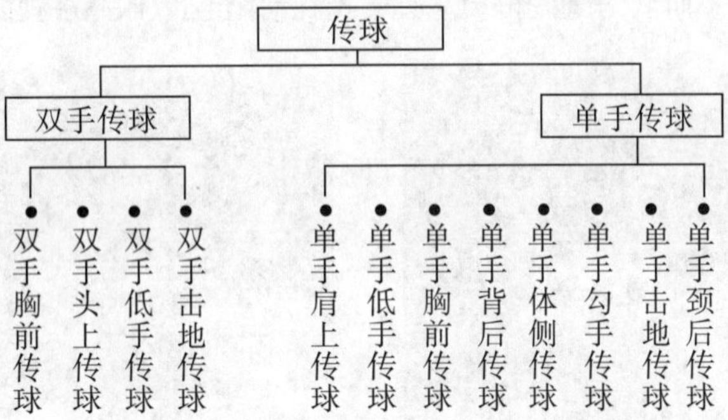

图 6-4　传接球技术分类

(二)传球技术动作方法

1. 双手胸前传球

双手胸前传球是篮球比赛中最基本、最常用的一种传球方法,具有传球快速有力、准确性高、容易控制、便于与其他动作相结合的优点。

(1)动作方法。身体成基本站立姿势,膝盖微屈,双手持球于胸腹之间,两肘自然弯曲,眼直视传球目标。传球时后脚蹬地发力,身体重心前移,两臂前伸,两手腕随之旋内,拇指用力下压,食、中指用力拨球并将球传出。

图 6-5　双手胸前传球

(2)动作要点。食指、中指拨球出手,动作连贯协调。

2. 单手肩上传球

单手肩上传球是一种用于中远距离传球的方法,经常在篮球比赛快攻或者队友快下时使用。传球时用力大,球飞行速度快。

(1)动作方法。双脚平行开立,右手传球时,左脚向传球方向跨出半步,重心落至右脚上。左肩对着传球方向,右肩关节引展,大、小臂自然弯曲,持球的后下方。传球时,右脚蹬地发力同时转体带动上臂,以肘领先前臂,手腕前屈,食指、中指、无名指用力拨球将球传出。

(2)动作要点。发力顺序自下而上,蹬地、扭转肩、挥臂拍腕动作连贯,眼睛注视队友移动情况,判断传球时机。

图 6-6　单手肩上传球

3. 单手体侧传球

单手体侧传球是一种近距离隐蔽传球的方法。外线队员传球给内线同伴进行内线单打时常用这种方法。

(1)动作方法。右手传球时,左脚在向左侧前方跨步的同时将球引至身体右侧用右手单手托球,出球时,持球手的拇指在上,手心向前,手腕后屈,前臂向前作弧线摆动,手腕前屈,食指、中指、无名指拨球将球传出。

(2)动作要点。跨步与向体侧引球同时进行,前臂力度要合适,球速要快,做到及时传球到同伴手中不被干扰,传球手腕用力。

(三)接球技术动作方法

接球是篮球运动中主要获得球的动作,是抢篮板球和断球的基础。在激烈对抗的篮球比赛中,能否牢稳地接球,对减少传球失误、发动快攻以及截获对方的球等都是不可或缺的。

双手接中部位的球

(1)动作方法。双眼注视来球,双臂迎球伸出,双手两拇指成“八”字形,手指自然张开。双手成一个半圆形。当手指触球时,双手将球握住,两臂顺势屈肘向后,引缓球及时收回,两手持球于胸腹之间。

(2)动作要点。主动伸臂迎球,在手接触球时收臂积极,引臂回收,握球于胸腹之间,动作协调连贯。

图 6-7　双手接中部位的球

四、运球技术

运球技术是持球队员在原地或移动中用单手连续按拍球推进的一种技术动作。它是摆脱个人防守,创造传球、突破、投篮等得分机会的重要进攻手段,也是进攻队员发动组织快攻、完成全队战术配合、执行并实现教练员战术意图的重要方法。

(一)运球技术分类

运球按动作位置变化可以分为原地运球和行进间运球两大类。

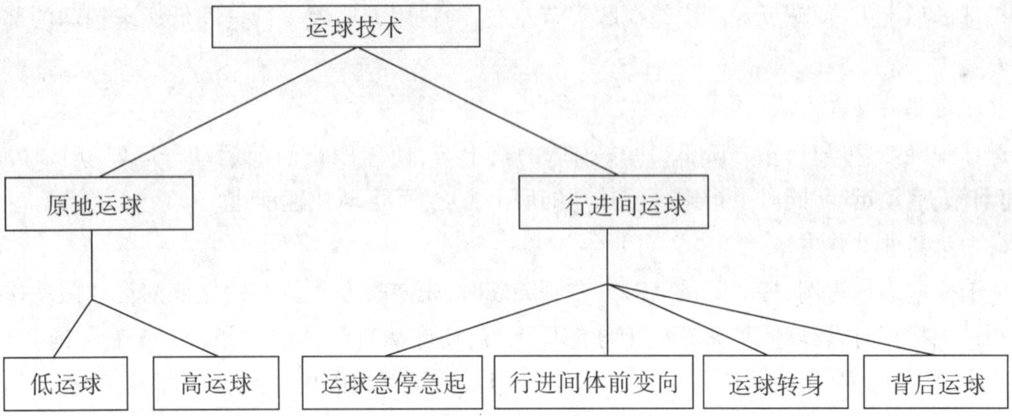

图 6-8　运球技术分类

运球技术的动作由身体姿势、手臂动作、球的落点和手脚配合组成。

(1)身体姿势。双脚前后开立,约与肩宽,两膝弯曲,侧身、上体稍向前倾,抬头直视前方。非运球手臂屈肘,上抬持平约在胸腹之间的位置,用以保护球。

(2)手臂动作。手臂动作包括球接触手的部位的动作、运球时的动作、按拍球的部位的动作和力量的运用。运球时,五指自然张开,尽可能地扩大控制球的面积,用指腹和指根以上部位触球,手掌心空出,手指、手腕放松。

(3)球的落点。运球的速度、力量、方向和临场时的状况不同,球的落点也不同。在无人防守情况下使用高运球时,球的落点应在运球手的同侧前外侧,速度越快,落点越靠前,离自身越远,反之越近;在有防守情况下运球的落点应在体侧,另一只手抬起以便保护球;变向运球其落点位于异侧体侧或侧前方,胯下运球的落点位于胯下两脚之间相对靠前的位置。

(4)手脚协调配合。运球时移动速度和运球速度需要做到协调一致,保持合理的运球节奏,并注意控制身体。移动速度越快,按拍球的部位越靠后下方,落点越远,球反弹起来的力量越大。反之,部位越靠上,落点越近,球反弹起来的力量越小。

(二)运球的动作方法

1. 高运球的动作方法

运球时两腿微屈,上体前倾,目视前方,前臂自然伸屈。手腕放松、手指柔和有力地拍球的后上方。球的落点应落在运球手的同侧脚的外侧前方。

图 6-9　高运球

图 6-10　低运球

2. 低运球的动作方法

双腿应迅速弯曲,降低重心,上体前倾,球的落点位于体侧,用上肢肩膀、手臂和腿保护球。手腕和手指短促有力地按拍球的后上方,使球反弹高度约在膝关节左右,两腿用力后蹬。行进间低运球拍球的部位在球的后上方或后侧方。

3. 急停急起运球的动作方法

在快速运球中突然急停时,重心降低,手按拍球的前上方,使球停止向前运动。运球急起时,两脚用力后蹬,上体快速前倾,启动迅捷,同时手指用力按拍球的后上方,然后运球快速前进。

4. 体前变向运球的动作方法

以右手体前变向运球为例,持球队员从对方左侧突破时,先向防守队员左侧做变向运球假动作。当防守队员向左侧移动试图拦截时,运球队员突然按拍球的后上方,使球从自己体前左侧反弹至右侧前方,紧接左脚向右前方迅速迈出,侧身探肩,用肩膀挡住对手。换右手运球,右脚用力蹬地,加速运球突破对方。

图 6-11　体前变向运球

5. 转身运球的动作方法

以右手运球为例,转身变向时,用左脚在前为轴,向左后方向转身,右手将球拉至身体的后侧方,并将球的落点落在身体的外侧方，然后换左手运球，加速前进。

图 6-12　转身运球

6. 背后运球的动作方法

以右手运球从背后换左手时，右脚前跨，右手将球拉到右侧身后，迅速转腕按拍球的右后方，球的落点位于两腿之间靠后的部位，让球从背后反弹至左侧前方，左脚紧接着向左前方跨出，换左手运球，双脚用力蹬地迅速加速前进。

图 6-13　背后运球

五、防守技术

防守技术是防守队员为了阻挠和破坏对手的进攻，达到让进攻方未能达成战术意图以及进攻不顺进而反攻的目的所采取的各种专门动作方法的总称。

防守技术可以分为三大类：防守移动、防守有球队员、防守无球队员。

(一) 防守移动

防守移动指在防守过程中所采用的脚步动作。通常步法有滑步、攻击步、交叉步、后撤步、碎步、绕步等。

(二) 防守有球队员

防守有球队员由防守的位置与距离、防守姿势、移动步法和抢打球等环节组成。

1. 防守的位置与距离

防守有球队员时，防守人应站在对手与球篮之间，尽量让对方、自己和球篮始终在一条直线上。一般遵从离球篮近防守近、离球篮远则防守远的原则。

2. 防守姿势

防守姿势分为平步防守和斜步防守。平步防守时，两脚平行站立，两手臂不停交替挥摆，这种防守姿势便于向左右移动，适合防守运球、突破等技术动作。斜步防守时，两脚前后站立，前脚同侧手臂向前上方伸，另一手臂侧伸，这种防守姿势便于前后移动，对防投篮比较有利。

3. 移动步法

移动步法遵从离球篮近则防守近、反之亦然的原则，指随时利用防守移动的脚步进行防守。防守中锋时主要采用绕前、绕后、滑步夹击等方法。

4. 抢打球

准确的判断是有效进行抢打球的前提。首先准确判断篮球所在的位置，以及球的飞行轨迹和速度。了解对方的战术配合、意图及传、运球习惯动作，然后不失时机地、准确地出击。抢球时启动要突然，移动的步频要快。手臂的伸、拉、挡、截，手腕和手指的拍击、点拨要迅速。

（三）防守无球队员

防守无球队员与防守有球队员的环节大致相同，防守的位置与距离、防守姿势、移动步法、断球等环节的表现不同。

1. 防守的位置与距离

防守无球队员时，防守队员根据球和自己防守的对手所处的位置来确定和调整自己的防守位置。要坚持“球—我—他”的选位原则，即防守队员的位置始终要位于对手与球篮之间，偏向有球一侧，防守队员与球和所防对手三者尽量形成一个钝角三角形的形式，防守队员始终位于钝角处。防守队员做到对手近球则近，对手远球则远，人、球、防守区域三者兼顾，控制对手接球。

2. 防守姿势

防守姿势需要根据对手是处在强侧还是弱侧，以及防守队员与对手和球的距离远近来选择。

3. 移动步法

防守时，防守队员需要观察场上的变化情况，再根据球和人的移动方向，合理地作出判断，并运用脚步动作来保证及时占据有利的防守位置，争取主动权。防守无球队员常用的移动步法有滑步、撤步、碎步、快跑和转身等。

4. 断球

断球是在防守无球队员时拦截对方传球的方法。防守队员根据场上情况变化，在防守时注意力集中，提前并准确地作出预判，及时出击，抢在无球队员接球之前将球拦截。断球时要做到快速、突然、隐蔽，让对方队员没有反应的时间。

第三节　篮球运动基本战术

篮球运动战术对于大学生来说，是一个既简单又复杂的概念，简单在它的概念、理论等相对固定，复杂在篮球运动的战术在实践中需要灵活运用和创新才能实现最大价值。

篮球运动基本战术主要分为进攻战术与防守战术，攻防战术是指两三人之间有目的、有组织地进攻和防守之间的配合行动的方法。在教学和训练中，只有熟练掌握和灵活运用攻守战术基础配合，才能更好地发挥个人技术特长，发挥全队每个运动员的自身特点，使效果最大化。

一、进攻战术基础配合

进攻战术基础配合是指在篮球比赛中，进攻队员两三人之间所组成的简单配合方法，包括传切、突分、掩护、策应等配合。

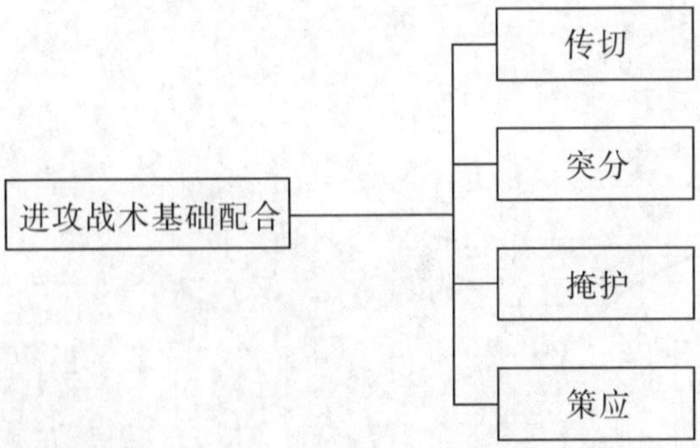

图 6-14 进攻战术基础配合

(一)传切配合

传切配合是指队员之间利用传球和切入技术所组成的简单配合,包括一传一切和空切,是最基本的、简单易行的进攻方法,一般在采用扩大盯人防守战术或区域联防时使用。

(1)传切配合方法。一传一切配合:是指持球队员传球后,利用启动速度的优势或假动作摆脱防守队员的严密防守,创造接球空间向篮下切入并接队友回传球投篮的配合。

如图 6-15 所示,⑤传球给⑥,⑤向左侧做切入假动作然后突然从右侧切入,摆脱 △5 的防守,侧身面向⑥接回传球投篮。

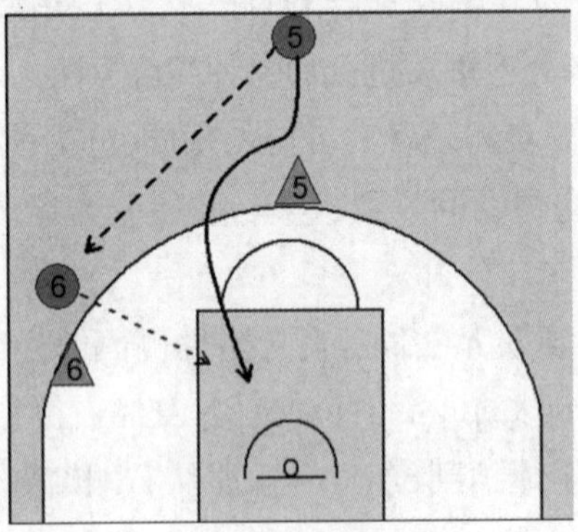

图 6-15 传切配合

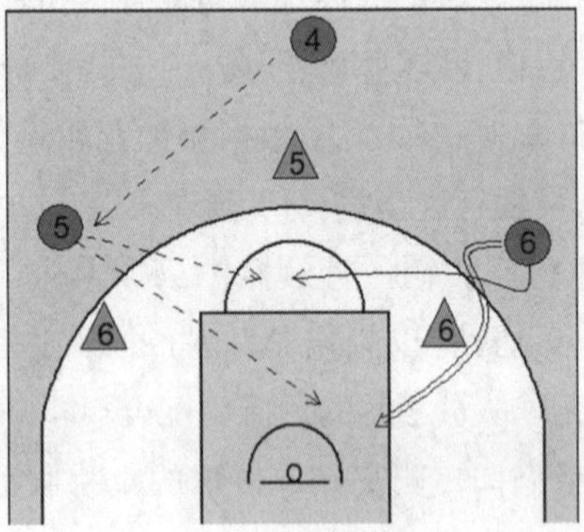

图 6-16 空切配合

空切配合:是指无球队员掌握时机摆脱对方防守队员,切入防守队员之间的空隙区域接球投篮或为队友创造其他空间吸引防守,让队友获得其他进攻机会的配合。

如图 6-16 所示,④传球给⑤时,⑥利用 △6 未及时跟进防守的机会突然横切或沿底线切向篮下接⑤的传球投篮。

(2)传切配合的基本要求。

①必须有一定的传切配合空间及明确合理的切入路线。

②切入队员抓住防守队员选位不好或注意力分散的时机,迅速反应并快速启动或利用反跑等假动作摆脱对手。

③传球队员动作要隐蔽,迅速及时以及准确。

(二)突分配合

突分配合是指持球队员运球突破防守队员后,遇到对方补防、协防、夹击或者吸引多名防守队员时,及时准确地将球传给进攻位置最佳的同伴,并让全队获得以多打少的局面,让其他队员进行攻击的一种配合方法。

(1)突分配合的方法,见图 6-17。④持球从左侧底线突破 △4 后,遇到 △5 补防时,及时传球给横切的⑤

投篮。

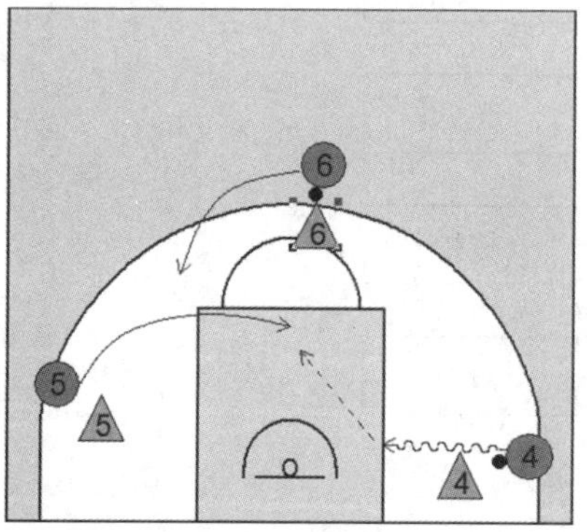

图6-17　突分配合

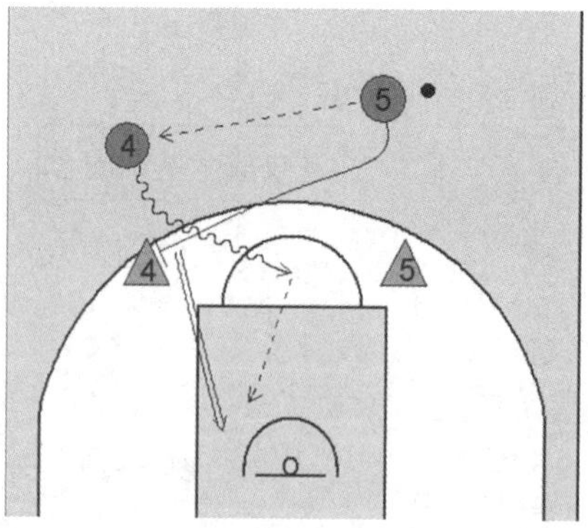

图6-18　持球队员与无球队员之间的侧掩护配合

(2)突分配合的基本要求。队员在突破时启动动作要迅速、突然，在准备急停跳投的同时，注意观察攻守队员的防守位置变化，及时准确地将球传给进攻位置更好的队友。

当持球队员突破后，其他的进攻队员利用速度或者假动作摆脱对手，离开原先的位置，冲向空隙区域，准备接球进攻或争抢二次篮板球。

(三)掩护配合

掩护配合是指进攻队员选择正确的位置，合理利用自己的身体以及恰当的技术动作挡住同伴防守队员的移动路线，使同伴可以找准时机摆脱防守，获得接球投篮或者其他进攻机会的一种配合方法。

掩护配合有许多形式和方法，根据掩护者和同伴防守者的身体位置和方向的不同，分为前掩护、侧掩护、后掩护；根据进攻队员的行进路线，分为上掩护、下掩护；根据掩护者的人数、移动路线，分为定位掩护、行进间掩护、反掩护、假掩护、运球掩护、连续掩护、双人掩护等。

(1)掩护配合的方法(以侧掩护为例)。侧掩护是指掩护队员站在同伴防守者的侧面进行配合掩护的方法。

持球队员与无球队员之间的侧掩护配合(图6-18)：⑤传球给④后，移动到△4身体右侧作侧掩护，④接球后做投篮假动作或做向左侧突破或传球的威胁假动作。当⑤掩护到位时，④立即从右侧贴着⑤的身体运球突破上篮；⑤立即转身切入篮下准备抢二次进攻篮板球或接球投篮。这种掩护也称挡拆配合。

(2)掩护配合的基本要求。

①掩护队员应选择准确的掩护位置和合理的动作，掩护队员准备掩护的一刹那，掩护队员身体是静止的，并与对方队员保持适当的距离，让其有移动一步的空间，两脚平行开立，两膝微屈，上体微前倾，两臂屈肘放于体侧或交叉放于胸前。

②被掩护队员应选择最佳的摆脱时机，以各种进攻动作吸引对方防守队员的注意力，隐藏掩护意图。掩护时被掩护队员身体要尽量去贴近掩护队员，以防对方挤过掩护，让掩护效果大打折扣。当对方换防时掩护队员应立即转身护送，参与进攻。

③掩护时同伴之间应掌握好配合时机，根据防守变化，选择跳投、持球突破或内线进攻。

(四)策应配合

策应配合是指进攻队员背对或侧对篮筐接球后，通过多种形式的传球方式与外线队员的空切、反跑以及无球跑动相配合，借以摆脱对方队员的防守，创造各种内外结合的进攻机会的配合方法。

策应配合的应用范围较广泛，可以有效迷惑防守队员选择正常的防守位置，在进攻半场人盯人防守阵型或区域联防时经常使用此配合方法并有很好的效果。根据策应的区域和位置的不同，策应配合通常可以分为内策应、外策应、高策应、低策应等。

(1)策应配合的方法。中锋外策应配合方法(图 6-19):⑤传球给④后,向前上步并突然向左侧压切,然后以④为枢纽从右侧绕切,同时策应队员④先做传球给⑤的假动作,然后转身把△4挡在身后,将球传给绕切过来的⑤,⑤接球可以选择投篮、突破或者传给策应后向下切入的④。

中锋内策应配合方法(图 6-20):⑥传球给⑦,先向内线压然后突然向右上移动,在策应队员⑦身前与④做交叉绕切,⑦可将球传给绕切的④或⑥,也可自己转身选择投篮或者突破进攻。

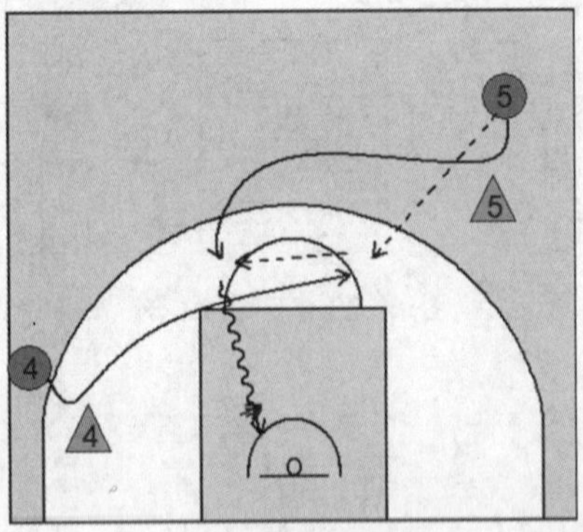

图 6-19　中锋外策应配合

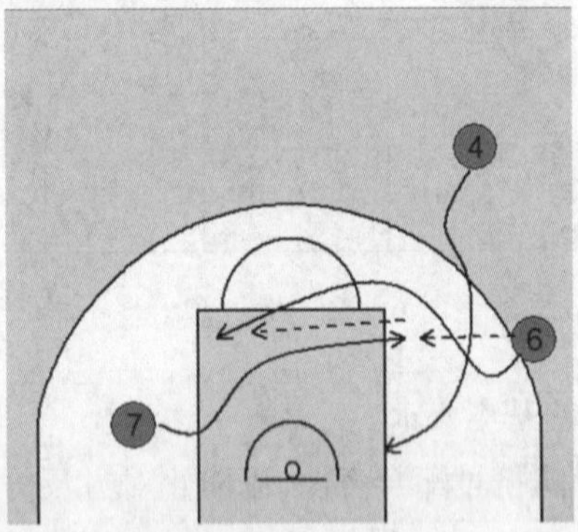

图 6-20　中锋内策应配合

(2)策应配合的基本要求。

①策应队员要突然启动摆脱防守队员,占据有利的策应位置,采用绕过抢前的接球动作,接球时两脚开立,两膝弯曲,两肘稍微外展,用身体保护球。准确判断场上发生的攻守变化情况,及时准确地将球传给进攻位置最好的队友或直接进行个人进攻。传球后要转身跟进争抢二次进攻篮板球。

②外线的队员传球后,利用启动速度或假动作摆脱防守队员,接到策应队员的传球后迅速作出最合理有效的选择:投篮、突破或传球。

二、防守战术基础配合

防守战术基础配合是指在篮球比赛中,防守队员两三人之间所采用的协同防守配合的方法。它包括挤过、穿过、绕过、夹击、关门、补防、交换防守、延误等,是组成全队整体防守战术配合的基础。

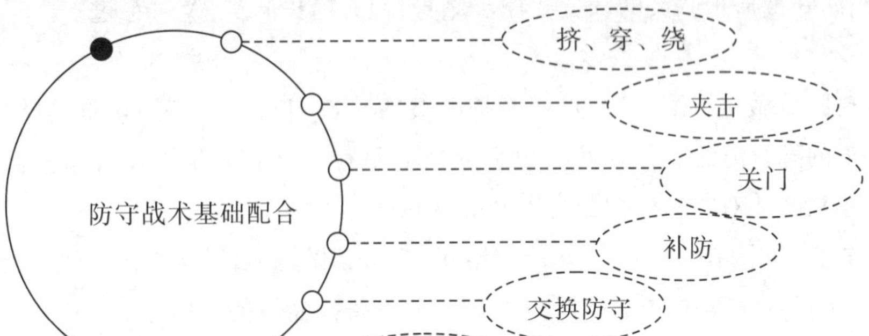

图 6-21　防守战术基础配合

(一)挤过配合

挤过配合是指对方进行掩护时,防守队员在掩护队员接近自己的一刹那迅速抢前横跨一步阻止挡拆形成,贴近自己的防守队员,并从两个进攻队员之间侧身挤过去,继续防守自己对手的配合方法。

(1)挤过配合的方法。如图 6-22 所示,⑤给④做掩护,当⑤接近△4的一刹那,△4抢前横跨一步贴近④,并从④和⑤之间主动侧身挤过去继续防守④。

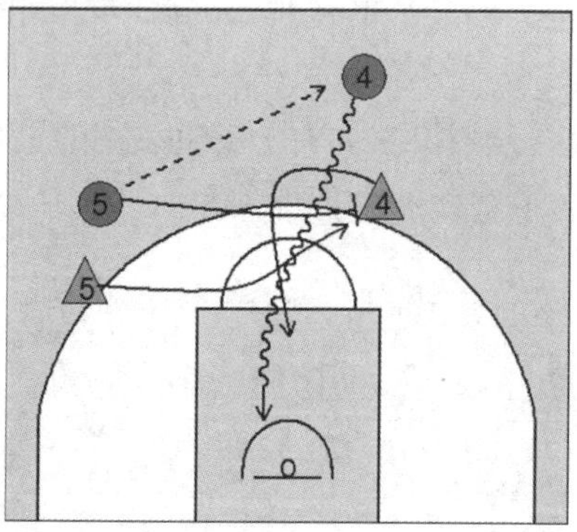

图6-22　挤过配合

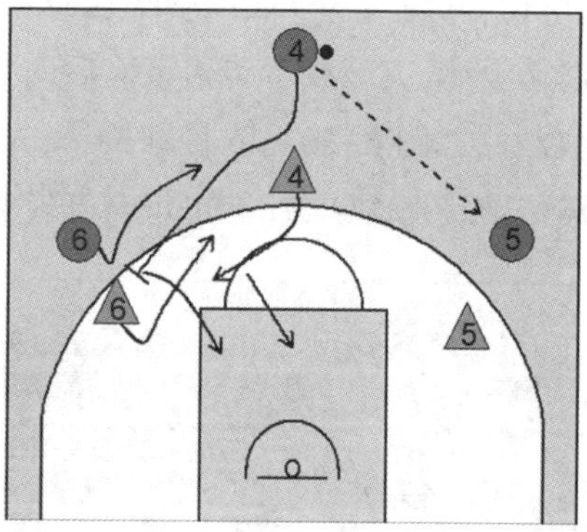

图6-23　穿过配合

(2)挤过配合的基本要求。

①不要过早暴露挤过配合意图,以防止对方反方向切入。

②在两个进攻队员身体靠近之前,果断抢先跨步贴近对手,以至于可以快速侧身挤过。

③防守掩护队员的队员应站在能够兼顾防守两个进攻队员的位置上,注意呼唤同伴需要注意对方的掩护意图,随时做好需要换防的准备。

(二)穿过配合

穿过配合是指当对方进行掩护时,防守掩护队员的队员及时提醒同伴,并主动后撤一步预留空间,让同伴可以及时从自己和掩护队员之间的空间穿过去,并可以继续防守自己对手的配合方法。

当对方掩护发生在弱侧区域,距离球篮较远、无投篮威胁、不宜换防的情况下,运用穿过配合可有效地破坏对方的掩护配合。

(1)穿过配合的方法。如图6-23所示,④传球给⑤,④反方向移动给⑥做掩护的一刹那,△4主动后撤,让△6从④和△4中间穿过去,继续防守⑥。

(2)穿过配合的基本要求。

①防掩护队员要及时提醒同伴,并及时后撤一步预留最佳合适空间,让同伴顺畅地穿过。

②当对方掩护时,防守被掩护队员的队员要撤步侧身,避开掩护队员,及时穿过。

(三)交换配合

交换配合是指进攻队员做掩护配合时,防守掩护队员的队员与防守被掩护队员的队员及时主动交流并及时地交换自己所防队员的配合方法。只要换防以后的新对手在身高和力量以及技术方面无较大的差距,运用交换配合可有效地遏制和破坏对方的掩护配合以及战术意图。

(1)交换配合的方法。如图6-24所示,⑤传球给④,⑤给④做侧掩护,④持球突破。此时△5呼喊同伴并示意换防后立即防守④,△4及时调整位置,堵住⑤的切入,并准备抢断④的回传球。

(2)交换配合的基本要求。

①防守掩护队员的队员应及时呼喊并提醒队友注意,相互换防堵截进攻队员的攻击路线。

②防守被掩护队员的队员应及时撤步,在掩护队员转身切入之前抢先占有有利的防守位置。

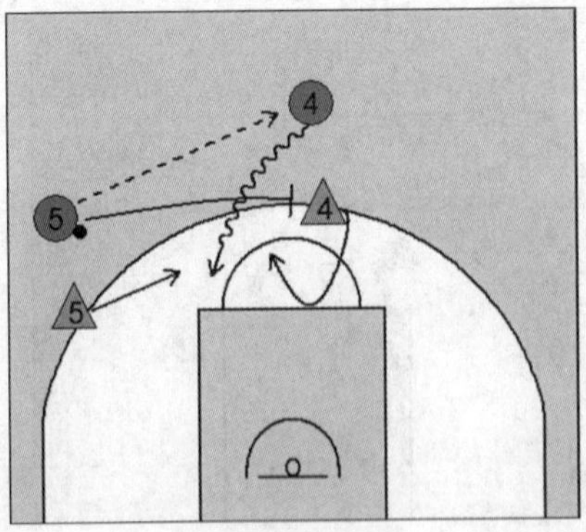

图 6-24　交换配合

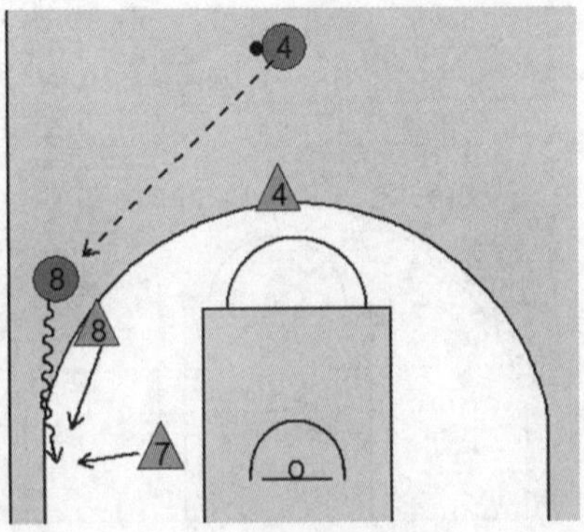

图 6-25　夹击配合

(四)夹击配合

夹击配合是指两个以上的防守队员,利用对手在场地中线、边线、端线以及边角运球或运球停止时,突然快速上前封堵和围夹持球者逼迫其出现违例或者传球失误的一种防守配合方法。

夹击配合是一种主动性、攻击性很强的防守配合方法,能有效地控制持球队员的活动,迫使对手失误,创造抢断快攻的得分机会。夹击配合通常在紧逼人盯人防守、区域紧逼防守战术中运用。

(1)夹击配合的方法。如图 6-25 所示,当⑧在底角运球停止时,△7 与 △8 一起夹击⑧,④堵防强侧的回传球,随时做好抢断准备快攻。

(2)夹击配合的基本要求。

①当对手沿边线运球或在空间较小的场角、中线附近和限制区内突然运球停止,是夹击的最好时机。

②夹击时两个防守队员的身体尽量紧贴,两臂垂直上举,随对方的球挥动,封堵其传球。

③夹击不是为了从持球队员手中抢球,而是迫使持球队员出现传球失误,给同伴创造抢断球的机会,因此应尽量避免夹击时的犯规。

④其他队员应积极配合夹击队员的行动,及时封堵近球队员,迫使持球队员传远、高球。

(五)补防配合

补防配合是指当防守队员被对手突破或出现漏防时,邻近的同伴及时地放弃自己的对手不让对手轻易得分,及时快速地进行补漏防守的一种配合方法。补防可以阻截对方一次直接的投篮形成有效防守,减少对方一次最有进攻威胁的机会,并可以提升士气、挫败对手锐气。

(1)补防配合的方法。如图 6-26 所示,当④突破 △4 的防守直接投篮时,△5 大胆放弃自己的对手,快速补防,阻止④的进攻,△4 向左侧移动防守⑤。

(2)补防配合的基本要求。

①防守队员应准确判断场上出现的漏防情况,补防时应及时果断、迅速地判断并抢占有利位置,避免犯规。

②被对手突破的防守队员应快速向补防队员方向移动,并试图判断对方的进攻意图,争取做到封阻对方或者创造机会抢断球。

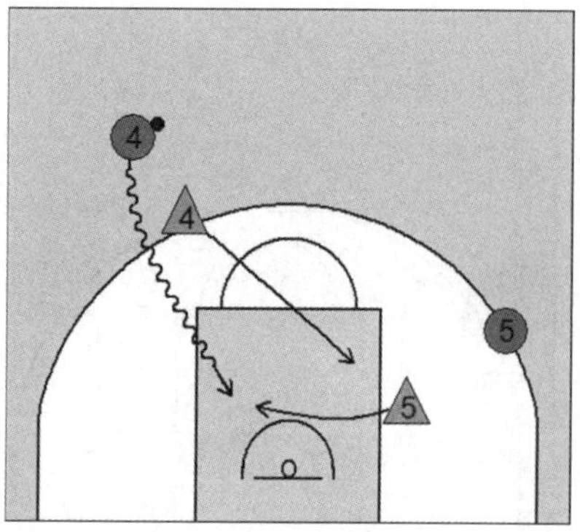

图 6-26　补防配合

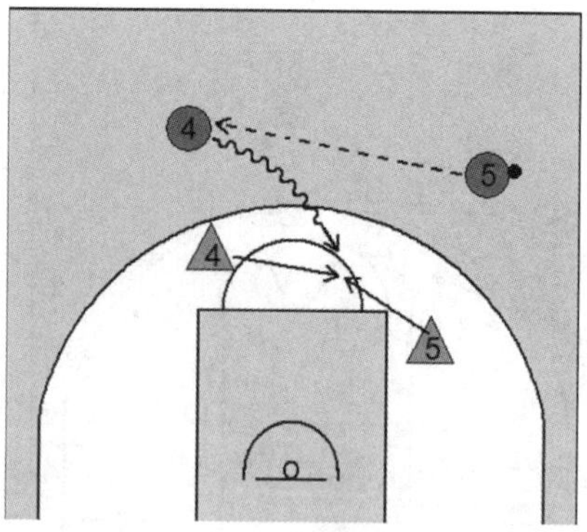

图 6-27　关门配合

（六）关门配合

关门配合是指邻近的两名防守队员利用身体相互协同配合堵截进攻队员运球突破，造成其突破失败而形成“走步”违例的一种防守配合方法，在区域联防和半场人盯人防守战术中运用较为广泛。

（1）关门配合的方法。如图 6-27 所示，④持球突破时，△5抢先移动向△4靠拢并“关门”，不给突破队员留有空隙，当突破队员分球时，△5快速回防自己的对手。

（2）关门配合的基本要求。

①防突破的队员应及时向同伴靠拢，两人用眼神或者口头交流堵住进攻队员的突破路线。

②邻近突破一侧的防守队员，应快速向同伴移动并发出信号进行“关门”配合，同时根据持球队员的停球和传球位置作出预判，决定下一步的围堵和回防的选择。

③关门配合时，防守队员两肩靠紧，微屈膝，含胸，两臂自然上举或侧举，发生身体接触时要保持自身稳定性，避免受伤。

（七）延误配合

延误配合是指同伴在防守进攻球员时，在被进攻的无球队员的挡拆或者掩护下，未能及时跟进防守，队友进行短暂的扩大防守逼迫进攻队员改变进攻路线甚至返回原先位置，使同伴重新回到先前所防守的队员面前的配合方法。

（1）延误配合的方法。如图 6-28 所示，△5在△4被⑤进攻挡拆所失去防守位置时，扩大防守，提前站在④的进攻路线上，迫使④改变前进路线，△4利用空间及时穿过挡拆回防原先的对手。

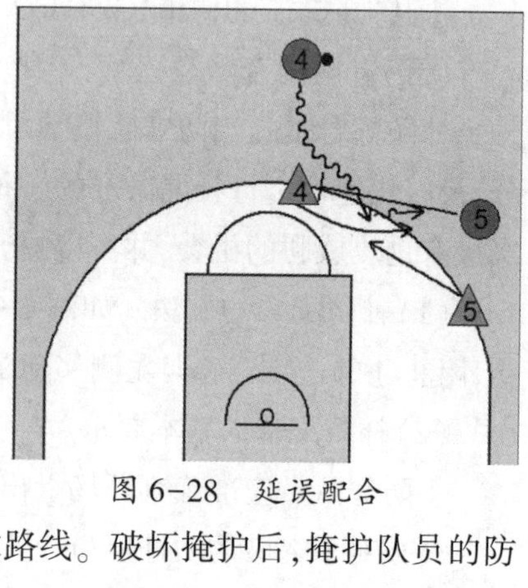

图 6-28　延误配合

（2）延误配合的要求。掩护者的防守队员要积极抢位，抢位要及时、突然、有力，同伴要相互提醒，打破对方的进攻节奏。形成延误站位时要用身体和腿部限制对方的进攻，特别注意手臂打开，增加其突破难度，切断其传球路线。破坏掩护后，掩护队员的防守队员要及时回防。

第四节　篮球比赛基本规则

一方面，随着篮球运动的发展，规则也在不断地发生着变化。另一方面，规则的不断修改、完善，也促进了篮球运动的发展。国际篮联颁布的自2018年10月1日开始生效的最新规则的主要内容如下。

一、比赛场地与器材

篮球比赛由两队参加，每队出场5名队员。每队的目标是进攻对方球篮得分，并阻止对方队得分。

比赛场地：一块平坦、无障碍物的硬质地面，长28米、宽15米（从界线的内沿丈量）。

器材：在篮球比赛中，有些器材是必需的，如篮球、篮板、比赛计时钟、记录屏、进攻计时钟、供暂停计时用的计秒表，2个独立的、明显不同的、非常响亮的声响信号，队员犯规标志牌、全队犯规标志牌、交替拥有指示器、比赛地板、比赛场地。

二、球队

当一名球队成员按照竞赛组织部门的规程（包括年龄限制）已被批准为某队参赛时，他是合格参赛的球队成员。篮球比赛中一支队伍最多有12个人可以参加比赛，在比赛时间内，每队应有5名队员在场上并可被替换。

三、比赛通则

（一）比赛时间、比分相等和决胜期

比赛应由4节组成，每节10分钟。在预定的比赛开始时间之前，应有20分钟的比赛休息时间。在第1节和第2节（上半时）之间，第3节和第4节（下半时）之间，以及每一决胜期之前，应有2分钟的比赛休息时间。两个半时之间的比赛休息期间应是15分钟。

对于主客场总得分制的系列比赛，如果在第2场比赛的第4节比赛结束时，两队两场比赛得分的总和相等，那么比赛有必要再继续若干个5分钟的决胜期来打破平局。

（二）球的状态：球可以是活球或死球

球成活球，当：

①跳球中，球离开主裁判员抛球的手时。

②罚球中，罚球队员可处理球时。

球成死球，当：

①任何投篮或罚球中篮时。

②活球中，裁判员鸣哨时。

③在一次罚球中球明显不会进入球篮，且该次罚球不是最后罚球或进一步的罚则时。

④比赛计时钟信号响以结束一节或决胜期时。

⑤某队控制球，进攻计时钟信号响时。

⑥投篮中飞行的球在下述情况后被任一队的队员触及时：裁判员鸣哨；比赛计时钟信号响以结束一节或决胜期；进攻计时钟信号响。

（三）跳球和交替拥有

篮球比赛中，在第1节开始时，一名裁判员在中圈、在任何两名互为对方的队员之间将球抛起，一次跳球

发生。

当双方球队各有一名或多名队员有一手或两手紧握在球上，以至不采用粗野动作任一队员就不能获得控制球时，一次争球发生。

跳球程序：

①每一跳球队员的双脚应站立在靠近该队本方球篮的中圈半圆内，一脚靠近中线。

②如果一名对方队员要求占据其中一个位置，同队队员不得围绕圆圈占据相邻的位置。

③然后，裁判员应在两名互为对方的队员之间将球向上（垂直地）抛起，其高度超过任一队员跳起能达到的高度。

④在球到达它的最高点后，球必须被至少一名跳球队员用手拍击。

⑤在球被合法地拍击前，任一跳球队员都不应离开他的位置。

⑥在球触及非跳球队员或地面前，任一跳球队员都不得抓住球或拍击球超过两次。

⑦如果球未被至少一名跳球队员拍击，则应重新跳球。

⑧在球被拍击前，非跳球队员的身体部分不得在圆圈上或圆圈（圆柱体）上方。

一次跳球情况发生，当：

①宣判了一次争球时。

②球出界，但是裁判员无法判定谁是最后触及球的队员或意见不一致时。

③在最后一次不成功的罚球中，双方队员发生违例时。

④一个活球夹在篮圈和篮板之间，除非：

——罚球之间。

——最后一次罚球之后还有记录台对侧的中线延长线掷球入界。

⑤任一队既没有控制球又没有球权，球成死球时。

⑥在抵消了双方球队的相等罚则后，没有留下其他要执行的犯规罚则，以及在第一次犯规或违例之前，任一队既没有控制球也没有球权时。

⑦除第1节外的其他节，以及决胜期开始时。

交替拥有是以掷球入界而不是以跳球来使球成活球的一种方法。

交替拥有程序：

①在所有跳球情况中，双方球队应交替拥有从最靠近发生跳球情况的地点掷球入界权。

②跳球后未在场上获得控制活球的球队应拥有第一次交替拥有球权。

③在任一节结束时，拥有下一次交替拥有球权的队应从记录台对侧的中线延长线以掷球入界开始下一节或决胜期，除非有进一步的罚球和球权罚则要执行。

④应由指向对方球篮的交替拥有箭头来指明拥有交替拥有掷球入界球权的球队。当交替拥有掷球入界结束时，交替拥有箭头的方向立即反转。

⑤某队在它的交替拥有掷球入界中违例，使该队失掉交替拥有掷球入界的球权。交替拥有箭头应立即反转，指明违例队的对方在下一次跳球情况下拥有交替拥有掷球入界的球权。于是将球判给违例队的对方从最初的掷球入界地点掷球入界继续比赛。

（四）控制球

篮球比赛中，球队控制球开始于该队一名队员正拿着或运着一个活球，或者可处理一个活球时。

当：某队一名队员控制一个活球时；球在同队队员之间传递时。

是球队继续控制球。

当:一名对方队员获得控制球时;球成死球时;在投篮或罚球中,球已经离开队员的手时。

是球队控制球结束。

(五)球中篮和它的得分值

当活球从上方进入球篮并保持在球篮中或完全地穿过球篮是球中篮。

球已进入对方的球篮,对投篮的队按如下计得分:

①一次罚球投中篮计1分。

②从2分投篮区域投中篮计2分。

③从3分投篮区域投中篮计3分。

④在最后一次罚球中,球触及篮圈后,在球进入球篮之前被任一队员合法触及,中篮计2分。

在比赛中可能会出现以下情况:

①如果队员意外地将球投入本方球篮,中篮计2分,并应在记录表上登记在对方队的场上队长名下。

②如果队员故意地将球投入本方球篮,这是违例,中篮不计得分。

③如果队员使球整体从下方穿过球篮,这是违例。

(六)暂停和替换

主教练或第一助理教练请求中断比赛是暂停。每次暂停应持续1分钟。

当:(对于双方队)球成死球,比赛计时钟停止以及裁判员已结束了与记录台的联系时;(对于双方队)在最后一次罚球成功后,球成死球时;对于非得分队,投篮得分时。

一次暂停机会开始。

每队可准予:上半时2次暂停,下半时3次暂停,第4节当比赛计时钟显示2分钟或更少时最多2次暂停,每一个决胜期一次暂停。

替补队员请求中断比赛成为队员是一次替换。

一次替换机会开始:(对于双方队)当球成死球,比赛计时钟停止,以及裁判员已结束了与记录台的联系时;(对于双方队)在最后一次罚球成功后,球成为死球时;(对于非得分队)在第4节或每一决胜期的比赛计时钟显示2分钟或更少,投篮得分时。

一次替换机会结束于掷球入界的队员可处理球时,或第一次的罚球可处理球时。

只有替补队员才可以请求替换,已发生第5次犯规或已被取消比赛资格的队员必须立即被替换(不超过30秒)。根据裁判员的判断,如果有不必要的延误,应给违犯的队登记一次暂停。如果该队没有剩余的暂停,可登记主教练一次技术犯规("B")。

四、违例

违例是违反篮球比赛的规则,常见的违例有球出界、队员出界、带球走、两次运球违例、3秒违例、5秒违例、8秒违例、24秒违例、干扰得分和干涉得分违例、球回后场和脚踢球等。一般情况下发生违例以后,由对方球队重新开始比赛,对方球队的发球地点都在发生违例的最近地点。

(一)球出界和队员出界

当队员身体的任何部分接触界线上方、界线上或界线外的除队员以外的地面或任何物体时,即是队员出界。

当球触及了在界外的队员或任何其他人员,界线上方、界线上或界线外的地面或任何物体,篮板支撑架、篮板背面或比赛场地上方的任何物体时,是球出界。

（二）运球

运球是指一名队员控制一个活球的一系列动作：在地面上掷、拍、滚、运或弹在地面上。

当在场上已获得控制活球的队员将球在地面上掷、拍、滚、运或弹在地面上，并在球触及另一队员之前再次触及球，为运球开始。当队员双手同时触及球或允许球在一手或双手中停留时运球结束，队员第一次运球结束后不得再次运球，除非在两次运球之间出现这些情况：投篮；球被对方队员触及；传球或漏接，然后球触及了另一队员或被另一队员触及。

下列情况不是运球：

连续的投篮；一次运球的开始或结束时漏接球；从其他队员的附近用拍击球来试图获得控制球；拍击另一队员控制的球；拦截传球并获得控制球；只要不发生带球走违例，将球在两手之间抛接并在球触及地面前允许球在一手或者两手中停留；将球掷向篮板并再次获得控制球。

（三）带球走

带球走俗称走步，是篮球比赛中常见的一种违例。

当队员在场上持着一个活球，其一脚或双脚超出规则所述的限制，向任一方向非法地运动是带球走。而在场上正持着一个活球的队员用一脚（称为“中枢脚”）始终接触着该脚与地面接触的那个点，而另一只脚向任一方向踏出一次或多次的合法运动是旋转。中枢脚是判定一名队员是否带球走的关键，一名队员接住球时，双脚站在地面上：一只脚抬起的瞬间，另一只脚成为中枢脚。开始运球时，在球离手前中枢脚不得离开地面。队员可以跳起中枢脚传球或投篮，但在球离手前，任意一只脚不得落回地面。一名队员在移动中或在结束运球时拿球，他可以移动2步完成停步、传球或者投篮：如果接到球的队员开始运球，他应在第2步（脚接触地面）之前将球运离手。当一名队员持着球跌倒并在地面上滑行，或躺在地面上或坐在地面上时获得了控制球，这是合法的。但是如果随后该队员持球滚动或持着球尝试站起来，这是违例。

（四）3秒违例

进攻队在前场控制活球并且比赛计时钟正在运行时，该队的队员不得在对方队的限制区内持续停留超过3秒。

队员的以下情况可以被默许：他试图离开限制区、他在限制区内，当他或他的同队队员正在做投篮动作并且球正离开或恰已离开投篮队员的手时，他在限制区内已接近3秒时运球投篮。队员只有双脚置于限制区外才可以证实自己处于限制区外。

（五）5秒违例

当一个队员正持着一个活球时，防守队员在距离他不超过1米处，并采取积极的、合法防守的动作时，该持球队员是被严密防守的队员。而一名被严密防守的队员必须在5秒内传球、投球或运球，否则就视为5秒违例。

（六）8秒违例

当一名在后场的队员获得控制球时或者在一次掷球入界中，球触及后场的任何队员或者被后场的任何队员合法触及，掷球入界队员所在队仍拥有在后场的球权，该队必须在8秒内使球进入该队的前场。

当：

①球没有被任何队员控制，球触及前场时。

②球触及或者被双脚完全在他前场的进攻队员合法触及时。

③球触及或者被有部分身体在他后场的防守队员合法触及时。

④球触及有部分身体在控制球队前场的裁判员时。

⑤运球队员在后场往前场运球的过程中，球和双脚完全进入前场时。

以上就是球队使球进入该队的前场。

(七)24 秒违例

当一名队员在场上获得控制活球时,或者在掷球入界中,球接触场上的任何队员或被场上的任何队员合法触及,并且掷球入界队员所在队仍然控制球时,该队必须在 24 秒内尝试投篮,否则视为违例。

一次 24 秒内投篮的构成:在进攻计时钟的信号发出前,球必须离开队员的手,而且球离开队员的手后,必须触及篮圈或进入球篮。

(八)球回后场

如果一名队员在他的前场最后触及球,并且随后球被该队一名队员在球触及后场之后首先触及或者被部分身体在后场的队员触及,那么就是前场控制活球的球队使球非法地回到他的后场。

(九)干涉得分和干扰得分

干涉得分违例发生:

在一次投篮中,球在下落飞向球篮时或在球已碰击篮板后,当一名队员触及完全在篮圈水平面之上的球时。

干扰得分违例发生:

①在一次投篮、最后一次罚球中,当球与篮圈接触时,队员触及球篮或篮板。

②在一次罚球(随后还有进一步的罚球)后,球有进入球篮的可能性时,一名队员触及球、球篮或篮板时。

③队员从下方伸手穿过球篮并触及球时。

④当球在球篮中,防守队员触及球或球篮,从而阻止球穿过球篮时。

⑤队员使篮板颤动或者抓球篮,根据裁判员的判定,这种手段已妨碍球进入球篮或者使球进入球篮时。

⑥队员抓球篮打球时。

五、犯规

犯规是对规则的违犯,含有与对方队员的非法身体接触或违反体育运动精神的举止。在篮球运动中,竞技的特性使犯规的发生不可避免,但是身体接触并不一定都是犯规,合理的身体接触符合篮球运动的高对抗性的特点,所以对于哪些动作是犯规、哪些动作是合法的,同学们需要有清晰的认识。

(一)圆柱体原则

一名站在地面上的队员占据一个假想的圆柱体内的空间。它包括该队员上面的空间,并受下列限定:前面为手的双掌,后面为臀部,两侧为双臂和双腿的外侧。双手和双臂可以在躯干前面伸展,其肘部的双臂弯曲不超过双脚的位置,因此两前臂和双手是举起的。当对方的队员进入这个圆柱体,并且发生了接触,那么对方就要对这起接触负责。

(二)垂直原则

在比赛中,每一队员都有权占据未被对方队员已经占据的任何场上位置(圆柱体)。这个原则保护队员所占据的地面空间和当他在此空间内垂直跳起时的上方空间。当防守队员垂直地离开地面(在他的圆柱体内)或在他自己的圆柱体内把双手和双臂伸展在他的上方,则不必判罚。

(三)合法的防守位置

当一名防守队员面对对手,并且双脚着地时,他就建立了最初的合法防守位置。合法的防守位置可以看作一个圆柱体。

(四)防守控制球的队员

当防守控制(正持着或运着)球的队员时,时间和距离的因素不适用。每当对方队员在持球队员前面获得一个最初的合法防守位置（甚至是一瞬间完成的），持球队员必须料到被防守并必须准备停步或改变他的方向。防守队员建立一个最初的合法防守位置，必须在占据位置前没有造成接触。一旦防守队员建立一个最初的合法防守位置，他可移动去防守其对手，但他不得伸展双臂、双肩、双髋或双腿，并通过这样做来造成接触以阻止从他身边通过的运球队员。

（五）防守不控制球的队员

不控制球的队员有权在球场上自由地移动，并占据任何未被另一队员已经占据的位置。当防守不控制球的队员时，时间和距离的因素应适用。防守队员不能太靠近或太快地在移动的对方队员的路径中占据一个位置，以至于后者没有足够的时间或距离（此距离与对方队员的速度成正比，但绝不要少于正常的一步）去停步或改变其方向。

（六）掩护：合法的和非法的

掩护是试图延误或阻止一名不持球的对方队员到达他希望到达的场上位置。当正在掩护对手的队员发生接触时是静止的（在他的圆柱体内），并且双脚着地就是合法的掩护。当正在掩护对手的队员发生接触时正在移动或者在静止对手的视野之外做掩护，发生接触时没有给出足够的距离，又或是发生接触时，对移动中的对手没有顾及时间和距离的因素，则是非法的掩护。

（七）撞人

撞人是持球或不持球队员推开或顶动对方队员，在对方队员的躯干处发生的非法身体接触。

（八）阻挡

阻挡是阻碍持球或不持球对方队员行进的非法身体接触。如果队员不顾球，面对着对方队员并随着对方队员的移动而移动他的位置，除非包含其他因素，该队员对所发生的任何接触负主要责任。

（九）拉人

拉人是干扰对方队员移动自由的非法身体接触。这种接触（拉人）可能发生在身体的任何部位。

（十）推人

推人是队员用身体的任何部位强行移动或试图移动控制球或未控制球的对方队员时发生的非法身体接触。

（十一）侵人犯规

犯规按照性质可以分为侵人犯规、违反体育道德犯规、技术犯规以及取消比赛资格的犯规。

侵人犯规指无论是在活球或是在死球的情况下，攻守双方队员发生的非法身体接触的犯规。队员不应通过伸展手、臂、肘、肩、髋、腿、膝、脚或将身体弯曲成“不正常的姿势”（超出他的圆柱体）去拉、阻挡、推、撞、绊对方队员，或阻止对方队员行进，也不得放纵任何粗野或猛烈的动作去这样做。

（十二）双方犯规

双方犯规是两名互为对方的队员大约同时相互发生侵人犯规的情况。

（十三）技术犯规

虽然每支球队应尽最大的努力去获取胜利，但胜利的取得必须符合体育运动精神和公正竞赛的要求，任何故意的或再三的不合作，或不遵守比赛规则的精神，都应被认为是一次技术犯规。技术犯规的罚则是应判给对方队员1次罚球。

（十四）违体犯规

违反体育运动精神的犯规是一起队员身体接触的犯规，根据裁判员判定，包含：

①一名队员不是在本规则的精神和意图的范畴内以合法的方式去尝试直接抢球。

②一名队员在尽力抢球或在与对方队员尽力争抢中，造成与对方队员过分的严重接触。

③在攻防转换中,防守队员为了中断进攻队的进攻,与进攻队员造成不必要的身体接触。该原则在进攻队员开始他的投篮动作之前均适用。

④防守队员在试图中断对方的快攻时,从进攻队员的身后或侧面与其造成身体接触,并且此时,在该进攻队员和对方队的球篮之间没有防守队员。该原则在进攻队员开始他的投篮动作之前均适用。

⑤第 4 节和每一决胜期比赛计时钟显示 2 分钟或更少,当掷球入界的球在界外并且仍在裁判员手中,或掷球入界队员可处理时,防守队员在比赛场内对进攻队员造成身体接触。

违体犯规的罚则是应判给被犯规的队员执行罚球,以及随后在该队前场的掷球入界线处掷球入界(第 1 节未开始的情况除外)。具体的罚球次数根据具体情况来执行,如果是没有做投篮动作的队员发生犯规:2 次罚球。如果是正在做投篮动作的队员发生犯规:如果中篮应计得分并追加 1 次罚球。如果是正在做投篮动作的队员发生犯规,并且球未中篮:2 次或 3 次罚球。

当一名队员累计两次违体犯规,或者两次技术犯规,或者是一次技术犯规和一次违体犯规时,该队员将被罚下。

(十五)取消比赛资格的犯规

队员、替补队员、主教练、助理教练员、出局的队员和随队人员的任何恶劣的违反体育运动精神的行为是取消比赛资格的犯规。被取消比赛资格的队员应去该队的休息室,并在比赛期间留在那里,或者如果他愿意,也可以选择离开体育馆。

第五节　篮球运动专项教学与训练

一、投篮练习

如图 6-29,两人一组,一人投篮,另一人捡到球以后,将球传给外线队员,其连续投篮,练习 5 分钟以后两人交换。

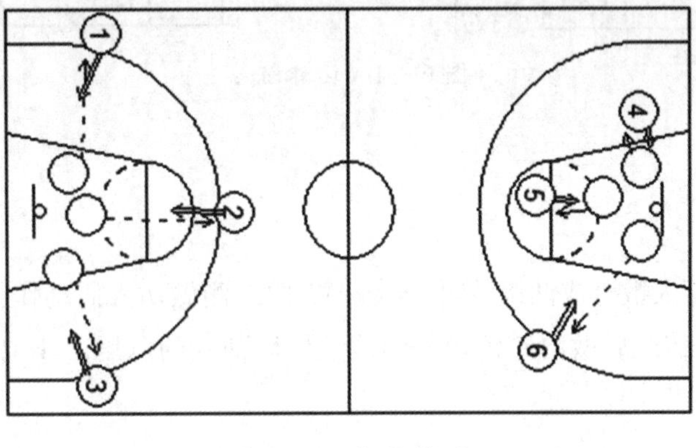

图 6-29　投篮练习

二、传球练习

全场三人"8"字传球:在端线分别站三列纵队,中间人持球,向任意一侧队友传球后,从其背后绕过向前奔跑,接球后的球员传球给另一侧球员。如图 6-30,①传给②后,从其背后绕过向前奔跑,③接球后传球给②然后绕后向前奔跑,依次接球传球上篮。②抢篮板球至中路位置,①③各自站在左右,按顺序依次练习。

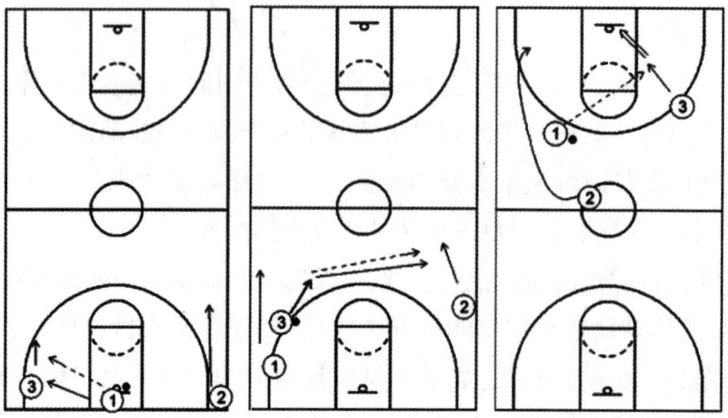

图 6-30　传球练习

三、运球练习（图 6-31）

（1）端线排成纵队，按照标志桶的位置，进行穿障运球上篮练习。

（2）两边同时进行穿障练习，②和④进行端线至中圈的往返运球练习，①至③处队尾，③至①处队尾。

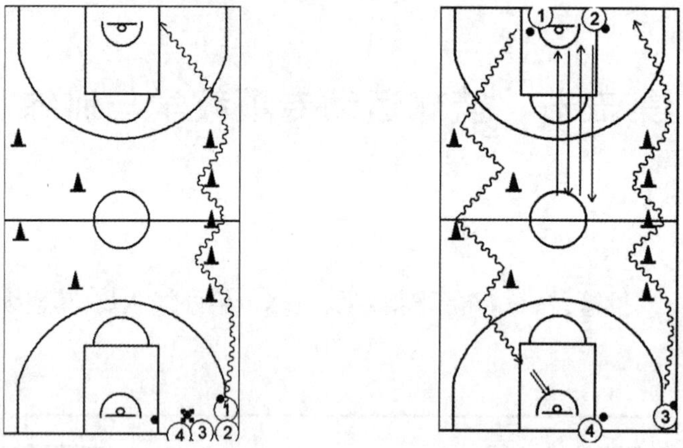

图 6-31　运球练习

四、传切配合练习方法

（一）一传一切

如图 6-32，球员按照对等人数分成两组，④传球给⑤后向左侧做切入假动作，然后突然向右变向启动接⑤的回传球，④接球后上篮。⑤传球后做向底角切入的假动作后到④的队尾。④上篮得手后接球传给⑤后面的球员，并跑至⑤的队尾。

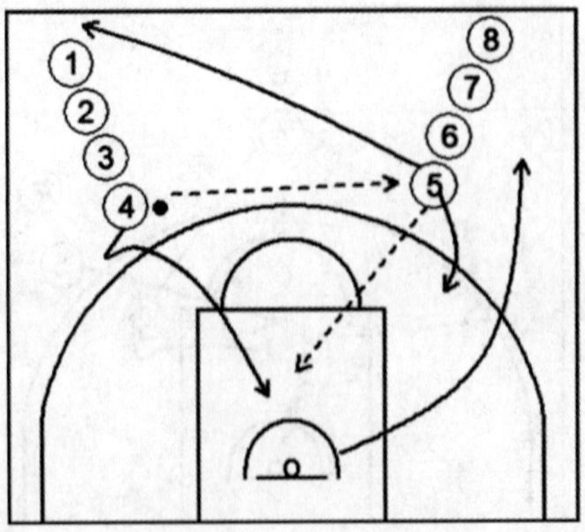

图 6-32　一传一切

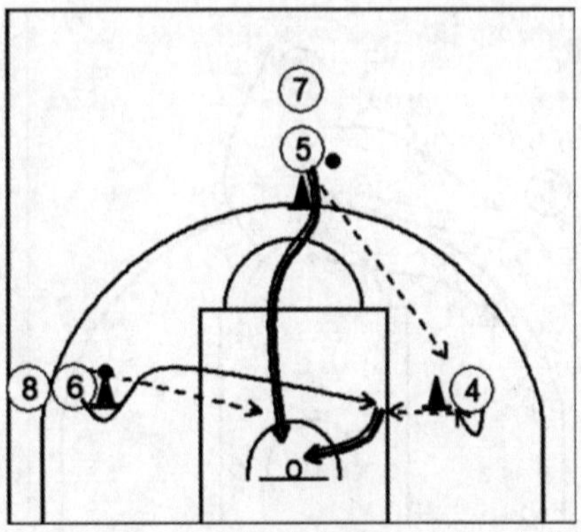

图 6-33　空切配合

(二)空切配合

如图 6-33,⑤⑥两组每人一球,⑤传球给④后反方向切入然后接⑥的传球上篮,⑥传球后快速横切接④的传球上篮。④⑥抢篮板球后按逆时针方向换位。

五、侧掩护配合练习

如图 6-34,④⑤各占一列队伍,④持球传球给⑤并快速给⑤做挡拆,⑤借助④的挡拆向内线突破,可以直接进行急停跳投或者传给挡拆后的④进行上篮,相互交换位置依次进行后面的练习。

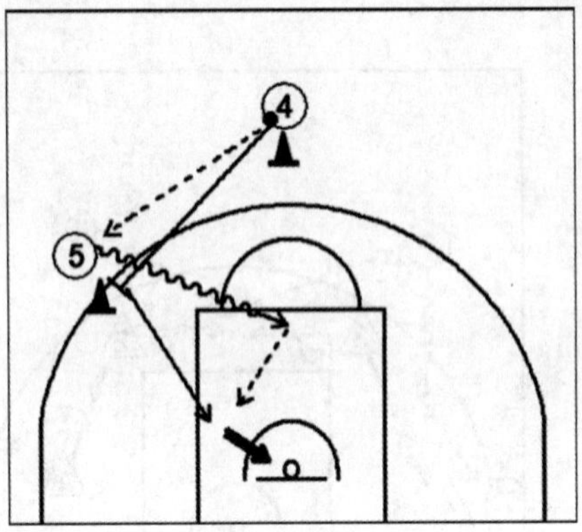

图 6-34　侧掩护配合

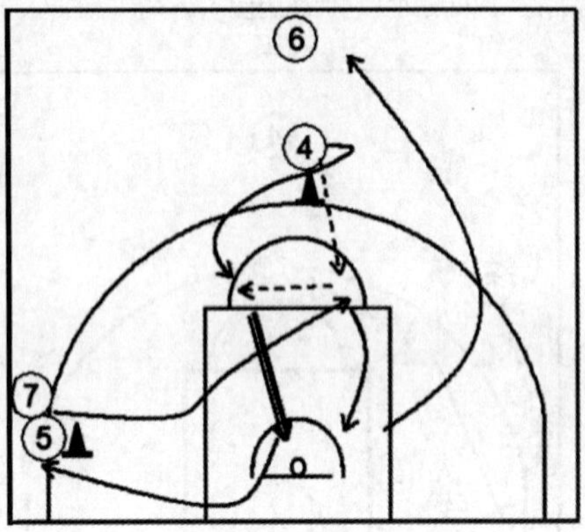

图 6-35　策应配合

六、策应配合练习

如图 6-35,球员分成两组,一组持球,另外一组不持球。当④上提到罚球线的位置时,⑤传球给④,向一侧虚晃,从另一侧绕切接④的回传球后急停跳投或者突破上篮。然后队员依次进行位置交换练习。

七、挤过配合练习

如图 6-36,⑥给④做掩护,△挤过防守到右队队尾,△到左队队尾,④⑥掩护后④防⑤,⑥防⑦,⑤给⑦做掩护,依次按顺序进行。

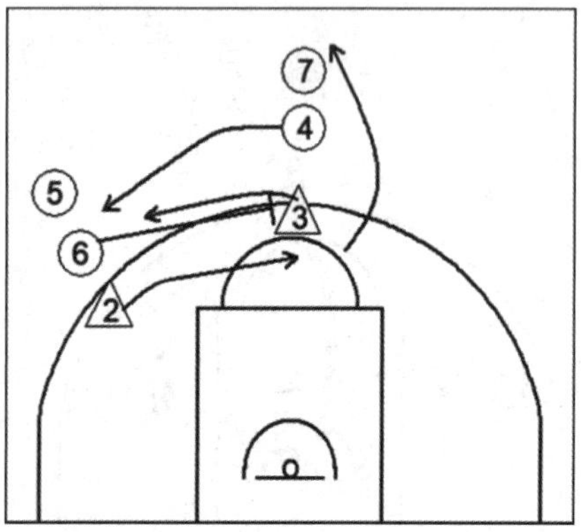

图 6-36　挤过配合

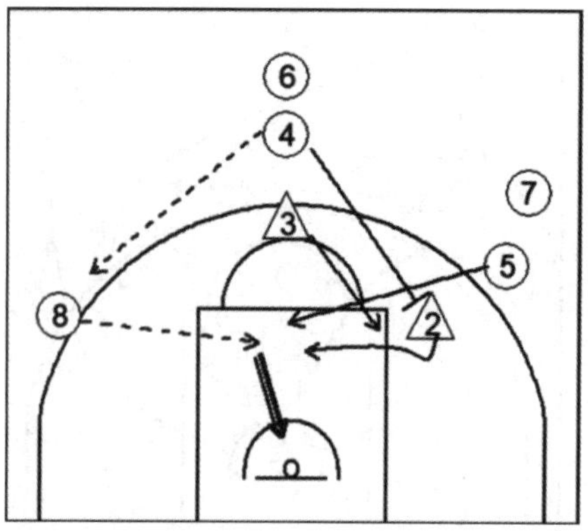

图 6-37　穿过配合

八、穿过配合练习

如图 6-37,④传球给⑧,然后给⑤做掩护, △3 后撤与 △2 做穿过配合,继续防守先前对手。完成防守后,抢篮板球,排在队尾,进攻队员④⑤快速回防⑥和⑦,依次进行练习。

九、夹击配合练习

如图 6-38,④传球给⑤,⑤传球给⑥,⑥随后向底线运球突破停止后, △1 与 △2 夹击⑥, △3 及时防守近球队员⑤,⑥传球给④,防守回原位,依次进行。练习数次后攻防对换练习。

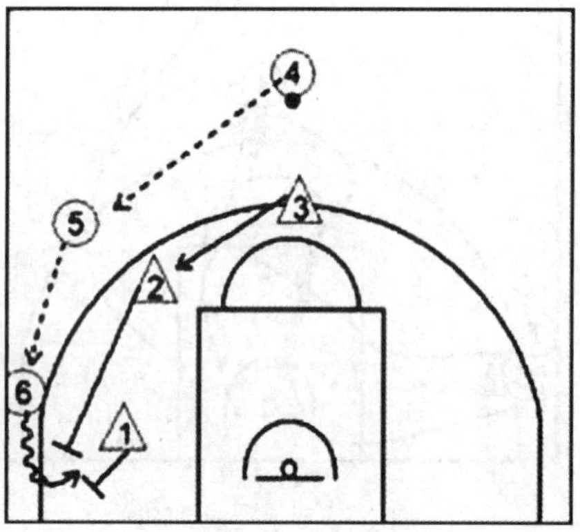

图 6-38　夹击配合

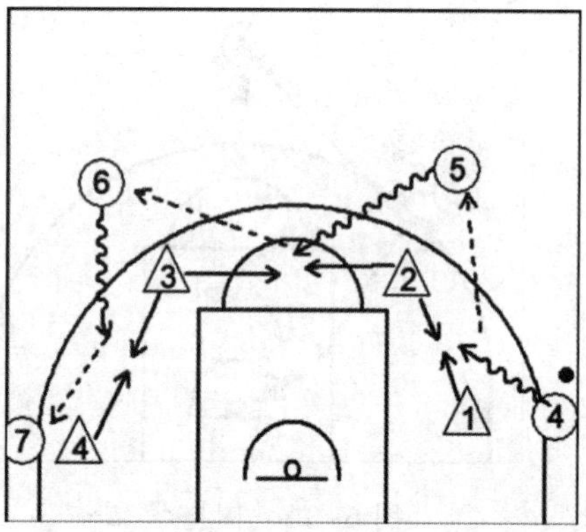

图 6-39　关门配合

十、关门配合练习

如图 6-39,④持球突破, △1 和 △2 进行关门,④传球给⑤,等待 △2 防守回位⑤突破, △2 和 △3 关门,依次练习,练习数次后攻防转换练习。

第六节　篮球运动专项拉伸与损伤保护

一、常见运动损伤原因

(1)身体机能不佳。运动过程中受运动生物节律、疲劳等因素的影响,人的生理机能处于非最佳状态。如果学生在训练时注意力不集中,全身肌肉协调力下降,动作难以达到良好效果,在这样的情况下进行对抗运动很容易受伤。

(2)缺乏充足的准备活动。很多学生往往不注重热身活动,因此出现很多扭伤、拉伤等伤病。另外,冬季室外训练受到低气温影响,肌肉、骨骼僵硬,韧带处于收缩状态,也容易拉伤。

(3)运动后整理活动不足。很多学生认为放松运动可做可不做,事实上做放松运动有助于全身肌肉的放松,从而提高身体的柔韧性和灵活性。

(4)间接作用力。间接作用力处理不当也会导致扭伤、拉伤。

(5)肌肉收缩力。在运动中由于肌肉收缩而引起的身体创伤也很常见。技术动作错误或者技术动作不完全正确有时会导致身体各部分的肌肉产生不协调感,进而引发损伤或者拉伤。

(6)直接暴力。直接暴力在赛场上有时候是必须面对的一种情况。对方球员的动作大小以及动作程度直接决定着伤害性的大小。我们能做的就是,提前预判对方动作的伤害性程度,从而避免这种不必要的接触。

二、预防运动损伤的方法

(一)合理安排运动负荷

运动负荷安排不足,提高不了人体运动能力;运动负荷过大,超出人体所能承受的极限,不仅会使人体运动系统的局部负荷过重,还会致使全身机能、协调能力、注意力、反应速度等下降,从而容易发生损伤。长时间的过量运动容易使疲劳堆积造成运动损伤,所以,在运动时需要根据年龄、性别、健康状况等合理安排运动负荷。

(二)认真做好准备活动

在运动、训练和比赛前,应充分做好准备活动。做准备活动是为了提高人体中的中枢神经系统的兴奋性,克服自主神经的惰性。通过全身各关节、肌肉的活动促进身体内的血液循环,使肌肉组织得到充分的血液供应,增强肌肉的力量和弹性,良好的肌肉以及神经状态可以为正式活动做好充分的准备。

(三)加强易伤部位的练习

加强易伤部位和相对薄弱部位的练习,是预防运动损伤的积极措施。例如,在篮球运动中为了预防腰部损伤,除加强腰部肌肉的练习,还应加强腹肌的练习。为了预防脚踝受伤,应加强腿部力量的训练。

(四)加强医务监督工作

经常参加体育活动的人应定期进行体格检查,感觉不适时,需要停止运动。

(五)选择合适的衣物和护具

篮球运动中常见的护具有护膝、护踝、护肩等,这些护具可以减少身体在运动过程中的损伤。在运动前选择合适的衣服以及运动鞋也是减少运动损伤的有效途径,如穿高帮篮球鞋可防止脚踝受伤等。

三、篮球运动专项拉伸

(一)足踝环绕

动作要领:单脚抬离地面,双手帮忙托住大腿,以踝为中心,最大范围绕圈。

(二)垫步抱臀

动作要领:折叠一侧腿,双手抱紧膝盖紧贴身体,同步踮起脚尖,左右两侧交替运动。

(三)垫步握踝

动作要领:屈膝,单手握踝,脚后跟向臀部方向靠拢,提踝同时踮起脚尖,左右两侧交替运动。

(四)弓步侧弯腰

动作要领:两腿弓步站立,双臂充分向上伸展,保持骨盆不动,向一侧弯腰。

(五)直腿跳越步

动作要领:一腿伸直向上踢,另一侧腿伸直踮起脚尖,上肢自然摆动,与脚尖相触。

(六)伟大拉伸

动作要领:两腿弓步站立,一手撑地,一手屈肘触地,一侧手尽量向上伸直,视线与手指方向保持一致。

以上每个动作做8~10次即可。

思考题

1. 什么是投篮技术?
2. 跳投技术的特点是什么?
3. 什么是传接球技术?
4. 双手胸前传球的动作方法是什么?
5. 运球技术的基本动作构成有哪些?
6. 防守姿势的动作要点有哪些?

第七章　足球运动

【学习目标】

1. 了解足球运动的起源与发展。
2. 掌握足球运动的基本技术和基本战术。

第一节　足球运动概述

一、足球运动的起源与发展

足球运动是一项古老的体育运动，它的起源可以追溯到人类社会的史前时代。世界不少民族都有过用脚玩球进行身体活动的历史，这些大都属于足球游戏的范畴。国际足联原主席阿维兰热在 1985 年 7 月来中国时曾表示，足球起源于中国得到世界的公认。约在 2500 多年前的战国时期（公元前 475-221 年），我国就有了足球运动——"蹴鞠"。最早的说法见《战国策 · 齐策》"临富甚福而实……塌鞠"。唐朝时蹴鞠最为盛行，当时已经使用了充气球，并使用"球门"。

现代足球运动 15 世纪末起源于英国，1863 年，英国人在伦敦皇后大街弗里马森旅馆成立了世界第一个足球协会——英格兰足球总会。1904 年，国际足球联合会（简称"国际足联"，英文缩写为 FIFA）在法国巴黎正式成立。1928 年，国际足球联合会在荷兰首都阿姆斯特丹举行会议，决定每 4 年举行一届世界足球锦标赛（后简称"世界杯"），并规定每届比赛与奥运会相间举行。

足球运动在近现代有了长足发展，按参赛人数分，除有正规的十一人制足球比赛，还有七人制足球、五人制足球和沙滩足球等。按参赛年龄分，有 U15、U17、U19、国奥组、U21、成年组及青年组等。按地域划分，参加世界足球锦标赛的有欧洲、中北美洲、南美洲、非洲、亚洲和大洋洲的国际足球联合会成员国的球队。现在世界最知名的足球职业联赛是欧洲的五大联赛即意甲、英超、西甲、德甲、法甲。

现代足球运动在 19 世纪末期传入我国，"看戏要看梅兰芳，看球要看李惠堂"，这是 20 世纪 30 年代在上海流行的一句话。1915-1934 年，中国获得了远东运动会的九连冠，并于 1936 年、1948 年两次入围奥运会。当时，中国足球在亚洲是当之无愧的霸主。

1992 年，中国足协在北京西郊的红山口召开了著名的"红山口会议"，确定以职业化作为足球改革的突破口。红山口会议后，中国出现了第一批"足球俱乐部"。1994 年，第一届职业化的甲 A 联赛开始。2002 年，中国国家男子足球队首次跻身世界杯。2005 年，中国赢得 2005 年东亚足球锦标赛的男子组冠军和第四届东亚运动会的男子足球项目金牌（东亚运动会男子足球项目非 FIFA 之 A 级赛）。

二、足球主要赛事介绍

（一）国际足球主要赛事

1. 世界杯足球赛

国际足球联合会世界杯比赛，简称世界杯足球赛（旧译世界足球锦标赛），是由国际足球联合会统一领导和组织的世界性的足球比赛。每届比赛从预赛到决赛前后历时3个年头，参加预选赛的国家已近100个。它是世界上规模最大、影响最大、水平最高的足球比赛，也是世界上观众最多的体育比赛项目。

2. 奥运会足球赛

1896年在希腊举行的第1届奥运会直至1908年第4届奥运会，足球是表演赛的项目。从1912年第5届奥运会起，足球被列为正式比赛项目。国际奥林匹克委员会章程规定，只有业余的足球运动员才能参加奥运会的比赛。1993年国际奥委会和国际足联达成协议：允许参加过世界杯足球赛的职业运动员参加奥运会，奥运会足球运动员年龄限制在23岁以下，每队允许有3名超龄球员。

3. 欧洲杯

1953年，国际足联在巴黎举行的特别代表大会上批准举办欧洲联赛，1954年6月15日，欧足联成立。次年，开始举办欧洲冠军俱乐部杯联赛。1956年，开始筹备举办由欧洲各国国家队参加的比赛。两年后，第1届欧洲国家杯（欧洲杯前身）资格赛开始举办。

4. 美洲杯

美洲杯足球赛诞生于1916年，由南美洲10支实力最强的国家队参加，历史上成绩最好的队是阿根廷队和乌拉圭队，共获14次美洲杯冠军。

5. 非洲国家杯

非洲国家杯是非洲地区足球运动领域中最高规格的赛事，曾不定期地举办，1968年开始每隔两年由非洲足协举办一次。

6. 亚洲杯

亚洲杯是由亚洲足球联合会举办的亚洲国家队参加的一项比赛，每4年举办一届。从1997年开始，亚洲杯冠军代表亚足联参加国际足联联合会杯。亚洲杯是世界上除了美洲杯历史最悠久的洲际国家队比赛，比第1届欧洲杯还要早4年创办。

7. 国际足联女子世界杯

女子足球运动最高荣誉赛事，每4年举办一次。首届女足世界杯于1991年在中国广东举办。

（二）中国足球主要赛事

1. 中国足球协会超级联赛

中国足球协会超级联赛是由中国足球协会组织的，中国最优秀的职业足球俱乐部参加的全国最高水平的足球职业联赛，仿照英格兰足球超级联赛，简称为“中超联赛”。该联赛开始于2004年，前身为中国足球甲级A组联赛。

2. 中国足球甲级联赛

中国足球协会甲级联赛简称“中甲”，是由中国足球协会组织的，由国内职业足球俱乐部参加的全国第二级别的足球职业联赛，仅次于中国足球协会超级联赛。

3. 中国足球乙级联赛

中国足球乙级联赛（以下简称“中乙联赛”），是中国足球协会下属的第三级别的联赛。从2011年开始中乙联赛除职业足球俱乐部之外，还允许各省区市的全运会球队参加比赛。2015年起只有中国足球协会业余联赛的球队才有中乙联赛报名审核的资格。

4. 中国足球协会杯赛

中国足球协会杯赛，简称为“中国足协杯”，是中国足球协会举办的国内男子足球最高水平的淘汰制足球杯赛，前身为1956年举办的全国足球锦标赛。联赛职业化后，新的中国足协杯于1995年开始，2012年中国乙级联赛球队、业余球队开始成为中国足协杯参赛球队的重要组成部分，真正实现了全民参与、全民足球。

（三）中国大学生足球主要赛事

1. 国际大体联足球世界杯

国际大体联足球世界杯是国际大学生体育联合会（以下简称“国际大体联”）2017年创办的一项赛事，旨在重点打造和培育一项专属于全球大学生的顶级足球赛事。参赛队伍不再代表各自的国家，而是代表所在的大学。该赛事每两年举办一届，每届包括预选赛和全球决赛两个阶段，其中预选赛阶段又包括各国家和地区内比赛和洲际比赛两个阶段。国际大体联170个会员国家和地区进行辖区内比赛，决出参加洲际比赛队伍。洲际赛按照区域划分为欧洲、美洲、非洲、大洋洲及亚洲五个区域。代表各国家和地区参加洲际赛的队伍根据各洲际赛区分配的名额决出参加全球总决赛的队伍，并与获得外卡的队伍共同参加全球总决赛。国际大体联足球世界杯有16支男队、8支女队参加，规模约800人。

2. 亚洲大体联亚洲杯赛

亚洲大体联成立于1992年，属于国际大体联的下属机构，致力于通过体育为亚洲的所有大学生提供交流互动的平台。亚洲大体联亚洲杯赛每两年举办一届，作为国际大体联世界杯的预选赛，有来自亚洲范围内的16支男队、8支女队参赛。

3. 中国大学生足球联赛

中国大学生足球联赛，简称“CUFL”“大足联赛”，创办于2000年，由全国青少年校园足球工作领导小组办公室、中国大学生体育协会主办，各省、自治区、直辖市教育厅（教委）体卫处、大学生（学生）体育协会、中国大学生体育协会足球分会、中国大学生体育协会职业教育学校体育工作委员会协办。该赛事是中国国内高校参与范围最广、竞技水平最高、影响最大的足球联赛，也是唯一被中国大学生体育协会正式认可的全国性大学生十一人制足球赛事。

2007-2009年，大足联赛的冠亚军曾获得参加中国足球协会业余联赛总决赛的资格；2012-2013年，大足联赛的冠亚军还曾获得中国足协杯赛正赛的参赛资格；总决赛（超级）冠军同时成为世界大学生运动会中国大学生男子足球队的主力阵容，辅以大足联赛超级组的一些出色球员，组建中国大学生足球队。

4. 中国大学生男子五人制足球联赛

中国大学生男子五人制足球联赛由中国大学生体育协会、中国足球协会主办，赛事在全国200多所高校展开，分校内选拔、省内预赛、南北分赛区和全国总决赛四个赛事阶段。

5. 中国大学生七人制足球联赛

中国大学生七人制足球联赛是由中国大学生体育协会主办的针对普通高校学子（非体育特长生）的校园专属赛事，是以院系为单位报名参加的官方校园足球赛事。该赛事以一学年为一个周期，赛事采用国内高校最受欢迎的七人制比赛形式，分校内挑战赛、省内冠军赛选拔、全国总决赛三个赛事阶段，最终决出的全国总冠军获封“中国最强足球院系”称号。

第二节　足球运动基本技术

足球技术是运动员在完成特定运动形式时所采取的合理动作的总称，既包括起动等无球技术，也包括踢球等有球技术。

一、无球技术

无球技术是非控球运动员为达到特定技战术目的所采用的合理动作的总称，主要包括起动、跑、晃动、急停、转身、跳等个人基本技术，也包括跑位、掩护、策应等战术配合环节的技术。

（一）起动

起动是指改变静止、反向、侧向等原有的运动状态。起动时运动员应将身体重心放在两脚之间，以利于移动重心、破坏平衡，使自己的身体向前而改变原有的运动状态，应尽量保持在走、慢跑和滑步状态下起动。

（二）跑

足球比赛中跑的变化有很多，如慢跑、起动、冲刺、变向、转身等，这与田径中的跑有很大的差别，必须随时能急停、减速和变向，能够根据需要改变跑动的方式。

（三）晃动

晃动是指侧倾和以身体垂直轴为中心的扭转，诱骗对手移动重心从而失去身体平衡，以达到摆脱对手目的。低重心和合理的脚步支撑站位是保持虚晃时己身稳定性的关键。

（四）急停

急停是快速运动中摆脱防守的有效方法。急停时需要屈膝、降低重心，保持上体与头部稳定，双脚用前脚掌成前后脚支撑，以便转身或起跳等后继动作的发挥。

（五）转身

转身和变向能力与队员的动作速度密切相关，对队员的腰、腿部力量以及踝、膝、髋等关节的灵活性有较高的要求。首先急停时降低重心，其次向左转身时右脚为远端支撑脚，向右转身时左脚为远端支撑脚，同时两臂用力摆动以推动身体转向。

（六）跳

跳主要有单脚跳、双脚跳以及跳跃三种形式。单脚跳、双脚跳在争顶头球和门将守门过程中经常出现。跳跃多数发生在带球突破过程中，越过防守队员的肢体，这是摆脱防守或保护自己的有效方法。

二、有球技术

有球技术分为踢球、停球、头顶球、运球、假动作、抢截球、掷界外球、守门员等技术。

（一）踢球

踢球是运动员有目的地用脚的某一部位把球击向预定的目标，主要用于传球和射门。踢球时因脚触球部位不同分为脚内侧踢球、脚背正面踢球、脚背内侧踢球、脚背外侧踢球等。上述四种踢球动作结构基本一致，均由助跑、支撑脚站位、踢球脚摆动、脚触球、踢球的随前动作五个环节组成。

1. 脚内侧踢球

脚内侧踢球是脚内侧部位即脚弓三角踢球的一种方法，其特点是脚与球接触面积大，出球准确平稳，且易于掌握，常用于短传、射门以及二过一的战术配合。

技术要领：直线助跑，支撑脚踏在球的侧方15厘米左右处，微屈支撑，踢球腿以髋关节为轴向前摆动。前摆过程中屈膝外转，小腿加速前摆，脚尖稍翘起，脚掌与地面平行，用脚内侧部位推送或敲击球的后中部，如图 7-1 所示。

图 7-1　脚内侧踢球

2. 脚背正面踢球

脚背正面踢球因踢球力量大，准确性较强，常用于中、远距离传球、射门等。

技术要领：直线助跑，支撑脚尖对准出球方向，最后一步稍大，支撑脚踏在球的中心旁侧 10~15 厘米处。摆动腿大腿带动小腿（根据来球的速度和踢球的目的，选择大腿的摆幅），小腿折叠，触球的刹那间脚背绷直，脚尖朝下，小腿快速向前摆动，将球踢出，如图 7-2 所示。

图 7-2　脚背正面踢球

3. 脚背外侧踢球

脚背外侧踢球是用第三、四、五跖骨部位击球的踢球方法，其踢球方法灵活、隐蔽性强，根据踢球时力量的不同，其弧度也在变化，常用于中距离传球、定位球、射门或罚点球。

技术要领：与脚背正面踢球技术相似，只是触球部位是脚背外侧。踢球腿前摆过程中膝关节和脚尖内转，脚背绷紧，脚趾紧屈并提膝，触球后身体随踢球腿的摆动前移，如图 7-3 所示。

图 7-3　脚背外侧踢球

4. 脚背内侧踢球

脚背内侧踢球是一种用第一跖骨和跖趾关节部位触击球的踢球方法，常用于踢定位球、过顶球、远距离球或转身踢球等。

技术要领：与出球方向约成45°角斜线助跑，支撑脚以脚掌外沿着地，踏在球的侧后方20~25厘米处，脚尖指向出球方向，身体向支撑脚一侧稍倾斜，两臂自然张开保持身体平衡。前脚落地支撑时踢球腿以髋关节为轴，大腿带动小腿向前摆动。当身体转向出球方向，膝盖摆动至球的内侧正上方的一刹那，小腿爆发式前摆，脚尖稍外转，脚面绷直，脚趾扣紧，脚尖向斜下方，以脚背内侧踢球的后中部（踢高球时，击球的中下部），踢球腿随球继续前摆，如图7-4所示。

图7-4 脚背内侧踢球

（二）接控球

接控球是指运动员用身体的合理部位有目的地把运行中的球接下来，并控制在所需要的范围内，更好地衔接下一个技术动作。常用的有脚内侧、脚背正面、脚背外侧、脚底、大腿、腹部、胸部等接控球方法。

1. 脚内侧接控球

脚内侧接控球动作简单，较易掌握，常用于接各种地滚球、平球、反弹球、空中球。

技术要领：支撑脚脚尖正对来球，膝关节微屈，同侧肩正对来球。接球腿提膝大腿外展，脚尖微翘，脚底基本与地面平行，脚内侧正前迎来球，当脚内侧与球接触的一刹那迅速后撤，把球控制在脚下，如图7-5所示。

图7-5 脚内侧接控球

图7-6 大腿接控球

2. 大腿接控球

大腿接球一般可以用来接抛物线较大的高空球和略高于膝的低平球。

技术要领：面对来球方向，根据球的落点迅速移动到位，接球腿大腿抬起，当球与大腿接触的瞬间大腿下撤将球控制到需要的位置上，如图7-6所示。

3. 胸部接控球

由于胸部接球部位较高，加之胸部面积大、肌肉较丰满等特点，动作易于掌握，故胸部接球是接高球的一种好方法。胸部接控球包括挺胸式接控球、收胸式接控球两种方法。

(1)挺胸式接控球。

技术要领:面对来球两脚左右或前后开立,两膝微屈,重心置于支撑面内,上体后仰,下颌微收,两臂自然张开,维持身体平衡。触球瞬间,两脚蹬地,膝关节伸直用胸部轻托球的下部使球微微弹起于胸前上方,如图 7-7 所示。

(2)收胸式接控球。

技术要领:面对来球,两脚左右或前后开立,两臂自然张开,挺胸迎球,触球瞬间收胸、收腹,臀部后移将球接在体前。若需将球按在体侧,则触球瞬间转体将球接在转体后相应的一侧,如图 7-8 所示。

2　　1

图 7-7　挺胸式接控球

2　　1

图 7-8　收胸式接控球

(三)头顶球

头顶球按头部接触球部位分为前额正面顶球和前额侧面顶球,这两个部位都可以做原地、跳起和鱼跃顶球。

原地前额正面头顶球技术要领:身体正对来球,两脚前后或左右开立,膝关节微屈,上体稍后仰,重心放在后脚上,两臂微屈自然张开,眼睛注视来球。当球运行至身体垂直面前的刹那,后脚用力蹬地,身体重心由后脚移向前脚的同时,迅速向前摆体收下颌,颈部紧张,快速甩头,用前额正面顶球的后中部,如图 7-9 所示。

3　　2　　1

图 7-9　原地前额正面头顶球

(四)运球

运球是球员在跑动中用脚连续拨球,使球处于自己控制范围内的触球动作。

1. 脚背外侧运球

技术要领：运球时身体放松，上体稍微倾，两臂自然摆动，用脚背外侧推拨球前进。运球脚提起时膝关节弯曲，脚跟提起，脚尖稍内转推拨球后顺势着地支撑，如图 7-10 所示。

图 7-10　脚背外侧运球

2. 脚内侧运球

技术要领：运球时身体自然放松，支撑脚稍向前跨，踏在球的前侧方，小步幅，膝稍弯曲，上体前倾稍转向运球方向。随着身体前移，运球脚提起，膝关节稍弯曲，踝关节外展，脚尖斜下指，用脚内侧推球的后中部前进，如图 7-11 所示。

图 7-11　脚内侧运球

3. 脚背内侧运球

技术要领：运球时上体前倾，身体稍侧转，小步幅，运球腿提起外展，膝微屈外转，提踵，脚尖外转，使脚背内侧正对运球方向，在运球脚落地前用脚背内侧推拨球前进。

4. 脚背正面运球

技术要领：运球时上体稍前倾，步幅不宜过大，运球腿提起，膝关节稍屈，髋关节前送，提踵，脚尖下指，在着地前用脚背正面部位触球后中部将球推送前进。

（五）假动作

假动作是指队员运用各种动作的假象迷惑和调动对手，使其产生错误的判断或失去身体的平衡，从而取得时间、位置、距离等有利条件，更好地实现自己的真正意图。假动作分为踢球假动作、停球假动作和运球假动作。

1. 踢球假动作

踢球假动作主要是队员利用身体晃动诱使对方失去重心，运用拨、拉、扣、挑等踢球技术摆脱越过对手，实现自己的真正意图。

①拨球:利用脚踝关节向侧方向的转动,以达到用脚背内侧或脚背外侧触球,将球拨向身体的侧前方、侧方、侧后方。

②拉球:将前脚掌放在球的上部或侧上部,另一脚在球的侧后方支撑,然后触球脚向预定方向将球拉回或向左右侧拉。

③扣球:在运球跑动中突然地运用转身和脚腕急转压扣的动作,以脚内侧或外侧触球,将球迅速停住或转变方向,在对手来不及调整重心的瞬间,突然从反方向推送球越过对手的防守。用脚内侧扣球的动作称"里扣",用脚外侧扣球的动作称"外扣"。

④挑球:用脚尖上翘或脚背上撩的动作,使球向上改变方向,从对手身侧或头上越过。

2. 停球假动作

技术要领:迎面来球,对手从后方企图抢截球,可先佯做左(右)停球动作,诱使对手堵抢左(右)侧时,突然向右(左)停球并摆脱对手。

3. 运球假动作

技术要领:通过身体向左(右)晃动或佯做使球向左(右)变向,诱使对手向左(右)侧堵截时,突然向右(左)变向,摆脱对手。

①剪式。把球拨至身体的右前方,假装用右脚外侧传球却从球上迈过,用左脚脚外侧向另一侧推拨球超越对手。

②两次触球式。假装以右脚脚内侧向右侧传球,上体面对传球方向。以右脚脚内侧拉球至左侧,用左脚脚内侧推拨球超越对手。

③马修斯式。这是以世界著名前锋英格兰人斯坦利·马修斯命名的假动作。以右脚内侧把球向左侧推拨,做出佯攻左侧的假象,身体向左侧倾斜;对手失去重心时,右脚迅速移至球的左后方;以右脚外侧迅速把球向右侧推拨,向前加速超越对手。

④马拉多纳式。这是以世界著名中前场阿根廷人马拉多纳命名的假动作。当球滚来时,先用右脚踩停球,右脚向外侧跨步的同时将球向身后稍拉,身体绕球转身,转身时左脚把球拉向身后,实现摆脱、超越对手。

⑤克鲁伊夫转身。这是以世界著名中锋荷兰人约翰·克鲁伊夫命名的假动作。佯装右脚要踢球,动作幅度要大,诱使防守者对此做出反应。实际用右脚内侧把球后拨至左脚的外侧方向,转身时以左脚为轴,用左脚外侧加速把球运走。

(六)抢截球

抢截球是指运动员在规则允许的范围内,使用身体的合理部位将对手控制的球夺过来或破坏掉,是转守为攻的积极手段。抢截球包括抢球和截球。

1. 正面跨步抢球

技术要领:抢球者面对对手两脚前后开立,两膝微屈,身体重心下降并置于两脚间,当运球者与抢球者间的距离缩小到一定范围(即抢球者上前跨一大步可触及球),在对手运球脚触球后即将着地或刚着地时,支撑脚立即用力后蹬,抢球脚以脚内侧对着球跨出,膝关节弯曲,上体前倾,身体重心移至抢球脚上,另一脚立即前跨;如果双方脚同时触球,抢球者则要顺势向上提拉,使球从对方脚背滚过,同时身体重心要迅速跟上,把球控制好,如图7-12所示。

2. 侧面冲撞抢截

技术要领:当与对方平行跑动争球时,防守者身体重心要降低,两臂紧贴身体靠近对手一侧,当对方近侧脚着地时,用肩以下、肘关节以上部位适时冲撞对手同样部位,使对手身体失去平衡,从而乘机截获球,如图7-13所示。

图 7-12　正面跨步抢球

图 7-13　侧面冲撞抢截

3. 截球

技术要领：选择恰当的位置和时间，从对方背后突然插上，果断快速地利用踢、铲和接球等动作把对方队员之间传出的地滚球和空中球抢截下来或破坏掉。

（七）守门员技术

守门员技术可分为接球、扑接球、拳击球、托球、掷球和抛踢球等。

1. 准备姿势

技术要领：两脚左右开立，约与肩同宽，两膝自然弯曲并稍内扣，脚跟稍提起，重心落在前脚掌上，上体稍前倾，两臂于体前自然屈肘，手指自然张开，掌心向下，两眼注视来球，如图 7-14 所示。

图 7-14　准备姿势

图 7-15　接地滚球

2. 接球

（1）接地滚球。接地滚球分直立和单膝跪立接球两种。技术要领：直立接球时，两脚自然并拢不留空隙，脚尖对准来球，上体前屈，两臂自然下垂近地，手指自然张开，手心向前，两手接球底部，接球后两臂同时弯曲，并互相靠拢，将球提至胸前紧抱；单膝跪立接球时，两腿向侧前方开立，前腿弯曲，后腿跪立，膝关节接触地面，并靠近前脚跟，不留中空，上体前倾，两臂下垂，掌心对准来球方向，两手接球底部，接球后将球抱至胸前，如图 7-15 所示。

（2）接高球。技术要领：两手自然张开，拇指相对并与食指成桃形，当手触球时，手腕和手指适当用力将球接住，同时屈肘、回缩并下引，顺势翻掌将球抱于胸前。

（3）接平球。技术要领：接球前两臂屈肘置于胸前两侧，在球接触胸前的一瞬间，收腹并夹紧两手抱住球的侧上部，迅速置于胸前。

3. 扑接球

技术要领：侧地扑接低球时，先向来球跨一步，接着身体以一侧小腿、大腿、臀部、上体和小臂依次着地，同时两臂向前伸出，同侧手掌挡住来球，另一侧手掌摁在来球上方，触球后手指、手腕用力，屈肘把球收回胸前，然后起立，如图 7-16 所示。

图 7-16 扑接球

4. 拳击球

可分为单拳击球和双拳击球。

技术要领：单拳击球时，屈肘、握拳于胸前，跳起快速冲拳，以拳面将球击出；双拳击球时，双臂屈肘握拳于胸前，两拳靠拢，当跳起到最高点时，双拳同时快速冲击，以拳面将球击出。

5. 托球

技术要领：跳后身体成背弓，单臂快速上伸，手掌前部和手指用力将球向后上托出。

6. 掷球和抛踢球

掷球有单手低手掷球和肩上掷球，抛踢球有自抛踢下落球和踢反弹球。

掷球技术要领：两脚前后开立，两膝稍屈，单手持球屈臂于肩上。掷球前持球手臂后引，同时身体随之回旋侧转，重心移后脚上，掷球时利用后脚向后蹬地、转体和挥臂，甩腕将球掷向预定目标。

抛踢球技术要领：与脚背正面踢空中球和踢反弹球的动作基本相同，由于要求把球踢得远，守门员都是向前方踢球。

（八）掷界外球

掷界外球分为原地掷界外球和助跑掷界外球两种方式。

原地掷界外球技术要领：面对出球方向，两脚前后或左右开立，膝关节弯曲，上体后仰成背弓，双手持球屈肘置于头后。掷球时，两腿用力蹬伸，重心前移，同时两臂迅速前摆。当球摆到头上时，用力甩腕将球掷入场内。

助跑掷界外球技术要领：两手持球于胸前，在助跑迈出最后一步时，两脚前后开立，同时将球举至头后经头顶掷出。

第三节 足球运动基本战术

足球运动战术是比赛中为了战胜对手，根据主客观的实际所采取的个人和集体配合的手段的综合表现。足球运动战术可分为进攻和防守战术两大系统，其中又分别包含着个人和集体战术两类，如图 7-17 所示。

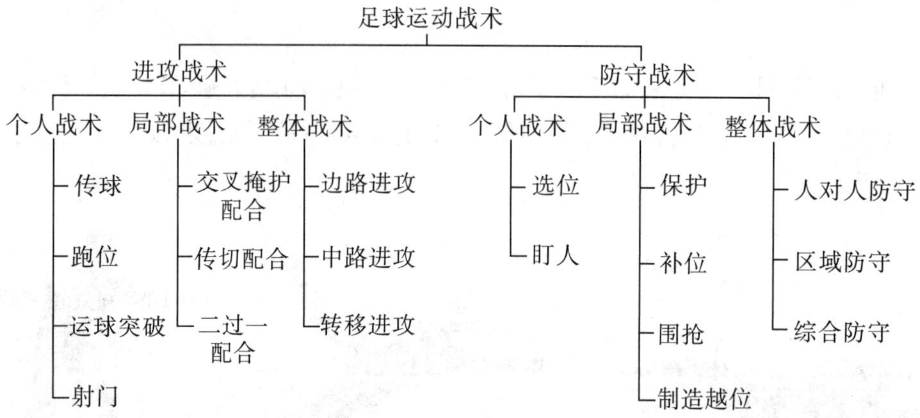

图 7-17　足球运动战术

一、进攻战术

进攻战术是指为达到行动目标，减少行动失误，提高取胜概率的进攻策略。按球的运动状态可以分为活动球进攻战术、定位球进攻战术，按球员参与攻进的情况可以分为个人进攻战术、局部进攻战术和整体进攻战术。

（一）活动球进攻战术

1. 个人进攻战术

个人进攻战术既包括运球突破、传球、射门等有球进攻战术，也包括摆脱、跑位等无球进攻战术。

2. 局部进攻战术

是指在场地某一局部地区，二三人之间的进攻配合，多采用两人的传切配合和二过一配合等形式。

（1）传切配合。常见的传切配合有三种形式，即斜传直切、直传斜切、斜传斜切。不论哪种传切配合，两人都要快速突然，根据不同情况，有时先切入后传球，有时先传球后切入，一般说前者运用多些，因球速快于人速。

（2）二过一配合。在局部地区，两个队员通过连续两次传球配合，越过一名防守队员，称为二过一配合。二过一配合形式多种多样，主要有斜传直插二过一、直传斜插二过一、踢墙式二过一、回传反切二过一等。

①斜传直插二过一：如图 7-18 所示，进攻队员⑨与③拿球向前运球，吸引防守队员△4号与△5的注意力，队友⑧与②快速直插接球，⑨与③突然斜向传球，突破△4与△5防守。

②直传斜插二过一：如图 7-19 所示，进攻队员⑨与③拿球向前运球，吸引防守队员△4与△5的注意力，队友⑧与②快速地斜线插上，⑨与③作直线传球，突破△4与△5防守。

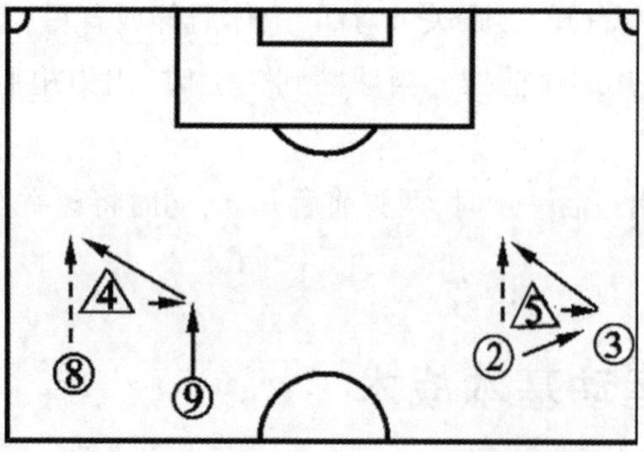

图 7-18　斜传直插二过一

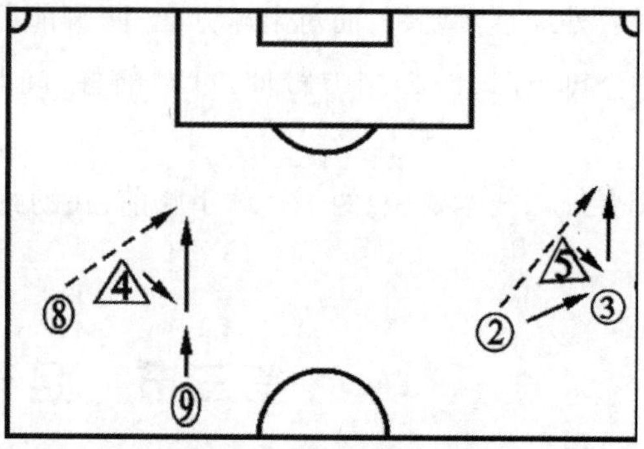

图 7-19　直传斜插二过一

③踢墙式二过一：如图 7-20 所示，踢墙式二过一常用于中路突破，进攻队员⑧快速向前运球，在接近防守队员 ⚠时，及时向队友⑥脚下传球，队友⑥一次出球将球反弹至防守队员身后，⑧快速插上接球，完成突破。

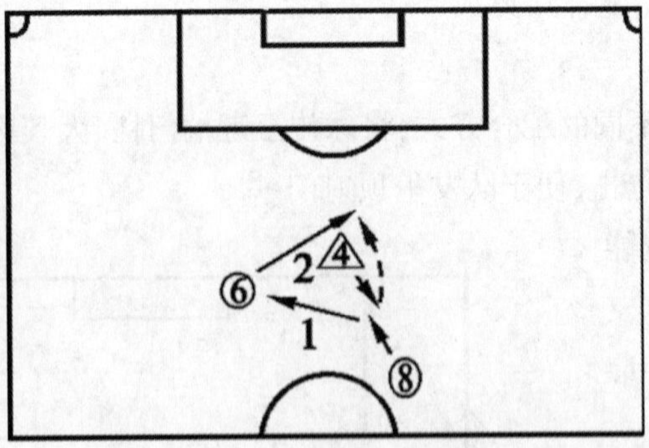

图 7-20　踢墙式二过一

图 7-21　回传反切二过一

④回传反切二过一：如图 7-21 所示，进攻队员⑥回传球给队友⑪，拉出防守队员身后的空当，队员⑥突然转身反切，队友⑪将球传向防守队员身后。

3. 整体进攻战术

将若干个局部进攻战术串于一体，为完成整体进攻战术任务所采取的全队配合方法。整体进攻战术配合在进攻的方向和进攻的速度上有两种形式，从进攻方向上可以将整体进攻战术分为边路进攻、中路进攻以及转移进攻，从进攻速度上可以将整体进攻战术分为快速反击进攻、逐步推进进攻和阵地进攻。

（二）定位球进攻战术

是指在比赛开始或比赛成死球至恢复比赛时所用的进攻战术配合方法，包括中圈开球、任意球、角球、球门球、点球、掷界外球等。

1. 任意球

分为直接任意球和间接任意球，是破门得分的重要手段。

(1)前场直接任意球。

①直接射门：前场直接任意球是攻方以射弧线球绕过“人墙”直接破门得分的好方式。如果守方已布好防线，应由射门脚法较好、善于踢弧线球的队员直接射门。同时其他进攻队员则要采用穿插跑位等行动干扰守方队员和守门员。如图 7-22 所示：⑦佯做射门从球上跑过，⑨④⑩等穿插跑动，⑧突然起脚射门。

②传球配合射门：如果在侧路发球或在中路但空隙很小，个人直接射门机会不成熟时，则可采用传球配合方式射门得分。如图 7-23 所示：⑦⑧跑动做接应，⑥佯做发任意球，⑨将球搓起越过“人墙”，⑩插上直接射门。

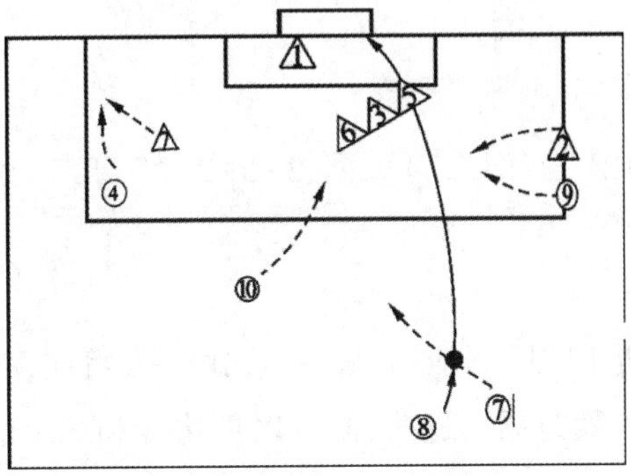

图 7-22　直接射门

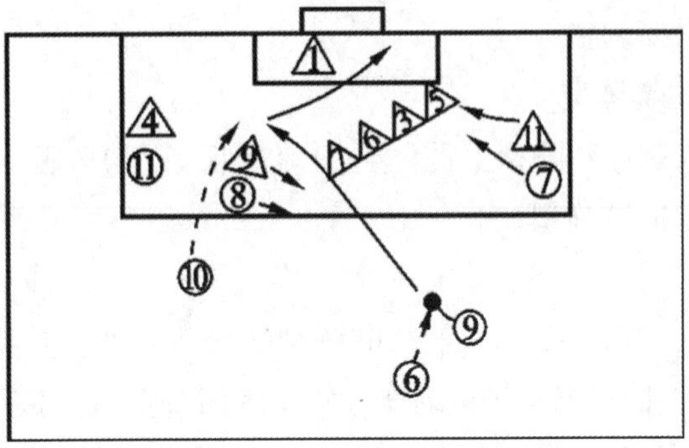

图 7-23　传球配合射门

(2)前场间接任意球。

要根据本队特点，采用适合的进攻配合方式射门。战术安排要有固定的进攻配合套路，善于利用人数上的优势，要有射弧线球的能手，战术执行时应做到快速、突然、配合默契。

2. 角球

(1)直接长传的配合战术。根据本队队员特点，采用不同的配合方式，将球传至近端门柱、大禁区中央或远端门柱附近，距端线5～10米的门前地区。此区门将不宜出击，便于队友争顶射门。

(2)短传的配合战术。当本方空中球能力弱，但控球能力强，常常采用短传配合战术策划进攻。这需要有同侧队友插上接应配合，中路队员突然横向拉扯、摆脱后进行接应配合。

3. 掷界外球进攻战术

掷界外球时，队友应积极跑动摆脱，交叉掩护，拉出空当，将球掷到有利进攻的位置。如图7-24所示：⑩回拉再突然里切牵扯防守队员 △6，⑦快速前插接⑥迅速掷出的界外球。

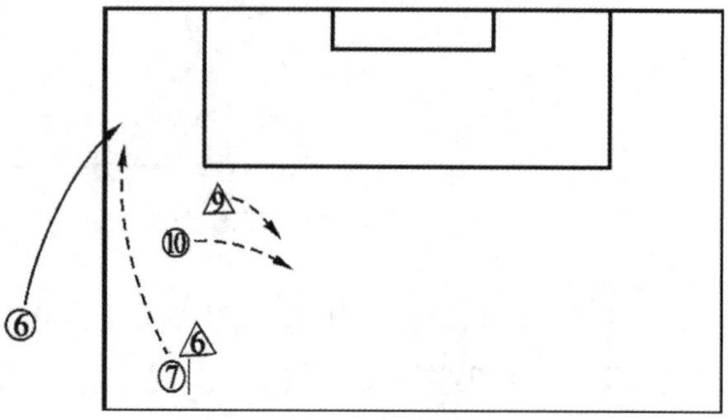

图7-24 掷界外球

二、防守战术

(一)活动球防守战术

活动球防守战术按参与战术配合的人数划分，可分为个人、局部和整体防守战术。个人防守战术有盯人、选位两种战术形式；局部防守战术主要有保护、补位和围抢以及制造越位等；整体防守战术是建立在个人和局部防守战术基础上，将若干个局部防守战术串于一体，为完成整体防守战术任务所采取的全队配合方法，分为区域防守、人对人防守和综合防守三种防守方法。

(二)定位球防守战术

定位球防守战术是与定位球进攻战术相对应进行的。重点是任意球防守战术和角球防守战术。

三、足球比赛阵型与球员位置

比赛阵型是指在比赛场上队员基本位置的排列，是本队攻守力量的搭配。阵型是划分各个位置运动员攻守的一般区域的依据；规定每个运动员攻守的具体位置和职责；确定每个运动员与各条线之间的关系；明确个人、局部与整体间的有目的的联系。位置是比赛阵型的具体体现，一旦三条线位置发生变化，极有可能预示着比赛阵型需要调整。

(一)比赛阵型

十一人制比赛阵型主要有4+3+3(“四三三”)阵型、4+4+2(“四四二”)阵型、3+5+2(“三五二”)阵型和4+5+1(“四五一”)阵型。

1.“四三三”阵型

“四三三”阵型是由“四二四”阵型演变而来的。其特点是加强了中场力量，中场由三人组成，有利于攻守力量的组织；同时增强了机动性，进攻时两个边后卫、中卫也可随时插上进攻；防守时两边锋和三个前卫可不受位置束缚参与防守。

2.“四四二”阵型

“四四二”阵型是由“四三三”阵型演变过来的。其特点是加强了中后场的防守，有利于快速反击和二三线队员插上进攻。

3.“三五二”阵型

为了有效应对“四四二”阵型中的双中锋和加强后卫的插上进攻以及稳固中场,出现了“三五二”阵型。“三五二”阵型使全队攻守更加灵活、更加机动。

4.“四五一”阵型

“四五一”阵型由“三五二”阵型演变而来,是一种增强中场拦截能力,以防守为主的阵型,通常在实力差距过大或比赛剩余时间不多等情况下采用。

(二)球员位置

1. 中锋(CF)

中锋是前锋的一种,是全队进攻的尖刀和主要得分手。其活动范围主要在前场对方禁区附近。中锋不需要有太好的突破和传球能力,但门前嗅觉一定要灵敏,对射门有着强烈的欲望和绝对的自信,因为进球是中锋的主要职责。

2. 二前锋/影子前锋(SS)

二前锋位置在中锋之后,进攻时通常紧跟在前锋身后或一侧做无球跑动进行策应。二前锋的主要职责是为中锋创造机会,且能自己带球突破得分。因此,这个位置的球员在脚下技术、突破能力、传球技术和射门能力等方面要求十分全面。

3. 边锋(WF)

边锋也是前锋的一种,顾名思义主要是在前场边路活动的前锋。边锋不仅要承担起边路进攻的职责,同时也能通过交插换位要完成多种战术任务。边锋最大的特点是速度快,往往在极速中轻松突破对方两翼的防守,完成下底传中或突破射门。

4. 前腰(AMF)

前腰是中场位置的一种,也称为“突前前卫”,通常在前锋身后,负责为前锋输送进攻的炮弹,组织二次进攻。故此,前腰在大局观把握、视野上以及控球方面要求极高,通常为全队的中场核心甚至于全队的灵魂人物,很多前腰球员都身披 10 号球衣。

5. 中前卫(CMF)

中前卫位于中场,在球队中起着攻防转换的作用,是球队的核心位置。球队进攻时中前卫是球队衔接后防组织进攻的基础,同时也是控制比赛节奏的核心。中前卫球员也大多是一支球队的灵魂人物,具有精准的传球能力、较强的阻截能力和远射得分能力。

6. 边前卫(SMF)

边前卫可以分为防守型和助攻型。一般阵型里一边只设一个边前卫,要求其攻防兼备。左右两个边前卫站在中场两侧,要求球员灵活快速、善于盘带,能够完成突破、助攻的职责。同时,边前卫在中场的边路地带要有一定的阻截能力,能有效遏制对方的边路进攻。

7. 后腰(DMF)

后腰又称“防守型中场”,是站位靠后的中前卫,位于中后卫前面,主要任务是协助球队防守。后腰是球队阵型攻防转换的关键位置,更是后卫线前的最后一道防线。

8. 边后卫(SB)

边后卫是后卫的一种,要求具有很好的攻守平衡能力,既能及时阻止对方边锋的突破,又能及时插上助攻制造机会。因此,边后卫在体能、速度、助攻方面要求很高。

9. 中后卫(CB)

中后卫是门将前面的最后一道防线。防守几乎是中后卫的全部职责。中后卫要有良好的位置感、警惕性和丰富的经验。

10. 清道夫(SW)

在足球比赛中承担特定防守任务的后卫被称为“清道夫”。清道夫通常分为进攻型清道夫和防守型清道夫两种。进攻型清道夫也叫作自由人,其活动范围很大,既可以在后场破坏对方前锋行动,也可以前插,为己方前锋送上精彩的助攻。而防守型清道夫也叫作拖后中卫,是门将前的最后一道防线,坐镇后防,哪里有危险就上哪里补位。

11. 门将(GK)

门将是己方球门前的最后一道防线,也是所有球员中唯一可以用手触球的球员。门将出色的发挥往往能拯救整支球队,一旦发挥失常,球队往往很难获胜。

第四节　足球比赛基本规则

国际足联规定的足球运动竞赛规则一直以来都只有局部小的变动,没有实质性变化。下面对国际足球理事会制定的《足球竞赛规则》(以下简称“规则”),以及大学生中经常进行的五人制、七人制的比赛方法作一简述。

一、十一人制足球比赛规则

(一)比赛场地

①足球比赛场地长90~120米,宽45~90米,如图7-25所示。国际比赛场地长100~110米,宽64~75米。

②场上各线应用熟石灰粉或白浆标画清晰,线宽不得超过12厘米,并与球门柱的宽度相等。

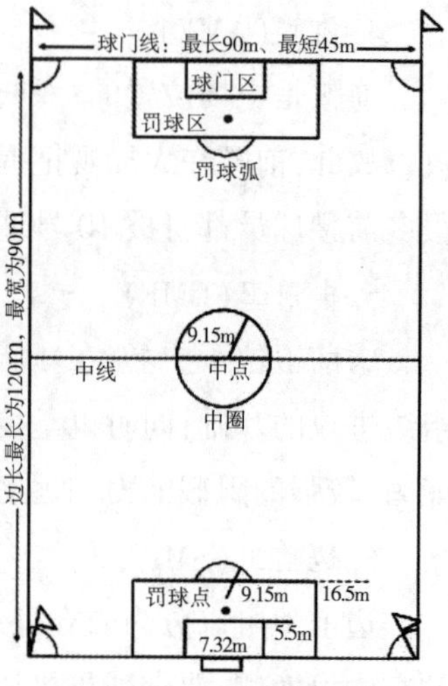

图7-25　足球比赛场地

③角旗:场地四角必须各竖一平顶的旗杆,杆高至少1.50米,上挂一面小旗,称角旗。

④球门:球门两柱的内沿相距7.32米,横梁的下沿距离地面2.44米,立柱与横木的宽度和厚度均不得超过12厘米。

(二)球门区、罚球区、罚球弧和中圈的作用

(1)球门区的作用。

①球门区是执行踢球门球的区域,踢球门球时,应把球放在球门区的任何地点执行。

②在该区内,守门员应受到保护,当他手中无球或在空中持球时,对方队员不得向他进行冲撞。

③在该区内,守方被罚间接任意球或裁判员在该区内触球时,应在距犯规地点或球所在的位置最近的与球门线平行的球门区线上执行。

(2)罚球区的作用。

①在该区内,守方的守门员允许用手触球。

②守方队员在本方罚球区故意违犯规则第十二章第一条中的任何一款者,均被罚点球。

③在执行罚点球时,除守方守门员及主罚队员外,其他队员必须在罚球区和罚球弧外的场内。

④在踢球门球或守方罚任意球时,必须将球直接踢出罚球区,比赛方为开始,否则重踢。

⑤在踢球门球和罚任意球时，对方队员必须退出罚球区，并距球至少 9.15 米远。

(3)罚球弧的作用。在执行罚点球时，除守方守门员和主罚队员外，其他队员必须站在罚球弧外。

(4)中圈的作用。当在中圈开球时，守方队员必须站在中圈以外，在比赛开始前不得进入中圈。

(三)队员、替补队员

①每一场比赛由两队参加，每队上场的队员不得多于 11 人，其中必须有 1 名为守门员。在比赛开始或比赛进行中，某队队员人数不足 7 人时，该场比赛应认为无效。

②被替补出场的队员不得再上场比赛。在比赛中，队员被裁判员罚出场后，不得由其他队员替补。

③场上队员可以和守门员互换位置，但须事先通知裁判员，并应在比赛成死球时进行。

(四)球出界和球入门

①球的整体在地面或空中越出边线或端线，才算球出界。

②球的整体从两门柱及横木下越过球门线外沿的垂直面时，判为对方胜一球。

(五)越位

(1)越位的概念。当队员踢球(顶球、触球)时，同队队员在对方半场内所处的位置在球的前面，并在他与对方端线之间，对方队员不足二人时，该队员即为越位。

根据上述概念，越位由下面两个因素构成：

时间因素——当同队队员向他传球时。

位置因素——当队员处于越位位置时，即该队员在对方半场内，在球的前面，并且对方队员不足二人时。

(2)如何判罚越位。

①当处于越位位置的队员与同队正在踢球的队员构成传接关系时，即应判罚该队员为越位。

②当裁判员认为处于越位位置的队员，在其内队队员踢球的一刹那，该队员从越位位置取得利益时，应判罚该队员越位。

③如果队员仅仅处在越位位置，可直接接得球门球、角球、界外球、裁判员坠球，不判该队员越位。

(六)直接任意球和点球

①在比赛进行中，队员故意违犯判罚直接任意球的九款(规则第十二章第一条)规定中的任何一款者，应由对方队员在犯规地点罚直接任意球。

②如果守方队员在本方罚球区内故意违犯九款中的任何一项者，不论当时球在任何位置，均应被判罚点球。

(七)合理冲撞

双方队员的目的是争得球，而球又在该队员控制范围之内，并以肩以下、肘关节以上的部位去冲撞对方的相应部位，冲撞的力量适当，冲撞时臂不得张开。

(八)间接任意球

①队员违犯判罚间接任意球的五款(详见规则第十二章第二条)规定中的任何一项者，由对方队员在犯规地点罚间接任意球。如果队员在对方球门区内犯规，则由对方队员在犯规所发生的半边球门区内的任何地点执行。

②如果攻方队员在对方球门内踢间接任意球，应在距犯规地点最近的、与球门线平行的球门区线上执行。

(九)手球判罚

如果守方队员在本方罚球区故意用手触及球，均应被判罚点球。

(十)警告与罚令出场

①在比赛中，根据队员犯规的事实所给予的警告和罚令出场的处罚，是对队员进行教育的一种手段，也是

为了保证比赛能够顺利进行的有力措施。因此，在队员违犯了警告和罚出场的条款（规则第十二章第三、四条）中的规定时，裁判员应及时给予处罚。

②在准备执行处罚时，裁判员应停止比赛，并向被罚队员出示黄牌或红牌，表示警告和罚出场。使场内外的队员、教练员、工作人员和观众等都清楚该队员所受到的处罚，同时达到教育队员的目的。

（十一）守门员违例

指守门员在本方罚球区内违犯“四步规定”“第二次用手触球”及故意延误时间的犯规。

①允许守门员行走的“四步”可连续使用或分开使用，但应累计计算。有时守门员在快速跑动中跳起接球，落地后为了保持身体平衡而向后或向前走了几步，不应计算在四步之内。

②当守门员用手控制球后，一旦将球置于地上或传出，即为进入比赛状态，这种情况不论出现在行走四步之前、之中或之后。当处于罚球区外的同队另一名队员触球后，守门员如接同队队员回传球，应判罚间接任意球。

二、七人制足球比赛基本规则

（一）比赛场地

标准场地长 60~70 米（边线），宽 40~50 米（端线），如图 7-26 所示。

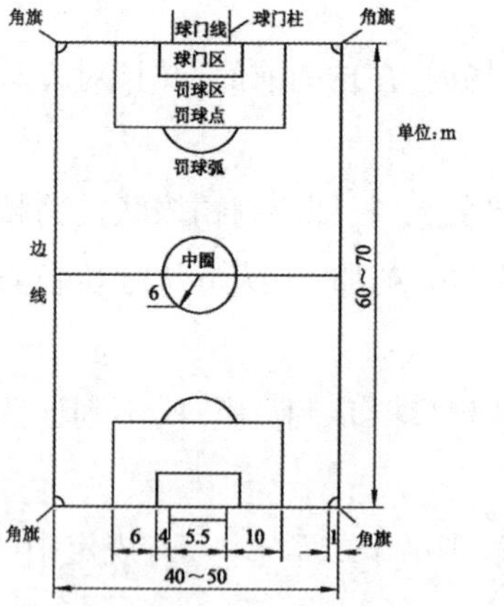

图 7-26　七人制足球比赛场地

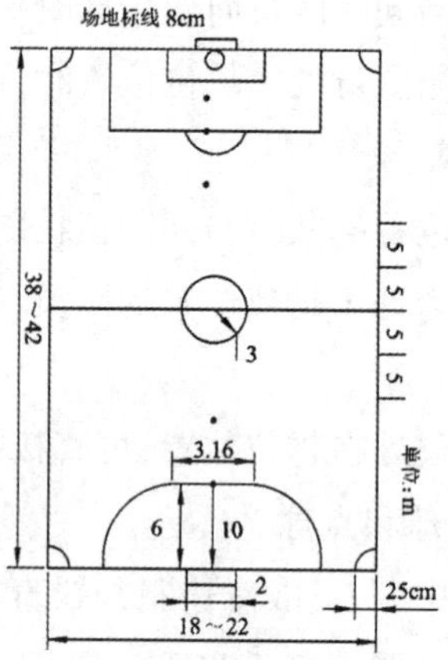

图 7-27　五人制足球比赛场地

（二）球

适合采用 4 号球或者儿童比赛用球。

（三）队员

比赛时，每队队员不超过 7 人，其中 1 人为守门员。

（四）比赛时间

全场比赛时间为 50 分钟或 60 分钟，比赛分上、下两个半场，中间休息 10 分钟。

小场地足球竞赛规则除场地、用球、队员人数和比赛时间特作规定外，其他同成人足球竞赛规则一样。

三、五人制足球比赛基本规则

（一）比赛场地

标准场地长 38~42 米（边线），宽 18~22 米（端线），如图 7-27 所示。

（二）比赛时间

比赛分为上、下两个半场，每半场 20 分钟。中场休息不得超过 15 分钟。

(三)队员人数

每队上场队员不得多于5人,其中必须有1名守门员;各队替补队员不得超过7名;比赛中,换人次数不限;替换下场的队员可以重新上场替补其他队员;队员可在比赛中或死球时随时进行替换,但须遵守如下规则:

①离场队员须由本方换人区离场。

②上场队员也须由本方换人区入场,且必须在离场队员完全跨出边线后方可入场。

(四)罚令出场

队员被判罚令出场,不得重新参加该场比赛,也不能坐在替补席上。该队可在队员被罚出场满2分钟后,经计时员允许可让补充队员入场。如在这2分钟内,其中一队有进球,则引用下列条款:

①如场上是5人对4人,较多人数一队进球,则4人的一队可补足第5名队员。

②如场上是4人对4人,虽有进球,两队都不补充队员。

③如场上是5人对3人,或4人对3人,较多人数的一队进球,则只有3人的一队可补充1名队员。

④如场上较少人数的一队进球,则不补充队员。

⑤累计犯规。累计犯规是判罚直接任意球的犯规。每半场累计犯规超过5次,规定:

a. 防守方不可排"人墙"防守。

b. 须明确主罚任意球的队员。如果第6次犯规地点在对方半场或本方半场介于通过第二罚球点的假想平行线与中线之间的区域,该任意球在犯规方半场的第二罚球点踢出。如犯规地点在犯规半场球门线和通过第二罚球点的假想平行线之间区域,则对方可选择在犯规地点或第二罚球点踢任意球。

⑥踢界外球。踢界外球时须把球放定在边线上,且界外球不能直接进球得分。

第五节　足球运动专项教学与训练

足球专项教学与训练核心主要是技战术两个方面,技术是执行战术的基础,战术是技术得到有效发挥的保障。

一、基本技术练习

(一)脚内侧踢球与接控球练习

1. 脚内侧踢球练习

(1)练习方法。

①踢固定球练习。

②传固定球。

③连续传球对练。

④慢速移动中练习。

⑤中速移动练习。

(2)错误动作的纠正。

①出球速度低。原因是踢球脚离地面过高,脚底先触球,使摆动脚的用力方向朝下,力量抵消。

②出球偏高。原因是击球的部位偏下,摆动腿推送不够。

③出球力量不大。除要注意支撑脚的正确距离和摆动腿的动作外,还要注意触球面及推送动作。

2. 接控球练习

(1)练习方法。

①原地接地滚球练习。

②移动中接地滚球练习。

③原地接手抛半高球练习。

④移动中接脚内侧传半高球练习。

(2)错误动作的纠正。

①球从脚底漏掉。原因是脚离地太高,停球动作慢了。解决办法是早判断来球,及时做动作。

②停球过远。原因是对来球力量预估不足,停球时后撤缓冲动作做得不够。解决办法是集中注意力关注来球力量,及时做下切、后撤动作缓冲来球。

③球反弹偏高。原因是脚内侧触球部位偏下,或是无法准确做出缓冲和下切动作,影响了进一步的控球。纠正方法是加强侧身跑—抬腿—放脚的停球练习,同时要关注来球高度、力量的变化,选择是做缓冲动作还是做下切动作。

(二)脚背正面踢球与接控球练习

1. 脚背正面踢球练习

(1)练习方法。

①无球跨步摆踢模仿练习。

②轻踢球固定练习。

③对网连续踢球练习。

④两人对传。

(2)错误动作的纠正。

①脚背正面踢球不准。纠正方法是按照脚背正面踢球要领练习,当脚与球接触后主动提大腿,使腿和脚有一个抽提动作。

②支撑脚位置不准确。在地面标好支撑脚的位置,注意摆腿时机,小腿折叠后加速前摆,踝关节要紧张、绷直,脚趾内扣,踢球的中下部。

2. 脚背正面接控球练习

(1)练习方法。

①接控半高球练习。

②接控高球练习。

③转身接控过顶球练习。

④脚踝缓冲接控球练习。

(2)错误动作的纠正。

①踝关节太紧或是太松。缓冲效果不好,让球弹得更远,所以适度的紧张和放松需要反复练习和体会,练习时球要多高度多变化,这样才能让自己体会到动作的大小、快慢。

②缓冲动作不协调。脚下撤太快或太慢,难以把球接控在自己需要的位置。注意脚的下撤方向,要顺着球的运行方向做下撤动作。

③缓冲距离不够。当利用踝关节放松停球时,抬腿高度不够,踝关节不能完全缓冲来球,纠正方法是抬高接球腿,为后撤缓冲留下足够的缓冲距离。

(三)脚背内侧踢球练习

(1)练习方法。

①摆腿模仿练习。

②踢固定球练习。

③踢定位球练习。
④踢活动球练习。
⑤踢远与踢准练习。
(2)错误动作的纠正。
①直腿摆动,动作僵硬。多做摆腿模仿练习。
②脚触球部位不正确。踢球前要注视踢球的部位,不要勾脚尖,支撑脚不要距球太远。
③击球力量小。踢球腿摆动时,身体相应地转动,吃准触球部位,多练习,多体会。

(四)原地前额正面头顶球练习

(1)练习方法。
①一人持球至适当高度,另一人用前额正面击球,体会顶球部位和摆体动作。
②原地头顶球模仿练习。
③原地头顶球练习。
④头顶高抛球练习。
⑤头顶球对练。
(2)错误动作的纠正。
①头顶球的部位不正确。要克服畏惧心理,注视来球,用前额主动迎击球。
②顶球时的摆体动作不对。多做摆体模仿动作,蹬后腿,腰部发力,两臂同时协助用力,上体积极前摆。

(五)运球

(1)练习方法。
①直线运球练习。
②往返运球练习。
③侧身拉球练习。
④扣球转身练习。
⑤变向运球练习。
⑥25 米运球绕杆练习。
⑦二人一组运球突破练习。
(2)错误动作的纠正。
①低头运球过人。运球时要抬头观察周围情况。
②身体僵硬。要学会放松,不要有思想负担。
③技术动作不到位。支撑脚要靠近球并多做髋关节灵活性练习。
④支撑脚距球过近或过远。运动中支撑脚的落地要注意提前量。

(六)假动作

(1)练习方法。
①无球假动作练习。
②慢速变向假动作模仿练习。
③曲线运球练习。
④两人一组突防练习。
⑤两人一组突防变换练习。

(2)错误动作的纠正。

①动作不逼真,缺乏连贯性。在逼近守方时要多做上体的晃动练习。

②假动作变化突然性不强。要提高腰、腹部力量,多练变向跨步跑和变速跑。

③假动作运用时机不好。要克服畏惧心理,敢于逼近守方,掌握控球时机和距离。

(七)抢截球练习

(1)练习方法。

①两人并肩走步中冲撞练习。

②慢速运球中侧肩冲撞练习。

③一对一正面抢截交换练习。

④一对一侧面抢截交换练习。

(2)错误动作的纠正。

①用手或肘推对手造成犯规。学习了解合理冲撞规则与裁判法知识。

②冲撞时机把握不好。找准合理冲撞的时机,在对手同侧脚离地的一刹那,合理冲撞对手,只有这样才能使对手失去平衡,以便使自己抢到球。

(八)守门员技术练习

(1)练习方法。

①准备姿势与移动模仿练习。

②各种接球姿势模仿动作练习。

③接手抛练习。

④接脚踢球练习。

⑤倒地接球模仿练习。

⑥在垫子上扑接手抛。

⑦在球门中央进行扑接球练习。

⑧脚踢球练习。

(2)错误动作的纠正。

①选位与移动不合理。学会寻找选位的参照物,如以点球点、球门柱、罚球区弧线等作为选位的参照物;提高判断各种来球的高度、距离、方向等能力,选准移动距离、移动时间和接球点;强化移动的反应能力。

②接球不稳。多练缓冲接球的模仿动作;巩固接各种来球的正确手形;强调先移动到位,在有准备的情况下接球。

③衔接动作不好。多练综合性的技术,提高衔接能力,提高制动后的起动速度;有意制造某种困难条件,去完成下一个技术动作。

(九)掷界外球练习

(1)练习方法。

①持球做原地掷界外球和助跑掷界外球的模仿动作。

②原地掷球或助跑掷球练习。距离由近及远,提高准确性。

(2)错误动作的纠正。

①掷球违例。了解掷界外球规则,分析违例原因,多练原地持球或助跑掷界外球的模仿动作。

②掷球不远。提高肩的柔韧性和腰腹肌力量,加强腿、腰、臂的协调配合练习。

二、基本战术练习

(一)个人战术练习方法

技术是战术的基础,各种技术的合理运用,反映了个人的战术能力。因此,个人战术的训练应该贯穿在各种技术训练中,根据个人技术掌握的程度,不断提出战术要求。

1. 传球与跑位练习方法

(1)传球练习方法。

①不同脚法传球练习。

②不同力量传球练习。

③移动中传球练习。

④两人一组前后移动回敲传球练习。

⑤两人一组对抗中传球练习。

⑥对抗中摆脱传球练习。

(2)跑位练习方法。

①起动、急停变向跑与变速跑练习。

②听信号做各种跑位练习。

③两人一组摆脱中接球练习。

④两人一组交叉换位跑动练习。

2. 选位与盯人练习方法

选位与盯人练习,应由无球练习到有球的诱导性练习,再到与进攻相结合练习。

①移动中选位与盯人练习。两人一组,防守队员防守一个固定目标(如标志杆),进攻队员力图触及防守队员身后的目标,防守队员封堵进攻队员的进攻路线。

②球门前无球摆脱与选位练习。两人一组,面对面站立,相距 2 米左右,一攻一守,进攻队员做摆脱跑动,防守队员做选位盯人练习。

③诱导性有球练习。在离球门 16~20 米距离内进攻队员做横运球,防守队员练习选位。

④结合位置的诱导性有球练习。在半场内全队按比赛阵型分别站好各个位置,一人做各个方向控运球,各位置球员随着球的方向变化做选位练习。

⑤一对一选位与盯人练习。在半场内两人一组,进攻队员向球门做变向与变速运球,防守队员做选位与盯人练习。

⑥一防二练习。三人一组,两人向球门跑动传球,一人做选位防守练习。

(二)局部战术练习方法

局部战术配合能力是个人战术能力的发展,是整体战术的基础。因此,在练习中,要培养观察能力,了解时机选择和战术行动的合理性。

1. 传切战术配合练习

传切配合练习要抓住传球与跑位时机这一关键因素。

①无防守的局部一传一切练习。两人一组,一人在慢速运球中传球,另一人切入接球。传球队员要把握好传球时机,最佳时机是在切入队员刚起动时传球。

②对固定防守(标杆)做传切配合练习。

③长传切入练习。队员分两组或纵队,相距 20~25 米。一组每人持一球,依次长传给另一组,然后跑到另

一组队尾,无球组队员依次切入接球,然后运球到持球组队尾。

④传切射门练习。队员分成两组成纵队面向球门,相隔10米左右,在罚球区两侧站立,一组传球,传球后跑到射门组排尾,一组切入射门,射门后运球到传球组排尾。

⑤长传切入射门练习。队员分成两组成纵队面向球门,站立于中场两侧,一组依次切入运球突破传中,另一组依次切入包抄射门。

2. 二过一战术配合练习

①固定防守(标志杆)二过一配合练习。每组8~10人,分成两队,相距10米左右,两人为一组,进行二过一配合练习。

②固定第二传球者二过一配合练习。全队分成若干组,每组固定一个第二传球者,每组同时练习一种战术配合,也可分别练习某一种战术配合,并结合射门进行练习。

③固定第二传球者往返二过一配合练习。每组7人,再分两组,每组两人,相距30米,成纵队面对面站立,中间一人为固定传球者,做往返二过一配合练习。

④回传反切直插二过一配合练习。分两组,每组两人,成纵队面对面站立,相距20米左右,做反切直插二过一配合练习。

⑤连续二过一配合练习。每组8~10人,再分两组,相距30米左右,组成纵队面对面站立,做连续二过一配合练习。

⑥连续二过一配合射门练习。每组7~10人,有两人固定(轮流)做传球者。

3. 规定场地范围的攻守练习

①一对一摆脱传接球练习。在15米×15米的方形场地上,每角站一名队员,场地中间一攻一守,攻者可随意与四个角的队员做传球练习或运球过人,守者盯抢,抢到球后就互换攻守,练习1~3分钟后,中间两人站到角上,角上两人到中间练习。

②二对一练习。在15米×15米的场地上进行二攻一练习,可规定防守队员抢到球后与丢球者互换攻守。

③二对二练习。在20米×15米的场地上各设一个4米宽的小门,进行二对二练习,防守时一人守门,进攻时运用二过一配合突破射门,以射进多少球数决定胜负。

④三对二练习。在20米×20米方形场地上,做三人进攻两人防守的攻守练习。

4. 三对三小场地比赛

主要练习传切配合、二过一配合等。

(三)整体攻守战术练习方法

整体战术练习是一种有明确位置分工和攻守方向并联系几个位置区域的各种组合练习。练习的主要目的是发展每个位置队员全面灵活的以攻守战术原则为指导,将合理有效的各种个人战术和局部战术配合服务于全队战术打法的整体攻守能力。

①诱导性防守练习。

②边路传中与中路射门练习。

③边路进攻练习。

④快速反击练习。

⑤半场攻守练习。

⑥全场攻守练习。

第六节　足球运动专项拉伸与损伤防护

足球运动是对抗性的运动项目,在日常训练或者竞技比赛中难免会发生运动损伤。专项拉伸能够有效改善肌肉肌腱的功能,提高身体柔韧性、缓解肌肉紧张,在运动前中后进行科学的专项拉伸,能有效预防运动损伤。下面结合几种常见的足球运动损伤介绍专项拉伸方法与损伤处理方法。

一、肌肉拉伤

足球运动中肌肉拉伤通常发生在大腿后群肌、腰背肌、小腿三头肌、大腿内收肌群等部位。肌肉拉伤后,会出现伤处疼痛、肿胀、压痛、肌肉紧张或痉挛,触之发硬的症状。预防肌肉拉伤主要是要进行科学的准备活动与专项拉伸。

(一)易拉伤部位静态拉伸

1. 坐立前屈拉伸

练习提示:坐立,双腿并拢伸直,上身向腿部靠压,静态拉伸 10~20 秒。

2. 单膝跪立拉伸

练习提示:两腿前后开立,后腿屈膝跪立,前腿直腿勾脚尖,两手握住前腿脚腕,上体尽量向腿部压靠,静态拉伸 10~20 秒。

3. 冲刺式拉伸

练习提示:两腿前后开立,后腿膝部跪地,前腿呈弓步,手握后脚,尽量将其折叠贴近臀部,保持静态姿势 10~20 秒,两腿交替练习。

4. 单膝跪立侧向拉伸

练习提示:两腿横向开立,一腿膝部朝前跪立,另一腿侧向勾脚尖伸直,手扶侧腿下压,静态拉伸 10~20 秒,两腿交替练习。

5. 倒“U”形拉伸

练习提示:面朝下,手脚同时撑地,手脚尽量靠近,静态拉伸 10~20 秒。

6. 骆驼式拉伸

练习提示:双膝跪地,双手握住双脚,身体后仰,髋部缓慢向前送,注意不要过度挤压腰部,静态拉伸 10~20 秒。

(二)拉伤处理方法

拉伤后最初的数小时,应常规采用冰敷与弹力绷带压迫包扎以控制水肿与出血。应用非甾体抗炎药可缓解炎性反应与疼痛,口服皮质激素亦可控制炎症,疼痛较重者可口服镇静止痛剂。24 小时后可采取中药外敷、痛点药物注射、理疗等手段。

二、韧带损伤

足球运动中韧带损伤通常发生在踝关节、膝关节和掌指关节等部位。韧带损伤后,一般均有明显的血肿形成,局部水肿、肿胀,愈合较慢,如不及时治疗常不能恢复正常的韧带功能。因此,要加强关节周围肌肉力量和韧带柔韧性练习,提高关节的稳定性和活动的幅度,以及肢体承受能力和延展能力。

(一)易损伤部位拉伸

1. 原地立踵

练习提示：身姿要挺拔，腹肌收紧，双腿与臀部夹紧，注意身体平衡，动态拉伸1分钟。

2. 手腕旋转

练习提示：双手掌心向下，指尖指向腰部，手腕向身体外侧转圈。两手同时练习，动态拉伸1分钟。

3. 脚踝旋转

练习提示：大腿自然提起，脚离地，小腿放松，转动脚腕。两脚交替练习，动态伸展2分钟。

4. 肩臂绕环

练习提示：两臂握拳胸前屈，两臂同时向前或向后做绕环运动，动态拉伸2分钟。

5. 膝关节绕环

练习提示：双腿并立靠拢，两手握膝，做顺时针和逆时针绕环运动，动态拉伸2分钟。

6. 腰部绕环

练习提示：双脚自然开立，拇指朝前扶腰，做顺时针和逆时针绕环运动，动态拉伸2分钟。

(二)韧带损伤处理方法

比赛中关节韧带扭伤时，应立即冷敷，加压包扎，抬高伤肢并适当休息，以减轻出血和肿胀，24~48小时后，拆除包扎，根据伤者情况可采用中药外敷、痛点药物注射、理疗和按摩等。

三、肌肉痉挛

足球运动中以小腿腓肠肌、足底的屈拇肌和屈趾肌最易发生痉挛。主要是运动量过大导致肌肉疲劳，出汗过多导致体内电解质大量丢失。运动前充分做好准备活动，对易发生痉挛的肌肉适当拉伸和按摩。夏秋季参加激烈运动应适当补充水、盐、维生素B1。

(一)易痉挛部位拉伸

1. 原地立踵

练习提示：身姿要挺拔，腹肌收紧，双腿与臀部夹紧，注意身体平衡，动态拉伸1分钟。

2. 脚踝绕环

练习提示：大腿自然提起，脚尖点地，小腿放松，以脚尖为轴转动脚腕。两脚交替练习，动态伸展2分钟。

3. 膝关节绕环

练习提示：自然站立，双腿并拢微屈，两手握膝，做顺时针和逆时针绕环运动，动态拉伸2分钟。

4. “T”形拉伸

练习提示：双手扶腰仰卧，两腿并拢伸直，缓缓抬起一腿至上方，同时直膝勾脚尖固定，两腿交换练习，动态拉伸2分钟。

5. 坐立前屈拉伸

练习提示：坐立，双腿并拢伸直，身体缓缓向腿部靠压，静态拉伸10~20秒。

6. 单膝跪立直腿拉伸

练习提示：两腿前后开立，后腿屈膝跪立，前腿勾脚尖伸直，两手握住前腿脚腕，静态拉伸10~20秒。

(二)肌肉痉挛处理方法

肌肉痉挛时被动牵拉痉挛的肌肉，用力要缓慢而持续，不可使用暴力，缓解后适当按摩肌肉。

四、骨折

骨折是足球运动中较为严重的损伤，主要发生在小腿腓骨、膝前髌骨、足外踝、肩锁骨等部位，通常是由于头球、倒钩射门时肢体落地姿势不正确或其他暴力撞击所致。因此,平时要加强跳起以后落地缓冲练习和倒地滚翻练习,运动前充分做好准备活动和拉伸练习,增强关节灵活性、动作灵敏性和身体柔韧性。

(一)易骨折部位拉伸

1. 原地立踵

练习提示:身姿要挺拔,腹肌收紧,双腿与臀部夹紧,注意身体平衡,动态伸展1分钟。

2. 肩臂绕环

练习提示:两臂握拳胸前屈,两臂同时向前或向后做绕环运动,动态伸展2分钟。

3. 膝关节绕环

练习提示:自然站立,双腿并拢微屈,两手握膝,做顺时针和逆时针绕环运动,动态伸展2分钟。

4. 蝴蝶式拉伸

练习提示:屈膝下坐,脚底相对,背部平直,轻轻地将双手放在膝盖上,将臀部和膝盖向下靠压地面,静态伸展10~20秒。

5. 冲刺式拉伸

练习提示:两腿前后开立,后腿膝部跪地,前腿呈弓步,手握后脚,尽量将其折叠贴近臀部,静态伸展10~20秒,两腿交替练习。

6. 团身前滚翻

练习提示:半蹲站立,重心前移,两腿蹬直离地,同时屈膝、低头、含胸、提臀,以头的后部在两手支点前着垫,依次经颈、背、腰、臀向前滚动。当滚至背部着垫时迅速收腹屈膝,上体贴靠大腿团身抱膝成蹲立,重复练习5~10个。

(二)骨折处理方法

如在比赛中出现小腿骨折,应用2块有垫夹板放在小腿的内、外侧,2块夹板上至大腿中部,下至足部,用4~5条宽带分别在膝上、膝下和踝部缚扎固定。足踝部骨折:应取一块直角夹板置于小腿后侧,用棉花或软布在踝部和小腿下部垫妥后,用宽带分别在膝下、踝上和足跖部缚扎固定。颈椎骨折:应使头部固定于伤后位置,不屈不伸不旋转,数人协力把伤员搬至木板上,头部两侧用沙袋或卷起的衣服固定,用数条宽带把伤员缚扎在木板上,严禁头颈左右旋转与屈曲。在应急处理后及时送至医院治疗。

五、足球踝

足球踝是距小腿关节的一种慢性创伤性骨关节炎,早期为活动时疼痛,后期即使休息时也发生疼痛。体征主要有关节轻度肿胀、压痛、摩擦感和摩擦音。

(一)脚踝部位拉伸

1. 脚踝绕环

练习提示:大腿自然提起,脚尖点地,小腿放松,以脚尖为轴转动脚腕。两脚交替练习,动态伸展2分钟。

2. 脚踝屈伸

练习提示:自然站立,稍抬起一腿,反复屈伸踝关节(勾绷脚尖),动态伸展20秒后交换腿。

3. 负重提踵

练习提示:肩背负重5千克杠铃或哑铃等,提踵练习1分钟。

4. 负重弓箭步跳

练习提示:肩背负重5千克杠铃或哑铃等,原地弓箭步跳练习1分钟。

5. 负重分合腿

练习提示：肩背负重5千克杠铃或哑铃等，分合腿跳练习1分钟。

6. 负重纵跳

练习提示：肩背负重5千克杠铃或哑铃等，纵跳练习30秒。

（二）足球踝处理方法

症状较轻时可以用超短波理疗、熏药治疗、醋疗或离子导入，关节内或痛点局部封闭等方法治疗。骨赘过大、关节内游离体或关节ROM减小、距小腿关节反复绞锁者应及时手术治疗。

思考题

1. 谈一谈脚背外侧运球的特点。
2. 谈一谈脚内侧接控球的技术要领。
3. 守门员易犯错误及原因有哪些？
4. 局部进攻性战术有哪些类型？
5. 你如何理解个人、局部、整体进攻战术的关系？
6. 被判罚直接任意球的犯规或不正当行为有哪些？
7. 如何判断是否越位？

第八章　排球运动

【学习目标】

1. 了解排球运动的起源与发展。
2. 掌握排球运动的基本技术和基本战术。

第一节　排球运动概述

排球运动起源于美国,最初由篮球运动发展而来。20 世纪初开始传入我国。我国香港等地首先开展起来,一开始只是在几所学校的师生间进行,如广州的南武中学和香港的皇仁书院等。此后,这些地区的一些基督教会也开始开展。

当时,教会的工作人员和留学生是这一运动的主要参与者。作为一项在中国刚刚得到开展的运动,民众对其产生了很大的好奇。与此同时,外国人通过各种渠道和方式进行传播,比如在体育课程中增加排球课程,将排球作为一种游戏来进行,开设专门的排球训练班,在广大民众面前进行排球比赛表演等。经过以上多种形式的传播,排球运动首先在全国各地的学校中开展起来,容易接受新鲜事物的年轻人是这项运动的主要参与者。那个时期,中国人将排球的英文名称"volleyball"译为"华利波",一时间"华利波"成为年轻人推崇和喜爱的体育活动之一。

1913 年,菲律宾举行了第 1 届远东运动会。组委会原本没有设立排球比赛项目的计划,但菲律宾作为东道主希望能够在比赛中夺得更多的金牌,在赛前临时决定增设排球比赛项目,并在开赛时提出希望中国运动员参加该项比赛。为了凑齐本场比赛的运动员,中国队在紧急情况下从其他项目中抽调人选。因为这些运动员以前对排球运动并不熟悉,甚至对排球比赛的规则都不甚了解,于是场上就出现了"头顶脚踢"的场面。这种情况下,中国队最后以 0∶2 输给了菲律宾。虽然如此,但这次比赛也确实是中国队第一次参加国际排球赛。

1914 年,我国举行第 2 届全运会,在此届比赛中,排球成为正式比赛项目,此前一直称为"华利波"的排球经历了第一次改名,改为"队球",为以队伍的形式进行的球类运动。排球运动刚在我国开展起来的时候,所有比赛都是为男运动员开设的,女运动员虽然可以进行排球活动,却没有机会参加正式排球比赛。直到 1921 年,这种情况才得到了改观,广东省在这一年的省内第 8 届运动会上将女子排球设立为正式比赛项目,我国的女子排球运动也因此得到了进一步的发展。

1930 年,我国举行了第 4 届全运会。当时的全团体育协会主要负责管理全国的体育活动与竞赛的相关事宜。经过该机构的讨论研究,对排球的名字进行了第二次更改。这一次所更改名字一直沿用至今,即"排球"。这个名字是根据该运动的特点而定的,"排"主要表现该运动的两个主要特点:一是进行排球运动时,球在两方队员手中以球网为交界线,来回击打。在球网上空形成"排击"的状态;二是参赛的运动员以自己的队伍为单位,分为两排站在场地上,形成排排队列的形式。

20 世纪 50 年代,我国引入了 6 人制的比赛形式,当时,各行各业都在向苏联学习,排球运动也不例外。向苏联学习的内容除了排球的技术打法,还有竞赛制度、训练方法等,其中比较重要的一项是竞赛的等级制度,这种制度对于激励运动员、调动运动员的积极性很有帮助。原国家体委在 1956 年发布了等级制度条例,此后,该条例又经过两次修订。基于此条例,1958 年,原国家体委针对排球运动制定了运动员的等级标准,其中就包括运动员的称号标准。

我国排球运动水平在不断的学习和自我总结中获得提升,它没有一味地照搬他国的竞赛技术和规定,而是依照本国国情以及本国运动员的特点,在吸取他国经验的同时,进行有选择性的借鉴。

1953 年,我国成立了排球协会(以下简称"排协")。我国排协代表参加了国际排联的行政会议。次年,我国排协正式加入国际排联。1956 年,我国排球队在国际排联的要求下参加了世界排球锦标赛。1957 年,在广东男排的影响下,我国各大排球竞赛中开始采用勾手大力发球技术。这种发球技术的主要优势是发球失误少,利于组织进攻。随后,在我国各大排球赛场上又出现了一种新技术,即上手飘球技术。这种发球技术结合勾手大力发球能够发挥出最大的威力。这两种技术的出现为我国排球技战术水平的提高打了一针强心剂。1964 年,国际排联修改了排球比赛中的拦网规则,其中最大的改动就是在防守方面,对方队员扣球时可以过网拦球,我国排球的技术打法也因此发生了巨大变动。

20 世纪 60 年代,我国排球队经历了大起大落。20 世纪 60 年代初期,我国学习日本排球队的教学经验,以实战为基础,通过严格和高难度的训练以提高排球技战术水平。在这期间,我国男子排球队的拦网和扣球技术都有了新的突破,这对于我国排球运动的发展具有很大的推动作用。但到了 20 世纪 60 年代中期和 70 年代初期,我国的排球运动因为一些原因而处于停滞期,不仅技战术水平直线下降,优秀的运动员也稀缺。

1972 年,排球比赛再次恢复,国家体委组织建立了漳州排球训练基地,使得男子排球和女子排球的技术又得到了快速提高。"前飞""背飞""拉三拉四"这三种打法以及快速反击技术,都是我国排球运动员在这一时期创造的,这也拉动了我国排球队的整体技战术水平。1979 年以后,我国排球运动得到更快速的发展。最为突出的是 1981-1986 年间,我国女排连续获得了五次世界冠军。虽然我国排球运动在此后的发展中也遇到过低潮和曲折期,但整体上是进步和发展的,并一直处于世界强队的阵营中,这是值得国人骄傲的成就。

第二节　排球运动基本技术

排球运动基本技术是指在规则允许的前提下、符合人体运动科学原理,能充分发挥身体潜在能力,合理而有效的各种特定的基本击球动作。

一、发球

发球是一场比赛的开始,也是进攻的手段。攻击性发球,不仅可以直接得分,而且可以破坏对方的进攻,造成对方情绪上的波动、阵脚上的混乱、士气上的低落、局面上的被动,从而减轻本方的拦防压力,为反攻得分创造有利的条件。此外,发球攻击性强,发球的方法多样,训练发球与接发球的对抗练习可以促进队员接发球技术的提高。

发球技术是排球比赛中唯一不需同伴配合、不受对方干扰的自我完成的动作。在排球比赛中,发球者根据要达到的目的及掌握技术的熟练程度,可以自行决定发球方式、站位地点、发球速度、发球弧度、发球力量和球的落点。同时,发球容易受心理因素的影响。发球时,队员独自持球站立,有充分的时间思考,在信心充足、果断坚决的情况下,可以发挥已有技术的威力;如果优柔寡断、缺乏信心,则往往使技术变形,造成不应有的失误。

因此,运动员不仅需要熟练掌握一种或几种符合自己条件和特点的发球技术,运用发球战术得当,还需要排除不良心理因素的影响,坚定发球信心,只有这样才能发出有攻击性的球,达到预期的发球目的。

当然,一般来说,发球攻击性愈大,失误的可能性也愈大,所以,如何把球发得又准又狠,是练习发球要解决的主要矛盾。发球技术从站位方式来区分有正面发球、侧面发球,从性能来区分有飘球、旋转球,从击球挥臂来区分有上手发球、下手发球。但其常用技术主要有上手飘球、勾手飘球、上手大力发球、跳发球、下手发球等。

(一)发球技术要领

不论采用哪种发球技术,其动作过程都是相同的:站位和持球准备;抛球和击球的摆臂;全身发力和挥臂轨迹;击球手型、击球点、击球部位;击球后的动作。这些动作是在瞬间连贯完成的,需要注意以下几点:

(1)抛球要稳:将球平稳地向上抛起,每次抛球高度应基本固定。

(2)击球要准:要以正确的手型击中球体的相应部位,使作用力方向和所要发球的飞行方向相一致。

(3)手法要正确:击球手法不同,发球性能就不一。如发旋转球,击球时要求全手掌包满球,手腕要有推压动作。发飘球时,手腕要能有推压动作,要用手掌击中球的中心,使球不旋转地向前飞行。

发球技术动作必须做到:

(1)站位距离固定:不论是选定何种距离的发球,如近、中、远距离,在每次发球时都必须站在相同的距离底线的位置上,这样,发球时只需考虑发出球角度的变化。

(2)抛球动作固定:每次抛球要力求固定在挥臂的轨迹上,即在球下降时能将球击出。

(3)挥臂轨迹固定:挥臂轨迹指手臂在挥动中的运行路线。发飘球是向前直挥,发旋转球则是手臂呈弧形向前挥击。

(4)击球手型固定:虽然发不同的球所采用的手型是不一样的,但每次发球手型都应固定,如发飘球要用手掌的坚硬平面击球,发旋转球需要带腕推压。

(5)击球部位固定:发不同性能的球,必须击准球的相应部位才能使作用力通过球体产生相应的效果。

总之,要想发好球,就必须注意上述"五固定"的要求,并考虑力量、速度、飘度、落点、变化等因素,同时将之与准确性、灵活性、多样性和独特性结合起来。

(二)常用发球动作方法分析(均以右手发球为例)

1.上手发飘球

这种发球由于发球队员面对球网站立,便于观察瞄准,故准确性较高,容易寻找对方的弱点。同时,由于发出的球在飞行过程中不产生旋转而不规则地向前飞行,从而造成对方接发球的困难。它是目前采用较多的一种发球技术。

(1)准备姿势:面对球网,两脚自然开立,左脚在前,左手托球于体前。

图 8-1　正面上手发飘球

(2)抛球:左手平稳而推腕地将球抛在体前右侧前上方,高度约 40~50 厘米。同时,右臂抬起,屈肘后引,略高于肩，上体稍后仰。五指并拢，指尖朝上，手腕稍后仰保持一定的紧张，注视球体。

(3)击球：右脚蹬地重心前移，以收腹、屈体迅速带动手臂的挥动。挥臂呈直线，在右肩前上方，用手掌的坚硬部位击球的后中下部。击球的力量要集中通过球的中心，使球不旋转地向前飞行。击球瞬间，手指微张，手型固定，不加推压动作。击球结束，手臂最好有突停动作。击球后，即可迅速入场。

要领：击球点靠前，挥臂呈直线，掌根击重心，抛球不旋转。

2. 勾手发飘球

勾手发飘球是常用的一种发球方法。发球队员由于侧对球网站立，可充分利用腰部扭转带动手臂加速挥击，比较省力，对肩关节负担较小，因而较适用于远距离发飘球和手臂力量较弱的女队员。发出的球同上手飘球一样是不规则地向前飘晃飞行。

(1)准备姿势：左肩在前对网侧站，两脚自然分开，左手持球于胸前，注视对方情况。

(2)抛球：左手用托送动作将球平稳地抛在左肩前上方约一臂的高度。

(3)击球：击球时，右脚蹬地，上体向左转动发力，带动手臂挥动，挥动时手臂伸直，在右肩的左上方，用掌根击球的中下部。抛球和击球动作要协调。在击球时手臂要突然加速发力。手臂在击球前的一段路程中保持直线运动，击球点稍靠左。击球的瞬间，五指并拢，手腕后仰并保持紧张。击到球时手臂挥击突停，作用力通过球体重心。击球后迅速入场。

图8-2　勾手发飘球

要领：抛球不宜高，抛击要协调，击球不屈腕，突停容易飘。

3. 上手大力发球

上手大力发球是比赛中男队员常用的一种发球方法，也是跳发球的基础。它利用转体、收腹动作带动手臂加速挥击，同时利用手腕的推压动作，使发出的球向前旋转飞行。

(1)准备姿势：队员面对球网，两脚自然开立，左脚在前，左手托球于身前。身体自然右转，这样就便于向左转体挥臂击球。

(2)挥臂击球：在左手抛球的同时，右臂抬起，屈肘后引，肘与肩平，上体稍向右转动，抬头，挺胸，展腹，身体重心移向左脚。击球时，利用蹬地，使上体向左转动，同时收腹，带动手臂挥动。鞭甩挥臂的顺序足以腰带肩，肩带上臂，上臂带前臂，前臂带手腕，最后将速度传递到手。在右肩上方伸直手臂用全手掌击球的中下部。击球时，手指自然张开与球吻合，手腕迅速主动做推压动作，使击出的球向前旋转飞行。击球后，随着身体重心前移迅速进场。

要领：抛球右肩前上方，高度离手约1米，转体收腹带挥臂，弧形鞭打加力量；全掌击球中下部推压向前旋。

4. 正面下手发球

下手发球在高水平队比赛中已不多见，但其动作简单、容易掌握、准确性高的特点，使其不仅是初学者常用的发球方法，也是教练员训练队员接发球的一种手段。下手发球包括正面下手发球、侧面下手发球、高吊球三种，由于其动作结构基本相同，这里只以正面下手发球为例分析。

(1)准备姿势：面对球网，两脚前后开立，左脚在前，右脚在后，两膝微屈，上体前倾，左手持球于腹前，右臂自然下垂，两眼注视球。

(2)抛球：左手将球在体前右侧抛起，高出手掌 20~30 厘米，在击球的同时右臂后摆。

(3)击球：右脚蹬地，身体重心前移，右臂伸直，随着击球动作身体重心前倾，迅速入场。

要领：抛球刚离手；直臂将球击，随球人入场。

图 8-3　正面下手发球

二、垫球

垫球是排球运动的基本技术之一，是用手臂从球的下部利用来球反弹力向上击球的技术动作。

垫球主要用于接发球、接扣球、拦回球，有时也用来组织进攻。接发球和接扔球是组织进攻的基础，是比赛中争取少失分、多得分、由被动转为主动的重要技术。只有接球到位，才能组成各种快速跑动的集体进攻战术，争取空间，赢得时间，突破拦网。接球失误不仅立即丢分、失权，而且接球失误队员的心理压力大，影响其他队员的技术发挥，二传得不到好球传，扣手得不到好球扣，使全队紧张、急躁、混乱。要使全队心理稳定，接好球是重要条件。垫球的动作结构简单，两臂一并，向上一抬，垫击动作就算完成。但要做到垫稳控制好落点不是容易的事。它不仅要求臂、肩、髋等部位的相互配合，而且要求移动灵活、取位正确、全身协调用力。因而在比赛中熟练地将垫球运用于接发球和接扣球有一定难度。

垫球技术按动作方法可以分为正面双手垫球、跨步垫球、体侧垫球、低姿垫球、背垫、单手垫球、侧卧垫球、鱼跃垫球以及挡球等。垫球技术按运用分类可分为接发球、接扔球、接拦回球、接其他球等。

(一)正面双手垫球

移动对正来球后，双手在前垫击叫正面双手垫球。正面双手垫球是最常用、最基本的垫球方法，是各项垫球技术的基础，适合于接各种发球、扣球和拦回球。比赛中有些困难球不能用上手做二传时，也可利用正面双手垫球组织进攻。

(1)准备姿势：两脚开立，稍比肩宽。在左半场及中场位置接球最好左脚在前，在右半场位置接球最好右脚在前，在中场接球也可采用内八字脚站位。两脚适当提前，双膝弯曲，上体自然前倾，全身放松，随时准备移动。

(2)垫球手型：两手掌根相靠，两手手指重叠合掌互握，两拇指平行，手腕稍下压，两臂外翻形成一个平面。

(3)击球部位：看准来球，两臂夹紧前伸插到球下，用前臂腕关节上方约 10 厘米左右的地方，也就是在两臂桡骨内侧形成的一个近似的平面击球的下部。

(4)击球动作:向前上方蹬地抬臂,迎击来球,使插、夹、抬、蹬连贯完成,灵活控制球的方向和力度。

(5)手臂角度:垫球手臂与地面所成的夹角,对控制球的方向、弧度、落点影响很大。一般来说,来球弧度高,手臂与地面所成的角度应该小些;来球弧度平,手臂与地面所成的角度应该大些。如果垫出的球弧度较平,距离较远,手臂与地面所成的角度要大些;如果垫出的球弧度较高,距离较近,夹角应小些。此外,垫击用力的大小与来球的力量成反比,与垫击的目标距离成正比,注意手臂的反面必须对着出球方向。

(6)要领:两臂夹紧插球下,抬臂送体腕下压;蹬腿跟腰前臂垫,轻球重球要变化。

图 8-4　正面双手垫球

(二)体侧垫球

比赛中对来球来不及用身体移动进行正面垫击时,往往采用切面垫击。

当球向接球队员的左侧飞来,右脚前掌内侧蹬地,左脚向左跨出一步,重心随即移到左脚上,左膝弯曲,同时两臂夹紧向左伸出,右肩微向下倾斜,用向右转腰和收腹动作,配合两臂自左后方向前截住球飞行的路线,用两前臂垫击球的后下部。切忌随球向左侧摆臂击球,这样容易把球蹭飞。当来球在体侧较高位时,两前臂靠拢,向侧方向截击来球。同时腰部转动配合两臂形成理想的击球反弹面,将球垫起。

图 8-5　体侧垫球

(三)背垫

背垫是指背向出球方向的垫球。采用背垫时,首先要有正确的场地概念,根据自己所处的位置,垫击的方向、距离和目标来决定用力的大小和出球的方向。其次是要迅速移动插到球下,双臂夹紧,选好击球点。击球点高,垫出的球弧度平,落点可远;击球点低,垫出的球弧度高。再次就是背垫部位要高于肩,用力时上体后仰,利用蹬地抬臂、挺胸展腹的力量,将球向后方垫出,并适当屈肘控制球的飞行路线。

图 8-6　背垫

(四)跨步垫球

如送球速度快、弧度较低,球离身体一步左右,来不及移动对正来球时,队员迅速向前或向侧跨一步垫球的动作叫跨步垫球。跨步垫球在比赛中运用广泛,可作向前跨步、向侧跨步,它是翻、前扑、鱼跃的动作基础。

跨步垫球时,看准来球的落点及时跨出一步,屈膝深蹲制动,重心落在跨出腿上,上体前倾,臀部下降,胸部尽量贴近大腿,后腿自然伸直或随重心前移而跟上。接近球的落点时,两臂前伸插入球下,等球下落接近地面时,用前臂和手腕部位击球的底部,将球向上垫起。

三、传球

传球是排球比赛中防守和反攻的衔接技术,它的好坏直接影响着战术配合质量,关系到扣球效果。其基本动作可分为正传、背传、侧传、跳传四种。四种传球主要用于二传,如顺网二传、背二传、侧二传、跳起二传、传快球、传平拉球等,也可用于其他传球,如一传、吊球和处理球等。

(一)正面双手传球

正面双手传球是传球中最基本的传球方法,两手手指控制球的面积大,手和全身动作容易协调配合,传球的准确性和稳定性也高,是掌握和运用其他各种传球方法的基础。

图 8-7　正面双手传球

(1)准备姿势:两脚左右开立比肩宽,一脚在前,两脚尖适当内收,脚跟稍提起,膝关节稍弯曲,上体伸直,重心向前,身体要稳定,抬头看球,双手自然抬起,置于脸前。

(2)迎球:当球下降近额前时,蹬地伸膝,伸臂,两手向前上方迎击送球。

(3)击球:击球点在额前上方约一个球的距离,这样便于看清传球的目标,有利于对准推球和控制传球方向。

(4)手型:当手触球时,两手自然张开成半球形,手指与球吻合,手腕稍后仰,以拇指、食指、中指托住球,中指托住球的后下部,手指手腕保持适当的微张,以承担球的压力。两拇指相对、接近。用拇指的内侧、食指的全部、中指的二三关节触球，无名指和小指在两侧辅助控制传球方向。

(5)用力：传球动作是全身协调用力。传球用力的顺序是：蹬地，伸膝，伸腰，伸肘，伸臂，手指手腕屈伸。最重要的是利用伸臂和手腕手指的紧张用力及球压在手指上产生的反弹力将球传出。要根据来球的速度、弧度、力量而适当地控制伸臂和手指的紧张程度，以加强或缓冲出球速度，控制好传球的弧度和距离，提高准确性，从而在瞬间控制球速和力量。

要领：额前迎击球，触球手张开，蹬地伸臂送，指腹缓冲弹。

图 8-8　传球手型

(二)背传

向后上方传球，称为背传。背传是传球基本方法之一。比赛中采用背传可以变化传球路线、迷惑对方，组成多变的战术配合。

(1)迎球：双手上举，挺胸，掌心稍向上，手腕稍后仰。

(2)击球点：保持在额头上方。

(3)手型：与正面传球相同，拇指托球的后下部。

(4)用力：利用蹬地、上体后仰、挺胸、抬臂及手腕手指的弹力将球向身体后上方传出。

图 8-9　背传

(三)侧传

身体不转动，主要靠双掌向侧方伸展的传球动作叫侧传。侧传有一定隐蔽性。侧传的准备姿势、迎球动作与正面传球相同，击球点保持在脸前或稍偏于出球方向一侧。传球手型与正面传球相同但偏向出球一侧的手臂要低一些，另一边则要高一些。用力时，蹬地后上体要向出球方向倾斜，双臂向传出一侧用力伸展，异侧手臂动作幅度较大，伸展较快。

图 8-10　侧传

(四)跳传

跳起在空中做传球动作叫跳传。跳传有原地跳、助跑跳、双足跳、单足跳等。起跳最好是向上垂直起跳，不宜向前或向后冲跳。起跳的关键是掌握好起跳时机，起跳过早或过晚都会影响传球质量。

起跳在空中后，双臂上摆，身体在空中保持平衡。当身体上升到最高点时，靠伸臂动作和手腕手指的弹力将球传出。

四、扣球

扣球是排球运动重要的基本技术之一。由于扣球时充分利用全身力量和快速挥臂，使扣出的球又快又猛，从而造成对方接球失误，所以它是排球比赛中得分最有效的进攻手段之一。

随着排球比赛网上争夺激烈程度的增加，扣球技术也在不断变化和发展。如20世纪50年代直体扣球、屈体扣球、勾手扣球、近体快球，曾风靡一时。20世纪60年代，平拉开扣球、夹塞扣球，以及各种战术配合，突破了拦网封锁。20世纪70年代，短平快、背溜、时间差、前飞、背飞、拉三、拉四等扣球使人眼花缭乱。20世纪80年代，进攻方式变化多，向着点多、面宽的纵深方向发展。20世纪90年代，后排进攻成为世界强队重要的进攻手段。

正面扣球技术基本动作方法分析（以右手扣球为例）

正面扣球由于面对球网，便于观察，能根据对方拦防情况，随时改变扣球路线和力量，挥臂动作灵活，准确性高，便于控制球的落点，是最基本和最有效的进攻方法，也是各种扣球技术的基础。强攻、快攻、后排攻、近网、远网、调整攻及各种战术进攻的扣球都是在正面扣球基础上演变生成的。

图8-11　正面扣球

1. 准备姿势

一般站在距离球网3米左右地方，两臂自然下垂，稍蹲，脚步不要站死，眼睛观察来球，做好助跑起动的准备。

2. 助跑

助跑的方向、速度和步伐根据二传来球的方向、速度和弧度决定。助跑步法力求灵活、适应性强，根据二传球情况和个人特点确定采用一步、两步、三步或多步助跑。两步助跑时，先左脚放松而自然地向起跳方向迈出第一步，紧接着跨出右脚，支撑点落在身体重心之前。并以脚跟先着地，两臂由体前经体侧摆至体后下方，上体前倾，重心前移。着地的右脚迅速由脚跟过渡到脚掌，同时左脚随即在右脚的前方着地，身体重心下降，两膝弯曲，上体稍向右转、准备起跳。三步助跑则在两步助跑之前，右脚迈出一步，步幅要比第二步小些。助跑总的要求是连贯、轻松、自然，由慢到快，由小到大，只要脚一动就要有相应的手臂协同动作。

3. 起跳

助跑最后一步脚的落地就是起跳的开始，常用的起跳方法有两种：一是并步法，即一脚跨出后，另一脚迅速向前并步，落于该脚之前，随即蹬地起跳；二是跨跳法，即一脚跨出的同时，另一脚也跨跳出去，使两脚有一腾空阶段，两脚几乎同时着地和蹬地。前者便于稳定重心，适应性强；后者蹬踏力量大，可增加反作用力，有利于增加弹跳高度。不论用哪种方法起跳，当踏跳脚着地的瞬间，手臂摆至身体侧后方并开始向前摆动，当两腿弯曲至最深时，手臂摆至体侧，而后随蹬直两腿迅速上摆，两脚迅速趴地，双膝猛伸，向上跳起。

图 8-12　跨步起跳

4. 空中击球

起跳后，挺胸展腹，上体稍向右转，右臂向上方抬起，身体成反弓形。挥臂时，以迅速转体、收腰动作发力，依次带动肩、肘、腕各关节成鞭打动作向前上方弧形挥动，在右肩前上方最高点击球。击球时，拉肩、伸臂，五指微张呈勺形，以手掌包满球，击中球的后中部，力量通过球中心，手腕有推压动作，使球向前下方旋转飞行。

5. 落地

空中完成击球动作后，身体自然下落，尽量用双脚的前脚掌先着地，以缓冲身体与地面的撞击力，落下时保持平衡，以便落地后能及时完成下一个动作。

五、拦网

拦网是防守的第一道防线和得分的重要手段。拦网不仅可以拦死、拦回、拦起对方的扣球，还可削弱对方进攻的锐气，动摇攻手信心。在高水平的比赛中，拦网的好坏直接影响着比赛的胜负。

随着排球运动的发展及比赛规则的变化，拦网技术得到不断发展和变化。20 世纪 50 年代，由于规则规定不允许手过网拦网，因而人们只能采用手后仰拦网，当时的拦网仅是一项防御技术。1965 年规则允许拦网时手过网击球后，拦网从单纯防御的被动性质变为防攻结合的技术，伸手过网拦网，手腕下压的“盖帽式”拦网技术产生。20 世纪 70 年代以后，随着排球运动员身高增长和弹跳力的增强，队员可以把肘关节以上的手臂伸到对方场地上空进行拦击，这被形容为“屋檐式”拦网。当前，为了跟上进攻速度的变化，要求拦网人移动快、起跳快，能连续跳跃、空中拦跳跃，空中拦击手型能根据扣球情况灵活变化。

初学者总认为拦网技术简单，实际上拦网是一项比较复杂的技术，因为它的特点是拦网队员要在短短的瞬间从防守转为进攻，从被动转为主动，而这些都要在空中完成，所以难度较大，这就要求拦网要积极主动，判断准、起动快、跳得高、下手狠。

尽管扣球技术复杂多样，但拦网技术较为单一，只是参加拦网人数有单人和集体之分而已。

拦网技术动作包括准备姿势、移动、起跳、空中击球和落地5个互相衔接的部分。

(一)准备姿势

面对球网，密切注视着对方动向。两脚平行开立，约同肩宽，两膝稍屈，两手自然弯曲置于胸前。身材高大的队员双手可上举过头，随时准备起跳或移动。

(二)移动

根据不同情况可灵活运用并步、跨步、滑步、交叉步、跑步等各种移动步法，将身体重心移动到拦网位置，准备起跳。

(三)起跳

移动后立即制动，使身体正对球网后起跳，或在起跳过程中在空中使身体转向球网。如是原地起跳则从拦网准备姿势开始，两脚用力蹬地，两臂在体侧划小弧用力上摆，带动身体向上垂直起跳。起跳时膝关节的弯曲深度可因人而异，可因来球不同而异，但腰、膝、踝关节的形成角度大体上各为90°、100°～110°、80°～90°为宜。

(四)空中击球

起跳后稍收腹，控制平衡。同时，两手从额前贴近并平行向网上沿前上方伸出，两臂伸直，两肩尽量上提。拦击时，两手尽量伸向对方上空，接近球，两手自然张开，屈指屈腕呈勺形。当手触球时，两手要突然抖腕，用力压住球。拦击时根据对方扣球线路变化，两手在空中向球变线方向伸出，外侧手掌心在拦击球时内转包球。

(五)落地

拦网后自然落回地面，落地时屈膝缓冲。落地后准备做下一动作。

图8-13　拦网

第三节　排球运动基本战术

排球战术是指运动员在比赛中，根据排球竞赛规则和排球运动规律、比赛双方的具体情况和临场变化，合理运用个人技术及集体配合所采取的有意识、有组织的行动。排球战术包括个人战术和集体战术两大类。

一、阵容配备

阵容配备是指比赛时场上人员的搭配布量，是参赛队根据比赛的任务、本队战术组织的特点及队员的身体情况，有针对性、合理地安排出场队员及位置分工，调配力量，科学地组织人员的筹划过程。

(一)阵容配备的目的

阵容配备的目的是合理地把全队的力量搭配好,有效地发挥每一个队员的特长和作用。为此,在组织阵容时,应该根据队员的身体素质、技术水平合理安排他在阵容中的位置,把进攻力量强的和防守技术好的队员搭配开,使每一轮次都有较强的进攻能力和较好的防守能力;主攻手、副攻手和二传手分别安插在对称的位置上,以便在轮转时保持比较均匀的攻防力量;根据战术需要和队员间默契程度,把平时配合较好的进攻队员和二传队员安排在相邻的位置上;扣球好的主攻手一开始站在最有利的位置上,如 4 号位;防守好的队员,应站在后排;本方有发球权时,发球技术好的队员最好站在 1 号位;发球权在对方时,发球技术好的队员可站在 2 号位,一传水平较差的队员尽可能不要安排在相邻的位置上,避免形成薄弱区域。

(二)阵容配备方法

1.“四二”配备

场上两个二传手、四个攻手(其中两个主攻手、两个副攻手),安排在对称的位置上,称为“四二”配备。每一轮次前排都有一个二传队员和两个进攻队员,便于组织前排二传传球的两点进攻和后排二传插上传球的三点进攻。但每一个进攻队员都必须熟悉两个二传队员的传球特点,配合比较困难。

2.“五一”配备

场上一个二传队员,五个进攻队员,称为“五一”配备。为了弥补有时主要二传队员来不及传球所出现的被动局面,通常在二传队员的对角位置上,配备一名有进攻能力的接应二传队员。二传队员在前排时采用两点进攻,二传队员在后排时采用进攻和拦网的战术。“五一”配备中,全队进攻队员只需适应一名二传队员传球的习惯、特点,容易建立配合间的默契。但防守时,二传队员如果在后排,要插上传球,难度较大。

3.“三三”配备

三名能攻的队员与三名能传的队员间隔站位,使每一轮次都有传有扣,称为“三三”配备。这是初学者常用的阵容配备。

二、位置互换

规则规定,发球以后,队员在场上可任意交换位置。利用这一规则,各队通常采用专位进攻、专位防守的方法。一般来说,在前排的,主攻队员换在 4 号位,拦网好、移动快、连续起跳能力强的副攻队员换到 3 号位,二传队员换到 2 号位;在后排的,主攻队员换到 5 号位,副攻队员换到 6 号位,二传队员换到 1 号位。这种位置交换,使队员专位化,便于发挥每个队员的特长,有利于让队员集中学习、掌握某项实用技术。但专位化也容易造成队员技术的不全面。

换位时应注意:换位前,应按规则的要求站位,防止因“位置错误”犯规;发球队员击球后,立即迅速换到预定位置;对方发球时,应首先准备接球,然后再换位,以免影响接发球;本方发球时换位队员应面向对方场区,观察对方动态;成死球后,应立即返回原位,及早做好下一个球的准备。

三、进攻战术

进攻战术是指在接对方发过来、扣过来、拦过来、传过来、垫过来的球后,全队所采取的有目的、有组织的配合进攻行动。进攻战术又可分为进攻战术阵型和进攻战术打法两种。

(一)进攻战术阵型

进攻战术阵型即进攻时采取的队形。进攻时所采用的阵型是基本一致的,主要有“中一二”“边一二”“插上”三种。

(1)“中一二”进攻战术阵型。它指 3 号位队员作二传,将球传给 4、2 号位队员进攻的组织形式。其优点是:一传向网中3号位垫球比较容易,因而有利于组织进攻,适合初学者采用;二传队员在网前接应一传的移动距离近,向2、4号位传球的距离较短,容易传准。缺点是战术变化少,对方容易识破进攻意图。

(2)"边一二"进攻战术阵型。它指2号位队员作二传,将球传给3、4号位队员进攻的组织形式。其优点是右手扣球者在此3、4号位扣球比较顺手,战术变化较多。缺点是向2号位垫球距离较远,二传队员传球较为困难。

(3)"插上"进攻战术阵型。它指二传队员由后排插上前排作二传,把球传给前排4、3、2号位队员进攻的组织形式。其优点是能保持前排三点进攻,战术配合变化多,并能利用网的全长组织进攻。缺点是对插上的二传队员的要求较高。

(二)进攻战术打法

进攻战术打法是指二传队员与扣球队员之间所组织的各种进攻配合,包括强攻、快攻和两次球进攻三种基本打法。每种打法中又有若干不同战术配合。而所有这些打法又都可以在"中一二""边一二"和"插上"三种进攻战术阵型中具体运用。

(1)强攻。强攻是指在没有同伴掩护、对方有准备的拦防情况下,强行突破的进攻。强攻的二传球较高,根据不同的二传球位置,可以分为集中进攻、拉开进攻、围绕进攻、调整进攻等,后排队员的高球进攻也属于强攻的打法。

(2)快攻。快攻是指扣二传传出的各种平快球,以及用这些平快球作掩护所组成的各种战术配合。可以分为平快球进攻、自我掩护进攻、快球掩护进攻三类。平快球进攻常用的有前快、背快、短平快、平拉开、背溜、调整快、远网、后排快、单向起跳快等。自我掩护进攻包括时间差、位置差、空间差的进攻。快球掩护进攻包括各种交叉进攻、夹塞进攻、梯次进攻、前排快攻掩后排进攻的本位进攻等。

(3)两次球进攻。两次球进攻是指一传来球较高,又在网前适合扣球的位置上,前排队员跳起来直接进行扣球,如遇拦网,就在空中改作二传,把球转移给其他前排队员进攻。

四、防守战术

排球运动的防守战术是组织进攻或反攻战术的基础,没有严密的防守,进攻就无从组织。而一切防守战术都应从积极为进攻和反攻创造条件的角度进行设计和考虑。

(一)接发球的防守战术

当对方发球时,本方处于防守地位,这也是组织第一次进攻的开始。事先站好位置、摆好阵型是接好发球的基础。站位的阵型不仅要有利于接球,也要有利于本方所采用的进攻战术。同时还要根据对方发球的特点,采取不同的阵型。通常采用五人接发球和四人接发球。

(二)接扣球的防守战术

接扣球的防守与组织反攻是密不可分的,只有防守成功才能富有成效地反攻。接扣球的防守战术是前排拦网与后排防守的整体配合,根据对方进攻情况、本队队员特长、防守后的反攻打法,一般可分为不拦网、单人拦网、双人拦网和三人拦网的防守阵型。

(1)不拦网的防守阵型。在对方进攻较弱、没有必要进行拦网时,可以采用不拦网的防守阵型。这种阵型与五人接发球站位阵型相似,前排进攻队员要撤到进攻线后,准备防守和防守后的反攻,后排队员后退,准备防后场球;二传队员留在网前,准备接吊到网前的球和组织进攻。

(2)单人拦网的防守阵型。当对方扣球威胁不大、扣球路线变化不多时,可以采用单人拦网的防守阵型。拦网队员拦扣球人的主要进攻路线,不拦网队员及时后撤防守前区或保护拦网人,后排队员后撤加强后场防守。

(3)双人拦网的防守阵型。当对方水平较高、进攻力量较强、进攻路线变化较多时，多采用这种防守阵型，即两人拦网、四人接球。通常分为“边跟进”和“心跟进”两种。

①“边跟进”。多在对方进攻较强、吊球较少时采用。当对方4号位队员进攻时，本方2、3号位队员拦网，其他4个队员组成半圆弧形防守。如遇对方吊前区，由边上1号位队员跟进防守。其特点是加强了拦网；其缺点是边上的队员又要防直线，又要跟进防前区，比较困难。

②“心跟进”。在本方拦网能力强、对方采取打吊结合时采用。当对方4号位队员进攻时，本方2、3号5个队员拦网，后排中的6号位队员在本方拦网时跟在拦网队员之后进行保护，其余3名队员组成后排弧形防守。其优点是加强了前区的防守能力，缺点是后排防守队员之间的空当较大。

(4)三人拦网的防守阵型。在对方主要扣球手进攻实力很强、不善吊球的情况下可采用三人拦网、三人后排接球的防守阵型。这种阵型加强了网上力量，但后防的空隙也相对增大。三人拦网时，后排防守的6号位队员既可以跟进到进攻线附近保护，也可以退至端线附近防守。

(三)接拦回球的防守战术

本方扣球时必须加强保护，积极防起被拦回来的球，并及时组织继续进攻。由于拦网人可以将手伸过网拦网，拦回的球通常速度快、角度小，因而接拦回球的保护阵型应形成多道防线的弧形状，且第一道防线紧跟在扣球人身后。以本方4号位队员进攻，其他5人保护为例，5号位队员向前移动和向左后方移动的3号位队员形成第一道防线，1号位队员保护后场，为第三道防线。其他位置进攻时，也可按同样道理布阵。

(四)接传、垫球的防守战术

当对方无法组织进攻，被迫用传、垫球将球击入本方时，本方的防守便称为接传、垫球的防守。这种情况在初学者中出现较多。由于来球的攻击性小，本方的防守阵型与不拦网情况下的防守阵型相同，即前排除二传队员外，其他队员都迅速后撤到各自的位置上，准备接球后组织进攻。需要注意的是，在后撤和换位过程中，动作要迅速并随时做好接球的准备。

五、攻防转换

在排球比赛中，攻与防是密切联系、相互转换、连续进行的。这不仅在于排球技术本身具有攻与防的双重含义，还由于全攻全守、攻防兼备是当前排球运动的发展趋势。正在进攻的一方，必须同时注意防守；处于防守的一方，必须随时准备反攻。在进攻与防守的转换中，如果准备不充分、动作不连贯，一味进攻，就可能贻误战机、招致失败。因此在进攻时要准备防守，在防守时要想到进攻。同时，在阵容部署上也要有相应的措施和方法。

(一)由进攻转入防守

当球扣入对方场区后，进攻的一方应立即转入防守状态。当球扣过网或二传不慎传球过网时，前排队员应迅速靠网前站位，准备拦网；后排队员应上前保护扣球，迅速退守原位，准备防守。其阵型常有“三一二”站法和“三二一”站法。前者适合于“心跟进”防守阵型，后者适合于“边跟进”防守阵型。

(二)由防守转入进攻

当对方扔球过网后，防守一方在防守的一刹那就转入了进攻。这是由于后排队员在防守来球时，必须根据本队所采用的进攻战术，有目的地将球垫起到预定目标，并根据保护扣球的部署，立即跟进保护前排队员进攻。前排参加拦网的队员，在完成拦网动作之后，必须立即转身或后撤，准备接应或反攻扣球。前排未参加拦网的队员，在后撤防守之后，转入接应或反攻扣球。

第四节　排球比赛基本规则

排球比赛是由两个队(各6名球员)在长18米、宽9米的球场上进行的比赛。球场由中线分隔为两部分,中线上方悬挂一定高度的球网。球员以适当的传接方法将球由网上击过,以落入对方场内为目标。球员人数为每队12名队员,其中一人登记为自由防守球员。每次上场比赛6人。

球网为黑色,宽1米,架设在中线的中心线的垂直面上。球网上沿缝有5米的双层白帆布带。用一根柔韧的钢丝从中穿过,将球网固定在网柱上。球网的高度,男子为2.43米,女子为2.24米。应用量尺在场地中间丈量球网高度。场地中间的高度必须符合规定网高,两条边线上空的网高必须相等,并不得超过规定网高2厘米。

网柱应为两根高2.55米的光滑圆柱,最好能够调节高度。网柱固定在边线外0.5~1米处。禁止使用拉链固定网柱。一切危险设施或障碍物都必须排除。

标志带是两条宽为5米、长1米的白色带子,分别系在球网两端,垂直于边线。标志带被认为是球网的一部分。

标志杆是两根有韧性的杆子,长1.80米,直径1厘米,由玻璃纤维或类似质料制成,分别设在标志带外沿球网的一侧。标志杆应高出球网80厘米,高出部分每10米应涂有对比明显的颜色,最好是红白相间。标志杆被认为是球网的一部分,并视为过网区的边界。

比赛用球应是国际排联批准的多色球,圆周为65~67厘米,重量为260~280克,气压为0.30~0.325千克/平方厘米。国际比赛所用的球必须是国际排联批准的用球。为缩短比赛时间,正式比赛均采用三球制。为此,一场比赛所用的三个球的牌号、圆周、重量、颜色、气压等必须统一。

一、胜一分、胜一局和胜一场

比赛采用每球得分制,胜一球即得一分。

比赛的前4局以先得25分并同时超出对方2分的队为胜一局。当比分为24∶24时,比赛继续进行至某队领先2分为胜一局。决胜局以先得15分,并同时超出对方2分的队获胜。当比分为14∶14时,比赛继续进行至某队领先2分为止。正式比赛采用五局三胜制。

二、关于“自由防守队员”的规定

(1)可从各队登记在记分表上的12名队员中,选择一名运动员为自由防守队员(以下简称“自由人”),并在其姓名旁注上,其号码与首先上场的6名队员一样,也必须登记在第一局的位置表上。

(2)自由人必须穿着与其他队员不同颜色(或不同式样)的上衣。

(3)自由人可以在比赛中断和裁判员鸣哨发球前,从进攻线和端线之间的边线处自由进出,换下后排任一队员,不需经过换人过程,也不记在正常换人次数内,其上下次数不限,但在其上下两次之间必须经过一次发球比赛过程。

(4)自由人不得发球、拦网和试图拦网。

(5)自由人在任何地区(包括比赛场区外无障碍区)都不得将高过于球网上沿的球直接击入对方场区。

(6)自由人在前场区及前场区外无障碍区进行上手传球,当传出的球的整体高于球网上沿时,其他队员不得进行进攻性击球。当他在后场区及后场区外无障碍区上手传出高于球网上沿的球时,其他队员可以进行进攻性击球。

(7)自由人受伤,经裁判员允许可由登记在记分表上的任一队员替换,受伤的自由人在这场比赛中不得再参加比赛。替换受伤自由人的队员在这场比赛中仅限于以自由人的身份参加比赛。

三、关于发球犯规与判罚

(一)发球击球时的犯规

(1)发球次序错误的处理。

①队员恢复到正确位置。

②如果在发球次序错误中没有造成得分则判失一分。

③记录员必须准确地确定发球次序错误从何时发生,从而取消发球次序错误中所得的所有分数,再判罚失一分,对方得分仍然有效。

④如已得分,而又不能确定其发球次序错误从何时发生,则仅给予失一分的判罚。

(2)发球区外发球。发球区外发球犯规由第一裁判员及负责端线的司线员共同负责判定,判犯规队失一分。

(3)发球击球时球未抛起或持球手未撤离,判断时主要看击球时球是否清楚地离手。由第一裁判员判定,判犯规队失一分。

(4)发球8秒犯规。第一裁判员鸣哨发球后8秒内,发球队员未将球击出,为发球8秒犯规。由第一裁判员负责判定,判犯规队失一分,换由对方发球。

(二)发球后的犯规

(1)发出的球触及发球队队员或未能通过球网垂直面。由第一裁判员判定,判犯规队失一分。

(2)界外球。界外球包括:

①球的落点完全在场区界线以外的地面上。

②球触及场外物体、天花板或非比赛成员等。

③球触及标志物、网绳、网柱或球网标志杆以外部分。

④发球时或球进入对方场区时,球的整体或部分从过网区以外过网。

(三)发球掩护

任何一名发球队的队员,以挥臂、跳跃或左右晃动等动作妨碍对方接发球,而且发出的球从他的上空飞过,则构成个人掩护。发球队有两名或更多队员密集站立遮挡发球队员,而且发出的球从他们的上空飞过,则构成集体掩护。

判断发球掩护的要点是发球的队是否形成屏障,掩护发球。发球掩护犯规由第一裁判员判定,一分换对方发球。

(四)位置错误

发球击球瞬间,双方任何一名队员不在规则规定的位置上,则构成位置错误犯规。

判断位置错误必须明确以下几点:

(1)位置错误犯规只在发球击球瞬间才有可能造成,发球击球后,两队队员可在本场区任意移动或交换位置,不受任何限制。

(2)队员的场上位置应根据脚的着地部位来确定。判断位置错误由第一、第二裁判员共同负责。第一裁判员分工负责判断发球一方队员的位置错误,第二裁判员分工负责判断接发球一方队员的位置错误。位置错误的队被判罚失一分,队员恢复正常位置。

当发球队员击球时的犯规与对方位置错误同时发生,则发球犯规被认为在先而被判罚。如果发球队员是在击球后犯规，则位置错误在先，判位置错误犯规。

(3)第一裁判员一定要注意观察运动员身体与球接触时的状况，不受运动员击球前或击球后身体姿势或位置的影响。因为规则在允许上手传球的同时也允许身体任何部位击球。

四、连击犯规

一名队员连续击球两次或球连续触及身体的不同部位为连击犯规(拦网一次和第一次击球时除外)。在判断连击犯规时应注意以下几点：

(1)在第一次击球时，允许身体不同部位在同一击球动作中连续触球，不判连击。第一次击球指的是接发球，接所有从对方击过来的球，接对方拦回的球，接本方队员拦网后的球。

(2)在第二、第三次击球时，仍应注意判断连击犯规。

(3)在判断连击犯规时要排除：在拦网这一动作中，球可以迅速而连续触及一名或更多的拦网队员。拦网后，即使是拦网触过球的队员仍可再做一次击球。

(4)判断连续犯规也应以视觉判断为主，看清击球一瞬间是否造成连击犯规，不考虑击球前后的动作。

五、击球时的犯规

(一)四次击球

一个队连续触球4次(拦网一次除外)为四次击球犯规，即不论是队员主动击球还是被动击球，均算作该队员击球一次。当同队的2名(或3名)队员同时触球时，被记作2次或3次击球(拦网除外)。如只有1名队员触球，则只记一次击球。

(二)持球

规则规定：球必须击出，不得接住或抛出，击出的球可以向任何方向弹出。在判断时必须注意以下几点：

(1)必须清楚击球与持球之间的区别。击球是一个单一动作，而持球犯规先是使球停滞再将球抛出。

(2)进攻性击球时，吊球是允许的，但触球必须清楚，有推压动作，并且不得用手改变球的方向。

(3)运动员在拦网时有推、扔、携带等动作，裁判员必须判其“持球”。

(三)借助击球

队员在比赛场地以内借助同伴或任何物体的支持进行击球，为借助击球犯规。判断时要注意区分：一名队员可拉住或挡住另一名即将造成犯规的同队队员(如将要触网或过中线等)；队员击球后拉住或触及网柱、挡板等也不犯规。

上述击球时的各种犯规均由第一裁判员负责判定。当第一裁判员出现明显漏判时，第二裁判员可以用手势示意，但不能鸣哨，也不得坚持自己的判断，各种击球犯规的队均判失一分。

六、队员在球网附近的犯规

(一)过网击球

对方进行进攻性击球前或击球时，在对方空间触及球为过网击球犯规。判断过网击球犯规的依据是击球点是否在对方场区空间。如果击球点尚在本方场区上空，击球后手随球过网则不判犯规。

过网击球犯规由第一裁判员负责判断。当第一裁判员明显漏判时，第二裁判员可用手势示意，但不得鸣哨，也不得坚持自己的判断。过网击球的队被判失一分。

(二)过中线

比赛进行中，队员两只脚或身体其他任何部分越过中线并接触对方场区时，为过中线犯规。判断时必须注意区分以下情况：如果队员一只脚或两只脚、一只手或双手越过中线触及对方场区的同时，其余部分还接触中线或置于中线上空是允许的，不判为犯规。

过中线犯规由第二裁判员负责判定，发现犯规后应立即鸣哨，做出手势。第一裁判员同样有权判定，应判犯规队失一分。

（三）触网

比赛进行中，任何队员触球网、标志杆、标志带均为触网犯规。但队员未试图进行击球的情况下偶然触网，不判为犯规。试图击球触网，包括一次进攻行动中的参与成员和掩护者。队员击球后，在不影响比赛进行的情况下，可以触及网柱、网绳或网全长之外的任何其他物体。判断触网犯规时应注意区别主动触网与被动触网，由于球被击入球网而造成球网触及队员，属被动触网，不应判触网犯规。判断时还应注意分清先成死球还是先触网。

触网犯规由第一裁判员分工负责观察进攻一方及双方队员网上沿有无犯规。第二裁判员分工观察拦网一方及双方队员网上沿以下部分有无犯规。犯规队被判失一分。

（四）进入对方无障碍区的球

规则规定球的整体或部分从过网区以外进入对方无障碍区，队员在不进入对方场区的情况下，将球从同侧过网区以外击回是允许的。在击球时，对方队员不得阻碍。由第一、第二裁判员与同侧司线员共同负责判断。

七、拦网犯规

（1）过网拦网。在对方进攻性击球前或击球时拦网犯规。

（2）后排队员拦网。后排队员靠近球网，将手伸向高于球网处阻拦对方来球，并触及球，为后排队员拦网犯规。判断后排队员拦网犯规必须同时具备三个条件：第一，后排队员在靠近球网处。第二，手在高于球网上沿处阻拦对方来球。第三，触及了球。

判断时应注意以下几点：

①当后排队员参加集体拦网时，只要具备上述三个条件中的第一、二两条，虽本人未触球，但只要集体拦网成员中的任何一名队员触及了球，即被认为参加集体拦网的队员都触及了球，因此也应判后排队员拦网犯规。

②后排队员在球网附近，低于球网上沿处触及了对方来球，由于缺少一个条件，不能判为后排队员拦网犯规，但这次触球是该队三次击球中的第一次，即该队还可以击球两次。还必须注意，既然后排队员的该次触球不认为是拦网，因此不允许该队员连续击球。

（3）拦发球。拦对方发过来的球为拦发球犯规。只要队员在球网附近，高于球网上沿阻拦对方发过来的球，不论拦起、拦死，只要触球即为犯规。

（4）从标志杆外将手伸入对方空间拦网并触球为犯规。

八、进攻性击球犯规

（一）后排队员进攻性击球犯规

后排队员在前场区内，或踏及进攻线及其延长线，击整体高于球网上沿水平面的球，并使球的整体由过网区通过球网垂直面或触及对方拦网队员，则为后排队员进攻性击球犯规。判断后排进攻性击球犯规必须同时具备三个条件：

（1）后排队员在前场区内，或踏及进攻线及其延长线。

（2）击球时整个球体高于球网上沿。

（3）完成进攻性击球，即击出的球整体由过网区通过球网的垂直面，或触及对方拦网队员的手。裁判员必须熟悉双方球队的阵容,对后排插上队员及善于后排进攻的队员要特别注意。

后排队员进攻性击球犯规,由第一、第二裁判员共同负责判断。第二裁判员发现犯规应立即鸣哨,并做出手势,判犯规队失一分。

(二)后排队员扣发球犯规

后排队员在前场区对发过来的并且整体高于球网的球,完成进攻性击球(如扣发球、吊发球等)为犯规。但在后场区起跳,击球后仍在后场区落地不犯规。

九、不符合规定的请求间断

(一)超过规定次数请求普通暂停

规则规定第1~4局,每局有两次技术暂停,各为60秒,每当领先队达到8分或16分时自动执行。每个比赛每队还有两次机会请求30秒的普通暂停。决胜局无技术暂停,每队在该局可请求两次30秒的普通暂停。如超过规定次数请求普通暂停属不符合规定的请求间断。

(二)超过规定次数要求换人

规则规定每局比赛中,每队最多允许请求6人次换人。一名队员上场,一名队员下场为一人次换人。每队超过规定次数请求换人,属不符合规定的请求间断。

(三)同一队未经比赛过程再次请求替换

规则规定在同一次请求换人时,可以换两名或更多的队员,但教练员必须在提出请求换人时,以手势表明换人的人次,替换时队员应一上一下地对应进行。若请求替换时,未表明请求替换的人次,则只允许替换一人次。同一队未经比赛过程不得连续提出换人请求。即甲队请求替换后,乙队请求暂停或替换,随后甲队又再次请求替换,即不符合规定。

(四)无权"请求"的成员提出请求

规则规定只有教练员和场上队长可以用相应的手势请求间断,其他队员无权提出请求。

(五)在比赛进行中,裁判员鸣哨发球的同时或之后提出请求

规则规定只有当比赛成死球时,裁判员鸣哨发球之前可以请求间断。

对以上各项不符合规定的请求间断,只要没有影响和延误比赛,应予以拒绝,而不进行判罚,但在同一局中不能再次提出不符合规定的请求。

十、延误比赛

(1)同一局中再次提出不符合规定的请求要给予"延误警告"的判罚,第一裁判员出示黄牌。

(2)换人延误时间。教练员或场上队长请求换人前,准备上场的队员应做好一切准备(脱好外衣裤,拿好换人牌等),在教练员附近球队席上坐着等候。教练员一按电讯号、做出换人手势时,上场队员应立即跑向换人区。准备上场的队员未按上述要求做好一切准备,则判该队延误时间,给予"延误警告"并不准予替换。

(3)拖延暂停时间。暂停时间到后,裁判员鸣哨继续比赛。若某队拖延时间不迅速恢复比赛,应给予"延误警告"。

(4)场上队员拖延比赛。场上队员请求系鞋带、擦地板,场上队长向裁判员持续询问,队员不去发球区发球等均为延误比赛继续进行,应给予"延误警告"。

(5)请求不合法的替换。规则规定每次比赛中,主力队员可以换下场和再次上场,但再上场时只能换原来替换他的替补队员。替补队员只可以替换主力队员上场比赛一次,再由该主力队员替换他下场。凡不符合上述规定的替换为不合法替换。

“延误警告”是给全队的，同一场比赛中同队队员再次延误比赛，则给予“延误判罚”，由第一裁判员出示红牌，判犯规队失一分。

十一、不良行为

球队成员对裁判员、对方队员、同队队员或观众的不良行为，根据冒犯程度可分为三类：

(1)粗鲁行为。违背道德原则和文明举止。

(2)冒犯行为。诽谤、侮辱的言语或形态。

(3)侵犯行为。人身侵犯或企图侵犯。

第二裁判员发现不良行为应及时报告第一裁判员。第一裁判员根据不良行为的程度，按判罚等级表的规定，分别给予“警告”“判罚”“判罚出场”“取消比赛资格”等判罚。

第五节　排球运动专项训练

一、排球运动基本技术训练方法

(一)发球技术的训练方法

(1)徒手试作。教师站在发球区内作示范，突出抛球、击球手法和击球部位的讲解，让学生理解技术关键。学生按照动作方法要领做徒手模仿练习，或做击固定球练习。

(2)抛球练习。左手持球练习向上抛起(掌心向上，平稳抛起，球不旋转)。根据发球的性能，抛球的高度和落点要合适。

(3)抛击配合练习。近距离对墙发球，体会发球时抛球与击球的配合。

(4)上网发球。学生两人一组隔网对发，距离由近到远，直至发球区内。体会击球用力和动作连续性。

(二)接发球技术的训练方法

(1)徒手试作。学生先做原地垫击模仿动作，然后做徒手移动后垫击模仿动作。强调身体重心移动，蹬地抬臂协调用力，做好步法与手法的配合。

(2)垫固定球。一人双手持球于腹前，另一人原地或移动后用垫球动作击球，体会手臂触球部位和全身协调用力。

(3)两人一组，一抛一垫。两人距离由近到远。先是一人抛，一人原地垫，然后是一人抛，一人移动垫。要求抛球落点准确、角度适当；垫球者移动对准球，采用正面垫击。抛球弧度逐步降低，速度逐渐加快，难度慢慢加大。

(4)对墙连续自垫。对墙垫时，要求手臂角度固定，用力适当，控制球的高度，用蹬腿动作发力，注意身体协调用力。

(5)转换方向垫。三人一组成三角形，一人抛球，一人变方向垫球，剩下一人接球或传球给抛球者，循环往复。

(6)二人相距7~8米，一发一垫。

(7)三人一组相隔10米以上，一发一垫一调，做若干次即轮转。让接发球人体会垫球时出球方向的改变。

(8)结合场地做接发球练习。接发球者成纵队站在6、5或1号位轮流接对方中场发过来的球，然后接对方从发球区发过来的球，提高接发球出球的方向性和对出球落点的控制能力。

(三)传球技术的训练方法

(1)徒手模仿传球动作。学生做好准备姿势,蹬地、伸臂,模仿传球推击动作,领悟动作过程。

(2)体会击球点与手型。学生每人一球按照传球的击球点与手型,摆在额前,然后另一人将球拿掉,看手型是否正确、击球点位置是否合适。

(3)体会传球的协调用力。两人一组,持球人拿球在合适的击球点做好传球的手型,另一人用单手压着球,持球者用传球动作向上推送球,体会全身协调用力。

(4)贴墙传球。每人一球,贴墙站立,用传球手型包好球,肘关节贴墙,用传球动作向墙传球,体会传球手型、击球点和手指手腕的传球用力。

(5)个人对墙传球。距离由近至远,体会传球用力。

(6)向上自传。个人进行,先原地传,后移动传;先传低球,后一高一低传。

(7)两人一组,一人抛球,另一人传球。先抛准球,让传球人原地传;后两侧抛球,让传球人移动传。

(8)两人对传。可以一固定,一移动,或自传一次再传给对方等。

(9)跑动传球。三人纵队跑动传球,或四人跑动传球等。

(10)转换方向传。三人一组成三角形,一人抛球,一人变方向传球,剩下一人接球或传球给抛球者,循环往复。

(四)扣球技术的训练方法

(1)练习助跑起跳。

①原地双足起跳练习。由站立开始,屈膝下蹲,按口令迅速蹬地起跳,蹬地力猛速快。同时两臂划弧摆动带动上体向上升起,扣球手臂顺势上举,后引成扣球前的动作;左手上举维持平衡。抬头、展腹,身体成反弓形。落地时双足前脚掌要先着地,屈膝缓冲。

②一步助跑起跳练习。方法同上。右脚跨出一大步制动,要有跨跳腾空的动作,但不能过高,上体微微右转,左脚迅速跟上起跳,两脚蹬地向上(不要前冲),手脚配合协调,注意控制身体平衡。练习速度由慢到快,起跳时爆发有力。一步助跑起跳是助跑起跳的关键,要反复练习,熟练掌握。

③两步助跑起跳练习。左脚先迈出方向步,右脚跨出并制动,左脚再迅速跟上起跳。动作要由慢到快,步幅由小到大,两步之间衔接连贯,掌握跑动节奏,起跳时避免前冲。两步助跑起跳是助跑起跳的主要技术,要达到熟练运用的程度。

④上网助跑起跳练习。队员纵队,从进攻线开始向球网做助跑起跳,可在场上4、3、2号位交替进行。可用一步、两步、多步助跑起跳,注意起跳后避免身体前冲碰网。

(2)练习挥臂击球手法。

①徒手模仿。按口令做抬臂、挥臂练习。练习时,手臂上举要放松自然,弧形挥动,有鞭甩动作。

②扣固定球练习。两人一组,一人背向双手持球高举,另一人原地将球扣出。体会手臂挥击动作和手包球动作。

③一抛一扣。两人一组,抛球人站在扣球人右前侧方,将球抛在扣球人右肩前上方1米左右高度,垂直下落,扣球人利用收腹、收胸动作带动手臂的挥动,挥臂路线成弧形。击球时,手指自然张开,手掌打满球,手腕有推压、鞭甩动作,使球向上旋转。此练习可对墙进行,也可在矮网前进行。扣球人要找好球的落点,保持在右肩前上方击球。

④自抛自扣。可以单人对墙自抛自扣,也可以两人相距7~8米自抛自扣给对方,或矮网原地自抛自扣过网,以及原地对墙连续扣球等。自抛的球要稳准,高度1米左右,抛出的球垂直向上,保持在右肩前上方击球。注意抛球与引臂、挥臂击球动作相互协调配合。

(3)练习完整扣球。

①助跑起跳上网扣教师低喂抛球。学生按扣球方法助跑起跳扣球,教师在学生做好助跑起跳动作挥臂扣击的一瞬间,将球准确低抛喂到学生手上击球部位,学生立即将球扣出。这一练习使学生一心一意在扣球动作上,无需跳起后在空中找球。

②上网初抛球。扔球的弧度逐步加高,由喂球到学生手,再到出网 1.5~2 米左右的高度,离网约 50 厘米。注意起跳到高点击球,保持人与球的正确关系。

③上网扣传球。先由教师做二传,然后由传球好的学生做二传。扣球力量由小到大,打出上旋长线球。

(五)拦网技术的训练方法

(1)徒手动作练习。

①网前原地起跳拦网。

②两人相对网前原地起跳空中拍击手。

③根据教师手势做各种步法移动后起跳拦网。

④两人相对网前移动,在 2、3、4 号位分别起跳对击拦网。

⑤一人主动,一人被动在网前移动起跳拦网。

(2)学习拦网手法。

①原地或对墙做徒手伸臂动作。要求手型正确,手指自然张开。

②矮网一扣一拦。要求扣球准确,拦网不起跳。

③教师站在高台上双手持球,学生轮流起跳拦网。掌握用正确手型包住球的动作。

④学生站在高 40~50 厘米的凳上,做拦球动作,体会伸手和捂盖动作。

(3)教师在高台扣固定路线球,学生移动起跳拦网。

(4)对方扣一般球,单人轮流拦网。

(5)对方扣一般球,双人原地起跳配合拦网。

(6)对方扣一般球,双人移动后起跳配合拦网。

(六)防守技术的训练方法

(1)接扣球垫球。

①学生站成纵队,由教师掷球,学生轮流上前垫球。或两人相隔 5~6 米对站,一掷一垫。

②两人一组,一扣一垫。先扣准,后逐渐加大扣球力量。

③两人互相扣垫。注意扣准,控制垫球方向。

④后排不同位置防守前场扣球。注意移动,找好落点,防起的球尽量到位。

(2)前扑救球训练方法。

①先在垫子上或沙坑里做前扑动作,然后在场地上做。

②学生成一路纵队,轮流以前扑动作接教师的抛球。或两人一组,相隔 6~7 米,一抛一扑。抛球的距离要让学生前扑后能垫到球。

(3)鱼跃救球训练方法。

①在垫子上或沙坑里做徒手鱼跃。

②一人持球,另一人在场上做鱼跃击固定球练习。

③教师抛球,学生轮流做鱼跃救球。或队员一抛一鱼跃救球。注意抛球要合适。

(4)倒地救球训练方法。

①向两侧做大跨步,随即做倒地动作。

②教师掷球,或两人一组,学生轮流做定向的倒地救球动作。

二、排球基本战术训练方法

排球战术教学的主要目的是教会队员根据比赛的情况灵活运用技术动作,即队员以个人的技术与同伴协作配合实现战术的具体技能。

(一)发球个人战术练习

(1)找人发球练习。

把球发给对方接发球技术差的队员;

把球发给插上准备二传的队员;

把球发给接发球连续失误而表现紧张急躁的队员;

把球发给技术发挥不好而情绪明显低落、士气不旺的队员;

把球发给刚换上场的队员;

把球发给最强的进攻队员或打快攻的队员,使其难以参与进攻。

(2)找区发球练习。

把球发到几人之间的空当,造成对方让球或抢球现象;

把球发到进攻线前面的2或4号区,使队员接球后难以跑动进攻;

把球发到底线附近或发到两侧死角,使对方即使接到球也难以到位;

把球发到二传不便组织战术的地方。

(二)二传个人战术练习方法

(1)传球瞬间突然改变传出方向,让对方事先看不出传球方向。

(2)以眼睛或手势示意某一扣球队员,引起对方的注意,但实际传球给另一个进攻队员。

(3)看准来球先做转体动作,佯作向前或向后传球,但突然把球向后或向前传出。

(4)采用跳传、晃传动作传球,迷惑对方。

(5)佯作二传,突然改为单手吊球、两次球进攻、传到对方空当或跳传转移。

(三)扣球个人战术练习方法

(1)避开拦网手。

运用转体、转腕扣球技术,达到突然改变扣球路线目的;

运用高点超手扣球,或改为轻扣或吊入空当;

运用起跳后在空中的停留时间延迟扣球时机,使拦网难以奏效。

(2)利用拦网手。

运用向两侧打手出界,破坏对方拦网;

运用平打使球触拦网手后飞向后场;

运用轻扣或吊球将球打到拦网手上,使球随对方拦网人一同下落;

运用轻扣使球打到对方拦网手上弹回再次组织进攻。

(四)进攻中小组和全队的配合练习方法

个人战术是促进队友间协作配合的基础,但个人战术要通过小组和全队战术练习来提高,而小组和全队配合的关键是使设计的各种练习尽量接近比赛中的实际。

(1)不论是进攻还是防守中,队员之间的协同配合,都按照一定的信号进行练习,在这种练习中逐步建立熟练的战术配合。

(2)在进行小组和全队战术配合的练习中,要不断改变队员的位置和出球方向,参加配合练习的队员人数逐渐增加,以提高队员间的相互协作能力。然后在一定阶段又逐渐减少,以提高队员在配合中的快速移动能力。

(3)小组配合的许多练习不仅可以在半场上进行,而且可以把球传过网到全场,在另一半场也采取同样的布置。开始这类练习时,可以给每个队员规定所采用的技术动作和具体任务,以使队员熟悉配合的套路。当队员熟悉配合的固定套路后,可根据情况让队员自由选择动作进行配合练习。

(4)必须让队员在不同的位置上完成配合练习,并且安排好前后排队员之间的联系。

(5)在配合练习的提高阶段,需要不断加入对抗的因素,一开始是消极对抗,然后是积极对抗,逐渐加大特定情况下完成任务的难度,使之与比赛条件相近似。如扣球练习到一定阶段,应加入扣拦对抗。

第六节　排球运动专项拉伸与损伤防护

一、膝关节损伤

(一)损伤原因

膝关节结构复杂,其中内侧副韧带损伤比较常见,尤其是膝关节130°~150°时,小腿突然外展外旋、内旋,十字韧带在处于屈曲位突然完成旋转及内收、外展动作是副韧带损伤的重要原因。半月板的损伤是膝关节半屈曲位使小腿外摆、外旋、内收或内旋时,两块半月板滑动不协调,导致半月板夹在股骨踝和胫骨平台之间,受到急剧的研磨、捻转而撕裂。

(二)症状

膝关节损伤的常见征象:膝关节疼痛,膝关节肿胀,膝关节压痛,膝关节交锁等。

(三)处理

急性期应当抬高患肢,固定受伤部位,原地休息,一旦肿胀,疼痛变得明显,要采取冷敷方法。由于膝关节的结构比较复杂,不要轻易自行处理。如症状严重必须及时去医院治疗。

(四)预防

(1)重视对股四头肌等肌力锻炼,使肌肉强健有力、关节稳固而灵活。做好运动场地的医务监督,避免场地因素致伤。

(2)做好准备活动,使膝关节活动灵活而协调。当持久训练出现动作反应迟钝时,应终止练习,预防因动作不协调而致伤。

(3)防止粗野动作致伤。

二、踝关节损伤

(一)损伤原因

踝关节主要韧带由外侧副韧带、内侧副韧带、胫腓韧带联合三部分组成。外侧副韧带最常出现损伤。踝关节损伤一般出现在跑步救球、拦网或扣球落地时踩脚、踩球等。

(二)症状

踝关节损伤常见征象:踝外侧韧带扭伤,踝外侧韧带完全断裂。

(三)处理

(1)当即用拇指腹压迫疼痛点止血进行现场急救。

(2)外侧副韧带轻度扭伤时,用绷带将踝关节包扎于轻度外翻背屈位,制动4~7天,亦可配合外敷活血、散瘀、消肿、止痛的中药。

(3)外侧副韧带较重的扭伤,应该压迫、包扎、止血,并用托板将脚固定于轻度外翻背屈位,抬高患肢休息,宜配合活血、止痛中药内服治疗。

(4)开放性的扭伤应该及时送医院治疗。

(四)预防

平时重视关节周围肌肉力量和关节协调性的训练,进行跳绳、足尖走路等练习。运动时注意用球的安全,网前对抗时避免脚过线或冲网踩踏。

三、腰部损伤

(一)损伤原因

急性腰部损伤是人体在负重活动或体位变换时,腰部的肌肉、韧带、筋膜、滑膜等受到牵制,或肌肉骤然收缩,使少数纤维铰拉断、扭转,或小关节微动错续的损伤。一般常出现在扣球、跳发球、鱼跃救球等情况下。其主要原因如下:

(1)负荷值过大,强行用力。肌肉突然剧烈收缩,使若干肌肉附着点、小关节韧带受力过重。或身体重心不稳,为维持身体平衡,同样会因肌肉剧烈收缩,引起关节韧带、肌肉附着区的损伤。

(2)脊柱过度前屈,突然转体,脊柱超常范围运动而扭伤。

(3)技术动作错误。屈膝弯腰接球,不能很好地发挥髋、膝周围大肌肉的力量以有效地克服重力,致使重力落在腰背筋膜、肌肉、韧带而受伤。

(4)注意力不集中,发生意外冲撞。

(二)症状

肌肉轻度扭伤时,患处隐痛,随意运动受限,24~48小时后疼痛达到最高峰。脊柱不能伸直,肌肉痉挛而引起脊柱生理曲线改变者为较重的扭伤。腰扭伤者疼痛可牵涉到下肢,但仅局限于臀部,大腿后部和小腿则感觉正常。

(三)处理

(1)伤后初期,宜仰卧于有垫子的木板床短期休息,腰部垫一个薄枕以便放松腰肌,也可与俯卧位相间交替,避免使任何受伤组织再受牵扯,以利恢复。轻度扭伤休息2~3天,较重扭伤需休息一周左右。

(2)伤后即可进行穴位按摩。按摩人中、肾俞、大俞、委中等穴位,手法强度以使伤者有较强的酸、麻、胀感为宜。赛前按摩可减少损伤,赛后按摩能消除疲劳,促进恢复。

(四)预防

训练和比赛前认真做好准备活动,尤其是体态拉伸。在训练时要有意识地加强背肌的训练,增加肌肉力量保护脊柱。同时注意用正确的技术动作击球。参加腰部用力较多、负担较重、活动幅度较大的体育运动以及伤后训练时,应佩戴护腰或宽腰带。

四、掌指与手指损伤

(一)损伤原因

排球运动中手指经常被球撞击,一般出现在传球、防守和拦网时。损伤的主要原因是接触球的技术动作错误,这些错误皆可引起指间关节副韧带或关节囊损伤。损伤常发生于拇指、掌指关节和其他各指近侧指间关节。

（二）症状

受伤关节出现疼痛、肿胀、压痛，关节活动轻微受限，伸屈不灵活。如受伤关节明显胀痛、关节畸形、运动受限，提示可能发生关节脱位。

（三）处理

轻度扭伤关节稳定性正常者，可以轻轻拨伸、牵引，外擦舒筋活络酒，轻捏数次，不揉，不搓，然后用止痛药膏将靠近伤侧的手指连同患指固定在一起。第三天开始练习主动屈伸活动，继续外搽舒筋活络酒。如症状严重必须及时去医院治疗。

（四）预防

（1）凡手部运动较多的专项运动员，应加强双手协调一致的快速屈伸练习、握力练习、手指触地俯卧撑练习等，以增强掌指和指间关节的稳定性、灵活性与力量。

（2）提高技术水平，如准确判断来球的方向、速度、力量，纠正手的错误动作等。

（3）运动中思想应集中，避免仓促动作。

思考题

1. 排球运动有什么特点？
2. 简述排球垫球动作的技术要领。
3. 简述排球发球动作的技术要领。
4. 简述排球传球动作的技术要领。
5. 简述排球站位及位置轮换。

第九章　乒乓球运动

【学习目标】

1. 了解乒乓球运动的起源与发展。

2. 掌握乒乓球运动的基本技术和基本战术。

第一节　乒乓球运动概述

一、乒乓球运动的起源

乒乓球运动的起源有很多种说法，最为流行的说法是：乒乓球运动于 19 世纪末起源于英国，是由网球运动派生而来的。

19 世纪末，欧洲盛行网球运动，但由于受场地和天气的限制，英国有些大学生便把网球运动移到室内，以餐桌为球台，书作为球网，用羊皮纸做球拍，在餐桌上打来打去。1890 年几位驻守印度的英国海军偶然发现在一张不大的台子上玩网球很有趣，便改用实心橡胶球代替实心球，并用木板代替网球拍，在桌子上进行新颖的“网球赛”，这是“Table tennis”得名的由来。随后在 1990 年左右出现了赛璐珞材料制成的球，由于这种球在击打时会发出乒乓的声响，故而又称“乒乓球”。

二、乒乓球运动的发展

（一）世界乒乓球运动的发展

乒乓球运动兴起时使用的是横握球拍。1902 年传入日本之后，出现了直握球拍方法。有人推断这是东西方进餐时握刀叉和拿筷子的区别而带来的早期握拍法的不同。

乒乓球比赛的计分方法由早期的 10、20、50、100 分一局逐渐变为一局 21 分制；2003 年的第 47 届世乒赛正式开始使用一局 11 分制。

早期的乒乓球球台小、球网高，规格也不统一。1936 年左右，改为现在的规格。世界乒乓球的重大赛事主要有奥运会乒乓球比赛、世界乒乓球锦标赛、世界杯乒乓球赛、国际乒联职业巡回赛。

（二）乒乓球运动在中国的发展

乒乓球被世界公认为是中国的“国球”。

1952 年，在北京大学举行了第一次全国乒乓球比赛。赛后，国家乒乓球队开始集中训练。同年，中华全国体育总会乒乓球部加入了国际乒联，后改称为中国乒乓球协会。

1959 年，在第 25 届世界乒乓球锦标赛中，容国团为我国夺取了第一个男子乒乓球单打世界冠军。

1961年，中国乒乓球协会在北京承办了中国历史上第一个世界锦标赛——第26届世界乒乓球锦标赛。

1988年，在第24届汉城（今首尔）奥运会上，中国队勇夺女子乒乓球单打（陈静）和男子乒乓球双打（陈龙灿/韦晴光）两项冠军，与东道主韩国平分秋色，并在整个中国代表团的金牌榜中占据了2/5的席位。

自从1988年汉城（今首尔）奥运会乒乓球首次成为正式比赛项目以来，中国几乎完全垄断了这一项目的金牌。乒乓球成为中国体育代表团的优势项目。

第二节　乒乓球运动基本技术

一、握拍方法

握拍方法有直拍和横拍两种。这两种握拍法又由于打法特点不同而在具体握法上有所差别。

（一）直拍握法

直拍握法的特点：手腕灵活，出手较快，正手攻球快速有力，攻斜、直线时拍面变化不大，对手不易判断。但反手攻球因受身体阻碍，较难掌握，防守时照顾面积较小。

拍前：以食指第二指节和拇指第一指节扣拍，拇指与食指之间的距离要适中。

拍后：其他三指自然弯曲，中指第一指节贴于拍的背面。

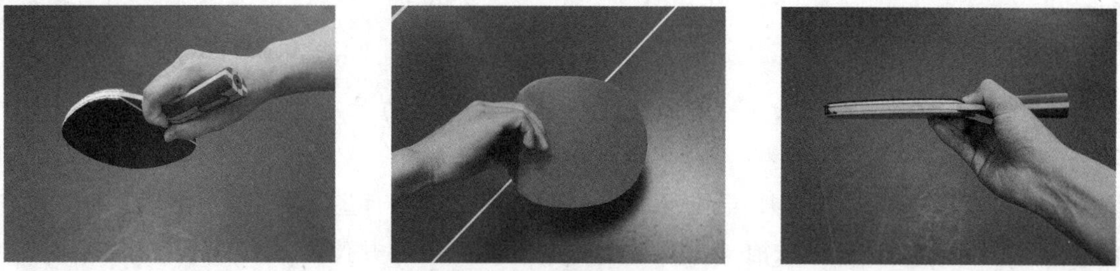

图9-1　直拍握法

（二）横拍握法

横拍握法的特点：照顾面积比直拍握法大，攻球和削球时的手法变化不大，正反手攻球便于发力，也便于拉弧圈球。但还击左右两面来球时，需要转动拍面，不容易调整拍形。在发球和处理近台下旋球时，手腕的运用没有直拍灵活，且台内正手攻球较难掌握。

中指、无名指和小指自然地握住拍柄，拇指在球拍的正面轻贴在中指旁边，食指自然伸直，斜放于球拍的背面，浅握时，虎口轻微贴拍，深握时，虎口紧贴球拍。

图9-2　横拍握法

二、基本步法

步法指击球员为选择合适的击球位置所采用的脚步移动方法。步法是运动的基础，其种类有单步、跨步、并步、跳步、交叉步、侧身步等。

(一)单步

移动方法:以一脚前脚掌为轴,另一脚向前、后或左、右移动一步,身体重心随之落在移动脚上。在来球角度不大的情况下击球时,常采用这种步法。

实际运用于:

(1)接近网小球。

(2)削追身球。

(3)单步侧身在来球落点位于中线稍偏左时或对推中侧身突袭直线或对搓中提拉球时常用。

(二)跨步

移动方法:一脚蹬地,另一脚向移动方向跨一大步,蹬地脚随后跟上半步或一小步,身体重心即移到跨步脚上。

实际运用于:

(1)近台快攻打法,用来对付离身体稍远的来球。

(2)削球打法,左、右移动击球。

(3)跨步侧身攻,当来球速度较慢,但离身体稍远时,左脚向左前上方跨一大步,右脚随即跟上一小步,同时配合腰部右转动作,完成侧身移动。

(三)并步

移动方法:一脚先向另一脚并半步或一小步,另一脚在并步脚落地后随即向来球方向移动一步。

实际运用于:

(1)快攻选手在左右移动中攻或拉球。

(2)削球选手正反手削球。

(3)并步侧身攻,多用于拉削球,右脚先向左脚后并一步,以便转体,随之左脚向侧跨一步。

(四)跳步

移动方法:以来球异侧脚用力蹬地,两脚同时离地向来球方向跳动。

实际运用于:

(1)快攻选手左右移动击球,常与跨步结合起来使用。

(2)弧圈类打法由中台向左、右移动时常用。

(3)跳步侧身攻或拉,但在空中需完成转腰动作。

(4)削球选手在接突击球时常采用,但以小跳步来调整站位用得较多。

(五)交叉步

移动方法:以靠近来球方向的脚作为支撑脚,该脚的脚尖调整指向移动方向,远离来球方向的脚在体前交叉,向来球方向跨出一大步,身体随之向来球方向转动,支撑脚跟着向来球方向再迈一步,这是前交叉步。后交叉步是在体后完成交叉动作。

实际运用于:

(1)快攻或弧圈打法在侧身攻、拉后扑打右角空当,或从右大角变反手击球。

(2)在走动中拉削球。

(3)削球打法接短球或削突出击。

(六)侧身步

动作方法:左脚先向左跨出一步,然后右脚随即向左后方移动,另一种可以用左脚先向前插上,右脚向左后移动。

实际应用于：来球逼近身体时。

三、发球技术

（一）正手平击发球

特点：平击发球一般不带旋转，它是初学者最基本的发球方法，也是掌握其他复杂发球技术的基础。

动作方法：正手发球，左脚在前，身体稍向右转。左手掌心托球，置于身体右侧，右手持拍也置于身体右侧。发球开始时，持球手将球向上抛起，同时右臂稍向后引拍，在球经过最高点向下坠落至胸前高度时，持拍手从身体右后方向前挥拍，拍形稍前倾，击球的中上部。击球后，前臂和手腕继续随势向前挥动，身体重心移至前脚。击出的球先落在本方台面，弹起后再落到对方台面。

图9-3　正手平击发球

（二）反手平击发球

右脚在前，球向上抛起后，右手持拍从身体左后方向前挥动，拍形稍前倾，击球中上部。

图9-4　反手平击发球

（三）反手发右侧上（下）旋球

特点：球速急，右侧上（下）旋转力强，对方挡球后，向其左侧上（下）反弹。

动作方法：反手发右侧上旋球，右脚稍前，持拍手位于身前，持球手位于身体左侧。发球时，拍与球接触的刹那间，前臂带动手腕，用力向右下方挥动，同时前臂略向内旋，拇指压拍，使拍面逐渐向左倾斜，从球的正中部向右上方摩擦，球的第一落点靠近端线约20厘米处，越网落到对方的左角。

（四）正手发奔球

特点：球速急，落点长，冲力大，球的飞行弧线向左偏斜。从右角发斜线能发出角度较大的球，使对方降低回球质量，迫使削球运动员后退接球。

动作方法：将球抛起后，重心压低，持拍手前臂放松自然向后引拍。当球降到约与球网同高时，手臂迅速向左前方挥动，拇指压拍，拍面略向左偏斜。球拍触球的刹那间，手腕向左上方抖动，使拍子从球的右侧向右侧上摩擦，球的第一落点靠近端线20厘米处，越网落到对方右角。

（五）正手发左侧上（下）旋球

特点：球速一般不是很急，左侧上（下）旋转力较强，对方挡球后，向其右侧上（下）反弹。

动作方法:发左侧上旋球,左脚在前。抛球时,持拍手向右上方引拍,手腕略向外展;球回落时,手臂迅速向左下方挥动,食指压拍,拍面略向左偏斜约与网等高时击球,前臂和手腕用力向左转动,同时前臂略向外旋,使球拍从球的正中部向左侧上摩擦,球的第一落点靠近端线约20厘米处,越网落到对方左角。

发左侧下旋球与发左侧上旋球动作上的区别是:手臂应从右后上方向前下挥动,使拍从球的中下部向左侧下摩擦,拍触球的刹那间,前臂略向外旋。

(六)正(反)手发转与不转球

特点:球速较慢,前冲力小,但旋转力强,不易控制。主要是发球手法近似,以旋转变化来迷惑对方,使其回接困难。发下旋短球能控制对方攻势,发不转球易使对方接出高球或出界,为进攻创造机会。

动作方法:发下旋短球时,左脚稍前,抛球时将拍引至肩高,手腕略向外展,拍面稍后仰,球回落时,手腕和前臂迅速向前下方发力,摩擦球的中下部。拍触球时手腕的发力要大于前臂的发力,这样才能发出比较强烈的下旋球。发不转球与发转球动作上的区别,在于球拍触球的刹那间减小拍形后仰角度,并稍加前推的力量,使作用力线接近球心,从而形成不转球。

反手发转与不转球多用于横拍选手。发球时,拍触球的刹那间拍形稍平,从球的中下部向底部摩擦,手腕的发力要大于前臂的发力。反手发不转球时,拍触球的刹那间拍形稍立起,击球的中下部,手臂迅速向前方稍加推的力量将球发出,以前臂的发力为主。

(七)发短球

特点:击球动作小,出手快,球落到对方球台后的第二跳不出台。发短球可以牵制对方,使对方不易发力还击。

动作方法:发短球主要靠手腕和前臂摩擦发力,向前的用力不要太多,可以加上回收的力量。这样就能发出旋转力比较强的短球。摩擦球的部位同发侧上(下)旋和下旋长球相同,只是要求第一跳弹在本方球台中段,这样才能以短球控制对方。

(八)正手高抛发球

特点:把球抛高可用以迷惑对方。发球时,利用球下降的速度可使发出的球速度快、变化多、旋转力强。

动作方法:发球时,左脚在前,右脚斜后。持球手将球用力平稳地往上抛直,球离头部1.5米左右,同时腰和腿顺势向上稍挺伸,重心在左脚上。待球下降在接近腰部偏右时(离身体约15厘米),持拍手臂由腰部右后方向左前方挥拍击球,身体重心顺势移到右脚,以便为下板做好准备。击球的瞬间,手臂和身体其他部位集中发力摩擦球,其中手腕发力是最主要的。

发侧上旋球时,球拍接触球的刹那,手腕迅速上勾,摩擦球的中部或中下部,食指侧发力多些。发侧下旋球时,集中摩擦球的中下部,球拍由左下方往右中上方摩擦。发力时,后面三个手指顶住球拍,拇指侧用力稍多些。

四、接发球技术

(一)接发球的判断

判断的正确与否,直接影响接发球的方式和接发球的成败。为了判断发球的旋转性质、旋转力强度及来球线路落点,应利用各种信息进行综合分析。

(1)根据对方发球时的站位决定自己接发球的站位。

(2)观察对方发球前的引拍方向。

(3)观察球拍触球瞬间摩擦球的方向,判断球的旋转性质以及球体的商标在运动过程中的清晰度,商标越看不清说明球的旋转力越强。反之,看得越清楚球的旋转力就越弱。

(4)观察发球时挥臂的动作幅度和手腕用力大小，判断球的落点长短。

(二)接发球技术的具体运用

(1)接上旋转(奔球)。正反手攻球或推挡回接，拍面适当前倾，击球的中上部，调节好向前的力量。

(2)接下旋球。用搓球、拉球回接，搓球时摩擦球的中下部向前用力。

(3)接左侧上(下)旋球。可采用攻球和推挡(搓球或拉球)回接，拍面稍前倾(后仰)并略向左偏斜，击球偏右中上(中下)部位，以抵消来球的左侧上(下)旋力。

(4)接右侧上、下球。可采用攻球(搓球或拉球)回击，拍面稍前倾(后仰)并向右偏斜，击球偏左中上(中下)部位；回接要点和方法与接左侧上(下)旋球相同。

(5)接近网短球。用快搓、回摆短球或反手台内拧拉回接，主要靠前臂、手腕和手指的力量。

(6)接转与不转的发球。在判断不准的情况下可选择放慢接球速度，搓两角长球，但要注意弧线和落点。

(7)接不同性能球拍的发球。长胶、生胶、防弧胶的发球基本属不转球，用相应的方法回接。

(8)接侧旋力强度大的发球。例如球落台后拐弯的程度大，应在球拐弯之前尽快地将球回击，避免让球的旋转力彻底发挥出来。

五、推挡球技术

推挡球是乒乓球的一项基本的技术动作，无论是在防守还是在进攻中，都有重要的作用，特别能起到以守转攻的过渡球作用。

推挡球的特点：推挡球包括平挡、快推、加力推、推挤、推下旋、减力挡等。它是控制球速、落点和稳定球性的有利手段，是初学者首先应该学习的技术，因此，要想学好打乒乓球，必须打好该项技术的基础。

动作要点：两脚平行或左脚稍前站立。身体离球台40~50厘米，两脚开立约与肩宽，两膝微屈。球拍置于腹前，上臂带动前臂沿台面做平行挥动。击球拍形呈半横状，约与台面垂直，在击球的上升期击球的中部，以借助对方来球的反弹力将球击回。

图9-5　直拍推挡

推挡球技术种类及技术要领：

(1)加力推：击球前，前臂上提，球拍后引。在来球上升后期或高点期击球的中上部，触球瞬间用力推压。击球后，手臂随势前送。

(2)减力挡：站位与平挡球相同。击球时，在触球瞬间手臂前移的动作骤停，或调解好拍面角度把球轻轻后移，以削减来球的反弹力。击球后，迅速还原，准备好下一次击球。

(3)快推：站位近台，右脚稍后或两脚平行开立，上臂和肘关节靠近右侧身旁。击球时，前臂向前推出，食指压拍，拇指放松，球拍前倾，在来球上升期击球的中上部。击球后，手臂随势前送。

(4)平挡球：两脚平行开立，身体靠近球台。击球前，两膝微屈，含胸收腹。击球时，球拍由后向前，球拍触球拍面与台面近乎垂直，在上升期击球的中部，借助对方来球的反弹力将球挡回。击球后，迅速还原，准备下次击球。

(5)推挡弧圈球:推挡回击加转弧圈球时,食指压拍面前倾,与台面约成50°,在来球上升前期推压球的中上部。推挡回击前冲弧圈球时,拍面前倾要小些,与台面约成70°。

(6)推下旋球:击球时,拍面与台面近乎垂直,在来球上升后期或高点期击球,触球瞬间前臂和手腕向前下方发力摩擦球的中部。推击时应适当增大向前的力量,以压低回球的弧线。

六、攻球技术

攻球是乒乓球比赛中争取主动和获得胜利的重要技术。它具有速度快、杀伤力强的特点,能体现积极主动、快速进攻的指导思想。运用得好能使对方陷于被动,取得优势。因此必须学会全面的攻球技术。

(一)正手攻球

1. 正手近台攻球

特点:杀伤力大,动作小,球速快,发力充分的情况下能够连续主动进攻,不给对方反击的余地,造成对方心理上的压力,让对方疲于防守,直至得分。如运用得好则可以充分发挥近台快攻的作用。

动作方法:左脚稍前,身体离球台约40厘米。击球前,持拍手臂要向右前伸迎球,前臂自然放松,球拍呈半横状。当球从台面弹起,前臂和手腕如"敬礼"动作向额头前上方挥动,并配合内旋转腕的动作,使拍形前倾,在上升期击球中上部。拍触球刹那,拇指压拍,同时加快手腕内旋速度,使拍面沿球体做弧形挥动。击球后,挥拍至头部高度。横拍击球时,手臂要自然弯曲,手腕与前臂近乎成直线并约与地面平行。前臂和手腕稍向前上方用力,击球时间、部位和拍形与直拍基本相同。

图9-6 正手近台攻球

2. 侧身正手攻球

特点:站位偏左角,利用侧身来发挥正手攻球作用,与推挡结合能发挥正手攻球威力,在还击下旋球时能为进攻创造机会。侧身正手攻球是近台快攻运动员的重要技术,也是争取得分的重要手段。

动作方法:侧身正手攻球首先要迅速进行步法移动,找好位置。根据来球不同落点,可用跳步或后退交叉步,有时也可用单步上前或后退来做侧身动作。当侧身移步完成时,身体侧向球台,左脚在前,上体稍前倾,腹部后收。根据来球情况可以在侧身位置用快攻、拉攻、扣杀等技术。有时来球很快逼近身体,脚步已来不及后退时,应迅速转身收腹,重心也迅速移至左脚,使球拍贴身,然后手臂再向前上方挥击。

3. 正手扣杀

特点:动作大,力量重,球速快,攻击性强,在还击半高球时,能充分发挥击球的力量,正手扣杀是得分的一种重要手段。

动作方法:左脚稍前,击球前持拍手臂向右后方引拍,并稍高于台面,球拍呈半横状。当球弹起到高点时上臂带动前臂由后向前。将触球时,前臂加速用力向左前挥击,手腕跟着转动,在高点期前后击球中上部,拍形稍前倾。球拍触球的刹那间,整个手臂的力量应发挥到最大限度,同时腰部配合向左转动,触球点一般在胸前50厘米左右。击球后,要随势将拍挥至左胸前,上体左转,重心由后脚移至前脚。

4. 正手拉攻

特点：站位稍远，动作较慢，由下向上挥击，球速不是很快但旋转力强，靠主动发力击球。它是还击下旋球的有效方法，也是克制削球的唯一有效手段。

动作方法：左脚稍前，身体离球台约60厘米。击球前，持拍手臂向右后下方引拍，球拍比半横状略下垂些，拍形呈垂直状态。当球从上升期跳至高点时，前臂由后向前上方挥动，在将触球前，前臂加速用力向左前方摩擦发力，同时配合手腕动作向上摩擦。如在下降期击球，拍形稍稍后仰，遇来球低或下旋力较强时，腰部应与脚下重心转换一起配合协调转动发力，随势将球拍挥至额前。

（二）反手攻球

1. 直拍反手推挡

特点：站位近，动作小，球速快，借来球反弹力还击。直拍反手推挡是两面攻的重要技术之一，也是推中结合反手攻找机会的一种重要手段。如果与正手攻球配合得好，就可以充分发挥近台快攻的作用。

动作方法：右脚稍前，身体离球台约40厘米。持拍手臂自然弯曲，将球拍移至腹前偏左的位置。击球时，前臂和手腕向右前上方挥动，同时配合外旋转腕动作，使拍形前倾，在上升期击球中上部。击球后，随势将球拍挥至右肩前如横拍反手攻球，准备时球拍放置腹前，手臂自然弯曲，手腕与前臂近乎成直线，拍形前压至45°角。当球从台面弹起时，前臂向右前上方挥拍，触球的刹那间手腕配合向外转动。击球时间、部位和拍形与直拍基本相同。

2. 反手快拉

特点：动作小，球速快，借来球反弹力还击，在近台快攻中可发挥速度上的优势。它是横拍的一项基本技术。

动作方法：右脚稍前，前臂自然弯曲，将球拍引至腹前偏左处，肘部稍前。当球从台面反弹时，前臂带动手腕向右前方挥动，在上升期击球中上部，拍形稍前倾，借来球反弹力将球拨回。击球后，手腕向前，肘略往后，球拍随势挥至右肩前。

3. 直拍反手横打

特点：旋转力强，动作大，力量较重，具有主动性。在对攻中可以发挥较大的击球力量，配合落点能争取主动或直接得分。被动防御时，可以用它反击。

动作方法：用直拍反面击球，站位离台约40~50厘米，左脚稍前，引拍时前臂带动手腕回收至腹前，重心降低，手腕内屈，前臂内旋，拍面前倾，在来球的上升期出手做动作，处于高点时击打，摩擦球的中上部。

七、搓球技术

搓球是近台还击下旋球的一种基本技术。比赛中经常用它为拉弧圈球创造条件。它与攻球结合可形成搓攻战术。搓球可用于接发球，必要时用它作为过渡。对初学者来说，首先应学习掌握反手搓球技术，在基本熟悉反手搓球技术之后，再练习搓转与不转的球。

常用的搓球技术有直拍搓球和搓转与不转球。

（一）直拍搓球

动作方法：直拍反手搓球的站位是右脚稍前，身体离球台约50厘米，持拍手臂向后引拍。击球时，前臂和手腕向前下方用力，同时配合内旋转腕的动作，在来球的高点搓击球中下部。横拍反手搓球时，拍形放平，击球时前臂向右下方挥拍。击球时间、部位和拍形与直拍基本相同。

（二）搓转与不转球

快搓和慢搓均能搓加转球与不转球，它主要取决于球拍触球时，手腕是否对球发力加旋转。搓球时力量大,切球薄,旋转力就强。相反,搓球时手腕不加力,触球时用球拍的上半部分击球,将球推出去则不转。搓加转球时,前臂和手腕加速向前下方用力,切球的中下部,用球拍下半部分触球以利于摩擦球。搓不转球和搓转球的动作相似,但前臂和手腕要多向前上方用力,用球拍的靠上部分或中间部分碰球,形成相对的不转。

图 9-7　横拍反手搓球

八、弧圈球技术

弧圈球技术有速度快、旋转力强的特点,容易给对手造成比较大的威胁。弧圈球是当代乒乓球技术打法中最主要技术之一,不管是直拍或者横拍选手要想达到高水平的层次,都必须掌握弧圈球技术。弧圈球在近台或中远台的攻防中具有积极的意义。

(一)反手弧圈球

两脚平行或右脚稍后站立,两膝微屈。击球前,引拍至腹部下方,含胸收腹,肘部略向前出,手腕后屈,拍形向前倾。当来球从台面弹起时,以肘关节为轴,前臂迅速向上方挥动,结合手腕向上转动的力量,在球跳至最高点摩擦球的中部或中上部。在击球过程中重心始终压低,注意左右的重心转换。

(二)正手加转弧圈球

两脚开立,右脚稍后,身体略向右转,两膝微屈。准备击球时,重心支撑点放在右脚上,持拍手臂随着腰部自然平行向后方引拍,将球拍向后挥至身后,右肩略低于左肩,拇指压拍使拍面略为前倾,并使拍面固定。当来球从台面弹起时,手臂向前方挥动。前臂在上臂带动下很快收缩,拍面与台面约成 80°,在球跳至最高点时用球拍摩擦球的中部或中上部。摩擦球时,要注意腰部向前方转动和重心转换两脚蹬地的力量。

(三)正手前冲弧圈球

两脚开立,右脚稍后,身体略向右转,重心支撑点放在右脚上。自然引拍至右下方约与台面齐高处,拍面保持前倾。当来球从台面弹起时,腰部由右向左转动,前臂在上臂带动下向前发力,手腕略微转动,拍面与台面成 50°,在高点期摩擦球的中上部。击球后,重心支撑点移至左脚。

第三节　乒乓球运动基本战术

在乒乓球比赛中运动员根据自己和对手的具体情况,正确而又有目的地利用自己所掌握的各种技术有意识地组合起来形成各种战术,从而充分展示自己的技术风格特点。制约对方的长处,紧紧抓住对方的弱点,为战胜对手而采取合理有效的手段和方法,就形成了乒乓球战术。乒乓球战术是以乒乓球基本技术和运动员良好的身体素质、心理素质为基础的。具有扎实的基本功并纯熟灵活地运用才能有效地完成比赛中的战术,并取得良好的效果。

一、发球抢攻战术

发球抢攻是我国直板快攻打法的“杀手锏”,是力争主动、先发制人的主要战术。各种类型打法的运动员在比赛中都普遍采用发球抢攻来抢占先机，争取场上的主动权。发球抢攻战术中发球这个环节至关重要，这项战术运用的效果如何，主要取决于发球的质量以及第三板进攻的能力。发球抢攻战术因打法的类型不同而有所差异，常用的发球抢攻战术主要有以下几种：

(1)正手发转与不转。

(2)正手发左侧上(下)旋球。

(3)正手发勾手右侧上(下)旋球。

(4)反手发急球或急下旋球。

(5)反手发右侧上(下)旋球。

二、接发球战术

接发球战术与发球抢攻战术同样重要。在某种意义上讲，如果处理好接发球这个环节，那比赛就已经占据了很大优势。所以说接发球水平的高低可以反映运动员的实战能力以及基本技术的应用程度。事实上，接发球者在一开始就处于被控制状态，如果接发球者可以破坏发球者的抢攻意图或者自己采取主动抢先上手，那将有效地制约对手发球抢攻的质量以及战术的实施，也就意味着已经脱离被控制状态，变被动为主动了。控制与反控制是辩证的统一。常用的接发球战术有：

(1)接发球以控制为主，采取摆短控制战术。

(2)接发球以过渡防守为主，使用劈长球以及撇、推战术。

(3)接发球以抢攻为主，使用反手拧拉、正反手挑球战术。

(4)接发球盯出台发球，正反手抢拉战术。

(5)正手侧身接发球。

三、搓攻战术

搓攻战术是进攻型打法的辅助战术之一，主要利用搓球旋转的变化和落点的变化为抢攻创造机会。这一战术在基层比赛中被普遍采用。搓攻战术也是削球型打法争取主动的主要战术之一。常用的搓攻战术有：

(1)慢搓与快搓结合。

(2)转与不转结合。

(3)搓球变线。

(4)搓球控制落点。

(5)搓中突击。

(6)搓中变推或抢攻。

四、对攻战术

对攻战术是进攻型打法在相持阶段常用的一项重要战术。快攻型打法主要依靠反手推挡(或反手攻球)和正手攻球(或正手拉弧圈球)的技术，充分发挥快速多变的特点来调动对方。常用的对攻战术有以下几种：

(1)压制对方反手，伺机主动发力或侧身抢攻、抢拉。

(2)压左突右。

(3)调右压左。

(4)攻追身球。

(5)变化击球节奏，加力推和减力挡结合，发力攻、拉与轻打轻拉结合，也可造成对手的被动局面。

五、拉攻战术

拉攻战术是以攻为主的选手对付削球的主要战术。为了发挥拉攻的战术效果,首先要具备连续拉的能力,并有线路、落点、旋转、轻重等变化,其次要有拉中突击和连续发力拉冲的能力。常用的拉攻战术主要有:

(1)拉反手后,侧身抢冲斜线或中路追身球。

(2)拉中路杀两角或拉两角杀中路。

(3)拉一角或杀另一角。

(4)拉吊结合,伺机突击。

(5)拉搓结合。

(6)稳拉为主,伺机突击。

六、削中反攻战术

削中反攻是削球选手的主要抢攻战术之一,在连续拉削回合中,将球尽量削至端线,限制对方发力进攻的能力,为自己的反攻创造有利条件。它不仅增强了削球技术的威胁性,也促进了攻防之间的积极转化。常用的削中反攻战术主要有:

(1)削转与不转球结合,伺机反攻。

(2)削长短球,伺机反攻。

(3)逼两大角,伺机反攻。

(4)削、挡、攻结合,伺机强攻。

七、双打战术

(一)双打配对

(1)两人以快攻打法,一个左手持拍,一个右手持拍。

(2)两人都是右手持拍,一个善于正手进攻,一个善于反手进攻;一个在前站位,一个在后站位。

(3)两人以削为主,同时能配合反攻,一个善近台削球,一个善中远台削球。

(二)双打战术

(1)接发球时,抢攻或拉攻较好的队员任第一接球员。

(2)发球时用手势暗示,为同伴创造抢攻机会。

(3)采用两人打一角战术,使对方围绕一角匆忙换位接球,再突袭另一角。

(4)利用长短球和两大角的斜线,扰乱对方步法,创造进攻机会。

第四节 乒乓球比赛基本规则

一、场地与器材

(一)球台

球台的上层表面叫作比赛台面,应为与水平面平行的长方形,长 2.74 米,宽 1.525 米,离地面高 76 厘米。比赛台面不包括球台台面的侧面。

比赛台面可用任何材料制成,应具有一定弹性,即当标准球从离台面 30 厘米高处落至台面时,弹起高度应约23厘米。比赛台面应呈均匀的暗色，无光泽。沿2.74米的边线边缘及1.525米长的端线边缘应有一条2厘米宽的白线，比赛台面由一个与端线平行的垂直的球网划分为两个相等的台区。各台区的整个面积应是一个整体。双打时，各台区应由一条3毫米宽的白色中线划分为两个相等的"半区"。中线与边线平行，并应视为右半区的一部分。

（二）球网装置

（1）球网装置包括球网、悬网绳、网柱及将它们固定在球台上的夹钳部分。

（2）球网应悬挂在一根绳子上，绳子两端系在高15.25厘米的直立网柱上，网柱外缘的距离为15.25厘米。

（3）整个球网的顶端距离比赛台面15.25厘米。

（4）整个球网的底边应尽量贴近比赛台面，其两端应尽量贴近网柱。

（三）球

（1）球应为圆球体，直径为40.00~40.60毫米（从2014年国际乒联更换新规则起）。

（2）球重2.7克（从2014年国际乒联更换新规则起）。

（3）球应用新塑料球40+（2014年起国际乒联要求一律采用新塑料球），呈白色，与之前的"40"区分，正式进入"40+时代"。

（四）球拍

（1）球拍的大小、形状和重量不限，但底板应平整、坚硬。

（2）底板至少应有85%的天然木料。加强底板的黏合层可用诸如碳纤维、玻璃纤维或压缩纸等纤维材料，每层黏合层不超过底板总厚度的7.5%或0.35毫米。

（3）用来击球的拍面应用一层颗粒向外的普通颗粒胶覆盖，连同黏合剂，厚度不超过2毫米；或用颗粒向内或向外的海绵胶覆盖，连同黏合剂，厚度不超过4毫米。

（4）普通颗粒胶是一层无泡沫的天然橡胶或合成橡胶，其颗粒必须以每平方厘米不少于10颗、不多于50颗的平均密度分布在拍面的整个表面。

（5）海绵胶即在一层泡沫橡胶上覆盖一层普通颗粒胶，普通颗粒胶的厚度不超过2毫米。

（6）覆盖物应覆盖整个拍面，但不得超过其边缘。靠近拍柄部分以及手指执握部分可不予以覆盖，也可用任何材料覆盖。

（7）底板中的任何夹层、用来击球一面的任何覆盖物及黏合层应为厚度均匀的一个整体。

（8）球拍两面不论是否有覆盖物都必须无光泽，且一面为鲜红色，另一面为黑色。

（9）由于意外的损害、磨损或褪色，造成拍面的整体性和颜色上的一致性出现轻微的差异，只要未明显改变拍面的性能，拍面均可允许使用。

（10）比赛开始时及比赛过程中运动员需要更换球拍时，必须向对方和裁判员展示他将要使用的球拍，并允许他们检查。

二、基本规则介绍

（一）合法发球

（1）发球时，球应放在非持拍手的手掌上，手掌张开并伸平。球应是静止的，在发球方的端线之后和比赛台面的水平面之上。

（2）发球员须用手把球几乎垂直地向上抛起，不得使球旋转，并使球在离开非持拍手的手掌之后上升不少于16厘米。

（3）当球从抛起的最高点降落时，发球员方可击球，并使球首先触及本方台区，然后越过或绕过球网装置，再触及接发球员的台区。在双打中,球应先后触及发球员和接发球员的右半区。

(4)从抛球前球静止的最后一瞬间到击球时,球和球拍应在比赛台面的水平面之上。

(5)运动员发球时,有责任让裁判员或副裁判员看清他是否按照合法发球的规定发球。

(6)击球时,球应在发球方的端线之后,但不能超过发球员身体离端线最远的部分。

(二)擦网发球

(1)发球擦网,落在对方台区,判重新发球。

(2)发球擦网,出界,判失一分。

(3)发球擦网,对方阻挡,判重新发球。

(三)合法还击

对方发球或还击后,本方运动员必须击球,使球直接越过或绕过球网装置,或触及球网装置,或触及球网装置后,再触及对方台区。

(四)重发球

出现下列情况应判重发球:

(1)如果发球员发出的球,在越过球网装置时,触及球网装置,而后成为合法发球。

(2)裁判员未报分,同时接发球员也未准备好,发球员已将球发出。

(3)由于发生了运动员无法控制的干扰,而使运动员未能合法发球、合法还击或遵守规则。

(4)裁判员或副裁判员暂停比赛。

(5)可以在下列情况下暂停比赛。

①由于要纠正发球,接发球次序错误或方位错位。

②由于要实行轮换发球法。

③由于警告或处罚运动员。

④由于比赛环境受到干扰,以致该回合结果有可能受到影响。

(五)判一分

在一个回合中出现下列情况,应判失一分。

(1)未能合法发球。

(2)未能合法还击。

(3)球未出端线而被阻挡。

(4)连续两次击球。

(5)球连续两次触及本方台区。

(6)用不符合规定的拍面击球。

(7)球台移动。

(8)非持拍手触及比赛台面。

(9)运动员穿戴的任何物品触及球网及其装置。

(10)还击时,球碰障碍物。

(11)双打中,除发球和接发球外,运动员未能按正确的次序击球。

(六)发球、接发球和交换位置的顺序

(1)每获两分之后,接发球方即成发球方,依此类推,直至该局比赛结束。双方比分都达到10分,或者实行轮换发球法时,发球或接发球次序依然不变,但每人只轮换发一分球。

(2)一局中,首先发球的一方,在该场下一局变为接发球方。在双打决胜局中,当一方先得5分时,接发球方应交换接发球次序。

(3)一局中，在某一方位比赛的一方在该场下一局应换到另一方位。在决胜局中，一方先得5分时，双方应交换方位。

(七)比赛次序

(1)在单打中，首先由发球员合法发球，再由接发球员合法还击，然后两者交替合法还击。

(2)在双打中，首先由发球员发球，再由接发球员合法还击，然后由发球员的同伴合法还击，再由接发球员的同伴合法还击，此后，运动员按此次序轮流合法还击。

(八)轮换发球法

(1)如果一局比赛进行到10分钟仍未结束(双方都已获得至少9分时除外)，或者在此之前任何时间应双方运动员要求，应实行轮换发球法。

(2)换发球方一经实行，该场比赛剩余的局都必须实行轮换发球法。

(九)发球、接发球次序和方位的错误

(1)裁判员一旦发现发球、接发球次序错误，应立即暂停比赛，并按该场比赛开始时确立的次序，按场上比分由应该发球或接发球的运动员发球或接发球；在双打中，则按发现错误时那一局中首先有发球权的一方所确立的次序进行纠正，继续比赛。

(2)裁判员一旦发现运动员应交换方位而未交换时，应立即暂停比赛，并按该场开始时确立的次序，按场上比分运动员应站的正确方位进行纠正，继续比赛。

(3)在任何情况下，发现错误之前的所有得分均有效。

(十)定义

(1)回合：球处于比赛状态的一段时间。

(2)球处于比赛状态：从发球时球被有意向上抛起前静止在不持拍手掌上的最后一瞬间开始，直到球触及比赛台面，到该回合被得分或重发球。

(3)重发球：不予判分的回合。

(4)持拍手：正握着球拍的手。

(5)不持拍手：未握着球拍的手。

(6)击球：用握在手中的球拍或持拍手腕以下部位触球。

(7)阻挡：对方击球后，向比赛台面方向运动的球，在没有触及本方台区，也未越过端线之前，即触及本方运动员或其穿戴的任何物品。

(8)发球员：在一个回合中，首先击球的运动员。

(9)接发球员：在一个回合中，第二个击球的运动员。

(10)裁判员：被指定管理一场比赛的人。

(11)副裁判员：被指定在某些方面协助裁判员工作的人。

(12)穿或戴的物品：指运动员在一个回合开始时穿或戴的任何物品，但不包括比赛用球。

(13)越过或绕过球网装置：除从球网和比赛台面之间通过以及从球网和网架之间的情况外，球均应视作已越过或绕过球网装置。

(14)球台的“端线”：包括球台端线以及端线的无限延长线。

第五节 乒乓球运动技术练习

一、乒乓球运动步法练习

(一)练习方法

(1)单个步法或组合步法的徒手模仿练习。挥拍做单个步法,挥拍做跳步结合侧身步、并步结合侧身步、跨步结合侧身步、交叉步结合并步等。

(2)练习者快速变换前、后、左、右的移动。要求重心保持在同一水平面上。

(3)采用多球训练法。结合相应的基本技术计划,配合所要练习的步法,进行单个步法或多种步法组合练习。可根据掌握程度逐渐加快供球速度和加大难度。

(4)进行规定步法的次数或组数练习,或规定时间的步法练习。

(5)步法与手臂摆速结合练习。如手摸球台端线两角,采用并步或跳步进行规定时间或规定次数的练习。

(6)步法和手臂摆速结合教学比赛。

(7)加强腿部力量练习,提高爆发力。可采用蛙跳、蹬跨、单足起练习。

(8)步法与手法综合练习。分别做跳步、并步、跨步、交叉步、侧身步的徒手推、搓、攻的动作练习。如推挡(或快拨)中正手跨步攻球、推挡中侧身攻后扑正手、反手搓中侧身拉、左推右攻(并步移动)小碎步移动后跨步攻台内球、小碎步向后移动正手中远台攻球等。

(二)步法移动应注意的几个问题

(1)学练准备姿势和步法移动时,动作要规范,由易到难,由慢到快,循序渐进不断提高。

(2)要树立既重视手臂手腕上的训练,又重视步法移动的思想,适当地采用对抗性方式进行训练。

(3)步法移动练习应安排在每次课的开始阶段,并在课堂尾声安排相应的体能素质练习,增强腿部的肌肉力量及协调性。

(4)移动时,要注意两臂的正确位置,随时便于击球,在平时的练习中要养成击球后动作和步法还原的习惯。

(5)在练习中要结合各种来球,提高判断力,及时迅速地起动,灵活地移动重心,注意保持身体平衡,同时要和手臂协调配合提高击球质量。

二、乒乓球运动发球练习

(1)徒手做发球前的准备姿势,模仿抛球及发球的动作。

(2)在台前用多球进行发球练习。

(3)先练习发斜线球,后练习发直线球;先练习发不定点球,后练习发定点球。

(4)练习发各种旋转性能的球。

(5)练习用同一手法发不同旋转和落点的球。

三、乒乓球运动接发球教学与训练

(1)开始练习接发球时,难度不要太大,如从下旋球开始练习接发球技术中的搓球、削球或拉球(可用多球进行练习)。

(2)练习接侧上(下)旋球的技术,以适应不同旋转变化。如接左(右)侧上(下)旋球时,观察对方球拍触球的刹那间手腕发力的方向及摩擦程度，以此来提高判断旋转的能力。

(3)在上述基础上，还要进一步研究控制回球落点，以避免在接球后给对方有较多的攻击机会。

(4)在具有较好的适应能力和能够较自如地控制回球落点之后，应逐步提高防御对方抢攻的能力。对接发球结合防御的要求，第一步应能顶得住对方的抢攻，第二步还要求有落点变化，能把球回到对方空当。这样，才能避免遭受对方连续的攻击，以摆脱被动局面。

四、乒乓球运动推挡技术练习

(1)徒手做挡球和推挡球的模仿动作，体会动作要点。

(2)对着镜子或两人一组互相帮助进行挥拍练习。

(3)在台上两人对挡练习，不限落点，要求击球过网。

(4)一对一进行台上对练以尽快掌握技术动作。

(5)反手推挡斜线练习，逐步加快速度，体会快推动作。可一人先挡一人快推，然后两人都进行快推，互相轮换。

(6)一人用均匀的力量推挡，一人逐渐地加力。二人轮换。

(7)先对推斜线，再对推直线；从一点推两点到推不同的点；推、攻结合练习。

(8)一人攻球，另一人做加力推结合减力挡的练习。

五、乒乓球运动攻球技术练习

(一)徒手练习

(1)根据攻球技术的各技术环节的要求，做徒手模仿练习，注意配合腰部的扭转和重心的交换等动作。

(2)结合各种步法做在左、右、前、后移动中的攻球模仿练习。

(3)结合步法做左推右攻、推挡侧身攻、侧身后正手攻等模仿练习。

(二)攻球和推挡球练习

(1)自抛自攻，也可以让同伴发球自己练习攻球；一人练习攻球，要求攻到规定的区域。

(2)一人防守一人练习攻球，练习初期可降低进攻质量，随着练习次数和熟练度的增加，再逐渐加大力量，练习发力攻和快攻。

(3)一人推挡一人练习攻球，练习形式有攻斜线、攻中路、攻直线。

(4)在移动中练习攻球。先练习二分之一台攻球，再加大范围练习三分之二台攻球。

(5)移动中练习攻球，开始时角度变化小一点，随着练习的熟练度增加逐渐调整练习难度。

(三)对攻练习

(1)从单线到几条线路结合，两人对攻斜线(正手)，两人对攻中路直线，两人对攻侧身位斜线。

(2)在提高控制落点的基础上逐渐过渡到几条线路的结合练习。

(3)两人在移动中攻球，从右至左，从左至右。

(4)一点对两点，一点对三点。主练者将球攻至陪练者左右两点，陪练者攻一点。

(5)主练者将球攻至陪练者左、中、右三点，陪练者攻一点，提高控制落点的能力。

(6)一人在左右移动中专攻直线，另一人在左右移动中专攻斜线(初练时可采用左推右攻的形式)。

(7)从有规律到无规律。开始练习时陪练者有规律地将球攻到主练者几个点，然后逐步过渡到无规律地将球攻到主练者几个点。

(四)结合技术的练习

(1)两点打一点的左推右攻练习。主练者用反手推挡、正手攻球交替打到陪练者一点,陪练者用攻球或推挡打至对方两点。

(2)两点打一点的正、反手两面攻的练习。两人对推反手斜线,一人在推中侧身抢攻,两人交替进行。

(3)两人对推侧身抢攻。相互压制对方反手,从中寻找机会侧身攻球。

(4)推挡过程中变线至对方正手,被变线路者用正手进攻进行反击。先从有规律的变线再到无规律的变线。

(5)推挡侧身攻扑正手,或反手攻接侧身攻后再扑正手空当。

(6)推中结合反手攻。

(7)推中反手攻结合侧身攻。

六、乒乓球运动搓球技术练习

(1)徒手做模仿搓球练习,注意挥拍的路线,以及前臂手腕发力的方法。

(2)自抛自搓,弹起高度适当。

(3)搓接固定区域。

(4)反手斜线对搓,反复体会前臂、手腕发力摩擦球的动作。

(5)从单线路到多条线路练习。开始固定线路,逐渐到不固定线路,正手搓和反手搓结合练习。

(6)搓接慢搓和快搓的来球,二人交换。

(8)搓接转与不转的来球,二人交换。

(9)各种搓球结合的练习。

第六节　乒乓球运动常见运动损伤与防护

乒乓球运动属于典型的隔网对抗项目,乒乓球运动虽然没有剧烈的身体对抗,但快速的击球动作和瞬间肌肉发力都对身体的关节有着巨大的冲击,所以乒乓球运动在训练中常见的运动损伤绝大部分属于软组织损伤,主要涉及肌肉与韧带及相关组织等的拉伤与扭伤。

一、腕部损伤及防治措施

(一)常见损伤原因

腕部主要由8块形状各异的小骨组成,因为小骨多导致腕部容易损伤。手腕的活动范围较小,当击球时,整个手臂起到速度杠杆的作用,手腕快速做出内旋外展动作,如果腕关节灵活性不好或腕关节力量较差则容易发生运动损伤。

(二)防治措施

(1)做好腕部的准备活动。

(2)养成使用护具的好习惯。

(3)不要发“死”力。

(4)轻度损伤时,腕部出现疼痛、活动受限、肿胀等症状,48~72小时后,用中药熏洗,适当按摩,促进淤血吸收。重度损伤时在医师指导下治疗。

（三）拉伸练习

（1）手腕绕环：站立或坐在椅子上，十指交叉向握，置于腹部位置，用力拧转腕关节。每次持续10秒，根据个人情况重复2~3次。

（2）腕关节屈肌拉伸：站立或坐在椅子上，右侧手臂伸直，腕关节保持伸展，左手掌心握住右手并用力向后拉右手直到腕关节出现绷紧的感觉。每次持续10秒，根据个人情况重复2~3次。

（3）腕关节伸肌拉伸：站立或坐在椅子上，右侧手臂伸直，腕关节弯曲，左手从右手上方穿过并握住右手，用力向后拉右手直到腕关节出现绷紧的感觉。每次持续10秒，根据个人情况重复2~3次。

二、腰部的损伤及防治措施

（一）常见损伤原因

乒乓球运动损伤以腰骶部为最多，约占全部病例的三分之一还多。在乒乓球运动中，人体始终要保持上体前倾的状态，这时，腰椎的棘上韧带始终保持上体前倾的状态，骶棘肌也长时间处于收缩紧张状态，许多运动员在运动结束后不注意放松，致使局部过度疲劳，以致积劳成损。在乒乓球运动中，几乎每一次击球，都离不开转腰这个动作，腰部活动以大肌肉群为主，如果准备活动不充分，大肌肉群的惰性尚未克服，就会造成腰部运动损伤。

（二）防治措施

（1）打球前一定要做好腰部的准备活动，一般活动腰部2~5分钟即可。

（2）损伤较轻：一般指局部软组织或韧带轻微损伤。减少活动或者停止活动；适当做些按摩、拔罐、远红外照射，贴膏药等，一般5~7日可愈。严重损伤：指腰部软组织或韧带撕裂，小关节明显错位或者腰椎间盘突出等。需要绝对卧床休息，在医师指导下系统治疗。

（三）拉伸练习

（1）躯干侧屈拉伸：站立或坐在瑜伽垫上，举起双臂，掌心向上、十指从头顶交叉向握；身体侧向弯曲直到背部出现绷紧的感觉。在该位置上保持20秒，根据个人情况重复2~3次。

（2）坐姿屈膝转体拉伸：坐在瑜伽垫上，左侧下肢伸直，右侧下肢跨过左侧下肢放置于左侧膝关节外侧；右手位于身体后方，保持与地面接触；左侧肘关节用力将右侧膝关节向左侧推直到背部出现绷紧的感觉。在该位置上保持20秒，根据个人情况重复2~3次。

（3）坐姿屈膝体前屈：坐在瑜伽垫上，髋关节和膝关节保持弯曲，双手尽量往前伸直到背部出现绷紧的感觉。在该位置上保持20秒，根据个人情况重复2~3次。

三、膝关节的损伤及预防

（一）常见损伤原因

据统计，在各类损伤中，膝关节的损伤占30%以上。由于在打球过程中，膝关节始终处于半屈曲位，关节周围韧带处于紧张和牵拉状态（如绷紧的橡皮筋）。如果运动前膝关节没有进行适应性（或顺应性）训练，突然过度牵伸，就容易造成膝关节内外两侧副韧带的运动损伤。另外，膝关节损伤和运动员的打法有关，使用拉攻型和削球型打法的，下肢的活动范围大、幅度大且速度快，造成膝关节负担过重，故容易导致损伤。因此，要根据个人情况调整打法类型，也可以加强膝关节的锻炼以减少损伤发生。如通过站桩、蹲马步来加强股四头肌力量，通过压腿、劈叉来提高股后肌群的柔韧性。

（二）防治措施

为了防止损伤，打球时应采取一些预防措施。首先，训练前一定要做好准备活动，包括慢跑、关节的旋转及牵拉。其次，打球时不要单面运动，总是一个角度，老打正手或是反手，这是不平衡的运动，容易出现肌肉劳损。

此外，通常以半小时为一节比较好，但在休息的时候不能歇着，应稍微走一走放松肌肉，消除疲劳。

(三) 拉伸练习

(1) 单腿下跪拉伸：一腿下跪，另一腿膝关节呈 90° 支撑于地面，臀部向前移动，直到感到一股力量作用在前面的大腿上，不要前倾或扭曲臀部，保持 15 秒，做 5~10 组。

(2) 拉伸后腿腱：平躺在垫子上，一腿伸直，一腿举起，大腿和臀部呈 90°，缓慢伸直举起腿的膝盖，直到感觉大腿后侧被拉伸，保持 5 秒，放下，做 10~15 组。

(3) 鹤立拉伸：站直，把一只脚背向后放在椅子或桌子上，大腿保持正直，收臀向前，感到大腿前侧拉伸，不要前倾，也不要扭曲臀部，坚持 15 秒，做 5~10 组。

四、肩关节的损伤及预防

(一) 常见损伤原因

肩关节损伤常见于肩部的运动负荷过大或动作过猛，长时间用手臂扣球，过度牵拉肩部肌肉及意外受伤造成的并常常伴有肱二头肌长头肌腱损伤。业余爱好者常常抓起拍子就打，一打还很拼命。其实业余选手打球也要讲究方法，在肌肉没有完全活动开的情况下，猛然拉伸，很容易造成韧带、肌腱的损伤。

(二) 防治措施

(1) 打球先"预热"，是运动前首要的选择。运动讲究张弛有度。一般来说，打乒乓球 1~2 小时后，就应休息 15 分钟左右。

(2) 使用护具如护腕、护膝等，并科学地增加运动量。

(3) 注意劳逸结合。不要"平时不打球，一打就两三个小时不放手"，这样很容易使肌肉局部负担过大，从而发生运动损伤。

(4) 肌肉拉伤后，应立即停止运动，并在痛点敷上冰块或冷毛巾，切忌搓揉及热敷。发生在踝、膝、腕关节的扭伤，经冷敷处理，24 小时后才可用活血化瘀、消肿止痛的中成药。

(5) 肩关节损伤后，主要表现为肩外侧疼痛，向颈部、上臂部放射；肩外展或做肩从外旋迅速内旋的鞭打动作、扣杀时，疼痛会加重；肩部外展时疼痛明显。急性肩部损伤，要适当休息，减少肩部活动量，适当做肩部柔韧性练习。还可以局部进行理疗、针灸、按摩、中药外敷或痛点封闭等。

(三) 拉伸练习

(1) 屈肘屈肩拉伸：站立或坐在瑜伽垫上；举起右臂，肘关节弯曲，右手置于颈后；左手经过头上并用力将右侧肘关节向后拉直到肩关节和背部出现绷紧的感觉。在该位置上保持 20 秒，根据个人情况重复 2~3 次。

(2) 胸前横臂拉伸：站立或坐在瑜伽垫上，右臂前伸，肘关节弯曲，左手从右臂下方将右侧肘关节向后拉直到肩关节出现绷紧的感觉。在该位置上保持 20 秒，根据个人情况重复 2~3 次。

(3) 坐姿肩后伸拉伸：坐在瑜伽垫上，双脚并拢伸直，双手位于身体正后方，手掌完全贴在地面上，手掌贴着地面向后缓慢移动直到肩关节出现绷紧的感觉。在该位置上保持 20 秒，根据个人情况重复 2~3 次。

思考题

1. 乒乓球运动的健身价值有哪些？
2. 我国乒乓球的发展与成就体现在哪些方面？
3. 乒乓球几种发球与接发球基本技术要领是什么？
4. 乒乓球发球抢攻战术的基本要求有哪些？
5. 乒乓球运动主要的运动损伤有哪些？如何避免？

第十章　羽毛球运动

【学习目标】

1. 了解羽毛球运动的起源与发展。

2. 掌握羽毛球运动的基本技术和基本战术。

第一节　羽毛球运动概述

一、羽毛球运动的起源与发展

根据《民族体育集锦》记载，“中国在远古时期就有类似羽毛球游戏活动的存在……这种活动主要分布在我国西南等地区”。据英国《大不列颠百科全书》记载，“原始的羽毛球游戏活动至少在2000年前，在中国、日本、印度、泰国等就流行这项游戏活动了”。

相传在14~15世纪时的日本，球拍是木制的，球用樱桃核插上羽毛制成。这种球由于飞行速度太快，羽毛极易损坏，加之造价太高，所以该项运动时兴了一阵子就慢慢消失了。19世纪60年代，一批退役的英国军官把印度孟买的“普那”(Poona，球用圆形硬纸板插上羽毛制成，板是木质的，一种类似羽毛球运动的游戏)带回英国。早期羽毛球运动所用的球类似我国民间的毽子，其活动形式是用木拍击打“毽子”球，被人们称为“毽子板”运动，这是现代羽毛球运动的前身。

19世纪中叶，在英国出现了用羽毛和软木制成的球和用弦穿的球拍击球的活动。1873年英国的鲍费特公爵在伯明顿庄园举办了一次游园活动，由于下起了大雨，便改在室内进行羽毛球游戏，场地呈葫芦形，中间狭窄处挂着网。由于这项游戏的趣味性强，参与者各个尽兴而归，于是这项游戏活动便逐渐风行起来，并以“伯明顿”命名。“伯明顿”即成为英文羽毛球的名字。于是，现代羽毛球运动正式诞生。

二、羽毛球运动的特点

(一)一种全身运动项目

羽毛球运动无论是作为有规则的比赛还是作为一般性的健身活动，运动者都要在场地上不停地进行脚步移动、跳跃、转体、挥拍，合理地运用各种击球技术和步法将球在场上往返对击，从而增大了运动者上肢、下肢和腰部肌肉的力量，加快了运动者全身血液循环，增强了运动者心血管系统和呼吸系统的功能。据统计，大强度羽毛球运动者的心率可达到每分钟160~180次，中强度羽毛球运动者的心率可达到每分钟140~150次，低强度羽毛球运动者的心率也可达到每分钟100~130次。长期进行羽毛球锻炼，可使运动者心跳强而有力，肺活量加大，耐久力提高。此外，羽毛球运动要求运动者在短时间对瞬息万变的球路作出判断，果断地进行反击。因此,它能提高人体神经系统的灵敏性和协调性。

(二)不受场地的限制

羽毛球活动对设备的基本要求比较简单,只需两个球拍、一个球和一条绳索即可。平时进行羽毛球活动只要有平整的空地就可以了。在风不大的情况下,可以在户外进行活动,只要把球网架起来,就可以在一定长度和宽度的空地上画上几条线,双方对练。

(三)集体、个人皆宜

羽毛球运动既可单兵作战(两人对练),又可集体会战(双打练习或三人对三人对练)。单人对练时,练习者可以随心所欲地打出任何弧线、任何远度、任何力量及速度、任何落点的球来;集体会战则可以使练习者养成协调配合的习惯,培养练习者集体主义精神。

(四)不受年龄、性别的限制

羽毛球运动游戏性较强,运动量可大可小。身强力壮的年轻人可以将球打得又刁又重,拼尽全力扑救任何来球,尽情散发自己的青春气息;年老体弱的练习者可以把球轻轻地击来打去,根据自己的要求来变换击球节奏,从而达到锻炼身体、延年益寿的功效,通过羽毛球活动既活动了身体,又娱乐了心情。

三、羽毛球运动的场地及器材

(1)羽毛球场地(见图 10-1)。羽毛球场地呈长方形,长度为 13. 40 米,双打场地宽为 6. 10 米,单打场地宽为 5. 18 米。球场上各条线宽均为 4 厘米,丈量时要从线的外沿算起。国际比赛规定,整个球场上空空间最低为 9 米,在这个高度以内,不得有任何横梁或其他障碍物。球场四周 2 米以内不得有任何障碍物。

(2)羽毛球网。长 6. 10 米、宽 76 厘米,由优质深色的天然或人造纤维制成,网孔大小在 15 到 20 毫米之间,网的上沿应缝有 75 毫米宽的双层白布(对折而成),并用细钢丝绳或尼龙绳从夹层穿过,牢固地张挂在两网柱之间。标准球网应为黄褐色或草绿色。球网中部上沿离地面高度必须为 1. 524 米,球网两端高为 1. 55 米。

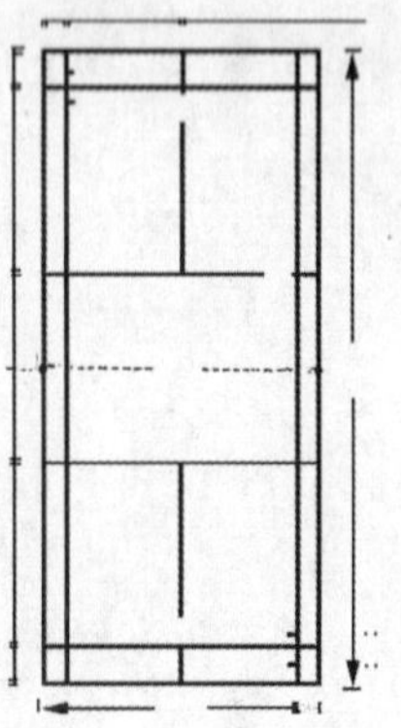

图 10-1　羽毛球场地

(3)羽毛球。羽毛球重 4. 74 克~5. 5 克,由 16 根羽毛插在半球形软木托上,球高 68~78 毫米,直径 58~68 毫米,分为 1~10 号。

(4)羽毛球拍。羽毛球拍框总长度不超过 68 厘米,宽不超过 23 厘米,拍弦面长不超过 28 厘米,宽不超过 22 厘米。

四、羽毛球运动发展历史

国际羽联成立后,世界羽毛球运动经历了几个重要的发展阶段:

第一阶段:从欧洲向世界传播。20 世纪初,羽毛球运动流传到亚洲、美洲、大洋洲,最后传到非洲。

第二阶段:亚洲羽毛球运动迅速崛起。20 世纪 50 年代,亚洲羽毛球运动发展很快,马来西亚取得前三届汤姆斯杯赛冠军。同时印度尼西亚队在技术和打法上有所创新,很快取得了霸主地位。20 世纪 60 年代以后,羽毛球运动的发展逐渐移向亚洲。20 世纪 70 年代,印度尼西亚在国际羽坛一枝独秀,羽毛球成为印度尼西亚的国球。

第三阶段:中国崭露头角独领风骚。20 世纪 80 年代,中国和印度尼西亚开始争夺世界羽毛球运动领军地位,一度独领风骚。但是昙花一现之后,中国羽毛球运动开始跌入低谷。1992 年巴塞罗那奥运会羽毛球首次被列入比赛项目,中国队铩羽而归。世界大奖赛的冠军与中国运动员极少有缘。

第四阶段：中国再铸辉煌，称霸世界羽坛。1993年，退役后的世界羽毛球冠军李永波临危受命担任中国羽毛球队总教练。慢慢地中国羽毛球队东山再起、重振雄风，中国羽毛球队最终走向辉煌，成就羽坛霸主地位。

第二节 羽毛球运动基本技术

一、握拍法

（一）正手握拍法

正手握拍法又称“握手”式握拍法。握拍时先用非持拍手握住拍杆，让穿弦拍面垂直指向地面，拍柄朝向自己身体；用持拍手握在拍柄上，虎口对准球拍拍柄左上面与斜面的夹角；大拇指和食指位于拍柄中、前部位，小拇指、无名指和中指并拢位于拍柄后（底）端，拍柄底端与小鱼际齐平，食指与中指稍稍分开。握拍时掌心不要贴紧拍柄，要使掌心与拍柄保持一定的空隙。（见图10-2）

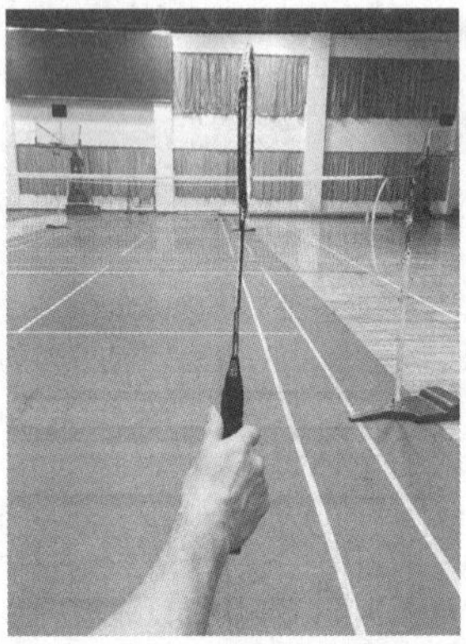

图10-2 正手握拍法

图10-3 反手握拍法

（二）反手握拍法

反手握拍法是在正手握拍的基础上，将大拇指伸直用其第一指节内侧顶贴在拍柄内侧的宽面上，食指收回，与拇指同（或略）高，用大拇指和食指将球拍稍向外转，中指、无名指、小指紧握拍柄，拍柄端紧靠小指根部。握拍手心与拍柄之间留有空隙，以便能充分利用手腕力量和大拇指的内侧压力击球。（见图10-3）

二、发球

发球是羽毛球基本技术之一。羽毛球发球虽不能像乒乓球发球那样使球产生各种旋转，但它可以通过不同的发球手法，发出不同弧度、不同落点的球来控制对方，为本方创造进攻得分的机会。因此，羽毛球的发球应引起初学者的充分重视。

（一）发球的站位与准备姿势

1. 正手发球

站位：单打发球站位在中线附近，在离前发球线1米左右处。双打发球站位可靠近前发球线。

准备姿势：身体左肩侧对球网，左脚在前，右脚在后，重心在右脚上，右手持拍向右后侧举起，肘部放松微屈，左手拇指、食指和中指夹住球，举在胸腹间。发球时，身体重心由右脚移至左脚。

2. 反手发球

站位：站在前发球线后10~50厘米及发球区中线的附近，也可以站在前发球线及场地边线附近的地方（双打比赛中,从右场区发球时可以看到)。

准备姿势:面向球网,两脚前后站立(左脚或右脚在前均可),上体稍前倾,身体重心在前脚上。右手反手握拍,左手拇指、食指和中指捏住球的二三根羽毛,球托明显朝下(避免犯规),球体与拍面平行或球托对准拍面放在拍面前方。

(二)接发球的站位和准备姿势

站位:不论是单打还是双打,都应选择一个合理的接发球站位。一般情况下,单打的接发球站位离前发球线约 1.5 米处;在右发球区应站在靠中线的位置,在左发球区则站在中间稍偏边线的位置,主要防备对方发球攻击反手部位。双打接发球时站位可靠近前发球线,因双打的后发球线距前发球线比单打短 0.76 米,发高远球易被扣杀,所以,双打发球应以网前小球为主。

准备姿势:单打接发球应左脚在前,后脚在后,侧身对网,重心在前脚,后脚脚跟稍提起,收腹含胸,持拍于右身前,两眼注视对方。双打接发球准备姿势基本同单打接发球,但重心可随意放在任何一只脚上,球拍高举在肩上,注意力要高度集中。

(三)发球技术

发球可分为正手发球和反手发球。一般来说,发网前球、平快球、平高球均可以用正手发球或反手发球的技术来完成,而发高远球则须采用正手发球。

1. 正手发高远球

运行轨迹又高又远、下落时与地面垂直、落点在对方场区底线附近的球叫高远球。单打比赛时,常采用这种发球迫使对方退到最远的底线去接发球。如果发出的高远球质量好,就可在一定程度上限制对方一些进攻技术的发挥,使对方在接高远球时不容易马上组织进攻。在对方体力不支时,发高远球也可以使对方消耗更多的体力。

正手发高远球的动作要领(见图 10-4):

图 10-4 正手发高远球

(1)准备姿势:左脚在前,右脚在后,成"丁"字步站立,侧身左肩对网,重心在后脚,右手握拍曲臂举羽毛球拍于右侧,左手持球用手指握于球托上方羽毛球根部的位置。

(2)引拍动作:持球手松开,使球自然下落,此时左手随引拍动作收至身体左侧。同时,右上臂随转体外旋,并带动前臂自下而上沿半弧形做回环引拍动作,充分伸腕,身体重心随转体和引拍动作逐渐前移。当挥拍至身体右侧前下方、身体转至近于面对球网时,准备击球。

(3)击球动作:最佳击球点在身体右侧前下方。在拍面与球接触的瞬间,右臂迅速内旋,带动手腕快速向前上方闪动、展腕屈指发力,用正拍面将球击出,身体重心随转体动作逐渐由右脚移至左脚。

(4)击球后的随挥动作:身体重心完全移至左脚,持拍手随击球动作完成后的自然惯性向左上方挥动,然后两臂还原成接球前的准备动作。

2. 发平高球

球的弧线比高远球低，以对方接球时伸拍打不着球的高度飞至发球线附近的场区下落的球，称为平高球。

(1)正手发平高球：发球动作要领与正手发高远球基本一致。只是在击球的一刹那，小臂加速带动手腕向前上方挥动，拍面要向前上方倾斜，以向前用力为主。

(2)反手发平高球：主要以前臂带动手腕从左下方向右上方快速挥拍，左手自然放球，用反拍面击球(见图10-5)。发平高球的关键在于击球时球拍的仰角，拍面与地面形成的仰角在125°左右，以免出球太高缺乏攻击力，出球太低遭受拦截。击球力量要适当，力量太小球发不到位，力量过大球容易出界。

图10-5　反手发平高球

3. 发平快球

球又平又快，径直飞向对方后发球线附近的发球区的球，称为平快球。由于它的弧线平直、飞行急速，向对方接球能力最薄弱的部位或空当发去，往往能使对手措手不及，收到出其不意的效果，发手快球是发球抢攻的主要发球技术。

(1)正手发平快球：其发球方法和正手发高远球大致相同。站位比发平高球稍后些，充分利用前臂带动手腕爆发力向前方用力，出手的动作要小而快。击球时，拍面稍微后仰，拍面与地面形成的仰角一般在110°左右，在规则允许的范围内尽量提高击球点。发平快球时还应注意不要过手、过腰犯规。

(2)反手发平快球：其准备姿势亦同反手发平高球。区别在于：击球时，拍面与地面形成的仰角一般在110°左右，击球的方向应更平直一些。

4. 发网前球

球贴网而过，落在对方前发球线附近的发球区内的球，称为网前球。发网前球分为正手发网前球和反手发网前球两种。发网前球是在双打中主要采用的发球技术。

(1)正手发网前球：其基本动作与发高远球相似，站位稍靠前。由于网前球飞行距离短、弧线低、用力轻，因而发网前球前臂挥动的幅度和手腕后伸的程度要比发高球小；球拍触球时，拍面从右向左推送击球，使球刚好越网而过，落在对方前发球线附近。

(2)反手发网前球：发球时，球拍由后向前推送击球，使球的最高弧线略高于网，球过网而下落在对方前发球线附近。

三、击球技术

(一)搓球

搓球是用球拍搓击球的左或右侧下部与球托底部，使球向右侧或左侧旋转与翻滚过网。搓球有正手搓球和反手搓球。

(1)正手搓球的动作要领(见图 10-6):侧身对右边网前,正手握拍。球拍随着前臂伸向右前上方斜举。当球拍举至最高点时,前臂向外旋转,手腕由后伸至稍内收闪动,握拍手的食指和拇指夹住拍,中指、无名指和小指轻握拍柄,使球拍在手腕和手指的挥摆用力下,搓击来球的右下底部,使球旋转翻滚过网。

图 10-6　正手搓球

图 10-7　反手搓球

(2)反手搓球的动作要领(见图 10-7):上网步法要快,左脚蹬地右脚向网前跨成弓箭步,侧身背对网,重心在右脚,握拍手臂向前伸出,出手要快,手腕、手指自然放松,前臂稍上举,手腕前屈,握拍手部高于拍面,反拍迎球。击球时,主要靠前臂的前伸外旋和手腕由内收至展腕的合力,带动手指离网"提拉",搓击球托的侧底部,使球呈上旋翻滚过网。

(二)勾球

在羽毛球运动中,勾球也称网前勾对角线,是将对方击到自己前场区域位置的球还击到与自己成对角线位置的对方网前区域内的击球技术。网前勾球有正手勾球和反手勾球两种。

(1)正手勾球的动作要领(见图 10-8):侧身对右边网前,正手握拍。前臂随步法移动过程伸向前上方,并有外旋、稍向后伸手腕动作。以肘部一定的回拉动作带动上臂内旋,手腕由伸腕到收腕发力切击球托的右后侧部位,击球力量不宜过大,并根据不同的来球位置,调整好击球的拍面角度。击球后右脚迅速蹬地向中心位置回动,球拍回收到胸前。

图 10-8　正手勾球

图 10-9　反手勾球

(2)反手勾球的动作要领(见图 10-9):运用反手上网步法向来球方向移动。击球前的动作与正手勾球相同。前臂随步法移动过程调整为反手握拍,前臂上举,手腕前屈,手背约与球网同高,拍面低于网顶,用反手拍面迎球。上臂外旋带动手腕伸腕发力,向网前对角的斜前方切击球托的左后侧部位,击球力量的大小、击球位置的高低和击球角度的调整均与正手勾球相同。击球后右脚迅速蹬地向中心位置回动,球拍回收到胸前。

（三）推球

羽毛球推球是指把对方击来的网前球推击到对方的后场两底角去。球飞行的弧线较低平，速度较快。推球在羽毛球运动中是一种常用的前场技术。推球也分正手推球和反手推球。

（1）正手推球的动作要领（见图10-10）：站在右网前，球拍向右侧前上举。在肘关节微屈回收时，前臂稍外旋，手腕稍向后侧，球拍也随之往右下后摆，拍面正对来球。这时，小指和无名指稍松开，使拍柄稍离开鱼际肌，拇指和食指向外捻动拍柄，拍面更为后仰。推球时，身体稍往前移，右前臂往前伸并带内旋，手腕和手指控制拍面角度，手腕由后伸至伸直并闪腕，食指向前压，小指和无名指突然握紧拍柄，拍子急速地由右经前上至左地挥动推球，使球沿边线飞向对方后场底角。在回动过程中，拍子回收。

图10-10　正手推球

（2）反手推球的动作要领（见图10-11）：站在左网前，以反手握拍，前臂往前上方伸举。在前臂稍向左胸前收引，肘关节微屈，手腕外展时，变成反手推球的握拍法，球拍松握，反拍面迎球。当前臂前伸并带外旋，手腕由外展到伸直闪腕，中指、无名指和小指突然握紧拍柄，拇指顶压，往右前方挥拍时，推击球托的左侧后部，使球沿对角线方向飞行。击球后，手臂回收，恢复击球前的准备姿势。

图10-11　反手推球

（四）挑球

把对方击来的网前球、吊球挑高回击到对方后场，称为挑球。挑球可分为正手挑球和反手挑球两种。

（1）正手挑球的动作要领（见图10-12）：击球前，前臂充分外旋，手腕尽量后伸，击球时，从右下向右前方至左上方挥拍击球。在此基础上，若球拍向右前挥动，挑出的是直线高球，若球拍向左前方挥动，挑出的则是对角高球。

图 10-12　正手挑球

(2)反手挑球的动作要领(见图 10-13):击球前,右臂往后拉抬肘引拍。击球时,前臂充分内旋,手腕由屈至后伸,闪动挥拍击球。若球拍由左下向左前上方挥动,则球向直线方向飞行;若球拍由左下向右前上方挥动,则球向对角方向飞行。

图 10-13　反手挑球

(五)扑球

扑球是指对方发网前球或者回击网前球时,在球刚越到网顶,立即上网向斜下扑压的打法。扑球有正手扑球和反手扑球两种。

(1)正手扑球的动作要领(见图 10-14):当对方来球距网较高时,迅速向前蹬跃,如距网较远,可加一个并步后前跃。腾空后身体向右前倾,手臂充分前伸,同时迅速变换握拍方法,使拍面与球网平行正对来球。手腕后伸,中指、无名指和小指充分松握球拍,使球拍后引。击球时,主要利用中指、无名指和小指突然握紧拍柄和手腕"闪动",将球向前下方击出。击球后,随前动作甚微,右脚落地制动,立即收拍高举,以便封截对方可能挡回的来球。

图 10-14　正手扑球

图 10-15　反手扑球

（2）反手扑球的动作要领（见图10-15）：当身体向左前蹬跳跃起时，持拍手随着前臂前伸，向前上方举拍，肘稍屈，手腕外展，采用反手握拍法，拍面正对来球。握拍要松，拇指最后发力顶住球拍。击球时手腕由外展至内收，"闪动"向前下加速挥击，扑压击球。击球后，前脚落地制动，手臂回收，以免触网。击球后，持拍手同侧脚着地并制动，另一侧脚也跟着落地，维持身体平衡。

（六）抽球

抽球是指将低于肩部的来球，以较平的飞行弧线、较快的球速、接近球网的高度，反击到对方场区内的击球方法。虽然抽球属于防守技术，但由于抽球击球点低、近网、球速快，有一定的进攻能力，因此它也是反控制的主要技术之一。抽球有正手抽球和反手抽球两种。

（1）正手抽球的动作要领（见图10-16）：站在右场区中部，两脚平行开立稍宽于肩，重心在两脚间，微屈膝收腹，正手握拍举于右肩前。击球前肘关节前摆，前臂稍往后带外旋，手腕稍外展至后伸，引拍至体后。击球时前臂内旋，手腕伸直闪动，手指抓紧拍柄，球拍由右后往右前方高速平扫猛击来球。

图10-16　正手抽球

（2）反手抽球的动作要领（见图10-17）：右脚前交叉在左侧前，重心在左脚上，右手反手握拍在左侧前。击球前肘部稍上抬，前臂内旋，手腕外展，引拍至左侧。击球时，前臂外旋，手腕由外展到伸直闪动，挥拍击球托的底部。击球后，球拍随身体的回动收回到右侧前。

图10-17　反手抽球

（七）高远球

以较高的弧线将来球击到对方场区底线附近叫击高远球。击高远球是一切上手击球动作的基础。高远球的特点是球的弧线高、滞空时间长，它的作用是逼迫对方远离中心位置退到底线去接球，一方面可减弱对方进攻的威力，为己方进攻寻找机会，另一方面在己方被动的情况下，有较多的时间来调整站位，摆脱被动局面。上手击高远球分为正手击高远球、反手击高远球和头顶击高远球。

(1)正手击高远球的动作要领(见图 10-18):首先判断来球的方向和落点,侧身后退使球在自己右肩稍前上方的位置,左肩对网,左脚在前,右脚在后,重心在右脚上,左臂屈肘,左手自然高举,右手持拍,大小臂自然弯曲,将球拍举在右肩上方,两眼注视来球。击球时,由准备动作开始,大臂后引,随之关节上提明显高于肩部,将球拍后引至头后,自然伸腕(拳心朝上),然后在后脚蹬地、转体和腰腹的协调用力下,以肩为轴,大臂带动小臂快速向前上方甩动手腕,在手臂伸直的最高点击球。击球后,持拍手臂顺惯性往前下方挥动并收拍至体前。与此同时,左脚后撤,右脚向前迈出,身体重心由后脚移到前脚。

图 10-18　正手击高远球

(2)反手击高远球。当对方将球击到本方左后场内,以反手将球击回对方底线去的高远球击球法称为反手击高远球。它的特点是节省体力,对步法要求也不高,在被动情况下,可采用反手击高远球过渡,帮助自己重新调整站位。

反手击高远球的动作要领(见图 10-19):首先判断准对方来球的方向和落点,迅速将身体转向左后方,步法到位后,右脚前交叉跨到左侧底线,背对网,身体重心在右脚上,使球在身体的右肩上方。击球前,由正手握拍迅速换为反手握拍,并持拍于胸前,拍面朝上。击球时,以大臂带动小臂,通过手腕的闪动、自上而下的甩臂将球击出。在最后用力时,要注意拇指的侧压力与甩腕的配合,同时还要利用两腿的蹬地、转体等协调全身用力。

图 10-19　反手击高远球

初学者用反手击高远球时,往往容易出现步子不到位、击球点掌握不好、击球时未用拇指的侧压力、击球刹时用力过早或过迟、没有用在“点”上等错误。要通过反复的练习和体会才能逐渐掌握正确的击球动作。

(3)头顶击高远球。在自己的左后场区,用正手在头顶中间部位或在左肩上方将来球击到对方底线去的高远球击球法称为头顶击高远球。这种击球动作是我国运动员对羽毛球技术发展的一项贡献。它比反手击球主动性强,具有更大的攻击性,初学者应努力学好这项技术。

头顶击高远球的动作要领：击球前的准备姿势以及击球动作同正手击高远球基本一致。不同的是头顶击高远球的击球点在左肩上方（因为球是飞向左后角的）。准备击球时，侧身（左肩对网）稍左后仰。击球时，大臂带动小臂使球绕过头顶，从左上方向前加速挥动，在用力击球时，注意发挥手腕的爆发力和充分利用蹬地以及收腹的力量。击球后，左脚在身后着地并立即回蹬，同时右脚前移，重心移至右脚。

（八）吊球

把对方击来的后场高球还击到对方的网前区的击球法称为吊球，吊球与击高远球技术动作大致相同，如果能在后场将吊球、击高远球和杀球结合起来运用，就能给对方以很大的威胁。吊球分为正手、反手和头顶吊球三种，不论哪种吊球，其击球前的准备动作都应与击高远球一样，保持动作的一致性，使对方不易判断己方打出的是什么球。

（1）正手吊球。劈吊（快吊）击球前期动作与正手击高远球相同。击球时，拍面正面向内倾斜，手腕作快速切削下压动作。若劈吊斜线球，则球拍切削球托的右侧，并向左下方发力；若劈吊直线，则拍面正对前方，向前下方切削。轻吊（拦截吊）击球前期动作同正手击高远球。击球时，一种轻吊时的拍面变化同劈吊基本一致，但用力要更轻些；另一种是击球时，拍面正击球托或借助于来球的反弹力用球拍轻挡，使球过网后贴网而下。后者多用于拦截对方击来的平高球和半场高球。

（2）反手吊球。反手吊球击球前的动作同反手击高远球，不同处在于触球时拍面的掌握和力量运用。吊直线球时，用球拍反面切削球托的后中部，向对方右网前发力；吊斜线球时，用球拍反面切削球托的左侧，朝对方左网前发力。

（3）头顶吊球。头顶吊球也可作劈吊和轻吊。其击球前的动作同头顶击高远球一样。不同的是球拍触球时拍面的变化和力量的运用。吊直线球的动作同正手吊直线球基本一致，只是击球点不同；吊斜线球时，球拍正面向外转，切削球托的左侧，朝右前下方发力。

（九）杀球

杀球是把对方击来的球在尽量高的击球点上斜压下去。杀球的球力量大、弧线直、落地快，给对方的威胁很大，是进攻的主要技术。杀球的基本技术与击高远球非常类似。杀球可分为正手杀球、反手杀球和头顶杀球。

（1）正手杀球。其击球前的准备姿势和击球动作与正手击高远球基本一样，但最后用力的方向朝下，而且要充分利用蹬地、转体、收腹以及手臂和手腕的爆发力全力地将球向下击出，击球的一刹那要紧握球拍。

（2）反手杀球。其准备姿势和击球动作与反手击高远球一样，但最后用力的方向朝下，而且要加快手臂和手腕朝下的闪动。击球点应尽可能高些、前些，这样便于力量的发挥。反手杀球虽然力量不大，但有其突发性。一般在实战中，趁对方不备，偶尔用反手杀球（因反手杀球威胁不大，对方思想容易放松）也会收到出奇制胜的效果。

（3）头顶杀球。其准备姿势和击球动作与头顶击高远球一样，不同的是击球时要充分利用腰腹力量，以大小臂带动手腕快速下扣。头顶杀球是一种重要的进攻性技术，也是我国运动员在左后场区进攻的主要手段，它弥补了反手击球力量不足的弱点。初学者如能掌握好头顶杀球技术，便能使对方难以对付。

四、步法

羽毛球步法的准备姿势为：双脚自然开立与肩同宽，身体重心均匀在双脚前脚掌上，上身前倾，踝关节、膝关节和髋关节稍稍弯曲，双臂在肘关节处弯曲呈90°，持拍手将拍持于胸前，目光向前注视来球。

步法有基本步法和场上移动步法。基本步法指启动步、垫步、交叉步、小碎步、并步、蹬转步、蹬跨步、蹬跳步等。场上步法是指在场区移动的方法。一般都是从场地中心位置开始，按移动方向分为上网、后退和两侧步法。场上步法的结构由起动、移动、到位击球(制动)和回位(回动)几个基本环节组成。右手持拍者,到位击球时的最后一步一般都是右脚在前,而左脚总是靠近中心位置,向着场地中心。

(一)基本步法

(1)启动步:是指在对手击球的一瞬间,双脚稍微起跳离开地面,使身体由地面反弹起来,落地瞬间快速移动出去。这种步法在移动中起到加速的作用,可以使你的移动速度更快。

(2)垫步:当右(左)脚向前(后)迈出一步后,后脚跟进,紧接着以同一脚向同一方向再进一步,为垫步。

(3)交叉步:左右脚交替向前、向侧或向后移动为交叉步。另一脚向前面的为前交叉步,而另一脚向后面的为后交叉步。交叉步一般在后退打后场球时运用得较多。

(4)小碎步:以小的交叉步移动的称为小碎步。由于步幅小、步频快,一般在起动或回动起始时用。

(5)并步:右脚向前(或向后)移动一步时,左脚即刻向右脚跟并一步,紧接着右脚再向前(或向后)移动一步,称为并步。这种步法较多地运用在上网、左右接杀球和正手后退突击扣杀时。

(6)蹬转步:以一脚为轴,另一脚作向后或向前蹬转迈步。

(7)蹬跨步:在移动的最后一步,左脚用力向后蹬的同时,右脚向来球的方向跨出一大步,称为蹬跨步。它多用于上网击球,在后场底线两角移动抽球时也常采用。

(8)腾跳步:起跳腾空击球的步法为腾跳步。它可分为两种:一种是上网扑球或向两侧移动突击杀球时,以领先的脚(或双脚)起跳,作扑球或突击杀球;另一种是对方击来高远球时,用右脚(或双脚)起跳到最高点时杀球。

(二)场上移动步法

(1)上网移动步法:右边上网可采用两步或三步跨步移动的方法,也可采用垫一步再跨一大步移动的方法。左边上网移动步法同右边上网,只是移动方向是朝左边网前。

(2)向右侧移动步法:离中心较近时用蹬跨一大步到位击球,如离中心较远,则垫一小步后右脚再跨一步。

(3)向左侧移动步法:与向右侧移动步法相同,离中心较近时,左脚跨则左脚先移动一小步,再左转体,右脚跨一大步到位击球。

(4)后退移动步法:常见的正手后退步法一般采用侧身后退,有利于到位后挥拍击球。采用并步加跳步。头顶击球步法基本同正手后退步法,只是移动方向是在左后场。

(5)起跳腾空步法:步子到位后,为了争取时间高点击球,用单脚或双脚起跳,居高临下,凌空一击的方法叫起跳腾空击球。主要采用并步加蹬跳步,这种步法在两底线和两侧突击进攻时较多使用。

(6)前后场连贯移动步法:连贯移动是指两个或两个以上击球动作之间的移动是连贯的,原因大致有两种:一种是战术目的明确或预测判断有十分把握的情况下,步法移动迅速;另一种是双方互相还击的球速都比较快,如接杀抽—放网—勾—推,这样一类技术,运动员跑起来步法之间衔接很快,也被认为是连贯的。其实,无论什么情况,两个技术动作之间的步法必然稍有停顿现象。节奏掌握得好,就不为人所注意。

综上所述,步法有一定的移动规律,只要掌握了这个规律,在场上就显得轻松自如。但来球的落点是千变万化的,步法也要随机应变,灵活调整。这种调整并不破坏步法的规律性,而是使步法灵活。

第三节 羽毛球运动基本战术

战术与打法的关系是很密切的。在实战中，战术是根据双方的打法和场上的具体情况而定的。“以己之长，攻彼之短”是一大原则，现简单介绍一些常用的战术。

一、单打常用战术

（一）发球抢攻战术

从发球的第一拍起，争取控制对方，以攻杀得分。这种战术，一般以发网前低球结合平快球、平高球，争取第三拍主动进攻。用这种战术对付应变能力较差的对手，或实施于比赛的关键时刻，效果往往很好。实施这一战术时，应有高质量的发球予以保证，否则很难成功。

（二）攻后场战术

此战术是通过击高球、重复压对方的底线两角，造成对方的被动，然后寻找机会进攻。用它来对付初学者，或后场还击能力较差，或后退步子较慢以及急于上网的对手是很有效的。

（三）攻前场战术

对网前技术较差的对手，可运用此战术先将其吸引到网前，然后再攻击其后场。采用此战术，自己首先要有较好的网前击球技术。

（四）打四方球战术

若对手步子较慢、体力较差、技术不全面，可以快速准确的落点攻击对方场区的四个角落，寻找机会向空当进攻。运用此战术的主要目的是通过打落点，逼迫对方前后奔跑、被动应付，并在其回球质量下降或露出破绽时乘虚而入而攻之。

（五）杀、吊上网战术

对手打来的后场高球，本方先以杀球配合吊球把球下压，落点选在场区的两条边线附近，致使对手被动回球。若对手回网前球，本方可迅速上网搓球、勾对角球或平推球，创造在中场大力扣杀的机会。运用这种战术时必须很好控制杀、吊球的落点，只有使对方被动回球，才能主动迅速上网。

（六）打对角线战术

对付身体灵活性差、转体较慢的对手，不论是进攻还是防守，均应以打对角线球为主。这样，对方会因移动困难而被动，为己方创造进攻机会。

（七）防守反击战术

在对方主动进攻、己方被动防守时，己方可高质量地接杀挡网；或抓住对方攻杀力量减弱，或落点不好之机会，以平抽底线球还击对方后场，扭转被动局面，并进行反击。

二、双打常用战术

双打比赛不仅是竞赛双方在技术、战术、体力上的较量，同时也是双打同伴相互配合程度的较量。因此，在学习双打战术之前，首先要了解两人之间站位形式上的配合。一般情况下，有两人一前一后站位和两人分边（左、右）站位两种形式。一前一后站位即在后场的人分管后半场的球，站在前场的人则负责后半场的球。这种站位形式有利于进攻，而不利于防守。所以，一般在本方进攻时多采用此站法。两人分边站位多在防守时采用，这样，各人分管半边场地，在防守时就没有什么空当了。站位形式不是固定不变的，它在比赛中随着进攻与防守之间的不断转换而变化。总之，双打比赛对配对之间各方面的要求较高，其配合的方法也较多，初学者要

通过实战的练习,逐步掌握其规律。双打的基本战术如下:

(一)攻人战术

集中攻击对方中有明显弱点的人,并伺机攻击另一人因疏忽而露出的空当,或对此人进行偷袭。双打比赛中的配对选手的技术,一般总有一人好另一人稍差些。即便两人水平相差不多,但若能集中力量攻击其中一人,也会给其造成很大的心理压力,从而使其出现失误。

(二)攻中路战术

当对方分边站位防守时,将球攻击对方两人的中间;当对方前后站位时,可将球下压或平推两边半场。这样可使对方防守时互相争抢或互让而出现失误。

(三)攻后场战术

对方扣杀能力差,本方可采用平高球、推平球、接杀挑底线,把对方一人紧逼在底线两角移动。当对方被动还击时,则抓住机会大力扣杀。如另一对手后退支援,即可攻网前空当。

(四)后攻前封战术

当本方处于主动进攻前后站位时,站在后场的队员见高球就杀或吊网前球,迫使对方接球挡网前,这样能为本方前场队员创造封网扑杀机会。前场队员要积极封锁网前,迫使对方被动挑高球。一旦对手挑高球达不到后场,就为本方创造了再进攻的机会。

(五)防守反攻战术

在防守中寻找反攻的机会,以便摆脱困境,化被动为主动。如挑底线高球,即不论对方从哪里进攻,本方都应设法把球挑到进攻者的另一边底线。如对方正手后场攻直线,就挑对角线;如对方攻对角线,就挑直线。这是一种较容易争得主动的防守战术,在女子双打中运用更为有效。时机有利,即可运用反抽或挡网前回击对方的杀球,从守中反攻,争得主动权。运用此战术时,要注意挑高球一定要挑到底线,否则将会出现对方连续攻杀而本方无力反击的局面。

第四节　羽毛球比赛基本规则

一、计分方法

(1)三局两胜制。

(2)每球得分制,先得 21 分的一方胜一局,20 平后,连续得 2 分的一方胜该局,29 平后,先得 30 分的一方胜该局。

二、场区规则

(1)如出现以下情况运动员应交换场区:

①第一局结束。

②第三局开始。

③第三局中或只进行一局的比赛进行至一方达到 11 分时。

(2)运动员未按以上规则交换场区,一经发现立即交换,已得分数有效。

三、合法发球

(1)发球时任何一方都不允许非法延误发球。

（2）发球员和接发球员都必须站在斜对角线发球区内发球和接发球，脚不能触及发球区的界限；两脚必须都有一部分与地面接触，不得移动，直至将球发出。

（3）发球员的球拍必须先击中球托，与此同时整个球必须低于发球员的腰部。

（4）击球瞬间球杆应指向下方，从而使整个球筐明显低于发球员的整个握拍手部。

（5）发球开始后，发球员的球拍必须连续向前挥动，直至将球发出。

（6）发出的球必须向上飞行过网，如果不受拦截，应落入接发球员的发球区。

四、羽毛球的违例

（1）发球不合法违例，或接发球者提前移动。

注：发球时，球拍拍框高于握拍手的手腕（称为过手）或者拍框过腰（称为过腰）也都属于犯规。

（2）发球员发球时未击中球。

（3）发球时，球过网后挂在网上或停在网顶。

（4）比赛时：

①球落在球场边线外。

②球从网孔或从网下穿过。

③球不过网。

④球碰屋顶、天花板或四周墙壁。

⑤球碰到运动员的身体或衣服。

⑥球碰到场地外其他人或物体（由于建筑物的结构问题，必要时地方羽毛球组织可以制定羽毛球触及建筑物的临时规定，但其他组织有否决权）。

（5）比赛时，球拍或球的最初接触点不在击球者网的这一方（击球者击球后，球拍可以随球过网）。

（6）比赛进行中：

①运动员球拍、身体或衣服触及网或网的支持物。

②运动员的球拍或身体，以任何程度侵入对方场区。

③妨碍对手，如阻挡对方紧靠球网的合法击球。

（7）比赛时，运动员故意分散对方注意力的任何举动，如喊叫、故作姿态等。

（8）比赛时：

①击球时，球夹在或停滞在拍上紧接着又被拖带。

②同一运动员两次挥拍连续击中球两次。

③同一方两名运动员连续各击中球一次。

④球碰球拍后继续向后场飞行。

（9）运动员违反比赛连续性的规定。

（10）运动员行为不端。

五、重发球

（1）遇不能预见或意外的情况，应重发球。

（2）除发球外，球过网后，球挂在网上或停在网顶，应重发球。

（3）发球时，发球员和接发球员同时违例，应重发球。

（4）球员在接发球员未做好准备时发球，应重发球。

(5)比赛进行中,球托与球的其他部分完全分离,应重发球。

(6)司线员未看清球的落点,裁判员也不能做出决定时,应重发球。

(7)重发球时,最后一次发球无效,原发球员重发球。

(8)当球挂在网上的时候(无效球),原发球员重发球。

六、死球

(1)球撞网并挂在网上,或停在网顶上。

(2)球撞网或网柱后开始在击球这一方落向地面。

(3)球触及地面。

(4)“违例”或“重发球”已被宣报。

七、发球区错误

(1)发球顺序错误。

(2)从错误的发球区发球。

(3)在错误的发球区准备接发球,且对方球已发出。

八、发球区错误的裁判方法

(1)如果错误在下一次发球击出前被发现,应重发球;只有一方错误并输了这一回合,则错误不予纠正。

(2)如果错误在下一次发球击出前未被发现,则错误不予纠正。

(3)如果因发球区错误而“重发球”,则该回合无效,纠正错误重发球。

(4)如果发球区错误未被纠正,比赛也应继续进行,并且不改变运动员的新发球区和新发球顺序。

第五节　羽毛球运动教学与训练

一、羽毛球球感适应性的教学与训练

在羽毛球运动中球感适应性至关重要,它直接影响到个人对羽毛球的判断和击球质量的高低。球感是指个人对羽毛球的感知和控制。感知是指我们看到这个球或者听到对手击球声音时做出的反应;控制是指击球点的捕捉、击球拍面的角度变化、触球的力度变化以及击球方式的选择。羽毛球的球感适应性通过反复的针对性练习是可以提高的。

增强羽毛球球感适应性的训练方法有:

(1)正手颠球:采用正手握拍法握住球拍,用球拍向上颠球。

(2)反手颠球:采用反手握拍法握住球拍,用反拍面向上颠球。

(3)正、反手颠球:采用正手和反手握拍交替向上颠球。

(4)颠球接力:分组用颠球的方法,用直行或蛇形(绕障碍)等方法进行接力。

(5)打墙:练习者距墙 2 米左右,利用墙体的反弹,用正、反手来回击球。

二、羽毛球发球技术的教学与训练

羽毛球发球技术是非常重要的一项技术。高质量的发球会给对方接发球造成困难,迫使对方只能作防守性的回击，甚至会造成接发球失误；质量差的发球会使对方获得进攻机会，使自己处于被动局面。所以，发球质量的优劣会直接影响到比赛的攻防局势。

羽毛球发球技术的训练方法有：

(1)根据动作要领徒手挥拍，挥拍动作由慢逐渐过渡到正常发球速度。

(2)对墙进行发球练习。

(3)用多球在正规比赛地上反复练习。

(4)用多球在正规比赛地上击打目标练习。

三、羽毛球后场主要技术的教学与训练

羽毛球技术十分讲求技术动作的一致性和隐蔽性，只有掌握规范的后场技术动作，才能保证动作表现上的相似性，在比赛时迷惑对手取得主动，击出千变万化的球，最终争取获胜。

(一)击高远球的训练方法

(1)原地徒手挥拍练习，慢慢过渡到起跳挥拍。

(2)多球练习(原地击高远球逐渐过渡到移动中击球)。

(3)单球对练(可以先由较好的练习者陪练再过渡到同等水平的练习者对练)。

(4)一点打两点(一人原地做击直线和对角线高远球练习，另一人移动中做击直线和对角线高远球练习)。

(二)吊网前球的训练方法

(1)原地徒手挥拍练习，慢慢过渡到起跳挥拍。

(2)多球练习(原地逐渐过渡到移动中击球)。

(3)一吊一挑组合练习(一人练习吊球，另一人练习挑球)。

(4)一点打两点(一人原地做直线和对角线吊球练习，另一人移动中做直线和对角线挑球练习)。

(三)杀球的训练方法

(1)徒手练习手腕下压动作：用持拍手的拇指、食指、中指捏住球，手臂向上举起伸直，用手腕由后向前下闪动，将球抛向前下方，练习手腕下压动作。

(2)在没有球网的场地上，将球发到练习者的前上方(杀球的正确位置处)让练习者练习杀球。

(3)在球场上，用多球将球发送到练习者球场的前发球线附近，练习者练习近网杀球。

(4)在球场上，用多球将球发送到中场附近，练习者练习中场杀球。

(5)在球场上，用多球将球发送到后场任何位置，练习者练习移动中杀球。

四、羽毛球前场主要技术的教学与训练

羽毛球网前技术是体现动作表现一致性的最有代表性的技术。我们常常在国际羽毛球比赛中为优秀羽毛球运动员表现出的网前技术而倾倒，这得益于其扎实的网前基本技术。

(一)正、反手挑球的练习方法

(1)同伴抛球于网前，练习者用正、反手将球挑起至对方底线。

(2)同伴发球至网前，练习者用正、反手将球挑起至对方底线。

(3)同伴从后场吊网前球，练习者用正、反手挑高球到对方后场。

(4)同伴杀球至练习者中场，练习者用正、反手将球挑起至对方底线。

(二)正、反手搓球和正、反手勾球的练习方法

(1)多球练习：两人一组进行练习，同伴抛球至网前，练习者练习正、反手搓球，每组30个球，练习两组。

(2)单个动作练习:两人一组练习对搓。

(3)组合练习:同伴用正手搓球过网,练习者用正、反手将球搓回过网。

五、羽毛球全场步法的教学与训练

羽毛球步法是一项很重要的基本技术,它和手法有机结合,密不可分,被誉为“羽毛球运动的灵魂”。除发球外,所有技术几乎都要在移动中完成,因此对步法的要求是反应及时、判断准确、脚步灵活、移动迅速。所以,学习和掌握熟练、快速而准确的步法是打好羽毛球、提高运动水平的重要环节。

羽毛球专项步法的练习方法

(1)高重心持拍全场“米”字步法练习1分钟左右,练习3~5组,组间休息1分钟。

(2)低重心摸球或摸地全场“米”字步法练习1分30秒,练习3~4组,组间休息2分钟。

(3)全场不定点接球练习2分钟,练习3~4组,组间休息2分钟。

六、羽毛球身体素质的教学与训练

羽毛球项目对身体素质的要求是相当高的,在抓好全面身体素质训练的基础上,要着重发展专项身体素质。身体训练的安排应围绕羽毛球专项的特点来进行。

(一)专项力量练习训练手段

1. 上肢专项力量的练习方法

(1)羽毛球掷远球、掷垒球练习。

(2)手持哑铃绕“8”字练习。

(3)挥羽毛球拍。

2. 躯干核心力量的练习方法

(1)仰卧起坐。

(2)俯卧两头起。

(3)俄罗斯转体。

(4)俯撑登山练习。

3. 下肢专项力量的练习方法

(1)跳绳练习——单腿跳、双腿跳、单摇、双摇。

(2)负重跨步走。

(3)原地纵跳、单足跳、蛙跳。

(二)发展速度素质的练习方法

(1)听口令变向跑——在快速移动中听信号后突然变向冲跑10米。

(2)听口令快速转身跑,反复几次。

(3)高频率跨越障碍物(羽毛球)——10个羽毛球一字排开,两球之间相距1.2~1.5米。

(4)四角跑——边长约6米,要求在拐角处变换方向。

(三)发展耐力素质的练习方法

(1)中距离跑——400米、800米。

(2)中长距离跑——1500米、3000米。

(3)定时跑——6分钟跑、12分钟跑。

(4)越野跑——距离可根据具体情况而定;练习既可以是匀速的,也可以是变速的。

（四）发展柔韧素质的练习方法

（1）柔韧体操。

（2）各种拉长韧带的练习。

（3）各关节的转动、屈、伸练习。

第六节　羽毛球运动常见损伤与防护

羽毛球运动是一项非常好的全身性运动。由于其运动强度较大，在锻炼的过程中一定要掌握规范的技术动作，思想上高度重视，只有了解羽毛球运动中常见损伤的发生原因、部位及预防的方法，才能降低从事羽毛球运动所带来的运动伤害。

一、手腕关节损伤

由于羽毛球的技术要求，无论是击打、扣杀，还是吊球、挑球、推球、扑球、勾球时都要求手腕有基本的后伸和外展的动作，然后随着不同的技术要领手腕快速伸直闪动鞭打击球或手腕由后伸外展到内收、内旋闪动切击球，手腕在快速的后伸、鞭打动作中，还不断做出不同角度内、外旋及屈收动作，因而手腕部的薄弱环节三角软骨盘不断受到旋转辗挤造成损伤。

手腕损伤的预防改善措施有：可用小哑铃或沙瓶负重做腕部练习，增加腕部力量。次数与重量根据个人情况而定，以每次练习出现臂酸胀为止。或加重球拍的重量绕“8”字练习，以加强、改善腕部的肌肉活动能力。也可用砖头代替重物，同时还可以发展手指力量。运动时带上护腕或用弹力绷带加固。练习量根据个人情况而定。羽毛球爱好者应该特别注意手腕的准备活动，并且应长期坚持做好手腕损伤的预防工作。

二、肩袖损伤

肩袖损伤也是在羽毛球运动中多发的一种损伤，这是由于在羽毛球的各项技术中，无论是正手、反手击球还是劈吊球，其基本动作都同时需要右（左）臂后引，胸舒展，当球落至额前上方击球时，上臂向右（左）上方抬起，肘部领先，前臂自然后摆，手腕后伸，前臂急速内旋带动手腕屈收鞭打发力。因此，肩关节进行重复无数次这种运动时，使组成肩袖的四块小肌肉处于离心性超负荷状态，从而造成肩袖损伤。

肩关节损伤的预防改善措施：加强肩部力量训练及肩部的柔韧伸展训练，用一定重量的物品置于肘部，平举至与肩同高，持续1~2分钟为一组，每次4~6组。每组间歇时注意放松，放松时肩部进行正压、反拉及前后绕环练习。

三、膝关节损伤

在羽毛球运动中，经常会出现反复的在短距离内，瞬间变向，侧身及前屈、后伸、起跳、跨步、后蹬等动作，膝关节的稳定装置不断承受剧烈拉应力和牵扯力，一旦某个动作不协调或过度用力、过度疲劳常常容易引发膝关节的急性损伤。因此，在进行羽毛球运动中，特别要注意这种重复发生率高的损伤。

膝关节损伤的预防改善措施：采用静力半蹲或负重静力半蹲来增加该部位的力量。如果股四头肌的力量强，运动中承受负荷的能力就强，出现劳损的可能性也就会小些。做加强力量的练习时膝关节屈的角度可由小到出现膝痛的角度开始，慢慢加大到不超过90°，每次练习时间可由5分钟开始慢慢延长到半小时以上。练习时，以出现股四头肌轻微的抖动为止。运动时可佩戴护膝。

四、肘关节损伤

在羽毛球运动中常见的肘关节损伤表现为“网球肘”。其原因是很多控制手指、手腕和前臂运动的肌肉都附着在肘关节周围。在羽毛球技术动作中，屈腕、旋前臂的动作比较多。如反手击球动作，它是靠上肢的屈腕肌和旋前肌来完成的。肘关节在130°~180°时，伸肌群的合力最集中，而外侧韧带也拉得最紧，此时如果用最大的力去做投掷动作，就可能发生损伤。

肘关节损伤的改善措施：上场之前做好充分的准备活动，把肘关节活动开，特别是冬季天冷时，最好能在打球之前挥几分钟空拍。刚开始打球时不要太猛，逐渐加力。握拍要放松，击球时肘部不要过直。也可以佩戴舒适的护肘，平常可以增加肘关节的力量练习，避免长时间大运动量地运动。

五、踝关节损伤

有关研究表明，运动中造成踝关节损伤的主要原因是支撑落地脚不稳，技术动作不良，带伤练习，起跳动作错误及准备活动不足。而在羽毛球运动中，全场移动、跨步支撑、起跳落地都会用到踝关节。因此，应该了解和掌握预防踝关节损伤的方法。踝关节扭伤后，绝不能再继续运动，不能马上揉搓，不能在没有检查伤病轻重的情况下，立即用冷水冲洗来达到冷敷止血的目的。因为在冲洗的过程中踝部会迅速肿起来，要是损伤严重的话会给治疗带来麻烦。不能在没有检查伤病轻重的情况下就用药物包扎，因为有的会出现皮肤反应，影响手术治疗，以致延误治疗的最佳时间。在出现损伤后立即用拇指压迫痛点（韧带的断裂部）止血。一般扭伤不严重的话，停止10~20天运动可以痊愈。严重者应该立即到医院看医生。

踝关节损伤根据部位的不同表现出的症状也有不同：外踝损伤时，外踝前下方凹陷处会有不同程度的肿胀或皮下淤血。严重时，患足不能支持或站立。单纯的韧带撕裂，压痛大部分在外踝下方。合并撕脱性骨折时，在踝关节处有明显的局部性压痛。慢性的踝关节劳损表现在准备活动时疼痛，活动后减轻，大量运动后加剧。踝关节有酸痛的感觉。

踝关节损伤的预防改善措施：运动前注意热身，鞋要松紧适度（不能太松）。运动中注意避免过度疲劳，尽量少腾空跳起。加强踝关节周围肌肉的力量练习，如负重提踵、足尖走、足尖跳。出现踝关节损伤后，一定要及时检查、确诊，以免误诊导致慢性病理过程。

六、腰肌扭伤

羽毛球运动的技术特点，要求腰部处于不断地过屈（如弓步接吊球、跨步接、搓网前球）或过伸运动中（如扣球、杀球、击后场高远球）。在重复做这些动作中，腰很容易受到损伤。如果在打球时注意力不集中，肌肉过于放松，动作技术错误、准备活动不充分，就容易造成急性腰肌扭伤。

当出现急性腰肌扭伤时，腰部出现持续局限性疼痛，行动困难，咳嗽、喷嚏时症状加重，次日可因局部出血、肿胀，腰痛更为严重；也有的只是轻微扭转一下腰部，当时并无明显痛感，但休息后次日感到腰部疼痛，腰部活动受限，不能挺直，俯、仰、扭转感困难，咳嗽、喷嚏可使疼痛加剧。腰肌扭伤后一侧或两侧当即发生疼痛；有时可能受伤后半天或隔夜才出现疼痛、腰部活动受阻，静止时疼痛稍轻，活动或咳嗽时疼痛较重。发生急性腰扭伤后，立即停止运动，严重者立即送往医院。防止因延误治疗而转为慢性损伤。扭伤初期宜睡硬板床。注意保暖与休息，重者需休息2~3周。治愈后应尽量避免再次扭伤，必要时可采取阔腰皮带外束，以保护腰部。

七、跟腱断裂

在羽毛球运动中，跨步、起跳击球较多。因此，在运动中，强烈的急停、变向或跟腱韧带劳累过度容易引起跟腱断裂，并且在以下情形下容易受伤害：拉力产生过快、斜向受力方向、受力前以施加外力。羽毛球运动中虽然跟腱断裂的发生率不高，但是它的重复受伤率却比较高，跟腱断裂会造成诸多不便，并且治疗的时间也比较长。因此，对跟腱断裂的预防应引起注意。

跟腱断裂者通常有明显的外伤史，患者常有小腿被踢或击打的感觉，有时可听见"嘭"的声音。患者局部立即可感觉到疼痛或轻微疼痛。有些患者不能行走或行走不便。患足多呈外旋位，即所谓的"八"字脚。在这样的情况下应立即停止运动，去医院检查跟腱是否断裂，及时进行治疗，以免耽误最佳治疗时间。

跟腱断裂的预防改善措施：在运动前做好充分的准备活动，以便将身体的兴奋点调节到最适宜的状态，使肌体各部的机能活动加强。运动中需要注意加强保护和自我保护：踝关节带护踝，增加运动量必须是个循序渐进的过程。如果运动中出现疲劳或疼痛，则要休息几天。激烈运动后，第二天应休息，以求适度舒缓。正确掌握技术动作要领也十分重要，要在完全掌握技术动作要领后再开始练习。

八、肌肉拉伤

肌肉拉伤是最常见的运动损伤之一，在羽毛球运动中也不例外。在羽毛球运动中，大腿肌群及肩部肌群的肌肉最容易拉伤，而大多数肌肉拉伤是由于运动前的准备活动不充分，尤其是冬天天气寒冷，韧带、肌肉比较脆、僵，肌肉比较紧，如果准备活动没做好，甚至没做准备活动就立即进行猛烈的运动，就很容易受伤。在运动中，如果怀疑肌肉拉伤，应立即停止运动。

肌肉拉伤的预防改善措施：运动前做足准备活动。准备活动可以升高体温，降低肌肉的黏滞度，放松肌肉，使肌肉达到运动所需的状态。应根据自身的情况合理安排运动量。要在完全掌握技术动作要领后再开始练习。

综上所述，我们提出以下几个建议预防拉伤的发生：

(1)掌握规范的动作技术，对预防手腕、肩袖、踝关节处的损伤能起到很好的作用。

(2)运动前做好充分的准备活动。特别是几个容易出现损伤的部位，如手腕、肩关节、腰部、踝关节、大小腿等。一般准备活动在15~20分钟，在秋冬季气温较低的情况下，人的关节活动幅度减小，韧带的伸展度降低，因此，准备活动的时间也应延长。

(3)在身体疲劳或已经带有伤病(如轻微的肌肉拉伤)的情况下，应该停止运动。等身体状况恢复后再进行运动。运动结束，要养成放松的习惯，有助于加快运动后疲劳的恢复。

(4)运动时应选择好的场地，要注意场地上有没有球或别的物体，避免运动中不注意而产生不必要的损伤。

(5)加强对运动损伤的认识，平时注意积累运动损伤知识。万一受伤，要先冰敷、冷敷，以控制血肿的发展，24小时后再热敷，以促进血肿的消退。骨折应送医院进行复位治疗。受伤后最重要的是多休息，让韧带、肌腱有一定时间恢复。

思考题

1. 接发球时单打和双打的站位有什么不同？
2. 发球技术有哪几种？
3. 后场击球技术包括哪几种？有什么相同点和不同点？
4. 哪些情况下运动员需要交换场地？
5. 单打的常用战术有哪些？
6. 双打的常用战术有哪些？
7. 羽毛球运动中常见的运动损伤有哪些？

第十一章　网球运动

【学习目标】

1. 了解网球运动的起源与发展。

2. 掌握网球运动的基本技术和基本战术。

第一节　网球运动概述

一、网球运动的起源与发展

网球运动最原始的形式被称为室内网球。大多数历史学家认为，这一运动起源于12世纪法国北部传教士在教堂回廊里用手掌击球的一种游戏。到了14世纪中叶，法国的一位诗人把这种球类游戏介绍到法国宫廷中，作为皇室贵族的消遣。当时玩这种游戏，场地是宫廷内的大厅，没有网也没有球拍，球是用布卷成圆形后用绳子绑成的。场地中间架起一条绳子为界，利用两手作球拍，把球从绳上丢来丢去。到了16世纪，木制的球拍被用来代替两手拍球。最初的网球，只是用两个半球填充草、树叶或头发等制成的，后来随着网球运动的不断发展，球的制作也越来越讲究。

16世纪初，这项球类游戏被法国普通民众发现，很快地传播到各大城市，同时改良了用具。球被制造得比较耐用，拍子由木板改为羊皮纸板，拍面面积放大，握把的柄也加长。场地中间的绳子，增加无数短绳子向地面垂下，球从绳子下面经过时，很容易被发觉。后来法国国王路易斯下令禁止，并规定这是宫廷中的特权游戏。

17世纪初，场地中间不再用绳帘，而改用小方格网子，网比帘的作用更好，拍子改用穿线的网拍，富有弹性而且轻巧方便。在法国宫廷中做这种游戏时，球场旁边放置一只金色容器，每次比赛完毕后，观众将金钱投入盘中，作为胜利者的奖品。这种方法起初的用意很好，后来渐渐演变成为一种赌博。开始时数目尚小，久而久之越赌越大，甚至有人因此倾家荡产，于是纠纷迭起，法国国王遂下令禁止再做此种游戏，这就是18世纪初期网球运动衰败的主要原因。

现代网球运动的历史是从1873年开始的。那年，英国人沃尔特·克洛普顿·温菲尔德将早期的网球打法加以改进，使之成为夏天在草坪上进行的一种体育活动，并取名“草地网球”。同年还出版了一本名为《草地网球》的小册子，对这种活动进行宣传和推广。所以温菲尔德被称为近代网球运动的创始人。此后网球运动便成为一项室内、户外都能进行的体育项目。同时英国各地建立了网球运动俱乐部。1875年全英网球运动俱乐部建立。这个俱乐部建造了世界上第一个网球场地，并于1877年举办了全英草地网球男子单打锦标赛，即后来闻名于世的温布尔登网球赛。

1874年，在百慕大度假的美国女士玛丽·奥特布里奇观看了英国军官的网球比赛，对这项体育活动颇感兴趣,于是将网球运动规则、网拍和网球带到纽约。在美国,网球运动最初在东部各学校开展,不久就传到中部、西部,进而在全美得到普及。此时网球运动已经由在草地上演变到可以在沙土上、水泥地上、柏油地上举行比赛,于是"网球"的名称就慢慢替代了"草地网球"的名称,这是我们今天网球名称的由来。

在1896年第1届现代奥运会上,网球的男子单打与双打被列为正式比赛项目。后来,由于国际奥委会和国际网球联合会在"业余运动员"问题上有分歧,已经进行了7届的奥运会网球比赛项目被取消。直到1984年的洛杉矶奥运会上,网球才被列为表演项目。在1988年的汉城(今首尔)奥运会上,网球重新被列为正式比赛项目。

网球运动同其他体育项目一样,有一个演变进化的过程。网球运动的起源和演变可用四句话来概括:孕育在法国,诞生在英国,开始普及和形成高潮在美国,现盛行于全世界。

二、我国网球运动的发展

尽管网球运动的起源可以追溯到12世纪,但中国开始接触到这项运动却是在19世纪末,由英、法等国的传教士、商人和士兵引入。最初,国内的一些教会学校开始举办网球赛,网球运动逐渐被国人知晓。

1910年,在南京举办的首届全运会(全国学界运动会)上,网球被设立为比赛项目之一。最初只有男子项目,直至第4届全运会,始设女子网球比赛项目。

1924年,马来西亚华侨邱飞海参加了温网男子单打比赛,成为首位参加大满贯赛事的中国人,最终止步第二轮。1927年,他又与队友林宝华合作,赢得远东运动会的网球冠军。1924年开始,中国开始选派留学生或华侨参加戴维斯杯比赛,截至1946年中国共6次参赛,但并未有突出的表现。

1938年,印尼华侨许承基打进温网16强,并于1937–1939年,三度蝉联伯明翰杯冠军。

1953年,中国网球协会成立,推动了网球在中国的普及和发展。同年,全国网球锦标赛开始举办,与此同时,各种形式的网球赛事也开始在全国范围内展开。

1986年汉城(今首尔)亚运会上,中国女子网球选手李心意赢得女单冠军;1990年北京亚运会上,中国网球队将男单、男双和男团3枚金牌收入囊中;1991年,中国网球女队则打进联合会杯16强。

2004年雅典奥运会上,中国金花组合李婷/孙甜甜,一路过关斩将,为中国夺取了历史上第一枚网球项目的奥运金牌。

2006年,郑洁/晏紫组合先后拿下澳网和温网两个大满贯冠军,创造历史。

2011年,李娜在法网决赛中,击败上届冠军斯齐亚沃尼,获得冠军,在大满贯赛事的单打冠军榜上第一次书写中国人的名字。2014年,李娜再次获得澳网冠军。李娜也创造了当时亚洲女子球员的最高世界排名——WTA第二位。

2017年,吴易昺在美网青少年组中包揽男单和男双冠军,成为历史第二位美网青少年双冠王、中国大陆首位大满贯青少年组男单冠军,携冠成为青少年世界第一。

2018年美网赛场,17岁的王曦雨获得了女单青少年组的冠军,成为美网历史上第一位中国冠军得主。

三、国际网球重大赛事

(一)四大网球公开赛——大满贯

1. 澳大利亚网球公开赛

澳大利亚网球公开赛是四大公开赛中最迟创建的赛事。第一次比赛是在1905年墨尔本的威尔霍斯曼板球场举行的。其中,男子比赛创建于1905年,女子比赛始于1922年,刚开始举办比赛时使用草地网球场,到1988年才改为硬地网球场。1968年,国际网球职业化后它被列为四大公开赛之一。在1972年,这项赛事为了吸引更多的观众,定在澳大利亚的大城市墨尔本举行。

2. 法国网球公开赛

法国网球公开赛始于 1891 年,开始时只有法国选手参加,直到 1925 年才允许外国球手参赛。从 1928 年起,法国网球公开赛每年 5 月底到 6 月初在巴黎西部的罗兰・加洛斯网球城举行。因为比赛场地为红色黏土场地,所以也被称为红土场地网球赛。

3. 温布尔登网球锦标赛

温布尔登网球锦标赛是现代网球史上最早的比赛,由全英俱乐部和英国草地网球协会于 1877 年创办,在每年的 6 月末至 7 月初举行。首次正式比赛在该俱乐部位于伦敦西南角的温布尔登总部进行,名为全英草地网球锦标赛。温布尔登网球锦标赛的特点之一是保留着草地赛场,这是当今世界上最少的比赛场地,我国目前尚无此种赛场。

4. 美国网球公开赛

美国网球公开赛属于硬地赛事,始于 1881 年,每届比赛在每年的 8 月底至 9 月初在美国纽约法拉盛公园的国家网球中心举行。

(二) 国际网球团体赛

1. 戴维斯杯网球赛

戴维斯杯网球赛是每年一度的世界男子网球团体赛,也是世界网坛层次最高、影响最大的国际性团体赛,由国际网球联合会主办,是除奥林匹克网球比赛外历史最久的网球比赛。因系美国人戴维斯倡议举办,并捐赠银质奖杯授予冠军队,故名"戴维斯杯网球赛"。

2. 联合会杯网球赛

联合会杯网球赛是每年一度的世界女子网球团体赛,它是 1963 年为庆祝国际网联成立 50 周年创办的。联合会杯网球赛是和戴维斯杯网球赛齐名的团体赛事,是各国网球整体实力的大检阅。

3. 霍普曼杯网球赛

与久负盛名的戴维斯杯网球赛和联合会杯网球赛相比,霍普曼杯网球赛的名字还不是很响亮。它是以澳大利亚网坛传奇人物霍普曼的名字命名的世界网球混合团体赛,其地位相当于羽毛球的苏迪曼杯。

(三) 奥林匹克运动会网球赛

1896 年,在第 1 届现代奥运会上,网球是奥运会八大比赛项目之一,也是唯一的球类比赛项目,这次比赛只有男选手参加,项目为单打和双打。女子单打、女子双打直到 1900 年和 1920 年才分别被列为奥运会正式比赛项目。网球项目于 1924 年退出奥运会,直到 1984 年第 23 届洛杉矶奥运会上再次被设为表演项目,1988 年才恢复成为奥运会正式比赛项目。

第二节　网球运动基本技术

一、握拍法

握拍基本方法有四种:东方式、大陆式、西方式和双手反拍握拍法。初学者比较适合东方式握拍法,有了一定基础后,可采用半西方式和西方式握拍法。为了能清楚地说明各种握拍方法与球拍拍柄的关系,现介绍球拍垂直地面时,拍柄各个部位的名称。

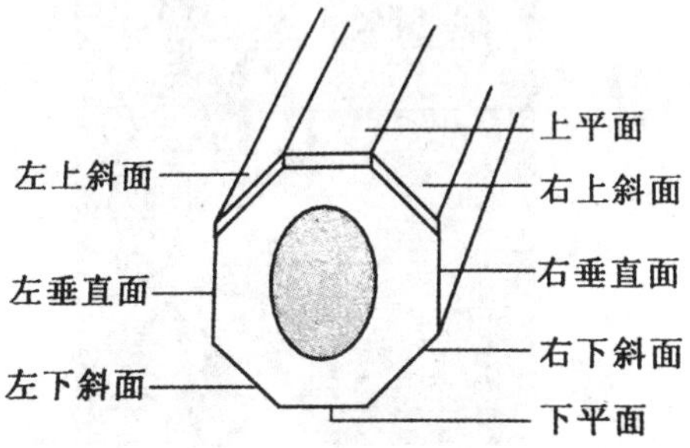

图 11-1　拍柄部位图

(一)东方式握拍法

1. 东方式正手握拍法

东方式正手握拍法如同我们与对方握手的姿势一样。先把手平贴在拍面上,保持手掌与拍面平行,手顺着拍面下滑到拍柄上,手握紧拍柄。

准确握法:大拇指与食指形成“V”字形虎口。虎口对准拍柄右上斜面,拇指环绕球拍拍柄与中指接触,手掌与食指第三指节压住拍柄右垂直面,食指稍离中指,拍柄底部与手掌根部齐平。

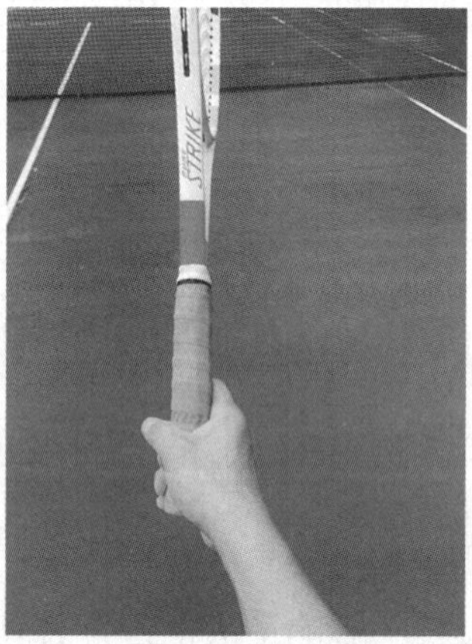

图 11-2　东方式正手握拍法

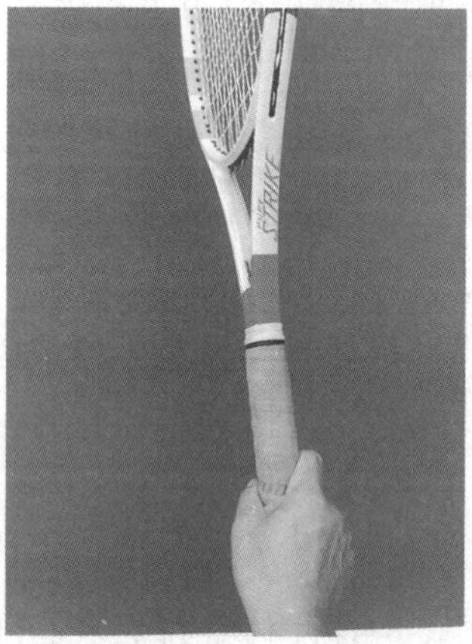

图 11-3　东方式反手握拍法

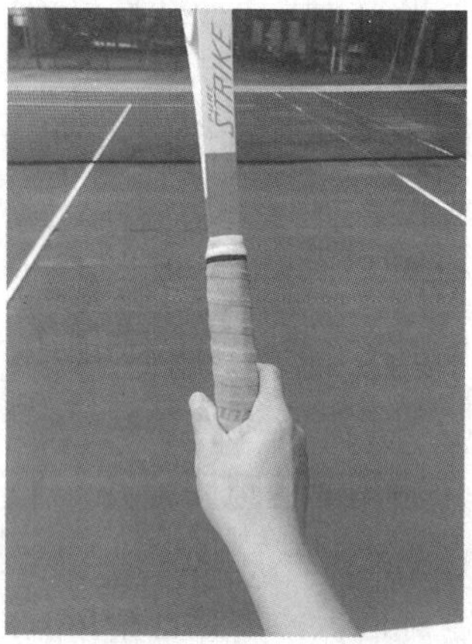

图 11-4　大陆式握拍法

2. 东方式反手握拍法

东方式反手握拍法是在正手握拍基础上向左移动 1/4,使“V”字形虎口对准拍柄左上斜面,拇指末节贴住左下斜面,食指第三指节压在右上斜面上。

(二)大陆式握拍法

将“V”字形虎口对准拍柄上平面与左上斜面的交界线处,手掌根部贴住右上平面,拇指伸直围住拍柄,食指第三指节紧贴在右上斜面上。

(三)半西方式、西方式握拍法

1. 半西方式握拍法

将“V”字形虎口对准拍柄右上斜面与右垂直面交界线处,拇指伸直压住拍柄上平面,食指第三指节贴住右上斜面。

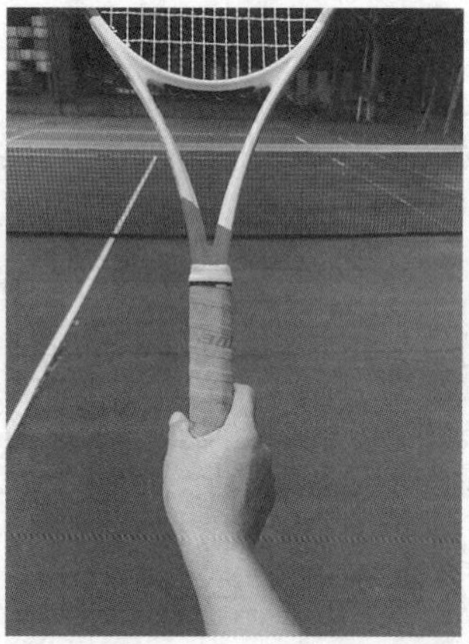
图 11-5　半西方式握拍法

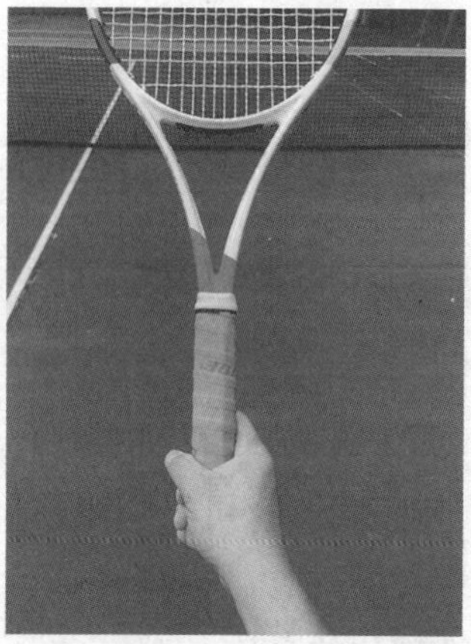
图 11-6　西方式握拍法

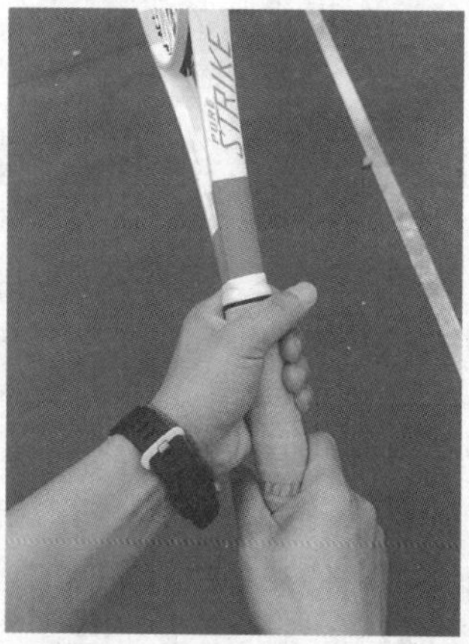

图 11-7　双手反拍握拍法

2. 西方式握拍法

将“V”字形虎口对准拍柄的右垂直面，正反手用同一拍面击球。

(四) 双手反拍握拍法

右手用东方式反手握拍法或大陆式握拍法握住球拍拍柄的底部，左手用东方式握拍法握在右手的上方。该握拍法的优点是对力量不足的运动员反手击球比较容易，同时这种握拍法易于对来球施加上旋，击球点可更靠后，且动作的隐蔽性强，缺点是对步法和体能要求高。

二、发球

发球是网球基本技术之一，也是网球比赛中唯一由自己掌握、不受对方影响的重要技术。发球技术一般分为平击发球、切削发球和上旋发球。下面以右手握拍为例介绍发球的动作要领。

(一) 发球基本技术

发球基本技术包括握拍法、准备姿势、抛球与后摆动作、击球动作和随挥动作等技术。

图 11-8　发球基本技术

1. 握拍法

采用大陆式握拍法或东方式反手握拍法。

2. 准备姿势

全身放松，侧身站立在端线外中场标记旁边。左肩对着左侧网柱，面向右侧网柱，两脚分开约同肩宽。在右区发球时，左脚与右区端线约成45°角。在左区发球时，左脚与左区端线约平行。重心在左腿上。左手持球轻托球拍在腰部，拍头指向前方，瞄准发球区。

3. 抛球与后摆动作

这两个动作是同步开始的，持球手轻轻托住球，掌心向上。当球拍向下向后引拍时，持球手同时下降至右腿外，紧接着当球拍从身后向头上方做大弧度摆动，身体做转体、屈膝、展肩时，持球手在身前左脚前上举，直至升高至头顶以上。将球送至最高点，再离开手竖直抛向空中，此时右肘向后外展约同肩高，拍头指向天空，左侧腰、胯呈弓形，身体重心随着抛球开始先移向右脚，然后平稳地开始前移。

4. 击球动作

当左手抛出球时，球拍继续向上摆起，这时持拍手的关节放松，开始向前移动身体和右肩。当球下降到击球点时，蹬地转体，迅速向上顶右肘关节的同时下垂拍头至后背。紧接着手臂和身体充分伸展，当身体向前上方伸展击球时，肩、手臂已经回转，双肩与球网平行。挥拍击球时，持拍手腕带动小臂有一个旋内的“鞭打”动作，这就是发球发力的关键动作。

5. 随挥动作

球发出后，身体向场内倾斜，保持连续、完整的向前上方伸展的随挥动作。此时，球拍挥至身体的左侧，重心移向前方，做到完全自然地跟进并保持身体平衡。

（二）发球类型

1. 平击发球

平击发球几乎没有旋转，球笔直地由上向下飞去，力量大，球速快，在绝大多数场地上球反弹较小。发球时的击球点应在身体的右侧前上方，以拍面中心平直对准球，击球的后中上部。因此，手腕的向前拌甩和前臂的“旋内鞭打”非常重要。此外，身体充分地向上向前伸展，以获得最高击球点，提高发球命中率。

2. 切削发球

它可以用于第一发球和第二发球，是每个初学者必须经常练习和掌握的技术。切削发球带有侧旋，因为球以曲线进入发球区，发球成功率较高，并且将接发球者拉出场外，造成对方回球困难。但球速往往较慢，发球时把球抛在右侧斜上方，球拍快速从右侧中上方至左下方挥动，击球部位在球的中部偏右侧，使球产生右侧旋转。

3. 上旋发球

上旋发球过网后产生明显下坠，反弹很高，前冲很大，稳定性也很高，职业选手的第二发球一般都采用这种发球。发上旋球时把球抛到头后偏左的位置，击球时身体尽量后仰成弓形，利用杠杆力量使球旋转，球拍快速从左向右上方挥出，从下向上擦击球的背面，并向右带出，使球产生右侧上旋。

三、正手击球

正手击球是网球技术中最基本的击球方法，也是初学者最先学习的一种击球技术。正手击球具有力量大、速度快的特点。一场网球比赛，正手击球的机会最多，有经验的运动员往往依靠正拍来创造机会进而得分制胜。对初学者来说，最重要的是先把球打过网并且落在界内，正手击球恰恰容易做到这一点。下面以右手握拍为例介绍正手击球的动作要领。

（一）正手击球基本技术

正手击球技术包括准备姿势、后摆引拍、挥拍击球和随挥跟进。

1. 准备姿势

面对球网，两脚自然开立与肩同宽或略大于肩宽，两膝放松，重心稍前移，落在前脚掌上，左手扶住拍颈，拍面与地面垂直，拍头指向对方，注意对方来球，做好击球准备。

2. 后摆引拍

当判断来球需要用正拍回击时，向右转肩，转髋带动球拍向后向上弧线引拍，引拍要迅速，拍头指向球场后端的挡网，拍把正对着球网，拍头向上稍高于手腕；同时移动双肩，重心后移，左脚前踏，尽量保持侧身迎击球，左手一定要随着侧身转体而指向前面的来球。

3. 挥拍击球

击球时应转动身体，用力蹬腿，以肩关节为轴，手腕固定，用大臂挥动带动小臂，沿着来球的轨迹挥出去。一般在左脚右侧前方与腰齐高的高度击球，当来球较高时，就快速后退，来球较低时应上前并屈膝，始终保持在与腰齐高的高度击球。

4. 随挥跟进

球触拍后，使拍面平行于球网的时间尽量长些，挥拍沿着球的飞行方向前送，重心前移落在左脚上，身体转向球网，拍头随着惯性挥至左肩的上方，肘关节向前向上，用左手扶拍颈，随挥跟进结束，立即恢复到准备姿势。

(二)正手击球类型

1. 正手上旋球

正手上旋球的特点是球飞行弧线高,下降快,落地后反弹高而远,前冲力较大,其具有较强的攻击性而失误很少。正手上旋球技术与正手击球类似,只不过在挥拍击球时拍面在垂直位角度,拍头从后下向前上方挥出,擦击球的后中部后要有完整的随挥动作,重心全部落在前脚上,球拍挥至左肩上方。

图 11-9　正手上旋球

2. 正手下旋球

正手下旋球的特点是挥拍时使球由后上方至前下方产生旋转,球过网很低而落地后弹起也很低,并伴有回弹现象。下旋球落点容易控制,随球上网时比较省力,对手借不上力。正手下旋球一般采用大陆式握拍法,来球时转体引拍,左肩对球网,重心落在右脚上,拍头高于击球点,紧锁手腕;左脚向右前方跨出的同时,左手指向来球,保持身体平衡,由后上方向前下方挥拍,击球点在左脚右侧前方,击球的后下部;身体重心移至前脚,击球后拍头应随球挥至身体前方。

图 11-10　正手下旋球

四、反手击球

反手击球是网球基本技术中和正手击球同样重要的击球方法,初学者一般是先学习正手击球后再学习反手击球,当有了一定的正手击球基础后,再学反手击球就比较容易了,因为反手击球动作技术与正手击球原理相同。下面以右手握拍为例介绍反手击球的动作要领。

(一)反手击球基本技术

反手击球基本技术包括准备姿势、后摆引拍、挥拍击球和随挥跟进。

1. 准备姿势

反手击球准备姿势与正手击球相同。

2. 后摆引拍

当判断对方来球朝你的反手方向飞来时，左手应迅速帮助右手由正手握拍变换为反手握拍，向左转肩、转髋带动球拍向左后方摆动；后摆时肘关节自然弯曲，拍头稍翘起，指向后方，右脚向左前方上步，身体侧对球网，重心在左脚；打反手的后摆动作应比正手的后摆动作要早，整个动作要连贯协调，左手始终握在右手上方，根据反手击球的不同类型而握在不同的部位，直到开始做前挥动作为止。

3. 挥拍击球

球拍由后向前上方挥出，前挥时手臂仍然保持弯曲，直到随挥结束后才伸直；击球点在右脚左侧前方，击球时球拍与右脚应在一条直线上，击球点高度与腰齐为宜；触球时手腕绷紧，拍面与地面保持垂直，击球的后中部，用转体和转肩的力量使重心前移至右脚。

4. 随挥跟进

击球后，球拍沿着球的飞行方向向前、向上继续挥出，重心前移落在右脚上，挥拍在右肩上方结束，身体转向球网，恢复原先的准备姿势。

（二）反手击球类型

1. 双手反手上旋球

采用双手反手握拍法，右脚向左前方迈出的同时转肩，手臂伸展向后拉拍，拍头略高于手腕，双膝微屈，右肩前探，身体侧对球网；用手臂和手腕由低向高向前挥拍，身体重心前移，眼睛始终盯球，击球时双手紧握球拍，最理想的击球点高度是与腰齐。击球后拍头一定要随着球的飞行方向挥出去，开始随挥跟进动作后在右肩上方结束。

图11-11　双手反手上旋球

2. 单手反手上旋球

当判断来球飞向你的反拍时，要迅速转肩转体，左手帮助右手由正手握拍换成反手握拍；同时向后引拍，重心移至左脚，屈膝降低重心，右脚向左侧前方跨出一步，在右脚的左侧前方击球；拍触球时应尽可能地保持与球的接触时间，手腕绷紧，击球时拧紧的腰部应该像一个卷曲的弹簧被释放一样平滑地转动，这个放开动作产生了拍头挥出去的能量，并把力量作用于击球点；击球完成后球拍应随挥拍的惯性继续向右前上方挥出，结束在身体的右侧上方为止。

图 11-12　单手反手上旋球

3. 反手下旋球

当来球飞向你的反手时,要迅速转体引拍,拍头结束在左肩上方,拍头向上高于手腕,拍面后仰;右脚向左前方迈出,扶住拍颈的左手放开,右手向前下方挥拍,在右脚左侧前方与腰齐高处触球,手腕绷紧,球拍与球接触的时间尽可能长一些,要有球在球拍上滑动的感觉;眼睛始终盯住球,击球后,球拍随着球飞行的方向向前方挥出,随挥动作要充分,并结束在腰部高度。

图 11-13　反手下旋球

五、接发球

接发球是网球运动基本技术之一,也是最难掌握的技术。因为对方发来的球千变万化,而且多数球都发向你较弱的位置,这就造成接球方接发球不利而被动挨打,因此接发球非常重要。

接发球基本技术包括握拍法、准备姿势与站位、击球和随挥跟进。

(一)握拍法

应根据个人习惯选择最适合自己的握拍方法,既可以选择东方式或西方式正手握拍法,也可以采用东方式反手握拍法。习惯正手击球的，在等待对方发球时用正手握拍；但对方发球时往往发你的反手，因此采用东方式反手握拍法也比较好，有些运动员喜欢用双手反拍握拍法也是可以的。

（二）准备姿势与站位

两脚自然开立与肩同宽，双膝稍屈，重心前倾，拍头约与腰同高并指向前方，双脚不停地轻轻跳动或身体微微晃动，两眼紧紧地注视着对方的抛球动作，包括抛球的高度、方向和击球时的拍面等，以此来判断对方发球的类型和落点。接发球的站位在左右方向上，应站在发球员与左右落点连线夹角的角平分线上，这样的站位，正反拍接发球距离相等，不会出现明显的空当，或者站在略偏向反手的位置上。在前后方向的站位，要根据对手的发球方式和力量的大小来确定，如接大力发球要站在底线后1~2米处，接其他球一般站在底线前后就可以。接第二发球时，要向前踏进一大步，因为第二发球多半是力量小而且速度较慢的发球。

（三）击球

接球时的击球动作与正常击球动作基本相同，当对方球发出后，接球员要向预测击球点及时起动，迅速做出转体引拍动作，只是后摆距离要短一些，幅度大小要根据对方不同的发球来调整，握紧球拍，手腕固定，并向击球方向踏出异侧脚；同时向前迎击球，击球点在腰部高度为宜，对于快速来球回球时多采用推挡式动作，不要做过大的随挥，因为在接球时根本没有足够的时间做出正常的引拍击球动作，只要控制好球拍拍面，握紧球拍，绷紧手腕，借力将球挡回去，球速也会很快。同时，接球员必须盯着球，从球离开发球员手之后，一直到球被击中，接球员眼睛始终不能离开球。

（四）随挥跟进

击球后很少有随挥动作，拍头竖起，顺势结束在较高处，身体重心在前脚掌上，脚跟离地，准备对方下一次回击，并立刻移动到本方场地的中央或随球上网。

六、截击球

截击球是在网前进行的一种攻击性击球方法，即在球落地之前将球击回对方场区，可以在网前截击，也可以在场内任何地方截击空中球。截击球的目的是缩短球的飞行距离和时间，扩大击球角度，加快回球速度。在网球比赛中截击球已成为一种主要打法和进攻武器，是网球比赛中重要的得分手段之一。

（一）截击球基本技术

截击球基本技术包括握拍法、准备姿势与站位及击球动作。

1. 握拍法

在网前截击时，由于来球较快，没有时间改变握拍方法，而大陆式握拍法在正反手截击时都可以使用，在快速地近网截击时，不需要变换握拍方法。因此，在网前截击时，多采用大陆式握拍法。

2. 准备姿势与站位

面对球网，两脚自然开立超过肩宽，双膝微屈，上体前倾，球拍放在身体前方，拍头朝上，并高于握拍手，左手扶住拍颈，眼睛注视来球。当对手击球的一刹那，球员应该根据对手的击球位置、挥拍动作判断出来球的方向、高度和路线，以便尽早起步快速移动。

3. 击球动作

当判断出来球的方向后，在迈出异侧脚的同时，身体重心前移，用正手和反手的截击手法，在身体的侧前方将球截击过网。

（二）截击球类型

1. 正手截击球

当判断出对方来球方向后，立即转肩带动球拍后摆引拍，引拍动作不要过肩；同时，左脚朝来球方向跨出以增加击球的力量，拍头要高于握拍手，握紧球拍，绷紧手腕，在身体的侧前方迎击球。接球的动作是挡击或撞击。球拍在与球短促撞击的同时微微向下，有点像切削球，击球时保持拍头上翘，拍面稍向后仰。击球后有一个幅度较小的随挥动作，拍子对着球击出的方向撞出去，随后迅速恢复成准备状态。

2. 反手截击球

当球来到反手一侧时，用扶拍手向后拉球拍的同时转肩，球拍开始做较短的后引，拍头高于握拍手，眼睛看球，同时向左侧前方迈出右脚，以增加击球的力量。球与球拍接触时，握紧球拍，手腕绷紧，在身体的侧前方撞击球；同时，左手向后方伸展，保持身体的平衡。击球后，球拍对着球撞击方向送出去，随挥动作要简短，以便能迅速恢复到准备姿势。

图 11-14　正手截击球

图 11-15　反手截击球

七、高压球

高压球是指在头上用扣压的动作完成击球的一种方法，是对付挑高球的一项进攻技术。在网球比赛中，当你冲到前场击球，对方常用挑高球调动。如果你掌握了高压球技术，给对方一个落点准、力量大的高压球，会起到决定性的作用。这样既能增加上网截击的信心，也能对对手产生震慑作用。

图 11-16　高压球

(1)高压球的动作与发球动作相似,握拍也与发球握拍相同。当对方挑高球时,应立即侧身转体,利用短促的垫步向后退,同时持拍手上举至头部向后引拍,重心在两脚前脚掌上,后腿弯曲,准备随时扣杀。

(2)准备击球时,非持拍手上举指向来球的方向和高度,小碎步调整击球时位置。击球动作与发球一样,击球点在身体前上方。如果跳起高压,用后脚起跳,转体、收腹,击球后用左脚着地,同时右脚向前跨,再准备上网截击或高压。

(3)近网高压球击球点可偏前,便于下扣动作的完成,远网后场高压球的击球点可稍后些,向前下方挥击,以防下网。

(4)击球后的跟进动作尽量像发球那样完整,起跳高压时要保持身体平衡。

八、挑高球

挑高球技术主要用于对付网前进攻但不仅仅是被迫使用的一项防御技术,高质量的挑高球不仅可以变被动为主动,而且可以直接得分。挑高球分为防守性挑高球和进攻性挑高球。

(1)防守性挑高球:一般用大陆式握拍法。防守性挑高球的球弧线很高,把球挑过上网者的头顶,通常是挑到另一边的场地深处,其意图主要是扭转劣势,争取时间守住场地。

(2)进攻性挑高球:一般用上旋打法,球落地后弹起的前冲力较大。进攻性挑高球的球弧线稍低,旋转很足,如果挑得好,球会落在后场较深处,球落地后反弹很快,使对手没有时间跑回去救球。

第三节　网球运动基本战术

在网球比赛中,战术是运动员整场比赛的指导思想,是针对不同对手制定比赛方案。网球比赛的战术一般包括单打战术和双打战术。

一、单打战术

(一)发球战术

发球可通过力量、速度和准确性达到得分的目的,一般注重球的落点、旋转和节奏的变化,使对手难以防备,给对手的接发球制造困难。最好的发球是落点和旋转的完美结合。一般来说,比赛中的第一发球采用速度较快的平击发球,发向对方场地的内角和外角;第二发球采用旋转强烈且稳定性高的侧上旋球,发向对手的薄弱之处。

1.发球的站位

单打发球的站位一般来说距中点较近,因为有利于准备下一次击球。但根据自身的特点和对手的站位可以有所改变。例如,右区选手站位在边线一侧,有利于发出角度更大的外角球,可以充分将对手拉出场地,更有利于下一板球的进攻。

2.发球的落点

发球落点通常取决于球的旋转类型和飞行路线,因为球拍的角度决定球的旋转类型和飞行线路。在右区,通常用平击球发对手的内角,用带切的侧旋发球发对手的外角,用强烈的上旋球发对手的中路追身;在左区,通常采用平击球发对手的外角,用带切的侧旋发球发对手的内角,用上旋球发对手的中路追身或外角。

3.发球上网

是否要发球上网在发球之前就应该决定,这种发球通常抛球要更靠前一些,发球员尽量向前上方跳起,然后向网前冲去。在对手击球时应该立刻跳步停住,以便判断来球的方向,然后再对着来球做第一截击。至于移动到什么地方击球,则取决于发球的落点和接球员回球的速度和角度,不要指望在第一次截击时就得分。应尽量把球击向对手的薄弱处,迫使其回球质量不高,同时使自己可以来到网前占据有利位置,再通过第二板截击或高压击球来拿下一分。

(二)接发球战术

接发球一般处于被动地位,但处理得好能减少被动,甚至变被动为主动。接发球战术取决于如下几点:第一,对手是发凶狠性的球,还是稳定性的球。第二,对手发球后是上网,还是留在底线。第三,接发球是准备马上得分,还是仅仅想把球打回去。对付大力发球,应在比赛开始阶段尽快熟悉对手的球路,如果对手不是发球上网,那就应该攻击他的反手深处;如果对手发球上网,除非有十足把握,否则不应考虑直接破网得分,而应打刚刚过网就下落的脚下球,也就是我们通常所说的过网急坠球。对付对手的发球上网,也可以适当地采用挑高球的战术,迫使对手退回底线击球。最安全的接发球是打斜线球,因为斜线球从球网中间通过,而球网中间的高度比两侧的低,回球不容易下网,同时斜线距离长球也不容易出界。当意识到对手已有所防范,可突击直线。如果对手发球强劲,则可适当退后一些距离;如果对手的发球速度不快,那么就要向前移动一些距离,同时适当采用接发球上网战术和接发球放小球战术。

(三)底线战术

当今网坛几乎所有女选手及80%以上的男选手都以底线型打法为主,底线型选手可分为积极进攻型和防守反击型两种。其中积极进攻型球员的特点主要以进攻为前提,以快速、大力、准确、凶狠而取胜。

1. 积极进攻型球员

(1)压制反手,突击正手的战术。

(2)对角线调动对手的战术。

(3)上网截击战术。

(4)绕过反手用正手进攻的战术。

(5)接第二发球直接进攻战术。

2. 防守反击型球员

(1)打法要把稳,减少自身失误。

(2)积极调动对手跑动。

(3)等待浅球出现,抓住机会进攻。

(4)善用切削球和高球。

二、双打战术

(一)双打的站位

1. 前后交叉站位

发球员A位于中点和单打线中间,准备发球后直接上网或留在底线,发球员同伴B站在发球线与球网之间稍偏向边线,以便封网。接发球员C在右区接发球时,站在习惯的接发球位置,接发球员同伴D站在发球线与球网之间靠边线处,以便封网,这是最普遍的站位方法。

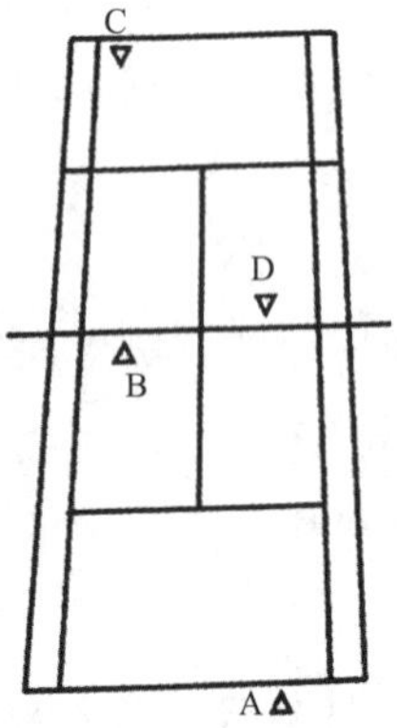

图 11-17 前后交叉站位

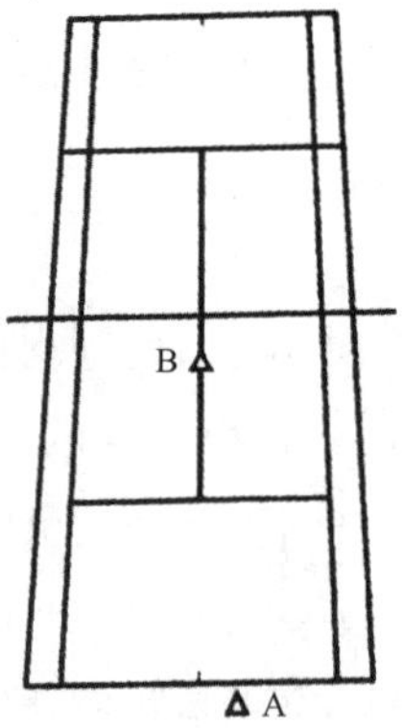

图 11-18 澳式站式

2. 澳式站位

发球员 B 蹲于中线处但离网很近，发球后按计划移动抢网，使对方措手不及；发球员同伴 A 则向相反方向移动补位。

（二）双打协作配合战术

双打需要两个队员配合默契，把两个人的长处结合起来才能打出比任何一个人单打独斗高的水平。而默契配合是建立在两人相互了解和信任基础上，通过长期的配合磨炼出来的。好的双打应紧密合作、互创条件、相辅相成，在场上有呼有应，气势如虹，即使因实力不济而失利，两人的合作也是愉快融洽的。因此，双打的根本是两个人如同一个整体，无论何时都并肩作战。

1. 发球的配合

双打的发球以旋转和落点为主，因为相对单打，双打每个人需要控制的面积缩小，不容易接发球抢攻直接得分，所以不必死拼发球。发球前要让同伴了解自己发球的落点，以便同伴抢网。在双打比赛中，发球技术好的球员应作为该队的第一个发球员，每次发球比单打更注重一发成功率，落点以内角和中路居多，以使对手无法击出大角度的回球，有利于同伴抢网得分。

2. 接发球的配合

接发球有 4 种常见线路可供选择。

（1）打斜线给正向前跑的发球员。

（2）打直线穿越网前队员或打网前队员的脚下。

（3）挑高球过网前者的头顶。

（4）打上网后发球方两人的中路。接发球最好的选择是打斜线球，如果发球方抢网很凶的话，可通过突击直线抑制对手抢网。等发觉对手已形成双上网的态势，最佳选择就是打出过网急坠球，将球击向对手中路的脚下，迫使对手起高球。

3. 协同防守

如果同伴出现十分被动的局面，要给予支持和援助。当同伴被迫挑高球，自己要立刻后退，使自己一方处于被动的防守位置，退回底线虽然被动，但出现浅球，两人可马上一起上网回到网前。如果同伴被拉出边线，自己要立即向同伴靠近，否则，在自己和同伴之间会留下很大的空位，使对手很容易打出破网球，同时要根据被动的局面适当后退，等待机会。

4. 抢网战术

抢网是指网前运动员横向或斜前方移动拦截对方打过来的网球。它要求网前运动员要有敏捷的、准确的判断以及快速的步法,所以是否抢网两人要事先商定。商量时既可以用暗号,也可以用手势,最好有口头上的交流。但需要注意的是,不能让对方猜透你们的意图或听见你们的交流,一旦做出决定就要坚决执行。发球员发完球后,要向网前抢网运动员的反方向跑动补位。抢网的最佳时机是在对方球员击球的一瞬间,过早或过晚都不能达到抢网的战术目的。如果能成功抢到网前球,最佳的击球线路是对方网前运动员的脚下或其身后落点,在大多数情况下可直接得分。

第四节　网球比赛基本规则

一、场地设备

网球场是一个长方形,长 23. 77 米,单打宽 8. 23 米,双打宽 10. 97 米。用球网将全场横隔为二等区,球网中央高 0. 914 米。球场两端的界线叫端线。球场两边的界线叫边线。在球网两侧 6. 40 米处的场内各画一条与球网平行的横线叫发球线。在端线的中心,向场内画一条 10 厘米长、5 厘米宽的垂直于端线的短线,这是中点线。

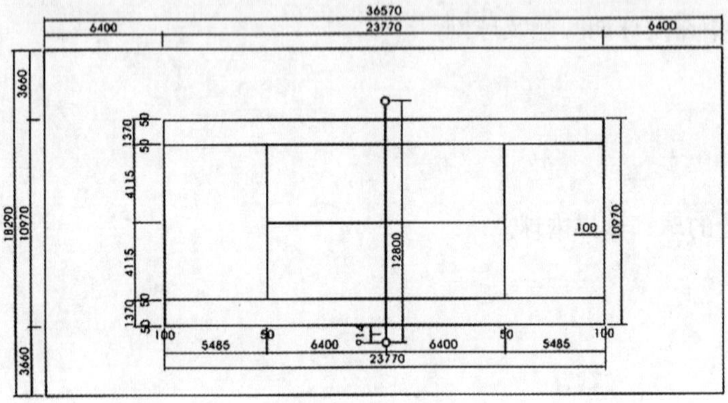

图 11-19　网球场

二、发球

(一) 发球前的规定

比赛前用抛掷硬币来决定哪一方先发球。发球员在发球前应先站在端线后中点和边线的假定延长线之间的区域内,用手将球向空中任何方向抛起,在球接触地面以前,用球拍击球。球拍与球接触时,就算完成球的发送。

(二) 发球时的规定

发球员在整个发球动作中,不得通过行走或跑动改变原站的位置,两脚只准站在规定位置,不得触及其他区域。

(三) 发球员的位置

每局开始,先从右区端线后发球,得失一分后,应换到左区发球。发出的球应从网上越过,落到对角的对方发球区内,或其周围的线上。

(四) 发球失误或无效

未击中球;发出的球在落地前触及固定物;违反发球站位规定;发球员发出的球未落在发球区内等都属于发球失误。发球员第一次发球失误后,应在原发球位置上进行第二次发球。发球无效是指发球触网后,仍然落在对方发球区内或接球员未做好接球准备，均应重发球。

（五）交换发球

第一局比赛结束，接球员成为发球员，发球员成为接球员。以后每局结束后，均依次互相交换，直至比赛结束。如发球次序发生错误，发觉后应立即纠正，由应轮及发球的球员发球。发觉错误前双方所得的分数有效。

三、通则

（一）交换场地

双方应在每盘的第一、三、五等单数局结束后以及每盘结束双方局数之和为单数时交换场地。如发生差错未按正常顺序交换场地，一经发现，应立即纠正场区，按原来顺序进行比赛。

（二）失分

（1）在球第二次着地前，未能还击过网。

（2）还击的球触及对方场区界线以外的地面、固定物或其他物件。

（3）还击空中球失败。

（4）故意用球拍触球超过一次。

（5）运动员的身体、球拍在发球期间触及球网。

（6）过网击球。

（7）抛拍击球。

（8）发球双误。

（9）压线球。落在线上的球都算界内球。

四、双打

（一）双打发球次序

每盘第一局开始时，由发球方决定由何人首先发球，对方则同样地在第二局开始时，决定由何人首先发球。第三局由第一局发球方的另一球员发球。第四局由第二局发球方的另一球员发球。以下各局均按此秩序发球。

（二）双打接球次序

先接球的一方，应在第一局开始时，决定由何人先接发球，并在这盘单数局继续先接发球。对方同样应在第二局开始时，决定由何人先接发球，并在这盘双数局继续先接发球。他们的同伴应在每局中轮流接发球。

（三）双打还击

接发球后，双方应轮流由其中任何一名队员还击。如运动员在其同队队员击球后，再以球拍触球，则判对方得分。

五、计分方法

一般网球有一些基本规定，如分为单打和双打，每场比赛有数盘，而且一盘有数局，一局有数分。男子比赛有五盘三胜制，也有三盘两胜制，女子比赛为三盘两胜制。

（一）胜一局

运动员每胜一球得一分，胜第一分记分15，胜第二分记分30，胜第三分记分40，先得4分胜一局。但双方各得3分时，则为“平分”。“平分”后，一方先得一分时，为“该运动员占先”。“占先”后再得一分，才算胜一局；如一方“占先”后，对方又得一分，则仍为“平分”。依此类推，直到一方在“平分”后净胜2分结束该局。

(二)胜一盘

(1)一方先胜 6 局为胜一盘。但双方各胜 5 局时,一方必须净胜 2 局才算胜一盘,通常应用于大满贯比赛的决胜盘中。

(2)决胜局计分制可作为平局时长盘的变通办法,可应用于每盘的局数为 6 : 6 时,但要在比赛前宣布这一决定。决胜局计分规则如下:

①先得 7 分者为胜该局及该盘。如果比分为 6 : 6,比赛需延长到某方净胜 2 分为止。决胜局应全部采用数字计分制。

②该轮及的发球员发第 1 分球,然后由对方发第 2、3 分球;此后轮流交替发球,每人连发 2 分球,直至决出该局与该盘的胜负为止。

③该轮及的发球员在右区发第 1 分球后,即改由对方依次在左区和右区发第 2、3 分球;此后轮流交替发球,每人连发 1 分球,其中第 1 分球均应在左区发球。

④运动员应在双方分数相加为 6 的倍数及决胜局结束时交换场地。

第五节　网球运动专项教学与训练

一、镜面练习

本练习方法适用于所有网球技术动作的学习和提高,其中发球、接发球、正、反手上旋球、下旋球、截击球、高压球等技术都可以用镜面练习的形式改进动作。以正手击球技术学习为例,练习者手持球拍站在一面大镜子前,做正手上旋击球的动作。初次练习可将动作进行分解,整个击球动作节奏可由慢到快,练习者这时可以通过镜子来仔细观察:自己脚下移动步法,肩部的转动,引拍和挥拍的轨迹,击球点的高度,击球点与自己身体前后和远近关系,挥拍结束后的动作,以及在击球过程中释放角动量时是否围绕自己的轴心,左手是否起到平衡和助力的作用;头部是否保持稳定,眼睛是否一直盯着球,身体重心是否向前、向上移动;整个挥拍动作是否流畅等。在做镜面挥拍练习时,既可以正面练习,也可以侧面练习,练习者要对动作结构有较清晰的感受。镜面练习可以从整体到局部,在练习当中要有敏锐的观察力和强烈的自我欣赏感,将世界优秀运动员的击球动作在想象中融入自己的击球当中也不失为一种很好的练习手段。只有坚持重复练习,才能加深肌肉的记忆和本体感觉,长期坚持必有收获。

二、网球墙练习

本练习方法适用于所有网球技术动作的学习和提高,其中发球、接发球、正、反手上旋球、下旋球、截击球、高压球等技术都可以用网球墙练习的形式改进动作。对墙练习可以配合自己的节奏,灵活地进行控制性练习。在击球的连续数量上可根据动作的难易程度和自己的实际水平灵活设定,因此对墙练习网球对击球动作的定型、手感的累积以及培养控球能力都很有效果。以下列举网球常用技术的对墙练习方法。

(一)正、反手击落地球

站在距墙约 9 米的地方,对墙进行击落地球的练习。先充分引拍,脚下移动调整击球点,然后击打从网球墙弹回来的落地球,之后随挥动作完整,将球击打在球网标志线以上,接着移动脚步进行下一拍的击打。也可以用粉笔在墙上画一个小的方形区域,反复练习将球打进这个区域,这样能学会在击球时如何控制拍面以及旋转,以达到击球的准确性。此练习完全适用于正、反手下旋(切削)球的技术练习。

（二）发球

站在距墙12米左右的地方，根据自己所掌握的发球技术可采用平击发球、侧旋发球或上旋发球动作进行发球的练习。任何发球的墙上落点都应高于网球墙上的球网标志线。采用平击发球或侧旋发球时，墙上落点高于球网标志线的高度以不超过1米为宜，否则发球出界的可能性加大；采用上旋发球时，墙上落点高于球网标志线的高度可适当高一些，因为强烈的上旋可以带来非常明显的过网急坠，大大减少了球出界的概率。

（三）截击球

站在距墙2米左右的地方，将球击向网球墙，当球反弹回来时要降低重心击球，手腕保持稳定，不要用力过猛，动作幅度要小，打出节奏就行，掌握好击球的技巧，将球控制在正手一侧，熟练后再练习反手一侧，也可交替进行。随着截击能力的提高，可逐渐加大人与墙的距离。

（四）高压球

距墙6米左右站立，用自抛高压球动作将球击向网球墙跟前1米左右的地面，待球反弹向墙再回弹飞向空中时，用高压球技术将球再次击向墙根地面，球又弹回空中时，再练习击打高压球。以这种方式连续练习高压击球时，要根据反弹回来的球时刻调整击球位置，同时应注意开始时要由轻到重、由近到远地练习高压击球。

（五）组合练习

将多种击球技术组合在一起进行对墙练习，这样的练习比较多变，更接近于实战。例如，将正、反手的上旋球和下旋球结合起来，练习之中既有正手又有反手，既有上旋又有下旋。将深球和浅球的击球技术结合起来进行对墙练习，在前后的移动击球中既练习技术又练习步法。将发球上网截击战术以及高压击球练习结合起来进行对墙练习，既可丰富自己的技战术打法又可以增加打网球的乐趣和观赏性。

三、定点喂球训练

定点喂球训练是指教练员站于网球场任一位置给运动员喂出特定落点的击球训练。此训练法可根据练习技术的不同而选择不同的喂球落点，例如，正、反手击落地球：教练员可以站在网前、中场或底线喂球，学员可以在前场、中场或底线处击球。教练在喂球时也可将球的旋转、球速以及线路加以变化喂出上旋球、下旋球、快速球、慢速球、正手球、反手球、高球或低球，以增强运动员对各种来球的应变能力，提高其实战能力。运动员也可以在球场不同区域的定点击球中打出直线球、斜线球、上旋球、下旋球、正手球、反手球、快速球、慢速球、高球或低球等多变的击球。教练员根据运动员的不同水平安排由易到难的定点喂球训练，训练时间和训练强度根据运动员自身身体素质和技术水平而灵活设定。

四、学员固定线路对练

学员与学员间进行固定线路对练时，学员可以站在各自球场的前场、中场或底线处进行特定技术的对拉练习。首先选择练习时的站位，再确定是选正手还是选反手击球，其次确定用上旋还是下旋球技术或其他技术，最后确定击球线路，然后根据自己练习的内容将来球击向你的同伴，同伴再根据自己事先商量好的线路回球给你，两人持续对拉回合。回合数可根据双方学员的现有水平自行商定，要具有一定的难度，这样才能提高学员注意力并调动学员训练的积极性。固定线路对练也可一名学员位置固定，另一名学员在来回的两点移动中完成击球练习。

五、模拟比赛练习

“实践是检验真理的唯一标准”，只有将所学的技术在比赛中运用自如，才能达到我们训练的终极效果。在运动员掌握了一定的网球击球技术后，教练员可适当安排一些内部的比赛，并鼓励运动员在比赛中多运用所学技术和战术,或在运动员使用某项技、战术得分后计2分的方法,以此来鼓励运动员多运用该技、战术。这样可以刺激运动员用此项技术得分后的成就感,易于提高今后击球时的自信心。只有通过参加适当的比赛,击球技术才能得以巩固和提高。

第六节　网球运动专项拉伸与损伤防护

一、网球专项拉伸

拉伸练习应安排在热身之后,因为在热身之前,身体的肌肉和肌腱温度比较低,血液供应也不充足,这时候拉伸容易造成肌肉损伤。每次网球运动之后,再做一次拉伸有助于恢复体力。

(一)颈部拉伸

(1)左右拉伸:耳朵慢慢向肩膀靠拢,让头偏向一侧,肩膀放松,然后再做另一侧。

(2)旋转拉伸:把头慢慢转到左侧,转到不能动时,保持10秒钟,再回到正中,再转到右侧。

(二)肩部及手臂肌肉拉伸

(1)一只手臂向上伸直,然后前臂向脑后弯曲、放松,用对侧手从脑后抓住其肘部,向其对侧缓缓拉动,保持15秒。

图11-20　肩部及手臂肌肉拉伸

图11-21　前臂及手掌拉伸

图11-22　腰背肌拉伸

图11-23　小腿肌肉拉伸

(2)双手手指在头顶交叉互握,掌心向上,双臂向上,向后伸展,保持15秒。

(三)前臂及手掌拉伸

右臂前伸,左手握住右手手指,轻轻向后拉动直至感觉前臂伸展。保持5秒,换左手。

(四)腰背肌拉伸

(1)屈膝站立,身体前倾,双手搭于支撑物上。缓慢沉肩,保持20秒。

(2)双脚分开,直立站好,挺胸收腹,双手插于腰部,上身慢慢转向右侧,转到不能动时,保持10秒,再回到正中,再转到左侧。

(五)小腿肌肉拉伸

双腿呈弓箭步,后腿脚尖朝着前脚跟,双手扶于支撑物上。身体缓慢前倾,保持20秒。

(六)大腿前侧肌肉拉伸

站立并用左掌扶支撑物,弯曲左膝并用右手抓住左脚尖向臀部拉,换右脚。

(七)大腿内侧肌肉拉伸

坐在地上,两腿弯曲向外,两脚底相对,手握脚尖,将双脚拉向自己。两肘压住膝盖加强拉伸效果。身体稍微前倾，保持15秒。

（八）大腿后部肌肉拉伸

坐在地上，把要拉伸的腿在体前伸直，弯曲另一条腿，整条腿的外侧贴近地面，与伸直的腿组成三角形，背部挺直，从胯部尽量向前屈。保持10秒，换另一条腿。

图11-24　大腿前侧肌肉拉伸

图11-25　大腿内侧肌肉拉伸

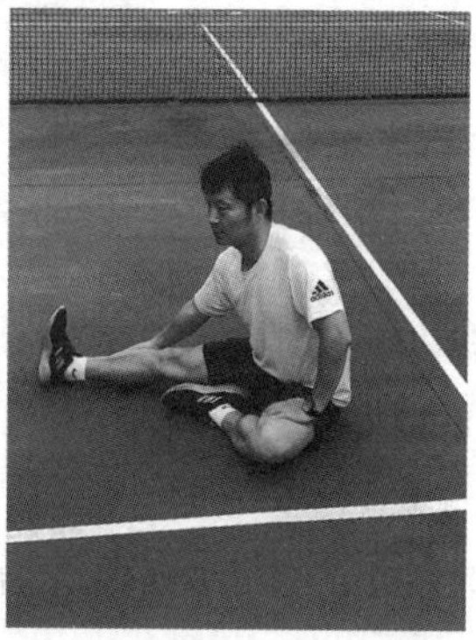

图11-26　大腿后部肌肉拉伸

二、网球运动常见损伤与防护

网球运动是一项全身肌肉都参与的运动，因此，它很容易给身体带来各种运动损伤。网球运动因为没有身体接触，损伤程度也许不如足球运动、篮球运动那么严重，但无论是小得不起眼却很麻烦的水泡，还是需要长时间照料的严重扭伤，任何疼痛都是重要的征兆，都不可大意。

（一）擦伤

擦伤主要是指皮肤表层擦破。

应对办法：可用消毒水清洁患部，再以无黏性的绷带包扎即可。

（二）起水泡

拇指关节内侧、掌际与拍柄后部相接触的部位、前脚掌等都是容易起水泡的地方，平时练习过少、拍柄表面太硬、握拍太紧或太松、鞋底太硬或太薄、鞋号过大、鞋垫不合适、袜子太薄、高温天气等都可能导致水泡的产生。

应对办法：

（1）对水泡的处理以保守、避污染为原则，最好不要贸然忍痛撕掉表皮，另外还应在拍柄上缠一层柔性防滑的吸汗带，并且不用拍柄过细的球拍打球。

（2）如果脚底水泡破掉，有液体流出，或水泡虽然未破，但非常疼痛，甚至影响走、跑。这种情况应先消毒，清理伤口。用干净的手将水泡内的水挤干，用消过毒的剪刀修剪水泡的边缘，并用消过毒的小镊子将水泡上的皮拿掉。消毒、清理伤口，并抹上抗菌药膏，如有必要可以包上纱布。如果有感染的症状，则寻求医疗协助。

（三）肌肉拉伤

肌肉拉伤在体育运动中极为常见，拉伤时肌肉有轻微撕裂感，应引起大家足够的重视。背肌损伤是在下蹲击球或转体时造成的，腹部肌肉损伤是发球或打高压球时用力过猛或者肌肉负担过重引起的。

应对方法：做好热身运动，使全身肌肉放松。拉伤后，对伤处进行冷敷并加压包扎。

（四）关节扭伤

网球运动有时需要做幅度很大的动作，这可能会导致关节受伤。打网球时容易扭伤的几个部位是脚踝、膝、腰。一般而言，关节受到压力作用时会产生扭伤，如果力度超过关节移动范围，还会伤及韧带。

应对办法：

(1)加强相应部位的肌肉力量，以适当限制关节的活动范围。

(2)对易伤部位进行保护性固定，如包扎弹性绷带等。

(3)掌握正确的用力方法，并通过练习尽量熟练技术动作。

(4)在练习新的动作时，不要急于求成。

(5)清除场地内的杂物，如暂时不用的球等。

(五)“网球肘”

“网球肘”学名为“肱骨外上髁炎”，因多见于网球运动员而得名。

症状：初期只感到肘关节外侧酸胀和轻微疼痛，或仅在用力伸腕与前臂用力旋前、旋后时出现局部疼痛，病情发展时，肱骨外上髁部发生持续性疼痛，疼痛可向前臂外侧发散，患侧手的力量减小，持物不牢，端提重物、拧毛巾、反手击球时，肘外侧疼痛尤为显著。

应对办法：

(1)纠正直臂击球的动作。

(2)用支撑力较强的护腕和护肘把腕、肘部保护起来，限制腕、肘部的翻转和伸直。

(3)一旦被确诊为“网球肘”，最好能够终止练习，彻底休息。

(4)运动前应热好身，平时加强前臂肌肉力量的锻炼。

思考题

1. 简要说明四大网球公开赛。
2. 正手击球的技术动作环节及其要点有哪些？
3. 比赛时如何判定运动员得失分？
4. 双打有哪几种站位？两人应如何配合？
5. 简要说明“网球肘”的症状及应对方法。

第十二章　武　术

【学习目标】

1. 了解武术的起源与发展。
2. 掌握武术基本功和基本动作。

武术是以技击动作为主要内容，以套路、格斗、功法为运动形式，注重内外兼修的传统体育运动项目。中华武术具有娱乐观赏、陶冶性情、交流技艺、增加友谊的功能，更有强身健体、防身自卫、锻炼意志的功能。武术内容丰富多彩，形式多样，风格独特，分类方法很多，按运动形式分为功法运动、套路运动和搏斗运动，本章主要以套路运动介绍为主。

第一节　武术概述

一、武术的起源

中华武术，源远流长，它起源于远古时代人们的生产劳动。原始社会严酷的生活条件，迫使人们在集体劳动过程中发展徒手或者一些简单工具的攻防格斗技能，如拳打、脚踢、躲闪、摔跌、跳跃等，这些是拳术的萌芽；劈、砍、扎、刺等，是武术器械使用方法的萌芽。

二、武术的发展

（一）历代武术的发展概况

商周时期出现了武舞，武王伐纣前用武舞训练士兵、鼓舞士气，这种武舞后来逐渐与练武分化开来，被武术套路运动借鉴和吸收。此时期激烈的军事斗争使武器由简单到复杂多样化发展，特别是冶铜业的发展促使铜矛、铜戈、铜斧、铜剑等铜器武器出现，此时期武术成为人们有目的、有意识、有组织的社会活动。

春秋战国时期战争频繁，练兵习武活动在军队和民间得到广泛重视并快速发展。当时的民间也有不少武艺高超的武术家如越女、鲁石公等，此时期武术已经成为人们文化生活的一种需要。

秦汉三国时期，角抵、击剑、手搏等竞技武术项目盛行，且技击技巧和理论也发展到一定的水平，出现了刀舞、剑舞、钺舞等形式。至此，武术发展为两大类：一类是围绕军事技术的发展而发展的，具有攻防格斗作用的技术动作；另一类则是适应表演需要而形成的套路技术。

两晋南北朝实行府兵制，这对武术的技巧、耐力、速度和力量等方面有严格的要求，士兵练武也有专门的场地，有口诀要求。隋代枪术发展较快。唐代实行武举制，用考试的方法选拔勇武之才，考试的内容有马射、平射、剑射、马枪、负重等，这种武举制度对武术的发展有很大的促进作用。在唐代，剑术逐渐脱离军事运用向套路表演技术迅速发展，剑术虽在战场上逐渐消失却在民间有好的发展，除了技击，健身和艺术表演给了剑术生命力。

明清是武术大发展时期，各种不同风格的拳术器械都有了很大的发展，武术的军事技能、健身娱乐和表演欣赏的多种价值为人们所认识。明代还是武术家著书立说的鼎盛时期。明代武术项目很多，拳术、棍术有很多种，其他形式的武术器械也有不同程度的发展。到了清代，武术流派繁多，有人将武术分为内家和外家，也有南北派之说。民国时期民间出现了许多拳社组织，如拳术社、武术会等，这些对武术的普及发展和研究都曾起到积极的作用。

（二）近现代中国武术的发展

中华人民共和国成立后，武术成为国家体育事业的一个组成部分，得到党和政府的高度重视，武术得到了蓬勃发展，主要以强身健体和竞技比赛为主。1950 年中华全国体育总会召开了武术工作座谈会，倡导发展武术运动。1956 年中国武术协会在北京成立。1958 年原国家体委制定了第一部《武术竞赛规则》，1989 年散手被国家体委列为正式竞赛项目。许多大专院校成立了院校武术协会，一些原国家体委的直属院校如北京体育学院、上海体育学院等都设置了武术专业，以培养武术专业人才。

中华人民共和国成立后，随着我国国际地位的提高，中华武术也逐渐得到各国人民的青睐。1985 年在西安举行了首届国际武术邀请赛，有 18 个国家和地区参赛。1987 年日本横滨举行了第 1 届亚洲武术锦标赛，之后每两年举行一次。1990 年国际武术联合会在北京成立，目前会员国已有 100 多个。这些标志着武术已经走向世界，武术作为优秀的民族文化和良好的运动项目，已得到世界人民的认同。

第二节　武术基本功和基本动作

一、基本手型手法

（一）拳

四指卷曲并拢，拇指紧扣食指和中指第二指节处，如图 12-1。

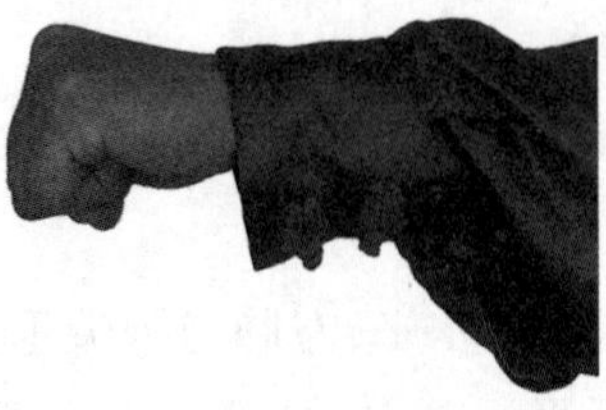

图 12-1

图 12-2

图 12-3

图 12-4

1. 冲拳

准备动作：两脚左右开立，与肩同宽，双腿站直，挺胸收腹，两手握拳抱于腰间，肘关节向后，两肘向内夹紧，拳心向上，拳面与腹部平，如图 12-2。

动作要领(以左冲拳为例)：挺胸，收腹，直腰，左拳从腰间向前猛力冲出，力达拳面，同时转腰顺肩，前臂内旋，手臂伸直，高与肩平，如图 12-3。要求出拳快速有力，要有寸劲即爆发力。

2. 架拳

准备动作：与冲拳同。

动作要领（以右架拳为例）：右拳向下、向左、向上经头前向右上方划弧架起，拳眼向下，眼看左方，如图12-4。要求架拳时松肩，肘关节弯曲，前臂内旋。

（二）掌

四指并拢伸直，拇指弯曲紧扣于虎口处，如图12-5。

图 12-5

图 12-6

图 12-7

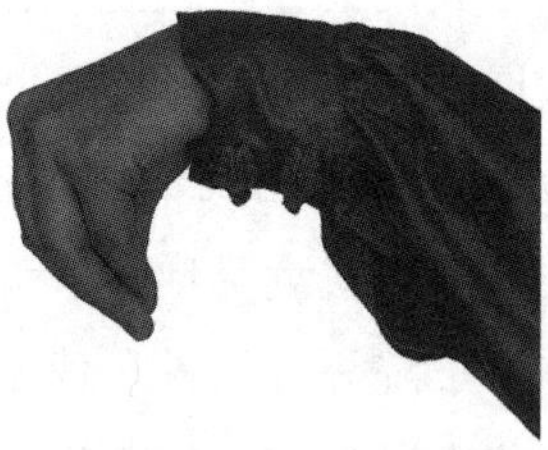

图 12-8

1. 推掌

准备动作：与冲拳同。

动作要领（以左推掌为例）：左拳变掌，前臂内旋，向前猛力推出，力点在掌根部位。同时拧腰、顺肩，手臂伸直，高与肩平，同时右肘向后牵拉，眼看前方，如图12-6。要求挺胸、收腹、直腰，出掌快速有力，力达掌根部位。

2. 亮掌

准备动作：与冲拳同。

动作要领（以右手动作为例）：右拳变掌，经体侧向右、向上划弧，至头部右前上方时，抖腕亮掌，臂成弧形。掌心向前，虎口朝下，眼随右手动作移动，亮掌时，注视左方，如图12-7。要求抖腕、亮掌、转头同时完成，协调一致。

（三）勾

5个手指的第一指节捏拢在一起，形成钩子的形状，要求曲腕，如图12-8。

二、基本步型步法

（一）基本步型

1. 弓步

动作要领（以左弓步为例）：左脚向前上一大步，脚尖微内扣，屈膝半蹲，大腿接近水平，左膝与脚尖垂直。右腿伸直，右脚斜向前方，两脚全脚掌着地。上体正对前方，两手抱拳于腰间，两眼平视前方，如图12-9。弓右腿为右弓步，弓左腿为左弓步。要求挺胸、塌腰、沉髋，前脚尖跟后脚跟成一直线。

图 12-9

图 12-10

图 12-11

2. 马步

动作要领：两脚左右平行开立，宽度约为本人脚长的 3~3.5 倍，脚尖正对前方，屈膝半蹲，膝部不超过脚尖，大腿与地面平行，全脚掌着地，身体重心在两腿之间，两手抱拳于腰间，如图 12-10。要求挺胸、塌腰、脚跟外蹬，眼看前方。

3. 虚步

动作要领（以左虚步为例）：两脚前后开立，右脚在后外展约 45°，屈膝半蹲，左脚在前，脚跟离地，脚面绷平，脚尖稍内扣，虚点地面，膝盖微屈，重心放在右腿上，两手握拳于腰间，眼睛向前平视，如图 12-11。要求挺胸、塌腰，虚实分明。左脚在前为左虚步，右脚在前为右虚步。

4. 仆步

动作要领（以左仆步为例）：两脚左右开立一大步，右腿屈膝全蹲，大小腿靠紧，臀部接近小腿，右脚全脚着地，左腿挺直平仆，脚尖内扣，全脚着地，两手抱拳于腰间，眼睛向左方平视，如图 12-12。要求挺胸、塌腰、沉髋，一腿仆直。仆左腿为左仆步，仆右腿为右仆步。

5. 歇步

动作要领（以左歇步为例）：两腿上下重叠、交叉靠拢，屈膝全蹲，左脚在前，全脚着地，脚尖外展，右脚在后，脚前掌着地，臀部坐于右腿接近脚跟处，两手抱拳于腰间，眼睛向左前方平视，如图 12-13。要求挺胸、塌腰，两腿上下重叠靠拢并贴紧。左脚在前为左歇步，右脚在前为右歇步。

图 12-12

图 12-13

图 12-14

图 12-15

（二）基本步法

1. 插步

准备动作：两脚左右开立，与肩同宽，两手叉腰，如图 12-14。

动作要领：重心左移，右脚提起，经左脚后向左侧横插一步，右脚前脚掌着地，两腿交叉，左腿屈膝，重心偏于左腿，如图 12-15。要求沉髋，横插步幅不要太大或太小。

2. 击步

准备动作：两脚前后开立，与肩同宽，两手叉腰，身体侧对前方。

动作要领：上体前倾，后脚提起，前脚随即蹬地跳起向前，在空中时，后脚向前碰击前脚；落地时，后脚先落，前脚后落，眼向前平视。要求前脚用力蹬地，并向前跳起，上体保持直立并侧对前方。

三、基本腿部练习

（一）正踢腿

准备动作：两脚并立，两手立掌，两手臂侧平举，与肩同高，如图12-16。

动作要领：左脚向前上步，左腿支撑，右脚脚尖勾起向前额处踢出。两眼看前方，如图12-17。要求挺胸、直腰，踢腿时脚尖起勾落绷。收髋收腹，踢腿过腰后加速，要有寸劲。练习时可两腿交替进行。

图12-16

图12-17

（二）外摆腿

准备动作：与正踢腿同。

动作要领：右脚向前方上步，左脚尖勾起，向右侧上方踢起，经面前向左侧上方摆动，直腿落在右腿旁，两眼看前方。要求挺胸、立腰、展髋，外摆幅度要大，摆动速度要快。练习时可两腿交替进行。

（三）里合腿

准备动作：与正踢腿同。

动作要领：右脚向右前方上步，左脚尖勾起里扣并向左上方踢起，经面前向右侧上方直腿摆动，落于右腿外侧，两眼看前方。要求挺胸、直腰、合髋。里合幅度要大，成扇形。练习时可两腿交替进行。

（四）拍脚

准备动作：并步直立。

动作要领：左脚向前上步，直腿支撑，全脚着地，右脚脚面绷平，直腿向上踢起，右手掌在额前迎接拍击脚面，右脚向前落步，左臂侧斜上举成立掌，眼看前方。要求挺胸、直腰、收髋、收腹，摆动腿，脚面绷平，击响清脆。

第三节　武术套路技术动作

一、初级拳

（一）套路介绍

初级拳是进行长拳基础训练的套路，其特点是动作舒展、节奏鲜明、快速敏捷。练习该拳要求一气呵成，给人以明快、大方、干净利落的美感。本套拳内容丰富，涵盖弓步、马步、仆步、歇步、虚步等五大基本步型以及拳、掌、勾等三大手型，有冲拳、砸拳、架拳、推掌、摆掌、撩掌、挑掌、穿掌、亮掌、按掌等各种手法，有肘法、屈伸性腿法、直摆性腿法，大跃步前穿、腾空飞脚等跳跃性动作。内容由简到繁，由易到难，既不复杂，又不失长拳的风格和锻炼价值，非常适合初学者学习。

（二）详细动作介绍

1. 预备势

（1）直立，两脚并拢，眼看前方，如图 12-18。

（2）屈肘，两手抱拳于腰两侧，拳心朝上，同时头向左转，眼看左前方，如图 12-19。要求挺胸、收腹、两拳紧贴于腰侧，两肘用力内夹。

2. 高虚步上撑掌

（1）右脚向右斜前方上步，重心前移，左腿蹬直成右弓步；同时左拳变掌，手心向上，向右斜前方穿出去，略高于肩，眼看左手，如图 12-20。

（2）上动略停，左脚蹬地，右腿站直，左脚移至右脚前，脚尖点地成高虚步；同时左掌变拳收至左腰侧，右拳变掌向头上方撑出，手臂在耳朵侧边，掌心向上，掌指朝左，头向左摆，眼看左边，如图 12-21。

图 12-18

图 12-19

图 12-20

图 12-21

3. 弓步冲拳

左脚向左侧上一步，右腿蹬直成左弓步，同时左手臂向左向外格挡收于腰侧，同时右掌变拳收回腰侧并向前冲出，高与肩平，拳心向下，眼看冲拳方向，如图 12-22。要求上步、格挡、蹬腿、冲拳连贯一致，蹬成弓步时脚后跟不能离地。

4. 蹬腿冲拳

右脚蹬地屈膝提起，脚尖屈勾，猛力向前蹬出，脚与腰平；同时收右拳冲左拳，左拳高与肩平，拳心向下，眼看冲拳方向，如图 12-23。要求蹬腿直线蹬出，力达脚后跟，支撑腿微屈以控制重心平衡。

5. 顺弓步冲拳

右脚向前落步、屈膝，左腿蹬直成右弓步；同时左拳收至腰侧，右拳向前冲出，拳心向下，身体侧对前方，眼看右拳方向，如图 12-24。

图 12-22

图 12-23

图 12-24

6. 并步砸拳

身体左转，右脚蹬地，左腿屈膝，重心移至左腿上，右腿屈膝提起向左脚内侧震脚成并步半蹲势；与此同时，左拳变掌移至小腹前，手心朝上，右拳向头上方举起，拳背朝下，曲肘砸于左掌心上，眼看右拳，如图 12–25。要求右腿屈膝上提时右拳向上举起，震脚与砸拳同时击响，半蹲时仍然要挺胸直腰。

7. 马步上架冲拳

双脚用来蹬地跳起，右转，右臂稍屈肘经面前向头上架起；左拳抱拳于腰侧，身体右转 180°，两脚左右分开落地成马步，同时左拳向左侧冲出，拳心向下，眼看左拳方向，如图 12–26。要求换跳步成马步要轻快，两脚贴地擦出。

8. 上步弓步推掌

身体左转，右脚蹬地，重心移至左腿上，右脚向左脚前方上步成右弓步，同时左拳收至腰侧，右拳变掌收至腰侧向前推出，眼看推掌方向，如图 12–27。

图 12–25

图 12–26

图 12–27

9. 弓步双摆掌

右脚蹬地，上体左后转成左弓步，左拳在身前向右伸至右肩处变掌，掌心向右，与右拳一起从右向上、向左弧形摆至左边，左手直臂平举，右臂屈肘使掌心靠近左肘，两掌指均朝上，眼看摆掌方向，如图 12–28。正面如图 12–29。摆掌、转体要同时进行到位。

图 12–28

图 12–29

10. 弓步勾手撩掌

(1)左脚屈膝全蹲，右腿仆直成右仆步，上体随之右转俯身，同时左掌内旋，反臂成勾手，勾尖朝上略高于肩，右掌内旋，拇指朝下，手心朝上，从体前向右脚处横搂，眼看右掌，如图 12–30。

(2)接前，右掌继续向身后搂去，至身后反臂成勾手，勾尖朝上，同时右腿屈膝，左腿蹬直成右弓步，左勾手变掌，掌心朝下，从后经下向前直臂撩起，掌心向前，掌指斜向下，高略低于肩，眼看左掌方向，如图 12–31。

11. 斜拍脚

重心前移，右腿蹬直，左腿屈膝提起，向前方直腿踢起，脚背绷直，高与肩平；同时左掌收至腰侧抱拳，右勾手变掌由后向上向前，掌心朝下，击向左脚背面，眼看左脚，如图 12-32。

图 12-30

图 12-31

图 12-32

12. 弓步上架推掌

左脚向前落步屈膝，右腿蹬直成左弓步，同时右掌内旋举至头上方成架掌，左拳变掌由腰侧向前推出，眼看推掌方向，如图 12-33。

13. 转身左拍脚

右臂向上、向右、向下、向后抡摆，身体向右后转体 180°，如图 12-34。左腿伸直向前上踢摆，脚背绷直，左掌变拳收至腰侧，右掌由体后经上向前击拍左脚面，如图 12-32。

14. 右拍脚

左脚向前落步，左拳变掌经后向上摆至头上，右掌变拳收至腰侧，如图 12-35，右腿伸直向前上提摆，脚背绷直，左掌由上向前下方击拍右脚背面，拍击动作如左拍脚，唯左右相反。

图 12-33

图 12-34

图 12-35

15. 腾空飞脚

右脚向前落地，两腿微屈，重心偏后；左脚蹬地，屈膝前摆，同时右拳变掌向前上摆击左掌心；接着右脚蹬地跳起，左腿上摆，右腿在空中伸膝弹踢，脚背绷平，右掌向下迎击右脚背，左臂上举。

16. 弓步架冲拳

左脚落地，右脚向前上一步，右掌变拳收至腰侧，左掌从后向前下抡摆至腹前，掌心向上，眼看左掌。左腿蹬直，右腿屈膝成右弓步；左掌向上摆至头上成架掌，掌心朝上，同时右拳向前冲出，眼看冲拳方向，如图 12-36。

17. 转身歇步冲拳

上体左转 180°，左脚向右脚后退步，两腿全蹲成歇步，同时右拳变掌直臂向上向左至胸前盖掌，随后收至腰侧抱拳，同时左拳由腰间向前推出，拳心向下，如图 12-37。

图 12-36

图 12-37

图 12-38

18. 退步抡臂仆步拍脚

(1)两腿蹬地，右脚向后退步成左弓步，右拳变掌直臂向右前下伸出，掌指朝下，同时左掌回收至右臂下，如图 12-38。

(2)接着，上体右转，两脚同时右转，右腿屈膝成右弓步，同时右臂向前、经上、向右抡臂，左臂向下、向左抡臂，左臂抡臂一圈停在斜后上方，右臂向下向身后抡臂一圈，同时左腿屈膝全蹲，右腿伸直成右仆步，右掌向下击拍右脚背，眼看右掌，如图 12-39。抡臂时肩部放松，两臂尽量远伸，加大抡摆的幅度，抡摆速度要快。

图 12-39

图 12-40

图 12-41

19. 弓步上冲拳

(1)左腿蹬直，右腿屈膝成右弓步，右掌收至腰侧抱拳，左掌经上向前下盖掌，与肩平，眼看左掌，如图 12-40。

(2)上体左转，左臂屈肘于右胸前摆掌，右拳沿耳侧向头上方冲去，眼看左边远方，如图 12-41。转体、上冲拳和向左转头要同时完成。

20. 提膝上架

右腿蹬地提膝，左腿支撑站立，同时右拳向前、向下，经后向上抡臂，屈肘架于头右上方，左掌屈肘下压，停于左胯旁，掌心向下，眼看左方，如图 12-42。

21. 并步砸拳

左腿屈膝下蹲，右脚向下震脚，成并步半蹲，同时左掌移至腹前手心向上，右拳背向下，屈肘砸于左掌心上，眼看右拳，如图 12-43。

22. 退步抱拳

右腿向右斜后方跨成右弓步，右拳从前向右后抡摆，左掌从前向左向前向右与右拳合抱于身体右侧，左手臂高，右手臂低，抱拳同时重心左移，左腿蹬直，右脚回收半步，右脚尖点地成高虚步，身体侧对前面，头向左摆，眼看前方，如图 12-44。

23. 收势

身体左转正对前方，重心左移，右脚移至左脚旁成直立姿势，两手成掌放在腿两侧，两眼看前面，如图 12-45。

图 12-42

图 12-43

图 12-44

图 12-45

二、简化 24 式太极拳

(一) 套路介绍

24 式太极拳是在杨式太极拳基础上，删减了难度大和重复的动作，加以改编、简化的太极拳普及套路。全套动作简单易学，虽简单但充分体现了太极拳动作的心静体松、呼吸自然、柔和缓慢、圆活连贯、上下相随、虚实分明、以意导动的运动特点。

(二) 详细动作介绍

1. 起势

(1) 两脚并拢自然直立，脚尖向前，然后左脚向左侧分开，与肩同宽，脚尖向前；两臂自然下垂，两手放在大腿外侧；眼向前平看，如图 12-46。头颈正直，下颌微收，不要故意挺胸或收腹，精神集中。

(2) 两臂慢慢向前平举，两手高与肩平，与肩同宽，手心向下，上体保持直立，两腿屈膝下蹲；同时两掌轻轻下按，两肘下垂与两膝相对；眼平视前方，如图 12-47。要求两肩自然下沉，两肘松垂，手指自然弯曲。屈膝松腰，臀部不可凸出，身体重心落于两腿中间。两臂下落和身体下蹲的动作要协调一致。

2. 左右野马分鬃

(1) 上体微向右转，身体重心移至右腿上；同时右臂收在胸前平屈，手心向下，左手经体前向右下划弧至右手下，手心向上，两手心相对成抱球状(右抱球)；左脚随即收到右脚内侧，脚尖点地；眼看右手，如图 12-48。

图 12-46

图 12-47

图 12-48

(2) 上体微向左转，左脚向左前方迈出，右脚跟后蹬，右腿自然伸直，成左弓步；同时上体继续向左转，左右手随转体慢慢分别向左上、右下分开，左手高与眼平(手心斜向上)，肘微屈；右手落在右胯旁，肘也微屈，手心向下，指尖向前；眼看左手，定势，如图 12-49。

（3）上体慢慢后坐，身体重心移至右腿，左脚尖翘起，微向外撇，随后脚掌慢慢踏实，左腿慢慢前弓，身体左转，身体中心再移至左腿；同时左手翻转向下，左臂收在胸前平屈，右手向左上划弧至左手下，两手心相对成抱球状（左抱球）；右脚随即收到左脚内侧，脚尖点地；眼看左手，如图 12-50。

（4）右腿向右前方迈出，左腿自然伸直，成右弓步；同时上体右转，左右手随转体分别慢慢向左下、右上分开，右手高与眼平（手心斜向上），肘微屈；左手落在左胯旁，肘也微屈，手心向下，指尖向前；眼看右手，定势，如图 12-51。要求上体不可前俯后仰，两臂分开时要保持弧形，身体转动时要以腰为轴。

（5）同（3），左右相反。

（6）同（4），左右相反。

3. 白鹤亮翅

（1）右脚跟进半步，上体微向左转，左手翻掌向下，左臂平屈于胸前，右手向左上划弧，手心转向上，与左手成抱球状，如图 12-52。

图 12-49

图 12-50

图 12-51

（2）上体后坐，身体重心移至右腿，上体先向右转，面向右前方，眼看右手；然后左脚稍向前移，脚尖点地，成左虚步，同时上体再微向左转，面向前方，两手随转体慢慢向右上、左下分开，右手上提停于右额前，手心向左斜前方，左手落于左胯前，手心向下，指尖向前；眼看前方，如图 12-53。要求完成动作时含胸，两臂上下保持半圆形。身体重心右移和右手上提、左手下按要协调一致。

图 12-52

图 12-53

图 12-54

4. 左右搂膝拗步

（1）身体先左转后右转，同时两手臂在腰的带动下向左向右划弧（右手从体前向左向下划弧至左胸前，手心斜向下，手和耳同高，手心斜向上；左手由左下向左向上划弧与肩同高，如图 12-54，两手臂再经体前向右划弧，左手划弧至右胸前，手心斜向下，右手划弧至右肩外，手和耳同高，手心斜向上，同时左脚收到右脚内侧，脚尖点地，眼看右手，如图 12-55。

图 12-55

图 12-56

图 12-57

图 12-58

(2)上体左转,左脚向左斜前方迈出成左弓步;同时右手臂曲肘立掌由耳侧向前推出,右掌与鼻尖平,左手向下向左从左膝前划弧落于左胯旁,掌尖向前,掌心向下。眼看右手,定势,如图 12-56。要求手推出时,上体保持自然直立,切忌前俯后仰,推掌与弓腿协调一致。

(3)身体重心右移,右腿屈膝,上体后坐,左脚尖翘起外撇,然后重心前移至左腿,身体左转,右脚跟进上步落于左脚内侧,脚尖点地;同时左手向左向上划弧至左肩外侧,与耳同高,手臂自然弯曲,手心斜向上;右手随转体向上向左下划弧至左胸前,手心斜向下。眼看左手,如图 12-57、图 12-58。

(4)同(2),左右相反。

(5)同(3),左右相反。

(6)同(2)。

5. 手挥琵琶

右脚跟进半步,上体后坐,身体重心移至右腿上,上体向右转,左脚提起稍向前移动成左脚跟着地的左虚步,膝部微屈;同时左手由左下向上挑举,高与鼻尖平,掌心向右,臂微屈;右手收回放在左肘里侧,掌心向左;两掌尖向上,眼看左手食指,如图 12-59、图 12-60、图 12-61。要求身体自然平稳,沉肩垂肘。右脚跟进时,脚掌先着地,再全脚踩实。身体重心后移和左手上起、右手回收要协调一致,同时完成。

图 12-59

图 12-60

图 12-61

6. 左右倒卷肱

(1)上体右转,右手旋臂手心向上经腹前腰侧向后上方划弧平举,臂微屈,左手随即翻掌向上;视线随右手走向右看,再转向前方看左手,如图 12-62。

(2)右臂屈肘掌心向前由耳侧向前推出,左臂屈肘后撤,手心向上,撤至左肋外侧;同时左腿轻轻提起向后(偏左)退一步,脚掌先着地,然后全脚慢慢踏实,身体重心移到左腿上,成右虚步,右脚随转体以脚掌为轴扭正;眼看右手,如图 12-63。

图 12-62

图 12-63

图 12-64

图 12-65

(3)上体向左转，同时左手随转体向后划弧平举，臂微屈，手心向上，右手随即翻掌，手心朝上；眼随手走先向左看，再转向前方看右手，如图 12-64。

(4)同(2)，左右相反，如图 12-65。

(5)同(1)。

(6)同(2)。

(7)同(3)。

(8)同(4)。

7. 左揽雀尾

(1)上体微向右转，同时右手随转体向后上方划弧平举，手心向上，左手放松，手心向下，如图 12-66。

(2)身体继续向右转，左手自然下落逐渐翻掌经腹前划弧至左肋前，手心向上；右臂屈肘划弧，手心转向下，收至右胸前，两手相对成抱球状；同时身体重心落在右腿上，左脚收到右脚内侧，脚尖点地；眼看右手，如图 12-67。

(3)上体微向左转，左脚向左前方跨出一步，如图 12-68，上体继续向左转，右腿自然蹬直，左腿屈膝，成左弓步；同时左臂向左前方掤出（即左臂平屈成弓形，用前臂外侧和手背向前方推出），高与肩平，手心向后；右手向右下落于右胯旁，手心向下，掌尖向前；眼看左前臂，图 12-69。要求掤出时，两臂前后均保持弧形。分手、松腰、弓腿三者必须协调一致。揽雀尾弓步时，两脚距离稍大点。

图 12-66

图 12-67

图 12-68

图 12-69

(4)左手旋臂前伸翻掌向下，右手翻掌向上，经腹前向上，向前伸至左前臂下方，掌心对着左肘关节处，如图 12-70；然后两手下捋，即上体向右转，随身体转动两手经腹前向右后上方划弧，直至右手手心向上，高与肩齐，左臂平屈于胸前，手心向后；同时身体重心移至右腿；眼看右手，如图 12-71。要求下捋时，上体不可前倾，臀部不要凸出。两臂下捋须随腰旋转，走弧线。两脚全脚掌踩地。

(5)上体向左转，右臂旋臂屈肘，右手附于左手腕里侧（相距约 5 厘米），如图 12-72；上体继续向左转，双手同时向前慢慢挤出，左手心向后，右手心向前，左前臂保持半圆；同时身体重心逐渐前移成左弓步；眼看左手腕部，如图 12-73。要求向前挤时，上体保持直立。挤的动作要与松腰、弓腿相一致。

图 12-70

图 12-71

图 12-72

图 12-73

(6)左手翻掌，手心向下，右手经左腕上方向前、向右伸出，高与左手齐，手心向下，如图 12-74；两手左右分开，宽与肩同，然后右腿屈膝，上体慢慢后坐，身体重心移至右腿上，左脚尖翘起；同时两手屈肘回收至腹前，手心均向前下方；眼向前平看，如图 12-75。

(7)上势不停，身体重心慢慢前移，同时两手向前、向上按出，掌心向前；左腿前弓成左弓步；眼看前方，如图 12-76。要点：向前按时，两手须走曲线，手腕高与肩平，两手臂微屈。

图 12-74

图 12-75

图 12-76

图 12-77

8. 右揽雀尾

(1)身体右转，重心右移至右腿，左脚尖内扣；右手向右平行划弧至右侧，如图 12-77，然后由右下经腹前向左划弧至左肋前，手心向上；左臂平屈于胸前，手心向下与右手成抱球状；同时身体重心再移至左腿上，右脚收至左脚内侧，脚尖点地，如图 12-78。

(2)同左揽雀尾(3)，左右相反。

(3)同左揽雀尾(4)，左右相反。

(4)同左揽雀尾(5)，左右相反。

(5)同左揽雀尾(6)，左右相反。

(6)同左揽雀尾(7)，左右相反。

9. 单鞭

(1)上体后坐，身体重心逐渐移至左腿上，右脚尖内扣；同时上体左转，两手(左向上右向下)向左弧形运转，直至左臂平举，伸于身体左侧，手心向左，右手经腹前运至左肋前，手心向后上方；眼看左手，如图 12-79。

图 12-78

图 12-79

图 12-80

图 12-81

（2）身体重心再逐渐移至右腿上，上体右转，左脚向右脚靠拢，脚尖点地；同时右手旋臂经面前向右上方划弧，至右斜前方时变勾手，略高于肩；左手向下经腹前向下划弧停于右肩前，手心向里，如图 12-80。

（3）上体微向左转，左脚向左斜前方迈出，重心前移成左弓步；在身体重心移向左腿的同时，左掌随身体的左转慢慢翻转向前推出，掌心向前，掌尖朝上，手指与眼齐平，臂微屈；眼看左手，如图 12-81。

10. 云手

（1）身体重心移至右腿上，身体右转，左脚尖内扣；左手经腹前向右上方划弧至右肩前，手心斜向后，同时右手变掌，手心向右前方；眼看左手，如图 12-82。

（2）身体慢慢左转，身体重心左移；左手经面前向左侧运转，手心渐渐转向左方；右手由右下经腹前向左上划弧至左肩前，手心斜向后；同时右脚靠近左脚，右脚尖点地，如图 12-83。

图 12-82

图 12-83

图 12-84

图 12-85

（3）上体向右转，随着身体的转动，右手向右划弧至右侧，手心翻转向右，同时左手经腹前向右上划弧至右肩前，手心斜向后；同时左腿向左侧横跨一步；眼看左手。

（4）同（2）。

（5）同（3）。

（6）同（2）。

要求移动时，脚尖向前，脚前掌先着地再踩实，眼随手走。

11. 单鞭

（1）上体右转，右手随身体转动向右划弧，至右侧方时变成勾手；左手经腹前向右上划弧至右肩前，手心向内；身体重心落在右腿上，左脚尖点地；眼看左手。

（2）上体微向左转，左脚向左前侧方迈出，重心前移成左弓步；在身体重心前移的同时，上体继续左转，左掌慢慢翻转掌心向前推出，成“单鞭”式，定势动作图如前一单鞭，要求亦同。

12. 高探马

（1）右脚跟进半步，身体重心逐渐后移至右腿上；右手变掌，两手心翻转向上，两手臂自然弯曲；同时身体微向右转,左脚跟渐渐提起离地;眼看左前方,如图 12-84。

(2)上体微向左转,面向前方,右手臂曲肘,掌心向前由右耳旁向前推出,手指与眼同高;左手收至左侧腰前,手心向上;同时左脚微向前移,脚尖点地,成左虚步。眼看右手,如图 12-85。

13. *右蹬脚*

(1)左手手心向上前伸至右手腕背面,两手上下重叠交叉,如图 12-86,然后向两侧分开并向下划弧,手心斜向下;同时左脚提起向左斜前方上步,重心前移成左弓步。眼看前方。

(2)两手继续向下划弧至腹前十字交叉,右手在外,两手心均向后,然后双手上托于胸前,同时右脚向左脚靠拢,脚尖点地。眼看右前方,如图 12-87。

(3)两手臂左右划弧分开平举,肘微屈,手心均向外;同时右腿屈膝提起,右脚向右前方慢慢蹬出。眼看右手,如图 12-88。要求重心稳定,上体不可前俯后仰;两手分开时,腕部与肩平,右臂和右腿方向一致;蹬脚时脚尖勾起,力达脚跟;分手和蹬脚要协调一致。

图 12-86

图 12-87

图 12-88

图 12-89

14. *双峰贯耳*

(1)右腿收回,屈膝平举,左手由后向上、向前下落至体前,两手心均向上,两手同时向下划弧落于右膝盖两侧。眼看前方,如图 12-89。

(2)右脚向右斜前方上步,身体重心渐渐前移,成右弓步,面向右前方;同时两手下落,慢慢握拳,分别从两侧向上、向前划弧至前方,两拳拳峰相对,距离略窄于肩,高与耳齐,眼看右拳,如图 12-90。

15. *转身左蹬脚*

(1)左腿屈膝后坐,重心移至左腿上,上体左转,右脚尖内扣;同时双拳变掌,由上向左右两侧划弧分开平举,手心向前。眼看左手,如图 12-91。

(2)身体重心再回移至右脚,左脚收至右脚内侧,脚尖点地;同时两手由外向下向里划弧合抱于胸前,左手在外,手心均向后。眼看左手,如图 12-92。

(3)两臂经上向左右两侧划弧分开平举,肘微屈,手心均向外;同时左腿屈膝提起,左脚向左前方慢慢蹬出。眼看左手,如图 12-93。

图 12-90

图 12-91

图 12-92

图 12-93

16. 左下势独立

（1）左腿屈膝平举，上体右转；右掌变成勾手，左掌向上经面前向右划弧，立于右肩前，掌心斜向后。眼看右手，如图 12-94。

（2）右腿慢慢屈膝下蹲，左腿向左侧伸出，成左仆步；左手下落，并沿左腿内侧向前穿出。眼看左手，如图 12-95。要求右腿全蹲时，上体不可过于前倾，左腿伸直时两脚掌全部贴地。

（3）身体重心前移，左脚尖向外转动，右腿后蹬成左弓步，上体微向左转并向前抬起，同时左臂继续向前伸出立掌，掌心向右，右勾手下落，勾尖向上。眼看左手，如图 12-96。

图 12-94

图 12-95

图 12-96

（4）右腿慢慢屈膝提起，成左独立式；同时右勾手变掌，并由后下方经由右腿外侧向前弧形提起，曲臂立于右腿上方，肘与膝相对，手心向左；左手落于左胯旁，手心向下，指尖朝前。眼看右手，如图 12-97。要求上体正直，支撑腿膝要微屈，提膝脚尖自然下垂。

图 12-97

图 12-98

图 12-99

图 12-100

17. 右下势独立

（1）右脚落于左脚前，脚掌着地，然后左脚以脚跟为轴，脚尖外展，身体随之左转；同时左手向后平举变成勾手,右掌随着转体向左侧划弧,立于左肩前,掌心斜向后。眼看左手,如图 12-98。

(2)同“左下势独立”(2),左右相反。

(3)同“左下势独立”(3),左右相反。

(4)同“左下势独立”(4),左右相反。

18. *左右穿梭*

(1)身体微向左转,左脚向前落地,脚尖外撇,右脚跟离地,两腿屈膝;同时两手在左胸前成抱球状(左抱球);随后右脚收至左脚内侧,脚尖点地。眼看左前臂,如图 12-99。

(2)身体右转,右脚向右前方迈出,屈膝成右弓步;同时右手由面前向上旋臂翻掌停在右额前,手心斜向上;左手先向后向下再经体前向前推出。高与鼻尖平,手心向前。眼看左手,如图 12-100。

(3)身体重心略向后移,右脚尖稍向外撇,随即身体重心再移至右腿,左脚跟进,停于右脚内侧,脚尖点地;同时两手在右胸前成抱球状(右抱球);眼看右前臂,如图 12-101。

(4)同(2),左右相反,如图 12-102。

图 12-101

图 12-102

图 12-103

图 12-104

19. *海底针*

右脚向前跟进半步,重心移至右脚,左脚稍向前移,脚尖点地,成左虚步;同时身体稍向右转,右手下落经体前向后、向上提至右耳旁,再随身体左转,由右耳旁斜向前下方插出。掌心向左,掌尖斜向下;与此同时,左手向前、向下划弧落于左胯旁,手心向下,指尖向前。眼看前下方,如图 12-103。要求右手向前下插出时,上体不可过于前倾,要松腰松胯。

20. *闪通臂*

上体稍向右转,左脚向前迈出,屈膝成左弓步;同时右手由体前上提,曲臂上举,停于右额前上方,掌心翻转斜向上,拇指朝下;左手上提经胸前向前推出,高与鼻尖平,手心向前,眼看左手,如图 12-104。

21. *转身搬拦捶*

(1)上体后坐,身体重心移至右脚上,左脚尖里扣,身体向右后转,然后重心再移至左脚,同时右掌变拳随转体向右、向下经腹前划弧至左肋旁,拳心向下,左掌上举于左额前,掌心斜向上。眼看前方,如图 12-105。

(2)上体右转,左掌在胸前下按至腹前,掌心向下,同时右拳经胸前向前翻转搬盖,拳心向上;与此同时,右脚回收经由左脚内侧向前迈出,脚尖外撇。眼看右拳,如图 12-106。

(3)身体重心移至右腿上,左脚向前迈一步;左手经左侧向前上划弧拦出,掌心向右;同时右拳向右划弧收至右腰旁,拳心向上。眼看左手,如图 12-107。

(4)左腿前弓成左弓步,同时右拳向前打出,拳眼向上,高与胸平,左手附于右前臂里侧。眼看右拳,如图 12-108。

图 12-105

图 12-106

图 12-107

图 12-108

22. 如封似闭

(1)右拳变掌，两手手心逐渐翻转向上，左手经由右腕下向前伸出，如图 12-109，然后左右分开并曲肘收回；同时身体重心后移至右腿；左脚尖翘起。眼看前方，如图 12-110。

(2)两手在胸前向内翻转，向下经由腹前再向上、向前推出。腕部与肩平，手心向前，同时左腿屈膝成左弓步。眼看前方，如图 12-111、图 12-112。两臂随身体回收时，肩肘略向外松开，不要直着抽回，两手臂推出宽度与肩同宽。

图 12-109

图 12-110

图 12-111

图 12-112

23. 十字手

(1)屈膝后坐，身体重心移至右腿，上体右转，左脚尖内扣；右手随着身体的右转向右平摆划弧，两手臂在两侧成侧平举，胳膊微屈。眼看右手，如图 12-113。

(2)身体重心逐渐移至左腿，随即右脚向左侧收回半步，两脚距离与肩同宽，两腿逐渐蹬直，成开立步；同时两手向下经腹前向上划弧，腕部上下重叠交叉呈十字合抱于胸前，两臂撑圆，手心向后。眼看前方，如图 12-114。

图 12-113

图 12-114

图 12-115

图 12-116

24. 收势

两手臂向大拇指方向旋转，手心向下，慢慢下放，停于身体两侧。眼看前方，如图 12-115。全身放松，呼吸平稳后，把左脚收至右脚旁，如图 12-116。

第四节　武术竞赛规则

一、裁判人员的组成

总裁判长 1 人，副总裁判长 1~2 人；各个比赛组裁判长 1 人，裁判员 4~5 人；编排记录组编排记录长 1 人，记录员 2~3 人；宣告员 1~2 人，摄像人员 2~3 人，集体项目播放音乐人员 1~2 人。

二、比赛场地

武术套路竞赛场地宽 8 米，长 14 米，四周内沿应标明 5 厘米的边线，场地的两长边中间各做一条长 30 厘米、宽 5 厘米的中线标记。

三、竞赛通则

(一) 竞赛性质

分个人赛、团体赛、个人及团体赛。

(二) 竞赛项目

分为：自选项目(或规定)项目，包括长拳、太极拳、刀、枪、剑、棍等项目；其他项目(除规则规定的自选项目以外的项目)，包括自选拳术和自选器械，如形意、八卦、地躺、翻子、软器械、双器械等；对练项目等。

(三) 运动员进退场、起收势、套路计时规定

运动员听到点名后即进场，待裁判长示意后走向起势位置，运动员身体任何部位开始动作即为起势，并开始计时，运动员动作完成后，须并步收势，计时结束。运动员必须在同侧场地完成相同方向的起势与收势。

(四) 音乐与礼节

除集体项目外，其他项目都不能配音乐。在听到比赛上场点名时和裁判示分后，运动员应向裁判长行抱拳礼。

(五) 比赛服装

运动员必须穿规定的比赛服装，不允许佩戴手表、耳环、手镯等饰品。

四、评分标准与方法

(一) 评分标准

套路比赛各项最高分值为 10 分；长拳、刀、枪、剑、棍的评分标准为动作规格分值 6 分，劲力、协调的分值为 4 分，精神、节奏、内容、风格、布局、结构分值为 2 分。

(二) 其他错误扣分

即裁判员对运动员所出现的动作遗忘、器械变形、折断、掉地，失去平衡，出界，起收势动作不符合要求，时间不足或者超出等方面的错误所做出的相应的扣分。

(三) 评分方法

裁判员评分是根据运动员现场技术发挥水平，按照比赛的评分标准，在各类分值中算上错误动作的扣分，得出运动员的分数。各裁判员的打分中去掉一个最高分和一个最低分，取中间有效分的平均值，裁判长再算上其执行的“其他错误扣分”，即为运动员的最后得分。

第五节　武术常见损伤与防护

武术运动损伤是指武术运动者在练习过程中由于主观或者客观的原因造成的损伤。武术本身具有技击性，它是一项集速度、爆发力、协调性于一体的高要求的全身性运动，在武术运动中某些方面做得不到位，易引起运动损伤。

一、运动损伤的原因

(1)准备活动做得不充分或不当。做准备活动的目的是通过相应的运动提高中枢神经系统的兴奋性，加强各器官系统的协调性，克服人体机能的惰性，增加肌肉的伸展性和弹性，从而减少甚至避免运动损伤的发生。如果缺乏准备活动意识，不做准备活动，做准备活动的时间过长或过短，缺乏武术专项准备活动，这些情况均能造成运动损伤。

(2)身体基本素质差。如果武术运动者的身体素质如力量、速度、柔软性、灵敏性比较差的话，在运动中就会表现为肌肉的弹性差，反应迟钝，关节的灵活性和稳定性就较差，在做一些难度较大的动作时就容易造成损伤。

(3)技术动作错误。初学武术时，武术运动者由于专项技术动作掌握不够熟练，动作要领掌握不到位，对动作尚未形成条件反射，在练习中就会出现错误的动作，容易造成运动损伤。

(4)外部环境变化。环境气候的原因，如在高温环境下大量运动，出汗过多，影响体内水盐代谢平衡，会造成抽筋、虚脱；低温环境下肌肉僵硬，弹性和伸展性差，容易造成肌肉拉伤；场地选择不合适，凹凸不平或有障碍物等容易造成擦伤和摔伤；器械运用不当也容易造成擦伤、碰伤等。

二、武术运动中常见的运动损伤及其防护

武术运动是一项需要全身协调合作的高爆发、高难度、大力量的运动，其每一个或一组动作都需要全身协助完成。进行武术动作的练习，需要身体许多部位的共同参与，武术运动损伤的主要部位在腰、大小腿、膝踝关节、肩腕关节。常见的运动损伤如下所示：

(一)肌肉拉伤

肌体的肌肉活动是运动的本体原动力，肌纤维的收缩与放松使身体各部位产生激烈的位移，当肌纤维沿着力的方向远离肌肉的附着点，超过了肌纤维的强度，那么肌纤维就会发生撕裂或者断裂，亦即肌肉损伤。武术运动中常发生大腿内侧和后侧肌肉拉伤，如做动作幅度比较大的仆步下压、弓步、劈叉、蹬地跳跃等动作均易造成腿部肌肉拉伤。可做充分的准备活动，包括一般和专项准备活动，运动初期控制好运动量，不可盲目地进行快速激烈的动作练习，运动过程中集中注意力，运动后做好肌肉的放松与按摩，做好这些均能有效减少肌肉拉伤的概率。

(二)关节损伤

关节是肌体活动的枢纽，其活动幅度有一定的范围，各关节不能超过其活动幅度而过度地活动，当关节活动超过关节生理范围的时候，就会使关节及其周围的韧带、关节囊、肌肉发生损伤，亦即关节损伤。武术运动中常见的关节损伤有膝踝关节、髋关节、肩腕关节的损伤。正确地做好准备活动，多做一些相关的关节韧带的拉伸运动，佩戴一些防护装备如护膝、护腕等，练习时要把握正确的动作要领，多锻炼提高自身的身体素质，以减少武术活动中的关节损伤。

第六节　武术(套路)的运动训练

一、运动训练的组织形式

(一)集体训练

集体训练是指将运动员集中训练的一种形式，一般运用于训练课的准备和结束部分，或者运用于武术基本功的训练、套路动作的规范纠正、组合动作的节奏、劲力的训练、难度动作的练习提高。

(二)分组训练

分组训练是指将运动员分成若干个小组进行训练的一种形式，以3~5人一组为宜，主要运用于动作组合的训练、相互纠错的训练。

(三)个别训练

个别训练是提高运动员套路技术的重要训练形式。

(四)自我训练

自我训练是指运动员自觉积极地进行训练，对巩固个人的训练成果具有重要作用。

二、运动训练的内容

运动训练包括身体素质训练和专项技术训练两个方面。

(一)身体素质训练

一般包括身体素质训练和专项身体素质训练两个方面。

一般身体素质训练	训练方法	专项身体素质训练	训练方法
一般速度训练	20米、30米、50米的短距离加速跑，上下坡跑；变速跑；200米、400米、800米的定时跑、重复跑；跑的专门练习如后蹬腿跑、小步跑	专项速度训练	单个动作的短冲训练如乌龙盘打10次若干组、连续冲拳10秒若干组、连续飞脚10次若干组
一般弹跳力训练	单足跳、立定跳、多级跳、跨步跳、半蹲跳；跳台阶、跳竹竿、跳栏架、手或头触物跳、扶肋木跳、跳绳、持哑铃或实心球的负重跳	专项弹跳力训练	蹲跳、跳梅花桩、各种跳跃动作的连续助跑起跳、各种跳跃动作的完整重复练习、套路动作的跳跃重复练习
一般力量训练(主要是爆发力)	立卧撑跳、纵跳、蛙跳、单腿下蹲跳、引体向上、悬垂举腿、箭步跳、挺举、负重跳、负重半蹲、全蹲、实心球的抛接练习	专项力量训练	矮步走、站桩、弓步接马步走、踢腿练习
一般耐力训练	400~800米强度的速度耐力跑	专项耐力训练	套路组合动作的反复练习
一般协调训练	通过体操、舞蹈、活动游戏中的动作进行练习提高	专项柔软训练	压腿、压肩、压腿的各种练习
		专项协调训练	身法基本功的各种练习、套路动作的练习

(二)技术训练

包括单个、组合动作的训练和套路技术动作的训练。

(1)单个、组合动作的训练，主要运用于基础训练阶段，运用此训练方法时首先要精选主要的且具有代表性的基本动作来练习。譬如长拳，主要精选拳、掌、勾3种手型，冲、劈、贯3种拳法，推、亮、架几种掌法，顶肘法，弓、马、仆、虚、歇5种基本步型，正、里、外、侧4种直摆性腿法，弹踢、侧踹2种曲摆性腿法，横叉竖叉，腾空飞脚、旋子、旋风脚、外摆莲等跳跃性难度动作，这些可以单独选出来，反复训练，严格遵守要领，避免错误，力求高质量地完成。早期训练把这些精选动作训练好，将为武术套路技术动作的训练打下扎实的基础。

(2)套路技术动作的训练，可分为分段练习、整套练习和超套练习3种形式。分段练习是将套路动作分成一段段进行训练，或者是选择难度较大的某一段来进行训练。整套练习是完整地练习一套套路动作，通过整套动作的练习，处理好整套动作的节奏和体力的分配问题，处理好整套动作的演练技巧，对完成不好的部分可再采取分段或组合动作的方法来提高改进。超套练习是一次练习一整套再加上一两段，主要提高无氧代谢能力、专项耐力，此种训练方式不宜多用，以防造成过度疲劳，影响动作质量，早期训练更不宜采用。

三、运动训练的方法

(1)重复训练法，要求运动员一次又一次地反复练习，以提高训练水平。既可运用于武术套路技术动作训练，也可运用于运动员身体素质训练。

(2)变换训练法，就是改变练习的时间、速度，变换练习的组合动作或者改变练习的器械、练习的环境和练习的条件等。

(3)间歇训练法，指运动员在进行一段时间的训练后，严格按照间歇时间进行休息，然后再进行训练，此方法对增强运动员的心血管系统功能有很好的效果。

(4)综合训练法，前面所述各种训练方法在运动训练中的综合运用。要根据训练的具体任务，从运动员和训练条件的实际出发进行科学的组合和运用。

四、武术运动教学

从初学到熟练掌握动作需要一定的过程，可分如下几个步骤：

(1)初步掌握动作的时期。通过老师的讲解与示范，建立动作的初步概念，搞清楚动作的方向路线，以及基本手型、步型和常见的手法。

(2)动作的基本成型期。在搞清楚动作的方向路线后，对每一个动作的基本方法要明确，步型要工整到位，动作细节和身形步型要规范。此阶段要反复练习，形成正确的动作概念。

(3)动作的连贯定型期。要把动作连贯起来，掌握动作的完整性，能够把所学的动作连贯、完整、协调地完成。

(4)动作协调配合，提高演练技巧。在动作外形规范的基础上追求内在的精气神，不仅要做到劲力顺达，步型工整，更要做到手眼身法步的协调配合，体会武术内外合一、形神兼备的演练技巧，将武术的基本技法要求充分体现出来。

(5)巩固熟练期。此时期要反复练习，将所学的动作巩固熟练。

思考题

1. 简述武术发展历程。
2. 武术的特点和作用有哪些？
3. 武术基本功和基本动作包含哪些内容？
4. 武术比赛礼节有哪些？
5. 太极拳和长拳的运动特点是什么？
6. 练好武术需要提高哪方面的身体素质？
7. 常见的运动损伤有哪些？如何规避？

第十三章　散　打

【学习目标】

1. 了解散打的起源与发展。
2. 掌握散打的基本技术和基本战术。

散打，又称为散手，是指两人按照一定的规则，运用踢、打、摔和防守等技击方法，进行徒手搏斗将对方制胜的现代竞技体育运动项目，是中国武术的重要组成部分。

第一节　散打概述

散打在古时称为相搏、手搏、技击等。原始社会，人类为了生存长期与野兽搏斗，学会了拳打、脚踢、抱摔等简单的散打技术，并学会了一些野兽猎取食物的本领，如猫扑、狗闪、虎跳、鹰翻等。

据史料记载，早在原始部落时，发生大规模战争之前，原始先民之间便为争夺首领地位和领地而进行争斗。掌握一定的搏击实战技能和经验就成为当时人们保护自己、消灭敌人的有效手段。在这样的环境下产生了武术徒手搏击的萌芽。

在1975年湖北江陵凤凰山秦墓中出土的一件木篦上有描绘这一时期手搏的彩色漆画。画面上有3个男子，均上身赤膊，下着短裤，腰间束带，足穿翘头鞋。右边两人正在进行“手搏”比赛，左边一人，双手前伸，为比赛裁判。画的上部还有一帷幕飘带，表示这种比赛在台上进行。比赛场面热烈紧张，参加“手搏”的双方，一方横击另一方头部，另一方闪躲后弓步冲拳还击对方头部。此时的角抵，主要是两两相敌的角力，即颜师古所说：“抵者，当也。”这既是力量的较量，又是技艺的较量。角抵活动不仅可以强身健体，而且可以使观赏者精神振奋，回味无穷。

民国初期，受西洋文化的影响，武术已趋向现代体育。河北武术大师霍元甲在上海创立了“精武体操学校”，后改名为“精武会”。河北马良创编并推广了中华新武术，国术馆也相继成立。1928年10月由国民政府中央国术馆举行了第一届国术国考，这次比赛不分级别、不分流派、不佩戴护具，不准攻击眼、喉、裆部，三局两胜，采取双败淘汰制。这次比赛开启了近代武术搏击(散手)即散打比赛的新纪元。到了1933年举办的第二届国术国考，就有了护具规定和要求，比赛以性别分组，按体重分级，没有时间限制，将对方击倒为胜一局，三局两胜。

由于种种历史原因，20世纪50年代以后的武术运动一直以套路形式作为主要的发展方向，直到1979年，中国武术界才开始进行散打比赛实验。

中华人民共和国成立后，武术作为中华民族文化遗产被列为推广项目，随后在研究发展重点上，先将武术套路运动形式进行推广，作为竞赛表演的重点。但散打运动在民间仍广为流传。为了使武术攻防格斗技术在比赛中得到检验，1979年3月首先在浙江体委、北京体院和武汉体院3个单位进行武术对抗项目的试点训练；同年5月，在南京市举行的全国武术观摩交流大会上，上述单位进行了公开表演，同年10月，在第四届全运会上又进行了公开表演。1988年，在中国武术研究院、中国武术协会主办的国际武术节上国际武术邀请赛首次举办，来自15个国家和地区近60名运动员进行了角逐，这标志着武术散打已经走向现代体育竞技的舞台。与此同时也出现了“散打”与“散手”一词相混用的现象，经过反复讨论没能达成一致意见，直到今天这种现象仍然存在。

通过1979-1988年这10年的实验总结研究，散打项目竞赛训练裁判规则日趋完善。1989年，原国家体委将武术散打确定为国家正式竞赛项目，同年10月在江西宜春市举办了第一届全国武术散打擂台赛。1990年《武术散手(散打)竞赛规则》出版。1998年，散打比赛被列为在泰国曼谷举行的第12届亚运会竞赛项目。

2003年，由国际武术联合会组织，在上海举办了第一届世界杯武术散打比赛，比赛共设11个级别，有十几个国家和地区选派优秀的运动员参赛。我国选派8名选手参加比赛，共获得6块金牌。世界杯武术散打比赛的成功举办标志着中国武术散打向国际体坛的全面进军，中国武术被赋予了新的使命：“武术源于中国，属于世界，高于体育。”

近几年，中国武术散打与泰国的泰拳、法国的自由搏击、日本的空手道、韩国的跆拳道等进行了多次交流和相互学习。这些对抗赛，极大地提升了中国武术散打在世界上的影响力。

中国武术协会和国际武术联合会组织编写了大量武术散打教材，方便各国的武术散打爱好者了解它、喜欢它，使武术散打运动在全国乃至世界范围内得到更广泛开展。中国武术协会多次组织举办各级裁判员学习班以及武术散打教练员学习班，还分别从全国各地派出大量的专家和优秀教练员到世界各地将武术散打运动进行推广。迄今为止，已有几十个国家和地区开展了武术散打项目，有的洲甚至将武术散打运动作为正式项目列入了洲际武术锦标赛。各国和各洲的一些武术散打组织经常举办武术散打比赛，这些武术散打比赛有着各种各样的形式，体现出国外对中国武术散打运动的喜爱。

第二节　散打基本技术

一、实战姿势

实战姿势也称为预备势或格斗势，是实战前的临战运动姿势。此种姿势可有效帮助运动员获得最快的反应速度和最佳运动状态，能够有效保护自己和创造最佳的进攻角度。

动作要领：两腿前后开立，比肩稍宽，前后脚掌不能同时位于一条直线，两腿膝盖适度弯曲，后脚掌脚跟稍离地抬起，便于腾挪步伐，重心略微前倾，身体侧面面向前方，两手握拳，前手肘弯曲约110°，后手肘弯曲约80°，两拳高度与下颌平齐，保护两侧肋骨，下颌内收，含胸收腹，两眼平视前方(见图13-1)。

图13-1　实战姿势

二、基本步法

散打步法即武术散打中使身体进行移动的运动方法，常用的有前进步、后退步、上步、撤步、插步、盖步、垫步等步法。虽然步法不是能够直接击打对手的攻击性技法，但是步法灵活则身手敏捷。比赛中，双方的动作姿势状态、身体所处的位置千变万化，巧妙运用步法，不但能够迅速地抵达最佳的攻击位置，而且能够调整身体重心，使自己在最短的时间内出招。掌握武术散打的步法动作并不难，难就难在使用不同的拳法、腿法时，需要不同的步法协调配合。“看拳先看步”“先看一步走，再看腿和手”。因此，注重步法的运用及步法结合技法的训练，对提高武术散打运动水平具有重要作用。

（一）前进步

动作要领：前脚向前上步的同时，后腿随之跟进。进步以后不发出技术动作时，前脚上步多少后脚就跟进多少，始终保持身体重心的稳定。进步后连接技术动作时，后脚跟根据不同的技术动作和不同的距离，需要跟进多少就跟进多少（见图13-2）。

要点：身体重心保持平稳，步幅不宜过大，移动要迅速，后脚跟进后保持实战姿势。

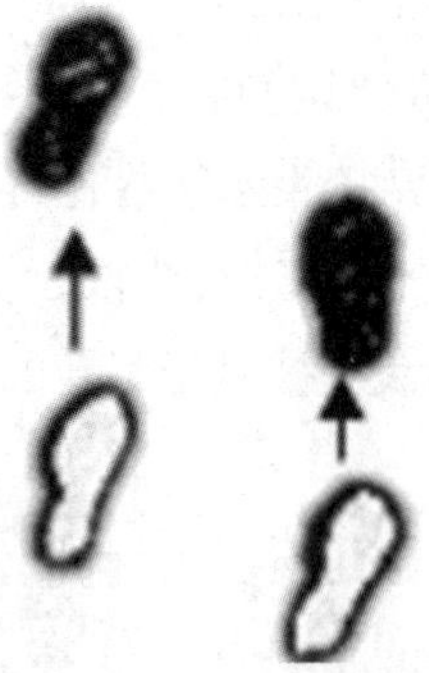

图13-2　前进步

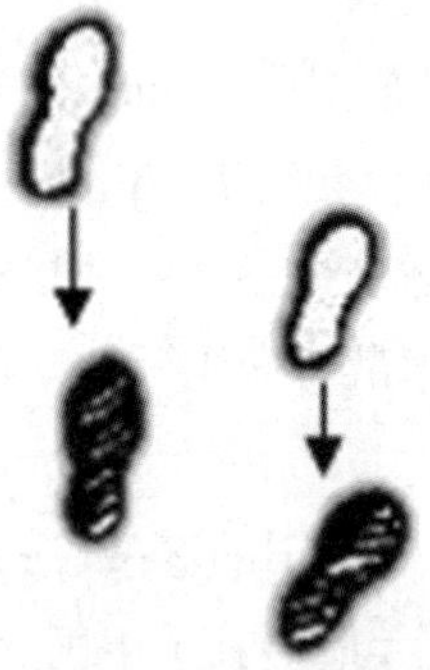

图13-3　后退步

（二）后退步

动作要领：后脚向后退步的同时，前脚随之向后撤。后脚退步多少前脚就后撤多少，始终保持身体重心的稳定（见图13-3）。

要点：身体重心位于两腿之间，步幅不宜过大，不要有起伏，移动动作要迅速。

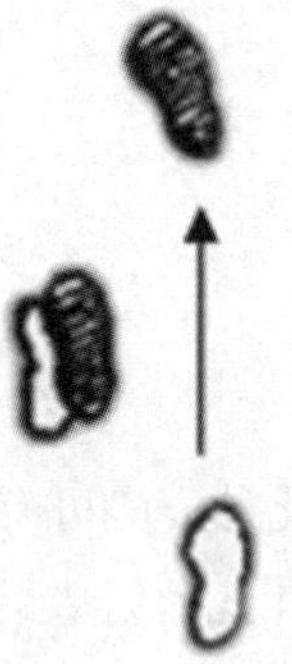

图13-4　上步

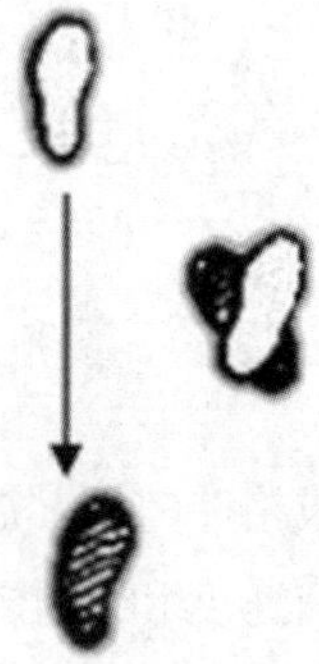

图13-5　撤步

（三）上步

动作要领：前脚不动，后脚超越前脚，向前迈步，使后脚变成前脚，前脚变成后脚（见图13-4）。

要点：上步时身体重心要平稳，两手动作与上步要协调配合，同时进行，上步要迅速。

（四）撤步

动作要领：撤步与上步正好相反，后脚不动，前脚向后撤步，使后脚变成前脚，前脚变成后脚（见图13-5）。

要点：后撤要保持身体平稳，注意控制重心，动作要协调，后撤要迅速。

（五）插步

动作要领：实战姿势开始，后脚向前脚后方横插一步，前脚还原成实战姿势（见图13-6）。

要点：脚步移动要迅速，身体重心要平稳。

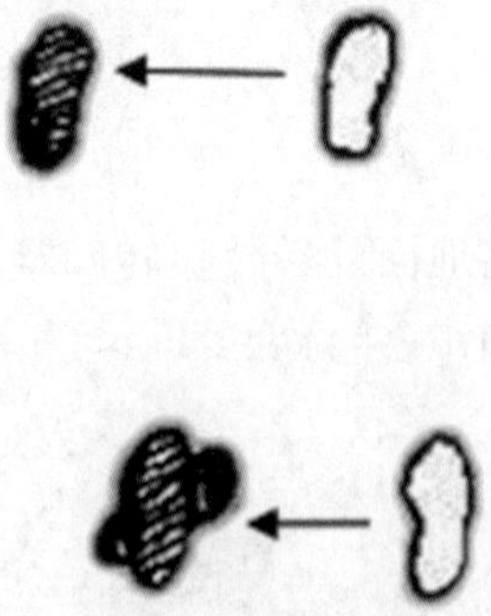

图 13-6　插步

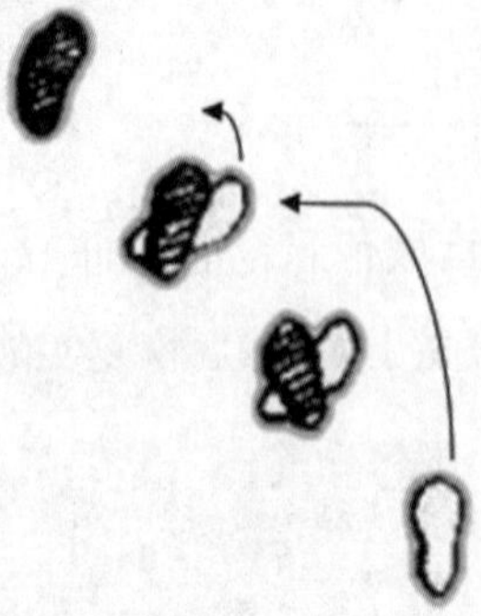

图 13-7　盖步

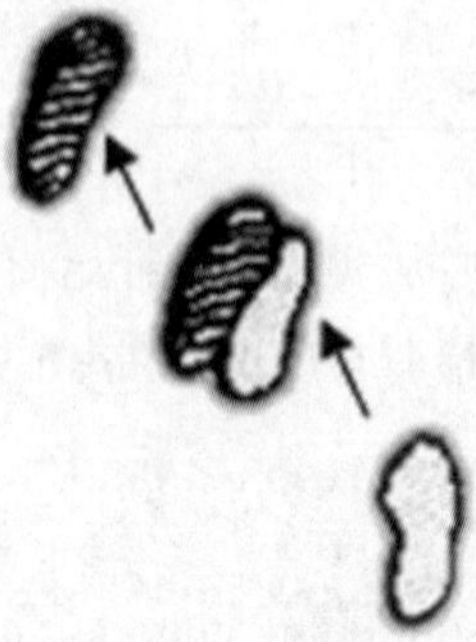

图 13-8　垫步

(六)盖步

动作要领:盖步是转身时使用的步法。左预备姿势站立向后转身,左脚经右脚前向后上步,使身体旋转180°连接腿法动作。左预备姿势站立向前转身,右脚经左脚前上步后,左脚后撤形成背对对方的态势连接摔法动作(见图 13-7)。

要点:脚步移动要迅速,身体重心要平稳。

(七)垫步

动作要领:实战姿势站立,重心前移,右脚蹬地,向左脚内侧并拢,随即左腿屈膝提起,根据情况使用蹬、踹腿法。上动不停,在使用腿法的同时,支撑腿随腿法再垫出一步,脚跟斜向前方(见图 13-8)。

要点:后脚蹬地后落地要还原成基本姿势,左腿屈膝要迅速,注意隐蔽性。

三、基本拳法

拳法主要技法有直拳、摆拳、勾拳,其中还演变出刺拳、鞭拳等技法。拳法技术要求速度快、力量重、力点准、预兆小、方法巧。拳法攻击时要与灵活的步法配合一致,可以在适合的时机、适当的距离使拳法攻击力量完全爆发于目标,产生良好的效果。拳随步走、拳到步到是拳法运用的精髓。攻守一体是散打技法的特点,双拳必须紧密配合,一拳出,一手结合身体和其他技法进行防守,保护好身体要害部位,训练时养成拳法原路迅速收回的习惯。拳法进攻虚实配合,与各种攻防技术连用。拳法进攻虚实配合可以控制出拳力度,避免用力过度,无法适应对手的变化;也可以声东击西,窥对手虚实,迷惑对手,乘虚进攻。拳法和腿、摔结合,长短互补,立体攻防,更能发挥出整体威力。

(一)直拳

1. 左直拳

动作要领:从实战姿势站立,左脚在前右脚在后,左脚跟稍外转,重心移至左脚,上体略左转。同时,左臂顺肩伸肘,使拳面向前直线冲击,力达拳面,拳心朝下,右拳至下颌处,目视前方,然后左拳压肘收回,成实战姿势(见图 13-9)。

要点:要使蹬地、拧腰之力顺达拳面,整个动作要协调完整,重心不可过多前倾,击拳前不可出现先收拳再冲击的预兆,也不可在冲拳时将右臂后拉,结合步法的击法应做到拳到步到。

2. 右直拳

动作要领:从实战姿势开始,右脚蹬地,身体左转重心前移;右拳向正前方直线冲出,力达拳面,左拳屈臂护于胸前;眼睛平视前方(见图 13-10)。

要点:右直拳的发力顺序是起于右脚蹬地,传送到腰、肩、肘,最后达于拳面;还原时以腰带肘,臂膀放松,主动收回。

（二）摆拳

1. 左摆拳

动作要领：从实战姿势开始，右脚蹬地，身体重心移向左脚，左脚跟略离地面外转并辗转脚掌，上体右转同时左臂内旋，抬肘与肩平，使拳由左向右横击高于肩，然后恢复实战姿势（见图13-11）。

图13-9　左直拳

图13-10　右直拳

图13-11　左摆拳

要点：摆拳时身体不可向右倾斜，要边击拳边抬肘，击打后重心偏左脚，左脚的辗转力不可忽视，要含胸收腹，不可低头。左摆拳击打前右臂不可后拉，重心落左脚，但上体不可过于前倾。

2. 右摆拳

动作要领：从实战姿势开始，右脚的前脚掌略微蹬地，重心前移，胯部内合并向左转腰；前臂与上臂夹角在80°~160°之间，可随意调整；右拳先向前然后再快速向左前方横向弧形击出，力达拳面，左拳屈臂护于胸前；眼看攻击的方向（见图13-12）。

要点：右脚稍内扣，合胯转腰与摆拳发力要协调一致。

图13-12　右摆拳

图13-13　左勾拳

图13-14　右勾拳

（三）勾拳

1. 左勾拳

动作要领：从实战姿势开始，右脚蹬地，重心移向左脚，左脚跟略抬外转，脚掌碾地，上体左转略下沉后，左膝及上体瞬间挺伸并向右转体。同时，左臂外旋由下向上击拳，拳面朝上，拳心朝右内，力达拳面，右拳置于下颌前，目视左拳，然后再恢复实战姿势（见图13-13）。

要点：左臂外旋与击打不同时，不可外旋后再击打，上体不可过于前倾，屈臂的角度大小根据对方的远近距离及击打的部位而定，上体向左转下沉再蹬地，挺伸与右转瞬间要协调自然，动作不可断裂或过程太长。

2. 右勾拳

动作要领：从实战姿势开始，右脚蹬地，扣膝合胯，腰略微左转的同时，右拳屈臂由下向前、向上方勾起，右拳屈臂向正前上方冲出，上臂与前臂夹角在90°~110°之间，拳心朝里，力达拳面，左拳置于胸前，眼看攻击的方向（见图13-14）。

要点：右勾拳要借助右脚蹬地、扣膝、合胯、转腰的力量发力，由下至上，协调顺达；勾拳时，右臂应内旋再外旋，成螺旋形出拳。

（四）鞭拳

动作要领：从实战姿势开始，右脚向左脚后插步，身体向左后转180°，动作不停，上体继续向右转体180°，同时右拳反臂由曲到伸向外、向右横向鞭打；拳眼朝上，发力于腰，力达拳背，左拳屈臂护于胸前，眼看攻击的方向（见图13-15）。

要点：插步转体要快，以头领先，连贯不停顿，支撑要稳，鞭拳时以腰带臂，前臂鞭打甩拳。

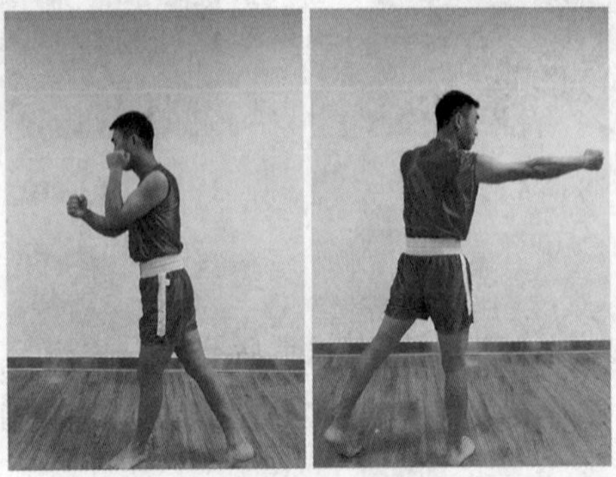

图13-15　鞭拳

图13-16　左鞭腿

四、基本腿法

腿法是指以小腿前部及脚的各部分为着力点而实施攻击的各种技术。根据运动方式、发力点部位、运行路线的不同，腿法分为横线型、直线型和旋转型3种。横线型有鞭腿等，直线型有蹬腿和踹腿，旋转型有转身后摆腿。

（一）鞭腿

1. 左鞭腿

动作要领：从实战姿势开始，重心稍后移，同时以左腿屈膝向前提起，支撑腿以前脚掌为轴向右转，上体随腿部转动向右后略侧倾，左膝向内扣翻胯，大腿带动小腿横向击打，脚面绷直，力达脚背，右臂在上置下颌处，左臂自然下垂，动作完成后小腿、手臂按动作原路线收回（见图13-16）。

要点：上体右旋、提膝、翻胯，以胯部带动大腿，大腿带动小腿，小腿加速横向弹击，步法、身法、弹击要整体协调一致。

2. 右鞭腿

动作要领：从实战姿势开始，重心前移至左腿，右腿蹬地屈膝向前提起，同时以左脚前掌为轴左转，身体随之向左后侧微倾，右膝向内扣翻胯，大腿带动小腿横向击打，脚面绷直，力达脚背，左臂在上置下颌处，右臂自然下垂，动作完成后小腿、手臂按动作原路线收回（见图13-17）。

要点：右腿蹬地，上体左旋、提膝、翻胯，以胯部带动大腿，大腿带动小腿，形成合力，横向鞭击，步法、身法、鞭打要协调一致。

（二）蹬腿

1. 左蹬腿

动作要领：从实战姿势开始，右脚前移半步外展，右腿微曲支撑，左腿提膝抬起，勾脚，当膝稍高于髋时，送髋迅速向正前蹬出，力达脚掌，以脚跟或全脚掌为发力点；右臂在上置于胸前，左臂自然下垂，眼看攻击的方向（见图 13–18）。

要点：右脚步法移动和提膝要一致，屈膝高抬，左髋前送，用爆发力向前蹬，动作快速连贯。

图 13–17　右鞭腿

图 13–18　左蹬腿

图 13–19　右蹬腿

2. 右蹬腿

动作要领：从实战姿势开始，左脚前移半步外展，左腿微屈支撑，右腿由后向前提膝抬起，勾脚，当膝稍高于髋时，送髋迅速向正前蹬出，力达脚掌，以脚跟或全脚掌为发力点；左臂在上置于胸前，右臂在下，眼看攻击的方向（见图 13–19）。

要点：左脚步法移动和右腿向前提膝要协调，屈膝高抬，右髋前送，用爆发力向前蹬，动作快速连贯。

（三）踹腿

1. 左踹腿

动作要领：从实战姿势开始，右腿直立或稍屈支撑，左腿屈膝抬起，小腿外摆，脚尖勾起，脚掌正对攻击目标，展髋，挺膝向前踹出，力达脚掌。右拳在上置于下颌处，左臂自然下垂，头保持端正；眼看踹击的方向（见图 13–20）。

要点：提膝、翻髋、踹击三个动作要连贯、一气呵成，踹腿时大小腿、上体要成一条直线。

2. 右踹腿

动作要领：从实战姿势开始，左脚前移半步并外展，身体左转超过 180°；俯身并向后侧倾；同时，右腿屈膝迅速由体侧向前上方踹出，力达脚跟；左脚以脚掌为轴，脚跟向前转动，支撑腿要充分蹬直，并结合突然送胯的力量向前踹击，左臂在上置于下颌处，右臂自然下垂，头保持端正；眼看踹击的方向（见图 13–21）。

要点：右脚蹬地，重心移到左腿，提膝、翻髋、踹击要连贯、一气呵成，踹腿时大小腿和上体要成一条直线。

图 13-20　左踹腿

图 13-21　右踹腿

图 13-22　左转身后摆腿

(四)转身后摆腿

1. 左转身后摆腿

动作要领:从实战姿势开始,右脚内扣,重心前移,以右脚的前脚掌为轴,身体向左后方转体 180°,左腿随身体摆转,至高点时小腿加速横摆,力达脚后跟,完成动作后,收腿回到原来的实战姿势(见图 13-22)。

要点:右脚内扣要快,转身时要以头领先,并借其惯性,腰背发力,展髋、摆腿,动作协调连贯。

2. 右转身后摆腿

动作要领:从实战姿势开始,左脚内扣,重心前移,以左脚的前脚掌为轴,身体向右后方转体 180°,右腿随身体摆转,至高点时小腿加速横摆,力达脚后跟,完成动作后,收腿回到原来的实战姿势(见图 13-23)。

图 13-23　右转身后摆腿

图 13-24　夹颈过背

要点:左脚内扣要快,转身时要以头领先,并借其惯性,腰背发力,展髋、摆腿,动作协调连贯。

五、基本摔法

摔法是散打实战中常用的技法之一,此类方法为快摔技术。当对手以腿法进攻时,即以防守方法接抱对手来腿,使用勾、打、别、踢、涮等方法,配合推、拨、切、托等手法,使对手摔倒在地。

(一)夹颈过背

动作要领:当对方用左贯拳攻击头部时,立即以右手挂挡对方左拳后迅速夹握对方左前臂,同时左臂由对方右肩穿过后,屈臂夹住对方颈部。右脚向后插半步与左脚平行,两腿屈膝,臀部抵住对方小腹。然后身体右转,两腿蹬伸,弓腰,头向右转,将对方背起后摔倒(见图 13-24)。

要点:夹颈要牢,背部要横贴对方胸腹部,插步、转身、低头、弓腰、蹬伸要快速、协调、连贯。

(二)接腿涮摔

动作要领:双方由实战姿势开始。当对方用右侧弹腿踢击时,上体左转,双手接抱住对方右小腿,双手向后拉对方右腿，向下成弧形拉后再向上撩拉，将对方涮拉倒地(见图13-25)。

要点：左转身不但能防止被对手踢中，而且容易接抱住对手侧踢腿，通过弧形拉、撩破坏对手支撑腿的重心。要抱腿紧，拉、撩要有力。

图13-25　接腿涮摔

图13-26　抱双腿前摔

(三)抱双腿前摔

动作要领：对方进攻时，上体突然下潜，上步，双手抱住对方双腿，并用左肩抵住对方腹部，同时双手用力后拉。并将左肩向前靠，将对方摔倒在地(见图13-26)。

要点：下潜快，抱腿紧，肩顶后拉要协调迅速。

(四)抱腿打腿

动作要领：双方由实战姿势开始，对方起左腿攻击时迅速抱住对方左腿，用左腿迅速插入对方两腿之间挂住对方右小腿，同时上肢右转，迅速将对方向后摔倒(见图13-27)。

要点：右转身为抱住对方左腿做准备，通过打腿、压腿合力把对手摔倒。转身快，抱腿紧，打、压有力。

图13-27　抱腿打腿

图13-28　抱腿勾踢摔

(五)抱腿勾踢摔

动作要领：双方由实战姿势开始，对方用腿攻击时，迅速抱住对方右小腿，右手下压对方颈部，同时右脚勾踢对方支撑腿，将对方摔倒(见图13-28)。

要点：抱腿、压颈、勾踢要迅速、协调、有力。

第三节　散打基本战术与训练

散打战术，是指运动员在比赛中根据双方的具体情况，为充分发挥自己的特长战胜对手而采取的计谋和行动，它由战术观念、战术指导思想、战术意识、战术知识、战术形式和战术行动等构成。

散打的战术训练,首先应该确立正确的战术指导思想,遵循散打技术的规律和竞赛规则,注重实用性和灵巧性。正确运用战术的基础是掌握战术原则、战术形式和发挥战术作用的条件。良好的战术意识应表现为:在复杂多变的条件下,积极观察场上情况,随机应变,快速准确地决定自己的战术行动,占据场上的主动权。另外,战术意识还反映在行动的预见性、动作的隐蔽性、配合的一致性、战术的灵活性等几方面。

一、基本战术

(一)佯攻战术

佯攻战术也称为假动作战术,即在比赛中有目的地利用假动作给对方造成错觉,把对方引入歧途,实现真实进攻。佯攻战术也是散打比赛中最常见的战术之一。

运用佯攻战术应具备如下条件:

(1)对付反应快、防守能力强的对手。

(2)直接进攻遭到对方防守截击时,利用假动作声东击西,分散对方的注意力,趁机攻击其防守空当部位。

(二)直攻战术

直攻战术是指在没有假动作的掩护下,使用方法直接进攻对方。

运用直攻战术应具备以下条件:

(1)对方的反应速度、动作速度、移动速度弱于自己。

(2)对方技术水平明显低于自己。

(3)对方动作不熟练、耐力较差、近战能力较差。

(4)对方防守动作出现破绽,双方距离能够有效使用进攻动作。

(三)强攻战术

强攻战术是指硬性突破对方防守后发出的攻击。

运用强攻战术的条件如下:

(1)对方近战能力比较差。

(2)对方耐力比较差。

(3)我方耐力、力量、速度素质比较好,但技术不如对方。

(4)我方比赛经验不如对方,但身体素质较好、技术较全面。

(5)对方心理素质比较差。

(6)运用强攻战术时不要蛮干,要通过这一战术发挥自己之长来攻克对方之短。

(四)迂回战术

迂回战术是指利用步法移动从侧面进攻。

运用迂回战术的条件如下:

(1)对方力量较大,速度快,正面进攻较为凶猛。

(2)对方集中注意力进行正面防守时。

(3)运用迂回战术时,要注意移动的方向、角度、距离和进攻时机,还要注意步法的灵活性。

(五)先得分战术

先得分战术是指比赛中利用对方立足未稳,还没有适应比赛的机会,以主动进攻对方先得分。得分后根据实际情况选择继续扩大战果或防守反击以保住得分。

运用先得分战术的条件如下:

(1)对方进入比赛状态较慢。

(2)对方比赛经验不足。

(3)对方立足未稳。

(六)防守反击战术

防守反击战术是指利用自己反击能力较好的特点,待对方进攻时给予有力的回击。

运用防守反击战术应具备以下条件:

(1)对方进攻动作比较单一。

(2)对方性情急躁,缺乏比赛经验,喜欢猛冲猛打。

(3)运用防守反击战术时,可以以防守反击为主、主动进攻为辅,以主动进攻掩盖自己反击战术意图。刺激对方,使其更加急躁,为采用反击战术创造条件。

(七)制短战术

制短战术是指在比赛中集中力量专门进攻对方的薄弱环节,制其所短。每一名运动员在具备优点的同时也有自己的缺点,比赛中要善于发现对方缺点,如有的运动员防拳能力差,有的运动员防腿能力差,有的运动员防摔能力差。

了解对方缺点有以下几种途径:

(1)通过观察对方训练或比赛以及回忆与对方交手的经历。

(2)通过比赛中试探性的进攻来判断对方的弱点。

(3)通过向与其交过手的队友询问。

了解到对方的弱点后制定相应的战术,以己之长处克制对方之短处,从而夺取比赛的胜利。

(八)制长战术

制长战术是指使用相应的方法控制对方的技术专长,使其不能够正常发挥的战术形式。每名运动员都有自己的技术专长,如果针对对方专长制定战术,使其专长不能发挥,从而被迫采用其他动作,这无疑能起到制彼所长的作用。

运用制长战术的条件如下:

(1)克制善于用拳法的对手。

(2)克制善于用腿法的对手。

(3)克制善于用摔法的对手。

(4)克制善于用重拳、重腿的对手。

(5)克制善于主动进攻的对手。

(6)克制善于防守反击的对手。

(7)克制能攻能守、攻守全面的对手。

(九)多点战术

多点战术是指进攻点立体交叉,全方位地攻击对方。在比赛中遇到技术水平较好的运动员时,单一的技术进攻很难奏效,应采取上、下、左、右,拳法、腿法、摔法综合运用的战术,针对对手的情况实施立体攻击。

使用多点战术时自身应具备的条件如下:

(1)技术全面,头脑灵活。

(2)要有较好的灵活性和动作转换的协调能力。

(十)技术战术

技术战术是指利用自身技术全面、熟练、有效的特点,综合运用各种技术以发挥自己的得意技术,控制场上的主动权,抑制对方的进攻,从而取得比赛的胜利。

运用技术战术时应具备以下条件：

(1)自己的技术必须全面、熟练、有效。

(2)比赛时头脑要冷静。

二、散打的技术训练

进行散打技术训练所采用的方法应本着从易到难、从分解到完整、从简单到复杂的原则。在教学训练中一般采用分解训练法、完整训练法、分解练习与完整练习相结合、定点打法与活动性打法练习散打。

(一)分解训练法

分解训练法，是将散打完整动作按其技术环节，分成若干动作进行单独练习的方法。分解训练法中动作的拆分，要根据散打技术特点，以不破坏动作各部分之间的有机联系为准则，同时考虑到自身的水平和接受能力。在散打训练中，要适时地采用不同的分解练习方式，并尽快过渡到完整的动作练习。分解训练的时间不要过长，以免训练中形成分解动作的动力定型，破坏整个技术动作的连贯性，影响到完整动作的掌握。

(二)完整训练法

完整训练法，是从动作开始到结束完整地不分解做完一整套动作，这样能在一开始训练时就对整套动作有一个正确的、完整的概念。首先要粗略地掌握完整动作的过程，接着突出动作技术的主要环节、动作各要素，如动作方向、路线、力量等。在进行动作完整练习时，可先简化动作的要求，或者降低动作技术的难度和速度。

(三)分解练习与完整练习相结合

在训练中可以将散打完整训练法和分解训练法结合起来，可以先完整练习后分解练习，或者先分解练习后完整练习，这要视练习的需要而决定。如果进行新的技术动作练习，一般先直接进行完整练习，建立完整的散打动作技术概念，在粗略地掌握完整动作后，可再进行动作分解练习。这样做可以精细地掌握各个分散的动作要领，在紧接着的完整动作练习中形成完整动作的动力定型，以收到好的训练效果。

(四)定点打法

这是散打中常采用的训练手段，在初学阶段或做适应性练习时可多采用。其方法是：做击打桩靶、沙袋等练习时，在固定击打距离或击打点的条件下根据自己所掌握的简单的基本进攻方法进行单一练习，或者根据自己所需的锻炼部位、方法进行反复的专门练习。开始击打时，要注意姿势、技法和步法的正确，正确判断所要击打的部位和距离。同时要重视击打次数、运动强度的合理安排。经过练习，在逐步加强局部的适应性和不断形成正确技术中，进行增强爆发力等方面的训练。

(五)活动性打法

多采用沙袋做直线进攻与防守练习，或通过左右闪击和环绕式回环转身进击练习。可用一个沙袋练习，也可以用多个沙袋练习。此法能训练击打速度与力点，提高步法、身法的协调性和技术、战术的机动性。

第四节　散打竞赛规则

在散打竞赛中往往是两人按照公正公平的比赛规则以得到更高分数来取胜，散打是按体重级别进行比赛的。在全国正式比赛中，散打比赛分为12个级别：男子48公斤级、52公斤级、56公斤级、60公斤级、65公斤级、70公斤级、75公斤级、80公斤级、85公斤级、90公斤级、100公斤级、100公斤以上级。

散打比赛采用三局两胜制，每局净打2分钟，局间休息1分钟。运动员自备比赛服装(红、蓝各1套)、护齿、护裆、护脚背(红、蓝各1副)和缠手带。比赛拳套、护具由大会提供。

规则对可得分的部位也有严格要求，仅指有效攻击对方的头部、躯干、大腿和小腿，在比赛过程中，攻击对手的拳套和手臂不得分。裁判法规定只有明显击中可得分的部位才能得分。一方运动员进攻，另一方运动员使用有效的防守动作时，进攻方不得分。散打规则规定了禁击的3个部位：后脑、颈部和裆部。这3个部位是人体的薄弱之处，如果受到攻击，很容易造成伤害事故。规则还规定了几种禁用方法：用头、肘、膝和反关节的动作进攻对方；用迫使对方头部先着地的摔法或有意砸压对方；用任何方法攻击主动倒地方的头部和被动倒地方。

一、得分标准

（一）得2分

（1）一方下台，另一方得2分。

（2）一方倒地（两脚以外的任何部位支撑台面），站立者得2分。

（3）用腿法击中对方头部、躯干得2分。

（4）用主动倒地的动作致使对方倒地，而自己顺势站立者，得2分。

（5）被强制读秒一次，对方得2分。

（6）受警告一次，对方得2分。

（二）得1分

（1）用手法击中对方头部、躯干部位得1分。

（2）用腿法击中对方大腿得1分。

（3）先后倒地，后倒地者得1分。

（4）用主动倒地的动作致使对方倒地，而自己不能顺势站立者，得1分。

（5）运动员被指定进攻后8秒内仍不进攻，对方得1分。

（6）主动倒地超过3秒不起立，对方得1分。

（7）受劝告一次，对方得1分。

（三）不得分

方法不清楚，效果不明显，不得分。双方下台或同时倒地，不得分。用方法主动倒地，对方不得分。抱缠时击中对方，不得分。

二、犯规与罚则

（一）犯规

1. 技术犯规

（1）消极搂抱对方。

（2）处于不利状况时举手要求暂停。

（3）有意拖延比赛时间。

（4）比赛中对裁判员有不礼貌的行为或不服从裁判。

（5）上场不戴或有意吐落护齿、松脱护具。

（6）不遵守礼节。

2. 侵人犯规

（1）在口令“开始”前进攻对方。

（2）击中对方禁击部位。

（3）以禁用的方法击中对方，在“停”口令后进攻。

(二)罚则

(1)每出现一次技术犯规,劝告一次。

(2)每出现一次侵人犯规,警告一次。

(3)侵人犯规达3次,取消该场比赛资格。

(4)运动员故意伤人,取消其比赛资格,所有成绩无效。

(5)运动员使用违禁药物,或局间休息时输氧,取消其比赛资格,所有成绩无效。

三、暂停比赛

(1)运动员倒地(主动倒地除外)或下台时。

(2)运动员犯规受罚时。

(3)运动员受伤时。

(4)运动员相互抱缠没有进攻动作或无效进攻超过2秒时。

(5)运动员主动倒地超过3秒时。

(6)运动员举手要求暂停时。

(7)裁判长纠正错判、漏判时。

(8)相关人员处理场上问题或发现险情时。

(9)因灯光、场地等客观原因影响比赛时。

(10)被指定进攻超过8秒仍不进攻时。

四、胜负评定

(一)优势胜利

(1)在比赛中,双方实力悬殊,台上裁判员征得裁判长的同意,判技术强者为该场胜方。

(2)一方被重击(侵人犯规除外)倒地不起达10秒,或虽能站立但知觉失常,判对方为该场胜方。

(3)一场比赛中,一方被重击强制读秒(侵人犯规除外)达3次,判对方为该场胜方。

(二)每局胜负评定

(1)在每局比赛结束时,依据边裁判员的评判结果,判定每局胜负。

(2)一局比赛中,一方受重击被强制读秒(侵人犯规除外)2次,另一方为该局胜方。

(3)一局比赛中,一方2次下台,另一方为该局胜方。

(4)一局比赛中,双方出现平局列顺序判定胜负。

第五节　散打专项拉伸与损伤防护

拉伸运动是训练前必不可少的准备练习,可以消除相对静止时运动器官、肌肉、韧带、关节的僵化状态,增强身体柔韧性,避免产生运动伤害。

一、散打的拉伸运动

(一)头部拉伸

(1)两脚开立同肩宽,双眼盯视一小目标。

(2)然后颈前、后、左、右摆动,双眼盯住目标,动作尽量充分。

(3)也可以做颈圆周环绕动作,眼睛要求一样。

(二)左右体侧拉伸

(1)双手开掌贴放于体侧。左手顺势下伸至左膝盖部附近,右手上提至右肋下,拉伸上身右侧,身向左侧弯。

(2)右手顺势下伸至右膝盖部附近,左手上提至左肋下,拉伸上身左侧,身向右侧弯。

(3)提示:上身侧屈(弯)振拉要充分,双腿不可弯曲。

(三)扬肘伸臂拉伸

(1)双手放在体侧,左手轻松地屈肘向前上扬,同时左手伸臂向后上扬起,伸展肩关节。

(2)然后右手轻松地屈肘向前上扬,同时左手伸臂向后上扬起,伸展肩关节。

(3)肘上扬时同侧足跟随之提起。

(4)提示:手上扬应借助膝部的弹力,上扬幅度尽量大。

(四)前倾挺身提踵拉伸

(1)双足开立,上身向前倾,双掌触地。

(2)左手握右手大拇指,上身挺起,双臂自然垂于体前。

(3)上身几乎挺直时,双脚后跟提起,双手不分,借膝弹力上扬。

(五)左右俯扭扣腿振压拉伸

(1)双脚左右开立,双臂侧平举。

(2)上身前俯扭转,左手触摸右脚尖。

(3)上身反向扭转,右手触摸左脚尖。

(4)扭转数次后,左手抓右脚踝,向前倾身,前额触脚胫部,腰手同时用力振压数次。

(5)反向扭转,右手抓左脚踝,向前倾身,前额触脚胫部,腰手同时用力振压数次。

(6)提示:腿不可弯。

(六)提膝、抱膝拉伸

(1)双脚左右开立,双手上提同肩高,虚握拳。

(2)做提膝上冲膝动作,一左一右,冲膝支撑脚后跟提起。

(3)冲膝数次后,双手抱左膝贴胸数秒。

(4)双手抱右膝贴胸数秒。

(5)提示:保持支撑脚、身体直立,膝尽量上冲,保持动作流畅性最重要。

(七)坐地收脚俯身拉伸

(1)原地坐下,双足相对紧贴。

(2)双手握住脚背,用力内收,同时上身曲背弯腰前倾,额触脚跟。

(3)俯身到极限,静止数秒。

(八)压腿拉伸

压腿拉伸注意:身心放松,以身体微微出汗为宜,无基础者可延长时间。初学者应尽量利用空闲时间多多练习,以缩短适应时间。柔韧训练的适应期为2~3周。

二、散打运动常见损伤及防护

在散打基础训练过程中,由于训练计划的不完整,运动员的身体素质差或急于求成的心理原因,都有可能导致损伤,尤其在条件实战、全面实战和比赛中,由于技、战术水平的差异,损伤不可避免。如果运动员出现运动损伤,就不能正常参加教学与训练,从而不能保证训练的系统性和持续性,妨碍技术水平和运动成绩的提高。

可见,运动损伤的防治在散打运动中占有重要的位置。如果运动员了解和掌握散打运动损伤发生的规律和原因,做好预防,就能最大限度地减少或避免运动损伤,从而保证训练和比赛的顺利进行。同时,运动员必须掌握运动损伤的处理及救治方法,从而最大限度地减少运动损伤后不良后果的发生,以保证伤情早愈。

(一)擦伤

机体表面与粗糙物体相互摩擦而引起的皮肤表层损害,称为擦伤。

运动员在踢靶、打靶或相互对抗时,脚背、手、臂、口、眼、鼻都有可能出现擦伤。如果擦伤面积较小,可用0.1%的苯扎氯铵溶液涂抹;若擦伤面积较大,需用2.5%的碘酒和75%的酒精在伤口周围消毒,再用生理盐水棉球涂除伤口异物,然后用绷带包扎。擦伤在散打训练中是很常见的,所以为了减少或避免擦伤,运动员要充分做好准备活动,训练前要检查器械是否有破损或异物,训练强度和运动量的安排要循序渐进。

(二)挫伤

人体某部位受钝性外力作用而引起的局部闭合性损伤,称为挫伤。

运动员在互相对抗时,由于防守不到位,头部、躯干受到重击,或失衡倒地自我保护不合理,都有可能发生挫伤。如果局部仅有疼痛、压痛、肿胀、功能障碍等较轻症状,可在局部冷敷新伤药,加压包扎,抬高患肢;如果出现骨折、肌肉或肌腱断裂,应将肢体包扎固定后送医院治疗。挫伤在散打训练中偶有发生,主要由于条件实战或实战时双方配对不合理,技术有悬殊,强者不愿陪练,打起来"没轻没重"造成的。

(三)掌指关节和指关节扭伤

掌指关节和指关节由于碰撞受力,使局部关节韧带或关节囊受损而造成的扭伤,称为掌指关节和指关节扭伤。

运动员由于指节活动不充分、缠绑绷带不正确、力点不准确等原因,在互相击打时就会发生扭伤。轻度扭伤,即局部关节稳定性仍正常者,可将伤指微屈轻轻拔伸牵引,外擦舒活酒轻捏数次,注意不能揉、不能扳,然后用黏膏将靠近伤侧的健指连同患指固定在一起。重度扭伤,即关节稍有侧方活动者,宜用一块弓形小夹板放在掌侧将患指固定成半屈位,将患者送往医院作进一步治疗。指节损伤在散打训练中时有发生,因此除了准备活动要充分、缠绑绷带(手腕和手掌、指节)正确、动作方法要准确,在打手靶或沙包时要由轻到重,逐渐增强拳的抗击打能力,为技术和实战训练打下基础。

(四)膝关节急性损伤

膝关节由股、胫、髌、腓骨组成,关节内及周围有内外侧副韧带、前后十字韧带、内外半月板,以及肌肉和肌腱,是较容易发生运动损伤的关节。

1. 内侧副韧带损伤

当膝关节屈曲130°~150°,小腿受力产生外展外旋时,或足和小腿固定,大腿受力产生内收、内旋时,都可使内侧副韧带损伤。例如运动员的一腿被对方抄起,支撑腿保持平衡用力防摔或反摔时,由于力量差,技术不高,就容易出现内侧副韧带损伤。

2. 外侧副韧带损伤

当膝关节屈曲,小腿受力产生内收、内旋,或大腿受力产生外展、外旋时,外侧副韧带就会出现损伤。例如运动员被摔倒时,小腿被抱压,膝关节就可能出现外侧副韧带损伤。轻微的侧副韧带损伤,疼痛较轻,肿胀不明显,无关节屈伸障碍,这时只需停训2~3天,外敷活血止痛中药即可。如果参加比赛,应用黏膏支持绷带及弹力绷带缠裹保护。较重的侧副韧带扭伤,会出现明显的肿胀、伸屈功能受限、疼痛剧烈等症状,一般采用橡皮海绵加弹力绷带压迫包扎,再用托板将患膝固定于微屈位,然后抬高患肢休息。侧副韧带如出现断裂,应立即加压包扎固定,然后转送专科医院进一步诊治。

3. 十字韧带和半月板损伤

十字韧带损伤是由于膝关节处于半屈位时，突然出现旋转，或内收、外展动作而引发的。半月板损伤是由于膝关节处于半屈位，小腿外屈或内收、内旋时，受到急剧的研磨、捻转的撕裂而引发的。在运动员使用前、后扫腿或转身外摆腿时，由于动作不正确，时机把握不好，支撑腿就容易出现上述的损伤。

半月板或十字韧带损伤后，当时即有膝关节松活、软弱无力、不能持重行走的症状，这时需加压包扎，送往医院诊治。膝关节急性损伤一般发生在实战和比赛时，主要由于力量不足、防护技术差，以及对方使用犯规动作造成的。所以，运动员在训练中要加强专项与非专项身体素质训练，正确运用技术动作，这样可以减少或避免损伤。

（五）散打运动严重损伤的救治

1. 休克的现场急救

休克是指人体受到强烈的有害作用而引起的一种急性循环功能不全综合征。运动员出现的休克多见于外伤性休克，主要是损伤引起的剧烈疼痛或震荡所致。

对于散打运动员来说，多在实战比赛中由于头部、腹部、裆部受到严重挫伤，从而引起神志不清、面色苍白、四肢厥冷、血压下降等休克现象。出现休克时，应立即让伤员平卧，头侧偏，注意防寒或防暑，不可随意搬动伤员和让伤员坐、站立。对昏迷不醒者，可掐人中或嗅以氨水使之苏醒。如果出现以下情况：昏迷时间在5分钟以上；清醒后头晕、恶心、呕吐剧烈、两瞳孔不对称或变形；清醒后有颈项强直或出现第二次昏迷时，说明头部严重损伤，应立即送医院处理。裆部挫伤急救措施同前，但要检查外部是否出血，睾丸是否进入腹腔，如有这些情况应立即送往医院。

2. 关节脱位的临时处理

关节脱位是指关节失去正常的联结，也称脱臼。

运动员在训练或比赛中，由于倒地时自我保护动作不正确，易出现肘关节、肩关节脱臼；在使用直拳、摆拳用力空击时也有可能出现肘、肩关节脱臼。这里的受伤关节会出现疼痛、压痛和肿胀，关节功能丧失，关节外表出现畸形。肘关节脱臼时，让患者取坐位，助手站在患者背后，用手握住伤肢的上臂，术者一手握伤肢腕部，另一手拇指抵住尺骨鹰嘴，与助手对抗牵引数分钟，然后逐渐使肘关节屈曲，即可复位。肩关节脱臼时，患者取仰卧位，术者坐于患侧，双手推患肢腕部，并用足底伸入患侧腋下（左肩用左足，右肩用右足），蹬住其附近的胸壁，慢慢拉伤肢，并同时向外旋转患肢，此时肱骨头可从锁骨下、喙突下、盂下离开，自关节囊的开口处滑入关节盂内。

（六）散打运动损伤的预防

1. 准备活动要充分

在课前或赛前，必须安排20~30分钟做充分的准备活动，包括跑步、关节操、热身操、拉韧带等，使关节、韧带的伸展、旋转的幅度由轻到重、由小到大充分拉开，并使身体发热和兴奋。不要一到训练场或赛场就伸胳膊踹腿。尤其在天冷或天热，情绪兴奋或抑制时，准备活动不充分最容易受伤，初学者、初练者更应予以重视。

2. 要遵守训练的原则

散打训练的重要原则，就是系统性和循序渐进。由于散打本身的特点，运动员在掌握技术和运用技术的过程中不仅要承受心理、生理适应性变化的“痛苦”，还要承受对抗中的“皮肉之苦”，所以从事散打运动者要做好充分的思想准备，持之以恒，配合好教练员的安排。怕苦、怕累、怕痛而间断训练，是引起损伤的最大隐患。另外在训练的安排上，要根据实际情况，深入细致地筹划。不要在防守动作还没有形成“动力定型”时，就进行攻防实战练习；不要在倒地的自我保护动作还没有掌握好，就进行摔法练习；抗击时一定要先学基本动作，再学基本技术，同时加强专项和非专项身体素质练习。攻防练习要由轻到重、由简到繁、由易到难，当形成有意识的进攻和防守，并具备了打击和抗击打能力时，再安排小范围的实战，使身体各部分机能逐步适应训练和实战，然后才能进行大强度、大运动量的训练。

3. 提高训练水平

散打的实战和比赛对抗性强、竞争激烈，要求运动员具备全面的技术动作和战术打法，以及良好的身体素质和心理素质。

由于场地、器材等客观原因也会造成损伤，但训练水平不高所造成的损伤比例很大，要予以充分重视。

4. 加强医务监督

医务监督是预防运动损伤和过度训练，保证运动员训练和健康的有效措施。

运动员要采用自我检查的方法，把训练、比赛成绩、健康状况以及身体反应等情况定期记录在训练日记中，作为医学观察的一项重要内容。如果有伤，要及时治疗、调整训练，不要延误。如伤病未愈就参加训练和比赛，往往会使伤病加重或造成新的损伤。

思考题

1. 散打基本技术有哪些？
2. 简述散打技术训练方法和要求。
3. 在一局散打比赛中什么情况下可以直接胜出？
4. 学习散打有何意义？

第十四章　空手道

【学习目标】

1. 了解空手道的发展历程、流派及体系。

2. 掌握空手道技法和比赛规则。

第一节　空手道概述

一、空手道的发展历程

空手道是起源于日本冲绳的民间传统武术，并融合了中国传统的拳法，在日本武术和西方竞技体育的影响下，逐渐成为一项竞技体育项目。

1905年前后，日本冲绳一些中学采用“唐手”为体育课的授课内容。1922年，曾到过中国南方学拳的船越义珍在东京各大学指导学生练习唐手，此后，唐手就在日本逐渐发展开来。1924年，庆应义塾大学空手道部成立，1926年东京帝国大学空手道部成立，之后各大学的空手道部相继成立，这些成为日本空手道发展的重要推动力量。1937年，冲绳武术界和体育界召开会议研究唐手改名事宜，决定改名为空（KARA）手（TE）再加上道（DO）字，即KARATEDO。1949年，在船越义珍的推动下日本空手道协会成立。1957年，第1届全日本大学空手道锦标赛在国技馆举办，参赛者以大学生为主，大赛制定了相关规则，形成了体育空手道的竞赛基础。此时，建立超越各流派的大联盟组织的时机已经成熟，1964年日本空手道联盟（JKF）成立。不仅如此，1970年全球范围的空手道国际竞技联盟“世界空手道联盟（World Karate Federation，WKF）”也在日本成立，并在日本武道馆举办了第1届世界空手道锦标赛。

有学者统计，第20届世界空手道锦标赛吸引了87个国家和地区843名运动员参加。到了第21届，参赛国家和地区增加到了116个，运动员也突增至990人。无论是参赛国家还是参赛人数均突飞猛进，显示了空手道运动在世界范围内得到良好发展的态势。在接下来的第22届和第23届世界空手道锦标赛中，参赛国家与地区均保持在110个以上，参赛人数也在900人以上。此外，通过对2010-2016年参赛人员数量进行统计发现，无论是从参赛国家与地区还是从参赛运动员来看，欧洲国家都处于绝对领先的地位，亚洲虽不及欧洲数量多，但稳居第2位，美洲国家呈现平稳上升的趋势。2016年，空手道的“型（套路）”和“组手（对战）”的男女个人赛等共计8个项目正式加入2020年东京奥运会比赛项目名单中。2019年，国际奥委会执委会将空手道列入2022年达喀尔（塞内加尔）青奥会比赛项目，继2018年青奥会和2020年东京奥运会后，这是空手道项目发展的又一个里程碑。

二、空手道的流派及体系

(一)空手道的四大流派

空手道流派众多,目前具有代表性的四大流派分别为刚柔流、糸东流、和道流和松涛馆流。其中,刚柔流的创始人为宫城长顺,该流派主要以近身战技巧和独特的呼吸方法为特点;糸东流的创始人为摩文仁贤和,其师承多位武术大师,将多种古老套路传承下来;和道流的创始人为大塚博纪,该流派特点是将柔术技巧融入空手道;松涛馆流的创始人为船越义珍,该流派特点是直线式、动作大。

(二)传统抑或竞技:空手道运动两大发展路径

1. 传统空手道

传统空手道认为"空手道不是竞技体育、健身或动作演示,它是训练习练者保持内心平和的一种武术和生活方式。如果冲突不可避免,那么真正的空手道意味着一击必杀"。因此,传统空手道追求武道,是为了追求"道"的觉悟。传统空手道体系下的比赛,是在保持传统对抗模式("一本胜"赛制)和体现空手道特有技术特点下,采用"寸止规则"来最大化地确保竞技者的安全。其代表性组织为公益社团法人日本空手协会。

2. 竞技空手道

竞技空手道产生于传统空手道,吸取传统空手道的部分精华,加以发展、推广,把武道的"一击必杀"精神进行体育化。竞技空手道是在现代社会和平发展中经过不断改革和创新而建立起来的一项体育运动,它要求所有的空手道技术的发挥必须建立在"可控"的基础之上,在全面地发展运动员的竞技能力的同时,使运动项目具备"安全性、观赏性和科学化"等体育运动项目的特点。在赛制上采用"8 分优势胜"方法,其代表性组织为世界空手道联盟。此外,1956 年,出自传统刚柔流的大山倍达认为"寸止"的竞技空手道,不足以表现空手道真正的威力,发展出以全接触击打方式的空手道体系,并命名为极真空手道,此空手道在赛制上采用"KO 制"方法。

三、空手道在我国的发展

1988 年,铭苅拳一在上海的武术院进行了第一次空手道交流表演,当时反响极为热烈。2007 年我国成立空手道国家队,同年 7 月,广东佛山举办了首届全国空手道锦标赛,8 月,我国运动员实现亚洲空手道锦标赛奖牌"零"的突破。2008 年中国空手道协会成立。2010 年,国家体育总局正式批准将空手道设立为我国正式开展的体育项目。2010 年 10 月,首届全国大学生空手道锦标赛在安徽芜湖开幕,同年 11 月,中国空手道队在世锦赛首次赢得一枚金牌和铜牌。2017 年 7 月,国家体育总局正式决定将空手道列入全运会正式比赛项目。2017 年 8 月,首届全国全接触空手道锦标赛在上海开赛。2019 年 3 月,国家体育总局新增了空手道等 11 个项目的"运动员技术等级标准"。尽管我国空手道在世锦赛、世界大学生运动会、国际公开赛、亚运会、亚锦赛等国际大赛中均取得过优异的成绩,但是由于起步较晚,与日本和欧洲高水平队伍仍存在较大的差距。

第二节　空手道技法

空手道的技法包括基本技术(Kihon)、组手(Kumite)和型(Kata),它们本质上构成了一个整体。首先,"基本技术"是练习"组手"和"型"的前提。其次,离开"组手"的"型"仅仅是机械的动作,而不具有如同实战般的真实性。最后,离开"型"的"组手"丢失了空手道固有的敏捷性、节奏感和动作流畅性。

一、空手道的基本技术

（一）站姿

1. 闭足立

是指双脚并拢闭合的站立姿势，见图14-1。

2. 自然体

是指两脚分开与肩同宽、脚尖外展的站立姿势，见图14-2。

3. 平行立

是指两脚分开与肩同宽、脚尖朝前、双脚平行的站立姿势，见图14-3。

图14-1　闭足立

图14-2　自然体

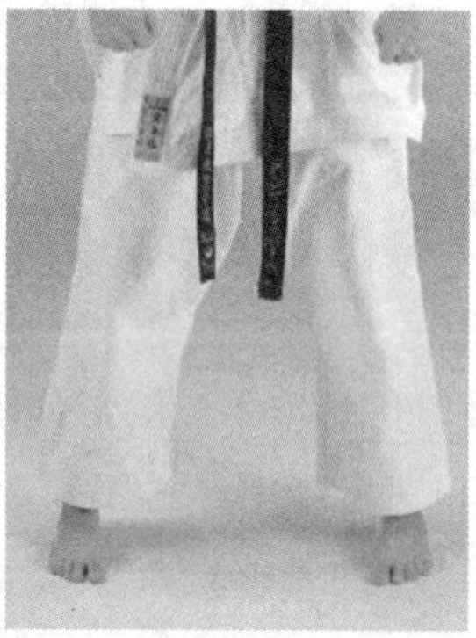
图14-3　平行立

图14-4　前屈立

4. 前屈立

两脚横向间距与肩同宽，前后距离约一倍肩宽，前腿屈膝，脚尖微微内扣，后腿蹬直，脚尖外展约45°。身体重心下沉，双脚紧抓地面，前后腿的承重比例为6∶4。上半身保持直立，目视前方。易犯错误：初学者双脚没有横向距离，前后脚站在一条直线上，见图14-4。

5. 后屈立

两脚前后距离约一倍肩宽，后侧脚跟与前侧脚跟在同一直线上并构成直角，后腿深屈膝，脚尖外展，前腿微屈膝，脚尖朝前。前后腿的承重比例为3∶7。上半身保持直立，见图14-5。

6. 骑马立

两脚横向距离约一倍肩宽，两脚尖朝前微微内扣，双腿屈膝，膝盖与脚尖朝向一致。身体重心位于两腿之间。腹部和臀部收紧，见图14-6。

图14-5　后屈立

图14-6　骑马立

图14-7　猫足立

7. 猫足立

后脚脚尖外展，支撑腿屈膝。前脚在后侧脚跟的延长线上，相距约一脚，脚尖轻点地，两膝内扣，见图 14-7。

（二）手技

1. 直突

站姿：自然体。

动作步骤：左手变掌于胸前呈防守状，右手握拳（拳背向下）抱于腰侧。腰腹发力，右拳直线向前方击出，即将打到对手时，右拳迅速内旋，力达拳面。右手冲拳的同时，将左手收回腰间。依次进行练习，见图 14-8。

要点：手臂在冲拳和回收时要做到贴紧肋部；出拳时手腕与手臂必须成一直线。可以选择不同站姿进行不同区域的冲拳（上段、中段、下段）。

2. 顺突

站姿：自然体→前屈立。

动作步骤：自然体外八字站立，左手变掌向前平举，右手握拳（拳背向下）抱于腰侧。躯干保持稳定，右脚向左脚并步，同时左腿屈膝身体重心下沉。右脚向前跨步成前屈立的同时，右手冲拳，左手掌变拳收回腰间，见图 14-9。

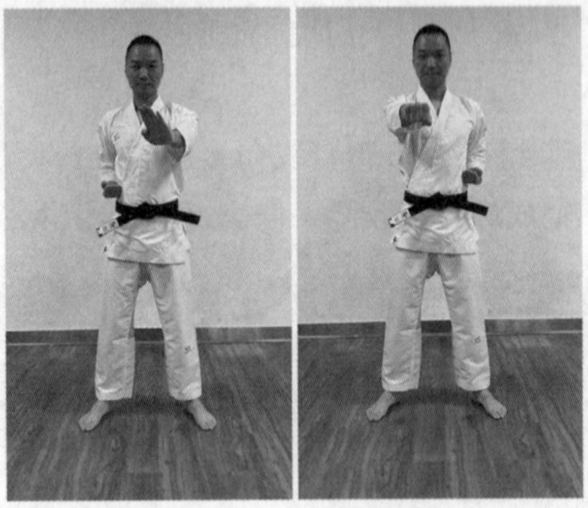

图 14-8　直突

图 14-9　顺突

要点：自然体外八字站立向前屈立站姿转换时，右脚向前迈步不是直线前移，而是要有意识地向内划圆弧再向前；动作完成瞬间，身体保持直立，不得前倾或后仰。

3. 逆突

站姿：前屈立（侧身、正面）。

动作步骤：（以原地中段逆突为例）前屈立侧身，左手前伸，右拳抱于腰间。腰腹发力，身体转向正面，同时右拳内旋，拳背朝上，向前击出。左手掌变拳收回腰间，见图 14-10。

要点：冲拳时身体保持直立，不要前倾或后仰。冲拳结束后，立即回到前屈立侧身。

4. 裹拳

裹拳是利用肘关节和手腕的反弹力，用拳背击打对方的一种拳法，包括横向击打和纵向击打。

站姿：自然体。

动作步骤：（以原地横裹拳为例）双手握拳收于胸前，小臂与地面平行；脸转向左侧，直视目标；左拳横向击打出去，立即收回；脸向右转，右手横向击打；左右反复练习，见图 14-11。

图 14-10　逆突

图 14-11　裹拳

要点:肘关节和手腕用力,击打的瞬间扩胸以增强击打力量。握法如同正拳,而力点在拳背部分的指根部,尤其是食指与中指的根部。击打时要充分利用手腕的反弹力。主要攻击对方的面部、肋骨部、太阳穴等处。

(三)足技

1. 前蹴

前蹴即前踢,是利用前脚掌虎趾(或背足)攻击对方面部、胸部、腹部等正面位置的技法。

站姿:前屈立正身。

动作步骤:(以右腿为例)向攻击目标提膝,踝关节背屈,脚趾向上,右脚直线向上收至支撑腿膝盖旁,左腿微微屈膝。右腿利用膝关节的反弹力向前踢,力达虎趾,动作完成后立即收腿。依次进行练习,见图 14-12。

图 14-12　前蹴

要点:向上提膝时,大腿要超过水平线;前踢时向前送髋;踢中瞬间前侧腿应伸直。前踢时,身体不要后仰。踢腿时,支撑腿保持微屈。

2. 回蹴

回蹴即侧踢,是利用膝关节反弹力以及转髋发力的一种由外向内踢击的弧形腿法。

站姿:前屈立。

动作步骤:首先,屈膝抬腿,即把攻击一侧腿屈膝侧抬至臀部的高度,膝关节外翻。接上踢击,即转髋,利用膝关节的反弹力,由外向内弧形踢击。接上收腿,即踢完按照出腿路线立即收腿。最后,落脚至起始动作,见图 14-13。

图 14-13　回蹴

要点：转髋时，支撑腿的脚尖向外拧转。

3. 横踢込

站姿：骑马立。

动作步骤：（以右腿为例）左脚由前向右侧移动成交叉步，右腿屈膝并抬至左膝旁，髋关节微左转，同时伸右膝直线切出，力达足刀（踝关节背屈，脚的外侧边缘）。接上收腿返回起始动作，见图 14-14。

图 14-14　横踢込

要点：注意膝关节屈伸要流畅，力发于髋，达于足刀。横向移动中，身体重心保持平稳。

（四）格挡

1. 上段格挡

上段格挡是用前臂外侧手腕部位自下往上格挡的一种防守技法。

站姿：自然体。

动作步骤：（以右手上段格挡为例）左手向斜前方伸出防守，右手握拳收抱于腰间。两手在胸前交叉，右手在外侧。右手边向斜上方格挡边拧手腕，肘关节大于 90°，同时，左手握拳收于腰间，见图 14-15。

要点：格挡时，注意腰部的回转力；上体保持正直。

2. 下段格挡

下段格挡是利用小臂外侧手腕处向斜下方格挡对方攻自己腹部的拳法或腿法的防守技术。

站姿：自然体。

动作步骤：左拳拳槌贴于右肩处，右手向前下方伸出，作正面防守。以肘关节为中心，左臂向斜下方格挡，左拳拳背向上，拧转手腕，同时把右手收回腰间，见图 14-16。

图 14-15　上段格挡

图 14-16　下段格挡

要点：手臂要以肘关节为轴进行格挡；格挡时后脚尽量蹬地；上体保持正直；格挡时，侧身朝向对手。

3. 中段内格挡

中段内格挡是把向中段攻来的技术动作，用前臂外侧手腕部位由外向内格挡的技法。

站姿：自然体。

动作步骤：左手握拳置于耳旁，右手伸出于体前防守。左臂以肩为轴心，往斜下方自外向内弧形格挡，左拳内旋，右手外旋收回腰间，见图 14-17。

要点：格挡瞬间的手腕旋转是顺利化解攻击的关键点；格挡一侧的手臂肘关节约为 90°，肘关节与肋部约一个拳头的距离，拳头与肩同高。

4. 中段外格挡

中段外格挡是把向中段攻来的拳法及腿法，用前臂内侧手腕部位由内向外格挡的技法。

站姿：自然体。

动作步骤：右手前伸，左拳拳背朝上置于右肋处；右手回撤，同时左拳以左肘为轴沿着右臂向前上划弧同时微微立起；右拳收抱于腰间，左拳外旋，拳背朝前，同时向外弧形格挡，与身体外延处于同一平面。按相同的要领练习右式，见图 14-18。

图 14-17　中段内格挡

图 14-18　中段外格挡

图 14-19　手刀格挡

要点：格挡的瞬间手腕要迅速旋转；格挡时扩胸使格挡强而有力，但避免躯干后仰。

5. 手刀格挡

站姿：L 字立。

动作步骤：右手刀掌背朝外置于左肩上，左手刀体向前伸出。右手以肘关节为轴外绕，直到格挡之前，手腕保持不动，左手外旋掌背朝外回收。右手内旋，掌背斜侧朝上，右手刀向外侧格挡，左手刀外旋掌背朝下，收至心窝，见图 14-19。

要点：正确掌握两个手臂手刀旋转的时机。

二、空手道的型

型是空手道运动的重要组成部分，是练习者使用各种攻防技术的一种套路演练形式。型的每个动作都有其特殊的攻防含义和技战术目的，这也是空手道型区别于其他表演项目的重要特征之一。型的种类较多，各个流派均有自己规定的型，从简单到复杂，从初级到高级，有各种各样的套路。型要求身体运用松弛有度，富有力量和节奏，讲究动作技术的合理构架和流派的风格特点。运动中要求步法稳健而灵活，重心平稳，不可有过多的上下起伏和摇晃，同时注意呼吸与意识的配合，体现实战感和警戒心。不同流派的型具有不同的要求，而这些不同的要求都体现在该流派的技术特征上，尽管在不同流派的一些型中出现相同型的名称，但它们的技术动作和要求可能截然不同。

空手道型主要分为刚柔流、糸东流、和道流、松涛馆流四大流派，其中糸东流型具有引进柔拿、沾粘贴靠、以柔克刚、借力发力等基本特点；刚柔流型技术特点是以猫足立、小架三战步为主，主要讲究刚柔并济。它具有明显的南拳特色，柔中带刚、刚中带柔，相辅相成；和道流型在技术上有快慢相间、闪转敏捷、屈伸自如等特点，而最具特色的是格斗技术，是极少数在格斗中能体现流派特征的空手道；松涛馆流型的技术特点为大开大合，刚健有力，动作幅度大，步伐稳健，动作走直线，大多用弓步大马，注重腿法的运用，是刚猛型空手道的典范。

目前，世界空手道联盟体系下空手道的比赛只允许演练正式型列表中所规定的型，型的比赛分为团体赛和个人赛。团队赛中的每支队伍由 3 个人组成，且队伍成员性别须一致。个人赛分别由男子个人赛和女子个人赛组成。在对某一选手或队伍型的演练进行评判时，裁判应根据 3 个主要评判标准：一致性（型是否和所属流派的标准相符），技术的表现（步法、技法、转换的动作、时机的把握、正确的呼吸、专注力、技术的难度），运动能力的表现（力量、速度、平衡力、节奏）。

接下来以松涛馆流平安初段进行说明：

平安初段是将空手道中最基本技法——下段格挡、顺冲拳、上段格挡、手刀等动作编排而成的型，共 21 个动作。

起始动作：自然体外八字站立，两拳置于体前，行礼，见图 14-20。

(1)左下段格挡——面向左侧，左脚向左侧移动，同时左拳置于右肩。左脚向左侧成左前屈立，同时左手进行左下段格挡，见图 14-21。

(2)右中段顺冲拳——右脚上步成右前屈立的同时，右拳进行中段顺冲拳，见图 14-22。

(3)右下段格挡——脸往右后转，右脚向身后插步，同时右拳收于左肩。身体往右转成右前屈立并进行右下段格挡，见图 14-23。

(4)右上段铁槌击打——假想右手腕被抓，手腕和腰一起向内侧拧转，同时拉至左腰前，右脚也稍前移。右脚向前移半步，同时右拳往头顶上架。右脚向前跨步成右前屈立击打，见图 14-24。

(5)左中段顺冲拳——左脚上前一步成左前屈立同时左手冲拳，见图 14-25。

(6)左下段格挡——脸往左转向演练线的正面，左脚向左前方移动，出右拳，左拳收于右肩处。在演练线的正面成左前屈立进行左下段格挡，见图 14-26。

(7)右上段格挡——左拳变掌向上格挡，右脚上前一步成右前屈立进行右上段格挡，见图 14-27。

(8)左上段格挡——右拳变掌斜上方格挡，左脚上步成左前屈立，作左上段格挡，同时右掌变拳收于腰间，见图 14-28。

(9)右上段格挡——左拳变掌，朝斜上方架挡，右脚上步成右前屈立进行上段格挡，见图 14-29。

图 14-20

图 14-21

图 14-22

图 14-23

图 14-24

图 14-25

图 14-26

图 14-27

图 14-28

图 14-29

(10)左下段格挡——身体逆时针后转,左脚向右脚并步,左拳置于右肩,右拳收于腰间。往左侧成左前屈立并进行左下段格挡,见图 14-30。

(11)右中段顺突——右脚上前一步成右前屈立右冲拳,见图 14-31。

(12)右下段格挡——身体顺时针后转,右脚后插步,成右前屈立并进行右下段格挡,见图 14-32。

(13)左中段顺突——左脚上前一步成左前屈立并进行左中段冲拳,见图 14-33。

(14)左下段格挡——面向左侧,左脚移向左侧,同时左拳收于右肩,右拳左击。向左侧方成前屈立并进行左下段格挡,见图 14-34。

(15)右中段顺突——右脚上步成右前屈立并进行右中段顺冲拳,见图 14-35。

(16)左中段顺突——左脚上步成左前屈立并进行左中段顺冲拳,见图 14-36。

(17)右中段顺突——右脚上步成右前屈立并进行右中段顺冲拳,见图 14-37。

图 14-30

图 14-31

图 14-32

图 14-33

图 14-34

图 14-35

图 14-36

图 14-37

(18)左中段手刀格挡——身体逆时针后转,左脚后移至右腿左侧,同时左手刀收于右肩,右手刀朝左斜前方伸出,成右后屈立并进行左中段手刀格挡,见图 14-38。

(19)右中段手刀格挡——右脚向右斜前方约 45°方向移动,同时右手刀收于左肩,左手刀向身体中线伸出,成左后屈立并进行右中段手刀格挡,见图 14-39。

(20)右中段手刀格挡——身体向右后转 180°,右脚向右斜后方移动,同时右手刀收于左肩,左手刀伸向右胸前,成左后屈立并进行右中段手刀格挡,见图 14-40。

(21)左中段手刀格挡——左脚向左前方斜 45°方向移动,同时左手刀收于右肩,右手刀向身体中线伸出,成右后屈立并进行左中段手刀格挡,见图 14-41。身体左转,返回起始动作,见图 14-42。行礼。

图 14-38

图 14-39

图 14-40

图 14-41

图 14-42

三、空手道的组手

空手道组手是指在一定的时间和空间内,同性别、同级别的参赛者,在比赛规则的限定内,运用允许的技术进行攻防格斗的竞技运动。空手道组手与竞技跆拳道、武术散打、拳击等格斗类项目的最大区别在于运动员对其技术动作的控制力。组手竞赛规则要求运动员掌握"寸步原则"。一次冲拳或腿法的攻击技术被控制在从皮肤接触到距面部、头部或颈部 5 厘米的距离之间,这就是所谓的正确的距离。但是,如果合乎得分标准的上段技术进入距目标 5 厘米左右的距离时,对手没有试图格挡或躲闪,也可以判定为得分。在青少年比赛中,以手攻击对手面部、头部或颈部的技术动作是完全不允许触碰的,上段的踢技也只允许有轻微的触碰(皮肤接触),同时得分的有效距离也放宽到 10 厘米。从空手道组手专项角度来分析,"控制"的本质表现为肢体动作的迅速启动、加速和减速的过程,是肌肉由离心收缩快速转变为向心收缩的过程。

因此,组手对运动员技术动作的控制力要求极高,其动作的发力方式、步法移动、连击、摔法都有别于同类其他格斗类项目。而早期中国组手运动员多数拥有跆拳道、散打等项目的训练经验,空手道基本技术训练时间短、基本功薄弱,导致我国组手运动员有上肢技法的掌握较生疏、技术动作变化少、进攻与防守套路单一、上肢与下肢组合不相协调等问题。

传统空手道认为,组手是把基本技术和型中所学到的攻防技术进行实际运用的一种练习或竞赛方式。空手道组手训练包括"约束组手"和"自由组手"等各种练习方式,其目的在于把"基本技术"和"型"练习中所获得的"距离感、呼吸法、时机把握、攻防技法"等各种技术,以更为接近实战的形式来进行学习与提高。

(一)五本组手

五本组手是连续利用 5 次最基本的攻防技术进行的约定组手练习。

五本组手动作步骤(以上段顺突为例):

动作 1——起始动作:攻方后撤步成前屈立下段格挡姿势。

动作 2——攻方:右脚向前一步右上段顺突。

守方:右脚后退一步左上段格挡。

动作 3——攻方:左脚向前一步左上段顺突。

守方:左脚后退一步右上段格挡。

动作 4——同动作 2。

动作 5——同动作 3。

动作6——同动作2。

动作7——守方：右中段逆突。

(二)基本一本组手

攻方：中段顺突。

守方：上段内格挡+逆突。

动作1——起始动作：攻方后撤步成前屈立下段格挡。

动作2——攻方：右脚上步右中段顺突。

守方：右脚后撤步左中段内格挡。

动作3——守方：右中段逆突。

(三)自由组手

自由组手是互相把所学的技术动作自由地使用出来的实战练习。

第三节 空手道比赛规则

一、组手比赛规则

(一)组手比赛场地

比赛场地必须平坦且无危险。比赛场地是边长为8米(由场地外缘量起)的正方形场地，需铺有经世界空手道联盟(WKF)认可的垫子，场地四周应有2米净空的区域作为安全区。将距离比赛场地中心点1米处的两块垫子反转，以红色一面向上，作为两位选手位置的标识。主裁面向两位选手，站在距离安全区1米的两块垫子中间。边裁分坐在场地四个角落的安全区内。主裁可以在整个场地内移动，包括边裁所在的安全区部分。每位边裁都手执红、蓝旗各一面。赛事监督坐在安全区外、主裁的左后方或右后方，并配备有红色旗子或信号标志与哨子。记分监察员坐在官方记分台后，在记分员与计时员之间。教练员坐在各自选手方面对官方记分台一边的安全区外。当比赛在台式场地上进行时，教练员坐在台外(下)。1米的边界区应与场地其他铺垫区颜色不同。见图14-43。

图14-43 组手比赛场地及裁判小组位置

(二)组手比赛的组织

组手比赛分为团体赛和个人赛。个人赛根据选手年龄和体重进行分组。按照体重级别划分后，选手们将两人一组以回合的方式进行比赛。回合也可以用来描述团体赛中每一对选手之间的个人比赛。在个人赛中,抽签结束后将不允许更换选手。无论是个人赛还是团体赛,不按时进行检录者,都将被判弃权,失去该级别的比赛资格。在团体赛中,如果某回合比赛一方选手未出赛,那么另一方选手将会被判获胜,该回合比分记录为8:0。因弃权失去比赛资格,意味着该选手失去了参加这一级别的比赛的资格,但不影响该选手参加另一级别的比赛。团体赛的每一支男子队伍由7名队员组成,每一轮比赛允许其中5位选手出场比赛;每一支女子队伍由4名队员组成,每一轮比赛允许其中3位选手出场比赛。团体赛中,各队伍中的每位成员都可以上场比赛,不设固定候补。在每回合比赛前,各队代表应从全队男性7名队员或女性4名队员中,选出参赛队员,并将参赛队员名字和上场次序填写在大会规定的表格上,交到官方记录台。每一轮比赛前,参赛队员的名单和次序都可以申报变更,但申报之后,到该回合比赛结束前,不得再作任何改变。任何队员或教练在该轮比赛前未提出书面申报即擅自更改出场选手名单或出场顺序时,该队伍将被取消参赛资格。在团体赛中,当一方选手因犯规或失格而被判输掉某回合比赛时,这位选手在该回合所得的分数将会被清零,而对手会获得固定的8分,该回合比分将被记录为8:0。

(三)裁判小组

每场比赛的裁判小组包括1名主裁、4名边裁和1名赛事监督。在组手比赛中,主裁和边裁不可有与双方选手相同国籍者。为了便于比赛的运作,应指派几位计时员、宣告员、记录员和记分监察员。

(四)比赛时间

成年男子组手比赛每回合的时间为3分钟(团体赛和个人赛相同);成年女子组手比赛每回合的时间为2分钟;21岁以下级的男子比赛每回合为3分钟,女子比赛每回合为2分钟;青年和少年组手比赛每回合的时间为2分钟。每回合比赛的计时从主裁给出“开始”的信号开始,每次主裁喊“停止”时,应停止计时。计时员应以清晰可辨的锣声或铃声为信号表示“还有15秒”和“时间到”。“时间到”的信号标志着该回合比赛结束。选手在两场连续的比赛间,将被给予与常规比赛时间长短相同的一段休息时间。但如果选手需要更换不同颜色的护具,这段时间将会被延长至5分钟。

(五)得分

1. 得分形式

术语	技术动作
IPPON 一本 (3分)	• 上段踢技(上段的定义是面部、头部和颈部) • 施展在被摔倒或已倒地的对手身上的任何有效的技术动作
WAZA-ARI 有技 (2分)	• 中段踢技(中段的定义是腹部、胸部、背部和胸腹侧面)
YUKO 有效 (1分)	• 中段或上段的冲拳(Tsuki) • 上段或中段的击打技(Uchi)

注:如果要得分,一个技术动作必须作用于有效的得分部位,同时这个技术动作必须根据所击打的部位而控制得当,且必须符合6个得分标准。

2. 得分标准

当一个技术动作作用于有效的得分部位且满足以下标准,就会被判定为得分:

(1)良好的姿势——一个被认为是“良好的姿势”的技术是指在传统空手道理念的框架下,具有潜在攻击效果的技术动作。

(2)竞技的态度——“竞技的态度”是“良好的姿势”的必要组成部分。它是指在施展一个具有潜在杀伤性的技术时所表现出的明显的全神贯注且不怀恶意的态度。

(3)刚劲有力的技术应用——是指攻击技术的力量及速度和其展现的必胜意念。

(4)警戒的状态(残心)——这在评分时是最容易被忽略的得分要素,是指选手所持续的一种能感知对手潜在反击意图的状态。例如有残心的选手不会在攻击时把头转向别处,在完成技术动作后也能保持面对着他的对手的状态。

(5)好的时机把握——指在技术能达到最佳攻击效果的时候进攻。

(6)正确的距离——与“好的时机把握”相似,是指当目标刚刚进入技术能达到最佳攻击效果的距离时进攻。所以如果一个进攻技术作用在一个迅速移开的对手上时,这个技术的潜在攻击效果会降低。

3. 攻击部位

技术动作攻击仅限于下列部位:头部、面部、颈部、腹部、胸部、背部、胸腹侧面。

(六)判定胜负的标准

判定一方选手获胜可以根据:他率先取得8分的净胜分;在比赛时间结束时,他取得的分数高于对手;也可因裁判判定的结果,或因对手犯规、失格、弃权。

个人赛中不允许出现平局。只有在团体赛中,当某一对选手在回合结束后,双方得分相同或都没有得分,以及双方选手均没获得“先得分优势”的情况下,主裁才会宣布平局。在任一回合结束时,如果双方选手得分相同,但一方选手获得了“先得分优势”,那么该选手将会被判定为胜方。在个人赛中,当一回合结束,双方选手均未得分,或虽得分相同但没有人获得“先得分优势”,比赛的结果将会由4位边裁和主裁通过投票的方式来决定,一人一票。判定某位选手获胜与否应根据以下的标准:选手表现出的态度、斗志和力量;选手所展示出的战术优势和技巧娴熟度;哪一位选手占据了场上的主动。

在团体赛中,以获胜回合数多的一队为胜(包括以“先得分优势”获胜的回合)。如果双方获胜回合数相同,则取决于各队队员各回合得分的总和(不论胜负),总分高的一方为胜方。计分时,双方每回合最大分数差为8分。在团体赛中,如果双方获胜回合数及总分皆相同,就需要再进行一回合附加赛来决定胜负。各队伍可以选择该队伍中的任何一名队员作为代表参加该回合的比赛,无论他是否已在双方之前的回合赛中出赛。如果在附加赛结束时,双方还是不能以比分的优劣来产生胜方,同时也没有人获得“先得分优势”,则需通过判定来决定胜方,判定的流程和标准与个人赛相同。附加赛胜负的判定结果也将决定团体赛的最终胜负结果。在团体赛中,当一方队伍率先取得了足够获得比赛胜利的回合数或分数时,即可宣布为胜方,不需要继续完成未进行的回合。当出现红、蓝双方在一场比赛中同时因犯规被判取消资格的情况时,下一轮比赛的对手将会因为轮空而获胜(不需宣布比赛结果)。除非这种双方均被判取消资格的情况出现在奖牌赛中,这时候将以判定来决定获胜方。

(七)禁止的行为

空手道比赛中一些非常危险的技术动作是被禁止的,同时所有被允许的技术在施展时也要有节制性。受过训练的成年选手,在一些肌肉保护相对较强的部位,如腹部,可以承受较强的打击,但其他部位,如头部、面部、颈部、裆部及关节部位,很容易受到伤害。因此,除是因对手自己的原因造成的伤害以外,使用任何造成对手伤害的技术都会被处罚。选手在比赛过程所施展的所有技术动作都必须具有良好的姿势,且是有节制的。若非如此,无论该选手施展的是什么技术动作,裁判都必须对其进行警告或处罚。在青少年的比赛中,更要注意这点。有两类禁止的行为,分别为第一类犯规和第二类犯规。

1. 第一类犯规

(1)进攻技术过度接触,即使是作用在有效的得分部位上和接触到喉部的技术动作。喉部是连“碰触”都不允许的。

攻击手臂、腿部、裆部、关节或脚背部位。

(2)以开掌技术攻击面部。

(3)危险的或被禁止的摔技。

2. 第二类犯规

(1)假装受伤或夸大伤情。

(2)非对手原因离开比赛场地。

(3)不顾自己安危,做出可能让自己被对方击中而致伤的行为,或没有采取足够的自我保护措施。

(4)通过逃避比赛的方式让对手没有机会得分。

(5)消极,没有与对手交手的意图(不能在比赛还剩不到10秒时判罚)。

(6)搂抱、扭摔、推搡对手,或与对手贴胸站靠,但没有试图施展得分的技术或摔技。

(7)在截获对手施展踢技的腿后,不以施展摔技为目的地以双手抓住对手。

(8)用一只手抓住对手的手臂或道服,不立即试图施展得分技术或摔技。

(9)施展无法控制的、有可能伤害到对手的和危险的、毫无节制的攻击技术。

(10)试图以头部、膝部或手肘攻击对手。

(11)与对手交谈或挑逗对手,不服从主裁的命令,对裁判官员不礼貌,或有其他有违礼节的行为。

(八)警告和处罚

1. 忠告

忠告用于相应类别的初次犯规且程度轻微的情况。

2. 警告

警告用于相同类别第二次程度较轻的犯规,或犯规程度还不到被判"犯规注意"的情况。

3. 犯规注意

这是取消比赛资格前的一次警告,通常情况下施加在该回合比赛中已被判过一次"警告"的选手身上,也可以直接对虽犯规、程度严重但还不到被判"犯规"程度者施加。

4. 犯规

这是取消比赛资格的处罚,用于非常严重的犯规或被施加者在该回合比赛中已被判处过一次"犯规注意"的情况。在团体赛中,犯规者的得分将会被清零,而对手将会得到固定的8分。

5. 失格

失格是指丧失整个锦标赛、单项赛事或单场比赛的参赛资格。失格处罚的具体程度由裁判委员会决定。如果某位选手不服从主裁命令,行为恶劣,做出有损空手道声望和荣誉的行为,或做出其他被认为有违大会规则和精神的行为,他将被处以失格的处罚。在团体赛中,犯规者的得分将会被清零,而对手将会得到固定的8分。

二、型比赛规则

(一)型的比赛场地

比赛场地必须平坦且无危险。比赛场地必须足够大,以允许选手能够毫无阻碍地完成整套型的演练。用于组手比赛中表示选手起始位置的垫子应反转过来,使型的比赛场地地面为同一颜色。

(二)型的比赛组织

型的比赛分为团体赛和个人赛。团体赛中的每支队伍由3个人组成,且队伍成员性别须一致。个人赛分别由男子个人赛和女子个人赛组成。比赛实行败者淘汰制,允许复活赛。允许选手根据各自流派的传授,对型的内容有轻微的变更。在每一轮型的比赛前,选手都要将所选择的型通报给记分台。在每一轮比赛中,选手都必须演练不同的型。演练过的型不得再重复。如果某一选手开始进行型的演练后,对手弃权,该选手可以在之后任何一回合的比赛中再次演练这套已演练过的型,因为这种情况被认为是因对手弃权而获胜。无论是个人赛还是团体赛,不按时进行检录者,都将被判弃权,失去该级别的比赛资格。因弃权失去比赛资格,意味着该选手失去了参加这一级别的比赛的资格,但不影响该选手参加另一级别的比赛。在团体型的奖牌争夺赛中,两队必须先与普通比赛一样,演练他们所选择的型,然后他们将会对型的意义进行演示。整个演练,包括型和分解,时间为6分钟。计时员从选手开始型的演练的鞠躬开始计时,到型的分解演示的最后一个鞠躬结束。在型的演练开始和分解演示结束时不行鞠躬礼的,以及整个演练时间超过6分钟时限的队伍将被取消比赛资格。不允许在比赛中使用传统武器、辅助装备或附加服饰。

(三)裁判小组

每场比赛的裁判小组的5位成员由场地经理指派。此外,还需指派计时员、记分员和宣告员。

(四)评判的标准

1. 正式型列表

世界空手道联盟体系下的空手道比赛只允许演练正式型列表中所规定的型。

2. 评定

在对某一选手或队伍型的演练进行评判时,应根据3个主要标准:一致性,技术的表现,运动能力的表现。型的评判是从型演练前的鞠躬开始,到演练后的鞠躬结束。团体型的奖牌赛中,对演练的评判和计时则从型演练前的鞠躬开始,到分解演练结束后的鞠躬结束。评判时,3个主要评判标准具有相同的重要性。型的分解与型本身同样重要。

3. 取消资格

某一选手或队伍可以因以下任何原因被取消比赛资格:演练错误的型或宣告错误的型名。没有在型的演练前或演练后行鞠躬礼。在演练过程中出现明显的犹豫或停顿。干扰裁判的工作(如因安全因素而需要使裁判员进行移动,或与裁判员有身体的接触)。在型的演练过程中,腰带脱落。型和分解的总演练时间超过了6分钟的时限。在型分解的演练中施展以剪刀腿夹住颈部的摔技。不遵从主裁的指示或有其他不当行为。

4. 犯规行为(失误)

如果出现以下犯规行为,则必须根据以上的评判标准进行考虑:稍有失去平衡。某个动作演示的方式不正确或不完整,如格挡动作没有完全施展,或拳未击打在目标上。动作不同步,如在身体的转换完成前施展一个技术动作,或在团体型演练中,某一动作未能同步完成。采用声音的(从其他任何人处,包括队伍的其他成员)或动作行为的提示,如顿足,拍打胸部、手臂或空手道服,以及不适当的吐息。在演练过程中,腰带松开接近脱落。浪费时间,包括长时间地入场,过度地鞠躬,或开始演练前长时间地停顿。在对方选手演练期间,走来走去干扰裁判的行为。在型分解的演示过程中,因缺乏控制的技术而造成受伤。

第四节　空手道专项训练

一、空手道的拉伸练习

柔韧性是指与关节连接的肌肉、筋膜和韧带等组织的延伸性或伸展能力。在竞技体育中,良好的柔韧性对运动员的肌肉以及关节能起到积极作用,有助于运动员扩大其动作幅度从而实现肌力的最大化。拉伸在训练体系中是提升机体柔韧性和灵活度不可或缺的手段,在准备活动期间,拉伸练习可以有效降低肌肉黏滞性,减少不必要的能量损耗。

拉伸技术根据动作特征可分为静态拉伸和动态拉伸,静态拉伸是指通过缓慢的动作将肌肉、韧带等软组织拉长到一定程度时,保持静止不动状态的练习方法。目前,普遍认为静态拉伸应保持10~60秒。动态拉伸是指由节奏控制的、速度略快的多次重复同一动作的练习方法。在准备活动中的动态拉伸练习,一般每个动作持续1~2秒,重复4~6次,完成1~2组。

(一)静态拉伸

1. 胸锁乳突肌拉伸

动作功能:牵拉胸锁乳突肌。

动作要点:

(1)呈直立姿,挺胸抬头,下颌微收,双臂自然置于体侧。

(2)头部向右侧旋转,微微抬头,直至左侧胸锁乳突肌有牵拉感。

(3)保持姿势至规定时间,换对侧。

2. 背伸肌群拉伸

动作功能:牵拉背伸肌群。

动作要点:

(1)呈坐姿,双腿微微屈膝分开,俯身向前趴下,双手自然置于身体前方的地面上。

(2)双手逐渐前伸,直至背伸肌群有牵拉感。

(3)保持姿势至规定时间。

3. 腰方肌拉伸

动作功能:牵拉腰方肌。

动作要点:

(1)呈坐姿,双腿伸直分开,背部挺直。

(2)右手扶住左侧骨盆处,左手臂抬起带动身体尽可能地向右侧弯曲,直至左侧腰方肌有牵拉感。

(3)保持姿势至规定时间,换对侧。

4. 腘绳肌拉伸

动作功能:牵拉腘绳肌。

动作要点:

(1)呈前后分腿姿,双手叉腰,背部挺直,收紧腹部。

(2)始终保持右腿伸直,右脚踝背屈,脚后跟着地,逐渐屈髋向下坐,直至右腿腘绳肌有牵拉感。

(3)保持姿势至规定时间,换对侧。

(二)动态拉伸

1. 抱膝前进

动作功能:拉伸前侧腿的臀大肌和腘绳肌,以及后侧腿的屈髋肌群,同时提高平衡能力。

动作要点:

(1)呈直立姿,两脚间距与肩同宽,左脚向前迈步呈分腿蹲姿。

(2)双手抱右膝向上提拉至胸前,右脚背屈,同时左脚后跟踮起,保持背部直立,拉伸动作保持1~2秒。

(3)换对侧,交替完成上述动作。

(4)注意在拉伸过程中保持胸部挺直,收紧支撑腿一侧的臀大肌。

2. 后交叉弓步

动作功能：拉伸阔筋膜张肌、臀大肌、髂胫束等肌群。

动作要点：

(1)呈直立姿，两脚间距与肩同宽，背部挺直，腹部收紧，双臂向前平举，双手相叠。

(2)右腿向后撤步置于左腿左后方45度夹角位置，呈交叉站立姿，开始深蹲，感受左腿外侧有较强牵拉感，拉伸动作保持1~2秒。

(3)换对侧，交替完成上述动作。

(4)后背保持直立，重心在前侧脚脚后跟上。

3. 股四头肌拉伸

动作功能：拉伸股四头肌等肌群。

动作要点：

(1)呈直立姿，两脚间距与肩同宽，背部直立，腹部收紧，双臂自然置于体侧。

(2)用左手握住左脚踝，脚后跟抵臀，提右脚后跟，同时右臂向上举起，左手用力拉伸左腿股四头肌，保持1~2秒。

(3)换对侧，交替完成上述动作。

(4)注意保持牵拉腿的膝盖指向地面，牵拉时保持臀大肌收紧，腰椎不要过度伸展。

4. 弓步后撤+转体

动作功能：拉伸屈髋肌群、臀大肌，以及腹内、外斜肌，增加胸椎活动度。

动作要点：

(1)呈直立姿，两脚间距与肩同宽，右脚向后撤步呈分腿蹲姿，保持左侧大腿平行于地面。

(2)右手背置于左膝外侧处，左臂向身体后方水平外展，同时躯干慢慢向左旋转至最大幅度，眼睛跟随手指方向，拉伸动作保持1~2秒。

(3)换对侧，交替完成上述动作。

(4)牵拉时收紧后侧腿的臀大肌。

二、空手道的技术训练

运动技术既是完成体育动作的方法，也是决定运动员竞技能力水平的重要因素。教练员和运动员为完成技术训练任务，必须采用有效的训练方法。技术训练是否成功，训练效果是否显著，在很大程度上取决于技术训练方法的合理性。空手道技术训练主要有以下方法：

（一）空击训练法

空击训练是指练习者在没有对手的情况下，按照一定的节奏进行的徒手练习。它可以有效地巩固练习者技术动作，并提高其动作质量和速度，强化其运动神经系统的活动。它是熟练掌握技术动作的重要训练手段之一。有学者指出，日本空手道国家队在备战东京奥运会的基本技术训练中，运动员以空手道单一基本技术训练为主，训练内容以各类拳、腿、摔的“空击”方式进行练习，占总训练量比例的25%。

（二）攻防训练法

攻防训练是指练习者按照两人一组，结合攻防动作的特点，有针对性地进行一攻一防的练习。攻防练习可有效地提高练习者攻防技术动作的规范性，使其较快地建立正确的动作定型，培养练习者攻防意识。在空手道自由组手之前，会进行五本组手、基本一本组手、自由一本组手等约束组手的攻防训练。

(三)打靶训练法

打靶训练可以增强练习者的击打力度、专项耐力,提高练习者的攻击频率,以及培养练习者顽强拼搏的意志品质等。打靶训练方法是竞技格斗类项目训练中的常用方法,一般由固定靶、移动靶、反应靶和移动反应靶组成,让运动员在没有实战压力的情况下完成技术动作,并提高动作质量。我国空手道运动员腿法技术运用次数较多,但是成功率很低,说明运动员腿法技术运用不熟练,通过练习让运动员运用标准技术踢击脚靶,提高腿法技术的踢击效果。

(四)实战训练法

实战训练是指双方严格按照竞赛规则进行的比赛,它是检验和提高运动员技术水平、战术运用的重要途径和方法。

三、空手道组手的战术训练

竞技战术指在比赛中为战胜对手或为表现出理想的竞技水平而采取的计谋和行动。而战术能力指运动员掌握和运用战术的能力,是运动员(队)竞技能力整体水平的重要构成部分。运动员战术能力强弱可通过战术观是否先进、个人战术意识及集体配合意识的强弱、战术理论知识的多少、所掌握的战术行动的质量和数量、运用战术的针对性和有效性加以衡量。不同竞技项目对运动员(队)战术能力的要求有所不同。根据空手道组手运动的战术表现形式,可将常用的战术分为以下几类:

(一)直攻战术

直攻战术特点在于采用简单技法,迅速得分,掌握场上主动权,在气势上胜出,扰乱对手心理和时间差。直攻战术要求运动员发挥自身技术特长,使用确实有把握的特长技术直接进攻。

(二)争先战术

争先战术特点在于先发制人。本战术要求在比赛开始时就猛烈进攻,连续使用技术组合,在对手没有准备的情况下迅速夺取场上主动权,使对手疲于招架,忙于防守而无还手之力,让对手在被动挨打情况下迅速消耗体能,暴露空当,使我方首先取分,控制场上节奏。

(三)反击战术

空手道组手进攻动作刚劲直接。在对手正面猛烈进攻时,采取避实就虚的方法,寻找对手空当,完成防守任务的同时立即反攻,对手则很难招架。我方也可采用主动进攻来掩盖战术反击的意图,刺激对手,使其暴露情绪、经验、技术上的缺陷,为我方创造反击条件。

(四)佯攻战术

佯攻战术是格斗比赛中最常见的战术,其核心在于用伪装的攻击动作掩盖真正的攻击方向,通过假动作的表现形式迫使对手产生无效反应,暴露攻击空当。采取佯攻战术是基于直接进攻无法有效取分的情况,我方可以采用虚晃动作、假动作甚至故意露出破绽的方法,诱骗对手,同时判断对手后续动作,进而攻击取分。

(五)迎击战术

迎击战术指在对手采取进攻时,我方运动员能够与其正面接触,在成功防守的前提下,判断对手技术组合中出现的失误,或通过积极对抗主动制造对手失误,打乱其既定进攻套路,从而取分或击退对手进攻的战术。

(六)边角战术

此战术目的是利用组手竞赛规则要求,逼迫对手出界。采用此战术要求运动员采取主动进攻或使用反逼迫手段,有目的地将对手逼迫到边线,提高对手被罚的机会。若自己陷入对方的边角战术中,应采取积极贴身、游动的方式与对手周旋,使对手调整不及,反逼出界。

（七）规则战术

采用本战术的前提是依靠教练员、运动员对组手竞赛规则的深入学习及长期训练、比赛总结的实战经验，在比赛过程合理运用规则漏洞或裁判员主观因素，调动对手，控制场上局面。

思考题

1. 传统空手道与竞技空手道有什么关系？
2. 空手道在我国发展的优势和劣势分别是什么？
3. 如何理解组手的“寸止”原则？
4. 空手道入奥对中国武术有什么启示？

第十五章　跆拳道

【学习目标】

1. 了解跆拳道的起源与发展,知晓跆拳道的精神。
2. 掌握跆拳道的基本技术和基本战术。

第一节　跆拳道概述

跆拳道是一个以脚踢为主、拳打为辅,手脚并用、注重礼仪的人体徒手格斗类体育运动项目。

一、跆拳道的起源及其在我国的发展

跆拳道,起源于朝鲜半岛,由跆跟、花郎道等韩国民间武术流派演变而来,它融合了日本空手道技击方法,实用性更强,技战术水平更高,它为韩国技击运动项目的发展作出了巨大贡献。

1989年,世界跆拳道联盟将跆拳道传入我国,在北京举办了跆拳道培训班。于1992年中国跆拳道协会筹备小组成立,1995年中国跆拳道协会成立,同年,中国跆拳道协会加入世界跆拳道联盟。自此出现了多名中国优秀跆拳道选手,如王朔荣获1999年埃特蒙多世界跆拳道锦标赛女子55公斤级冠军,陈中荣获2000年悉尼奥运会女子67公斤以上级冠军,罗薇荣获2004年雅典奥运会女子67公斤级冠军,吴静钰荣获2008年及2012年奥运会女子49公斤以下级冠军,郑姝音荣获2016年里约奥运会女子67公斤级冠军,赵帅荣获2016年里约奥运会男子58公斤级冠军。

二、跆拳道的精神

跆拳道推崇的是“以礼始,以礼终”的尚武精神,其宗旨主要概括为“礼义、廉耻,忍耐、克己,百折不屈”。

(一)礼义、廉耻

它是修炼者需要遵守的最高规范,无论是学习者还是指导者都要遵循,包括谦虚、互相尊重,提倡人道主义和正义感、言行一致等。

(二)忍耐、克己

无论遇到任何困难,我们都要忍耐并予以克服,通过学习学会克制自己、战胜自己。

(三)百折不屈

无论是学业、生活,还是工作中,我们面对挫折与失败的时候,永不放弃。

三、跆拳道的级别

跆拳道分为十级九段,品级从白带(10级)到白黄带(9级)、黄带(8级)、黄绿带(7级)、绿带(6级)、绿蓝

带（5级）、蓝带（4级）、蓝红带（3级）、红带（2级）、红黑带（1级或一品、二品、三品）共10个级别，黑带从1段到9段共9个级别。

第二节　跆拳道基本技术

一、准备姿势

跆拳道的准备姿势是开始训练前和比赛开始时的基础动作，也称为格斗势或实战姿势。在比赛中，往往存在双方互不进攻保持对峙的状态，跆拳道的准备姿势，是为了便于双方等待进攻和防守反击以及移动步法。

（一）方法要领

以右架为例（右脚在后，即为右架），两脚前后开立，两脚之间的距离与肩同宽或略宽于肩膀，两脚后跟略微抬起，脚尖着地，两膝略微弯曲，身体的重心落在两腿之间，两手握拳，左手握拳置于体前，与前脚脚尖垂直或超出都可以，右手握拳置于胸前（两拳可随战况作适当改变），头部和身体呈直立状态，目视前方（见图15-1）。

图15-1　准备姿势

图15-2　上步

（二）易错技术

上肢过于紧张，脚后跟抬起过高，膝关节没有弯曲，身体中心靠前或靠后，不稳定。

二、基本步法

比赛或训练学习中，身体的移动是需要步法进行调节的，步法的良好运用对个人技术动作的发挥有着至关重要的作用。运动员可以利用步法的移动来寻找进攻的机会，取得最后的胜利。

（一）上步

1. 方法要领

以准备姿势站立，以前脚的前脚掌为轴，后脚向前蹬地，通过转腰转胯，后腿以直线方向贴近前腿迅速往前上步，两臂随着位置的改变自然调整，重心随之往前移动，不要形成重心前倾时往后坐的状态（见图15-2）。

2. 易错技术

重心起伏明显不稳定，腰胯扭转和移动脱节，以整个脚掌为轴进行转动，后腿向前移动以弧线绕行，没有走直线的方向。

（二）撤步

1. 方法要领

以准备姿势站立，以后脚的前脚掌为轴，前脚向后蹬地，通过转腰转胯，前腿以直线方向贴近后腿迅速往后撤步，两臂随着位置的改变自然调整，重心随之往后移动，不要形成重心前倾在前方或往后坐的状态（见图15-3）。

图 15-3　撤步

图 15-4　前滑步

2. 易错技术

重心起伏明显不稳定，腰胯扭转和移动脱节，以整个脚掌为轴进行转动，前腿向后移动以弧线绕行，没有走直线的方向。

（三）前滑步

1. 方法要领

以准备姿势站立，通过后脚脚掌蹬地带动，同时前脚向前跃出（跃出距离根据实际情况自行调整），身体向前随之平移，动作连贯，快速落位。往前移动中，切勿跳跃过高，双脚轻微离地即可（见图 15-4）。

2. 易错技术

前滑步落位后，身体重心前倾；为达到向前移动，双脚跳跃过高前进；前脚先移动，两脚无法保持同时移动。

（四）后滑步

1. 方法要领

以准备姿势站立，通过前脚脚掌蹬地带动，同时后脚向后跃出（跃出距离根据实际情况自行调整），身体向后随之平移，动作连贯，快速落位。往后移动中，切勿跳跃过高，双脚轻微离地即可（见图 15-5）。

2. 易错技术

后滑步落位后，身体重心后坐过度；为达到向后移动，双脚跳跃过高后退；后脚先移动，两脚无法保持同时移动。

图 15-5　后滑步

图 15-6　跳换步

（五）跳换步

1. 方法要领

以准备姿势站立，两脚原地进行前后交换，双脚轻微离地即可，切勿大幅度腾空跳跃。双腿在交换的过程中，以直线的方向进行，两臂随着双腿的交替改变自然调整，重心不要偏移，落地后保持双膝微曲状态（见图 15-6）。

2. 易错技术

重心上下起伏过大，跳换落地后全脚掌着地，双腿交替进行时从外侧绕行。

(六)侧移步

1. 方法要领

以准备姿势站立,以前脚脚前掌为轴,后脚脚前掌蹬地向左侧或右侧进行移动。后脚移动落地后,重心偏向于前脚,切勿全脚掌与地面接触,仍然呈脚前掌着地状态,以便利于自己与对方攻防的转换移动(见图 15-7)。

图 15-7　侧移步

2. 易错技术

上身过于僵硬;失去重心,呈碎步;移动中目标二次确定,要始终注视目标。

三、基本拳法

跆拳道比赛规则规定,只能使用直拳进攻,且不能击打头部,只可击打胸腹部位。

(一)方法要领

以准备姿势站立(以左脚在前为例),后脚利用脚前掌蹬地,腰髋向左旋转,同时带动身体向左微转,然后右侧肩膀和手臂也随之转动,右手由拳心向胸逐渐旋转成拳心向下,从胸前以直线向正前方打出,同时左臂自然回收或做出格挡动作,击打完成后以原路线回收,呈准备姿势(见图 15-8)。

图 15-8　基本拳法

(二)易错技术

手腕部过于放松,拳打出时手臂进攻线路弯曲,击打时没有利用蹬地、腰胯的力量。

四、基本腿法

(一)前踢

1. 方法要领

以准备姿势站立,右脚脚前掌蹬地,右腿快速提膝,提膝的同时大腿和小腿折叠夹紧,膝盖朝向前方,脚面绷直,往前送髋,提膝到至少与腰平行的高度,此时身体的重心在支撑腿。左脚以脚前掌为轴进行逆时针扭转,转到脚尖指向 45°为最佳。同时,右腿以膝关节为轴点,髋部前送,结合之前提膝的力量把夹紧的小腿弹出,产生击打效果,此时脚面也为绷直状态。击打完成后,快速折叠小腿并自然下落整条腿,呈准备姿势站立(见图 15-9)。

图 15-9　前踢

2. 易错技术

髋部没有形成前送,脚面呈勾脚尖或放松状态,支撑腿未扭转或扭转不到位,直腿往上抬起、忽略了膝关节为轴弹腿的技术细节。

(二)横踢

1. 方法要领

以准备姿势站立,右脚脚前掌蹬地,右腿快速提膝,提膝的同时大腿和小腿折叠夹紧,膝盖朝向前方,脚面绷直,身体重心在支撑腿。以支撑腿脚前掌为轴逆时针扭转 180°最佳,身体朝向另外一侧。同时,髋关节随之转动,身体稍往后倾,右肩、右髋、右膝成一条直线。腰部和髋关节展开,不要含胸,将夹紧的小腿踢出击打目标,脚面要一直绷直。击打完成后快速回收小腿的同时,将整条腿自然下落于前方,呈准备姿势站立(见图 15-10)。

图 15-10　横踢

2. 易错技术

转动髋关节不到位,支撑腿扭转不到位,击打的时候不能形成制动,大小腿折叠程度不够,不能形成有力的击打动作。

(三)下劈

1. 方法要领

以准备姿势站立,后脚脚前掌蹬地,后腿提膝,尽可能提到靠近胸前位置,同时向左转髋,支撑腿进行逆时针扭转,重心随之向上。将右脚抬高超过头部,小腿展开伸直靠近胸前,身体呈正直或略微前倾姿态,脚面绷直,右腿快速下压,重心前移,同时把髋关节往前送出,用脚前掌或脚后跟击打对方头部。击打完成后,小腿自然下落,呈准备姿势站立(见图 15-11)。

2. 易错技术

重心不稳定,应明确重心在动作中的变化;提膝举腿高度不够,不能形成有效下劈动作;下劈时发生后仰,重心应在向上提膝举腿时跟随往上。

图 15-11　下劈

（四）后踢

1. 方法要领

以准备姿势站立，重心在前腿，以前脚脚前掌为轴，顺时针扭转约 180°，同时后脚跟随扭转，身体向右后方转动，背向对方，右腿夹腿提膝贴近胸部和支撑腿，微低头，身体微前倾含住击打腿，头转向右侧 45°方向，把肩部固定住，不要翻肩，用余光判定目标位置，膝盖稍外翻直线蹬出。击打完成后，右脚自然落地，身体右转，呈准备姿势站立（见图 15-12）。

图 15-12　后踢

2. 易错技术

身体过于紧张，形成直腿向后撩起，没有击打力度；后踢踢击时，进行了翻肩，击打不准确；动作发生变化扭转时，没有进行微屈含胸；支撑腿力量不足，导致站位不稳。

（五）侧踢

1. 方法要领

以准备姿势站立，左脚以脚前掌为轴逆时针扭转 180°，右脚勾脚尖提膝，大小腿夹紧。同时髋关节向左转动，身体转 180°，快速屈膝，右脚脚掌侧面平蹬出，肩部、髋部、脚后跟保持在一条直线上。击打完成后，右腿自然回收落地，呈准备姿势站立（见图 15-13）。

图 15-13　侧踢

2. 易错技术

提膝、转动、击打脱节，脚尖未上勾，臀部外撅过于严重，动作发生变形，后踢踢出时未结合髋关节展开的力量。

(六)双飞踢

1. 方法要领

以准备姿势站立，右腿直接提膝转髋进行横踢击打，同时将重心前移到左腿，在右腿击打出滞空时，髋部快速扭转进行左腿的横踢。击打完成后两腿自然落地，呈准备姿势站立(见图 15-14)。

图 15-14　双飞踢

2. 易错技术

双髋未快速扭转，重心后坐过度，双腿在空中未完成击打。

(七)旋风踢

1. 方法要领

以准备姿势站立，右脚在前，左脚在后，以右脚脚前掌为轴进行逆时针扭转，同时重心移到右腿，身体跟随旋转约 360°，略微后仰。在左腿旋转下落的同时右脚蹬地腾空，横踢击打目标。击打完成后，自然回收落地，呈准备姿势站立(见图 15-15)。

图 15-15　旋风踢

2. 易错技术

腰髋旋转不到位；旋转时，腿伸太直，未紧贴另一条腿；旋转时，腾空的高度太高，空中滞留时间过长。

(八)后旋踢

1. 方法要领

以准备姿势站立，以左脚脚前掌为轴进行顺时针扭转 90°，同时身体和头部随之向右后方转动。右腿提膝，脚掌朝向目标蹬伸到与其高度一致时，将右腿伸直，利用旋转的力量进行屈膝击打。击打完成后，顺势自然回收落地，呈准备姿势站立(见图 15-16)。

图 15-16　后旋踢

2. 易错技术

臀部外撅严重，动作发生变形；击打腿未到目标高度时过早出腿，出现二次发力；支撑腿未保持重心稳定，旋转后发生较大位移。

第三节　跆拳道基本战术

跆拳道战术是指双方根据对抗的情况，为战胜对手而采取的方法和策略。战术是一种思维活动，战术的制定要依据动作功能、攻防兼备、灵活多变的原则。合理的战术安排，能有效发挥个人技术特点，限制对手发挥，对比赛胜利发挥着重要作用。

一、进攻战术

进攻战术是跆拳道比赛中运用率最高的一种战术，包括直接进攻、诱导性进攻等。

(1)直接进攻：一般指直接用腿法进行攻击。比如在对方的反应和动作速度比较慢、体能下降严重、出现防守空当、出现有效进攻距离等情况时，均可考虑采用。

(2)诱导性进攻：一般指有意识地利用假动作，扰乱对方判断，使其产生错觉。比如在不了解对方实力和打法的情况下，直接进攻往往会被对方抓住机会，可通过假动作虚晃、变换步法等扰乱对方而进行攻击；当对方打法变化比较单一时，也可采用此战术。

二、反击战术

反击战术是在防守的前提下采用的一种战术形式，在对抗中，通过移动既可以避开对方的进攻，也可以制造出个人在防守中反击对方的机会。

比如在对方技术和身高都占据优势的时候，进攻技术很难实现，可采取先防守，利用步伐快速主动与对方近身贴靠，然后进行反击击打。

三、边角战术

边角战术是利用跆拳道比赛规则判罚的一种形式，当对方单脚越出边界线时，主裁判判罚扣分。

比如比赛中，可有目的地将对方逼迫到边角位置，击打出界；有些运动员身处边界时，会担心出界被判罚，而选择左右移动远离，在此移动中可抓住时机进行攻击拦截；当自己被困边角区时，可采取快贴靠快分开的方法，避免出界。

四、体能战术

体能是战术实施的最大保障，跆拳道比赛需进行3局(加赛产生第4局)，对运动员体能的支配和消耗有很大的考验。应根据对方的技术特点,适时调整体能的分配。

比如双方实力均衡时,需做好长对战、高消耗的心理准备;如果个人感觉技术水平略占优势,可采取一定的体力消耗,进行连续性进攻,逼迫对手体能尽快下降耗尽,以技术打击取胜。

五、心理战术

心理战术主要是给对方心理上造成压力,从而影响对手发挥获得比赛胜利。

比如赛前的个人实力渲染和实力隐瞒;赛中的呐喊发声,从气势上震慑对方;故意给对方暴露击打部位,造成对方判断发生偏差;多种战术综合运用,使对方产生急躁情绪,扰乱对方比赛节奏等。

跆拳道的战术都是相辅相成、相互制约的,一场比赛中战术的运用并不是单一的,比赛本身就具有复杂性,所以必须及时归纳总结,合理、灵活、机动地对战术进行安排,从而更好地发挥战术在比赛中的有效作用。

第四节　竞技跆拳道基本规则

一、比赛时间和方式

每场比赛为三局,每局 2 分钟,局间休息 1 分钟。每局独立积分,每局比赛结束后本局得分和“扣分”判罚清零;

前两局双方获胜局数如出现 2 : 0,则整场比赛结束,获胜局数领先一方获胜,如未有一方获胜 2 局,则进入第三局;

第三局结束双方获胜局数为 0 : 0 或者 1 : 1,局间休息 1 分钟后进行 1 分钟加赛,根据加赛规则判定获胜一方。

二、得分

(1)拳的技术击打躯干得 1 分。

(2)踢击技术击打躯干得 2 分。

(3)旋转踢技术击打躯干得 4 分。

(4)踢击技术击打头部得 3 分。

(5)旋转踢技术击打头部得 5 分。

(6)被判罚 1 个“扣分”则给对方加 1 分。

犯规行为后的得分无效,主裁判员给出判罚后抹去得分。

三、犯规行为与判罚

(一)出界

运动员单脚越出边界线,被判罚扣分。如出界是因为另一方运动员的犯规行为造成的,则不判罚出界一方。

(二)倒地

(1)除双脚以外身体任一部位触及地面,判罚倒地。

(2)由于双方运动员的犯规行为造成倒地时,判罚犯规运动员。

(3)双方因对撞或使用技术动作均倒地,双方都不判罚“扣分”。

(4)若一方运动员被另一方抓住，双方同时倒地，判罚抓人一方。

(5)被正确技术重击倒地，读秒至“8”能继续比赛的判罚倒地，读秒至“10”比赛结束不用判罚倒地。

(6)运动员倒地时，主裁判员发出“起立”口令并做出起立手势，每次口令间隔3秒，第三次口令发出前，如主裁判员对运动员的状态判断不准，呼叫医生治疗，再计时。如判断准确，主裁判员发出第三次口令后，如运动员仍不愿意站立继续比赛，主裁判员可以宣布对方获胜。

(三)回避或拖延比赛(对峙不攻、背逃、拒绝要求整理护具、伪装受伤)

(1)此行为包括没有进攻意图拖延比赛。持续表现出不在进攻状态的运动员，被判罚“扣分”。如果双方运动员持续5秒对峙不攻，主裁判员给出“进攻”口令，5秒后如双方仍对峙不攻，则判罚双方或消极后撤的一方运动员“扣分”；比赛时间还剩5秒时，可以不用发出“进攻”口令，直接判罚“扣分”。

(2)为逃避进攻，背对对方运动员的行为被认为缺乏公平竞赛精神并有可能导致严重伤害，被判罚“扣分”。

(3)为躲避对方进攻或者为拖延比赛时间在交手对抗中后撤(三步原则)、消极应战或者跑出界的一方运动员被判罚“扣分”。

(4)每局比赛的最后10秒，为拖延比赛时间或者干扰对方进攻，抱、搂或夹住对方运动员，可以被判罚“消极”或者“抓”的行为。

(5)“伪装受伤”指为证明对方行为犯规而伪装受伤的行为。

(6)举手示意主裁判员要求暂停比赛来整理或调整护具的运动员被判罚“扣分”。

(7)一方多次向上起跳，导致被对方踢到腰部以下。

(四)抓或推对方运动员

(1)抓的行为包括用手抓住对方运动员身体、比赛服或者护具的任何部位，也包括用手抓住或用胳膊勾住对方的脚或者腿，或者用腿勾住对方的腿。

(2)允许轻微的抓的行为。

(3)推的行为包括将对方运动员推出边界线或用推来阻碍对方运动员实施进攻技术动作。

(五)提膝以阻挡对方进攻，或者脚的高度超过对方腰部在空中踢击动作超过3秒以阻碍进攻，或瞄准对方运动员腰部以下意图踢击

(六)故意踢击对方腰部以下部位

(七)“分开”口令后攻击对方运动员

(八)用手攻击对方运动员头部

此行为包括用手、拳、手臂或者肘击打对方运动员头部。因为对方运动员不小心低头、身体下潜或者转身时，击打到对方运动员头部，不判罚“扣分”。

(九)用膝部顶撞或攻击对方运动员

此行为指的是双方运动员处于近身状态时，故意用膝部顶撞或攻击对方运动员。然而，下列情况不在判罚之列：

(1)当一方运动员准备使用技术动作，因为对方运动员突然冲到近身位置，从而造成膝盖顶撞到对方运动员。

(2)非故意的：双方交手对抗时，因为距离不一致造成膝盖顶撞。

(十)攻击倒地的运动员

(十一)在贴靠的状态下，膝部向外，用脚两侧或脚底击打躯干电子护具，如有得分，判罚“扣分”后抹去得分

(十二)运动员或教练员出现不良言行

四、允许使用的技术和允许击打的部位

(一)允许使用的技术

(1)拳的技术:紧握拳,并使用拳的正面攻击的直拳技术。

(2)脚的技术:使用踝关节以下脚的部位进行攻击的技术。

(二)允许击打的部位

(1)躯干:可以使用拳或者脚的技术击打躯干护具包裹的部位,但是不能击打对方脊柱部位。

(2)头部:只允许用脚的技术击打锁骨以上部位。

五、获胜方式

(1)主裁判员终止比赛胜。

(2)最终比分胜。

(3)分差胜。

(4)金赛局金分胜。

(5)优势判定胜。

(6)弃权胜。

(7)失格胜。

(8)主裁判员判罚犯规胜。

(9)违反体育道德行为胜。

第五节　跆拳道专项教学与训练

一、技术教学与训练

(一)空击练习

空击练习指练习者无任何器材配备,隔空练习技术动作。它能提高练习者身体的协调稳定性。同时,空击可想象实战环境,进行不同距离、位置、方向的练习。要采取规范正确的技术动作,高效率完成练习,发力可适当减小。空击的练习可安排在拉伸活动后或实战练习前约5分钟。

(二)击靶练习

击靶练习包含固定靶和移动靶练习,两人为一组,一人持靶一人练习,每人约5分钟后交换,有助于提高练习者击打力度和动作速度。固定靶的练习:持靶人将靶置于不同位置的高度,练习者可在一定时间内完成某一种技术动作。移动靶的练习:需配合相应的步法,使身体充分地活动起来。持靶人可通过假动作、“喂招”等锻炼练习者的反应能力,使练习者熟悉动作与步法之间的衔接,加快出腿的速度。

(三)攻防练习

攻防练习应体现出两人的进攻、防守、反击意识,尽可能做到点到为止、互不接触,突出动作的技术性、连贯性,使练习者体验攻防转换间的知觉和感觉变化。练习可以由简单到复杂,先进行单个腿法、单一方向的进攻防守,逐渐过渡到多个腿法技术全方位的转换,最后双方练习者在动作规范的前提下自由进行攻击、防守、反击。此训练可安排10分钟的时间。需注意的是,练习的过程中练习者应保证动作的连接和舒展,适当控制出腿力量和速度,提高协调性。

二、战术教学与训练

（一）假设练习

假设练习指练习者假想与对方进行实战比赛，依据自身想象出的各种情况进行空击或沙袋击打，运用直接进攻、强攻战术，或自己移到边角位置，适应练习边角战术等，熟悉掌握各种战术的用法。

（二）模拟练习

模拟练习是有针对性的一种练习方式，由教师或同学进行某一种战术打法，让自己去适应并运用相关战术克制。比如边角战术的练习，让对方身处边角区域，此时个人封堵对方想要逃离危险区域的路线，并发现空当，进行进攻。

（三）实战练习

实战练习是训练、检验战术运用效果的重要手段，在竞赛规则要求下，战术运用的安排为实战练习的主要内容。双方可为不同技术打法、不同级别的选手，以此来综合适应不同的战术环境，在实战中培养自身运用和调整战术的能力。

需注意的是，战术训练可安排在技术动作学习完成后，每节课的后半部分，持续20~30分钟。练习者要学习掌握体育理论知识，增强身体素质，对跆拳道现行比赛规则有一定了解和认知，不要逃避实战模拟对抗，不断积累经验、总结教训，把战术思维活动和技术身体活动充分结合起来。

第六节　跆拳道专项拉伸与损伤防护

一、拉伸训练

（一）上肢拉伸

（1）正压肩：根据自己的身高找到一个适当的把杆，手臂伸直放在把杆上，低头屈体向下垂直压肩，头部需要低于手臂，维持30秒左右，放松，重复此项练习，每次2组。需注意，随着练习的进行，两个手臂的宽度和低头的幅度不断加大，使肩部有撑拉的感觉，但防止拉伤。

（2）侧压肩：左臂弯曲至脑后，用右手掌握住左臂的肘部，然后向右侧拉伸，使肘肩产生拉伸的感觉。维持30秒左右，放松，换方向进行练习，重复此项练习，每次2组。需注意，练习的幅度根据自身的情况逐渐加大，但防止拉伤。

（二）下肢拉伸

（1）压腿：身体呈坐立姿势，双腿并拢，膝关节不要弯曲，上体前屈，用手指触碰脚尖或超出脚尖位置；或将双腿最大化分开，分别向两侧方向进行压腿拉伸。每种方式下压10~20次，进行2组。

（2）压脚面：两腿并拢跪坐于地面，上体后仰，臀部坐压脚踝部位10次。

（3）横叉竖叉：双腿180°分开，双手撑地，双脚平行向两侧滑动到个人极限位置，身体向下振压10次，维持30秒左右；腿前后分开成一字形，双手撑地，上身正直，身体向下振压10次，维持30秒左右，至两腿前后分开至一条线坐于地下为最佳。

（4）踢腿练习：正踢腿、外摆腿、里合腿各15~20次左右。

（三）腰腹部拉伸

（1）上体转动：双脚分开站立，与肩同宽，两臂上举，手掌向前，呼吸均匀，上体向左侧慢慢旋转，尽量增加旋转的角度，使腰腹部的肌肉产生拉伸感。旋转到最大化后，维持15~20秒，复位后向身体的另一侧旋转。旋转时注意双脚不能离开原位置，髋关节保持向前。

(2)上体侧屈：双脚分开站立，与肩同宽，两臂上举，手掌向前，呼吸均匀，保持此姿势15~20秒后，上体向左侧侧屈，尽量增加弯曲的角度，使腰腹部的肌肉产生拉伸感。侧屈到最大化后，维持此姿势15~20秒，复位后向身体的另一侧侧屈。侧屈时注意髋关节保持向前，两脚跟不能离地，手臂尽量向两侧伸直。

(3)转体：双脚分开站立，与肩同宽，两臂上举，手掌向前，呼吸均匀，以腰部为轴上体慢慢进行圆形旋转，在旋转的过程中尽量做到前屈体和身体后仰的最大化，顺时针和逆时针各5圈即可。髋关节保持向前，两脚跟不能离地，手臂向远端伸直。

二、损伤防护

跆拳道是一项对抗性项目，即使运动员身着护具，但击打的力量往往会通过护具渗透到其身体，增加其受伤的概率。了解学习基本的损伤知识，是跆拳道学习的重要环节。

(一)跆拳道常见运动损伤

1. 擦伤

运动员身体皮肤受到物体机械摩擦而发生的表皮破损称擦伤，伤后真皮并未受损。伤处可有出血、擦痕，伤处有液体渗出及表皮脱落，属开放性伤口。

2. 挫伤

运动员身体局部由于挤、碰撞等所引起的损伤，称为挫伤。轻者为皮下组织受损，重者常由于头部、胸腹部受到强力击打而合并休克。

3. 骨折

骨折是运动损伤中较为严重的伤害事故，指由暴力引起骨的完整性或连续性被破坏的一种损伤，通常多发部位为四肢长骨。骨折按其伤口有无和外界相通，可分为闭合性骨折和开放性骨折；按照骨折部位有无完全断裂，又可分为完全骨折和不完全骨折。一般在运动损伤的骨折中，较多的是闭合性完全骨折。

4. 脱臼

脱臼指构成关节的上下两个骨端失去了正常的位置，发生了错位。多由暴力作用所致，肩、肘、下颌及手指关节最易发生脱位。脱臼会使关节暂时错位并失去活动能力，同时还会引发严重的突发性疼痛。

(二)跆拳道运动损伤的紧急处理方法

1. 擦伤

(1)清创：可用生理盐水洗净创面，清洗创面可以防止创面因沾有脏物而出现伤口感染。

(2)消毒：用碘酊或者医用酒精由伤口边缘向伤口周围涂擦消毒。

(3)涂药：可以涂红药水(红汞)或紫药水。注意红药水不要和碘酊同时使用，两者相遇可生成碘化汞，对皮肤有腐蚀作用。

(4)包扎：小伤口可以不包扎，但要保持创面清洁干净。伤口较大时，可以用消毒纱布包扎。关节附近的擦伤，一般需要包扎，因为干裂会影响关节运动，一旦发生伤口感染，也容易涉及关节。因此，关节附近的擦伤经过消毒以后多采用消炎软膏或多种抗生素软膏涂擦，并用无菌纱布覆盖包扎。

(5)就医：创口较深、污染较重时，应及时就医进行处理，要注射破伤风针，并口服抗生素防感染。

2. 挫伤

单纯性挫伤可将患肢抬高，采用冷敷法，加压包扎，以减少出血、缓解肿胀，每次约20分钟，24~48小时内应用冷敷法。如出现伴有严重休克的挫伤，应立即送往医院治疗。

3. 骨折

身体卧躺，注意伤处保温。怀疑和确定有骨折时，必须对包括骨折处的上下各一个关节进行制动，即使其固定。用来固定的工具可为已准备好的夹板，亦可就地取材：木板、树枝、棍棒等。如找不到用于固定的器材，可以把伤肢固定于躯干或另一侧未受伤的肢体上。如果有伤口，可用无菌纱布或洁净软布包扎。如有碎骨及骨端露在外面，原则上不作任何移动。固定后，尽快就医。

4. 脱臼

立即用夹板和绷带固定伤肢，保持安静，并尽快送去医院处理。

（三）跆拳道运动损伤的预防方法

1. 增强个人的预防意识

要重视运动带来损伤的严重性，学习运动损伤的知识，密切关注自身情况，加强身体的全方面锻炼，提高身体对运动的适应能力，从而使身体达到理想状态。

2. 做好充分的准备活动

认真做好准备工作，尤其在进行较剧烈的专项技术学习之前，一定要进行身体的预热活动，可以采取做一些头、腰、背柔韧的运行拉伸，并做一些抱膝跳、展身跳等弹跳训练，激活身体各处肌肉并使其处于放松状态。

3. 进行合理的科学训练

科学全面地对自身体能进行全方位的锻炼，循序渐进，增强各部位的功能。训练要从简单到复杂，切不可操之过急。

4. 正确运用动作技术

技术运用不正确会使身体产生一定的负荷，从而引发损伤。另外要认真学习专项规则，有效击打规则允许的部位，这对他人和自己都是一种预防和保护。

思考题

1. 简述跆拳道的技术构成。
2. 跆拳道基本踢法有哪些？
3. 简述跆拳道横踢技术的动作方法。
4. 简要概述跆拳道比赛的犯规行为。

第十六章　瑜　伽

【学习目标】

1. 了解瑜伽的起源，知晓瑜伽的流派。

2. 掌握瑜伽的体式。

第一节　瑜伽概述

一、瑜伽的起源

瑜伽起源于印度，距今已有5000多年的历史，被人们称为“世界的瑰宝”。瑜伽发源自印度北部的喜马拉雅山麓地带，古印度瑜伽修行者在大自然中修炼身心时，无意中发现有些动物与植物患病时能不经任何治疗而自然痊愈。于是古印度瑜伽修行者观察、模仿动物的姿势，创立出一系列有益身心的锻炼系统，即体位法。这些姿势历经5000多年的锤炼，让世世代代的人从中获益。

关于瑜伽的记载最早出现在《吠陀经》的印度经文中，大约在公元前300年时，瑜伽之祖帕坦伽利在《瑜伽经》中阐明了使身体健康、精神充实的修炼课程，这门课程被其系统化和规范化，构成当代瑜伽修炼的基础。现代人所称的瑜伽主要是一系列的修身养性方法。

二、瑜伽的流派

（一）古典瑜伽

经过几千年的发展演变，瑜伽已经衍生出很多派别。正统的印度古典瑜伽包括智瑜伽、业瑜伽、哈他瑜伽、王瑜伽、昆达利尼瑜伽五大体系。不同的瑜伽派别理论有很大差别。智瑜伽提倡培养知识理念；业瑜伽倡导内心修行，引导更加完善的行为；哈他瑜伽认为人体包括精神体系和肌体体系；王瑜伽偏于意念和调息；昆达利尼瑜伽着重能量的唤醒与提升。

1. 智瑜伽

智瑜伽认为，知识有低等和高等之别，平常人所说的知识仅仅局限于生命和物质的外在表现，这种低等知识可以通过直接或间接的途径获得。而智瑜伽所寻求的知识，则要求瑜伽者专注内在，透过外在事物的本质，去体验和理解创造万物之神——梵。通过朗读古老的、被认为是天启的经典，理解书中那些真正的奥义，获得神圣的真谛。瑜伽师凭借瑜伽实践提升生命之气，打开头顶的梵穴轮，让梵进入身体获得无上智慧。

2. 业瑜伽

业是行为的意思。业瑜伽认为，行为是生命的第一表现，比如衣食、起居、言谈、举止等。业瑜伽倡导将精力集中于内心的世界,通过内性的精神活动,引导更加完善的行为。瑜伽师通常采取极度克制的苦行,历尽善行,崇神律己,净心寡欲。他们认为人最好的朋友和最坏的敌人都是他本身,这全由他自己的行为决定。只有完全的奉献和皈依,才能使自己的精神、情操、行为达到与梵合一的最终境界。

3. 哈他瑜伽

在哈他(Hatha)这个词中,“哈”(ha)的意思是太阳,“他”(tha)的意思是月亮。“哈他”代表男与女、日与夜、阴与阳、冷与热、柔与刚,以及其他任何相辅相成的两个对立面的平衡。哈他瑜伽认为,人体包括两个体系,一为精神体系,一为肌体体系。人平常的思想活动大部分是无序混乱的,是能力的浪费,比如疲劳、兴奋、哀伤、激动,人体只有小部分用于维持生命。通常情况下,如果这种失调现象不太严重,通过休息便可自然恢复平衡,但是如果不能主动地自我克制和调节,这种失调会日益加剧,导致精神和肌体上的疾病。体位法可以打破原有的混乱,消除肌体不安定的因素,停止恶性循环的运动;通过调息来清除体内神经系统的滞障,控制身体的能量并加以利用。

4. 王瑜伽

哈他瑜伽重在体式和制气,而王瑜伽偏于意念和调息。王瑜伽者通常使用莲花坐等体位法进行冥想,摒弃了大多数严格的体位法。王瑜伽积极提倡瑜伽的八支分次即禁制、尊行、坐法、调息、制感、内醒、静虑、三摩地。王瑜伽者大都采用莲花坐姿的体位姿势来练习冥想,通过意念来感受实体的运动,控制气脉在体内流通。一点凝视法是王瑜伽者常做的练习,通常是在环境幽静的地方,如在山、林、湖、海边将注意力集中在某一固定的实体中,比如克里希那神像,或是蜡烛、树叶、野花,或是瀑布、流水等,使自己的精神完全沉浸在无限深邃的寂静中。

5. 昆达利尼瑜伽

又称为蛇王瑜伽。传说昆达利尼是一条尚未唤醒而处在休眠状态的圣蛇。通过打通气脉,使生命之气唤醒昆达利尼。通过昆达利尼瑜伽,昆达利尼沿着脊椎骨提升,通过人体的8个能量中心,让每个能量中心平衡,直达大脑刺激松果腺和脑下垂体,让神经系统、内分泌系统得以激活。因此,练习过昆达利尼瑜伽的人都体会过身体上、心灵上的变化和强化,而且比一般的瑜伽来得快。

(二)阿斯汤嘎瑜伽

阿斯汤嘎瑜伽以帕坦伽利《瑜伽经》里的八支行法为核心体系,是最古老的瑜伽练习体系。阿斯汤嘎瑜伽是一项严格的练习,分为基础级、中级、高级3种级别。每种级别的动作编排是固定不变的,都以5遍太阳祈祷式A和B开始,中间有大量的体位姿势练习,最后以倒立和休息术作为结束。这样连续不断练习的目的,在于消耗大量的热量,以清洁身体,排出毒素。阿斯汤嘎瑜伽能均衡地锻炼身体的力量、柔韧度和耐力,欧美国家很多健身爱好者都热衷于此。阿斯汤嘎瑜伽在西方也被称作“力量瑜伽”,大多以初级为主。它对练习者体能素质要求很高,每个级别里的体位姿势固定不变,因此要求练习者身体健康,并且极有耐心。所以初学者、体弱多病的人不适合练这种瑜伽。

(三)艾扬格瑜伽

艾扬格通过练习瑜伽来治疗自身的疾病,由此创建了有治疗效果的艾扬格瑜伽体系。艾扬格瑜伽被公认为是最讲究体位练习方法的一种瑜伽,它可以协调身体平衡,对疾病治疗效果很好。艾扬格瑜伽最大的特点是利用各种各样的辅助道具,如木块、长凳、沙袋、毯子、垫枕、布带等,这样可以加大动作幅度,让很多看似难不可及的动作不再复杂,适合柔韧性较差或需要康复治疗的人。

(四)流瑜伽

也称为流程瑜伽,是哈他瑜伽与阿斯汤嘎瑜伽的混合体,它的教义和难度介于两者之间。流瑜伽每个级别的初始动作也是从太阳祈祷式A和B开始,练习数次,而后进行单个动作练习,最后以倒立和休息术结束。在体能消耗上流瑜伽比传统的哈他瑜伽更大。流瑜伽的动作编排连绵而流畅，动作固定，体力不好的人可以在中间作短暂休息，以保存体力。适合健康的年轻人和想减肥排毒的人，并要求哈他瑜伽修炼半年以上。不建议体弱多病者练习。

（五）热瑜伽

印度人比克若姆在美国创立了热瑜伽体系，因为其练习方式不同于传统瑜伽，所以被一些古典瑜伽师认为不符合传统观念和规范。热瑜伽对场地和温度的要求十分严格，练习者要在38℃～42℃的高温环境下练习26个基本姿势，来提升柔韧性。热瑜伽对于减肥、排毒、塑形都有很好的效果，是比较流行的创新练习方法。适合身体健康、没有大病或者疾病隐患的人以及想减肥排毒的人。心脏病患者、高血压患者、严重眼耳疾病患者、糖尿病患者、产妇以及亚健康的人不适合练习，感冒、发烧等急性病患者以及大病初愈或手术后不久的人不可练习。

（六）双人瑜伽

双人可以是夫妻、父母、朋友、情侣或亲子。与个人练习相比，双人瑜伽更重视分享和交流，可以完成单人有困难或无法完成的瑜伽动作。通过互助练习，在增加瑜伽乐趣的同时，可以提高练习者之间的信任和合作能力。同时双人瑜伽造型优美，常作为表演的动作呈现。

第二节　习练益处与注意事项

一、习练益处

瑜伽能加速新陈代谢，去除体内废物，从内及外进行形体修复、调理；带来优雅气质、轻盈体态，提高人的气质；增强身体力量和肌体弹性，使身体四肢均衡发展，身心愉悦；预防和治疗各种身心相关的疾病，对背痛、肩痛、颈痛、头痛、关节痛、失眠、消化系统紊乱、痛经、脱发等都有显著疗效；调节身心系统，改善血液环境，促进内分泌平衡；减压养心，释放身心，修身养性；提高免疫力，加快血液循环，修复受损组织，使身体组织得到充分的营养。

二、注意事项

（一）接受指导

瑜伽与其他运动一样，不正确的练习会给身体造成一定伤害，需在专业人士指导下练习。

（二）避免攀比

作为练习者，应随时遵循瑜伽练习中自然的规律循序渐进，不和他人相比。许多人在练习初期总是认为练习瑜伽不需要很好的柔韧性，急功近利，想做别人做不到的动作，从而伤害自己的关节和肌肉，练习效果也会适得其反。

（三）注重热身

正式练习前必须进行热身，即准备练习，也可以是一些较简单的瑜伽动作，否则很可能会受伤或者难以完成动作。例如在力量瑜伽的练习当中，做上犬式时，如果做没有适当的准备练习，很容易受伤。

（四）正确练习

保持室内相对安静，空气一定要流通。不要在太软的床上练习，准备好瑜伽垫，光脚练习。不要照猫画虎，应该按自己的实际情况来做，尽量保持呼吸的平稳和心态的平和。

第三节 瑜伽体式

一、瑜伽基本体式

(一)瑜伽站姿——山式(图16-1)

挺直腰背站在垫子上,双腿并拢伸直,两脚跟和两大脚趾靠拢在一起,同时伸展所有的脚趾,平贴在地面上,双手自然垂放在身体两侧,调匀呼吸。深呼吸,收腹、挺胸、紧臀,并且让脊柱一节一节地向上伸展,颈部放松,双肩下沉,将身体重心分布在两脚掌上,感受脊柱的延伸。

图16-1 山式

图16-2 简易坐

图16-3 金刚坐

(二)瑜伽坐姿

1. 简易坐(图16-2)

挺直腰背坐在垫子上,双腿向前并拢伸直,双手放在身体两侧,收紧下巴。屈右腿,脚掌放于左大腿内侧,脚跟贴近趾骨,屈左膝,两脚跟前后对齐。

2. 金刚坐(图16-3)

屈膝,两腿并拢,跪立于垫上,臀部坐在两脚之间。挺直腰背,脚背贴于垫上。如膝盖或脚踝有伤则不要用此体式。

3. 莲花坐(图16-4)

简易盘坐做好准备,将右脚放在左侧腹股沟,脚底朝上。再屈左侧小腿,将左脚放在右侧腹股沟,脚底朝上。下颌微收,放松整个肩部,保持脊柱延伸。

二、瑜伽体式——中枢滋养

(一)风吹树式(图16-5)

图16-4 莲花坐

图16-5 风吹树式

练习风吹树式可以有效伸展、滋养脊柱；灵活双肩，挺直背部的同时美化腰部线条；刺激腹腔脏器，促进身体排毒，提高身体免疫力。

做法：

(1)山式站立，让双手在头顶处合十，双臂与身体成一条直线，调整呼吸。

(2)吸气提拉脊柱，呼气，以腰腹部为轴点，双腿保持挺直状态不动，让双臂带动身体向右侧屈至最大限度，拉伸左侧腰部，保持姿势 10~15 秒，吸气还原。呼气，反侧练习。

练习重点：以腰部为轴点，将上半身向两边弯曲，不要左右推动腰部，且上半身尽量向上牵拉。

(二)前屈式(图 16-6)

练习前屈式有助于消除或预防胃部或腹部疾病，减少腹部多余脂肪；改善消化系统，有助于消除便秘，使脊柱柔软，加强脊神经功能。

做法：山式站立，身体向前屈直到双手或手指触到脚的任何一侧或脚前的地上。使前额触到双腿，但不要拉伤，双膝保持伸直。身体前屈时呼气，在最后位置时收缩腹部，最大量地呼气。

图 16-6　前屈式

图 16-7　双腿背部伸展式

图 16-8　直角式

(三)双腿背部伸展式(图 16-7)

双腿背部伸展式是一种坐姿瑜伽动作。它的练习有助于增加脊椎弹性，充分伸展肩膀、背部、臀部与双腿；能够按摩腹部内脏，可提升消化、排泄与生殖机能；还有助于促进血液循环，平衡自律神经及内分泌，有助心绪平静稳定。

做法：

(1)挺直上身，两腿并拢向前伸直坐好，背部挺直但应放松，双手自然放在身体两侧。

(2)吸气，慢慢将双手举高过头，手臂内侧夹在耳旁，充分拉长脊椎。

(3)慢慢呼气，将上半身往脚趾方向依腹、胸、下颚、额头循序前倾，此时膝盖尽量伸直，待上半身贴住大腿后，双手可抓住脚掌外侧，柔韧性好的人可绕过脚掌交互握手，停留 5~8 次呼吸之后，慢慢吸气回原姿势。

练习重点：练习过程中，背部要平直，尽量不要拱起。

练习提示：若受限于柔韧性，双手无法抓住脚掌，可将手放在小腿上，此时，背部仍应轻松平直；避免反弹动作，更不要请他人协助推背；配合呼吸慢慢练习，自然会有进步。

(四)直角式(图 16-8)

练习直角式可以拉伸脊柱两侧的肌肉以及椎骨关节和韧带，滋养脊柱；腹部器官受到挤压按摩，非常有益于消化；身体在水平位置向前弯曲，心脏抵抗重力供血产生的压力减缓，于是供给至全身各处的血液变得流畅。

做法：

(1)山式站立，双手在头顶处合十，双臂与身体成一条直线，调整呼吸。

(2)以髋为轴，上身向前慢慢弯曲至 90°，背部与地面平行，双手合十前伸，保持 20 秒。

练习重点：髋部折叠，延长脊柱，双腿垂直。

练习提示：始终保持脊柱的自然伸展。

（五）简易脊柱扭转式（图16-9）

简易脊柱扭转式是一种坐姿瑜伽动作。它的练习有助于消除背部酸痛，使脊柱更加灵活。坚持练习还有助于消除腰部两侧脂肪，达到瘦腰的效果。

做法：

（1）坐于垫上，两腿向前伸直，同时腰背挺直。

（2）弯曲右腿，将右脚放在左腿外侧；将两手放于身体左侧地面，两手手指向外；呼气，尽量将身体向左后方转，从而扭动脊柱；转到极限处，保持这个姿势数秒钟；而后吸气，将身体转回原位，收回右腿。之后做左侧，动作同右侧。

练习重点：坐骨坐实于垫上，保持脊柱直立。

练习提示：颈椎病及腰椎疾病患者不应练习。

图16-9　简易脊柱扭转式

图16-10　鳄鱼扭转式

图16-11　犁式

（六）鳄鱼扭转式（图16-10）

鳄鱼扭转式为仰卧位体式。它的练习能促进腿部、背部和肩部血液循环，伸展和放松这些部位的肌肉，同时轻柔按摩腹脏器官，有助于消化。

做法：

（1）仰卧于垫上，两臂向两边平伸，手臂平贴地面，双手掌心向下。

（2）吸气，两腿弯曲抬起，两膝尽量靠近胸部，呼气，双腿向右侧扭转落于地面，头部转向左侧，保持5~8次呼吸。换反侧练习。

（七）犁式（图16-11）

犁式的练习有助于伸展并强壮脊椎；对于放松肩关节、刺激血液循环以及纠正驼背都有很好的功效；还可以有效缓解背部肌肉僵硬，防止酸痛。

做法：平躺，进行深呼吸。吸气，双脚向上缓慢举高，呼气，双脚向头上方伸，让脚尖着地，双肘内收，双手扶背部，停留时间依个人状况而定，然后调息。

练习重点：臀部与下背部离地时可用手托住后背。静止时，膝关节保持平直。还原时，可屈双膝，脊椎逐节展开，缓慢放下臀部及双腿。

练习提示：初学者刚开始练习时，如果无法将脚尖于头上方着地，不要勉强，可循序渐进，直到可以完成动作。颈椎病及坐骨神经痛患者不可练习。生理期不可练习。

(八)上犬式(图 16-12)

上犬式是一种卧姿瑜伽动作。此练习对于调整脊椎线条,预防及改善坐骨神经痛有不错的功效;有助于消除肩膀、背部、胸部和腿部的僵硬感,增加髋关节的灵活度;还可调节骨盆区域的血液循环,强化腹部肌肉。

做法:

(1)腹部贴地俯卧,双腿向后伸直,脚趾顶地(或脚背放松贴地),双脚可并拢或稍稍分开。

(2)两手掌平贴在胸部两侧地板,十指张开平贴地板,同时指尖朝正前方。慢慢吸气,用背部力量将脊椎拉起,伸直双臂,用手臂力量辅助,尽量将背部打直,向后方伸展。呼气,将两腿抬高离地面,同时伸直两膝,初学者膝盖可停留在地板。眼睛可直视前方,或略微抬高下巴斜看天空,停留 5~8 次呼吸。

练习重点:重量均匀放在两手臂和两脚掌上,尽量保持好,呼气时头尽可能再次向后仰。

练习提示:颈椎有问题者,不要将头后仰。

图 16-12　上犬式

图 16-13　下犬式

(九)下犬式(图 16-13)

练习下犬式可以提高脚跟、脚踝和腿部的柔韧性,并使腿部更有力;还可以拉伸背部、腿部的肌肉与筋骨,有效缓解肌肉因长期久坐而产生的僵硬感,从而使中枢神经被滋养,焕发整个神经系统的活力。

做法:

(1)以四脚板凳状跪立于垫子上。手臂和大腿与地面垂直,背部、面部、颈部与地面平行。

(2)呼气时,臀部伸向天花板,双腿伸直,身体向腿部的方向按压,头朝下。让整个体式构成三角形的样子。深呼吸,保持此式 10~20 秒。呼气时,弯曲双腿,恢复到四脚板凳的样子。

练习重点:双脚左右分开与髋同宽,并完全平行。脚跟尽量着地,伸展每一个脚趾;双膝伸直,大腿完全平行,平衡地伸展两腿;脊柱充分伸展,并保持在一条直线上;肩胛骨向后翻转,并在后侧朝脊柱方向夹紧,双肩向臀部的方向沉下去;颈部拉长,并放松;充分伸展双臂和手指。

练习提示:高血压和眩晕症患者不应练习此式。

三、瑜伽体式——平衡提升

(一)吸腿放松式(图 16-14)

图 16-14　吸腿放松式

吸腿放松式是一种站姿瑜伽动作,此练习可有效提高身体的平衡感,锻炼集中注意的能力。经常练习这个瑜伽动作还可以放松膝关节、踝关节。

做法:

(1)按基本站姿站立。

(2)吸气,屈左膝,膝盖尽量向上抬。呼气,十指相交于左小腿前侧,尽量使膝靠近胸部。

(3)松开两手,左手下滑,抓住脚背,使左脚趾指向后,左大腿与右大腿处于一个平面,右手指向右侧方保持平衡,也可自然下垂于体侧,保持 30~60 秒。呼气,慢慢还原。换右腿做同样练习。每侧重复 3 次。

练习重点:尽量保持时间长久,两侧练习时间要相同。

练习提示:尽量保持好呼吸的平稳,动作缓慢,初期练习时,有可能平衡不好,需要经常反复练习,才会有效果。年纪较大者练此姿势时,最好旁边有支撑物。

(二)抬腿平衡式(图 16-15)

抬腿平衡式是一种站姿瑜伽动作。此练习可以锻炼集中注意的能力,有效提高全身的平衡感;还可以拉伸腿部,缓解腿部肌肉的紧张感。

做法:按基本站姿站立。

(1)吸气,左腿向正前方伸出,两手掐腰,两髋保持水平。

(2)弯曲左腿,左手握住左脚拇指或脚背。

(3)将左腿向正前方伸出,右腿直立,保持 30~60 秒。呼气,慢慢还原。两腿交换做同样练习。每侧重复 3 次。

练习重点:保持好呼吸的平稳,保持好上半身的直立,不要前倾。

图 16-15　抬腿平衡式

图 16-16　单腿平衡站立伸展式

图 16-17　战士第三式

(三)单腿平衡站立伸展式(图 16-16)

练习单腿平衡站立伸展式具有提升身体平衡能力的功效,能让身体更稳定与均衡。此式还是很好的瘦腿动作。

做法:

(1)山式站立。

(2)呼气,弯曲左膝,抬左腿,以左手拇指、食指以及中指抓住左脚大脚趾。右手放在右髋上,保持平衡,进行 2 次深呼吸。

(3)呼气,左手向前伸展,并拉动左腿,左腿伸直,进行 2 次深呼吸。

(4)稳定以后,用手握住左脚,把左腿拉到身体侧面,右手伸展,指尖向外,进行 2 次深呼吸。呼气,松开手,将左腿缓慢地放到地上,回到山式站立。换另一侧重复以上动作。

(四)战士第三式(图 16-17)

练习战士第三式可有效提高身体的平衡控制能力;还可以强化双脚、脚踝、小腿、膝部和大腿的力量,增强肌肉耐力;同时可修饰身体各个部分的线条,使身体更匀称、更纤长;增强循环系统的功能;纠正各种不正确姿势,使身体变得更轻盈。

做法:

(1)山式站立。手臂向上伸展,举过头顶,与地面垂直,提肩胛骨,两掌相合。

(2)呼气,躯干前倾,同时抬起左腿离地,右腿伸直,保持手臂、躯干、腿部在同一直线上。

(3)吸气,身体继续前倾。手臂向前伸展,与躯干、左腿成一条直线。在保持平衡的同时,除了右腿,整个身体与地面保持平行。右腿完全伸展并绷直,与地面保持垂直。深长地呼吸,保持这个姿势 15~20 秒。呼气,放下左腿,转换双脚,换另一侧重复这个体式。

(五)树式一式(图 16-18)

练习树式能使能量集中于脊椎,增强身体的稳定性,提高平衡能力;加强腿部、胸部和背部的肌肉力量与肌肉耐力,使髋关节、踝关节得到放松,变得更灵活;修饰双臂和背部的曲线,对久坐形成的不良体态有很好的纠正作用。

做法:

(1)山式站立。弯曲左腿上抬,向外侧打开;左手抓住左脚脚踝,放于右大腿根部,脚掌贴于大腿内侧,脚趾朝下,膝盖朝向外侧;右腿直立,支撑身体重量;双手胸前合掌,保持身体平衡。

(2)双手合掌,向上伸展,高举过头顶,手指并拢、伸直,肩膀下沉。深长地呼吸,保持这个姿势 20~30 秒。呼气,放下左腿,转换双脚,换另一侧重复这个体式。

图 16-18　树式一式

图 16-19　树式二式

图 16-20　燕式

（六）树式二式（图 16-19）

做法：

（1）山式站立。弯曲左腿上抬，向外侧打开；右手抓住左脚脚踝，放于右大腿根部，脚掌贴于大腿内侧，脚趾朝下，膝盖朝向外侧，右腿直立，支撑身体重量。

（2）松开右手，与左手合掌于胸前，保持身体平衡。

（3）双手合掌，向上伸展，举过头顶，手指并拢、伸直，肩膀下沉。深长地呼吸，保持这个姿势 20~30 秒。呼气，放下左腿，转换双脚，换另一侧重复这个体式。

（七）燕式（图 16-20）

练习燕式可有效增强腿部肌肉控制能力，提升身体平衡能力。

做法：

（1）山式站立，双臂侧平举，掌心朝下。

（2）抬升左腿向后伸展，达到与地面平行的高度，同时带动躯干和头部前倾，躯干与地面平行；右腿绷直，右脚紧压地面，保持身体平衡；正常地呼吸，保持这个姿势 20~30 秒。放低左腿，抬起躯干，还原，换右腿向后抬升，重复这个体式。

（八）单腿平衡式（图 16-21）

练习单腿平衡式可有效集中注意力，强化身体平衡感；同时可消除腹部多余脂肪和赘肉；按摩腹部内脏器，增强消化功能；拉伸腿部，使双腿变得纤长，臀部变得紧翘。

做法：

（1）站立，双腿并拢，腰背挺直，双臂自然放在身体两侧，眼睛平视前方，均匀呼吸。

（2）弯曲手肘，双手在背后合十。

（3）吸气，左腿伸直不变，右腿向后伸展一小步，脚尖点地。

（4）呼气，上半身慢慢向前倾，同时向上慢慢抬高右腿，身体重心移到左腿上。深呼吸，上半身继续俯身向下，直到右腿与整个背部成一条直线，保持这个姿势 10~15 秒。慢慢放下右腿，松开双手，休息片刻后，换左腿重复这个体式。

图 16-21　单腿平衡式

图 16-22　鹰式

图 16-23　站立头触膝式

（九）鹰式（图 16-22）

鹰式是一种站姿瑜伽动作。此练习可以伸展脚踝、小腿、大腿、臀部、肩膀以及上背部；有助于提高注意力和平衡感；对于强健脚踝、消除肩部僵硬和预防小腿肌肉抽筋都有很好的作用。膝盖损伤者不能练习这个姿势。

做法：

（1）两脚并拢保持山式站立，面朝正前方，抬头挺胸，腰背挺直，两臂向侧平举至肩膀高度，掌心向上。

(2)保持手臂伸直,两臂向前交叉,肘部为交叉点,左手在上。

(3)下臂向上竖起,手背相贴,五指并拢。两手合掌,相互向外用力。

(4)保持手臂的姿势,右腿抬起膝盖弯曲,脚跟缠住左腿。两腿相互用力。保持此姿势20~30秒,然后松开两腿和手臂回到山式。换另一侧重复以上练习。

练习提示:通常初学者手臂相绕后手掌相碰非常困难,可伸直两手臂向前平行于地面。初学者同样会发现把腿绕到站立的腿后保持平衡非常困难,可只将位于上方的腿的小腿及脚背贴紧下方小腿的外侧。

(十)站立头触膝式(图16-23)

练习站立头触膝式能提高注意力及平衡力,同时收紧腹部及大腿,有益坐骨神经。

做法:山式站立。吸气,左膝向上抬起,双手抓左脚脚心,手指交叉,拇指在上,右膝伸直,收紧大腿肌肉,之后双手抓住左脚向身体方向伸展,直到伸直,眼睛看地面固定一点,呼气,让头试着触碰膝关节或小腿,均匀呼吸并保持20~30秒。吸气,缓慢伸直抬起上体,放下左脚,换右脚重复相同动作,之后,休息片刻,再重复一组。

练习提示:多数练习者容易出现下侧膝盖弯曲的错误动作,应尽量避免此类动作的出现,因为如果下侧膝盖弯曲,那么即使头可以触到上侧腿,也无法收到拉伸腿部韧带的功效。

(十一)舞蹈式(图16-24)

练习舞蹈式能促进血液循环,提高心肺功能,让血液充分流向内脏和腺体,促进身体健康,还能提高注意力、平衡力,强健腹部及大腿,改善、增强背部和全身大部分肌肉的柔韧性及力量。

做法:

(1)山式站立。将身体的重心放在左脚上,右小腿向后弯曲,右手拉住右脚背。

(2)抬起左臂与地面平行,挺直腰背。身体及左臂向前向下伸展至与地面平行,眼睛平视前方,同时右手将右腿用力向上拉起,均匀呼吸并保持20~30秒。身体慢慢回正,放松四肢,换另一侧重复此动作。

图16-24 舞蹈式

图16-25 炮弹式

图16-26 船式一式

四、瑜伽体式——腰腹强健

(一)炮弹式(图16-25)

炮弹式是一种卧姿瑜伽动作。此练习可以快速消耗腹部堆积的多余脂肪,使小腹更平坦,同时可以有效拉伸背部和颈部,增强脊柱弹性。

做法:

(1)仰卧平躺在垫子上,双腿并拢,脚尖绷直,双手放在身体两侧,眼睛向上看。

(2)吸气,弯曲左膝,双手交叉握住左小腿。

(3)继续吸气,将左大腿拉向胸部并贴紧。呼气,双臂用力,头部向上抬起离开地面。

(4)尽量用鼻尖触碰左膝盖,保持姿势10秒。之后做右侧动作,同左侧。

(5)头部回落,放下腿,双腿伸直后,同时弯曲两膝,双手抱住两小腿,头部向上抬起,让鼻尖触碰双膝,保持姿势10秒。

(二)船式一式(图16-26)

船式是一种坐姿瑜伽动作。此练习可有效锻炼腹部肌肉,消除小肚腩,美化上半身线条,同时可促进肠道蠕动,改善消化功能,调节神经系统,缓解焦虑和紧张的情绪。

做法:

(1)坐在垫子上,膝盖弯曲,双腿双脚并拢,双臂向后伸展,手臂伸直,手心贴地,指尖指向臀部方向,眼睛平视前方,均匀呼吸。

(2)吸气,弯曲手肘,上半身向后仰,抬起小腿,尽量让小腿与地面平行,脚尖绷直。

(3)呼气,以臀部为支撑,双手离地,双臂向前平举,同时伸直双腿,整个身体成船型,保持姿势10秒。

(三)倒转式(图16-27)

该体式中抬起腿部的姿势锻炼腹部的效果十分显著,同时具有消除腿部疲劳和浮肿的作用。

做法:

(1)仰卧,双手双脚自然放于身体两侧,手掌贴于地面。

(2)吸气并缓慢抬起双脚。

(3)双腿抬至正上方后,呼气并托起腰部,双手撑在腰骨部位。脚腕送至头部正上方时,放松呼吸,并保持该姿势20~30秒。

(4)呼气,让脚尖接近地面,尽量使腿平行于地面,将撑在腰骨部位的双手收回。

(5)一边吸气,一边使背部骨骼逐节地落回地面。脚尖抬至头部正上方,呼气,并尽可能慢节奏地将双腿放下,直至放到地面。反复练习8~12次。

图16-27　倒转式

(四)门闩式(图16-28)

门闩式是一种跪姿瑜伽动作。这个瑜伽动作可以消除腰围线上的脂肪,轻松重塑腰部曲线;还可以强健脊椎及脊椎旁侧肌肉,强健各肌肉及手脚趾关节,强健肾上腺、胰岛及性腺,舒展及扩张胸、肺。

做法:

(1)跪立,大腿垂直于地面,上身挺直,双手自然下垂于体侧。

(2)左腿向左伸展,脚尖向外,右膝和左腿在同一直线上;吸气,两臂平举,与地面平行。

(3)呼气,上身缓慢向左侧弯曲到最大限度,保持该姿势10~15秒。吸气,慢慢抬起上身还原,再换另一侧练习。

练习提示:练习时一定要量力而行,控制好力度,防止腰部损伤。

图 16-28　门闩式

图 16-29　划船式

(五)划船式(图 16-29)

练习划船式可以强化腹部肌群,有助于减少腰腹部赘肉;也可以挤压、按摩腹腔内脏器官,促进消化及排泄功能,缓解便秘症状,消除肠胃胀气。

做法:

(1)坐在地上,双腿伸向体前。双臂向前平举,与双腿平行,双手平伸或握拳。

(2)呼气时身体前倾,手臂向前伸展。

(3)吸气时身体后仰,手肘弯曲,双拳拉至肩膀处。重复 8~12 次,动作和呼吸充分配合。

(六)半弓式(图 16-30)

练习这种体式能有效调整体态,加强脊柱弹性,强化大腿和腰腹力量,紧缩大腿肌肉,减少腰腹脂肪,纤腰瘦腿,美化臀部线条,预防臀部下垂。

做法:

(1)保持俯卧姿势,头部摆正,下颚贴地;双脚向后伸直,脚心、手心朝上,身体成一条直线。

(2)吸气,右腿向后抬起,左手向上抬起,抓住右脚脚踝;胸口向上抬起,左腿保持伸直状态,腹部与左右骨盆都不要离地。

(3)呼气,右臂屈肘右手扶地,左手抓住右脚向上延伸,右腿同时向上抬起,使左右骨盆保持在同一水平线上,保持此姿势 2 次呼吸的时间。

(4)腹部用力保持身体平稳,再次呼气时,右臂向上抬起,手臂伸直,身体两侧向上伸展,保持此姿势 1 次呼吸的时间。吸气时回到开始的姿势,换另一侧进行练习。

图 16-30　半弓式

图 16-31　天鹅式

图 16-32　骆驼式

(七)天鹅式(图 16-31)

这种体式可有效拉伸侧腰肌肉,消除腰部多余脂肪,伸展手臂,让手臂更纤长;滋养脊柱神经,消除烦恼、不安等不良情绪,让身心都得到放松。

做法:

(1)山式站立,双腿并拢伸直,双手放在体侧,眼睛平视前方,调整呼吸。

(2)吸气,右腿向后迈一步,右臂伸直向上举过头顶,头部微微向左转动。

(3)呼气,右手臂带动上半身向左侧倾斜,下半身保持不动,左手顺着左大腿向下滑动,挺胸收臀,眼睛看向左前的地面。

(4)手放回体侧,弯曲右膝,左腿伸直,左脚尖点地。双臂向后伸展,双手十指相扣,胸部向前推。

(5)上半身向前向下俯身折叠,胸部和腹部紧贴大腿,双臂向头顶上方伸展,保持姿势20秒。再换另一侧进行练习。

(八)骆驼式(图16-32)

练习骆驼式能有效消除腰腹部两侧多余的脂肪,美化腰部线条,打造完美纤细的腰身,还能促进脑部血液循环,滋养面部,同时拉伸肩颈部肌肉,纠正含胸、驼背等不良姿态。

做法:

(1)跪立在地板上,双膝略为分开。手臂自然垂放于体旁,挺直脊柱。

(2)两手托住髋部,吸气,骨盆轻轻向前推,臀部肌肉收紧。

(3)上半身慢慢向后弯曲,先用一只手触摸同侧的脚跟。如果初学者触摸不到脚跟,可将脚跟立起来,脚趾控地。呼气,将另一只手放在同侧脚跟上,头向后放松,尽量向上推腰、胸至最大限度。保持均匀呼吸。吸气,双手依次托住后腰部,缓慢起身。

(九)弓式(图16-33)

练习弓式能挤压腰部,消除腰部堆积的多余脂肪和赘肉;拉伸大腿内外侧肌肉,美化腿部线条。

做法:

(1)腰背挺直,坐在垫子上,双腿向前并拢伸直,双手垂放在身体两侧,眼睛平视前方,调整呼吸。

(2)吸气,上半身微微向前倾,双手扶住两脚大脚趾。

(3)呼气,保持左手扶住左脚大脚趾动作不变,右臂用力,弯曲右膝,将右脚抬离地面。

(4)右臂继续用力,将右腿向后拉伸到极限,整个身体像一张被拉紧的弓,保持姿势10秒。

(5)放下右腿,休息片刻后,换另一侧重复练习。两侧交替进行6~8次。

(6)练习完成后,慢慢松开双腿,找任意舒服的坐姿,按摩双腿和脚踝,逐渐放松背部肌肉和全身。

图16-33　弓式

图16-34　鳄鱼式

图16-35　牛面式

五、瑜伽体式——肩颈舒活

(一)鳄鱼式(图16-34)

练习鳄鱼式能强化肩膀、腹部、手腕与手臂及腿部肌肉,美化腹部线条,预防关节炎,促进末梢循环,预防及改善手脚冰冷或麻痹现象,提高集中注意能力。

做法:

(1)俯卧,两腿伸直,脚尖着地,手掌平贴在胸部两侧地板,手肘朝天同时紧靠身体两侧,十指尽量张开,指尖朝前方。

(2)吐气,收紧腹部,撑起身体离地至少约6厘米以上,使用双手及脚尖支撑身体成为鳄鱼状。

(3)全身成一条直线,头部与脚跟和地板平行,或抬头直视前方,维持此姿势5~8次呼吸的时间。吸气,慢慢将全身放松回地面,侧脸颊贴地休息。

练习提示:严重背痛或手腕关节、肩关节有关节炎状况的人,不可练这个动作。

(二)牛面式(图16-35)

练习这种体式能伸展脚踝、臀部和大腿;可以治愈腿部抽筋,使腿部肌肉保持弹性;还可以使胸部得到完全伸展,背部更加挺直,肩关节活动更加自如,背阔肌得到完全伸展。

做法:

(1)坐在地面上,双腿伸直向前。两手撑地,抬起臀部,左膝盖弯曲,左腿向后,坐在左脚上。抬起右腿,右腿放在左大腿上,两膝盖上下重叠。抬起臀部,在双手的帮助下把双脚的脚踝和脚跟相靠。

(2)放松脚踝,脚趾向后。

(3)抬起左手臂,弯曲肘部,把左手由上向下放在背后颈部以下两肩之间的位置。右手则由下向上抬起直到两手紧扣。

(4)保持这种姿势30~60秒,正常呼吸。保持颈部和头部挺直,眼睛注视前方。

(5)松开双手,伸直腿部,在另一侧重复这个姿势。然后松开双手,伸直双腿,放松。

练习提示:有严重的颈部或者肩膀问题者不可练习这个动作。

(三)眼镜蛇式(图16-36)

练习这种体式能让胸部得到完全扩展,脊柱得到充分锻炼,对于脊柱受过损伤者尤有改善功效。

做法:

(1)俯卧在地面上,脸朝下,下巴贴地。伸直双腿,双脚靠拢,膝盖绷直,脚趾指向后。手肘弯曲,手掌放在胸部两侧,紧贴地面。

(2)吸气,双手用力按压地面,抬起头部和躯干。保持两次呼吸的时间。

(3)再次吸气,手臂伸直,头部和躯干进一步向上抬升,收紧肛门,双腿绷直,将身体重量放在两腿和双掌上。保持这个体式20秒,正常呼吸。

(4)呼气,肘部弯曲,躯干重新放回地面。重复这种体式2~3次,然后放松。

练习提示:由于脊柱、胸部和两肩完全伸展,以及腹部收缩,呼吸会变得急促而困难,因此要格外注意调整呼吸。

图16-36　眼镜蛇式

图16-37　动态猫式

(四)动态猫式(图16-37)

练习动态猫式可以缓解肩背酸痛,加强脊柱的流动性,恢复脊柱的活力。

做法:

(1)以跪姿准备,缓慢地吸气,延展胸腔提坐骨。

(2)呼气,卷动尾骨,眼睛看向肚脐,再次吸气,让脊柱逐渐延展。

(3)眼睛看向前方,呼气时低头卷动尾骨,腹部收送向内。

练习指导:每一次吸气时延伸脊柱,呼气时卷动尾骨,低头看向尾骨的方向。始终保持腹部内收推向后背,肘窝相对,脚背脚趾下压。

练习提示:练习时,保持核心收缩,避免腰椎段挤压。

(五)人面狮身式(图16-38)

练习人面狮身式可帮助舒缓肩颈压力,放松上背部,伸展身体前侧。

做法:

(1)以俯卧地面姿势进入体式。吸气时,双手依次朝前,大小臂呈90°,撑起身体向上。保持小臂手指有力下压。

(2)放松肩膀与双腿,打开胸腔,延伸颈部,感受臀部的放松,双肩下沉,双眼目视前方,保持5~8次呼吸的时间。

(3)呼气,手臂放松使胸部缓慢落回地面,手臂向后放于身体两侧回到俯卧式休息。

练习指导:小臂下压,胸腔上提;肩膀下沉,颈部上提;臀部放松,脚背脚趾下压。

六、瑜伽体式——四肢强健塑形

(一)直腿坐姿摩天式(图16-39)

练习这种体式能美化双腿线条,拉长手臂,伸展侧腰及腹部前侧。

做法:

(1)手杖式准备,慢慢吸气,抬起手臂向上,双手十指交叉。

(2)翻转掌心向上,眼睛看向上方,呼气时,肋骨回收,大腿下沉。

(3)呼气时,解开双手向下,保持脊柱的伸展。

练习指导:肩膀下沉,下腹收紧,脊柱自然伸展,大小腿肌肉下沉。

练习提示:不要耸肩。

图16-38　人面狮身式

图16-39　直腿坐姿摩天式

图16-40　坐姿手臂上举式

(二)坐姿手臂上举式(图16-40)

练习这种体式能促进下半身血液循环,拉长手臂线条。

做法:

(1)吸气时手臂向上,掌心相对,沉肩向下。

(2)掌心贴靠,保持坐骨下沉。

(3)呼气时落手向下还原坐姿。放松肩膀,眼睛始终看向正前方。

练习指导:大臂外旋,打开胸腔;肩膀下沉,颈部上提。

练习提示:吸气时身体向上延伸。

(三)平板式(图 16-41)

练习这种体式能加强手臂力量,稳定核心,减少腰腹脂肪。

做法:

(1)以跪姿准备。缓慢呼气,腿部依次向后,双脚并拢。脚跟向后蹬,胸腔向前推,进入平板式。

(2)保持腹部柔软内收,后方大腿微微内收,头顶尖往前,脚跟向后。

(3)呼气时屈膝,重心后移,以婴儿式放松。

练习指导:肘窝相对,大臂外旋,避免超伸;核心收缩,肚脐柔软内嵌;大腿内旋,稳定髋部。

练习提示:始终保持核心收缩,避免腰椎挤压。

图 16-41　平板式

图 16-42　海豚式

图 16-43　广角式

(四)海豚式(图 16-42)

练习这种体式能维持肩关节稳定,缓解肩颈僵硬,加强后背力量,有效扩展胸腔,增强呼吸系统。

做法:

(1)以跪姿准备。呼气时屈臂向下,大小臂分开与肩同宽,双手手指推地,踮脚立膝提臀向上,进入海豚式。放松整个颈部,耳朵寻找大臂。

(2)吸气时提起坐骨向上,呼气,蹬脚跟向下。

(3)下一次呼气,屈膝,脚背平铺,慢慢屈手肘,额头放于手肘处,调整呼吸。

练习指导:小臂下压,腋窝伸展,肩膀上提;背肌收缩;坐骨上提,伸展大腿后侧。

练习提示:始终保持手肘下压,肩膀远离耳朵,维持肩关节稳定,打开腋窝。

(五)广角式(图 16-43)

练习这种体式能打开髋关节及双腿,美化腿部线条。

做法:

(1)自然盘坐于垫上,双脚依次打开。打开到你的最大幅度,让坐骨压实垫面,双脚回勾。

(2)吸气时延伸脊柱,双手十指交叉,大拇指互抵,放在身体的前侧。保持每一次呼吸时侧腰延展。呼气时,继续将双脚内侧推向远端。

(3)下一次呼气,收回双腿,还原坐立。

练习指导:骨盆稳定,大腿内侧伸展,臀肌伸展。

练习提示:避免过度拉伸,不要超越身体极限。

(六)手杖式(图 16-44)

练习这种体式能美化腿部线条。

做法:

(1)手杖式坐姿,自然坐于垫上,双腿向前伸展。保持双手放在腿部两侧,双脚内侧有力推向远方。

(2)呼气时，双手用力推动，保持脊柱一节一节地向上，维持呼吸的均匀与稳定。

练习指导：脚内侧前推，伸展大腿内侧。大小腿下压垫面，膝盖窝伸展，下腹内嵌，避免憋气，脊柱自然伸展，放松肩部。

练习提示：身体重心不要偏移。

图 16-44　手杖式

图 16-45　幻椅式

图 16-46　战士二式

(七)幻椅式(图 16-45)

练习这种体式能有效加强双腿力量，减少臀部脂肪，帮助伸展脊柱。

做法：

(1)山式站立，缓慢呼气，手扶髋，以髋部为折点向前向下，屈膝，双臂寻找耳朵，进入幻椅式。

(2)保持臀肌收缩，小腿胫骨后推，重心均匀分布于脚掌，每一次吸气，手指尖向远方拉长，慢慢抬起身体向上。

(3)呼气，落手向下，还原山式。

练习指导：胫骨后推，保持脊柱自然伸展，避免挤压(膝关节不要超过脚尖)。

练习提示：加大下蹲幅度，双手手臂寻找耳朵，保持脊柱的伸展。

(八)战士二式(图 16-46)

练习这种体式能加强双腿力量，帮助伸展髋关节，加强臀肌力量。

做法：

(1)双腿分开约一腿半长，转动后方脚，脚跟向外。右脚趾尖向正右侧，呼气时沉髋向下，保持前方大小腿呈 90°。双手之间互相向两侧伸展，始终保持脊柱向上延伸。

(2)每次呼气时，继续沉髋向下，吸气时，拉动脊柱向上延伸更多。慢慢吸气，立直膝盖，转脚朝前，呼吸时落手向下，还原直立。

(3)反侧练习与上相同。

练习指导：髋部中正，臀部收紧。膝盖脚尖同向，大腿收缩，膝盖上提。

练习提示：屈膝过程中，保持小腿垂直于垫面。

(九)奔马式(图 16-47)

练习这种体式能促进下肢血液循环，延展脊柱，伸展腹股沟区域，加强呼吸循环系统。

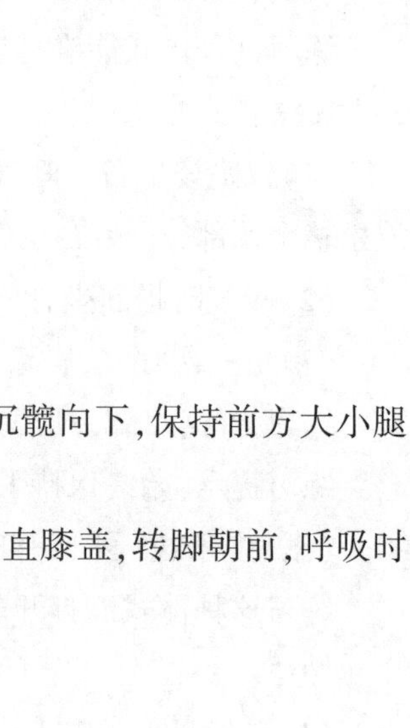

图 16-47　奔马式

做法：

(1)以下犬式准备进入。吸气延伸，抬起右腿向上，屈膝收腹，向前来到两手中间。

(2)呼气时，脚背平铺向下，抬起身体向上。双手可放于大腿，再次吸气，手臂带动身体向上延伸更多。

(3)保持呼吸时沉髋向下,吸气时脊柱延伸。下一次呼气,手臂落送,前脚后撤,再次还原下犬式,继续反侧练习。

练习指导:前侧大小腿折叠90°,髋部下沉,脚背脚趾下压。

练习提示:维持核心收缩,避免挤压腰椎。

第四节　瑜伽体式组合

一、拜日式组合

经典的全身与课前热身组合,强化手臂、肩膀、核心、腿部等全身力量与肌肉,拉伸身体前侧与后侧。

山式→前屈式→下犬式→平板式→四柱式→上犬式。

二、简易站姿平衡组合

利用简单的站姿与平衡相互结合,科学安全地平衡力量分配。加强根基的稳定,平衡双腿肌肉线条。

山式→树式(右)→树式(左)→单腿抱膝(右)→单腿抱膝(左)→手抓大脚趾一式(右)→手抓大脚趾一式(左)。

三、简易脊柱流动组合

以简单的扭转及伸展,加强脊柱的灵活性与柔韧性,加强脊柱的活力,增强脊柱的弹力。

动态猫式→虎式(右)→虎式(左)→婴儿式。

四、核心增强组合

利用体式串联,全面增强整个核心肌群。

半船式→臀桥式→单腿桥式(右)→单腿桥式(左)。

第五节　瑜伽调息

一、瑜伽呼吸

瑜伽呼吸能净化血液,强壮肺部组织,增强我们对感冒、支气管炎、哮喘及其他呼吸系统疾病的抵抗力。通过横膈膜的收缩与舒张按摩内脏器官。姿势为简易盘坐。

(一)自然呼吸

这是一种非常简单的呼吸方式,非常轻松舒适,可以在任何时间练习。意识完全放在呼吸上,使呼吸逐渐放缓形成一个非常放松、舒适的节奏。在练习自然呼吸法时关键就是要顺其自然,不用刻意引导呼吸以及身体的变化。

(二)腹式呼吸

腹式呼吸是瑜伽中最重要也是最基础的一种呼吸方法。它是我们学习其他呼吸或调息的基础。腹式呼吸是通过加强横膈膜的活动、减少胸腔的运动来完成练习的。

腹式呼吸是瑜伽中必学的项目,也是很重要的部分。腹式呼吸法已慢慢融入人们的生活,经常采用这种呼吸方式可促进身心健康，排出体内浊气。

（三）胸式呼吸

胸式呼吸指通过扩张和收缩胸腔，利用肺中间的部位来完成呼吸。呼吸同等量的空气时，胸式呼吸要比腹式呼吸需要更多的力气。

因这种呼吸法使横膈膜最大限度地向上提起，从而几乎排空了肺部的气体，又因其呼气快、强、短，所以起到对肺和鼻道的净化作用。

（四）肩式呼吸

也称锁骨式呼吸。其实肩式呼吸可以理解为是胸腔扩张时的最后一步，是胸式呼吸的延续。有些说法中将腹式呼吸称为肺下叶呼吸、胸式呼吸称为肺中叶呼吸、肩式呼吸称为肺上叶呼吸，由此可见，肩式呼吸主要是通过肺上叶的部分来参与呼吸的。

二、清理经络式

能平静心性、安定血液系统、清除毒素，整个身体通过引入体内额外氧气供应所需营养，将二氧化碳有效地排出体外，从而促进身体健康。

第一阶段：单鼻道轮流呼吸。左鼻道呼吸5次，换右鼻道呼吸5次，此为一轮。

第二阶段：双侧鼻道交替呼吸。保持自然呼吸，左鼻孔吸气，右鼻孔呼气，右鼻孔吸气，左鼻孔呼气，此为一轮。

三、成功式

保持冥想坐姿。用两个鼻道吸气、左鼻道呼气。它的功效主要有：缓解失眠，减缓心速。有益喉咙，清洁能量通道。对消化液、血液、骨髓都有好处，消除身体不平衡。注意事项：高血压和心脏病患者请勿屏息练习。

四、太阳式

可治疗失眠。采用莲花坐或至善坐，用无名指抵住左鼻孔，用右鼻孔吸气，用完全式呼吸。之后用大拇指抵住右鼻孔，用左鼻孔呼气。吸气和呼气的时间一样长。反复10轮，之后仰卧放松。

五、风箱式

清洁鼻窦，加强肺部清洁。燃烧腹部多余脂肪，按摩腹脏器官。清洁血液，唤醒能量。快速地吸气与呼气，双鼻道练习15次，最后一次呼气后加外屏息。最初练习时可练习10次风箱式调息加上一次太阳式调息。注意事项：体质较弱的人、肺活量不大的人不适合采用风箱式调息。

思考题

1. 简述瑜伽的主要流派。
2. 简述练习瑜伽的基本条件。
3. 练习瑜伽的益处有哪些？
4. 简述每一类瑜伽体式中3~5种体式的练习方法。

第十七章　健美操

【学习目标】

1. 了解健美操的起源与发展。
2. 掌握健美操的基本技术。

第一节　健美操概述

健美操是在音乐的伴奏下,以身体练习为基本手段,以有氧运动为基础,以增进健康、塑造形体和娱乐为目的的一项体育运动。健美操大量吸收了迪斯科舞、爵士舞、霹雳舞中的上下肢、躯干、头颈和足踩动作,特别是髋部动作,这给健美操增添了活力,同时也有利于减少练习者臀部和腹部脂肪的堆积,有利于增强练习者动作的协调性和灵活性。跳健美操有诸多好处,不仅能帮助我们有效地强身健体,而且有减肥的功效,这种运动减肥方法集健美和健身于一体,特别适合女性,受到广大女性同胞的喜爱。

当今健美操可分为两大类型:大众健美操和竞技健美操,前者更受百姓喜爱,目的是锻炼身体、保持健康、促进新陈代谢,动作简单易学,对称和重复动作较多,适合大众人群,并广泛地应用在校园中。

健美操的起源可追溯到2000多年前。古希腊人对人体美的崇尚举世闻名,他们喜欢通过跑跳、投掷、柔软体操和健美舞蹈等各种体育项目进行人体美的锻炼。而古印度很早就有瑜伽术,其中的一些姿势与当前流行的健美操所常用的基本姿势是一致的。由此可见,古代人对健身健美的追求是现代健美操形成与发展的基础。19世纪末20世纪初,欧洲出现了许多体操流派,他们在理论和实践上的创新对健美操的发展起到了推波助澜的作用。而20世纪80年代初,随着遍及全球的健身热和娱乐体育的发展,健美操以其强大的生命力风靡世界。

美国是对世界健美操的发展有着重要影响的国家,自1985年开始,美国正式举办一年一度的健美操锦标赛,并确定了竞赛项目和规则,使健美操发展成为竞技性运动项目。健美操不仅在美、英、法等国迅速发展,而且在一些发展中国家和地区也得到不同程度的发展。20世纪70年代末,健美操热传到我国,上海、北京等地相继举办了各式各样的健美操培训班。

1981–1983年,在健美操传入我国的初期,不少高校教师陆续在报刊上发表了一些介绍健美操和探讨美育教育的文章,并编排了一些健美操成套动作,如"女青年健美操""哑铃健美操""形体健美操"等,从此,追求人体健与美的"健美操"一词迅速被广大体育工作者所采用。1984年,北京体育学院成立了健美操研究组,由其编排并推出的"青年韵律操"传遍全国各大专院校,无数青年学生投入了学习"青年韵律操"的热潮,这使健美操迅速在我国各大专院校普及。此后,许多高校将健美操列入教学大纲,健美操成为一项重要的体育教学内容,各种健美操教材也陆续出版,促进了健美操的理论研究。

为了推动全国大学生健身健美操的开展，中国大学生体协健美操艺术体操分会决定从1993年开始，每年在大学生中推广一套由协会审定的健身健美操。与此同时，表演性健美操和竞技性健美操也开始在学校中出现，而高校良好的师资和场馆条件又为竞技健美操的普及奠定了基础，每年不少高校都组织队伍参加各种形式的健美操比赛。如今，高等院校已成为我国竞技健美操发展的重要基地。

第二节　健美操基本技术

一、落地技术

健美操的落地技术主要指的是落地缓冲技术。落地缓冲的主要目的是使身体尽可能地保持稳定，同时减少地面对关节、肌肉的冲击力，以避免造成运动损伤。健美操的落地技术为：落地时，由脚跟过渡到全脚掌或由前脚掌过渡到全脚掌，然后迅速屈膝、屈髋缓冲。

二、弹动技术

健美操的弹动主要依靠踝关节、膝关节、髋关节的屈伸来完成，它的主要作用是减少运动对关节的冲击力，从而减少运动对人体造成的损伤。值得注意的是，在屈伸的过程之中，腿部的肌肉要协调用力才能有效地防止损伤并产生流畅的弹动动作。

三、半蹲技术

半蹲时，身体重心下降，臀部向后下45°方向用力，膝关节不应超过脚尖，腰腹、臀部和大腿肌肉收缩，上体保持正直，重心在两腿之间，起落要有控制。分腿半蹲时，脚尖自然外开，应特别注意膝关节弯曲的方向要与脚尖的方向一致，避免脚尖或膝关节内扣或过度外开，避免膝关节角度小于90°。

四、身体控制技术

在整个非特殊条件下的运动过程中，身体应该保持自然挺拔、头部稍稍昂起，颈椎、胸椎、腰椎处于正常生理曲线的位置，并始终保持腰腹和背部肌肉收缩，避免因腰腹部位的摆动和无控制而可能引起的腰部损伤。四肢的位置避免“过伸”。

五、健美操基本手形的技术要点

在健美操成套中，手形的变化不仅可以使手臂的动作更加丰富多彩、生动活泼、表现出美感，而且有助于加强动作的力量性。常用的手形有以下几种：

（1）并掌：五指并拢伸直，指关节不能屈曲（图17-1）。

（2）开掌：五指用力分开伸直（图17-2）。

（3）花掌：在分掌的基础上，从小指依次内旋，形成一个扇面（图17-3）。

（4）立掌：手掌用力上屈，五指关节自然弯曲（图17-4）。

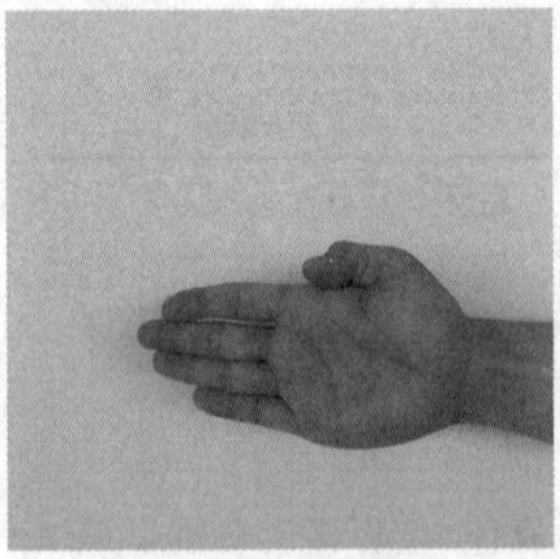

图 17-1　并掌

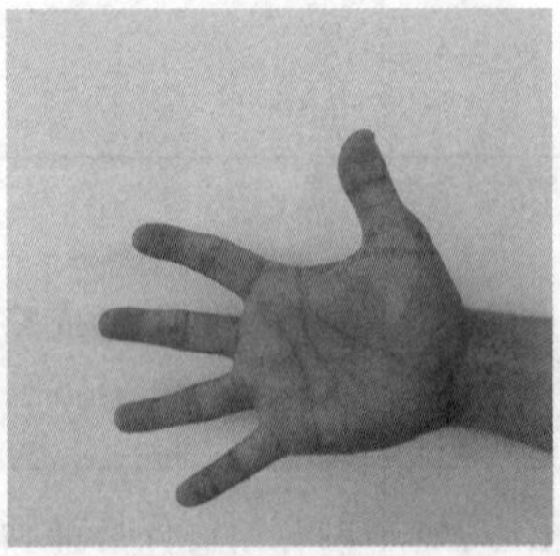

图 17-2　开掌

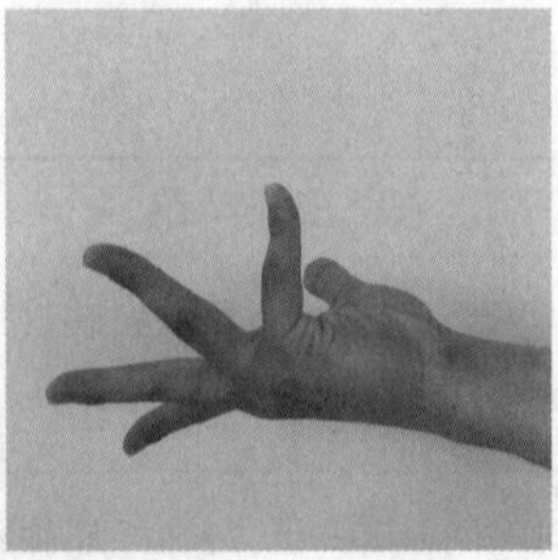

图 17-3　花掌

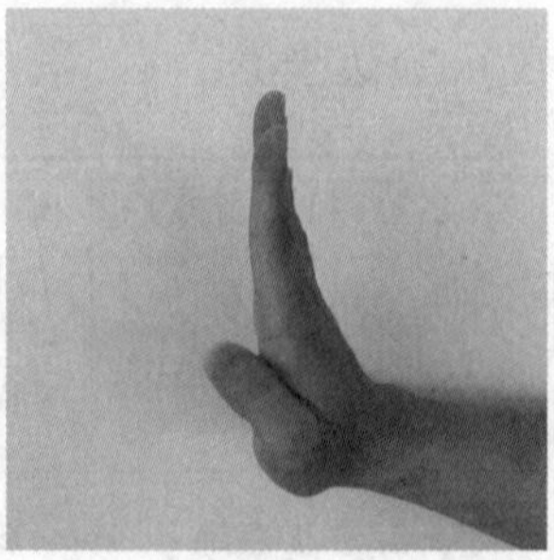

图 17-4　立掌

(5)一指:拇指与中指、无名指、小指相叠,食指伸直(图 17-5)。

(6)剑指:拇指与无名指、小指相叠,中指与食指并拢伸直(图 17-6)。

(7)拳:四长指握拳,拇指第一关节扣在食指与中指的第二关节处(图 17-7)。

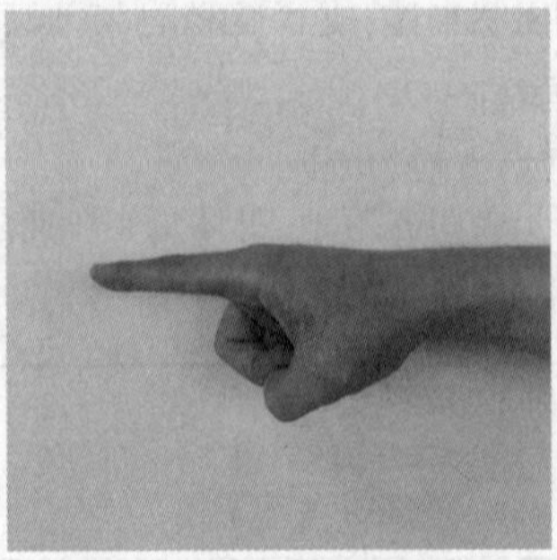

图 17-5　一指

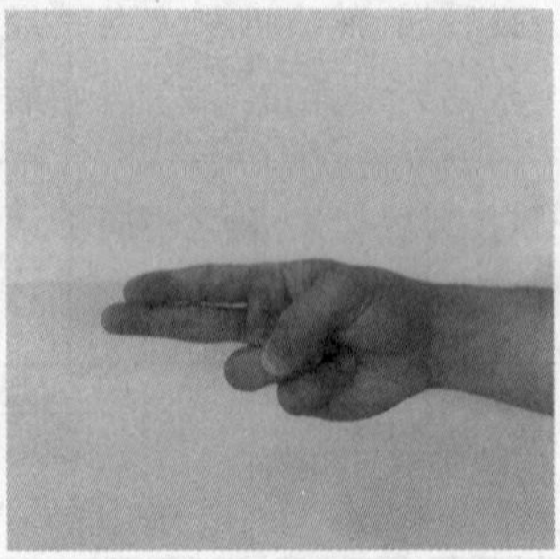

图 17-6　剑指

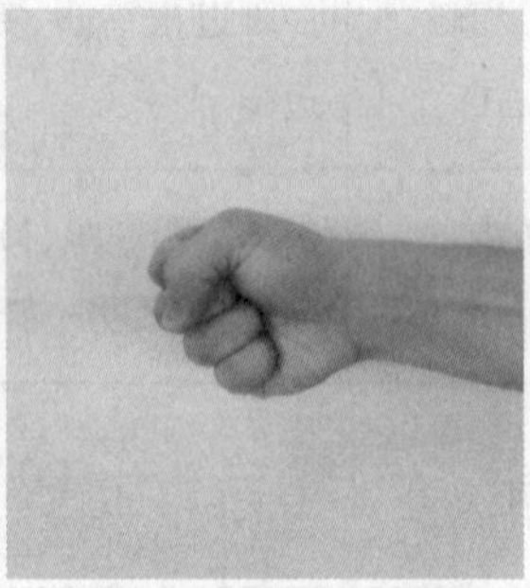

图 17-7　拳

六、健美操基本步伐的技术要点

(一)交替类

名称(英文名称)	基本动作	基本技术
1. 踏步(march)	两腿原地依次抬起,依次落地	抬头挺胸、收腹。下落时,踝、膝、髋关节依次有弹性地缓冲
2. 走步(walk)	迈步向前走或向后退,然后反之。向前走时,脚跟先落地,过渡到全脚掌;向后走时则相反	保持身体正直或略微向前倾 85°。在落地时,膝、踝关节有弹性地缓冲
3. 一字步(easy walk)	一脚向前一步,另一脚并于前脚,然后再一次还原	向前迈步时,先脚跟着地,过渡到全脚掌;向后均要有并腿过程;膝关节始终保持有弹性地缓冲
4. V 字步(V-step)	一脚向前侧方迈一步,另一脚随之向另一方迈一步,成两脚开立,屈膝,然后再依次退回原位	两腿膝、踝关节始终保持弹动状态,分开后成分腿半蹲,重心在两脚之间
5. 漫步(mambo)	一脚向前迈出,屈膝,重心随之前移,另一脚稍抬起,然后原地落下;或者向后撤一步,重心后移,另一脚稍抬起,然后原地落下	两脚始终保持交替落地,身体重心随动作前后移动,但始终在两脚之间

(二)迈步类

名称(英文名称)	基本动作	基本技术
1. 并步(step touch)	一脚迈出,另一脚随之并拢屈膝点地,再向反方向迈步	保持身体正直或略微向前倾85°,两膝始终保持弹动
2. 迈步点地(step tap)	一脚向一侧迈出一步,两腿经屈膝移重心,另一腿再进行前、侧或后的用脚尖或脚跟点地	两膝始终保持弹动地屈伸,重心移动轨迹呈弧形;上体不要扭动
3. 迈步吸腿(step knee)	一脚迈出一步,另一腿屈膝抬起,然后向反方向迈步	经过屈膝半蹲,抬膝时支撑腿稍屈膝
4. 迈步后屈腿(step curl)	一脚迈出一步,另一腿后屈,然后向反方向迈步	经过屈膝半蹲,支撑腿稍屈膝,后屈腿的脚跟靠近臀部
5. 交叉步(grapevine)	一脚迈出一步,另一腿在其后交叉,随之再向侧迈一步,另一脚并拢,屈膝点地	第一步脚跟先落地,身体重心快速随着脚步而移动,保持膝、踝关节的弹动

(三)点地类

名称(英文名称)	基本动作	基本技术
1. 脚尖点地(touch tap)	一腿稍屈膝站立,另一腿伸出,脚尖点地,然后还原到并腿姿势	支撑腿始终保持屈膝站立,并且随动作有弹性地屈伸
2. 脚跟点地(heel)	一腿稍屈膝站立,另一腿伸出,脚跟点地,然后还原到并腿姿势。只可进行向前和向侧的脚跟点地	支持腿始终保持屈膝站立,并且随动作有弹性地屈伸

(四)抬腿类

名称(英文名称)	基本动作	基本技术
1. 吸腿(knee lift/knee up)	一腿屈膝抬起,落下还原	支撑腿保持屈膝弹动,大腿上抬超过水平;上体保持正直
2. 摆腿(leg lift)	一腿稍屈膝站立,另一腿抬起,然后还原	抬起腿不需很高,但要有控制;保持上体正直
3. 踢腿(kick)	一腿稍屈膝站立,另一腿抬起,然后还原	抬起腿不需要很高,但要有控制;保持上体正直
4. 弹踢腿跳(flick)	一腿站立,另一腿先向后屈,然后向前下方弹踢,还原。通常以高冲击力的形式出现	腿弹出时要有控制,保持上体正直
5. 后屈腿跳(leg curl)	一腿站立,另一腿向后屈膝,放下腿还原	支撑腿保持弹性,两膝并拢,脚跟靠近臀部

(五)双腿类

名称(英文名称)	基本动作	基本技术
1. 并脚跳(jump)	两腿并拢跳起	落地缓冲有控制
2. 分腿跳(squat jump)	分腿站立,屈膝半蹲,向上跳起,分腿落地,屈膝缓冲	屈膝半蹲时,大、小腿夹角不要小于 90°,空中注意身体的控制
3. 开合跳(jumping jack)	由并腿跳起,分腿落地,然后再由分腿跳起并腿落地	分腿屈膝蹲时,两脚自然外开,膝关节沿脚尖方向屈,膝关节夹角不小于 90°,脚跟落地
4. 半蹲(squat)	两腿有控制地屈和伸。可分为并腿半蹲和分腿半蹲	分腿半蹲时,两腿左右分开稍大于肩(或与肩同宽),脚尖稍外开,屈膝时关节角度不得小于 90°,膝关节对准脚尖方向,臀部向右 45°方向下蹲,上体保持直立
5. 弓步(lunge)	两腿前后分开,两脚平行站立;蹲下、起来	半蹲时后腿膝关节向下,大腿垂直于地面;重心始终在两脚之间
6. 提踵(calf raise)	两脚跟抬起,落下脚跟,稍屈膝	两脚夹紧,重心上提时,收紧腹部;落下时屈膝缓冲

第三节　健美操比赛评分规则

一、成套编排

(1)成套动作的内容:包括操化动作、过渡与连接、配合与托举、队形变化、场地空间的利用。

(2)成套创意与风格:成套动作应包括健美操基本步伐,手臂动作或器械组合要体现多样性、不对称性和创新性。动作风格应与音乐风格相吻合,并表达出一定的主题特征。

(3)音乐:成套动作的音乐剪接应流畅、自然、完整。选择的音乐应与成套动作的风格协调一致并有利于表现运动员的技术和个性特点。音乐制作应是高质量的。

二、完成情况

(1)技术技巧:一套动作中的亮点,展示自身能力的动作,取决于以下几点:

①身体的姿态和技术规范的评判:全部动作必须表现出正确的身体形态与标准位置。

②器械要使用得充分而合理。

(2)强度:是以最高质量完成动作的能力,展示通过完成提升创编的效果,取决于以下几点:

①动作的频率(动作停顿,单位时间内重复次数少是强度低的表现)。

②动作的速度(动作慢,单位时间内移动的距离短是强度低的表现)。

③动作的幅度(动作小,单位时间内转动度数小是强度低的表现)。

④动作的力度(爆发力与耐久力)。

(3)合拍:是伴随音乐结构和节拍同步动作的能力,取决于以下几点:

①动作内容与音乐结构的吻合程度。

②动作节拍与音乐节拍的同步效果。

③动作韵律与音乐旋律的和谐统一。

三、表演和团队精神

（1）表现力：是指运动员在做动作时，体现出的面部表情，取决于以下几点：

①成套动作的设计必须符合年龄特点，能使运动员通过成套动作展示出表演技巧和创造性。

②运动员必须通过高质量的动作完成给评委留下干净、利落的印象。

③运动员必须表现出体能和动感，而非单纯喊叫或歌唱，必须通过自然和欢乐的面部表情来表现出自信，而非艺术化或夸张的面部表情。

④运动员必须表现出所借助器械在成套表演中的价值，做到人与器械的和谐完美。

（2）一致性（集体项目）：是指运动员完成动作整齐划一的能力，取决于以下几点：

①运动范围与运动强度的一致性。

②所有运动员表演技巧的一致性。

③器械运用的一致性。

四、健美操技术评分标准

成套动作评分依据	分数	评分标准			
		准确性、熟练性	幅度、力度	协调性、表现力	节奏感、律动
动作质量好	90~100	动作准确熟练	动作幅度较大，有力度	协调且优美，表现力强	动感，节奏强
质量较好	80~89	动作基本准确熟练	个别动作幅度小，力度稍差	较协调、优美，有一定的表现力	节奏感较好，有律动
有明显错误	70~79	动作不够熟练，有失误	部分动作幅度小，力度弱	不够协调，表现力一般	部分节奏丢失
有严重错误	60~69	动作不够熟练，有严重失误	整体动作幅度小，力度差	协调性差，表现力差	明显失去节奏
有不可接受的错误	60以下	动作忘记，停顿	无幅度，无力度	不协调，没有表现力	大部分失去节奏

第四节　健美操专项训练

一、专项训练的阶段性划分

（1）第一阶段：学习健美操专项方面的知识。

要求：不需硬背，要了解健美操的起源和发展历程。

（2）第二阶段：基础练习（包括站姿、坐姿、走姿、基本步伐、基本手型等）。

要求:掌握基本动作的正确发力和路线轨迹。

(3)第三阶段:发展运动能力,提高身体素质。

要求:适量加大训练强度,确保技术水平的提高。

(4)第四阶段:学习健美操的各种成套动作。

要求:保持正常的运动状态,避免伤病情况。

二、专项训练内容与方法

(一)健美操基本站姿训练

健美操是表演性质的运动,除了自身能力,外形的因素也很关键,好的身体姿态会给成套加分。正确地练习站姿可以使人体保持良好的形态,防止身体各个部位的畸形。

(1)基本站立:两腿伸直并拢,抬头挺胸,两眼平视,下颚略收,两肩下沉,双肩保持水平,收腹、立腰、紧臀、提气,两臂自然下垂(图 17-8)。

(2)靠墙站立:在基本站立的前提下,脚跟、腿、臀、肩胛骨和墙壁靠拢,使头、躯干和大腿在一条垂直线上(图 17-9)。

(3)提踵立:支撑腿脚跟提起至最大限度,下颚略收,两肩下沉,双肩保持水平,收腹、立腰、紧臀、提气,两臂自然下垂(图 17-10)。

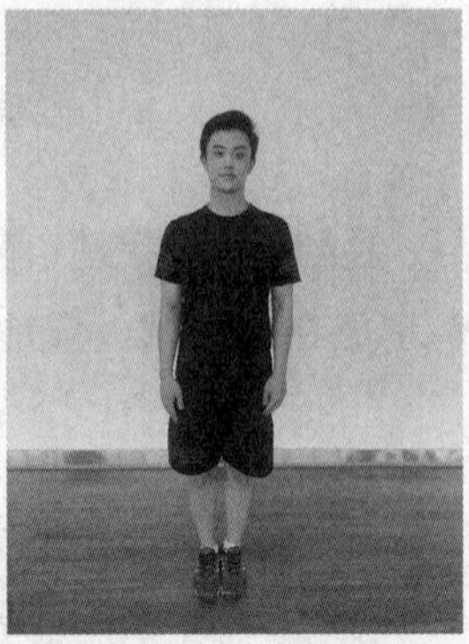

图 17-8　基本站立

图 17-9　靠墙站立

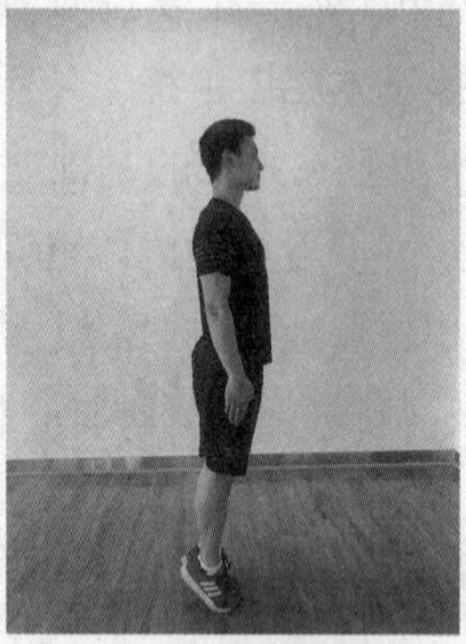

图 17-10　提踵立

练习方法:初期可以练习靠墙站立,缓解久站时身体产生的反应,靠墙练习 4~5 分钟为一组,做 3 组。基本站立练习 2~3 分钟为一组,做 3 组。初期练习提踵立比较困难,站不稳可手扶辅助工具,3~4 分钟为一组,做 3 组;脱离辅助工具练习,1~2 分钟为一组,做 3 组。

(4)分腿站立:两脚分开与肩同宽,下颚略收,两肩下沉,双肩保持水平,收腹、立腰、紧臀、提气,两臂自然下垂(图 17-11)。

(5)分腿提踵立:两脚左右或前后分开,脚跟提起至最大限度,下颚略收,两肩下沉,双肩保持水平,收腹、立腰、紧臀、提气,两臂自然下垂(图 17-12)。

练习方法:姿态站立练习同上,靠墙辅助练习 4~5 分钟为一组,做 3 组。脱离墙壁练习 2~3 分钟为一组,做 3 组。初期练习提踵立比较困难,站不稳可手扶辅助工具,3~4 分钟为一组,做 3 组。脱离辅助工具练习,1~2 分钟为一组,做 3 组。

(6)吸腿立:一条腿支撑,另一条腿屈膝上抬,脚尖放于支撑腿的膝关节内侧,抬头挺胸,双手放于体侧(图 17-13)。

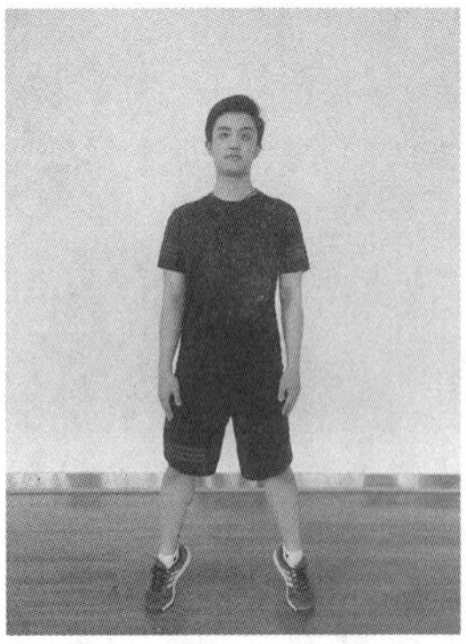

图 17-11　分腿站立　　图 17-12　分腿提踵立　　图 17-13　吸腿立　　图 17-14　吸腿提踵立

(7)吸腿提踵立：在吸腿立的基础上，支撑腿的脚跟提起至最大限度(图 17-14)。

练习方法：靠墙辅助练习 4~5 分钟为一组，做 3 组。脱离墙壁练习 2~3 分钟为一组，做 3 组。此处要注意吸腿提踵，只有具有一定的协调性和平衡性，才能练习此动作，该动作难度较大，不建议新手尝试。辅助工具练习，3~4 分钟为一组，做 3 组。脱离辅助工具练习，1~2 分钟为一组，做 3 组。

动作要领与建议：练习站姿时，一定要注意躯干姿态的准确，切勿松懈。长期练习错误动作，严重时，会导致脊椎弯曲。初期练习站姿后，腰和背会比较酸胀，建议进行一些简单的放松，缓解肌肉疲劳。练习提踵类动作后，小腿反应很强烈，一定要拉伸、放松小腿。

(二)健美操基本坐姿训练

健美操的坐姿是在站姿的基础上，保持躯干的直立和稳定。

(1)直体坐：臀部着地支撑体重，两腿并拢伸直，上体与地面垂直，两手放在大腿两侧撑地(图 17-15)。

(2)跪坐：小腿着地，两腿并拢，臀部坐于后脚跟上，上体与地面垂直，两手放在小腿两侧撑地(图 17-16)。

(3)盘腿坐：两腿弯曲，两脚脚心相对，放于腹前，两手扶脚(图 17-17)。

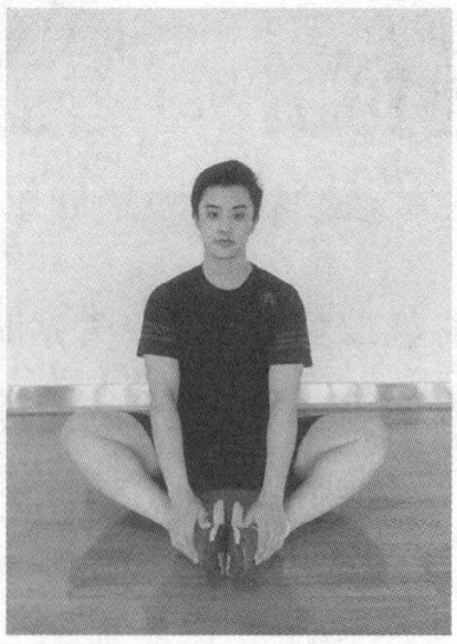

图 17-15　直体坐　　图 17-16　跪坐　　图 17-17　盘腿坐　　图 17-18　摆臂

练习方法：初期练习直体坐姿时，不需时间过久，1~2 分钟即可，后期上体形成习惯，在保证不驼背的基础上增加时间，3~5 分钟为一组，做 3 组，跪坐和盘腿坐同理。

动作要领与建议：相比站姿，坐姿会使后背反应更强烈，一定不要驼背。否则，时间久了，不但没有效果，而且后背习惯了收缩的角度，变得不挺拔。盘腿坐时，小腿外胯容易抽筋，练习完后，要进行放松和拉伸。

(三)健美操基本走姿训练

正确的走姿要做到轻、灵、巧，男子要稳定、矫健，女子要轻盈、优雅。走路时不要左顾右盼，身体不要左右晃动。

基本走姿训练可以使健美操动作更规范、更专业、更有力度,防止出现内、外八字、身体晃动、弯腰、挺肚等不良姿态。

(1)自然状态下的走步:以正确的站姿做准备,走步的重心与站姿的重心要求一致,这样有利于挺胸、抬头、收腹。行走中触地的顺序是足跟先触地,过渡到全脚掌,不断向前迈进。步幅是以自己的一脚加上10厘米的距离为宜。行走要有节奏,左右脚所用距离要一致。

练习方法:行走时,躯干端正并向前方,脊柱上伸,肌肉相对放松,收腹、挺胸,两臂前后摆动方向在两条平行的直线上,走10~20米,循环3组。

(2)向前走:站立,两臂屈肘位于背后,收腹、挺胸,左腿屈膝迈出一小步,足跟先着地同时过渡到全脚掌,重心迅速移至前腿,右脚同理。

练习方法:收腹、挺胸,左右腿交替进行5~20米,做3组。

(3)向后走:方法同上,方向相反。

练习方法:收腹、挺胸,左右腿交替进行5~20米,做3组。

(4)摆臂:并腿站立,手臂前呈20°,后呈15°,两臂前后运动(图17-18)。

练习方法:左右臂交替进行20次,做3组。

动作要领与建议:练习走姿时,注意关节的控制,全身都要收紧,如果出现崴脚的情况,当场冰敷10~20分钟,架高受伤部位休养,24小时后热敷。

注意事项:

(1)身体重心。站立姿态正确与否,取决于站立时的重心位置是否正确。站立时,从正面看,身体重心线由两腿中间向上穿过脊柱及头部。

(2)脊柱。在站立时,使人体正常的头、胸、腰椎的生理弯曲表现出来。在保持直立时,胸部后群肌肉、腰背肌肉、臀部肌肉和大小腿前群肌肉要保持适度的放松状态。

(3)肩与髋。站立时,肩与髋处于水平,肩和髋位置的改变直接影响站立时的姿态。

(4)下肢。在站立时,下肢的踝关节、膝关节均处于不同站立姿态的固定位置,重心要落在使躯干垂直、肩水平的部位。

(5)肌肉。站立屈伸脊柱的主要肌肉是骶棘肌。肩部肌肉放松,防止前屈和后伸;腹部肌肉稍收紧以防止腰椎的损伤;支撑腿的臀部肌肉收紧上提,股四头肌、比目鱼肌保持放松状态。

(四)健美操手臂动作训练

健美操的手臂动作复杂多样,是健美操锻炼的主要组成部分,与基本步组合相结合,共同构成了丰富多彩的健美操成套。

手臂的动作主要有:

1. 举

以肩关节为轴,臂向某方向抬起。臂的活动范围不超过180°并停止在某一位置(图17-19至图17-26)。

图 17-19　前举

图 17-20　上举

图 17-21　前上举

图 17-22　前下举

图 17-23　平举

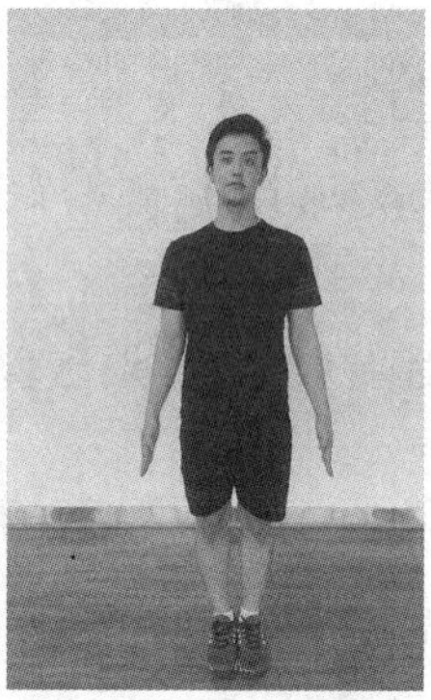

图 17-24　下举

图 17-25　侧下举

图 17-26　侧上举

技术要点：动作到位、路线清晰、有力度感。

动作内容：前举、上举、前上举、前下举、平举、下举、侧下举、侧上举。

练习方法：

1×8　1~8 拍 4 种举法各做一遍，静止不动，一共 8 个八拍。

2×8　1~8 拍 4 种举法的左右手臂上下小幅度运动。

3×8　1~8 拍 4 种举法的左右手臂前后小幅度运动。

4×8　1~2 拍前平举，3~4 拍前上举，5~6 拍上举，7~8 拍侧上举。

5×8　1~2 拍侧平举，3~4 拍前下举，5~6 拍侧下举，7~8 拍下举。

2. 屈和伸

上臂固定，以肘关节为轴，肘关节做由弯曲到伸直或由伸直到弯曲的动作。屈臂时，肱二头肌收缩，伸臂时肱三头肌收缩（图 17-27 至图 17-30）。

图 17-27　胸前屈

图 17-28　胸前平屈

图 17-29　肩侧上屈

图 17-30　肩侧下屈

技术要点:关节有弹性地屈和伸。

动作内容:胸前屈、胸前平屈、肩侧上屈、肩侧下屈

练习方法:

1×8　1~8 拍 6 种屈伸各做一遍,静止不动,一共 8 个八拍。

2×8　1~8 拍 8 种屈伸的左右手臂上下小幅度运动。

3×8　1~8 拍 8 种屈伸的左右手臂前后小幅度运动。

4×8　1~2 拍胸前屈,3~4 拍胸前平屈,5~6 拍胸前上屈,7~8 拍肩侧下屈。

3. 绕和绕环

两臂或单臂以肩为轴做弧线运动。上臂固定,前臂以肘关节为轴做弧线运动(图 17-31 至图 17-34)。

图 17-31　两臂向外绕

图 17-32　两臂向内绕

图 17-33　两臂向前绕

图 17-34　两臂向后绕

技术要点:路线清晰,起始和结束动作位置明确。

动作内容:两臂或单臂向外、内、前、后绕或绕环。

练习方法:

1×8　1~4 拍两臂或单臂从内向外绕一圈,5~6 拍重复。

2×8　1~4 拍两臂或单臂从外向内绕一圈,5~6 拍重复。

3×8　1~4 拍两臂或单臂从前向后绕一圈,5~6 拍重复。

4×8　1~4 拍两臂或单臂从后向前绕一圈,5~6 拍重复。

(五)健美操动作组合训练

健美操的成套中包含很多动作组合,有上肢组合、下肢组合、上下混搭组合。单独的下肢组合和上肢组合相对容易,混搭组合需要学生具有一定的基础和协调性。

1. 无冲击力动作组合训练

无冲击力步伐组合是指两腿始终接触地面的动作。

动作组合内容：膝弹动、踝弹动、半蹲、弓步、移动重心。

练习方法：

1×8　步伐1~8拍膝关节上下弹动，手臂无规则摆动。

2×8　步伐1~8拍踝关节上下弹动，手臂1~8拍侧平举。

3×8　步伐1~4拍半蹲，5~8拍弓步。手臂1~4拍胸前握拳弯曲，5~8拍变化成斜下握拳。

4×8　步伐1~4拍向左侧滑步，移动重心，5~6拍原地踏步。手臂1~4拍左手绕圈两次，右手伸直，5~6拍双手击掌两次。

5×8　动作与第四个八拍一样，方向相反。

无冲击力动作指两脚始终接触地面，身心重心在两脚之间，没有腾空动作，其中包括膝关节弹动、踝关节弹动、半蹲、弓步、迈步移重心等步伐。整个组合由8个八拍组成，分为左右两个方向完成动作，完成右边4个八拍之后，再完成左边4个八拍，动作左右对称，方向相反。这种组合训练简单易学，是在无冲击步伐的基础上，加入手臂的多种形式变化以及身体不同方向的变化组合形成的。能够使上下肢得到基本的锻炼，提高关节的灵活性和上下肢的协调性，反复练习还能产生基本的热身效果。这套组合适合初级阶段接触健美操的学生。

2. 低冲击力动作组合训练

低冲击力动作是指在做动作时一脚着地、另一脚离地的动作。低冲击力动作是目前健身性健美操编排运用最多的动作类型。

动作组合内容：一字步、并步、十字步、踏步、手臂组合。

练习方法：

1×8　步伐1~4拍一字步，5~8拍重复一次一字步。手臂1~2拍双臂弯曲，双手握拳，3~4拍放回初始位置，5拍双臂弯曲，6拍双臂上举，7拍回到5拍位置，8拍放回初始位置。

2×8　步伐1~3拍向前走三步，4拍吸腿一次，5~7拍向后退三步，8拍再吸腿一次。手臂1拍前平举，2拍放回初始位置，3拍两臂弯曲，4拍双手击掌，5~8拍重复1~4拍。

3×8　步伐1~4拍并步，5~6拍向右做两次并步。手臂1拍弯曲右臂，2拍放回初始位置，3拍弯曲左臂，4拍放回初始位置，5拍双臂置于胸前平行，双手握拳相对，6拍放回初始位置，7~8拍重复5~6拍。

4×8　步伐1~4拍十字步，5~6拍原地踏步。手臂1~4拍自由摆臂，5~8拍双手击掌两次。

低冲击力动作是在无冲击力动作的基础上，配以上肢动作的变化和身体姿态的变化组编而成的。在此创编了两个组合的低冲击力动作为素材，以供学生参考。第一个组合主要由一字步和手臂动作组成，第二个组合主要由并步、十字步和手臂动作组成，每个组合均为8个八拍，4个八拍右方向，4个八拍左方向，左右对称，方向相反。通过练习低冲击力组合工作，能够进一步熟悉和巩固健美操基本步伐，提高身体的协调性和节奏感。

3. 高冲击力动作组合训练

高冲击力动作是指在做动作时两脚全部离地的动作，即平常所说的跳跃类动作。

动作组合内容：开合跳、弓步跳、吸腿跳、手臂组合。

练习方法：

1×8　步伐1~8拍开合跳，手臂1拍双臂弯曲，2拍侧平举打开，3拍上举，4拍回到2拍位置，5拍前平举，6拍再回到2拍位置，7拍双手放下，8拍回到2拍位置。

2×8　重复一次第一个八拍。

3×8　步伐1~8拍弓步跳，手臂1拍前平举，2拍上举，3拍侧平举，4拍双手放下，5拍斜上举，6拍双手交叉于腹前,7 拍继续斜上举,8 拍回到初始位置。

4×8　重复一次第三个八拍。

5×8　步伐 1~8 拍吸腿跳,手臂 1 拍双手交叉握拳,2 拍斜上举,3 拍回到 1 拍位置,4 拍斜下举,5~8 拍重复 1~4 拍。

6×8　重复一次第五个八拍。

高冲击力动作需要学生具有良好的身体素质和能力。高冲击力动作组合也由 8 个八拍动作组成,无左右对称,4 个八拍为一个循环,做完换另一个动作。高冲击力动作的强度和幅度都是最大的,通过练习高冲击动作,能进一步提升体能和技能。此动作组合适用于专业生和比赛生,普通学生练习无冲击力和低冲击力动作即可。

(六)健美操成套动作训练

健美操的成套动作考验学生基本功的扎实程度,也是期末考核的标准。成套动作中包含健美操大部分的手臂和步伐动作,在跳的过程中不忘动作、跟上音乐、有节奏地弹动是健美操的基本要求,发力干脆、表现力丰富、动作幅度较大是跳好健美操的重要因素。

健美操成套动作左右对称,4 个八拍为一段,共四大段 16×8。

1. 第一段 4×8

练习方法:

1×8　步伐 1~4 拍十字步,5~8 拍向后走四步。手臂 1 拍右臂伸直,2 拍左臂伸直,3 拍双臂上举,4 拍回到初始位置,5~8 拍左右摆臂。

2×8　动作同 1×8,步伐 5~8 拍向前走四步。

3×8　步伐 1~4 拍左右漫步,5~8 拍后退漫步。手臂 1~2 拍右臂伸直,3 拍掐腰,4~5 拍左臂伸直,6~8 拍双手握拳下垂。

4×8　步伐 1~2 拍恰恰步,3~4 拍漫步,5~6 拍左右倒步,7~8 拍后漫步。手臂 1~2 拍左臂弯曲,右臂伸直,3~4 拍弯曲伸直两次,5~6 拍侧平举,7~8 拍回到初始位置。

2. 第二段 4×8

练习方法:动作与第一段完全相同,方向相反。

3. 第三段 4×8

练习方法:

1×8　步伐 1~2 拍侧滑步,3~4 拍后漫步,5~6 拍并步,7~8 拍回到原位。手臂 1~2 拍双臂伸直侧上举,3~4 拍双手自然下垂,5~6 拍双手击掌两次,7~8 拍双手掐腰。

2×8　动作与 1×8 一样,顺序相反,方向相反。

3×8　步伐 1~4 拍上步吸腿,5~8 拍 V 字步。手臂 1 拍双臂伸直,2 拍双臂弯曲,3~4 拍重复 1~2 拍动作,5~6 拍顺时针划手,7~8 拍回到初始位置。

4×8　步伐 1 拍右吸腿,2 拍右侧点地,3 拍重复 1 拍动作,4 拍双腿并拢,5~8 拍重复 1~4 拍动作,方向相反。手臂 1 拍胸前小臂弯曲,2 拍左手掐腰,右臂伸直斜上举,3 拍重复 1 拍动作,4 拍回到初始位置,5~8 拍重复 1~4 拍动作,方向相反。

4. 第四段 4×8

练习方法:动作与第三段相同,方向相反。

(七)健美操柔韧素质训练方法

柔韧素质是人体各肌肉、关节、韧带等组织的伸展活动能力和弹性的总称。健美操训练中,大幅度的上下肢动作大部分都需要柔韧能力。拥有良好的柔韧性是完成一些高难度动作和高质量动作的基础，同时还能减少运动性损伤。因此发展柔韧素质具有重要的意义。

1. 柔韧素质训练的基本方法

（1）动力性拉伸法：是指有节奏地多次重复某一动作的拉伸方法。

（2）静力性拉伸法：是指通过缓慢的动力拉伸，将肌肉、肌腱、韧带等软组织拉长，并停留一定时间的练习方法。

2. 柔韧素质训练的基本手段

根据健美操项目的特点和要求，采取以下练习发展肩、胸、腰、髋、腿的柔韧性：

（1）面对墙壁或肋木，手扶一定高度进行体前屈压肩胸（图 17-35）。

图 17-35

图 17-36

图 17-37

（2）背对墙壁或肋木，手臂后举扶墙或反握肋木，下蹲拉反肩（图 17-36）。

（3）坐姿体前屈，手握脚踝，躯干与腿尽量贴住，可借用外力压背部，逐步垫高臀部或脚的高度（图 17-37）。

（4）腿垫高的分腿体前屈，做在外力下向后压腿的体后屈练习（图 17-38）。

（5）俯卧，上体挺胸抬起，两手上举，辅助者站在练习者背后，两手握住练习者上臂，向后拉压肩胸，向后拉伸腰部（图 17-39）。

（6）俯卧，双腿跪在地上，双手扶地，两腿固定，辅助者两手握住练习者上臂，臀部坐在练习者臀部，向下拉压肩、胸（图 17-40）。

（7）俯卧，上体挺胸抬起，两手上举，辅助者站在练习者背后，两手握住练习者上臂，向前拉压反肩（图 17-41）。

（8）压腿：将一腿置于肋木上，直膝、胯正，可向前、侧、后压腿（图 17-42 至图 17-44）。

图 17-38

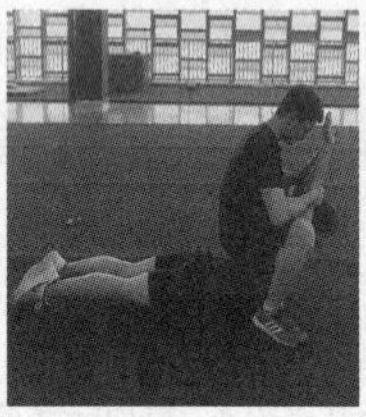
图 17-39

图 17-40

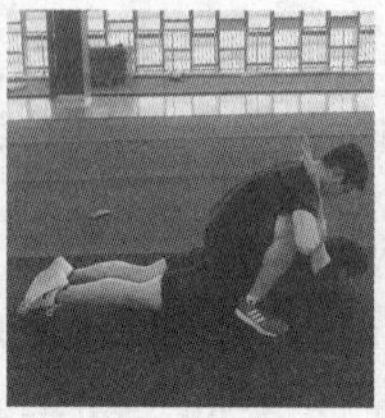
图 17-41

图 17-42

图 17-43

图 17-44

第五节 健美操损伤预防及处理

一、健美操损伤原因

健美操的形式多种多样，所以损伤原因也比较复杂，例如：在没有弹性的地面上练习；鞋不符合要求；进展过快，身体素质跟不上动作技术和运动量的要求；错误的技术和身体姿态；肌肉力量不足或肌肉不平衡；柔韧性差；准备活动不充分；动作技术差；课堂组织和教学技巧问题所造成的理解错误。

二、健美操损伤的特点

健美操运动中所发生的损伤多为闭合性软骨损伤，损伤多发生在下肢，以膝关节、踝关节韧带的损伤为最常见，以膝关节的内、外侧韧带拉伤、半月板损伤和踝关节的外侧韧带损伤居多；肌肉与韧带拉伤较多，大腿后群肌肉与韧带的拉伤最常见，另外腰背肌、腹直肌、小腿三头肌的损伤也比较多。由于健美操运动中跳跃性动作较多，因此疲劳性骨膜炎在健美操运动中也是一种普遍存在的损伤，在跑跳过程中用力不当、落地不缓冲或者场地过硬等都可能会引起疲劳性骨膜炎。骨骺损伤在健美操运动中也是一种常见的损伤，健美操运动中关节扭动的动作比较多，稍有用力不当就会引起牵拉性的骨骺炎。

三、健美操常见损伤及处理

健美操常见损伤有肌肉韧带拉伤、关节扭伤、运动疲劳、重力休克、心绞痛、中风、运动腹痛、脚底筋膜炎和神经刺痛、籽骨炎、肌腱、小腿肌痛、半月板症、关节炎、黏液囊炎、腰肌劳损、颈椎病、胫骨膜炎等。

一般损伤的主要原因为：鞋、地面、套路问题、过度使用某块肌肉。解决方法是调节肌肉，增强柔韧性和力量，防止受伤。在有经验的健身教练指导下健身，初级者先做低强度的练习，循序渐进。在家里做操要确定动作的难度、是否有准备活动、有无快和激烈的运动等，进行一些伸展运动时要防止肌肉过度拉伤。一般一边要伸展 10 秒，使心率保持在(220-年龄)×80%左右。在运动前中后都要喝水，防止出现脱水、头晕、肌肉疲劳酸痛、抽筋等。不要低估放松的重要性，它能去除乳酸、肾上腺素，使血液情况不变差。一般比较安全的锻炼是：一周 2 次左右，慢慢增加到最多一周 5 次，要根据自己身体的情况，如果出现疼痛就要停止运动，否则会引发永久的伤病。如果 24 小时疼痛不减要马上找医生。

严重受伤通常的处理方法依次为：停下来，冷敷，用绷带包扎，抬高受伤部位，几天后无效果就得上医院。慢性受伤的处理方法与严重受伤不同，应去看医生，确定受伤原因。

过度拉伤的处理方法：必须提高运动技术，采用适当的运动强度、频度和持续时间。当出现运动反应，如颈、脸、手臂上出现疙瘩或斑点为过敏性反应，一般需要马上治疗。如果出现运动哮喘可能是因为在寒冷、灰尘和潮湿的环境中锻炼。解决方法是找比较良好的运动环境。

四、预防措施

(1)暖身运动：走、踏步、分并跳、伸展等。

(2)使用适当和慢的方法，听取教练的建议。

(3)学习防止运动损伤的技术和理论。

(4)选择合适的运动鞋、护腕和护膝等。

(5)遵循 10%增加的原则，一周内增加频率、强度、持续时间不要超过 10%，循序渐进。

(6)保持有氧运动和无氧运动锻炼的均衡,同时进行一些力量和柔韧练习,防止受伤。

(7)身体需要时间去恢复,以免受伤。

(8)运动前不要空腹,运动的前中后要饮足够的水。

(9)参加不同的训练,如交叉训练,锻炼不同的肌肉群。

(10)根据自己的身体及时调整运动,如果某部位在运动时产生酸痛,可以考虑减少运动或停止运动。

思考题

1. 大众健美操与竞技健美操有什么区别?
2. 健美操步伐包括哪些动作? 上肢包括哪些动作?
3. 进行健美操训练时,哪些训练内容对你而言最有效?
4. 如何预防训练时带来的运动损伤和疲劳期?

第十八章　体育舞蹈

【学习目标】

1. 了解体育舞蹈的起源与发展，知晓体育舞蹈的舞种。

2. 掌握体育舞蹈基本姿势及舞步。

第一节　体育舞蹈概述

一、体育舞蹈的起源与发展

体育舞蹈，又称“国际标准舞”，原名“社交舞”，英文为“Ballroom Dance”，起源于欧洲贵族在宫廷举行的交谊舞会。法国革命后，Ballroom Dance 流传民间。第二次世界大战后，美国人将该舞蹈传播到全球各地，跳舞热潮形成，至今不衰。

它发展于 1924 年，欧美舞蹈界人士在广泛研究传统宫廷舞、交谊舞及拉美国家的各式舞的基础上，对其进行了改造，于 1925 年将其分化为华尔兹、探戈、狐步、快步等四种舞，总称摩登舞。1950 年，英国主办了首届世界性舞蹈大赛“黑池舞蹈节”，并把规范后的舞蹈命名为国际标准交谊舞，以后每年的 5 月底，在英国的“黑池”举办一届世界性的舞蹈大赛。随着这种舞蹈在全世界的不断推广，其自身也得到了发展。

1960 年，非洲和拉美一些国家的民间舞被规范加工后又增加了拉丁舞的比赛，进而形成了现今国际公认的摩登舞、拉丁舞两大项群十支舞蹈。国际上有两个知名的国际体育舞蹈组织：世界舞蹈及体育舞蹈理事会——1950 年 9 月 22 日在英国苏格兰的爱丁堡成立，国际体育舞蹈联合会——1935 年成立于布拉格。

体育舞蹈于 20 世纪 30 年代传入我国，在 80 年代发展较快，我国舞蹈爱好者先后与日本、美国、英国等国家的舞者进行了交流。1991 年 5 月，中国体育舞蹈运动协会成立。从 1998 年开始，是体育舞蹈被列入中国文化部“荷花奖”的评奖单项。目前，体育舞蹈已成为体育运动项目之一，并于 2000 年成为悉尼奥运会表演项目。

国务院发布实施的《全民健身计划纲要》，将体育舞蹈列为推广项目之一。在“终身体育”和“健康第一”的思想指引下，作为形体美与音乐美的结合，体育舞蹈符合大学生对美的追求和陶冶情操、锻炼身体的身心发展需求，已走入大学体育课堂，成为大学体育教育和业余活动的一道靓丽风景线。

二、体育舞蹈舞种简介

体育舞蹈是以男女为伴的一种步行式双人舞的竞赛项目，按照体育舞蹈的风格和技术结构可分为两大类：摩登舞、拉丁舞；按照竞赛项目可分为三大类：摩登舞、拉丁舞、团体舞（队列舞）。摩登舞包括华尔兹、维也纳华尔兹、探戈、狐步和快步舞，拉丁舞包括伦巴、恰恰、桑巴、斗牛舞和牛仔舞。这 10 个舞种均有各自的舞曲、舞步及风格。

(一)摩登舞(Modern)

又称“标准舞”,是体育舞蹈项群之一。特点是由贴身握抱的姿势开始,沿着舞程线逆时针方向绕场行进。步法规范严谨,上体和胯部保持相对稳定挺拔,在音乐中完成各种前进、后退、横向、旋转、造型等舞步动作,端庄典雅。曲调大多抒情优美,旋律感强。服饰雍容华贵,男士一般着燕尾服,女士着过膝长裙。

1. 华尔兹舞(Waltz)

用W表示,也称“慢三”。舞曲旋律优美抒情,节奏为3/4的中慢板,每分钟28~30小节。每小节三拍为一组舞步,第一拍为重拍,三步一起伏循环。通过膝、踝、足底、掌趾的动作,结合身体的升降、倾斜、摆荡,带动舞步移动,使舞步起伏连绵,舞姿华丽典雅,是维也纳华尔兹(快三)的变化舞种。19世纪中叶,维也纳华尔兹传到美国,当时美国崇尚舒缓、优美的舞蹈和音乐,于是将维也纳华尔兹舞曲的快节奏逐渐改变得悠扬而缓慢,舞蹈也改变成连贯滑动的慢速步型,即今之华尔兹舞。

2. 维也纳华尔兹(Viennese Waltz)

用V表示。也称“快三步”。舞曲旋律流畅华丽,节奏轻松明快,为3/4拍节奏,每分钟56~60小节,每小节为三拍,第一拍为重拍,第四拍为次重拍。基本步伐是六拍走六步,两小节为一循环,一小节为一次起伏。基本动作是左右快速旋转步,完成反身、倾斜、摆荡、升降等技巧。舞步平稳轻快,翩跹回旋,热烈奔放。舞姿高雅庄重。它源于奥地利一种名为“圆舞”的农民舞蹈。约翰·施特劳斯为维也纳华尔兹谱写了许多著名的圆舞曲。

3. 探戈舞(Tango)

用T表示。为2/4拍节奏,每分钟30~34小节,每小节二拍,第一拍为重拍。舞步有快步和慢步,快步(quick)占半拍,用Q表示;慢步(slow)占一拍,用S表示。基本节奏是慢、慢、快、快、慢(S、S、Q、Q、S)。舞曲节奏带有停顿并强调切分音;舞步顿挫有力,潇洒豪放;身体无起伏、无升降、无旋转;舞者表情严肃,有左顾右盼的头部闪动动作。它源于阿根廷民间,20世纪传入欧洲上层社会,后流行于世界各国。

4. 狐步舞(Foxtrot)

也称“福克斯”,用F表示。舞曲旋律抒情流畅,节奏为4/4拍,每分钟28~30小节,每小节为四拍,第一拍为重拍,第三拍为次重拍。基本步伐是四拍走三步,每四拍为一循环。分快、慢步,第一步为慢步(S),占二拍;第二、三步为快步(Q),各占一拍。基本节奏为慢、快、快(S、Q、Q)。以足踝、足底、掌趾的动作,完成升降起伏,注重反身、肩引导和倾斜技术。舞步流畅平滑,步幅宽大,舞态优雅、从容、飘逸,似行云流水。20世纪起源于欧美,后流行于全球。

5. 快步舞(Quick Step)

用Q表示。舞曲明亮欢快,舞步轻快灵活、跳跃感强,它是体育舞蹈中一种轻快欢乐的舞蹈。节奏为4/4拍,每分钟50~52小节,每小节四拍,第一拍为重拍,第三拍为次重拍。舞步分快步和慢步,快步用Q表示,时值为一拍;慢步用S表示,时值为二拍。基本节奏是慢、慢、快、快、慢(S、S、Q、Q、S)。舞步组合有跳步、荡腿、滑步等动作。起源于美国,20世纪流行于欧美和全球。

(二)拉丁舞(Latin)

是体育舞蹈项群之一。特点是舞伴之间可贴身、可分离,各自在固定范围内辐射式地变换方向角度,展现舞姿,步法灵活多变,各舞种通过对胯部及身体摆动不同的技术要求,完成各种舞步,表现各种风格。舞姿妩媚潇洒、婀娜多姿,风格生动活泼、热情奔放,曲调缠绵浪漫、活泼热烈、节奏感强。着装浪漫洒脱,男士着上短下长的紧身或宽松装,女士着紧身短裙,显露女性的曲线美。

1. 伦巴舞(Rumba)

用 R 表示。节奏为 4/4 拍,每分钟 27~29 小节,每小节四拍。乐曲旋律的特点是强拍落在每小节的第四拍。舞步从第四拍起跳,由一个慢步和两个快步组成。四拍走三步,慢步占二拍(第四拍和下一小节的第一拍),快步各占一拍(第二拍和第三拍)。胯部摆动 3 次。胯部动作是由控制重心的一脚向另一脚移动而形成向两侧作"∞"型摆动。伦巴舞具有舒展优美、婀娜多姿、柔媚抒情的风格。其产生与西班牙和非洲的舞蹈有密切关系,后在古巴得到发展。

2. 恰恰恰舞(Cha-Cha-Cha)

用 C 表示。节奏为 4/4 拍,每分钟 30~32 小节。每小节四拍,强拍落在第一拍。四拍走五步,包括两个慢步和三个快步。第一步踏在第二拍,时间值占一拍,第二步占一拍,第三、四两步各占半拍;第五步占一拍,踏在舞曲的第一拍上。胯部每小节向两侧摆动 6 次。舞曲热情奔放,舞步花哨利落、步频较快,风格诙谐风趣。源于非洲,后传入拉丁美洲,在古巴得到发展。

3. 桑巴舞(Samba)

用 S 表示。舞曲欢快热烈,节奏为 2/4 拍或 4/4 拍,每分钟 52~54 小节。强拍落在每小节的第二拍或第四拍,每小节完成一个基本舞步。舞步在全脚掌踏地和半脚掌垫步之间交替完成,通过膝盖前后屈伸弹动,使全身前后摇摆,并沿着舞程线绕场行进,属游走型舞蹈。特点是流动性强、动律感强,步法摇曳紧凑,风格热烈奔放。源于巴西,是巴西一年一度狂欢节的舞蹈。

4. 斗牛舞(Paso Doble)

用 P 表示。音乐为旋律高昂雄壮、鲜明有力的西班牙进行曲。节奏为 2/4 拍,每分钟 60~62 小节,一拍一步,八拍一循环。特点是舞步流动性强,沿着舞程线绕场行进,属游走型舞蹈。舞姿挺拔,无胯部动作及过分膝盖屈伸,用踝关节和脚掌平踏地面完成舞步。斗牛舞动静鲜明,力度感强,发力迅速,收步敏捷顿挫,源于法国,盛行于西班牙,根据西班牙斗牛场面创作而成。男士代表斗牛士,气宇轩昂,刚劲威猛;女士代表红色斗篷,英姿飒爽,柔美多变。

5. 牛仔舞(Jive)

用 J 表示。音乐旋律欢快、热烈、跳跃,节奏为 4/4 拍,每分钟 42~44 小节,六拍跳八步。由基本舞步踏步、并合步,结合跳跃、旋转等动作组合而成。要求脚掌踏地,腰和胯部作钟摆式摆动。特点是舞步敏捷、跳跃,舞姿轻松、热情、欢快。源于美国,原是美国西部牛仔跳的踢踏舞,20 世纪 50 年代爵士乐的流行加速和完善了这种舞蹈,但风格上还保持美国西部牛仔刚健、浪漫、豪爽的特点。

第二节　体育舞蹈基本理论

体育舞蹈是一项集动作美、服装美、音乐美、形体美于一身,具有健身、竞技表演、培养气质及文化修养作用的运动。它具有严格的规范性、表演观赏性、体育性等特点。

一、体育舞蹈常用名词及其含义

(1)舞程向:在舞池中,为避免互相碰撞而严格规定舞者必须按逆时针方向行进。

(2)舞程线:沿舞程向方向行进的路线。

(3)舞姿:泛指舞者跳舞的姿态。

(4)合对位舞姿:泛指男女面对面双手扶握的身体位置。

(5)侧行位舞姿:指男士的右侧与女士的左侧身体紧紧贴靠,身体的另一侧略向外展开成"V"形的站或行进的身体位置。

(6)外侧位舞姿：是指在摩登舞中，男女舞伴的一方向另一方的右外侧(常见)或左外侧(较少见)前进所形成的身体位置。

(7)并肩位舞姿：指拉丁舞中，男女面对同一方向肩臂相并的身体位置。以男士为基准，男士左肩与女士右肩相并叫“左并肩位”，男士右肩与女士左肩相并叫“右并肩位”。

(8)影子位舞姿：男女舞伴面向同一方向重叠而立、形影相随的身体位置。以女士居前较常见。

(9)反身动作：一侧脚前进或后退时，异侧肩和胯后让或前送，使身体与舞步形成反向配合的身体动作。

(10)反身动作位置：在身体不转动情况下，一脚在身前或身后形成交叉，以保证两人身体维持相靠姿态的身体位置叫反身动作位置。常用于外侧舞伴姿态、侧行位置姿态的舞步中。

(11)升降动作(起与伏)：是指在跳舞时身体的上升与下降。升降动作是在膝、踝、趾关节的屈和伸动作的转换中完成的。

(12)摆荡动作：是指舞者在身体上升作斜向或横向移动时，像钟摆似的把身体摆动起来。

(13)倾斜动作：指在跳一些舞步时身体的倾斜。从形体上讲，是指肩的平衡线向左向右的倾斜，它与地面的水平线成三角斜线。

(14)节奏：通常指以一定规律反复出现、赋予音乐以性格的具有特色的节拍。

(15)速度：指音乐速度，即每一分钟内所演奏的小节总数。

(16)组合：指两个或两个以上的舞步型的结合。

(17)套路：指由若干个组合而串编成一套的完整的舞步型。

二、体育舞蹈常用技术动作术语名称及其含义

(1)准线：指双脚的位置或双脚方向与房间的关系。

(2)平衡：指舞蹈中身体重心的准确分配。

(3)基本舞步：是构成一种特定舞蹈的基调舞步型。

(4)擦步：指当动力脚从一个开位向另一个开位移动时，必须先与主力脚靠拢，而重心不变的舞步。

(5)滑步：指在第二步双脚并拢的三步组成的舞步。

(6)脚跟转：向后迈出的脚的脚跟转。在动作过程中并上的脚必须与主力脚平行，旋转结束时身体重心移动至并上的那只脚。

(7)脚跟轴转：不变重心的单一脚跟旋转。

(8)踌躇步：前进暂时受阻的舞步型或舞步型部分，重心停留于一脚超过一拍。

(9)逗留步：身体运动或旋转受阻时的部分舞步型，双脚几乎静止不动。

(10)开式转：第三步不是并靠而是超越第二步的旋转。

(11)轴转：一脚脚掌旋转，另一脚处于或前或后的反身动作位置。

(12)锁步：两脚前后交叉的舞步。

三、体育舞蹈的竞赛与组织

(一)竞赛特点

体育舞蹈竞赛既有艺术性又具有体育特点。

(1)主持人制：体育舞蹈比赛自始至终在主持人的指挥下进行，主持人既是司仪、广播员，又是宣传鼓动员、观众代言人，是场上的中心人物。

(2)比赛和表演结合。

(3)"淘汰"与"顺位"结合。

(二)比赛种类

世界级:专业组(职业)、业余组。

比赛规模:世界级、洲际杯、国与国、全国。

比赛名称:锦标赛、公开赛、邀请赛、友谊赛、精英赛。

国际大赛:世界舞蹈和体育舞蹈总会(职业)、国际体育舞蹈联盟(业余)。

(三)体育舞蹈竞赛的组织

1. 竞赛规程内容

规程内容包括主办单位、承办单位、比赛日期与地点、比赛项目、参赛办法、竞赛办法、录取名次及奖励、费用、报名与报到等。

2. 组织机构

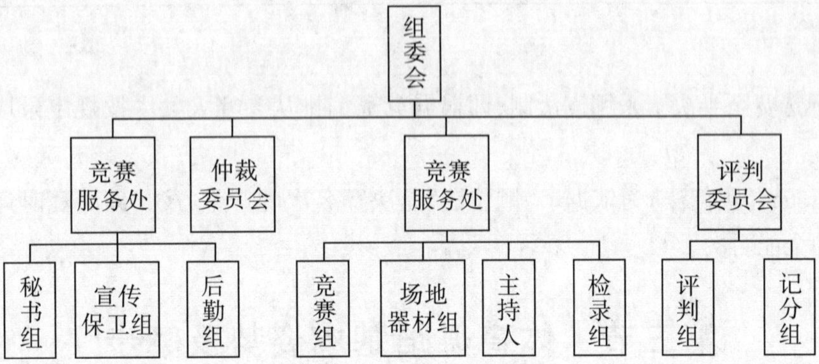

3. 竞赛编排

(1)核实报名单,确定选手编号。

(2)制定竞赛顺序。

(3)制定抽签和公布成绩方法。

(4)编制秩序册。

4. 比赛场地、灯光、音响、服装要求

(1)场地:体育舞蹈比赛场地为23米×15米的长方形,一般采用塑料地板拼接而成,应不反光,防滑,平整,四周有界线。

(2)灯光:各类灯光齐备,大小、色彩、图案、追光等及时变化,适于比赛表演等各种用途。

(3)音响:采用专业音响,配备专业人员工作,保持与主持人、选手的密切配合。决赛时每曲2′30″,其他赛时每曲不少于1′30″。

(4)服装:摩登舞比赛男子着燕尾服,女子着过膝露踝长裙;拉丁舞比赛男子着紧身长袖衣,女子着紧身短裙。男女选手服装必须协调,男女舞鞋应与服装颜色一致。

(四)裁判法

1. 裁判的组成

(1)通常设有裁判长一名,裁判员若干名。

(2)上场裁判员必须是单数。

(3)全国比赛、国际大赛设裁判员7~11名。

(4)裁判员姓名用英文字母 A、B、C、D 代表,在裁判评分表上表示。

2. 评判要素及评判标准

评判要素	评判标准
基本技术	足部动作、姿态、平衡稳定、移动
音乐表现力	节奏、风格的理解和体现
舞蹈风格展现	细微区别各种不同舞种之间的风格、韵味上的差别;个人风格的体现
动作编排	动作流畅新颖、运用自如,体现舞种的基本风味并有一定技术难度;动作与音乐密切配合,发挥音乐效果;编排有章法,充分利用场地
临场表现	赛场上的应变能力、是否有良好的竞技状态,专注、自信,能自我控制、临场发挥
赛场效果	舞者的风度、气质、仪表及出入场的总体形象

3. 计分方法

(1)淘汰法:从预选赛至半决赛采用淘汰制,即根据竞赛编排从参赛人数中按规定录取选手进入下一轮比赛,淘汰其余选手。

(2)以 Skating System(顺位法)为依据。“顺位法”是决赛名次的产生方法,即决赛时评委给选手打的名次通过顺位排列单项和全能名次。

第三节　体育舞蹈基本姿势及舞步

舞蹈的技术对于舞者来说至关重要,没有好的基本技术就无法谈及舞蹈的技巧。体育舞蹈的舞步是由动作连接而成的,而动作连接是靠一定的基本技术来完成的。

一、体育舞蹈的基本姿势要求

体育舞蹈,除了特殊的动作,一般舞步与动作,只要舞者四肢灵活,具有音乐感,都可顺利完成。许多人在某种程度上都有姿势方面的问题,由于初期动作简单,这种问题一开始不会有太大的影响,所以常常不被注意,但到学习高级技巧的时候,这些问题就会显现出来。

就舞蹈本身来说,身体垂直被视为最重要的一部分。因为只有身体垂直,重心才能到达地面。很多人站立时可以做到身体垂直,一旦身体移动,就变得或多或少的扭曲,以致影响正常的活动。正如很多跳水运动员站在跳台时身体都是很直的,但由于身体内在因素存在问题,或者动作技巧不到家,在空中就会产生动作变形,落水时,身体就会不垂直,水花四溅。跳体育舞蹈时也存在同样的问题,身体内在没有调节好,当两足交替、重心过渡的时候,身体就不能够保持垂直。这样,重心就不能到位。为此,我们不但要学会保持身体垂直,还要调节好身体各部分的机能,做到舞蹈中的“直腰”。

在实际应用中,虽然每个人都懂得把身体拉直伸展,但往往会因为过了头,形成不良的效果。例如,当腰部用力过多时,从外表看起来身体虽然直了,但腰部僵硬,使动作转动不灵活。所以,很多微小差异,将会形成不同的姿态缺陷,或多或少会影响技术的正常发挥;当跳到高级别套路时,这些缺点就会越来越显露出来。

跳舞是非常讲究基本姿势的正确性的,包括脊柱保持垂直,同时腰胯要放松,做到丹田控制呼吸。因此,要取得良好的姿势和内在力量,最好的方法是记住一些最基本的要点:

(1)站立时,悬顶拔背,气沉丹田。这样,可使背肌往上伸展,脊柱保持中正不偏。同时,可以增加颈部到腰腹的长度,更重要的是使身体保持舞蹈的"直腰"。

(2)耳根竖起,能起到振奋精神的作用。同时,要自我感觉颈的长度,拉长耳朵和肩膀的距离。

(3)两肩松垂,两肘微微向下松沉,使身体重心不随着移动而提升。跳摩登舞时,握持不要夹得太紧,也不能太松软;架型要稳固,有弹性,但不能僵硬。

(4)保持收小腹,利用丹田控制呼吸(横膈膜逆式呼吸),胸部挺拔而自然。

(5)运动时可以通过绵长的呼吸使身体变轻,减少上身对腿部的压力。

(6)头部的转动要带动整个脊柱转动,而不是头颈单独转动。

(7)上半身要向上伸拔,下半身则要往下松沉,使脊柱像吊着的铁链一样,既松垂笔直又灵活。这样,从中腰起,上下就有一种对拉的抗衡力,犹如禾苗的生长,根往下生,茎往上长;身体拉长,增加身体上下的抗衡力,抗衡力越大,就越能增加弹性和爆发力,越能增加动作的速率。

二、摩登舞基本舞步及舞蹈组合

(一)华尔兹

1. 华尔兹单人铜牌组合(单 W1)

左脚前进步带跟掌滚动摆荡、后退步带跟推摆荡、左脚前进并换步、右脚前进并换步、左脚后退并换步、右脚后退并换步、左脚前进 1/4 周左转、右脚后退 1/4 周左转、左脚后退 1/4 右转、右脚前进 1/4 右转、向右摆荡、向左摆荡、向右摆荡、在右脚上左转(见图 18-1 至图 18-30)。

图 18-1

图 18-2

图 18-3

图 18-4

图 18-5

图 18-6

图 18-7

图 18-8

图 18-9

图 18-10

图 18-11

图 18-12

图 18-13

图 18-14

图 18-15

图 18-16

图 18-17

图 18-18

图 18-19

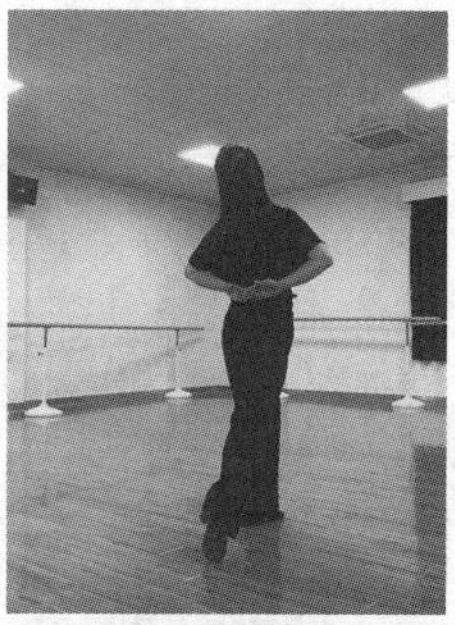
图 18-20

图 18-21

图 18-22

图 18-23

图 18-24

图 18-25

图 18-26

图 18-27

图 18-28

图 18-29

图 18-30

2. 华尔兹双人铜牌组合（双 W1）

左足并换步、右转步、右足并换步、左转步、叉形步、侧行并步、右转步、减弱右旋转、左转步、纺织步、侧行并步、犹豫步、左转 123、左侧转、外侧换步、侧行并步、犹豫步（见图 18-31 至图 18-54）。

图 18-31

图 18-32

图 18-33

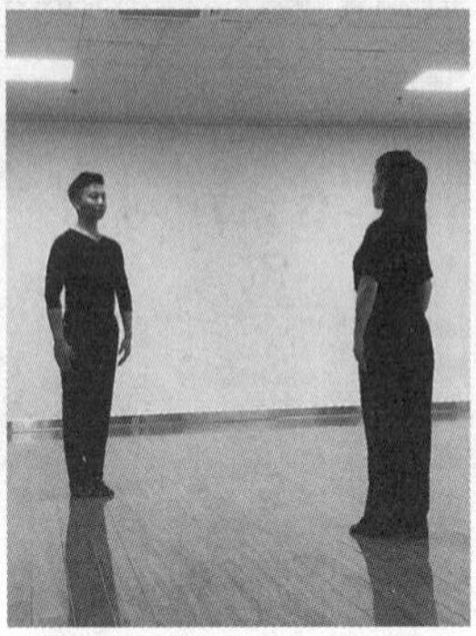
图 18-34

图 18-35

图 18-36

图 18-37

图 18-38

图 18-39

图 18-40

图 18-41

图 18-42

图 18-43

图 18-44

图 18-45

图 18-46

图 18-47

图 18-48

图 18-49

图 18-50

图 18-51

图 18-52

图 18-53

图 18-54

3. 华尔兹单人银牌组合(单 W2)

左脚前进步带跟掌滚动摆荡、后退步带跟推摆荡、左脚前进左转进入维也纳左转、向左摆荡(右脚后退,左转 1/4,左脚向旁)盘旋截步、后退拂步、向左行进追步、左拂步、向右行进追步、后退拂步、向左行进追步、右脚向前左脚摆荡、左脚向前右脚摆荡、右脚向前左脚摆荡、脚尖左轴转。

(二)探戈

1. 探戈单人铜牌组合(单 T1)

两次前进常步接并步、两次后退常步接并步、两次前进常步、旁步、刷点步、两常步、分式左转、左转 4~6(女步)、两次后退常步接并步、两次前进常步接并步、两次后退常步、旁步(女步)、刷点步(女步)、分式左转 1~3(女步)、右脚后退接摇步、左脚后退接摇步、左转 4~6。

2. 探戈双人铜牌组合(双 T1)

两常步、旁步、刷点步、两常步、分式左转步(女士外侧并步结束)、两常步、左脚摇步、左转 456。

3. 探戈单人银牌组合(单 T2)

两次前进常步接并步、两次后退常步接并步、两次前进常步、旁步连接步、刷点步、侧行走接连接步、侧行走接连接步、侧行点步至并步、两次前进常步在反身动作位置中、并退拂型步、右脚前进接向右回旋,重心换至左脚、两次后退常步进入同脚剑步位置、四快步、两次前进常步、分式左转(男步)。

(三)快步

1. 快步双人铜牌组合(双 Q1)

直角右转(两次追步)、行进追步(两次追步)、前进锁步、踌躇右转步(换线)、直角右转(两次追步)、行进追步(两次追步)、前进锁步、踌躇右转步。

2. 快步单人银牌组合(单 Q2)

开合跳、屈膝侧踢单脚跳至侧向滑步、踌躇拉步 2~3、1/4 周转、行进向左追步、1/4 周转加双追步、行进向左双追步、前进锁步、晃追步、后退锁步、踌躇换向。

三、拉丁舞基本舞步及舞蹈组合

(一)伦巴舞

1. 伦巴单人铜牌组合(R1)

原地换重心、时间步、原地换重心、时间步、基本动作、基本动作、基本动作 1/4 转、库克拉恰(见图 18-55 至图 18-68)。

图 18-55

图 18-56

图 18-57

图 18-58

图 18-59

图 18-60

图 18-61

图 18-62

图 18-63

图 18-64

图 18-65

图 18-66

图 18-67

图 18-68

2. 伦巴双人铜牌组合（双 R1）

扇形步、阿列玛那、纽约步、臂下左转、臂下右转、手接手、向旁走步、古巴摇滚、向右定点转、肩对肩、向左定点转（见图 18-69 至图 18-97）。

图 18-69

图 18-70

图 18-71

图 18-72

图 18-73

图 18-74

图 18-75

图 18-76

图 18-77

图 18-78

图 18-79

图 18-80

图 18-81

图 18-82

图 18-83

图 18-84

图 18-85

图 18-86

图 18-87

图 18-88

图 18-89

图 18-90

图 18-91

图 18-92

图 18-93

图 18-94

图 18-95

图 18-96

图 18-97

3. 伦巴单人银牌组合(R2)

基本动作、向右前进且转步、向左前进且转步、库克拉恰、前进且转步、古巴摇滚、原地换重心、向前、向旁、向右定点转、纽约步、向左定点转、手接手。

4. 伦巴双人银牌组合(双 R3)

分式扭臀转步、臀下右转、右侧分步与左侧分展步、闭式扭臀转步结束在反侧行位、纽约步、延迟步接并退步、古巴摇滚、击剑步、向右定点转转至影子位置、向前行进走步至扇形位、曲棍形转步。

(二)恰恰舞

1. 恰恰单人铜牌组合(C1)

原地换重心、快节奏原地换重心、原地换重心至追步、前进后退锁步、基本动作、基本动作 1/4 转、手接手。

2. 恰恰双人铜牌组合（双 C2）

（1~5）闭式基本步、扇形步、曲棍形转步结束在相对侧行位、纽约步、向右定点转、手接手、向左定点转、节奏步、臂下左转、肩对肩、臂下右转结束于闭式位。

3. 恰恰单人银牌组合（C3）

基本动作、分列式古巴碎步、左脚前进步转至锁步、右脚前进步转至锁步、前进抑制步至 3 个后退锁步、原地换重心至 3 个前进锁步结束于旁、向右定点转、纽约步、向左定点转、瓜帕恰节奏步。

4. 恰恰双人银牌组合（双 C3）

分式扭臂转步、扇形步、曲棍形转步、（1~5）闭式基本步、右陀螺转步（1~15）、闭式扭臂转步至扇形位、阿列玛那、向前锁步追步、切分音纽约步、分式侧行位置之分裂式古巴破碎步、向右定点转转至分式位置。

（三）牛仔舞

1. 牛仔双人铜牌组合（双 J2）

原地基本步、并退基本步、右至左换向步、左至右换向步、侧行走步 2 慢 4 快、（3~8）右至左换向步、左至右换向步、美式旋转、背后换手、左至右换向步。

2. 牛仔单人银牌组合（J3）

原地基本步（1~5）、并退基本步（1~5）、右向左换位步、左向右换位步、并退基本步（1~5）、右向左换位步、左向右换位步、弹踢步、后退锁步、美式旋转。

3. 牛仔双人银牌组合（双 J4）

并退基本步、右至左换向步、左至右换向步、（1~5）连接步、双交叉绕转步、侧行走步 2 慢 4 快、（3~8）右至左换向步、2 个停走步、左至右换向步

第四节　体育舞蹈基本技术及专项训练

体育舞蹈是一项具有高度艺术性和技巧性的运动项目。在体育舞蹈运动中，把握节奏的变化、动作的连贯性，需要体育舞蹈运动员具有很强的综合运动素质，其中最为重要的就是基本功和专项力量。因此，在体育舞蹈训练中，根据舞蹈的技术特点，加强相应训练就显得尤为重要。

一、体育舞蹈基本技术

（一）控制技术

在体育舞蹈运动中，每个运动员都需要对肌肉进行控制，对肢体进行拉伸，进而将每个舞蹈动作做到位。每套舞蹈动作的完成都需要运动员合理协调身体的各个部位，如颈部、肩部、四肢等，只有这些部位都能灵活运动，才能保持身体的平衡。因此，一个出色的体育舞蹈运动员要达到审美要求与技术要求的统一，就要严格掌握身体的控制技术。

（二）弹动技术

在体育舞蹈训练中，肌肉发力的动作要和关节缓冲的动作共同完成。这两个动作同时完成不仅能够展现出体育舞蹈运动员优美的舞姿，将整场舞蹈带入高潮，还能很好地保护运动员的关节和肌肉。

（三）抛物状和螺旋状的运动技术

华尔兹与维也纳华尔兹舞步的运动形状是抛物状和螺旋状。在做抛物状的运动时，脚的动作要迅速，其他部位也要配合；完成螺旋状的运动时，确保动作到位且美观，不仅需要躯体有效控制肌肉的力量，还要求身体灵活掌握反身技术，运用地面与人体间的作用力与反作用力把力量传递给髋部，再由腰部强烈地推进而实现。这

种运动技术要求体育舞蹈运动员有很强的肌肉力量。

（四）扭摆技术

在体育舞蹈中，有些特殊的舞步，如伦巴、恰恰等，需要髋部和腰部在多维空间做上下、前后、左右的摆动动作。扭摆技术对体育舞蹈运动员提出了更高的要求，体育舞蹈需要运动员对肌肉力量进行训练，能够准确掌握肌肉的力度，特别是髋、腰部的肌肉力量。

（五）律动技术

在体育舞蹈中，律动技术要求体育舞蹈运动员通过控制不同部位的肌肉将舞蹈作品的灵魂展现出来，运动员也可以利用上臂的惯性力量带动小臂进行摇摆，利用身体的协调性，展现出优美的舞步。

二、体育舞蹈的基本功训练

（一）保持身体基本形体、姿态

形体美与姿态美是体育舞蹈基本功训练的基本内容。运动员只有坚持不懈地进行形体、姿态、动作配合等全方位训练，才能充分展现出体育舞蹈的美感。在比赛中，许多选手都喜欢选择各种高难度的舞技来表演，为的是吸引裁判和观众的注意，但有些选手的表演并不能引起共鸣，原因是他们的身形舞姿（包括握抱架型）还达不到艺术化的审美要求。在身形和架型上存在着规范与不规范、松紧适度与过分僵硬之分。消除多余动作，克服身体变形，舞姿、架型规范、身形优美在跳舞中显得尤为重要，所以运动员要结合自身特点，注意发展身体特殊部位（如腰、背、肩、颈部）小肌肉群的力量和柔韧性，提高空间感、知觉能力，在运动中保持身体基本形体美和姿态美。

（二）身体素质训练

竞技水平及竞赛成绩的提高与选手身体素质的改善有密切的联系。学习体育舞蹈，提高身体素质与运动机能如平衡、协调、节奏、空间感知觉等是基础中的基础。按运动训练项群分类，体育舞蹈属于技巧主导类表现性项目，对选手的身体素质要求有着明显的个性特征。其运动强度也比较大。个别舞种如桑巴、恰恰、牛仔舞成套动作完成之后，选手平均脉搏跳动 200 次/分钟左右。特别是在比赛时，每种舞比赛之间的间隔只有 30~40 秒，即选手一种舞跳完之后在脉搏跳动还没有完全恢复的情况下就要进行下一种舞的比赛，这样对选手在身体素质及能力方面都提出了较高的要求。

发展体育舞蹈身体素质应重点发展小肌群力量，因为小肌群在维持身体平衡、保持良好的身体姿态和完成一些非规定动作时起着至关重要的作用。同时要重点提高踝关节、髋关节、胸椎关节和肩带的柔韧性，动作做到位、身体最大限度地延伸等都需要这些部位具有良好的柔韧性；再者，耐力素质是决定拉丁舞选手竞技能力高低的主要素质，对比赛结果也有着重大影响。耐力可分为一般耐力和专项耐力。提高一般耐力可采用跳绳、长跑或结合拉丁舞对身体素质的要求，选择适宜的动作如仰卧收腹、俯卧撑等进行训练。对于专项耐力的提高，可模拟拉丁舞比赛的过程并在一定时间内进行 5 种舞成套动作的连接练习。即每一种舞种完成的时间不能低于 3 分钟，每种舞之间的时间间隔控制在 30~40 秒之间。

另外，体育舞蹈作为演绎类项目，其动作要求精细，表演时身体往往并不是处在一种正常状态，因此提高运动机能，如大脑神经的协调能力、小脑和前庭器官的平衡能力以及听觉、视觉、触觉等运动感知觉能力显得尤为重要。

（三）舞蹈基本步练习

舞蹈基本步是专家归纳总结和加工提炼出来的一些具有一定代表性或标示性的元素步，是展现本舞种典型风格的固定跳法。它们是动作中最稳定的部分，也是组成复合型动作不可缺少的基础内容，还是进行动作组合、创编的基本素材。基本动作无论是动作的过程还是形式都比较简单。通过基本动作训练，能逐渐掌握各种舞的风格和特点，也能为学习组合动作、进行成套动作的编排奠定必要的基础。无论是舞蹈大师还是有经验的舞蹈教师都十分重视基本舞步的学习与训练，特别是初级水平的舞者应把学习重点放在基本步的练习上，日常学习主要以舞蹈基本步为主。有一定基础的舞者，可以结合特定的舞步，适当做一些升降、旋转等高层次的技术练习。练习时要求舞者重心的移动流畅平稳，不露痕迹，人到重心到，舞伴之间保持配合和谐，同时舞者要结合自身和舞蹈的特点认真体会、反复练习，直到形成牢固的动力定型。

（四）舞蹈综合素质训练

1. 培养音乐感受能力及艺术表现力

舞者的音乐感受能力和表现能力是直接联系的，二者只有结合起来才能真正反映出体育舞蹈的魅力及艺术性。

体育舞蹈中的音乐高低起伏、快慢不一，舞步不是单纯地随大脑的意念而转动，它要听命于音乐的节拍。只有用流动的音符来激发身体的激情时，才能够真正地把舞蹈的形象与音乐的形象完美结合。培养和提高舞者的音乐素养应该从听懂音乐节奏入手，然后再学会解读音乐旋律和意境，更好地用肢体语言展现音乐旋律和意境。

舞蹈的艺术表现力要反映舞蹈内涵，把观众带入故事，用姿态、表情、动作来感染观众。如果舞者对音乐没有良好的把握，那么在舞蹈过程中就不能把舞蹈的特点完美地展现出来。舞者通过头、眼、颈、手、腕、肘等部位的协调运动，构成有韵律感的舞蹈动作，特别是通过眼神流露出喜、怒、哀、乐等情绪与舞伴进行感情交流，表达内心的感受。训练时，除了了解各个舞种的人文背景、风格特点和音乐特色，学会用心体味音乐、感受舞蹈，同时还要进行眼、手、脚等关键部位的专业训练。

2. 注重文化素质的培养

舞蹈是体育项目中较人文的项目，它运作的是技能化的身体，展示的是不同民族的文化，若一个体育舞者没有一定的艺术修养和文化储备，充其量只是一个跳舞的“匠人”。因此，舞者除了要了解体育舞蹈各舞种的源与流，抓住舞蹈的“魂”，还要增加生活阅历，丰富自身情感，提高自身的艺术修养。只有做到内外兼修，才能达到以舞传神的境界，才能很好地发掘出各舞种所蕴含的文化信息。

三、体育舞蹈的专项体能训练

（一）一般性训练内容

通常情况下，一般性训练包含力量训练、耐力训练、柔韧训练、速度训练、协调性训练以及灵敏性训练等，而进行一般性体能训练时，还要充分重视自身素质水平提升的敏感期，只有在敏感期进行有针对性的训练才能够收到良好的训练效果。

（二）专项训练内容

体能专项训练中不仅包含单个动作能力的训练、配套动作能力的训练，还包括与舞伴之间的有效配合能力训练，以及竞技比赛过程中所要展示的能力训练等。

（1）体育舞蹈力量训练。在进行训练时，不仅要打破外部环境所带来的阻力，还要在一定程度上克服自身的阻力影响。因为体育舞蹈不同于其他体育项目，它特别重视选手对力量的控制能力，在竞技过程中不仅要对力量进行控制，还要和音乐等进行融合，因此就需要进行力量的训练。

（2）柔韧性的训练。体育舞蹈竞技是一个动态的过程，想要保持良好的动态柔韧素质和水平，就要有静态的柔韧素质作为基础。再加上体育舞蹈是由男女选手共同配合、协调来完成的一种运动，它会将舞蹈本身的动态性以及选手的柔韧性表现得十分强烈，因此就需要选手具有极好的柔韧素质。

（3）耐力训练。体育舞蹈比赛项目的完成需要选手双方具有良好的耐力，选手不仅要对身体耐力进行训练,还要提升心理耐力水平。

(4)与舞伴之间的配合。每个舞种都有相应的既定套路,而舞蹈表现力的展示以完整的舞蹈动作作为基础和载体,因此选手自身表情以及和舞伴间的配合就变得非常重要,而使用核心稳定性对其双方进行训练就能有效提升他们之间的配合效果,进而提升竞技成绩。

(三)体能恢复策略

(1)采用运动性方式进行恢复。简单来说,就是在运动结束以后通过变换动作以及活动方式来进一步降低选手的疲劳感,同时还可以进行相应的整理活动确保选手身体机能得到恢复。

(2)睡眠恢复。在训练结束以后保证睡眠质量,能够有效提升机体代谢自身的同化作用,降低异化作用的影响,进而使选手体能得到恢复。

(3)采用物理方式进行恢复。选手在完成较大强度的训练后,可以采用理疗、针灸或者按摩等物理方式进行恢复,这样能够降低选手的疲劳度,促使选手体能得到有效恢复。

(4)采用营养方式进行恢复。在运功过程中会消耗大量的体能,这时就可以补充一定的营养,推进体能恢复。

(5)采用心理方式进行恢复。在运动以后可以通过向选手灌输信念,对其思想进行激励,有效对其心理状态进行调节等方式,来使其体能得到恢复。

第五节　体育舞蹈常见运动损伤及预防

一、体育舞蹈常见运动损伤

不同类型的运动损伤部位,男、女舞者损伤的程度存在一定的差异。就性别而言,男性更易受伤。摩登舞(标准舞)舞者受伤比例较小,出现最多的是肌肉拉伤,主要在胸部、颈部和上肢,常见的损伤有三角肌扭伤、踝关节韧带损伤和大腿内收肌劳损等。而拉丁舞舞者受伤比例略大,出现皮肤擦伤较多,主要在上下肢、腰腹部,常见的损伤有大腿肌肉劳损、腹部肌肉劳损等,且多为急性损伤。其原因是拉丁舞活泼、奔放,女舞者舞蹈风格自由多变,运动范围大、频率快使拉丁舞者比摩登舞者承担更激烈的运动强度,因此损伤更多。

二、体育舞蹈运动损伤原因分析

(一)身体素质差

体育舞者的身体素质非常重要,如果没有全面、均衡的身体素质,舞者会因身体力量的不平衡而出现损伤。如在拉丁舞中,髋关节解剖结构具有稳定性好、柔韧性差的特点,往往要求运动员身体的极限范围大大超过髋关节的高速运动,如果运动员柔韧性不够,运动损伤便会发生。而摩登舞对运动员的要求是上身开放稳定、屈伸灵活、动作的起伏错落有致,必须保证摆动动作自由、灵活。力量的根源来自下肢肌肉和关节,如果运动员的力量差,运动的稳定性和平衡会受到破坏,稍有不慎运动损伤就会发生。

(二)技术要领不正确

技术要领不正确是导致体育舞者发生运动损伤的主要原因。首先,错误的技术动作会违反人体自身的运动结构特征和力学原理,容易造成人体组织损伤。其次,舞蹈动作技术复杂时,在教师交代不清或者过早让学生进行音乐练习和双人配合的情况下,也容易引起运动损伤。此外,体育舞蹈中如果舞伴出现技术失误,也非常容易使自己发生运动损伤。

(三)舞伴之间协调配合不当

体育舞蹈是两个人的舞蹈,两人跳舞比单人更有吸引力,但也存在一些不安全因素。如两人握抱姿势不正确、推拉力不一致、进退不同步等都会引起损伤。其中,较为普遍的是进退不同步导致损伤。在二者的合作过程中,由于技术不熟练或缺乏默契,造成注意力不集中,导致运行路线或重心不同,引起相互踩脚,轻者脚部淤青,重者脚背、脚趾损伤或骨裂伤。

(四)准备活动不足

许多调查数据表明,缺乏准备或准备不足是造成运动损伤的首要原因。准备不足会导致中枢神经系统不兴奋,不能克服身体机能的生理惯性,难以调动身体的协调性、柔韧性和肌肉力量等,不利于训练,容易造成运动损伤。如在拉丁舞教学中,头、肩、腕、髋关节扭曲,压力上升,有很多弯膝关节伸背动作,准备不足将使这些关节滑液不足,进而导致关节与软组织间摩擦力增大,引起损伤。

(五)过度疲劳

运动性疲劳是指经过一段时间后,机体不能维持其功能到一定程度,或不能保持预定的运动强度。体育舞蹈是有氧运动,通常一支舞蹈至少 3 分钟,耐力较差的学生练习到后半段就很容易产生疲劳,从而注意力不集中,造成运动损伤。

(六)在训练中受伤得不到及时治疗与积极调整

在体育舞蹈教学中,部分学生不太清楚自己的身体状况,觉得自己可以承受这种强度的练习,或因为教师要求严格,不敢如实上报,而是硬撑下去。大学生在训练中肌肉拉伤,通常认为是由于高强度训练而使肌肉酸痛,没有立即选择去医院进行治疗而坚持锻炼所致。

三、体育舞蹈运动损伤的预防手段和方法

(一)加强身体素质训练

通过加强专项身体素质的锻炼,运动员可以提高身体的肌肉和关节的耐力与神经系统的反应能力,从而增强身体的力量,减少可能的运动损伤。所以为了预防运动损伤的发生,对于易损部位,必须有针对性地进行密集训练,使其功能得到有效改善。例如,为了防止腰部和背部肌肉损伤,对腰部和背部肌肉进行力量训练和伸展训练。因为在体育舞蹈中,经常需要通过腰部力量完成动作。

(二)加强正确技术要领的学习

体育舞蹈动作娴熟、体育舞蹈方法正确可以避免技术动作失误造成的损害。因此应加强技术训练。学习新技术时要了解其结构、作用和原理,熟练掌握技术要领,从而避免运动损伤的发生。

(三)有意识地加强锻炼和培养与舞伴之间的默契

要想提高体育舞蹈竞技水平,舞者双方必须在技能上下苦功夫,反复练习,以达到预期的效果。只有男舞者"领"好,女伴才能"跟"好,双方才能配合默契,更好避免伤害发生。所以,男舞者必须熟练掌握舞步,可以准确、积极引导和提示女性,从而达到最默契的配合。对于女舞者来说,具有敏捷的反应能力和良好的理解能力是非常重要的,要及时准确地掌握信息,并迅速完成舞步和舞姿的变化,只有这样才能实现两人之间的完美合作。例如,男进女退:男伴肩、肘、手向前推,通过腰腹部位的接触点以及移动腿大腿的接触面,传达给女伴力量的起始和结束时间信息,使双方的迈步幅度统一,男伴通过女伴的即时反应迅速得到信息,移步后退。

(四)做好准备活动

跳之前要做好充分的准备活动,并做好身体和心理上的建设。准备活动的量应根据个人的身体条件、气候条件、教学内容和具体情况来确定。常规准备活动包括行进间走、慢跑、跨跳等基本动作。特殊准备活动可根据不同的练习内容进行选择,如拉丁舞的柔韧性练习、腹部力量练习,摩登舞者应做胸腰部和膝盖以下屈伸性

活动。准备活动以发热、轻微出汗为宜，时间控制在4~10分钟。

（五）遵守科学训练原则

身体运动量是有一定极限的，超负荷训练对身体的损伤非常大，因此在训练中，应考虑身体的个体差异，根据个人项目、舞蹈技术水平及特点来制定相应的训练计划。训练计划的内容不仅要包括专项技术训练，还要包括综合体能训练；要针对男、女性之间在心理和生理上的差异，选择合适的训练形式；并要通过各种方法和手段对膝关节和踝关节力量进行锻炼，强调中段控制能力，改善下肢的柔韧性、灵活性、协调性和肌肉力量。

（六）做好疲劳恢复，加强对运动损伤知识的了解

可以播放一些舒缓、欢快的音乐，开展简单的娱乐游戏，或观赏艺术表演类节目，从心理上调整疲劳状态。此外，还可以互相按摩，如推、揉、按、压疲劳部位，使血液循环得到改善，促进新陈代谢，这样因为代谢而形成的乳酸等产物会被带走，肌肉疼痛和僵硬症状也能够得到缓解，从而对慢性损伤的预防起到积极的作用。同时，还可以用热敷、适度的洗浴等方式进行调理。

思考题

1. 简述体育舞蹈的分类和各舞种的特点。
2. 体育舞蹈的技术特点有哪些？
3. 体育舞蹈的训练内容有哪些？
4. 如何有效预防体育舞蹈运动中出现的常见损伤？

第十九章 民族舞

【学习目标】

1. 了解民族舞的概念和特点。
2. 掌握民族舞的基本技术和基本规则。

第一节 民族舞概述

一、民族舞的概念

民族舞起源于某一国家或者某一民族的人们对自然界和人类社会内在情感表达的一种肢体外化的表现形式,并着重体现该国家或民族所特有的艺术文化审美共性及群体性文化认同。

二、民族舞的特点

民族舞自产生至今经历了原始舞蹈、自娱舞蹈、娱神舞蹈、娱人舞蹈等阶段,受地理环境、生活习惯、民族性格、宗教信仰、民俗文化等影响,具有多样性特点,且多以载歌载舞的形式出现。

(一)地域性

地域性包括空间的地域性和文化的地域性。空间的地域性指特定的地理位置或民族区域范围,如西藏地区的藏族舞蹈、新疆地区的维吾尔族舞蹈、云南地区的傣族舞蹈等。文化的地域性指在一定的地域自然环境气候中与人文因素共同作用所产生的独特地域文化,反映在舞蹈表演中就呈现为不同的舞蹈风格差异性。如同属于游牧地区的内蒙古地区和新疆地区在蒙古舞的表演中,因文化地域的不同,而呈现出同一舞种舞蹈表演的差异。

(二)民族性

民族性是一个民族所特有的、根本的文化特性,也是民族舞赖以生存的根本,离开了民族性,民族舞便失去了艺术性。著名编导莫伊谢夫认为:“任何民族民间舞都是社会生活各种现象的反映。”因此只有紧抓民族之“根”,从生活中寻找民族之“源”,把握各个民族独特的民族性,民族舞蹈才能得以继续发展。

(三)宗教性

在舞蹈的起源中就有“宗教说”,可见宗教活动在古代社会发展中的重要地位。原始舞蹈中有大量与敬神、祭祀、巫术等有关的内容,原始宗教中的仪式舞蹈动作都具有特定的含义和目的,作为一种媒介手段而存在,主要表现为与自然或超自然界中的现象进行沟通。

（四）表演性

舞蹈是一门视、听觉结合的综合性的艺术表现形式。民族舞蹈在发展过程中不断对步伐、节奏、韵律、服饰、道具等进行程式化、规范化，使之成为一套具有相对完整体系和标准的表演模式，继而发展成一种特殊的文化艺术形式，并伴随人们在节日庆典或特殊仪式中进行表演性的展现。

第二节　民族舞基本技术

一、藏族舞蹈

（一）概述

藏族具有悠久的历史文化，主要分布于我国西藏、青海、甘肃、四川、云南等地区。由于居住地域的辽阔和自然环境影响下的劳作方式与宗教信仰的相互融合，藏族人民创造了丰富多彩的民间歌舞艺术。藏族人民以舞抒情、以歌述怀，表达劳动的喜悦和内心的丰富情感，歌舞是藏族人民生活中不可或缺的组成部分。

（二）风格特点

受劳作方式和宗教信仰的影响，人们在表演藏族舞蹈时上身松弛、身体前倾，双脚自然外展，膝关节放松，并伴随连续不断的颤动和屈伸，形成了舞蹈中“弓背、松胯、屈膝”的体态特征和膝关节颤动、屈伸的突出风格特点。另外，由于地理环境和气候的影响，生活中藏族人民服饰厚重，身着大袍长靴，为了便于劳作人们习惯将双袖扎于腰间，因此也形成了独具特色的“舞袖”动律特点。

（三）常见舞蹈种类

（1）弦子，也称为“谐”，是藏族民间的自娱性舞蹈。舞蹈动作舒展，舞姿优美，常用于慢板的练习中。舞蹈时身体前倾，膝关节配合屈伸和规律的颤动带动上身自然晃动。

（2）踢踏，是一种集体的歌舞形式。舞蹈风格热情质朴，脚下动作灵活敏捷，可用于快板的练习中。踢踏舞注重脚下的跳、踢、跃、跺等动作，脚下动作因松弛灵活多变而富有弹性，双膝配合上下的颤动来表达情感。

（3）锅庄，又称为“卓”“歌庄”等，意为围圆圈跳舞。因目的不同，可分为宗教祭祀中的“大锅庄”、民间传统节日中的“中锅庄”和亲朋聚会的“小锅庄”等。锅庄的动作大体可分为两类：一类节奏缓慢，舞姿舒展优美；另一类节奏急促，舞姿热烈奔放。人们围着篝火用欢快的舞步转圈起跳，表达对自然的赞美、感恩和对美好生活的歌颂与向往。

（四）基本体态

（1）自然体态：脚下自然位站立，上身松弛，懈胯，双膝不僵硬，双肩放松，手臂自然下垂，双眼平视（图 19-1）。

（2）坐懈胯体态：脚下丁字位，膝盖松弛弯曲，重心落在后脚上，上身含胸塌腰松胯，双手扶胯（图 19-2）。

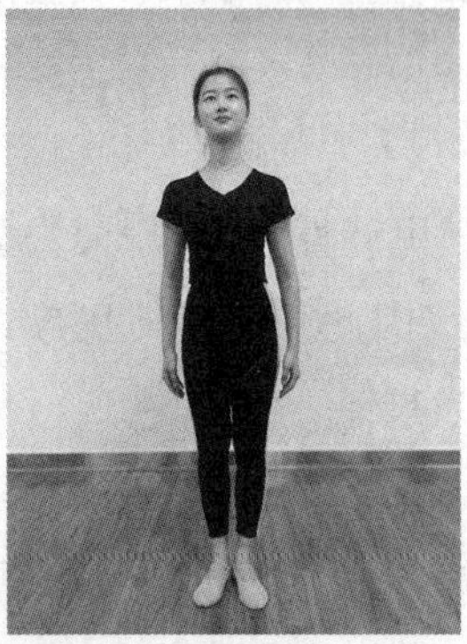

图 19-1　自然体态

图 19-2　坐懈胯体态

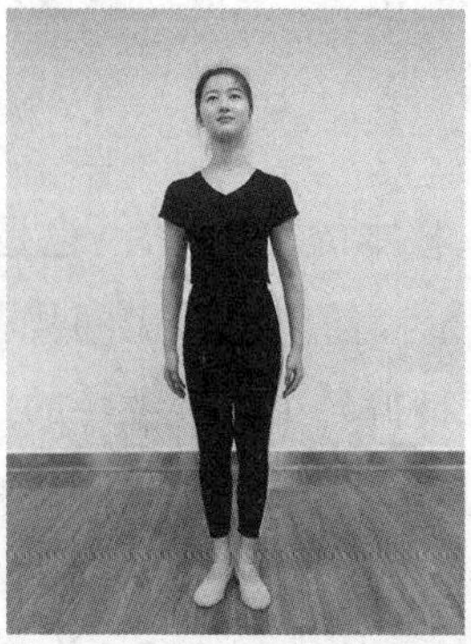

图 19-3　基本手形

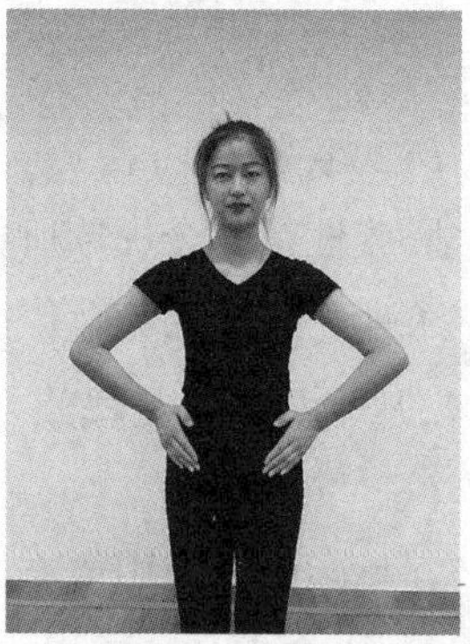

图 19-4　扶胯手

(五)基本手形

四指并拢,虎口自然张开,掌心放松(图 19-3)。

(六)基本手位

(1)扶胯手:掌心自然坐放于胯上,双手指尖对斜下方,沉折腕,双肘微前,含胸。可单手扶胯,亦可双手扶胯(图 19-4)。

(2)单臂手:

①扶胯单臂手:一手扶胯,一手屈臂上举,手心向前,大小臂约控制在 90°(图 19-5)。

②旁开单臂手:一手旁开向体侧平举,手心向下;一手屈臂上举,手心向前,大小臂约控制在 90°(图 19-6)。

(3)斜上手:双手臂向斜上方上举,手心相对(图 19-7)。

(4)斜下手:双手臂向斜下方打开,手心对前(图 19-8)。

(5)晃手:手臂自然下垂,动作时屈肘手腕带动经由内向外上弧线划圆晃动。可在大、中、小位置上进行:大晃手手臂高于额头上方,中晃手手臂位于眉眼间,小晃手手臂位于胸腹前(图 19-9)。

(6)盖手:手臂自然下垂,动作时屈肘手腕带动经由外向内上弧线划圆晃动。可在大、中、小位置上进行:大盖手手臂高于额头上方,中盖手手臂位于眉眼间,小盖手手臂位于胸腹前(图 19-10)。

(7)髋前划手:双手自然下垂,左右手分别在髋前做由内向外划至旁的平圆运动,右手按顺时针路线,左手按逆时针路线(图 19-11)。

图 19-5 扶胯单臂手

图 19-6 旁开单臂手

图 19-7 斜上手

图 19-8 斜下手

图 19-9 晃手

图 19-10 盖手

图 19-11 髋前划手

图 19-12 前后摆手

(8)摆手:

①前后摆手:双手自然下垂,手臂交替自然前后摆动(图 19-12)。

②左右摆手:双手自然下垂,手臂于身侧交替一前一后地左右摆动(图 19-13)。

(9)悠手：双手自然下垂，屈臂折肘向前悠摆，虎口对上，原路线下落悠至体后。可单手，亦可双手（图19-14）。

图 19-13　左右摆手

图 19-14　悠手

图 19-15　自然位

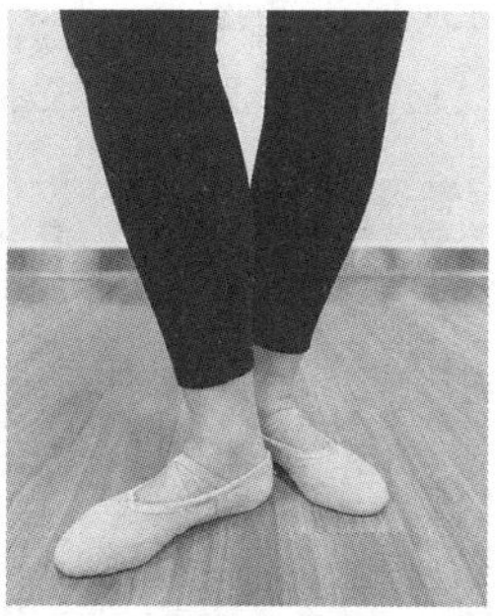
图 19-16　丁字位

（七）基本脚位

(1)自然位：也称小八字位，脚尖自然打开成小八字步（图 19-15）。

(2)丁字位：自然位基础上，一脚放于另一脚足弓前（图 19-16）。

(3)旁点靠位：自然位基础上，一脚勾脚在另一脚旁（图 19-17）。

图 19-17　旁点靠位

二、蒙古族舞蹈

（一）概述

蒙古族人民世居草原，过着“逐水草而居”的游牧生活，以“马背上的民族”而著称。在辽阔的草原上，以游牧和狩猎为主要生活劳动方式的蒙古族人民创造了自己灿烂的草原文化。蒙古族民间舞具有自娱性和集体性的特点，多体现肩部、腕部、平步、踏步、马步等代表性训练内容。

（二）风格特点

蒙古族人民崇尚蓝天和雄鹰，又长期生活在游牧草原地区，因此蒙古族舞蹈形成了浑厚、含蓄、舒展、豪迈的特点。舞蹈中女子动作多配合后点地位，男子动作多配合前点地位，加上上身微躺、颈部后枕的体态特点，展现出蒙古族女性端庄大气，男性豪迈矫健、勇敢彪悍的民族性格。

（三）常见舞蹈种类

(1)盅碗舞。盅碗舞是从元代承传下来的传统民间舞蹈，一般由女性表演。舞蹈形式新颖，动作优美，风格独特，具有浓郁的民族特点。每逢佳节、喜庆欢宴之际，人们在酒足食盛之时，拿起桌子上的酒盅舞蹈起来，以表达喜悦之情。舞者头顶瓷碗，碗里盛满清水或奶酒，双手各拿两个酒盅，在音乐伴奏下，按盅子碰击的节奏，双臂进行舞姿的舒展屈收，在丰富、灵活、多变的上肢变化中展现技艺。

(2)筷子舞。筷子舞以肩的动作见长，一般由男性表演，是蒙古族代表性的传统民间舞蹈形式之一。表演者双手各握一把筷子，手持筷子的细头，用筷子的粗头击打物体、身体或地面。筷子舞凝结了蒙古族人民能歌善舞、热爱美好生活的智慧，音乐欢快、明朗，表现了蒙古族热情、开朗、豪迈的民族性格。

(3)安代舞。最初是一种用来治病的萨满教舞蹈，有祈求神灵庇护、消灾除咒等功效，后演变为表达欢乐情绪的传统民间歌舞。安代舞的表演形式为：可几十或上百人不等，围成圆圈，踏歌起舞，现发展成既可在广场上自娱的集体舞，也可在舞台上进行演绎的表演性舞蹈。

（四）基本体态

上身略后倾，颈部后枕，下巴微抬，目光远眺，视野开阔。脚下可踏步位站立，双手胯前按手（图 19-18）。

(五)基本手形

(1)平掌手:四指并拢,拇指自然伸直(图 19-19)。

(2)自然手形:五指自然张开(图 19-20)。

(3)勒马手形:五指自然内曲,食指指尖立于大拇指指腹上,手握空心拳(图 19-21)。

图 19-18　基本体态

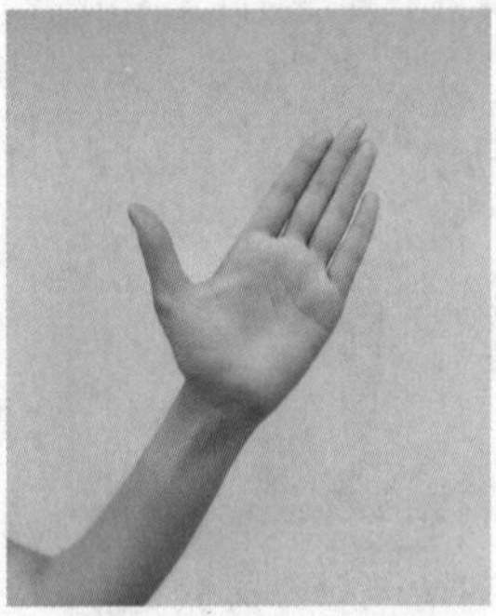

图 19-19　平掌手

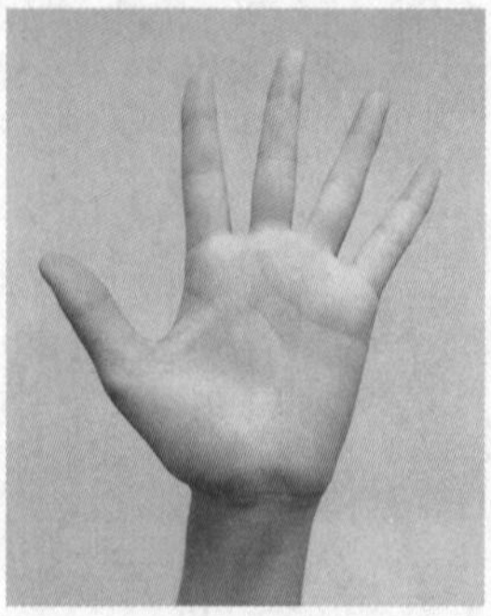

图 19-20　自然手形

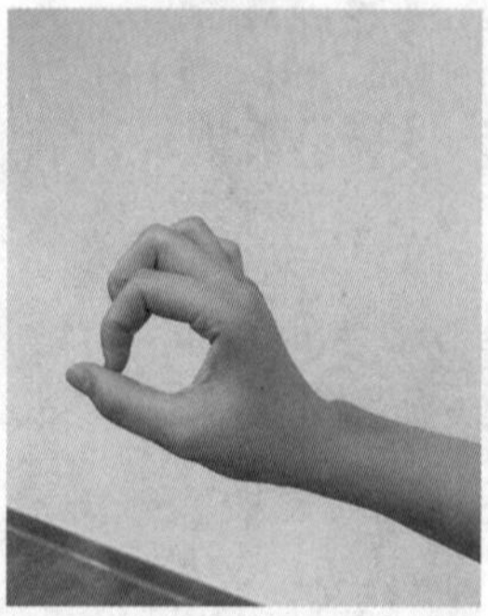

图 19-21　勒马手形

(六)基本手位

(1)一位(胯前按手):双手手心向下于胯前按掌手,手臂呈圆弧状(图 19-22)。

(2)二位(前斜下手):双手臂前伸于体前斜下方,手心对下(图 19-23)。

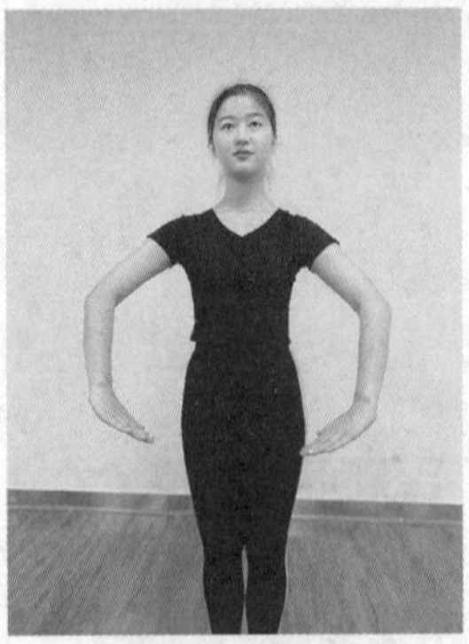

图 19-22　胯前按手

图 19-23　前斜下手

图 19-24　旁前斜下手

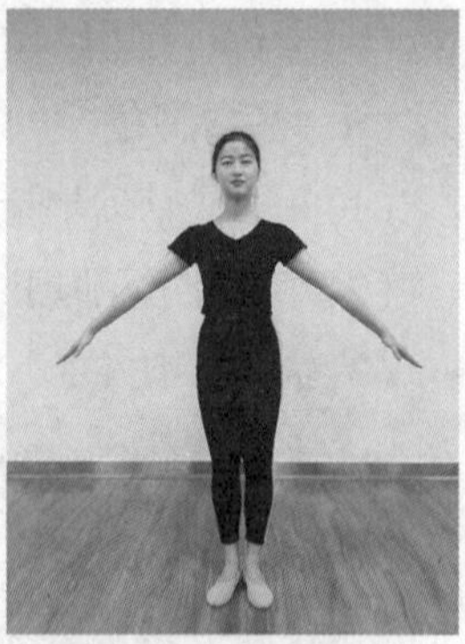

图 19-25　旁斜下手

(3)三位:

①旁前斜下手:双手臂伸于体旁斜前下方,手心对下(图 19-24)。

②旁斜下手:双手臂伸于体旁斜下方,手心对下(图 19-25)。

③旁后斜下手:双手臂伸于体旁斜后下方,手心对下(图 19-26)。

图 19-26　旁后斜下手

图 19-27　旁平位

图 19-28　斜上位

图 19-29　平开胸前位

(4)四位(旁平位):双手臂伸于旁平位置,手心对下(图 19-27)。

(5)五位(斜上位):双手臂向斜上方上举,手心对外(图 19-28)。

图 19-30　交叉胸前位

图 19-31　点肩位

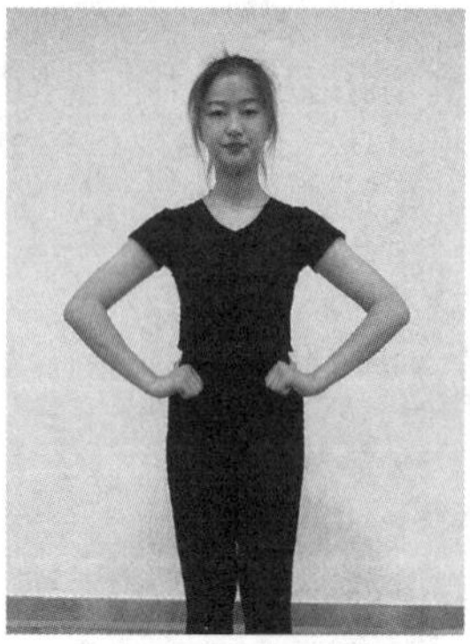
图 19-32　叉腰位

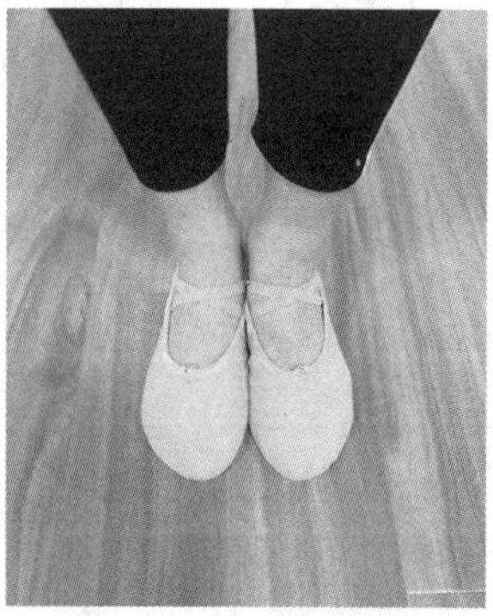
图 19-33　正步位

(6)六位:

①平开胸前位:双手为自然掌形,肘关节架起于胸前(图 19-29)。

②交叉胸前位:双手小臂交叉于胸前,手心对外(图 19-30)。

③点肩位:双手提腕,指尖点于双肩上(图 19-31)。

(7)七位(叉腰位):勒马手叉于腰间,双压腕(图 19-32)。

(七)基本脚位

(1)正步位:双脚脚尖对前,脚内侧相贴(图 19-33)。

(2)小八字位:脚跟自然并拢,脚尖向外打开(图 19-34)。

(3)大八字位:在小八字位的基础上,两脚打开,相距一脚距离(图 19-35)。

图 19-34　小八字位

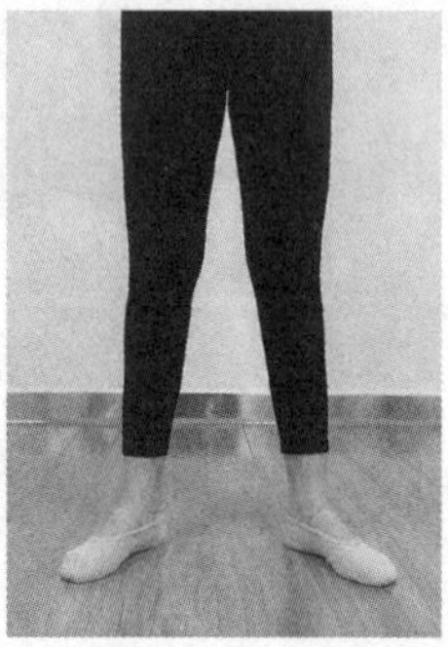
图 19-35　大八字位

图 19-36　前点地位

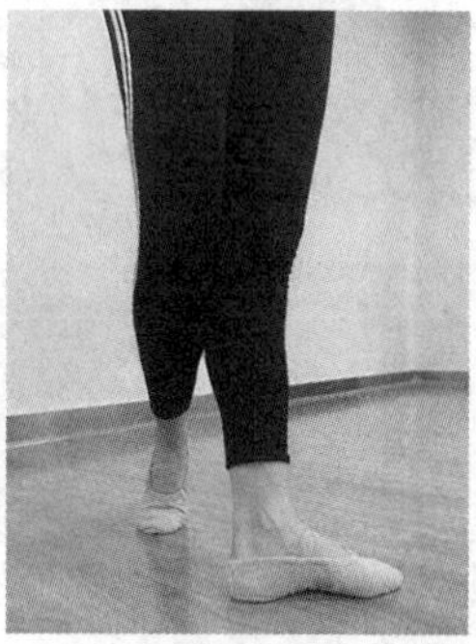
图 19-37　后点地位

(4)前点地位:一腿在后为主力腿,一腿在前为动力腿,脚掌点地,双膝弯曲(图 19-36)。

(5)后点地位:也叫踏步位。一腿在前为主力腿,另一腿在后,脚掌点于地面,后腿膝盖靠于前腿膝盖处(图 19-37)。

(6)交叉位:双脚交叉,脚外缘相靠,常用于摇篮步中(图 19-38)。

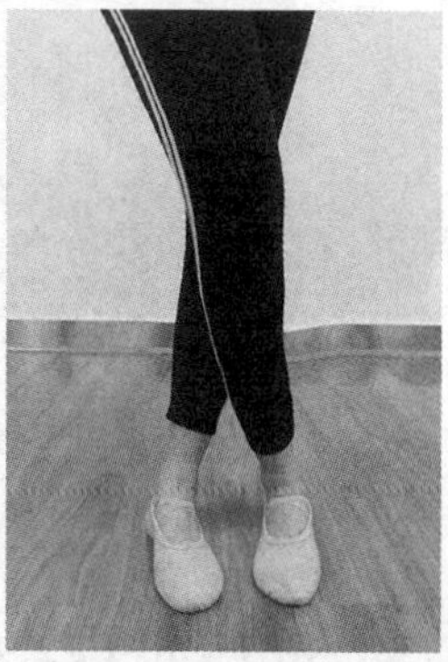
图 19-38　交叉位

三、维吾尔族舞蹈

(一)概述

维吾尔族被誉为“歌舞民族”,主要居住在新疆天山南北各地。新疆属古西域地带,在中原文化与西域文化的凝结融合之中，维吾尔族舞蹈继承古代乐舞传统，广泛吸收古西域乐舞精华，加之宗教舞蹈的融入，经长期发展和演变，形成具有特殊风格的舞蹈艺术。由于新疆南北地区的自然环境和经济发展不同，维吾尔族各种舞蹈呈现出既具有“共性”又独具“个性”的地区特色，加之维吾尔族人民能歌善舞，在不同场合都能即兴起舞，表演欢快、诙谐、喜庆等类型的舞蹈，因此维吾尔族民间舞蹈呈现出风格多样、特色鲜明的舞蹈风格。

（二）风格特点

维吾尔族舞蹈的风格特点是“挺而不僵，颤而不窜，脚下不离散，上身撒得开”。舞者以“立颈”“立腰拔背”“提胯”的昂首挺拔姿态贯穿舞蹈全程，通过头部的移颈、摆动、面部、眼睛、眉毛等配合及手腕的翻转变化和膝关节的连续微颤等动作，生动地传达人物情感和性格特征。

（三）常见舞蹈种类

（1）赛乃姆，属于自娱性舞蹈。赛乃姆的表演较自由，不管在什么场合都可进行。开始表演前，群众围坐，乐队和伴唱者聚集一处；音乐响起后舞者即兴表演，可独舞、对舞或邀请观众多人多形式同舞等，舞之高潮人们和节奏拍手欢呼助兴。赛乃姆具有地区特点，南疆赛乃姆以喀什地区为代表，风格明快、活泼、深情、优美；北疆赛乃姆以伊犁地区为代表，动作潇洒、豪放、轻快、利落；东疆赛乃姆以哈密地区为代表，动作稳重。

（2）多朗舞，属于风俗性舞蹈。多朗舞来自塔里木盆地多朗地区，是维吾尔族人民非常喜爱的一种舞蹈。多朗舞有着结构严谨的表演程式，舞蹈以双人对舞为基础，是且带有竞技性的组舞。舞者自开始至结束必须跳完整支舞蹈，中途不准随意退出，观众也不能离场。多朗舞在“多朗木卡姆”的音乐伴奏下进行，其最突出的动律特点是滑冲和微颤。

（3）盘子舞，属于表演性舞蹈。盘子舞源于新疆库车民间，后流传各地，逐渐发展成为舞台表演性节目，由女子表演。表演时舞者两手各持一盘子，指挟竹筷，和着音乐，边打边舞，并在头上顶一盛水的碗，以增加难度。盘子舞的步法与舞姿，多来自赛乃姆。

（四）基本体态

立颈沉肩、昂首挺胸、立腰拔背、收腹提胯（图 19-39）。

（五）基本手形

（1）掌形手：四指并拢，拇指自然张开（图 19-40）。

（2）花形手：大拇指与中指指跟相靠，其余三指自然上翘，手形如花骨状（图 19-41）。

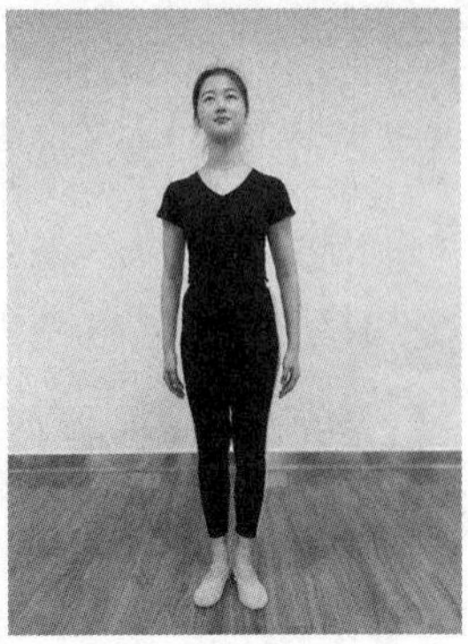

图 19-39　基本体态

图 19-40　掌形手

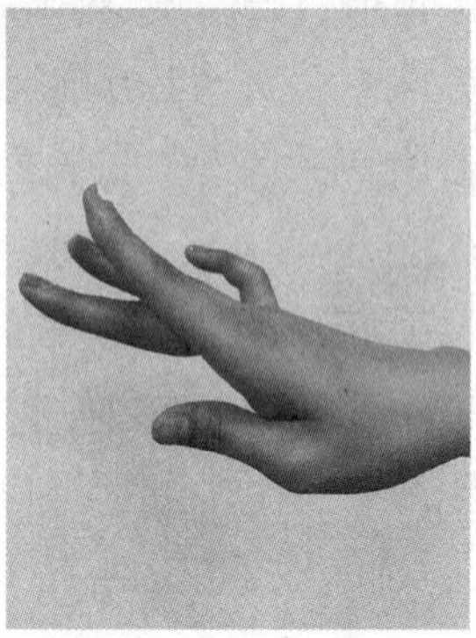

图 19-41　花形手

（3）拳形手：五指自然内曲，食指指尖立于大拇指指腹上，手握空心拳（图 19-42）。

（4）小刀手形：也称“拇指冲”。大拇指伸出，四指曲向拳心，做空握拳状（图 19-43）。

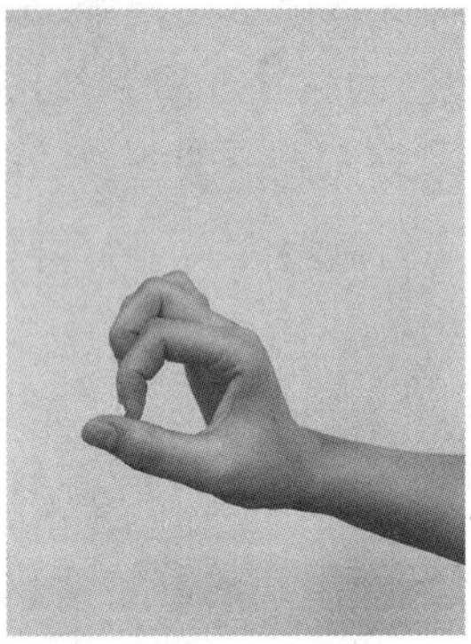

图 19-42　拳形手

图 19-43　小刀手形

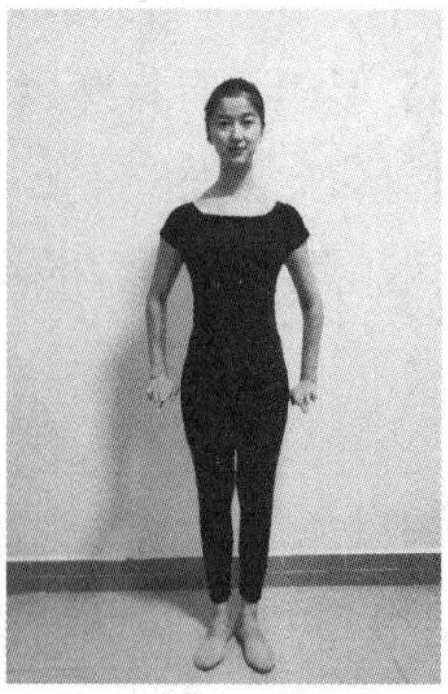

图 19-44　一位手

图 19-45　二位手

(六)基本手位

(1)一位手:花形手压腕立掌于体侧胯旁,双手不贴身体(图 19-44)。

(2)二位手:双手花形手胸前压腕,上下垂直一拳距离,手心对外(图 19-45)。

(3)三位手:双手于头顶上方推腕,手心对上,肘关节微向前内夹(图 19-46)。

图 19-46　三位手

图 19-47　四位手

图 19-48　四位手

图 19-49　五位手

(4)四位手:

①一手头顶推腕,一手胸前压腕立掌(图 19-47)。

②一手头顶推腕,一手交叉放于另一侧腰间立掌立腕(图 19-48)。

(5)五位手:一手头顶上方推腕,另一手旁平位立掌立腕(图 19-49)。

(6)六位手:一手旁平位立掌立腕,另一手胸前立掌(图 19-50)。

(7)七位手:

①大七位手:双手旁平位立掌立腕(图 19-51)。

②小七位手:也称为“提裙位”,双手体旁斜下立掌立腕(图 19-52)。

(8)叉腰位:

①花形手叉腰:双手花形手插于腰间,掌心向下(图 19-53)。

②虎口叉腰:双手为掌形,虎口插于腰间,掌心向下(图 19-54)。

③小刀手叉腰:拇指对后,插于腰间,掌心向下(图 19-55)。

图 19-50　六位手

图 19-51　大七位手

图 19-52　小七位手

图 19-53　花形手叉腰

图 19-54　虎口叉腰

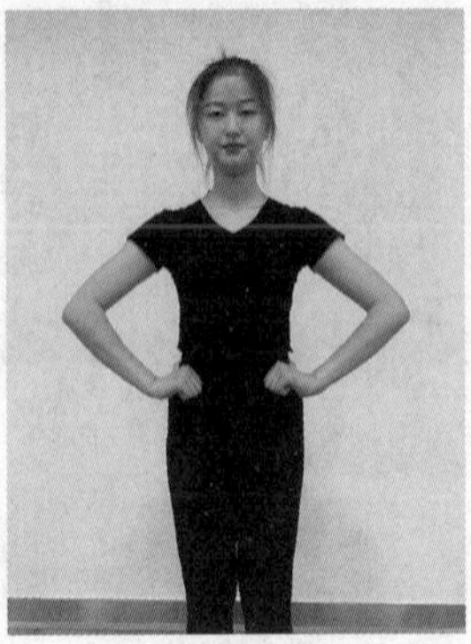

图 19-55　小刀手叉腰

图 19-56　高位托帽

图 19-57　中位托帽

(9)托帽位:

①高位托帽:一手斜上方立掌推腕,一手托于耳旁帽檐处(图 19-56)。

②中位托帽:一手旁平位花形手立掌推腕,一手托于耳旁帽檐处(图 19-57)。

③低位托帽:一手单叉腰,一手托于耳旁帽檐处(图 19-58)。

(10)点肩位:一手单叉腰或单背手,一手指尖点于另一侧肩头(图 19-59)。

图 19-58　低位托帽

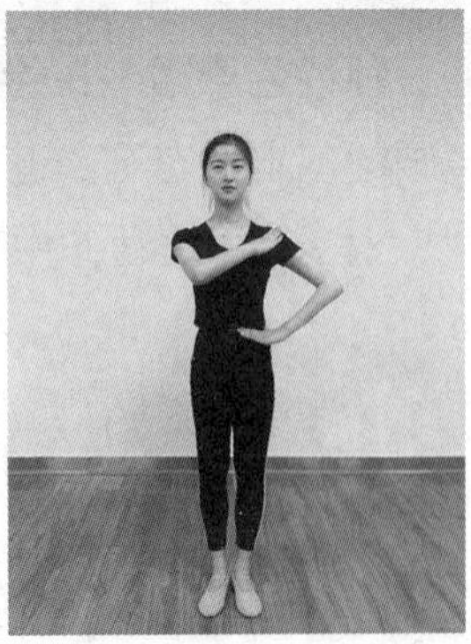

图 19-59　点肩位

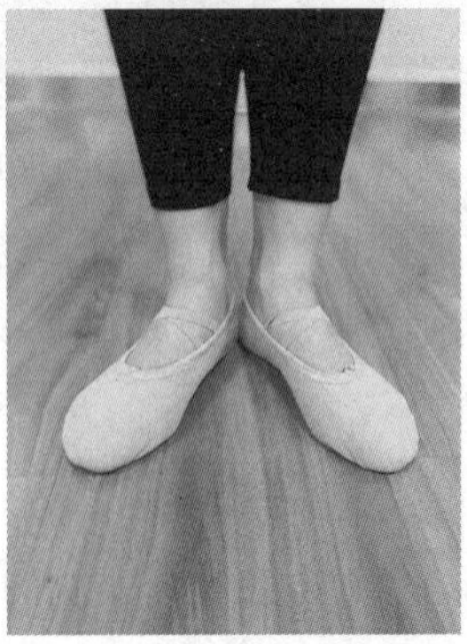

图 19-60　自然位

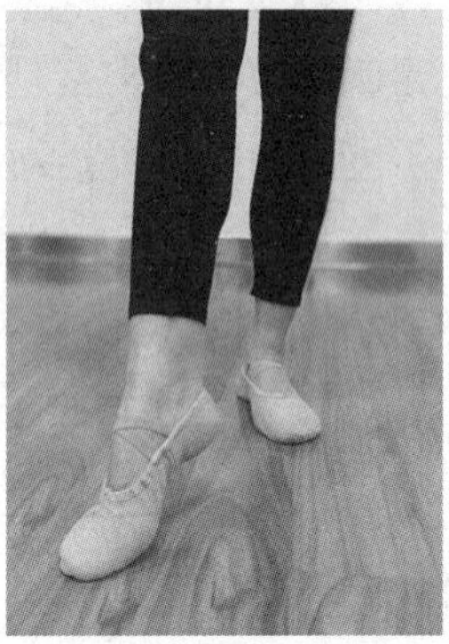

图 19-61　前点步

(七)基本脚位

(1)自然位:脚跟自然并拢,脚尖向外打开(图 19-60)。

(2)前点步:一脚为主力脚,全脚着地,脚尖外开,另一脚为动力脚,前脚掌点地,脚尖外开,动力脚脚尖与主力脚脚跟在垂直线上(图 19-61)。

(3)斜前方点地：一脚为主力脚，全脚着地，脚尖外开，另一脚为动力脚，前脚掌点地，脚尖外开，动力脚在主力脚斜前方点地(图 19-62)。

(4)旁点地：双脚在自然脚位上，一脚伸出在旁，动力脚内侧点地(图 19-63)。

(5)侧后点地：双脚在自然位基础上，一脚在前为主力脚，另一脚为动力脚，侧后点地，动力脚内侧点于地面，双膝微靠(图 19-64)。

(6)后点地：也叫踏步位。双脚在自然位基础上，一脚在前为主力脚，另一脚在后，脚掌点于地面，双膝微靠(图 19-65)。

图 19-62　斜前方点地

图 19-63　旁点地

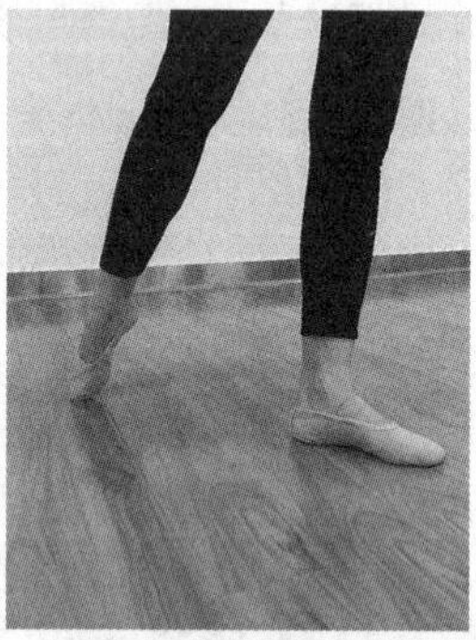
图 19-64　侧后点地

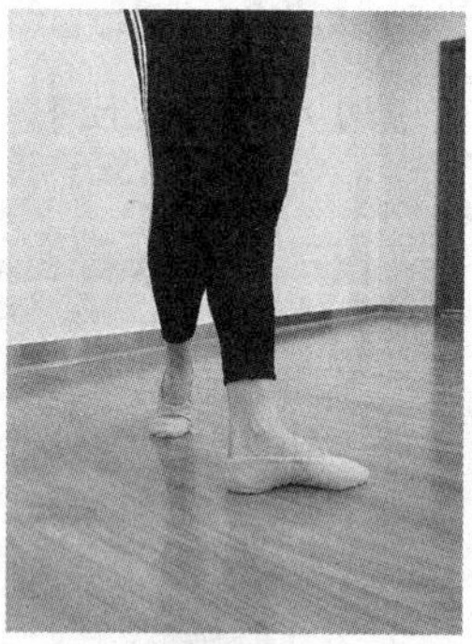
图 19-65　后点地

四、傣族舞蹈

(一)概述

傣族主要生活在我国云南南部，分布在德宏、西双版纳、孟连等地区。傣族地区山川秀丽、土地肥沃、资源丰富，宜于农作物种植和动物的栖息，因此被称为“植物王国”和“动物王国”。傣族人民勤劳勇敢、善良朴实，因滨水而居，加之是世界上最早的稻作民族之一，长期与水相伴，亦被称为“水一样的民族”。多彩的环境和特殊的地理位置，使傣族吸纳了周边多个国家和民族的文化精髓，将其发展改造融入了本民族的个性和精神中，产生了独特的民族舞蹈文化。

(二)风格特点

傣族舞蹈内容丰富、形式多样，是傣族人民表达感情的一种特色舞蹈。在傣族的舞蹈中，常见与水相关，以及模仿当地动物行为活动和植物形态的舞蹈动作。傣族舞蹈的基本形态是三道弯，即躯体形成的“头、胯、膝”、手臂形成的“肩、肘、腕”、腿部形成的“髋、膝、脚”的特有“S”体态，加之动作中手脚同出一侧形成的一边顺特点，形成了傣族舞蹈特有的舞蹈造型。

(三)常见舞蹈种类

(1)孔雀舞，是傣族舞中最具特色的表演性舞蹈。孔雀在傣族人民心中是善良智慧、幸福吉祥的象征，因此被尊为“圣鸟”。传统的孔雀舞，是由男性进行表演的，舞者头戴金盔假面，身穿有支撑架子外罩孔雀羽翼的表演装束，在象脚鼓、锣、镲等乐器伴奏下进行舞蹈。舞蹈表演中舞者的手形、舞姿、步伐等动作形态都具有严格的程式要求。孔雀舞经过长期的发展和艺术家的提炼、改良、美化，已突破原有的程式化表演模式，而今的孔雀舞表演动作时而优美含蓄、舒展内敛，充满阴柔之美，时而灵动质朴、敏捷矫健，充满阳刚之力，在刚柔并济、动静相宜之间展现了婀娜的“三道弯”舞姿美感。

(2)嘎光舞，是傣族古老的民间传统自娱性舞蹈。“嘎”为跳或舞之意，“光”意指鼓，傣语意为“围着鼓跳舞”，亦称“跳鼓舞”。舞者围着象脚鼓屈膝半蹲配合膝关节颤动，转动手腕，突出傣族一边顺和三道弯的舞蹈形态。嘎光舞表演形式较自由,不受时间、地点、人员的限制,舞蹈风格活泼、节奏欢快、舞姿曼妙,步伐轻盈、潇洒自如,多在年节喜庆之时表演。

(四)基本体态

(1)自然体态:身体直立,气息下沉,下颌微收,双眼平视。

(2)三道弯体态:身体位于1点方向,下巴、眼睛位于8点方向斜上方,重心在左脚,右脚旁点丁字位,双手叉腰,微下旁腰,展胸腰往8点方向上提(图19-66)。

图19-66 三道弯体态

(五)基本手形

(1)掌形手:四指并拢,虎口张开,拇指用力推向掌心,手指上翘(图19-67)。

(2)爪形手:在掌形手基础上,食指第二关节向内弯曲,大拇指第一关节可弯曲(也可伸直),两指相对呈"C"状,整个手形像孔雀的脚爪(图19-68)。

(3)冠形手:食指指尖立于大拇指的指腹上,形成"O"形,其余三指呈扇状打开,像孔雀的头部(图19-69)。

(4)喙形手:食指与大拇指前伸指腹相捏,其余三指呈扇状打开,像孔雀的嘴巴,也称"嘴形"(图19-70)。

(5)叶形手:大拇指向食指靠拢,不相贴,其余三指呈扇形张开,手掌和五根手指有力上翘,手形像椰树的叶子形状,也称"扇形手"(图19-71)。

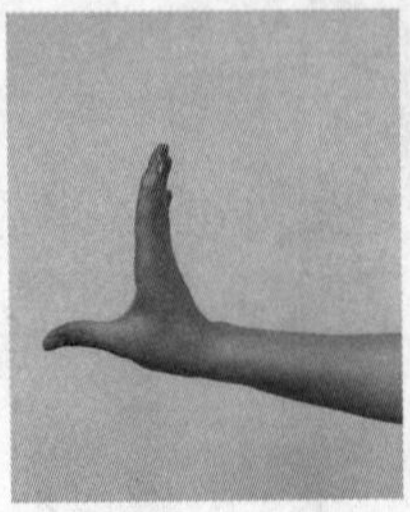

图19-67 掌形手

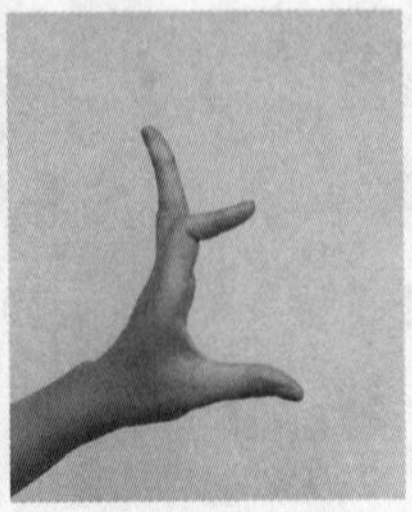

图19-68 爪形手

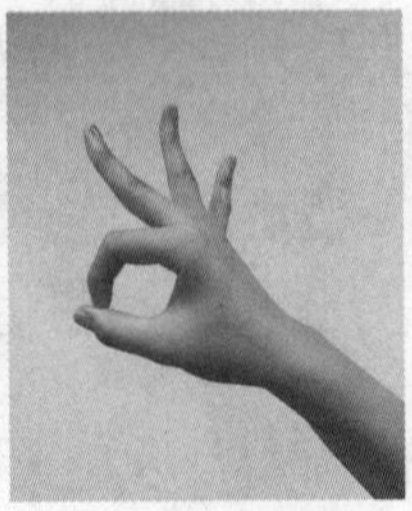

图19-69 冠形手

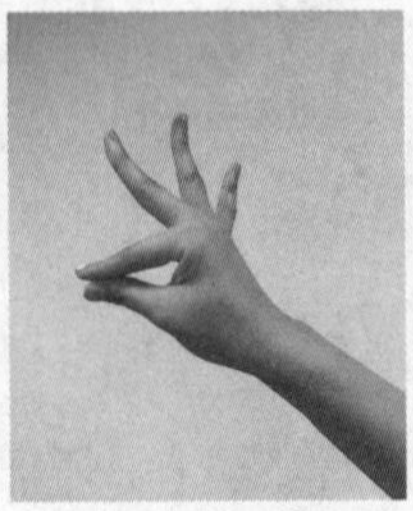

图19-70 喙形手

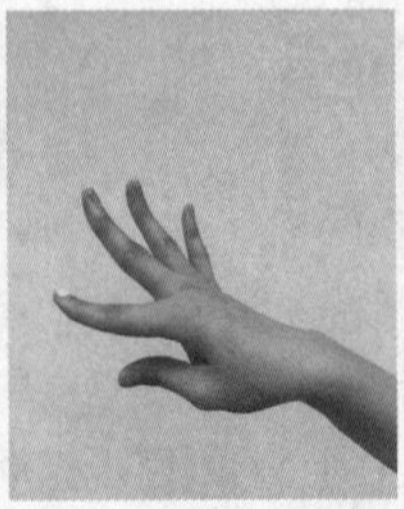

图19-71 叶形手

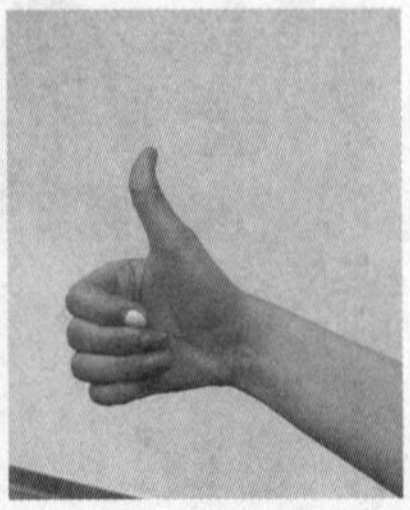

图19-72 曲掌手

(6)曲掌手:大拇指伸出,其余四指并拢,从第三关节向掌心弯曲,不贴掌心。曲掌手常用于手位舞姿变化的过渡性动作(图19-72)。

(六)基本手位

(1)一位手:

①前一位手:双手胯前按掌,虎口对身体,手心对下(图19-73)。

②旁一位手:双手胯旁按掌,指尖对前,手心对下(图19-74)。

③后一位手:双手胯斜后提腕,双腕相对(图19-75)。

(2)二位手:

①一手胯前按掌、手心对下;一手胸前立掌、手心对外(图19-76)。

②双手胸前交叉立掌,手心对外(图19-77)。

③双手前伸平举立掌,手心对前(图19-78)。

④双手前伸平举提腕,两腕相对,手心对外(图19-79)。

(3)三位手:双手于头顶上方提腕立掌,两腕相对,手心对外(图19-80)。

(4)四位手:一手于头顶上方提腕立掌,另一手于胸前侧提腕(图19-81)。

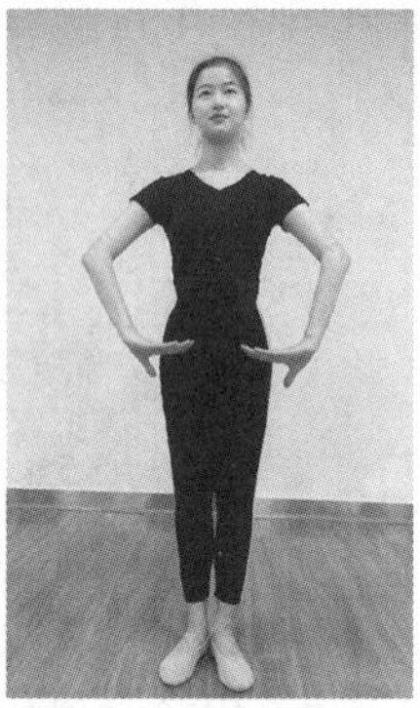
图 19-73　前一位手

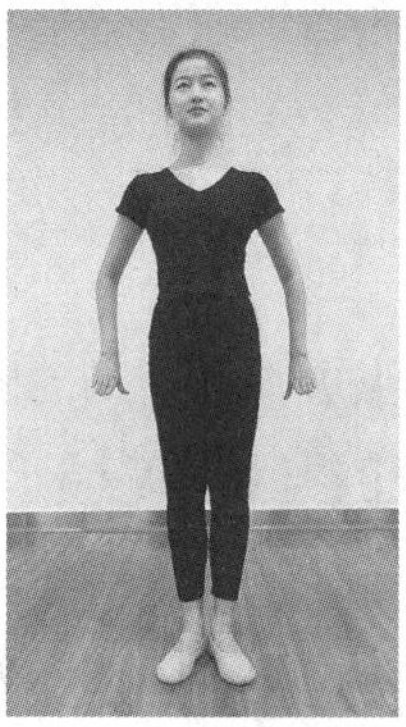
图 19-74　旁一位手

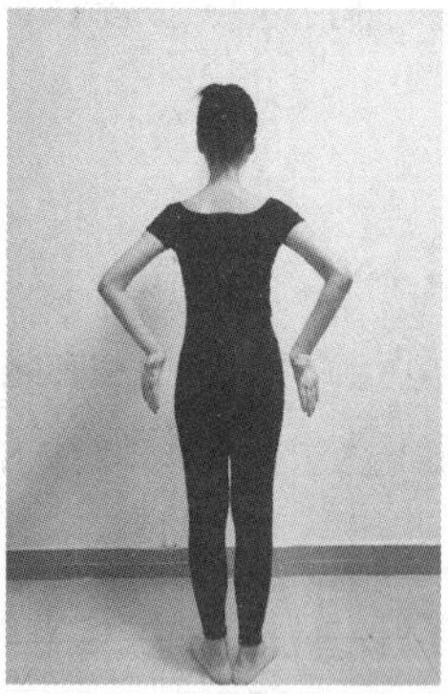
图 19-75　后一位手

图 19-76　二位手

图 19-77　二位手

图 19-78　二位手

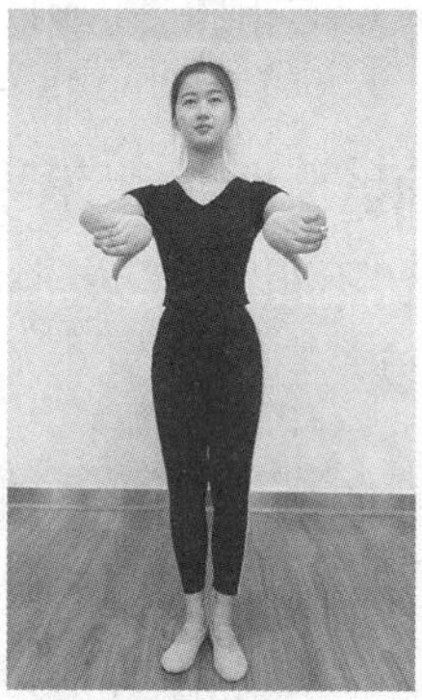
图 19-79　二位手

图 19-80　三位手

(5)五位手:一手于头顶上方提腕立掌,另一手旁平位立掌立腕(图 19-82)。

(6)六位手:一手旁平位侧提腕,另一手胸前侧提腕(图 19-83)。

(7)七位手:双手旁平位立掌立腕(图 19-84)。

图 19-81　四位手

图 19-82　五位手

图 19-83　六位手

图 19-84　七位手

(七)基本脚位

(1)正步位:双脚内缘相贴,脚尖对前(图 19-85)。

(2)八字位:

①小八字位:在正步位基础上,双脚脚尖向外打开(图 19-86)。

②大八字位:在小八字位基础上,一脚旁移,两脚距离与肩同宽(图 19-87)。

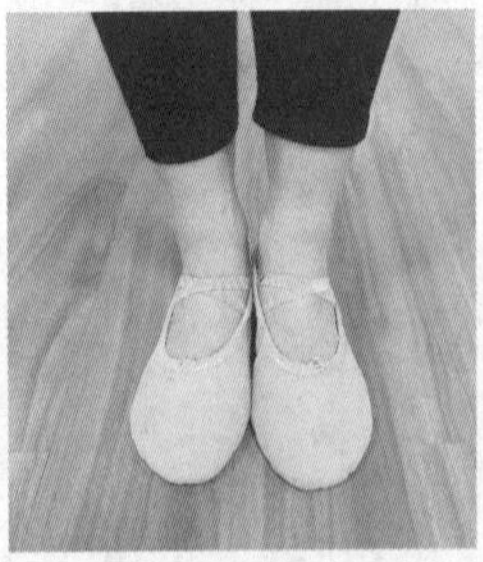

图 19-85　正步位

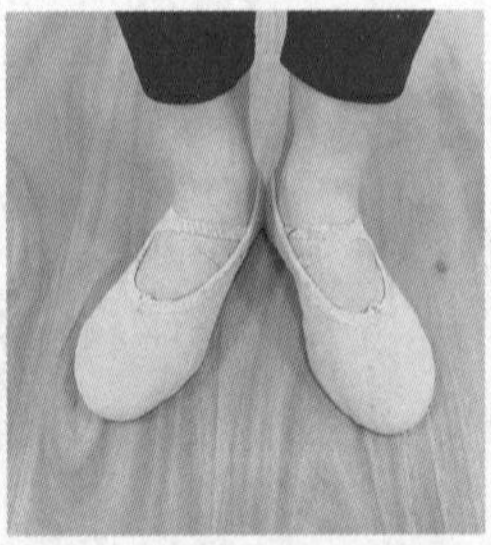

图 19-86　小八字位

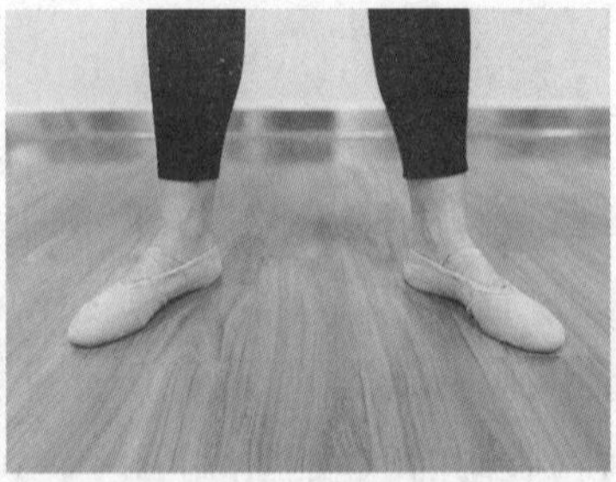

图 19-87　大八字位

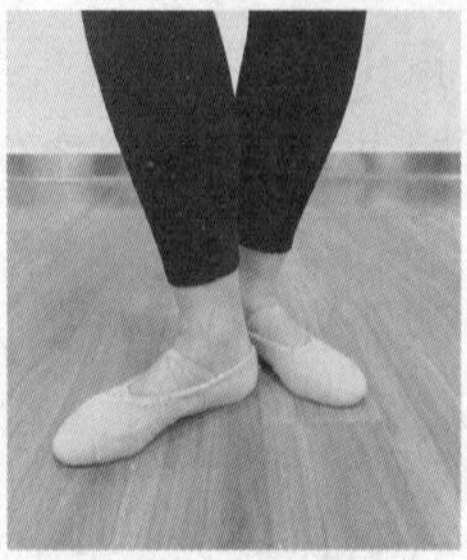

图 19-88　丁字位

(3)丁字位:以右脚为例,在小八字位基础上,右脚站于左脚足弓内缘延伸线上,两脚相距半脚距离,双脚向外开(图 19-88)。

(4)点丁字位:在丁字位基础上,脚跟抬起,右脚前脚掌点地(图 19-89)。

(5)勾点丁字位:在丁字位基础上,脚掌自然勾起,脚后跟点在地面(图 19-90)。

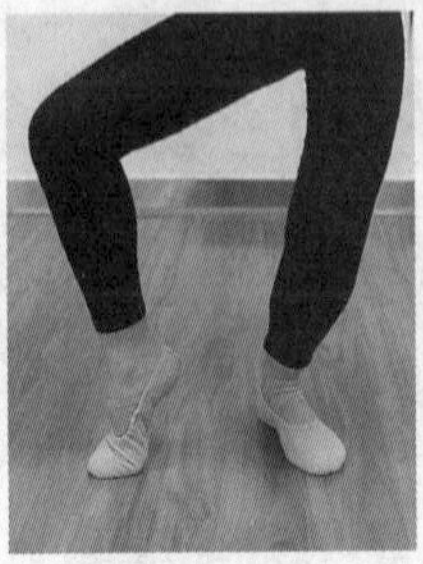

图 19-89　点丁字位

图 19-90　勾点丁字位

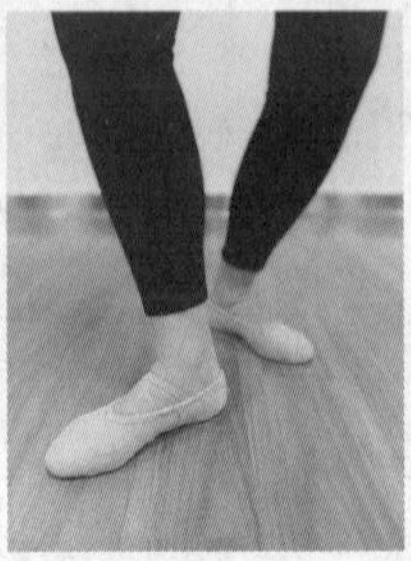

图 19-91　之字位

图 19-92　点之字位

图 19-93　勾点之字位

(6)之字位:以右脚为例,在小八字位基础上,右脚向上平移一脚距离,落至左脚脚尖处,保持与左脚相距半脚距离(图 19-91)。

(7)点之字位:在之字位基础上,脚跟抬起,右脚前脚掌点地(图 19-92)。

(8)勾点之字位:在之字位基础上,脚掌自然勾起,脚后跟点在地面(图 19-93)。

(9)旁点地位:以右脚为例,在正步位基础上,重心在左脚,右脚脚掌点地在旁(图 19-94)。

(10)旁靠步位:以右脚为例,在正步位基础上,重心在左脚,右脚旁点,大脚趾内侧着地,双膝自然放松(图 19-95)。

(11)踏步位:以右脚为例,在小八字位基础上,重心在左脚,右脚在左脚脚跟后方一拳处,前脚掌着地,脚跟上立(图 19-96)。

图 19-94　旁点地位

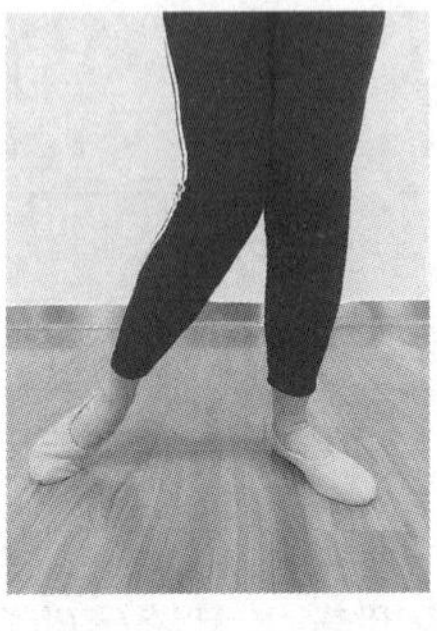

图 19-95　旁靠步位

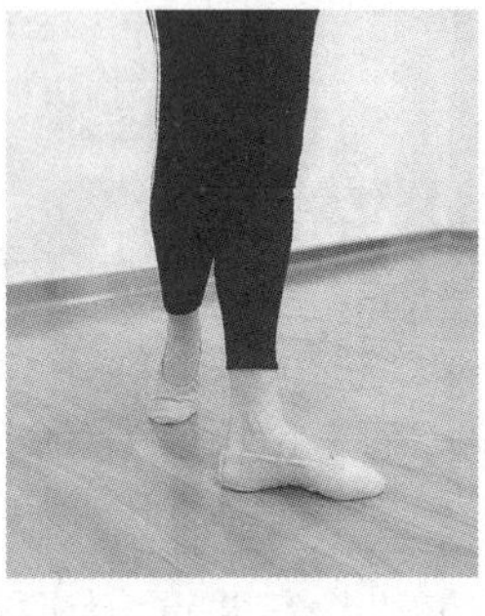

图 19-96　踏步位

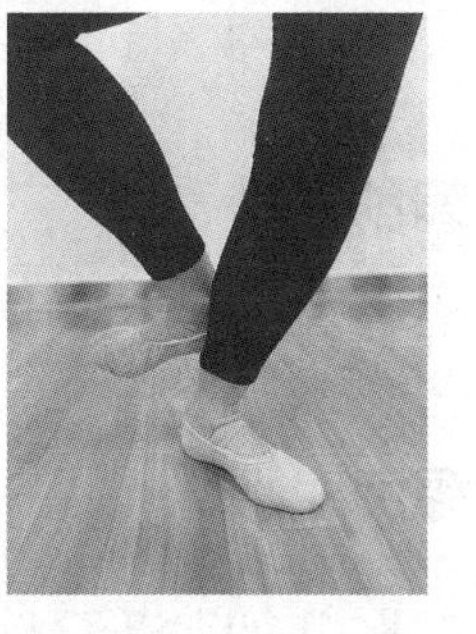

图 19-97　后靠步位

(12)后靠步位:以右脚为例,在小八字位基础上,重心在左脚 ,右脚自然勾脚,离地脚内缘相靠于左脚腕后方(图 19-97)。

(八)手的基本动作

(1)立掌手:以掌形手立掌,指尖对上,掌心对外(图 19-98)。

(2)横立掌手:横平掌手,手背对上,掌心向下,手指间对外,手腕与手背平行(图 19-99)。

(3)上提腕立掌手:掌形手,手腕上提,掌心向下压,手指伸长,指尖上翘(图 19-100)。

(4)侧提腕立掌手:手背提腕向前,掌心向后(图 19-101)。

(5)虎口提腕手:虎口上提,指尖向下向后(图 19-102)。

(6)按掌手:掌形手,手腕压腕,掌跟下按,手背在上(图 19-103)。

(7)托掌手:掌形手,手心对上,掌跟上提(图 19-104)。

(8)摊掌手:掌形手,手腕上提,指尖下沉(图 19-105)。

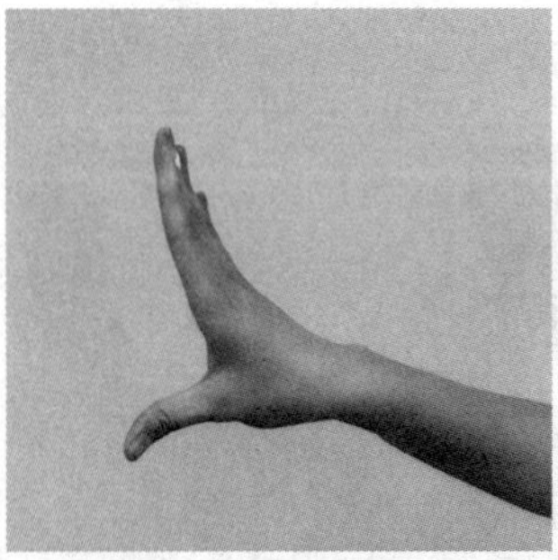

图 19-98 立掌手

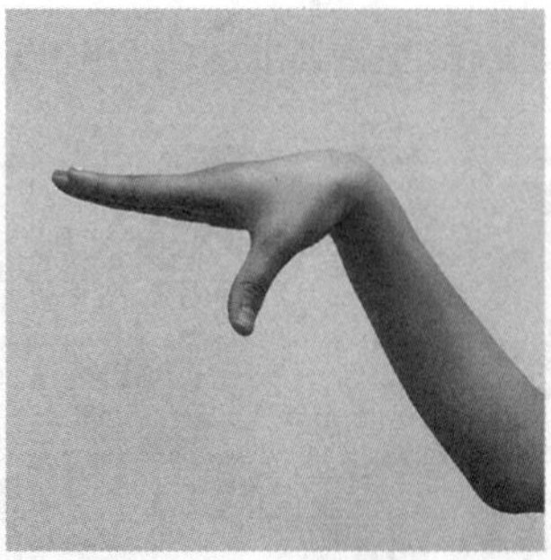

图 19-99 横立掌手

图 19-100 上提腕立掌手

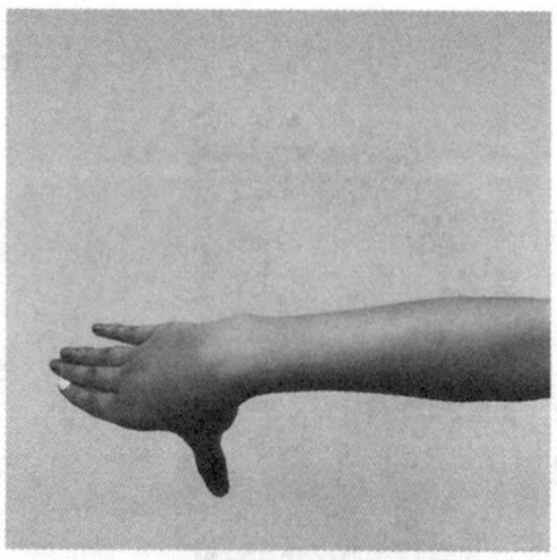

图 19-101 侧提腕立掌手

图 19-102 虎口提腕手

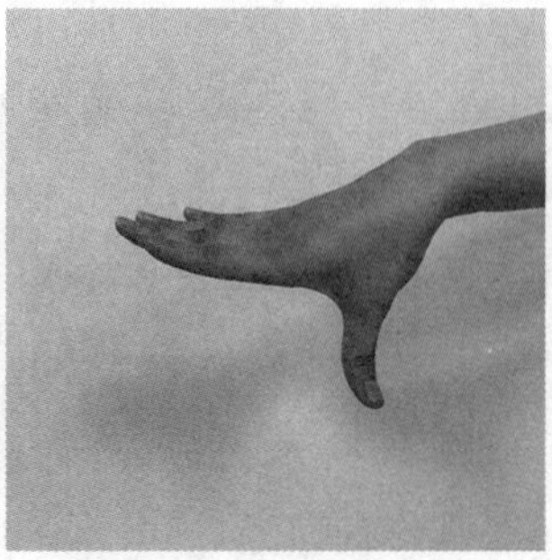

图 19-103 按掌手

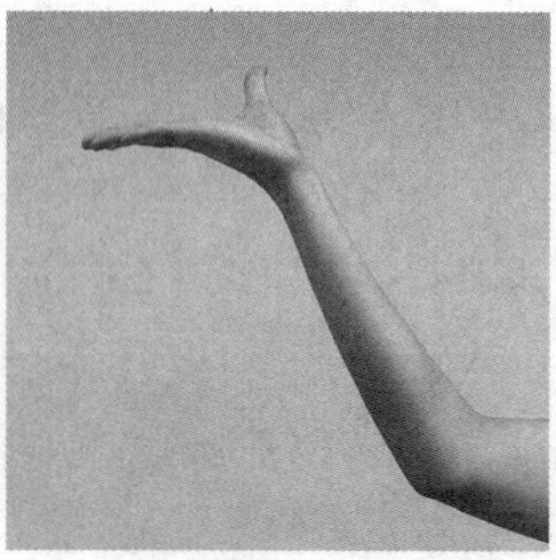

图 19-104 托掌手

图 19-105 摊掌手

第三节 民族舞蹈健身操编创

一、编创安排

民族舞蹈健身操。

二、编创原则

舞蹈组合以“美育教育与健康教育并重”为原则,依照青年大学生的身心特点与当下文艺发展趋势,将传统与现代进行融合,编创适合大学生感知与锻炼的有氧舞蹈健身操。

三、编创目标

目标1:通过民族舞蹈健身操的体能强度练习,训练大学生身体关节的软开度、肌肉群力量以及肢体的灵活性、协调性、稳定性,在完善身体形态的基础上,塑造形体美感。

目标2:通过民族舞蹈健身操的学习强化中华优秀传统舞蹈文化普及教育,使当代大学生理解真善美的真正内涵,树立向上向善的价值观,增强民族自豪感和爱国主义情怀。

四、编创内容

(一)藏族舞蹈健身操

准备:面对1点方向,以自然位站立,双垂手。

1×8　在双垂手位置上,先转手腕使手心对前,吸气,双手经前向上托起至斜上位,上展胸腰,仰头眼看1点方向斜上方,双脚位置保持(图19-106)。

2×8　吐气,落手含胸垂视,双手回落胯前保持双垂手姿势,上身俯身,脚下保持(图19-107)。

3×8　右靠点靠步一次。

4×8　左靠点靠步一次。

5×8　长靠步一次。

6×8　同5×8反向动作。

7×8　1~4左脚向前迈步,右脚落至右斜前方,双手经右高位晃盖手落左侧。5~8以右脚为圆点,左脚带动身体顺时针移动。

8×8　接上7×8中5~8动作,顺时针移动一圈,回至1点方向。

9×8　1~4左起一步一撩,5~8左脚旁迈步,右脚向后踏步,形成左前踏步位,双手经提肘盖手成踏步塌腰舞姿形态。

10×8　保持9×8舞姿,做屈伸动律,四拍一次。

11×8　1~4左起三步一撩,5~8右起三步一撩。

12×8　1~4做9×8中5~8的反向动作,5~8做屈伸动律,两拍一次。

图19-106

图19-107

图19-108

图19-109

13×8　1~2左脚向左旁迈出一步,脚尖指向7点方向,双手从左起至头顶上方。3~4右脚跟向左脚时,身体逆时针转一周回1点方向,双手上三位,手腕划平圆。5~8膝关节做屈伸动律,身体前俯身,双手体侧两拍拉起至旁平位,两拍回体前小臂交叉。

14×8　1~4双手体旁拉起至旁平位,双脚立半脚掌碎步移动至7点方向。5~8右手继续上来经头顶落至体前与肩平，左手下弧线经胯旁向后拉至腋下打开45°；双脚右前踏步，身体塌腰，呈半蹲体态（图19-108）。

15×8　做13×8的反向动作。

16×8　双手献哈达行礼结束（图19-109）。

（二）蒙古族舞蹈健身操

准备：右前踏步位，一位手，基本体态，眼看2点方向。

1×8　1~4左脚起，全蹲平步向前，前俯身，二位手硬腕，两拍一次（图19-110）。5~8右脚起，全蹲平步向前，二位手交替硬腕，一拍一次。

2×8　1~4左脚起，直身平步向前，四位手硬腕，两拍一次。5~8右脚起，直身平步向前，五位手交替硬腕，一拍一次。

3×8　1~4左脚起，往2点方向踏步，六位手胸前位交替揉肩硬腕，两拍一次。5~8右脚后撤，成大踏步位，保持手位姿态硬肩硬腕，一拍一次（图19-111）。

4×8　1~6移重心到后脚，成前点地位，双手心相对，胸前揉肩硬腕，一拍一次（图19-112）。7~8左脚左旁划圆落左后踏步位，双手下弧线提至五位手。

图19-110

图19-111

图19-112

5×8　1~4落左脚，右脚往2点方向点移步，点步时右手斜下位，左手斜上位；收踏步位时，右手斜上方，左手旁平位，两拍一次，硬腕。5~8右脚顺时针向后5点方向走两步，第三步右脚往1点方向向前成前踏步位，双手胸前交叉划圆。

6×8　做5×8的反向动作。

7×8　1~5右脚起向2点方向向前垫步，一拍一步，双手经上交叉回落前三位，低位前俯身，双手硬腕，一拍一次。6右脚原地起跳，左脚后伸直膝，双手提腕斜前延伸。7~8左脚原地回落，右脚左转身，双立半脚掌跟步转体一周到1点方向，双手上举，手臂抱圆。

8×8　1~2左脚起前上步，两脚相靠，双立半脚掌；双提肘小臂放松，自然手形。3~4左脚旁迈步，右脚落回全脚，右手斜上位，左手旁平位硬腕一次。5~8重复1~4动作。

(9~10)×8　做(7~8)×8的反向动作，最后一拍落手，回落自然脚位。

11×8　右脚起向前趟步，横摆拧转揉臂2次，四拍一次。

12×8　向后趟步，横摆拧转揉臂2次，四拍一次。

13×8　1~4右脚起向8点方向大踏步，双手上交叉至胸前软手两次，两拍一次。5~8保持1~4舞姿，软手4次，一拍一次。

14×8　保持脚下姿态，双软手向旁打开。

15×8　左前踏步，一位手划圆动律，踏点步向前移动，两拍一次。

16×8　1~6 做 15×8 的反向动作，7~8 左脚旁迈步，右脚跟步转体一周回 1 点方向，双手上举落回双叉腰结束。

(三)维吾尔族舞蹈健身操

准备：面对 1 点方向，以基本形态和自然脚位站立。

1×8　吸气，双手提肘经胸前平开手打开至旁。

2×8　沉气，双手指腹点于胸前，扶胸行礼(图 19-113)。

图 19-113

3×8　1~2 左脚交叉落后，左手落体旁，右手提腕指尖点于右肩上。3~4 右脚落左脚旁位，成旁点地位，左手保持，右手绕腕立掌顺右肩 2 点方向推出，保持手臂自然伸直姿态，眼看右手延伸线。5~8 保持舞姿形态，点颤动律，四拍移颈。

4×8　1~4 右脚交叉落左脚后面，两手指尖引带肩前绕腕；左脚落右脚旁，成右脚旁点地位；双手向 8 点方向立腕立掌推出，手臂自然伸直。5~8 保持舞姿，配合摇身点颤动律。

5×8　1~4 经半蹲，左脚上步，双手从右侧脸颊准备做猫洗脸动作。5~8 直膝，形成左前踏步位，完成一次猫洗脸动作。

6×8　保持 5×8 形态，移颈。

7×8　1~4 右前垫步，双手上三位顶腕向左侧移动。5~8 做 1~4 的反向动作。

8×8　1~4 右前垫步，双手胯前下顶腕向左侧移动。5~8 做 1~4 的反向动作。

9×8　1~4 右脚踏并于左脚平行位，提肘双手击掌于左斜上方。5~8 右脚向右旁迈步，左脚快速跟回形成右前踏步位，左手上三位提腕，手心对下，右手经拉至下巴处提腕提肘，配合移颈。

10×8　保持 9×8 舞姿形态，移颈，下巴和眼睛从 2 点方向至 8 点方向环视。

11×8　1~4 双手打开，向后三步一抬，双手绕腕至旁，展胸腰(图 19-114)。5~8 做 1~4 的反向动作。

12×8　以右脚为圆心，左脚前点地，逆时针移动一周至 1 点方向，双手手心对上经胯前向后拉至旁平位。

13×8　1~2 左脚向前一步，吐气微蹲，上身划圆，右肩在前，双手自然松弛。3~4 做 1~2 的反向动作。5~8 双立半脚掌，吸气仰身，向前走步，摆臂手松弛上身划圆。

14×8　1 右脚前伸迈出，身体后靠，右手前伸指尖触摸，左手体旁放松。2 左脚于后形成右前踏步，身体收正，右手弹回横叠放于嘴前，手心微靠于嘴巴(图 19-115)。3~4 双手旁拉至下颌处移颈。5~8 双脚半脚掌移动后退，双手胸前打开至斜前旁平位。

图 19-114

图 19-115

图 19-116

图 19-117

15×8　高位托帽，原地逆时针旋转。

16×8　1~2 左脚左旁移动一步，右脚前交叉快速跟回上步，双手腰间盘腕。3~4 双脚拧转，身体向左转圈一周，双手打开旁开位。5~6 吸右腿于左腿小腿处，左手手心对上屈肘，右手下弧线经 8 点方向拉至托帽位。

7~8 右脚落于左脚左前交叉位，形成双立半脚掌，双手形成左手单手三位、右手右耳顶腕的高位托帽式。

（四）傣族舞蹈健身操

准备：脚下正步位，保持自然体态，1 点方向。

1×8　合掌手行礼（图 19-116）。

2×8　1~4 双手回叉腰位，眼看 1 点方向。5~8 起伏动律，两拍一次。

3×8　右起横摆后踢起伏步，两拍一次。

4×8　1~4 右脚后踢旁移点步，5~8 做 1~4 反向相对动作。

5×8　1~4 右脚后踢落地，双手旁起提腕，左脚点丁字步，双手旁起三位手，右转头展胸腰，配合起伏动律（图 19-117）。5~6 左脚踢步落后，右脚旁靠步位，双手旁落至二位手胸前交叉立掌。

6×8　1~4 右后踢旁移点步，经腰间曲掌手提至肩前。5~8 双手胸前头旁立托掌手推出，配合起伏动律。

7×8　保持舞姿，做起伏动律，两拍一次。

8×8　1~4 左起后踢旁移点步，腰间曲掌手绕腕到望月式。5~8 保持舞姿，做 2 点方向至 8 点方向斜上方头眼运动。

9×8　右起横摆起伏步，左手叉腰，右手前后小卜少手，两拍一次。

10×8　右转后踢起伏步一周，双手经交叉右手侧提腕、左手按掌手拉开至体旁。

11×8　1~4 左脚并回右脚，2 点方向右起上轮手，眼随手动，配合起伏动律。

12×8　1~4 右起踏点步垫步，双手眼前从左向右抹开。5~8 做 1~4 的相反动作。

13×8　1~2 右脚斜前迈步，左脚自然勾脚小腿上抬，双手经体前上穿手。3~4 落左脚，向 2 点方向跑出，手从头顶上方下弧线摊掌落下。5~8 右脚为重心旁点地位，单展翅位，配合起伏动律。

14×8　做 13×8 的反向动作。

15×8　后踢步横摆起伏步，横摆小卜少手，两拍一次。

16×8　1~4 右脚后踢，左脚落点之字位，经曲掌手落五位手。5~8 左脚后踢，右脚落点丁字位，手落右单展翅。

第四节　民族舞基本规则

一、规则要求

动作	掌握不同民族舞蹈的基本体态以及手形、脚形、手位、脚位、步伐等常用动作
	组合动作规范到位，动作之间衔接自然流畅，舞蹈姿态优美，富有韵律感
音乐	对音乐有较强的理解和把握能力
	动作与音乐协调一致，能准确把握民族舞蹈鲜明的节奏特点、熟练处理组合中音乐时值与音乐切分之间的关系
服饰	了解不同民族舞蹈风格的服饰特点，并结合舞蹈种类特点将其准确地运用到舞蹈表演中，或依据要求恰当运用服饰、道具等进行表演
表演	舞蹈动律把握准确，表演完整连贯
	舞蹈表情生动形象，状态饱满，情绪表达恰当，富有神韵
	舞蹈表演的感染力和表现力强，能体现不同民族舞蹈风格的个性特点与民族气质精神

二、不同民族舞蹈健身操规则要领

(一)藏族舞蹈健身操

1. 基本规则

膝部动律是藏族舞训练中重要的一环,在藏族舞蹈组合中要着重提高膝盖的韧性、松弛、延伸等控制能力,通过膝关节的颤动和屈伸,掌握藏族舞的内在气质和风格特点。

2. 技术要领

(1)颤膝动律:双膝松弛、有弹性地连续小颤,重拍在下,一拍两颤。

(2)屈伸动律:重拍中心向上伸,身体保持放松正直地上下屈伸,膝盖动律柔韧且连绵不断,双膝有控制地作长伸短屈。

(3)靠点靠步(以右为例):

1~2 左脚向旁迈出一步,双手体旁拉开至旁平位。

3~4 右脚脚跟点靠左脚前,脚尖自然勾起,形成点靠位,右手向下回落经胯前,横向摆于体前抬起至胸腹位,左手左脚保持姿态。

5~6 右脚旁伸内侧点地,双手还原旁平拉伸位。

7~8 右脚还原 3~4 单点靠步,左手保持旁开位,右手落下经体前拉至头顶上方。

备注:在配合屈伸的动律中完成靠点靠步。

(4)长靠步(以右为例):

1~2 左脚向旁迈出一步,双手体旁拉开至旁平位。

3~4 双脚前交叉,右脚落至左脚前,左手保持旁平,右手向下回落胯前。

5~6 左脚继续向旁迈出一步,右手经体前向上拉。

7~8 右脚点在左脚前成点靠步,右手继续上拉至头顶上方。

备注:在配合屈伸的动律中完成长点靠步。

(5)一步一撩:左脚自然踏地,颤膝;右腿单撩,左腿颤膝,左坐懈胯。

(6)三步一撩:平步三次,单撩一次。撩的时候通过大腿的下沉带动小腿的外展。

(7)晃盖手:一手晃,另一手屈臂立腕用手心抹,从外向内上弧线划立圆。分为低、高位两种:低位手臂于下颌前划立圆,大高位手臂高于额头上方划立圆。

(8)双手哈达行礼:吸气,双手臂由腰、肋、肩前掏手向斜上方伸出,手心对上,身体和头略前倾,左脚为主力脚,屈膝侧弯,全脚落地,右脚自然勾脚顺主力腿吸起,放小腿落至右斜前方,右脚跟点地,脚尖自然勾脚。

(二)蒙古族舞蹈健身操

1. 基本规则

腕部、肩部动作丰富多变是蒙古族舞蹈最显著的特点之一,从沉稳、挺拔、端庄、开阔的舞姿形态中,感受蒙古族刚毅淳朴的性格特点和豪迈洒脱的乐观精神。

2. 技术要领

(1)横摆拧转动律:从腰胯开始带动上身作左右横摆拧转。

(2)划圆动律:身体呈立圆路线进行规律运动,可左起或右起进行。

(3)平步:是蒙古族舞蹈的常用基本步伐,其他步伐也多是从平步的步伐上发展起来的。常用的有直身平步、全蹲平步、转体平步 3 种。

要领:在做平步的时候,要求髋关节、膝盖、脚踝有力地控制,使上身保持平稳地移动,不能出现身体上下起伏的状态。

(4)直身平步：上身略向后仰身，颈部后靠，后腿及脚掌在后留住拖起，双脚外开，保持直线移动，可前进和后退。

(5)全蹲平步：后背拉长，上身前俯身，脚下步伐和移动同直身平步，可前进和后退。

(6)转体平步：身体在直身平步的基础上，上身作2点、8点方向的拧转，可前进和后退。

(7)垫步：一脚迈出，另一脚脚掌在旁或后垫踏。

(8)跟步：一脚迈出，另一脚迅速跟后踏步。

(9)踏点步：在踏步位基础上，双脚前后或后前交替踏点地，可原地或流动进行。

(10)趟步：在平步基础上，重心的前后移动和步伐拉伸幅度增大。

(11)点移步：动力脚脚掌向任意方向迈出后，重心快速移出。

(12)硬腕：由腕部带动进行上提和下压，要求动作小而脆，手腕有力体现顿挫感。可单手、双手交替进行。

(13)交替硬腕：一手作上提，另一手作下压，两手交替提压腕。动作要领同"硬腕"。

(14)硬肩：双肩交错有力地前后运动，要求肩部发力，与肘关节形成反作用力。

(15)揉肩：双肩交错有韧性地前后运动，要求动作柔顺绵延不间断。

(16)揉臂：指的是手臂的"大三节"运动，从肩起，大肩部带动肘关节，肘关节带动手腕，手腕带动指尖，作连绵不断的上下波浪起伏运动。

(17)软手：指的是手臂的"小三节"运动，从肘关节起，手腕进行提腕、团指、压腕、开指的上下起伏运动。

(三)维吾尔族舞蹈健身操

1. 基本规则

维吾尔族舞蹈的动律是由音乐的动感节奏带动内心，内心的灵动带动膝关节，膝关节的颤动传至全身的过程。因此，在维吾尔族舞蹈组合中要擅长运用头、眼、颈、手腕及上身仰首挺胸立腰拔背的姿态去展现维吾尔族人民开朗风趣、能歌善舞的个性特点。

2. 技术要领

(1)摇身动律：用鼻尖带动上身及头部横向左右摆动，动作不宜太大。

(2)点颤动律：大腿内侧微微向里靠，小腿放松，脚腕放松，用脚掌点地打出节奏，可在前、旁、后位置上进行。

(3)摇身点颤动律：主力腿带动胯部及上身，富有弹性、韧性地晃动；注意小腿放松，身体向动力腿方向晃动。

(4)移颈：两耳平行，左右移动。肩膀和下巴不要乱动，可在均匀节奏和切分节奏上进行移动。

(5)平摊手：准备拍时，双臂提肘胸前交叉，第一拍双手向前最远处摊手打开，走一个最大的平圆，摊掌手，手掌要伸开自然放平。

(6)立掌手：中指与大拇指略向里靠拢，食指与大拇指轻轻向上挑起，手腕上挑，手掌与小臂呈90°。

(7)绕腕：平摊手到立掌手中间的过程被称为"绕腕"。摊手准备，手腕放松，中指向回带，走一个立圆，当中指指向最下方时，迅速立腕。绕腕时手臂动作不能过大，尽量保持不动。注意：摊出去慢，绕腕要快，绕腕的路线为立圆。

(8)横垫步(以右为例)：

Da拍右脚抬颤；右脚落至左脚尖前，脚跟着地，脚尖对2点方向，左脚踮脚，重心在两脚之间，双膝靠拢，胯上提。

Da拍右脚尖平划至8点方向落地，同时左脚掌向左横移一步。

要点：身体保持平稳，脚下不离散，右脚关脚时脚尖不要太过，左脚横向迈步时不宜过大，双膝尽量相贴，重心不要前后移动,要在一条线上,身体保持平稳,不要有高低变化,胯部不要来回摆动。

(9)走步:动作要轻松,前三步像走路一样;踢腿时膝盖跟主力腿保持在一个平面上,放松不上提。可向前、向后走步进行。

(10)向后三步一抬:右脚向5点方向迈出一步,身体对5点方向;左脚掌在右脚旁跟一步;右脚继续向5点方向走一步,但脚尖转向1点方向,身体也拧向1点方向;后踢左腿。5~8拍反复。

(11)进退步:右脚重心向前推上去,Da拍左脚向前移动;右脚后退一步,脚掌点地,da拍左脚原地踏。

(12)扶胸行礼:提手腕,手指指腹点于胸前,肘关节架起来。可单手、双手进行。

(13)猫洗脸:双手五指指尖在下颌下连接,提手腕从一侧脸颊拉起,经头顶上额处交换,从脸颊另一侧压腕拉至下颌。

(14)摆臂手:双臂自然下垂,肘微架起,双手空心拳,以肘为轴,小臂每拍向左右摆动一次。

(15)盘腕:手心向上,手腕为轴,手掌向里(也可向外)作360°盘绕。可上盘绕、下盘绕进行。

(四)傣族舞蹈健身操

1.基本规则

体态三道弯是傣族舞的重要舞姿特点,组合通过上身舞姿与动律步伐的配合,加之三道弯体态的曲线,体现傣族舞蹈的韵律美和造型美。

2.技术要领

(1)起伏动律:气息带动膝步的上提和下沉。既可跪作起伏,也可直身作起伏。

(2)横摆动律:在起伏动律基础上,胯部带动作左右下弧线横向摆动,身体和头部可随之自然摆动。

(3)后踢:动力脚自然勾脚快速踢向臀部。

(4)起伏步:在起伏步基础上,双膝微蹲,动力脚自然后踢,随之保持脚型慢慢落下,落下之后膝盖要继续下沉。可前点、旁点、后点起伏步。

(5)旁移点步:动力脚后踢落旁成主力脚,另一脚后踢落至旁点步位。

(6)合掌手:吸气,双手提腕旁起,头顶上方合十;呼气,合十手经体前下拉至胸前,微侧倾头行礼。

(7)胸前头旁立托掌手:一手胸前立掌手推出,另一手头旁托掌顶腕推出,身体前俯身,下颌微探。

(8)轮手:以腰为轴,手心向外抹,上身和手臂带动从前向上向后向下划立圆,可两手臂交替进行。

(9)小卜少手:动力手于体前斜上方抬起,再回经体旁至体后,略提上肘,小臂下垂,手腕放松微微回勾后,再自然松弛下落。可双手、单手或交替进行。

(10)横摆小卜少手:在小卜少手的基础上,双手体后摆动回落。

(11)上穿手:手以掌之形,手心对里,从身体下方经胯、腰、肋、腋前向头顶上方穿出。

(12)单展翅:一手胯旁按掌手,一手体旁平略前立掌立腕手。

第五节　民族舞蹈健身操运动处方

一、藏族舞蹈健身操运动处方

运动特点	藏族舞蹈健身操以膝关节的颤动和屈伸动律为主，动作绵延富有韧性。藏族舞蹈通过下肢步伐和重心的移动转换来带动上肢躯干、髋关节的运动，因此下肢动作丰富坚韧、松弛有力，上肢动作流畅悠然，胯部坐懈悠摆
训练能力	提高心肺功能，增强膝关节的延伸和控制能力；消除上肢的僵硬感，使其更加自如；增强身体的协调性和灵活性，培养舞蹈表演美感，增强自信
运动强度	中等运动强度
适宜人群	各年级大学生。尤其适合肢体僵硬、动作不协调、平衡感差的大学生群体
运动频率	每周3~7次
运动时间	每次2~3组，每组练习15~30分钟
辅助运动	有氧舞蹈、形体练习、瑜伽体式
注意事项	练习前做好膝、踝关节的热身活动，舞蹈过程中动作幅度的大小、步伐的轻重和移动路线的长短皆可根据练习者能力自行调整。弹响髋轻度患者可降低动作下降幅度，重度患者避免参加此项运动

二、蒙古族舞蹈健身操运动处方

运动特点	蒙古族舞蹈健身操以上肢大、小三节及腕部、肩部的运动为主，配合脚下平步、垫步、跟步、趟步等步伐完成，展现蒙古族舞蹈热烈、稳健、优美、洒脱的特点。组合编创难度体现在上肢部分，主要在于对肌肉、关节力量的控制，既要柔中有刚，又要刚中见柔，只有力量控制得当才能很好呈现蒙古族舞蹈的风格特点
训练能力	提高肢体关节、肌肉、末梢的控制能力，增强上肢的舒展性、柔韧性，肩、腕关节的力量感和爆发力，下肢的稳定性，组合练习可以舒展练习者胸怀，排解练习者忧郁心情
运动强度	中等运动强度
适宜人群	各年级大学生。尤其是驼背扣肩、体态不正、注意力分散和轻度抑郁的大学生群体
运动频率	每周3~7次
运动时间	每次2~3组，每组练习15~30分钟
辅助运动	有氧舞蹈、形体练习、瑜伽体式
注意事项	练习前做全身热身活动，舞蹈过程中可根据自身性别、体力、健康状况决定运动量。慢性病和身体不适者在专业人士指导下分组分量进行锻炼

三、维吾尔族舞蹈健身操运动处方

运动特点	维吾尔族舞蹈健身操在节奏明快、旋律变化多样的音乐伴奏下进行，配合头眼、颈部的移动使表情细腻隽媚、神态昂扬傲气，加之脚下步伐的灵活多变和旋转时的戛然而止，使舞蹈表演动静自如。舞者可采用双人对跳、多人对跳、集体合跳等方式进行
训练能力	训练身体的协调性、灵活性、平衡感，及身体中段的控制力和核心力量的稳定性。组合练习可以舒缓眼睛疲劳，锻炼视神经末梢，同时强化身体姿态的挺拔感，培养练习者坚定进取的自信心
运动强度	中等偏上运动强度
适宜人群	各年级大学生。特别是学习压力大、注意力不集中、精神紧张、有社交恐惧、缺乏自信和亚健康的大学生人群
运动频率	每周3~5次
运动时间	每次2~3组，每组练习15~30分钟
辅助运动	眼神操、形体练习、瑜伽体式
注意事项	练习前做全身热身活动，练习结束做伸展和放松练习。练习时遵循循序渐进原则，低血糖同学在旋转时可依据自身情况放慢节奏或减少旋转次数、圈数，耳内性眩晕学生不做旋转练习

四、傣族舞蹈健身操运动处方

运动特点	傣族舞蹈健身操以慢板动作锻炼为主，组合中腿在半蹲状态下作重拍向下的屈伸，带动身体上下起伏；膝关节均匀连绵地颤动，脚下有力地抬起与轻稳落地，身体髋关节微摆，配合呼吸展现优雅、柔美、秀丽的风格
训练能力	通过缓慢、有节律的步伐移动增强身体灵活性和舞蹈韵律美感，动作编排设计左右平衡训练，提高练习者的平衡性。多次和连续的组合练习可强化练习者的心肺功能
运动强度	中等运动强度
适宜人群	各年级大学生，尤其适合运动量不足、身体协调性、灵活性差的大学生群体
运动频率	每周3~7次
运动时间	每次2~3组，每组练习15~30分钟
辅助运动	有氧舞蹈、形体练习、瑜伽体式
注意事项	练习前做头、手、腕、肘、髋、膝、踝关节的活动和呼吸练习，每次练习和运动量可依自身情况量力而行，以主观感受到轻微疲劳为宜。腰椎间盘突出、腰肌劳损、踝关节受伤者不做此运动

思考题

1. 怎样理解“舞武同源”之说？
2. 如何理解不同民族舞蹈体态特点与该族人民所处的生存环境、风俗习惯、生活方式之间的关系？
3. 你是从哪几个方面对我国民族舞蹈进行鉴赏的？
4. 通过学习你可以独立完成一套不同民族舞蹈的组合编创吗？

第二十章　健身健美运动

【学习目标】

1. 了解健身健美运动的内涵和主要训练内容。
2. 掌握健身健美运动的基本训练方法。

第一节　健身健美运动概述

健身健美运动是一门通过徒手和各种器械，运用专门的动作方式和方法进行锻炼，并根据人类遗传学、人体解剖学、运动生理学、运动保健学、营养学、运动医学，结合美学等学科原理，以锻炼身体、增强体质、发达肌肉、陶冶情操、促进人体健康为目的的体育科学。它是一种在一定时间内获得理想体型的身体训练过程，包含提供科学营养知识和肌肉发达技术的内容，用六个字概括就是：重力、营养和恢复。

健身健美运动是发达肌肉、健美体型的一种快速有效的手段。其特点是方法简便、收效快速，对改变身体畸形和按照个人意愿修塑健美体型都有特殊效果，无论男女老少都可采用，在家里也能锻炼。

健身健美运动既可以徒手练习，如各种徒手健美操、韵律操、形体操和各种舞蹈及反重力动作练习，也可以采用各种不同的运动器械进行练习，如哑铃、杠铃、壶铃等举重器械，单杠、双杠、绳、杆等体操器械，以及弹簧拉力器、握力棒、橡皮筋和各种特制的综合力量练习架等力量训练器械，还有功率自行车、台阶器、平跑机、划船器等有氧训练器械。人们在进行健身健美运动时，最重要的是要坚持锻炼，同时要保持良好的生活习惯和卫生习惯。

早在古希腊时代，有些运动健将就通过举重物来锻炼身体，从而得到强壮健美的体形。18世纪末，德国大体育家尤金·山道，在伦敦音乐厅进行了一次轰动社会的表演，他那发达的肌肉和匀称的体型，犹如一座完美的艺术雕像，使数千名观众为之倾倒，从而开创了健身健美运动的先河。19世纪晚期，尤金·山道首创了展示人体美的各种姿态，为现代健身健美运动的发展奠定了基础，他被公认为国际健身健美运动的创始人和世界上第一位健身健美运动员。

男子的健美标准是：身材高大而强壮，肌肉发达而均衡，肩宽臂圆，体力充沛，体质健康等。女子的健美标准是：体型匀称，姿态优雅，胸部丰满，肩圆腰细，肤色光洁润泽等。

第二节　健身健美运动主要训练内容

一、三角肌的训练

(一)三角肌的生理构造

三角肌俗称虎头肌,是一个底向上尖向下的三角形肌,位于肩部皮下,从前、后、外侧包裹着肩关节,是一块多羽状肌。肩部的膨隆外形即由此肌所形成。肌束分前、中、后三部。起点于前部肌束起自锁骨外侧半,中部肌束起自肩峰,后部肌束起自肩冈。止点于肱骨粗隆。作用主要是使肩关节外展,其前部肌纤维收缩可使肩关节前屈并略旋内,后部肌纤维收缩可使肩关节后伸并略旋外。

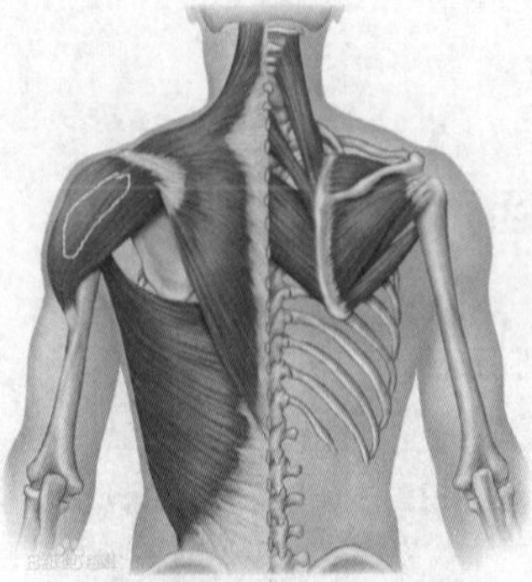

图 20-1　三角肌

图 20-2　哑铃侧平举

图 20-3　哑铃推肩

(二)三角肌的训练方法

1. 哑铃侧平举

这个动作主要锻炼三角肌中束。两脚分开与肩同宽,尽量保持上半身挺直,不要弯腰驼背,纠正好躯干姿态以后,三角肌发力水平举起哑铃。一定要把注意力集中在三角肌上面,举到最高点以后,保持哑铃、肘关节、三角肌在同一水平高度。上举过程中要注意自己的手臂动作,过于弯曲或者过于伸直都不太好,略微弯曲最好。动作全程要用三角肌发力把哑铃举起,不要靠惯性把哑铃甩到最高点。肩膀自然下沉,不要耸肩,哑铃举到水平位置以后,稍作停留,通过反作用力控制缓慢放下。

哑铃侧平举注意事项:

①不能耸肩,否则负重不能集中到肩部。

②哑铃不要高于肩膀太多,避免惯性发力。

2. 哑铃推肩

双手各持一支哑铃,向上伸直手臂,将哑铃举过头顶,同时呼气。在顶端将哑铃向中间靠拢,以此挤压肩部,并稍作停留,然后缓慢将哑铃下降回到起始位置,同时吸气。下降过程中保持对哑铃的力量掌控。

哑铃推肩注意事项:

①双手应该在同一平面上。

②双手举过头顶以后,哑铃尽量向中间靠拢。

二、肱二头肌的训练

（一）肱二头肌的生理构造

肱二头肌位于上臂前侧，整肌呈梭形。肱二头肌有长、短二头，故名肱二头肌。长头起点于肩胛骨盂上粗隆，短头起于肩胛骨喙突，长短头于肱骨中部汇合为肌腹，下行至肱骨下端，集成肌腱止于桡骨粗隆和前臂筋腱膜。近固定时，肱二头肌使前臂在肘关节处屈和旋外，使上臂在肩关节处屈。远固定时，肱二头肌使上臂向前臂靠拢。

（二）肱二头肌的训练方法

1. 哑铃弯举

双手握住哑铃，拳心朝前，大臂贴紧身体，并保持固定，发力以肘关节为主，弯曲手臂抬起哑铃，至哑铃接近胸部位置，稍作停顿，缓慢下落还原至起始位置，在最低点时不完全放松，手臂不完全伸直。

哑铃弯举注意事项：

①大臂自然贴住躯干，动作全程肘关节自然夹住身体，不要前后晃动。

②当哑铃举到最高点以后，大小臂尽量夹紧，保持肱二头肌充分收缩充血。

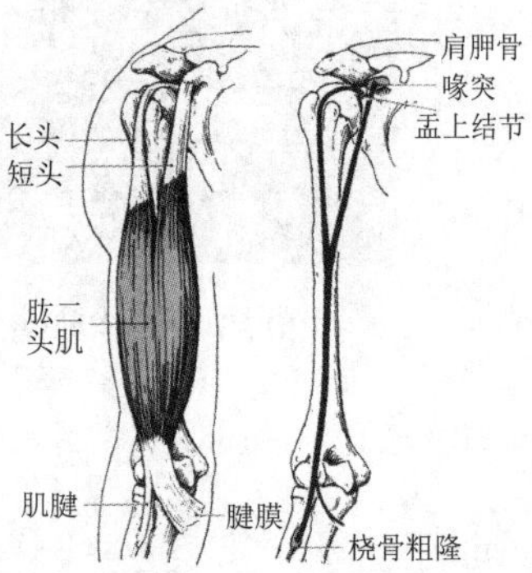

图 20-4　肱二头肌

图 20-5　哑铃弯举

图 20-6　斜托弯举

2. 斜托弯举

坐在斜托凳上，也可采用站姿，胸靠斜板，上臂放在斜板上，两手反握杠铃，臂伸直，保持身体稳定，用力将杠铃弯举到最高点稍作停顿，然后缓慢还原。全程动作要慢，在杠铃降到最低点时肘关节应微屈，用力控制住杠铃，但不要完全伸展。

斜托弯举注意事项：

①大臂尽量贴住斜板，不要只用肘关节顶住斜板，以便肱二头肌充分发力。

②当杠铃举到最高点以后要充分收缩肱二头肌，以便肱二头肌充分充血。

三、肱三头肌的训练

（一）肱三头肌的生理构造

肱三头肌长头起于肩胛骨盂下结节，外侧头起于肱骨体后面桡神经沟外上方，内侧头起于肱骨体后面桡神经沟内下方。三个头合成一个肌腹，以其腱止于尺骨鹰嘴。近固定时，肱三头肌使前臂在肘关节处伸，长头使上臂在肩关节处伸，肱三头肌是肘关节伸直的主要肌肉。远固定时，肱三头肌使上臂在肘关节处与前臂保持直伸（如手倒立推起动作）。

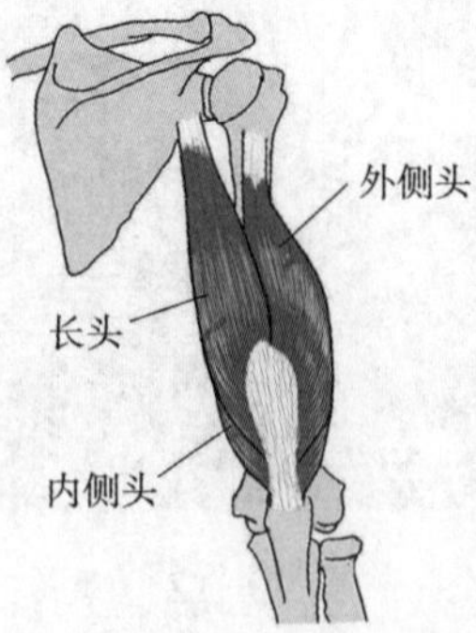

图 20-7　肱三头肌

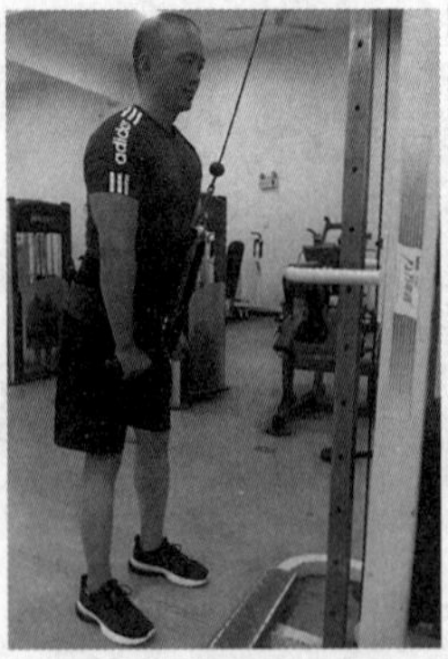

图 20-8　绳索下压

图 20-9　颈后臂屈伸

(二)肱三头肌的训练方法

1. 绳索下压

膝盖微屈，身体稍微前屈，腰背挺直，抓紧绳索，腕关节放松，肩胛骨自然下沉，在动作下半程旋转可以更好地感受外侧头的收缩，手臂自然下垂，绳索基本压到最低点，保持肱三头肌充分伸直。

绳索下压注意事项：

①下压过程当中身体不要随意晃动，肘关节夹住身体，有利于动作稳定。

②当绳索压到最低点的时候，保持手臂基本伸直，以便肱三头肌最大伸缩。

2. 颈后臂屈伸

双手虎口交叉持哑铃，举过头顶，两上臂贴近两耳，保持竖直不摇动，把前臂向上挺伸，直到臂部完全伸直，肱三头肌彻底收紧，静止 1 秒钟左右，屈肘让前臂慢慢下垂到开始位置，使肱三头肌尽量伸展。

颈后臂屈伸注意事项：

①大臂尽量靠近头部，肘关节不要来回晃动，基本保持固定位置。

②哑铃举到最高点和最低点的时候，动作要到位，保持肱三头肌充分伸展。

四、胸大肌的训练

(一)胸大肌的生理构造

胸大肌在胸廓前上部浅层，起点于锁骨内侧半、胸骨前面和第 1~6 肋软骨以及腹直肌鞘前壁上部，止点于肱骨大结节嵴，可以使肩关节屈、伸、内收、外展。

(二)胸大肌的训练方法

1. 杠铃推胸

双脚踩实地面，全身绷紧，尤其要收紧髋部，身体固定，不要移动。挺胸沉肩，适当调节握距，虎口闭合握紧杠铃，杠铃缓慢落下的时候，手臂尽量夹紧身体，让杠铃落在胸肌正上方位置。杠铃触胸之后，略微停顿，深吸一口气，发力将杠铃推起，以此重复。

杠铃推胸注意事项：

①推起或下落过程中，杠铃重心应落在肩关节的垂直线上。

②刚开始练习时一定要双手全握杠铃，即虎口闭合锁死杠铃，以免杠铃脱手。

图 20-10　胸大肌

图 20-11　杠铃推胸

图 20-12　哑铃飞鸟

2. 哑铃飞鸟

双手持铃，掌心相对，上背部紧贴凳子，核心收紧。上举时要靠胸肌的收缩带动双臂向上环抱，直至哑铃相触，这样可避免肩背过分参与用力。下放哑铃时注意力集中在胸缝处，靠胸肌的张力控制住哑铃缓慢下放，同时充分吸气、挺胸，动作幅度要完全到位。

哑铃飞鸟注意事项：

①小臂与大臂呈150°左右的夹角，角度太小力臂会减少很多，不利于肌肉刺激，角度太大肘关节和肩关节的压力又会很大。

②刚开始练习时一定要小重量练习，大重量练习容易使肩关节受伤。

五、背部肌肉的训练

（一）背部肌肉的生理构造

背部肌肉由背阔肌和斜方肌两大部分构成，背阔肌位于腰背部和胸部后外侧皮下，为全身最大的阔肌，呈直角三角形，起自下3~4个肋骨外面，经腋窝的后壁、肱骨的内侧绕至大圆肌的前面，止于肱骨小结节嵴。近固定时上部纤维收缩，使肩胛骨上提、上回旋。远固定时一侧收缩，使头向同侧屈和向对侧回旋，使头和脊柱伸直。

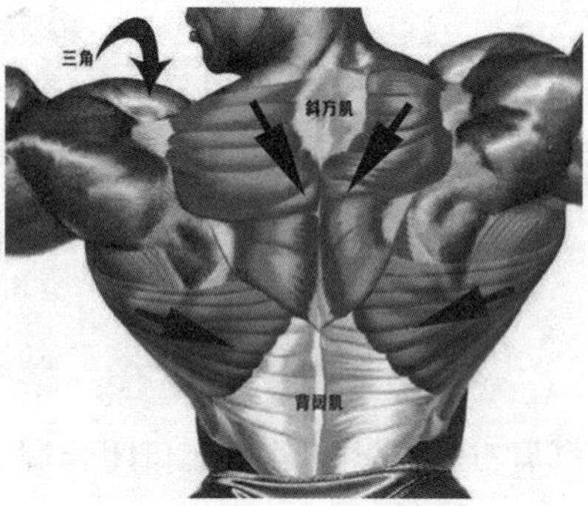

图 20-13　背阔肌

图 20-14　俯身划船

图 20-15　坐姿划船

（二）背部肌肉的训练方法

1. 俯身划船

双脚站立与肩同宽，然后核心收紧，身体前倾一定角度，一般建议在45°左右，腰背挺直，小腿垂直于地面，双臂紧贴体侧，沿着重力方向提起杠铃至小腹位置，通过反作用力控制缓慢放下。

俯身划船注意事项：

①小腿垂直于地面，臀部后坐，有利于重心稳定，避免前后晃动。

②杠铃提拉尽量贴到小腹部，收紧背部，有利于背阔肌充分伸缩。

2. 坐姿划船

正坐于器械平凳上，两腿踩住前方的踏板，微屈膝，腰腹固定，挺胸抬头。以背部肌群的收缩力将手柄拉至腹部，尽可能地向后牵拉双肩和双肘，直到手柄接触到身体中部。保持顶峰收缩 1~2 秒，并努力向一处挤压肩胛骨以获得最大化的刺激。以背阔肌的力量控制还原，运动过程中注意控制拉伸的速度，不要过快或过慢。

坐姿划船注意事项：

①全程始终保持腰背挺直，肩膀自然下沉，腿部自然弯曲，不要过于伸直腿部。

②拉起重物以后，手柄应尽量贴近躯干，并稍作停留，同时要保持背部收紧。

六、腹肌的训练

(一) 腹肌的生理构造

腹肌是人体结缔组织中的重要部分，主要包括腹直肌、腹外斜肌、腹内斜肌和腹横肌。

腹直肌位于腹前壁正中线的两旁、胸腔与骨盆之间，为带形多腹肌。腹外斜肌就是网上人人追捧的“人鱼线”，位于腹前外侧部的浅层。腹内斜肌在腹外斜肌的内层，肌束的走向跟腹外斜肌相反，主要配合腹外斜肌的运动，锻炼腹外斜肌就一定会锻炼到腹内斜肌。腹横肌位于腹内斜肌下面，肌束方向是横向的，在腹直肌外侧缘移行为腹横肌腱膜，参与构成腹直肌鞘。腹肌不但可以维持躯干的直立和弯曲，还可以维持躯干的旋转。

(二) 腹肌的训练方法

1. 仰卧起坐

臀部坐于腹肌板上面，躯干基本保持水平，双手交叉放于胸前，或者双手贴住耳侧。平躺在腹肌板上面，腹肌发力卷腹，带动上身尽量靠近大腿，躯干与大腿最近的时候，感受腹肌挤压的感觉。腰背稍微弯曲，切不可过于弯曲，以免腹肌处于松弛状态。躺下的过程当中，腹部要在反作用力控制下缓慢放下，后背最低点与平板稍留间隙，始终保持腹肌发力。

仰卧起坐注意事项：

①全程始终保持腰背挺直，躯干不要过于弯曲。

②双手放于胸前或者耳侧，不要过于抱头，以免颈部严重弯曲造成颈椎损伤。

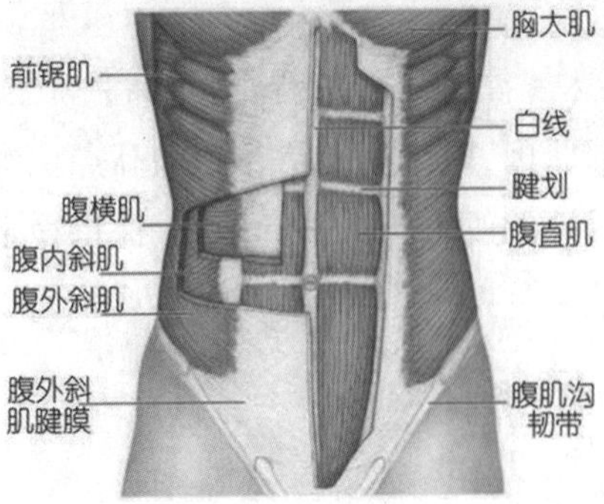

图 20-16　腹肌

图 20-17　仰卧起坐

图 20-18　悬垂举腿

2. 悬垂举腿

采用正握宽握距悬垂在单杠上，脚尖指向地面。保持双腿伸直或屈腿，收缩腹肌，向上提起双腿，直到大腿与地面平行，或继续向上抬腿直到脚尖指向横杠。保持几秒，然后返回到初始位置，要避免摇晃。

悬垂举腿注意事项：

①悬垂举腿要求身体平稳，不要来回晃动，这样才能有效锻炼下腹。

②动作不要过快，腿部上举到最高点要稍作停留，放下动作要缓慢。

七、臀大肌的训练

(一)臀大肌的生理构造

臀大肌起于髂骨翼外面、骶尾骨背面、骶结节韧带,止于股骨臀肌粗隆和髂胫束。近固定可以后伸大腿,并使大腿旋外,肌肉的上半部分收缩可以使大腿外展,肌肉的下半部分收缩可以使大腿内收。远固定一侧收缩,使骨盆转向对侧。两侧收缩使骨盆后倾,使躯干后伸。

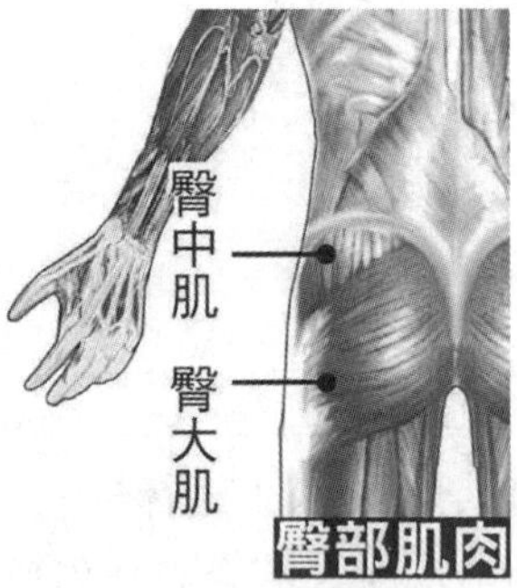

图 20-19　臀大肌

图 20-20　屈腿硬拉

图 20-21　跪撑抬腿

(二)臀大肌的训练方法

1. 屈腿硬拉

双脚呈八字形站立,杠铃放于体前,屈膝俯身,双手正握杠铃。握距与肩同宽或宽于肩,头稍抬起,挺胸,腰背绷紧,翘臀,上体前倾,腿肌用力伸膝提铃,稍停 1~2 秒,然后屈膝,缓慢下降还原。落杠过程中,背部保持平直,杠铃尽可能放低,臀部要慢慢向后移动,以保持杠铃在上下运动过程中始终贴紧身体。

屈腿硬拉注意事项:

①动作全程要挺胸收腹,最低点臀部要有后坐的感觉,小腿基本垂直于地面。

②杠铃在提起和下落的过程中始终保持贴住腿部,避免前后晃动造成身体重心不稳。

2. 跪撑抬腿

跪撑抬腿是练习臀大肌最为简单的动作,能够将臀大肌锻炼得更加发达。首先跪撑在垫子上,双手撑住地面,膝盖与臀同宽,慢慢向上抬起右腿,后腿尽量伸直,把发力点集中在臀部肌肉,臀部向上抬起到最高点位置,然后停留 2 秒,缓慢放下,左右腿依次重复。动作过程中尽量保持头部到臀部的躯干接近平行地面,保持稳定,腹部紧张,不要弓身。

跪撑抬腿注意事项:

①全程腰背要始终挺直,背部不要上弓,以免造成臀大肌不能有效屈伸。

②腿部尽量举到最高点,感受臀部充分发力,最高点应稍作停留,回落要缓慢。

八、股四头肌的训练

(一)股四头肌的生理构造

股四头肌由四个头组成,即股直肌、股中肌、股外侧肌和股内侧肌,股直肌起自髂前下棘,股中肌起自股骨体前面,股外侧肌起自股骨粗线外侧唇,股内侧肌起自股骨粗线内侧唇,四个头合并成一条肌腱,包绕髌骨,向下形成髌韧带止于胫骨粗隆。近固定时,股直肌可使髋关节屈,整体收缩使膝关节伸。远固定时,股直肌使大腿在膝关节处伸,维持人体直立姿势。

(二)股四头肌的训练方法

1. 史密斯深蹲

双腿分开站于杠铃下方,身体稍微前站,保持与肩同宽的中等距离,脚趾微微指向外侧。保持头部始终朝向正前方,背部挺直。双手握杠,将杠铃放置在后肩位置,开始弯曲膝盖慢慢降低杠铃,保持笔直姿态,头部朝向正前方,继续下降直到大腿位于水平位置或者略低于水平位置,在最低点稍作停顿然后股四头肌发力蹲起,要用脚跟踏压地面。

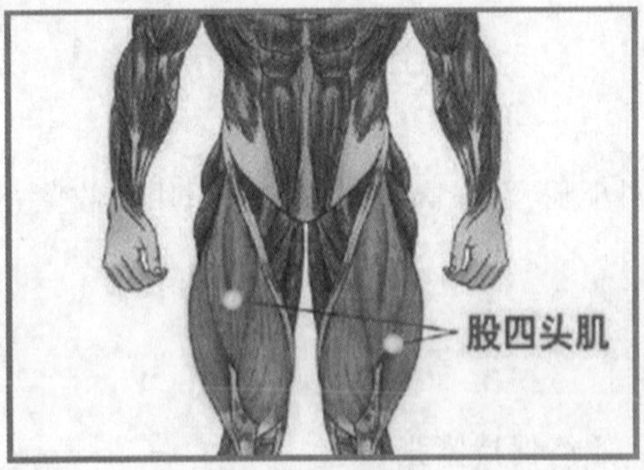

图 20-22　股四头肌

图 20-23　史密斯深蹲

图 20-24　弓箭步蹲起

史密斯深蹲注意事项:

①始终保持腰背挺直,不要用脖子扛住杠铃,以免造成颈椎损伤。

②膝关节不能前后摆动,最低点不能超过脚尖,小腿基本垂直于地面,臀部要后坐。

2. 弓箭步蹲起

双手叉腰或各握一支哑铃,肩膀打开,手臂自然下沉,然后往前跨步下蹲,前腿基本呈 90°,后腿自然弯曲,重心在双腿之间,保持躯干垂直于地面,然后靠前腿股四头肌主动发力站起,换另外一条腿蹲起,依次重复。

弓箭步蹲起注意事项:

①下蹲到最低点以后,大腿要位于水平位置或者略低于水平位置。

②蹬地站立的过程一定要靠前腿股四头肌主动发力,后脚尖不要发力过猛。

九、股二头肌的训练

(一)股二头肌的生理构造

股二头肌又称双关节肌,位于大腿后外侧皮下,有长短两个头。长头起于坐骨结节,短头起于股骨粗隆,两头在股骨下 1/3 处合并为一总腱止于腓骨头。近固定时,股二头肌使大腿伸、小腿屈,并外旋。远固定时,股二头肌使大腿在膝关节处屈,在小腿伸直时,则使骨盆后倾。

图 20-25　股二头肌

图 20-26　直腿硬拉

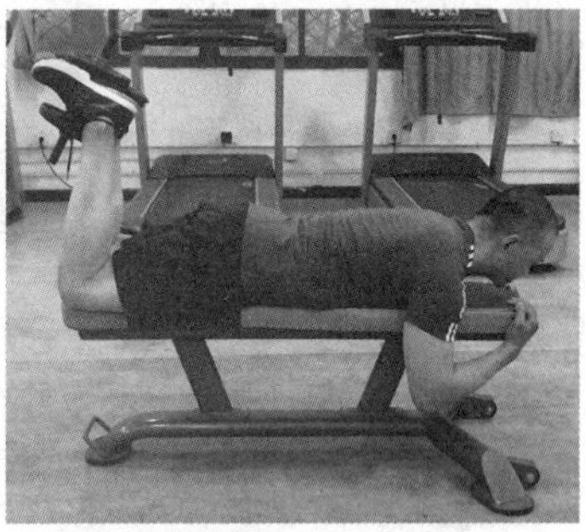

图 20-27　俯身屈腿

(二)股二头肌的训练方法

1. 直腿硬拉

站立姿势和硬拉一样,抓起一个杠铃即可。双手与肩同宽或者略宽于肩,在保持腿部几乎锁定的前提下,上半身向前倾,同时保持背部挺直,直到躯干基本和地面平行,将杠铃以一臂远的距离悬挂在下方,有控制地向上挺直身体,拉到完全直起身后肩膀向后拉,腰背始终挺直,如此反复。

直腿硬拉注意事项:

①腿部稍微弯曲,不要过于伸直,腰背始终挺直。

②全脚掌发力,不要过于靠脚尖发力,杠铃必须沿重力方向移动。

2. 俯身屈腿

俯身趴在平凳上,两脚夹住哑铃,两手握紧平凳,上体不动,向上屈小腿,至最高点时股二头肌用力收紧、稍停,然后缓慢下放还原。

俯身屈腿注意事项:

①股二头肌收缩用力时臀部不可抬起,避免借力。

②至最高点时小腿不宜超过垂直面,还原时股二头肌要用力控制,始终保持紧张状态。

十、股三头肌的训练

(一)股三头肌的生理构造

股三头肌位于小腿后群,主要由腓肠肌和比目鱼肌构成。腓肠肌有两个头,位于浅层肌肉群。位置较深的是比目鱼肌。腓肠肌的内、外侧头起自股骨内、外侧髁,约在小腿中点处移行为腱性结构,比目鱼肌起自胫腓骨上端后部和胫骨的比目鱼肌线,肌束向下移形为肌腱,三个头会合,在小腿的上部形成膨隆的小腿肚,向下续为跟腱,止于跟骨结节。小腿三头肌的作用是屈小腿和上提足跟,在站立时,能固定踝关节和膝关节,以防止身体向前倾倒。近固定时,股三头肌能使小腿和足屈。远固定时,股三头肌使股骨远侧端和小腿骨拉向后方,使膝关节伸直,从而维持人体的直立。

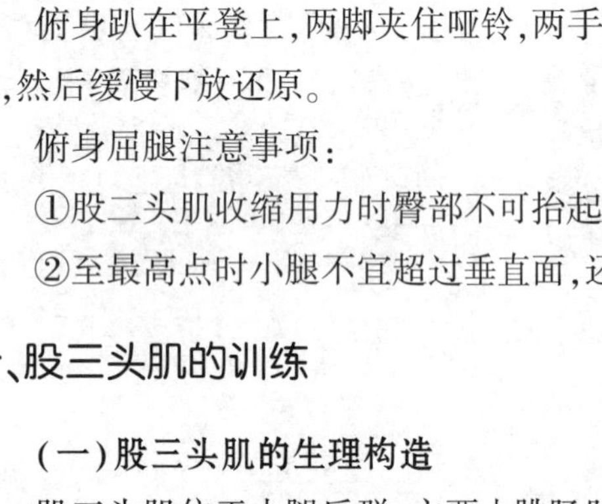

图 20-28　股三头肌

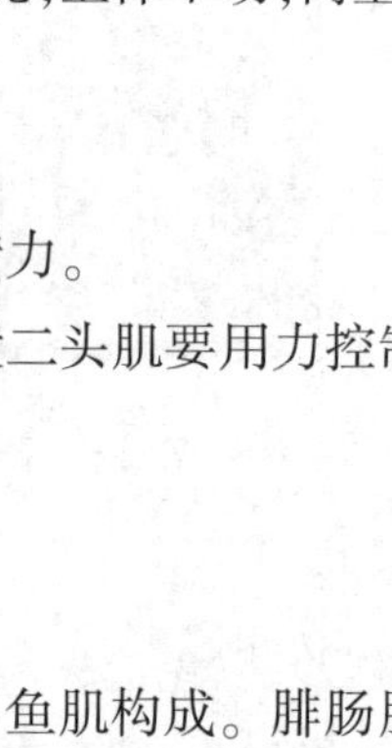
图 20-29　站姿提踵

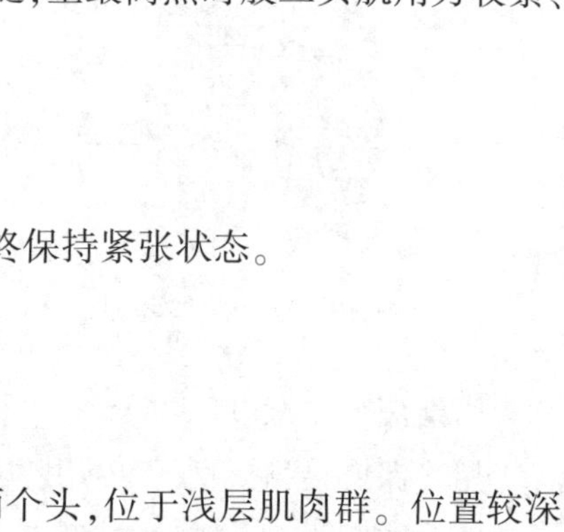
图 20-30　倒蹬伸脚尖

(二)股三头肌的训练方法

1. 站姿提踵

双手各握一支哑铃,双脚站在踏板或者杠铃片上面,脚后跟悬空,脚尖尽可能向上发力蹬地,两腿基本伸直,然后下落脚后跟至最低点,感觉到小腿肌肉已经拉伸到了最大限度。脚跟在最低点和最高点时要始终保持小腿三头肌发力,不要完全放松。

站姿提踵注意事项：

①完成动作时不要屈膝，控制重心不要前倾。

②提脚跟时应感到小腿肌群充分收缩，稍停顿后再缓慢下落至最低点。

2. 倒蹬伸脚尖

倒躺在腿举机上面，两腿基本伸直蹬起配重片，将脚趾定位在踏板上，通过脚尖发力向上推起重物，当杠铃片推到最高点以后，要稍微停留然后缓慢放下，全程保持腿部基本伸直，可以根据自身情况添加更多重量适当增加杠铃片。

注意事项：

①背部和臀部贴紧挡板，动作全程腿部基本伸直，主要是脚部运动。

②踝关节屈伸要充分，脚尖在最高点和最低点要稍微停留，始终保持小腿肌。

第三节　健身健美运动基本训练方法

一、循序渐进训练法

逐渐增加锻炼组数、锻炼强度和每周锻炼次数，逐渐减少间歇时间。初学者有一个逐渐适应的过程，应循序渐进。只有逐渐加深对肌肉的刺激，才能促进其生长和发育。增肌刚开始时，总有人觉得重量越大效果越好，每次锻炼都用超过自身所能承受的重量来锻炼，没几天就把自己给练“废”了，这样是不正确的。选择合适的重量，不要太在意训练效果，循序渐进地锻炼，3 个月后一定会有明显的变化。

二、金字塔训练法

像金字塔那样由轻到重慢慢增加重量，一步一个台阶，最后登顶达到极限。金字塔训练法有 3 种，即正金字塔训练法、反金字塔训练法、正反金字塔训练法。在训练过程中逐步增加重量，相应减少每组的重复次数，直到重量加到预先安排的最大重量，次数也逐渐减少到最少，这类训练方法为正金字塔训练法。在训练过程中逐步减少训练重量，但同时递增每组训练次数，肌肉训练能涵盖不同的组数范围，让训练更全面，有利于挑战更大训练重量，这类训练方法为反金字塔训练法。结合正反金字塔训练法，先采用正金字塔训练法，到最大重量后，接着采用反金字塔训练方法，最终又回到了起始重量，这种训练方式对健身训练者要求较高，适合中高级训练者。

三、孤立锻炼法

当锻炼目标肌肉时，为了最大限度地发展目标肌肉，尽可能使其在工作时与其他肌肉活动分离开，不借用身体其他部位的助力而使其单独承受负荷来获得集中的刺激，这种锻炼法主要用于突出加强某一部分的肌肉和着重纠正身体上某一部分的缺点。比如发达肱二头肌的垫肘弯举训练动作，把肘关节固定在斜板上，只能用肱二头肌收缩之力将重物举起，肩部和上身不要借力，这样对肱二头肌的刺激更集中，锻炼效果更好。孤立训练法的动作对于肌肉的针对性更强，很多时候复合动作并不能让所有肌群都进行全程的训练，而全程训练对于增肌又尤为重要，这就突显了孤立训练法的优势。

四、多样训练法

训练动作要经常变化，使肌肉产生不适应感，从而提高锻炼效果。肌力训练有一个规律，当几个固定动作采用恒定运动负荷量训练一阶段后，机体就会逐渐适应，肌力生长速度就不会提高或提高较慢，此时可以采用多样训练法，以促进机体发生变化，从而进入新的适应过程。例如采用哑铃弯举锻炼肱二头肌，在训练一阶段后，肱二头肌变化甚微，则应及时变换训练手段和方法，采用斜托弯举等动作，增加训练次数和强度来发展肱二头肌的围度。

五、优先锻炼法

把练习的弱点放在第一项来练，强度较大，组数较多，这样练得集中，对目标肌肉的刺激就比较深。例如有些人上肢围度大，但因不喜欢练腿，而显得不协调，上下肢比例不均衡。这时就应突出重点锻炼腿部，在以后的训练中应该把腿部肌肉锻炼摆在第一位，先练深蹲，再练腿屈伸，并保证组数、次数，当然也可以适当增加训练强度。坚持训练一个月就会有一定变化，3个月会有显著变化。优先锻炼就是在训练计划中突出重点，多安排想发展部位的动作。如有些人较瘦、胸平、肩窄、四肢较细，就应多训练胸、肩、臂部位，而少练腹、腿等部位，这样才能保证身体各部位的均衡发展。

六、充血训练法

当锻炼某一块肌肉的时候，采用不同的动作刺激目标肌肉群，促使大量的血液流入目标肌肉群，并且让血液持续地在目标肌肉群流动，这样更有利于肌肉的增长，这种训练方法称为充血训练法。比如锻炼胸大肌，我们需要在短时间内连续做3~5个训练胸部的动作，以小重量多次数为佳，中间不加入任何训练其他部位的动作，一直练到胸部发热、发胀、发麻、僵硬为止，同时内心获得极大的满足感为最好。

七、对抗肌训练法

将对抗肌放在一组内做，有利于疲劳的消除。例如上肢肌中肱二头肌和肱三头肌是对抗肌，肱二头肌可以使前臂屈，而肱三头肌可以使前臂伸。这两组肌肉都生长在上肢肱骨上，只是一个在前面，一个在后面。训练时，我们可以先做杠铃弯举锻炼肱二头肌，紧接着做钢线下压锻炼肱三头肌，同时肱二头肌也得到了拉伸和放松，依次循环。也可以先锻炼肱二头肌，等肱二头肌训练完成后，再集中精力锻炼肱三头肌，这样也能起到对抗放松作用，效果也非常好。同样属于对抗肌的还有股四头肌和股二头肌、胸大肌和背阔肌。

八、大小肌群组合训练法

大小肌肉群组合训练是训练高手常用的一种组合训练方式，这种组合训练最重要的是可以提高训练效率，还有一个优点就是便于安排训练计划。我们一般把胸大肌、背阔肌、臀大肌、股二头肌、股四头肌划分为大肌肉群，把肱二头肌、肱三头肌、三角肌、股三头肌划分为小肌肉群。当我们训练的时候，可以把胸大肌和肱三头肌放在一起训练，背阔肌和肱二头肌放在一起，臀大肌和股三头肌放在一起，当然也可以自由结合，选择组合的时候最好选择具有较高的黏连性的两组肌肉。比如我们把胸大肌和肱三头肌放在一起训练，当我们练胸大肌的时候，肱三头肌也会参与发力，等到完成胸大肌的练习，我们的肱三头肌也已经充分热身了，这时候我们趁热打铁练习肱三头肌，既提高了训练效果，又节省了训练时间。

九、力竭训练法

力竭训练指的是在针对单一动作并固定重量的情况下，在每一组训练中重复同一动作，直到连最后一下都不能做为止。比如我们练习肱二头肌，原计划做 8 组杠铃弯举，我们可以在计划完成之后再额外多加 6 组，每组 10 个左右，最主要的是每组都做到几乎抬不起手臂为止，这样才能使肌纤维极度充血。力竭训练法一直是一种具有争议性的训练方法，如果能够正确使用此方法，可以很好地刺激肌肉生长和肌肉力量的提升，如果不能很好地使用此方法，往往会造成过度疲劳，导致过度消耗肌纤维，甚至造成肌溶解。所以新手刚开始训练的时候，最好不要使用此方法。当我们训练一年左右，水平有了一定的提高，可以尝试使用此方法。力竭训练之后，人体对营养的补充也会更高，尤其是蛋白质和碳水化合物的补充要比平时高。只有超量补充蛋白质，肌纤维才能够超量恢复，身体才会变得更加强壮。

十、顶峰收缩训练法

在肌肉收缩到最困难状态时，尽力保持这一紧张状态，然后慢慢还原到动作的开始位置。例如，站姿弯举，从大腿末端部位收缩直至下颌，工作距离很长，最困难的部位在上臂和前臂的夹角处于 90°~110°处。弯举到这一部位应保持静力收缩 3~4 秒，使肱二头肌得到更深的刺激。又如，发展股四头肌采用深蹲，当大小腿夹角处于 100°~110°处，这是股四头肌处于收缩到最困难部位处，应尽力保持这一紧张状态 2~3 秒。再如，做山羊负重挺身时，当身体由俯卧到挺起成反弓状，这时要努力保持抬头、挺胸成反弓 2~3 秒，当竖棘肌感到发酸时，再恢复原位，这样的练习效果比通常做法要好。

十一、超级组训练法

在锻炼目标肌肉的时候，多组重复一个动作，中间有间歇，我们称为一般训练。当我们采用多种动作，中间几乎无间歇地去锻炼同一目标肌肉的时候，我们称之为超级组训练法。我们在平时的健身训练中可以采用的方法其实并不多，超级组训练法就是一种可以增强训练强度、增加训练效果的非常实用的方法。很多人在突破自己锻炼瓶颈的时候，都会尝试采用超级组训练法，往往能获得非常好的效果。比如我们锻炼胸大肌，如果采用一般训练方法，卧推 3~6 组，每组 10 个即可，如果我们采用超级组训练法，可以采用卧推、哑铃飞鸟、坐姿夹胸 3 个动作，每个动作 2~3 组，每组 10 个左右，并且中间几乎无间歇，你会发现当你完成超级组训练的时候，你的胸大肌会极度充血，训练效果会比一般训练效果好。

十二、意念训练法

当我们在进行肌肉锻炼的时候，尽可能将注意力集中到正在训练的肌肉和动作上，这样就会感受到目标肌肉群充分地膨胀和充血。意念和肌肉之间的联系发生在肌肉和神经的连接处，大脑释放一种叫作乙酰胆碱的神经递质，这种神经递质有助于将大脑的指令与肌肉纤维的运动联系起来。每个肌束都是由大脑通过复杂的过程控制的，如果意念和肌肉的联系越好，那么更多的肌纤维将会被控制和转移，从而让肌肉产生更多的力量，获得更多的刺激和生长，这就是意念与肌肉连接训练的好处。比如训练胸部肌群的时候，应该让自己的意念集中在胸部，不要想训练之外的任何事情。当每一个动作推起时，我们的意念和动作应该是一致的，身心要感受到胸肌的发力和收缩。意念训练法在我们的肌肉训练中极其重要，如果我们能够把它学会并应用好，那么对于健身效果的提升是非常有利的。

第四节　健身健美运动应注意的问题

一、准备活动

每次练习前都要做好专门的准备活动，使身体发热，使各主要肌群活动开，各器官系统迅速进入工作状态，为以后打下基础。

二、全面安排训练内容

每次训练前都要全面安排训练内容，包括上肢、躯干和下肢的练习，使身体各部位的肌肉都得到匀称发展。应防止片面安排训练，那样会人为地造成肢体畸形。卧推、硬拉、深蹲、高拉、推举这5种练习把全身主要肌肉的锻炼都包括进去了，是常用、有效的练习。因此，应把这5种练习作为基本练习，如果再加上几个单环节练习如弯举、臂屈伸、腿屈伸、腿弯举、收腹举腿、仰卧飞鸟、俯卧振臂，那么就能全面而有效地发展人体各部位的肌肉力量。

三、重视退让练习和静力练习

动力练习在当前仍占主要位置，但退让练习和静力练习也不可忽视，它们是发展肌力的有效方法。因此，可在做动力练习的同时安排退让或静力练习，这种组合练习效果会更好。如动静结合的弯举，动力练习先连续做6次后将大小臂固定在90°位，保持6~10秒。又如动力练习和退让练习结合的深蹲，其做法是先连续做5次深蹲起，然后从直立位置慢慢屈膝下蹲，用4~6秒下降到深蹲位置，而后再快速站起（或由同伴托起）。

四、因地制宜、因陋就简地安排各种练习

如无器械时，可以采用双人徒手对抗力量练习，还可采用自己和自己对抗的自抗力练习。只要按要领坚持训练，肌力也能得以提高。又如在家中可利用坚实的家具如桌椅、沙发、床等作为训练器材来训练，尤其是在冬季更为适用。

五、合理地安排运动量

这对发展肌力、增强体质、保证正常的训练有重要意义。负荷要因人而异，不同水平、不同性别、不同年龄的人在锻炼的次数及周训练次数上要有所区别。一般来说，每周训练3~4次，每次练25组左右，用时约1.5小时。要坚持不懈才会有显著变化，如间断训练，则所获得的良好效果就会逐渐消退。一般如果3天以上不训练，肌肉力量就开始消退。据研究，训练20周，每天练习肌力将增长100%，以后完全不练，30周后肌肉力量将完全消退。力量是这样，肌肉也是这样，因为力量的大小和肌肉的生理横断面密切相关。

六、要注意动作的规范

按要领做动作，一方面可以对准所要发展的肌群，这样效果自然会好；另一方面还可以防止运动损伤。例如在深蹲时，如果弓腰就会造成不仅练不了腿力，还会出现脊柱、肌肉韧带拉伤的问题。又如在做弯举和颈后臂屈伸时规定不能摆动，速度要慢，肌肉要尽量收缩和拉长，关节要充分伸展开；如果不按要领做，不仅发展肌肉效果差，还会造成肌肉僵硬。

第五节　健身健美运动竞赛规则

一、健身健美运动竞赛规定动作

(一)男子规定动作

(1)前展肱二头肌。面向裁判员自然站立,吸腹成空腔,抬起两臂,弯曲肘部略高于肩,两手握拳,屈腕,用力收缩肱二头肌及全身肌肉。

(2)前展背阔肌。面向裁判员自然站立,吸腹成空腔,两手握拳置于腰部,用力收缩背阔肌及全身肌肉。

(3)侧展胸部。侧向裁判员自然站立,右腿屈膝,前脚掌着地,吸腹挺胸,左手握住右手腕,屈肘,用力收缩胸部及全身肌肉。

(4)后展肱二头肌。背向裁判员自然站立,一腿后移,屈膝,前脚掌着地,抬起两臂,弯曲肘部略高于肩,两手握拳,曲腕,用力收缩肱二头肌及全身肌肉。

(5)后展背阔肌。背向裁判员自然站立,一腿后移,屈膝,前脚掌着地,吸腹含胸,两手握拳置于腰部,用力收缩背阔肌及全身肌肉。

(6)侧展肱三头肌。侧向裁判员自然站立,左腿后移,屈膝,前脚掌着地,右臂垂于体侧,左手经体后握住右手腕,用力收缩肱三头肌及全身肌肉。

(7)前展腹部和腿部。面向裁判员自然站立,一腿前伸,身体重心置于后腿,屈膝,双手置于头后,用力收缩腹部、腿部及全身肌肉。

(二)女子规定动作

前展肱二头肌、侧展胸部、后展肱二头肌、侧展肱三头肌、前展腹部和腿部。其动作规格同男子规定动作。

(三)男女混合规定动作

前展肱二头肌、侧展胸部、后展肱二头肌、侧展肱三头肌、前展腹部和腿部。其动作规格同男子规定动作。

二、健身健美运动竞赛评分标准

(一)男子个人评分标准

(1)肌肉:身体各部位肌群发达,有围度,肌肉清晰。

(2)匀称:人体骨架、肌群的整体布局合理、匀称。

(3)造型:动作规范、协调。

(4)肤色:皮肤光洁,色泽和谐。

(二)女子个人评分标准

(1)肌肉:身体各部位肌群发达,有围度,肌肉清晰。

(2)匀称:人体骨架、肌群的整体布局合理、匀称。

(3)造型:动作规范、流畅。

(4)外表:容貌端庄,皮肤光洁,色泽和谐。

(三)男女混合评分标准

(1)匀称:男、女骨架与各部位肌群相配。

(2)肌肉:男、女各部位肌群相配,清晰。

(3)造型:造型规范,动作流畅,配合默契。

思考题

1. 多种肌肉练习方法是否对增肌更有帮助？
2. 实际训练中多久更换一次训练方法会比较好？
3. 训练计划不规律对增长肌肉有帮助吗？
4. 放松练习对疲劳的消除有什么重要意义？
5. 健美比赛有几个规定动作？
6. 竞技健美运动的评价标准有哪些？

第二十一章　拓展训练

【学习目标】

1. 了解拓展训练的起源与发展。
2. 掌握拓展训练的基本技术和原则。

第一节　拓展训练概述

拓展训练是提升学生身心健康的重要素质教育课程，被广泛地运用于大中小学校身体健康教育、心理健康教育、思想政治教育等领域。

一、拓展训练的起源

拓展训练源自于外展训练，起源于英国，英文是 Outward Bound。在教育领域被诠释为一艘小船在暴风雨来临之际离开安全的港湾，驶向波涛汹涌的大海，去迎接未知的挑战。二战时期，盟军在大西洋的物资供应线屡遭德国纳粹潜艇的袭击，大西洋上有很多船只由于受到攻击而沉没，大批船员落水。由于海水冰冷，又远离大陆，绝大多数的船员在运输船被击沉后葬身鱼腹，只有极少数人在经历了长时间的磨难后得以生还。军方发现绝大多数生还者不是身体强健、反应机敏的年轻船员，而是年纪偏大的老水手。救生专家们调查、分析后，找到了问题的答案：这些人之所以能在危难中生还，心理健康、意志坚强起着决定性的作用。那些老水手正是因为具有良好的心理素质，才能够勇敢地面对危险，沉着地分析处境，运用丰富的生活经验找到克服困难的办法。当灾难到来时，他们有强烈的求生欲望。

德国教育学家库尔特·哈恩提出了“外展训练”概念，利用一些自然条件和人工设施，让一些年轻的海员做一些具有挑战的活动和项目，以训练和提高他们的心理素质。后其好友霍尔特在 1942 年成立了一所海上外展训练学校，以年轻海员为训练对象。这是拓展训练最早的雏形。

二、拓展训练的发展

二战结束后，外展训练学校的规模越来越大，学生中不但有年轻的海员，还有工厂的学徒、警察、消防员以及军校学生。1946 年外展训练信托基金会在英国成立，目的是推广外展训练理念并且筹集资金创办新的外展训练学校。外展训练信托基金会拥有外展训练的商标，掌握着该商标使用许可证的发放。1962 年美国人乔什·曼纳在美国成立科罗拉多外展训练学校，并于 1963 年获得了许可证，成为真正将拓展训练推广开来的人。1974 年，外展训练实践教学大纲在美国出台，该大纲被“全美教育欧及网络（NDN）”评选为优秀教学大纲。随后美国高中课程大纲中沿用该大纲的学校达 90%。

1979 年，美国的外展训练专门机构为了普及拓展训练开设了拓展训练讲习班，专门学习该教学大纲，培养学校的拓展训练专职人员和骨干。此后又有 200 多名心理指导者和养护教师受到了专门训练。所以，在美国拓展训练计划推广最快的是高中、养护教育和心理治疗领域，随后私人疗养康复、精神病医院也对拓展训练表现出极大的关心。从此拓展训练在美国得到普及。

在亚洲地区，新加坡最早建立了外展训练学校，此后中国香港、日本、韩国先后引进了这种体验式教育的课程模式。1970 年，中国第一个加入外展训练国际组织的专业培训机构，中国香港外展训练学校成立，这也是外展训练在中国发展的一个里程碑。1995 年，北京成立大陆地区第一所拓展训练机构——北京拓展训练学校。

经过几十余年的发展，拓展训练培训机构遍布全国，机构层次不尽相同，既有公司性质的，也有学校、俱乐部等性质的。1995 年拓展训练在清华大学 MBA 课程中被引入，成为拓展训练在大陆地区教育领域的引领；2002 年由北京大学首开先河，以钱永健教授为核心的教育者首次将拓展训练引入学生体育课程，命名为“综合素质拓展训练课”，随后北京大学拓展训练教研室、北京大学拓展训练研究中心等专业教学研究机构成立。广东青年历奇教育学会开展了大量的人才培养工作。安徽工程大学于 2007 年开设学生综合素质拓展训练课，2018 年成立体验产业学院，开展产教融合研究工作，2019 年成立体验教育研究中心。

第二节　拓展训练基本技术

拓展训练有时要求学生在空中完成攀登、跳跃、行进、下降等动作，为了确保学生安全，使用专业登山器材作为保护装备，主要包括头盔、登山绳、安全带、铁锁、下降器、上升器等。活动中的器械操作关系着拓展训练的安全顺利开展，正确安全的器械操作使拓展训练项目高峰体验更加明显和深刻，给学生带来无限的乐趣。拓展训练的所有登山器材至少应遵循国际登山联合会（UIAA）标准或 CE 认证中的一个，绳索和头盔必须有 UIAA 认证，并严格遵守器材的检查和更新制度，以确保拓展训练的安全。

一、头盔操作技术

拓展训练项目中有一些是高空项目，学生必须戴上头盔。这里所使用的头盔与日常生活中骑电动车、施工作业中使用的头盔完全不同，拓展训练所使用的头盔的安全性、舒适性、透气性等各方面性能要求更高。头盔为碎裂式保护性头盔，当它遭受强力撞击时会形成网纹碎块状，以达到分解加速度冲击力的作用，将冲坠时的撞击力降到最低。

（一）头盔的正确佩戴方法

（1）将 LOGO（如狼头或字母标记）放在头前。

（2）佩戴后处于水平位置。

（3）根据头围调整头盔大小。

（4）根据颈距调整颈带距离。

（5）头盔佩戴松紧标准：双手中、食指自颌下伸入颈带半指，以不影响呼吸为准。

（二）佩戴头盔注意事项

（1）要选择全可调的头盔，根据自己的情况调节头围和颈部，使头盔的松紧处于最佳状态，戴好后左右、上下轻摇头检查头盔的松紧。

（2）如果是长头发一定要将头发盘起后再戴上头盔，防止长发在没有被头盔压住的情况下露在外面与绳索缠绕在一起，同时一定要摘下头发及耳朵上的饰物。

（3）佩戴头盔时应将带有 LOGO 的一端置于额头，防止颠倒方向。另外，大多头盔颈部的收紧带是搭扣的，在搭紧搭扣时必须先用一根手指垫在颈颊部防止搭扣夹伤皮肤。

二、安全带操作技术

安全带是人与装备的连接枢纽,是保护人身安全的重要器械,常用的安全带主要分为半身式安全带、全身式安全带、坐式安全带、胸式安全带等。

(一)半身式安全带

半身式安全带在高空项目"断桥""天梯""空中单杠""缅甸桥"及攀岩、速降等户外运动中使用。全可调安全带调整范围为60~100厘米,腿部调整范围为45~72厘米,大多有装备环,重量300克左右。许多经典的多用途半可调安全带腰部为可调单扣,腰部内侧为柔软舒适的Synchilla排汗抓绒衬垫,腿圆采用2.5厘米插扣快速连接,可以迅速调节和穿脱。

(1)具体穿法:先将安全环的一面放在身前;像穿短裤一样,左腿伸进左腿带,右腿伸进右腿带;带扣在左边,穿带在右边的半身式安全带居多,也有两边都带穿带的;半身式安全带基本不带自锁装置,穿戴完毕后必须将腰带和腿带打反扣,反扣后剩余腰带和腿带的长度不少于8厘米。

(2)穿戴安全的标准是:腰带穿在髋部以上,松紧程度以用右手中、食指在腹部弯成90°时感到比较紧不舒畅即可;腿带不要绷得过紧,以五指插入能够上下自由活动为准。先紧腰带,再紧腿带。

图21-1　半身式安全带

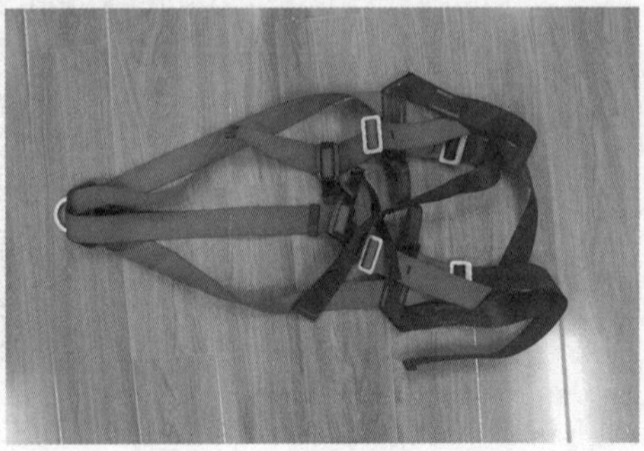

图21-2　全身式安全带

(二)全身式安全带

全身式安全带在"空中单杠""高空相依""缅甸桥"等有可能出现高空冲坠和翻转的高空项目中使用。一般由45毫米的宽带制成,全身全可调,一种尺寸。胸围最大尺寸为108厘米,腿围最大尺寸为90厘米。常见的全身式安全带前后各有一个挂点、2个装备环。重量一般为600克,轻便型的在400克左右。

(1)具体穿法:先将有安全环的一面放在身后;像穿短裤一样,左腿伸进左腿带,右腿伸进右腿带;带扣在右边,穿带在左边;全身式安全带常带自锁装置,如果不带自锁装置,穿戴完毕后必须打反扣;穿安全带时要求躬身弯背,待培训师扣好铁锁时再挺直腰身。

(2)穿戴安全的标准是:胸带松紧度以穿戴队员站起时上半身稍感勒束即为合格;腿带不要绷得过紧,松紧度以五指插入能够上下自由活动为准。

三、锁具操作技术

根据UIAA的坠落试验,保护绳索至少要能承受1200千克的拉力。由于绳索在铁锁上制动摩擦,铁锁的承受负荷应是UIAA坠落试验中保护绳索承受负荷的4/3倍,所以,铁锁至少要能承受1500千克以上的冲击拉力。也就是说,在严重的坠落中要想获得最大安全,铁锁最起码能够承受起这样的负荷。拓展训练中使用的锁具有以下类型:

（1）铁锁（亦称D型锁）：一般用于不动点、扁带与人体的连接。由铝合金制成，质量轻，承重力大；横向双向箭头显示数量为6、7、9千牛，表示横向承拉力为0.6、0.7、0.9吨；纵向双向箭头显示数量为20、22、25千牛，表示纵向承拉力为2、2.2、2.5吨；铁锁闭口箭头显示数量为6、7千牛，表示闭口拉力为0.6、0.7吨；锁扣旋紧后退回半扣（半圈），防止发生意外撞击后丝扣绷紧，使铁锁无法打开。

（2）自锁铁锁（亦称自锁D型锁）：一般用于不动点、扁带与人体的连接。扣锁时用拇指、食指将外包缺口旋转半圈对准锁舌口，中指、无名指捏开锁舌待扣入安全环时松开即可（锁内带弹簧自锁装置）。要求：大头朝上，锁环向里；检查锁舌是否弹回凹槽；检查护环是否弹回原位。

（3）钢锁：一般用于动点（滑索）、固定点保护，由纯钢制成，分量重，承重力强，耐磨损；双钢锁保护应在锁扣相错、悬吊旋紧丝扣后，退回半扣（半圈）倒挂；纵向双向箭头显示数量为20、22、25千牛，表示纵向承重拉力为2、2.2、2.5吨；横向双向箭头显示数量为6、7、9千牛，表示横向承拉力为0.6、0.7、0.9吨；开口承重为6千牛，表示开口处承重拉力为0.6吨；锁扣旋紧后退回半扣（半圈），防止发生意外撞击后丝扣绷死，使钢锁无法打开。

（4）锁具报废条件：拓展训练时8米高空坠地（水泥地）；野外攀岩4米高空坠地（岩石）；铁锁使用后内环磨损1/3。

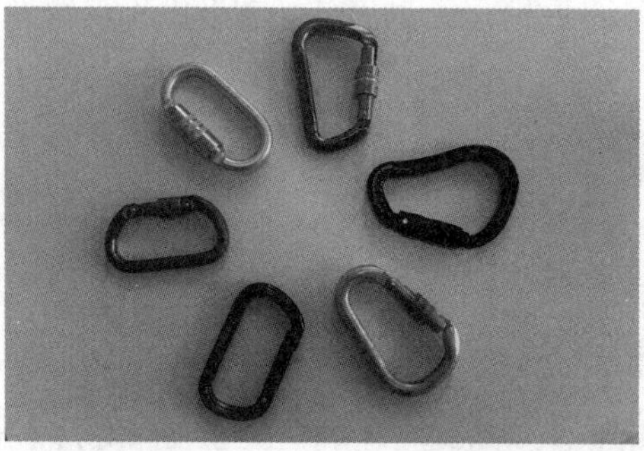

图21-3　铁索、钢锁、主锁

四、安全绳操作技术

拓展训练中使用的绳索分动力绳和静力绳。在有动力冲坠可能性的项目中，一定要用动力绳（花色），如高空抓杠、攀岩、蹦极，此时靠绳的延展来吸收能量。静力绳（黑色）是延展性为零（近似）的绳，一般用于速降、溯溪等，绝不能用于攀登。

（1）动力绳一般具有较好的延展性，主要用于攀岩、高空拓展培训的队员人体保护。有单色、花色之分，承受拉力22千牛，即2.2吨以上；主要规格分为单绳（10.5毫米）、双绳（9毫米）和辅绳（6毫米，拉力：0.72吨）；每根主绳长度分为30米/捆、50米/捆、100米/捆、200米/捆。

（2）静力绳一般无延展性，用于下降、高空拓展培训及攀岩的上升器、攀索支持保护，多为单色；承受拉力22千牛，即2.2吨以上；规格分为10毫米和10.5毫米两种；每根主绳长度分为30米/捆、50米/捆、100米/捆、200米/捆。

（3）绳索的保护：不可接触的物品有强光、紫外线，油类、酒精、汽油、油漆溶剂，酸碱性化学药品，水、冰、火、高温，凌厉、尖锐的岩角，砂粒，冰镐尖、爪。

（4）报废条件：达到以下四个条件之一的绳索必须报废。连续冲坠（冲坠系数为2）5次的，强制报废；非连续冲坠（冲坠系数为2），但累计达到3次的，强制报废；每周使用3~4次，4个月即强制报废；排除以上因素，在野外攀岩等户外活动中使用2~3年即应报废。

(5)绳索的养护。

①建立绳索档案。每条绳子都该有它的使用记录。每次使用绳索后都要记录下本次使用的基本情况,使用办公自动化系统设计记录流程,以便掌握绳索的寿命,及时进行更换和调整。

②禁踩踏。使用绳子时,尽量不要让它接触地面。最好放在一种可以完全摊平的绳袋或者海绵垫子上,以减少砂石钻进绳子里的机会。不论是穿袜子还是光脚,都不要踩绳子。踩踏会让一些肉眼不易看见的砂粒钻进绳子,随着使用砂粒慢慢地割断绳皮或绳芯纤维。

③避免刮擦。尽量避免将绳子拉过粗糙或尖锐的地形。要作垂降时,最好将绳子和岩角接触的部分用布或绳套包住。绳子不可直接穿过扁带、固定点、伞带等进行连接,直接连接造成的摩擦对绳子损伤很大。每次使用后要检查绳子。最好的检查工具就是你的手,它们对绳子上的异常处可以敏感地侦测到。例如:某处突然扁下去,和其他地方粗细感觉不同,或某一段特别松弛等。

④定期清洗。绳子应定期清洗,特别是当它用于溯溪或冰雪地攀登,这类活动常会弄脏绳子。把绳子用冷水和中性清洁剂(例如象牙肥皂)稍微浸泡一下,之后不断地搅拌,让绳子各处都能洗到。特别脏的地方,用软刷轻轻地刷洗。多换几次水,确定所有清洁剂都冲掉了,再将它摊开在地上或吊起来,置于阴凉通风处自然风干。绳子不能晒太阳或使用烘干机及吹风机。

⑤绳索的寿命。一条绳子的寿命,从一天到5年都有可能,平均是3年。当它被“不可原谅地错误使用”时,一天之内就报废了。即使不常使用,并且细心照顾,5年之后它也会因自然老化而不能担当“重”任了。

(6)绳子的使用期限参考数据。

①偶尔使用(约一个月2次):4年。

②每个周末使用:2年。

③经常使用(一周两三次):攀岩者在尝试新路线,或是某个“难处”老是过不去时,常会发生短距离的坠落,由于这种短坠落对绳子伤害很大,所以大约半年就要换新绳子。

④剧烈坠落:只要发生“次”坠落系数接近2的情况,这条绳子就该换新。若是绳子某处突然扁掉,特别柔软,或绳皮破掉绳芯露出,一定要马上停止使用。

五、绳结操作技术

进行拓展训练活动时,经常会遇到需要将绳打结来帮你捆绑东西或帮你穿越障碍地带的情况。绳结是一门技术和学问,学会绳结技术是一项很有趣和具有重要意义的事情。

(1)半结:所有绳结的基本结。用于防止滑动或在绳子末端绽开时可暂时防止继续脱线。部分高空项目,做地面保护时,主绳不够长时使用(在末端系),防止绳子滑落(法式五步保护时)。缺点是当结打得太紧或弄湿时很难解开。

图21-4　半结

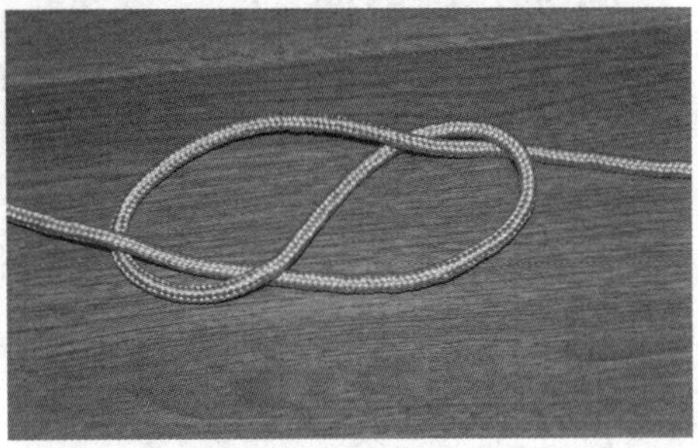

图21-5　单“8结”

(2)单(双)“8”字结:用于主要主绳与安全带的连接,可在绳端系一个结点。先将绳弯曲成一环,将活端放至绳索固定部分的后面,然后绕过固定部分,再将活端穿过前面的环。此结具有即使两端拉得很紧,依然可以轻松解开的特点,需要与止锁结配合使用。“8”字形环制作方法与“8”字形结相同,但使用双股线,将环端作为活端,可放在用来系绳索的钉锚上。“8”字形结第二种编织法是将绳索系在锚上。可在物体(锚)过高不能将打好的结套上的时候使用。首先在绳索上制作一松弛的“8”字形结,将活端绕过物体再拉回,沿着原“8”字形结的线路重新做一“8”字形,然后系紧即可。

图 21-6　双“8 结”

图 21-7　单渔人结

(3)渔人结:又名交织结。此结十分容易打,但很难拆开。故应尽量避免用在一些质地好的绳上,也不要用在会扯得很紧的绳上。主要用于将两条绳连接一起,通常是硬和软的两条绳。

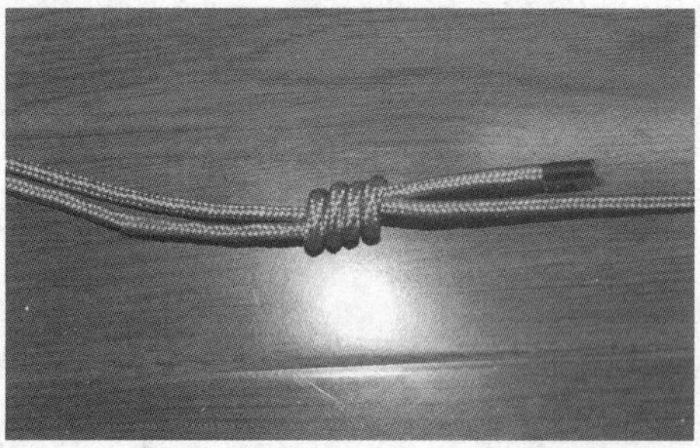

图 21-8　双渔人结

图 21-9　水结(扁带结)

(4)水结(扁带结):主要用于连接扁带或者绳索。技巧:先打结一端,再反穿另一端。对于表面平滑的材料如皮带、布带等的连接,此结效果不错。做法:用一根带子活端制作一个反手结,不要拉紧。然后将另一根带子的活端沿反手结的运动轨迹的相反方向穿越此结,活端应该恰好在结内。这样,拉紧时活端就不会滑落。

(5)双套结(猪蹄扣):通常应用在两端施力均等的物品上,适用于水平拉力之下,具备极高的安全性。不过,如果只在绳索的一端使力的话,双套结的结构可能会乱掉或松开。

图 21-10　双套结(猪蹄扣)

图 21-11　编式单“8”字

(6)断桥主绳系法——编式单“8”字。

(7)平结(左搭右,右搭左):用于将同一条绳的两端绑在一起。适用于连接同样粗细、同样材质的绳索,但不适用于较粗、表面光滑的绳索。缠绕方法一旦发生错误,结果可能会变成两个不完全的活结,用力一拉绳结结构就会散开。其绳结结构如果拉得太紧,就不太容易解开;不过如果双手握住绳头,朝两边用力一拉,就可轻松解开。做法:左搭右、右搭左。

图 21-12　平结

图 21-13　收绳结

(8)收绳结:用于携带和保护绳索,可以使用手臂收绳和腿部收绳法。

六、保护器操作技术

在拓展训练的高空项目及攀岩等一些户外高空作业中,在上升、跳跃、通过与下降时,需要一种来自地面固定点的保护,这种保护需要通过绳索和一些器械的连接来完成,这种器械总称为保护器。

“8”字环类保护器是攀岩者发明的第一代保护器。它的特点是结构简单、操作方法简便。它对绳索直径的要求为:大于等于 8 毫米且小于等于 13 毫米。绳索的适用范围相对比较大,所以“8”字环的应用范围非常广泛,可用于登山、攀岩、溪降、救援、工程等方面。

“8”字类保护器的优点是:厚实耐磨,对于较硬的绳索也能很好地配合。缺点是:略显得笨重,且与其他保护器相比制动锁定性能略差一些。适合于快速保护操作及快速下降时使用。

图 21-14　“8”字环

七、法式五步保护法

法式五步保护法是拓展训练项目保护的最有效方式,保护人员正确熟练的操作,能够保证学生在高空体验的安全系数。在拓展训练教学过程中我们会发现,保护人员在保护中途会有松懈的表现,这时作为主训师一定要严格要求,因为安全对于任何人都是天大的事。规范的法式五步保护法操作如下(以站在保护绳左侧为例):

第一步:左手(导向端)下拉,右手(制动端)上扬;

第二步:右手绕到背后按住绳索;

第三步:左手松开绕到右侧按住绳索;

第四步:右手松开绕到左侧“8”字环前一拳处按住绳索;

第五步:左手松开回到初始位置抓住绳索。

第三节　拓展训练教学内容

根据拓展训练课程教学需求,本节选取具有代表性的内容详细讲解。

一、解手链

目的:锻炼学生身体协调性,让学生体会解决团队问题的方法,理解沟通的重要性,培养学生团队合作精神。

时间:20 分钟。

要求:10 人一组为最佳。

教具:一块空地。

控制:

(1)教师让每组学生圈着站成一个向心圈。

(2)教师:先让学生举起右手,握住对面同学的手;再举起左手,握住另外同学的手;现在你们面对一个错综复杂的问题,在不松开的情况下,想办法把这张乱网解开。

(3)告诉大家一定可以解开,但答案会有两种。一种是一个大圈,另外一种是两个套着的环。

(4)如果解不开,教师可允许学生相邻两只手断开一次,但再次进行时必须马上封闭。

分享:

(1)你在开始时的感觉怎样,是否思路很混乱?

(2)当解开了一点以后,你的想法是否发生了变化?

(3)最后问题得到了解决,你是不是很开心?

(4)在这个控制中,你学到了什么?

二、团队圆舞曲

目的:组建团队,熔炼团队文化。

时间:30 分钟。

要求:所有学生参与其中,选拔队长、队秘,进行角色分配。

教具:旗杆、旗子和笔各队一份,平整的场地(室内外均可)。

控制:教师要求学生组建自己的团队,组建成功后进行团队展示,形成特定的团队文化。团队建设的程序为:

(1)自我认知——名字叠罗汉。

(2)选队长、队秘——曾经的、现任的领导发扬风格。

(3)起队名——要有特色和意义。

(4)画队徽——设计美观、简约。

(5)喊队训——要有气势和感召力,4~8 个字。

(6)唱队歌——简单、可以创造、可改编,不能使用国歌和《我们是害虫》。

(7)摆队塑。

展示程序:首先队长作自我介绍,接着其他学生介绍自己,然后队长介绍队徽和队标的设计含义;其次组织学生一起进行展示:队长高喊“我们的队名是”,其他学生齐声回答队名;队长高喊“我们的队训是”,其他学生齐声回答队训;队长高喊"我们的队歌是",其他学生齐声高唱队歌。

分享:

(1)你们团队是如何产生的?

(2)你们团队的文化基础是什么?

(3)团队的要素有哪些?

三、盲人方阵

目的:锻炼学生的方向感和胆量,培养学生的沟通能力和领导力。

时间:60分钟。

要求:在规定时间内,利用现有的资源——一些绳子组成一个面积最大的正方形。

教具:宽阔的草地或平整的地。

控制:教师在宣布注意事项之前,先让所有学生面向圆心围圈站立,发放眼罩后,让学生各自戴好,然后宣布以下规则:

(1)任何学生在项目进行控制时,未经许可不得擅自摘掉眼罩。40分钟完成任务。

(2)所有学生在项目进行时要试探性地滑步挪动,且动作要缓慢,不要莽撞,以免碰伤队友和自己。

(3)如果教师发现学生的动作有危险,要立即制止,禁止学生再做危险动作。如有学生感觉身体不适,要及时示意教师。

(4)体验结束后,由队长向教师报告"任务完成",等待教师的口令。

(5)当听到教师发出"好,结束"口令后,把手伸入眼罩内,轻轻捂住双眼,慢慢揉搓眼皮后再睁开眼睛,等适应光线后再摘下眼罩。

分享:

(1)你是如何完成组成正方形的任务的?

(2)在非正常沟通状态下如何提高团队的工作效率?

(3)怎样用不擅长的沟通方式有效表达或者接受信息?

(4)民主分享与决策、个体决策与群体决策、非常状态下团队中正确的沟通及决策是如何产生的?

四、穿越电网

目的:锻炼学生的身体力量,培养学生的团队协作精神。

时间:40分钟。

要求:全体学生参加。

教具:电网绳、树林或专用平整场地。

控制:所有学生从电网的一侧到达另一侧即算完成任务。规则如下:

(1)所有学生体验前都要将身上的尖锐物品(如眼镜、发卡、手表、戒指等)摘下。

(2)体验开始后过网的唯一通道就是网洞,每个网洞只能穿越一个人次,网洞每穿越一个人次,无论是成功(没触网)还是失败(触网),该网洞都将挂结封闭,不允许再次使用。

(3)任何学生和物品不允许触网,穿越控制中如发生触网现象,网洞挂结封闭,同时学生退回。

(4)未穿越电网的学生不能从两侧走过去帮忙,穿越过的学生都不能从两侧返回帮忙,所有学生都不能从电网上面和下面通过。

(5)在体验中,如教师发现学生的动作有危险,应立即制止,让学生不要再继续。同时如有学生感觉身体不适，须立即示意教师，教师要进行适当调整。

(6)体验中如有违例，教师将予以重罚并扣分。

(7)宣布完规则后，教师询问学生是否还有不明白的地方，待所有学生均无疑问后，方可开始体验。

分享：

(1)资源如何进行合理配置？

(2)如何进行组织、策划、分工、配合？

(3)怎样建立监督机制？

(4)如何确保工作精细度(细节把握)？

五、孤岛求生

目的：锻炼学生的身体平衡能力，培养学生的跨层级团队协作能力。

时间：40 分钟。

要求：全体学生分组进行。

教具：平地、木箱或石阶，专用的水上场地，木板两块，任务书 1 份，鸡蛋 1 只，一次性筷子 2 双，A4 白纸 1 张，胶带 10 厘米，羽毛球 5 个，水桶 1 只，眼罩(1/3 人数+2)个，笔 1 支。

控制：

(1)所有学生分成 3 组，并分别走上 3 座“岛屿”。

(2)情景设置为：由于发生海难，学生被汹涌的波涛分隔到了 3 座岛屿上。第一组学生由于饥饿难耐，误食了一种食物，导致暂时性双目失明。请该岛学生戴上眼罩，并提醒他们周围是湍急的河流，要注意安全。

(3)第二组学生由于饥饿难耐，误食了一种食物，导致失去了语言能力，成为哑人，该岛学生嘴里不允许发出任何声音，提醒他们周围是湍急的河流，要注意安全。

(4)第三组学生是最幸运的，因为他们不仅吃饱了肚子，而且都没有中毒。他们周围也是湍急的河流。

(5)教师告诉所有学生，3 座岛屿之间的距离有数千海里，相互喊叫是没有用的。

(6)教师宣布开始后，盲人双手不可触碰眼罩，哑人不可说话，否则将受到处罚。

(7)盲人组戴上眼罩后，手拉手由教师领到盲人岛，被告知有一个大约 20 厘米高的平台，慢慢站上去，注意不要磕腿和乱动，逐一扶上去后，让大家用脚感知一下边缘和高度，注意不要掉下去。

(8)体验结束后，戴眼罩的盲人把手伸入眼罩内，轻轻捂住双眼，慢慢揉搓眼皮后再睁开眼睛，等适应光线后再摘下眼罩。

分享：

(1)如何突破思维定势？

(2)如何进行有效的沟通？

(3)各岛的“盲人”“哑人”和“健全人”各代表什么？

(4)学习和日常生活中有没有类似的“孤岛”现象？该怎样解决？

六、空中断桥

目的：锻炼学生的攀爬能力，培养学生的逆境突破能力。

时间：每位学生 3~5 分钟。

要求：全体学生参加。

教具：拓展训练高空架、头盔、半身式安全带、主锁、上升器。

控制：

每位学生轮流爬到高空桥面，从起点位置跃到另一端点，再跨越回起点，安全回到地面即为完成任务。

(1)安全装备讲解示范。

①头盔：首先分清头盔的正反，带有 LOGO 的一侧为正面，应处于额前；其次，调整头围大小和颈带的长短。头盔以“戴上头盔晃头时头盔不晃动”为适宜，颈带以“扣上后，食指、中指两指能较轻松穿插”为适宜。戴头盔之前，所有长发学生须将长发盘起放入头盔；最后，晃动头部，复查头盔松紧程度，并再次检查头盔边缘是否有长发露出。

②半身式安全带：整理安全带，分清腰带和腿带。穿戴动作类似穿短裤：左腿伸进左腿带，右腿伸进右腿带，穿上后，先将腰带提至髋部以上并系紧，再收紧腿带。注意不要先收紧腿带，腿带收紧后腰带就难以上提到髋部了。

③主锁：有“开”“闭”两种状态，在使用时，必须处在闭合状态。在挂好相应物品后，应拧紧回半圈，再小心复查一下，确保操作正确。

④上升器：常分为左右手两种，是非常便利的升降教具，其工作原理是在上升控制中，“倒刺”是顺向，很容易上推，下降时，“倒刺”是逆向，能紧紧地挂住绳子。

(2)所有学生在进行项目训练前都要将身上的尖锐物品（如眼镜、发卡、手表、戒指等）摘下。教师应指导队长排好学生参加的先后顺序并选出两名学生作为安全员，协助其他学生穿戴和检查项目安全装备，看“腰带是否系紧，安全带反扣是否打上”（自锁式安全带不用反扣）等。

(3)所有学生一字排开，并依次奋力向前跨一大步，以便教师大概了解每个学生的跨越能力以调整断桥板间的距离。穿好保护装备后学生可以在地面进行试跳，适应保护装备的松紧程度，并记住自己习惯的起跳腿。

(4)每位学生在体验前都要由队长组织其他学生为他充电加油，具体方法为：一名学生按要求穿戴好安全装备后，双手扶住立柱，其他学生围住他，并用手扶住他的头部、腿部、背部、腰部，他首先喊出自己的名字，接着其他学生喊出本队队训，并大喊三声“加油、加油、加油”。

(5)跨越前要将前脚掌探出板沿 1/3，将保护绳向前甩，置于断桥中间，双眼平视正前方，用余光看着对面桥面，放松身心，深呼吸后大声喊出“1、2、3”，同时屈膝利用前脚掌的蹬踏及腰部的力量用力跨越。

(6)讲解结束之后，询问学生是否还有不明白的地方，待所有学生均无疑问后，方可开始体验。

分享：

(1)如何将负面影响的思考慢慢转化为积极影响的思考？

(2)机遇与风险并存时，应该如何做？

(3)怎样克胜心理恐惧？

七、挑战 150

目的：对学生进行综合体能训练，使其突破心理惰性障碍。

时间：90 分钟。

要求：所有学生参加。

教具：宽阔的平地，挑战 150 器材 2 套。

控制：

(1)所有学生摘掉有可能造成伤害的物品并仔细检查。

(2)有严重外伤病史或严重心、脑血管及精神病、慢性病及并发症的患者或医生建议不适合做剧烈运动者，可以不参与挑战。

(3)鼓动人心(全队10次)、不倒森林(全队8次)、能量传输线(全队10米)、巧投弹力球(2个)、团队跳大绳(12人10次)、激情击掌(全队7次)。

分享：

(1)活动是如何策划的？

(2)练习时，时间是如何安排的？

(3)挑战开始时的心态是什么样的？

(4)挑战失败后有什么感想？

第四节　拓展训练应遵循的原则

在拓展训练课中，无论是教师还是学生都要时刻牢记“安全无小事”，保持警觉性，遵循以下原则：

一、备份原则

在进行拓展训练之前，要对所有需要使用的设备、器材等进行充分准备。一般情况下，除了正常使用的数量，还需根据具体情况备份一份。千万不要觉得繁琐，尽可能做到万无一失。

二、行为原则

在进行器械操作时，教师要始终关注自己与学生的行为举止，遵循以下行为原则：一边讲解拓展训练操作的安全要领，一边强化记忆效果；一边用手检查安全器械，一边仔细观察器械或学生穿戴器具的安全检查点。

三、全程监控原则

在拓展训练教学中，教师要有强烈的责任心和热情，要时刻保持清醒的状态。按照户外器械操作要求，按步骤操作。拓展训练课程中的四项全程监控原则是：全程监控学生行为、全程监控器械安全、全程监控工作人员行为和全程监控周围环境。教师要正确熟练地操作和运用安全保护技术，不断学习和丰富安全保护经验，最大限度地保证教学的顺利进行。

四、三层检查原则

三层检查原则包括学生自己检查、学生之间的互相检查和教师最后检查。

总之，科学系统的课程设计、随时随地的安全意识、国际认证的器材装备、严格规范的操作方法、丰富实用的教学经验、灵活有效的安全预案是确保拓展训练教学安全的保障。

思考题

1. 拓展训练对于学生综合素质的培养具有什么意义？
2. 拓展训练的团队学习有什么特点和价值？
3. 安全绳的报废条件有哪些？

第二十二章　定向越野

【学习目标】

1. 了解定向越野的概念、起源及发展。
2. 掌握定向越野的基本技术和基本战术。

第一节　定向越野概述

一、定向越野简介

定向越野也称徒步定向,指运动员以徒步的形式,在最短时间内利用地图和指北针在每一个点标之间选择最佳路线,依次到访地图上所指示的各个点标,到达终点者获胜。它是定向运动家族中的一个代表性项目,是各种定向运动中组织方法最简便、开展最早、最为广泛的一种。

定向越野是一项智能型体育项目,是智力与体力并重的运动。不但考验参与者的体能、智能和定向技巧,考验他们在环境压力下迅速作出正确判断和果断决策的能力,还能培养参与者野外定向能力和识图能力。它既是一种户外休闲、娱乐运动,又是一种竞技运动,对参与者的体力及智力要求较高。参加定向越野除需要指北针和地图外,不需要特殊的设备,所以定向越野也是一种较为经济的运动项目。定向越野还是一项非常重要的世界军事体育项目,拥有自己的世界锦标赛。

二、定向越野的起源与发展

定向越野起源于瑞典,“定向”一词在 1886 年被首次使用,意思是在地图和指南针的帮助下越过未知地带。起初,定向越野的产生是一种军事需要。19 世纪末,欧洲北部广阔的斯堪的纳维亚半岛森林覆盖率极高,地表崎岖不平,其间还散布着无数的湖泊。人们只能徒步通过林中蜿蜒曲折的小路,才能到达稀疏散落的城镇、村庄。在这样的地理环境中生活,地图和指北针的使用非常频繁。正因为如此,那些经常在斯堪的纳维亚半岛山林中行动的人们——军队,便成了定向越野的先驱。开展定向越野运动的基本器材——地图,原本便是为保障军队的行动而测制。最早在 1888 年,为了培养和提高识图、用图能力,瑞典军人开始了以定向越野运动为主要内容的体育活动。1895 年,在瑞典首都斯德哥尔摩的军营区、挪威首都奥斯陆的军营区举行了一次组织、竞赛规程、实施等各环节均较为系统的大型定向越野竞赛,该竞赛由此延续多届。

20 世纪初,定向越野一度在挪威销声匿迹,后来才在瑞典逐步重新受到重视。1918 年,瑞典的童子军领袖吉兰特少校,在森林中组织了一次依靠地图和指北针进行的“寻宝游戏”。1919 年 3 月 25 日,第一次正式定向越野比赛在斯堪的纳维亚半岛上的斯德哥尔摩南部 Nacka 森林中举行。时任瑞典斯德哥尔摩体育联合会主席的吉兰特被人们视作现代“定向越野之父”。

20世纪30年代,定向越野在芬兰、挪威、瑞典、丹麦兴起。1932年第一次世界定向越野比赛举行,之后这项运动在北欧国家得到了蓬勃发展。1961年5月,国际定向运动联合会在丹麦哥本哈根成立,目前总部设在瑞典卡尔斯塔德。1977年定向越野成为国际承认的奥林匹克体育项目。

三、定向越野的特点与价值

(一)定向越野的特点

1. 运动性与竞争性

定向越野与其他体育运动项目一样,是以人体活动为主的一项运动,所以具有运动性的特点。定向越野从最初的军事活动,演变至今天的竞赛活动,形成了完善的规则体系,具有较强的竞技性。定向越野比赛成败的关键在于个人的识别地图、使用地图、方向辨别和奔跑能力等几个方面。定向越野不仅是体力和专项技术的竞争,而且也是智力和决断能力的竞争。正是这种运动性赋予了这项运动的竞争性。

2. 游戏性与趣味性

定向越野在活动过程中渗透着各种各样的游戏元素,如寻找点标、运动线路的选择等。它比单纯的步行或赛跑更能提高参赛者的兴趣,加之比赛是在校园、公园或野外进行,使整个运动具有很强的趣味性。

3. 知识性与军事性

定向越野的参与者要有地理学、测绘学、逻辑学、数学等相关知识以及运用这些知识的能力。定向越野的开展,可以丰富参与者的地理知识,提升其野外生存能力。定向越野不仅可以作为军事训练的内容,还可用于促进全民相关军事知识的普及工作。

4. 广泛性与群众性

定向越野参与人员十分广泛,是一项群众性体育项目。其比赛可根据不同性别、年龄分为不同的组别,所选场地可难可易,比赛距离可近可远。因此,男女老幼都能参与定向越野活动。据相关报道,参加定向越野比赛的人中年龄最小者只有7岁,最大者达70岁。

(二)定向越野的价值

1. 提高身体素质

定向越野具有很好的健身价值,尤其对提高人体耐力素质有很好的效果。整个活动基本以中距离、长距离的间歇跑的形式完成。活动过程既体现了长跑的耐力要求,也体现了短跑的速度要求。在丛林、山地、溪流、田野、沙滩、草原、湖畔等野外环境下的奔跑,使参与者的运动模式在有氧运动与无氧运动中不断切换,能有效促进人体心肺功能的改善和提高。

同时,由于会遇到树木、沟渠、土坑等外界障碍,这就要求参赛者在不断进行长跑的同时,还要穿越森林、跳越沟坎、翻越山岭等,可以增强参与者的弹跳力,改善其协调性和灵敏性。

2. 培养良好的心理素质

定向越野可以促进参与者心理健康的发展。在定向越野活动中,参与者需要寻找点标,根据指北针和地图确定寻找的路线,判定地图、地形。在寻找点标的过程中,只有不断克服焦虑、怀疑等不良心态,才能作出最正确的决定。

因此,经常参加定向越野活动,可以培养参与者的观察力、独立分析判断问题的能力和处理问题的果断性,以及遇到困难时沉着、冷静、果断、勇敢的心理素质。

3. 提高地图识别、使用能力

定向越野活动的参与者要具备一定的地理学相关知识,要能够准确判断方位,识别和使用地图。能迅速根据地图标识,判定和选择行进路线,且需具有一定的野外生存知识和能力。因此,定向越野能提高参与者识别和使用地图的能力,有效促进相关知识的学习。

4. 德育功能

定向越野能够培养参与者坚定的信念、拼搏的精神、坚强的意志以及互帮互助的团队合作精神。此外,还能培养参与者在新的、陌生的环境下的竞争意识和适应能力,培养参与者对事业的进取心、坚韧不拔的毅力、决不放弃和永不言败的精神。

定向越野中的集体项目,通常具有时间紧、任务重的特点,要求几个人甚至几十个人协同完成,这就需要大家形成一个具有凝聚力的团队,合理安排时间和战术,默契配合。这能培养参与者的协作能力、沟通能力和领导能力,使其养成认真、细致、严谨的良好工作作风。

第二节　定向越野器材

定向越野器材是开展定向课程、定向越野赛事和定向越野运动拓展必须具备的器材装备,包括地图、指北针、点标旗(检查点标志)、点签器(为到访指卡记录信息)、号码布等。

一、地图

地图是地球表面从空中鸟瞰的简缩景。地图图廓一般包括图名、指北线、比例尺注记、等高距注记和图例说明。地图是定向越野最重要的器材,它的质量的好坏直接影响到运动员比赛的成绩和关系到比赛是否公正。因此,国际定向运动联合会专门为定向越野比赛制定了《国际定向运动图制图规范》。

国际定向越野图的最基本的要求是:

(1)幅面的大小根据比赛区域的大小确定,赛区以外的情况不必表示。

(2)比例尺通常为1∶1.5万或1∶2万,当需要时也可采用1∶1万或1∶2.5万或根据比赛规模、参与者水平、赛场面积等适当调整。

(3)等高距通常为5米,当需要时也可采用2~10米,但在一幅图上不得使用两种等高距。

(4)精度至少要使以正常速度奔跑的运动员没有任何不准确的感觉。

(5)要详细表示与定向和越野跑直接相关的地物、地貌。要利用颜色、符号等,详细区分通行的难易程度。

二、指北针

定向越野最重要的仪器是人的大脑,而指北针是唯一可使用的合法帮助。大多数情况下,正式赛事指北针由参赛者自备,没有特别说明不会对其性能、类型作出原则上的规定。目前指北针类型主要有简单式、液池式、透明式、照准式和电子式。目前定向越野比赛使用最多的是由透明有机玻璃材料制作的指北针,常见的有拇指式和基板式两种。

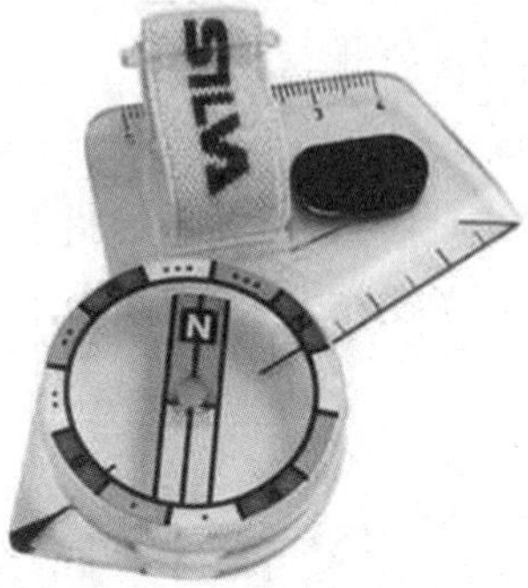

图22-1　拇指式指北针

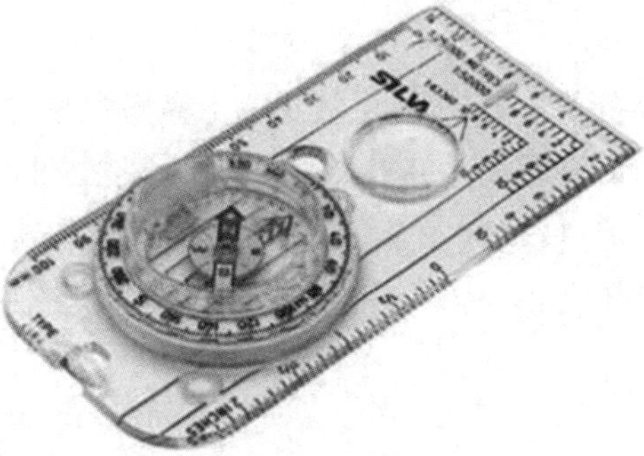

图22-2　基板式指北针

三、点标与打卡器

定向越野要求参与者借助地图和指北针,用徒步越野的方式,按照图示顺序到达地图标示的各检查点,用最短时间完成比赛者获胜。检查点就是赛事组织点在赛前放置于相应地点的标志,它会被在地图上准确标示,而参与者需要在活动进行中找到它。每一个检查点都要用一个橙黄色和白色相间的点标旗做标记,点标旗旁放置一个打卡装置,用于记录参与者是否到访(见图22-3)。

图22-3　检查点

图22-4　点标旗

(一)点标旗

检查点标志是由三面标志旗连接组成的三棱体。每面均为正方形小旗,沿对角线分开,左上为白色、右下为红色,旗的尺寸为30厘米×30厘米,可用硬纸壳、胶合板、金属板、布等材料制作。标志旗通常要编上代号(国际上曾使用数字做代号,现规定使用英文字母),以便于选手在比赛时根据旗上的代号来判断他是否找到了正确的检查点。

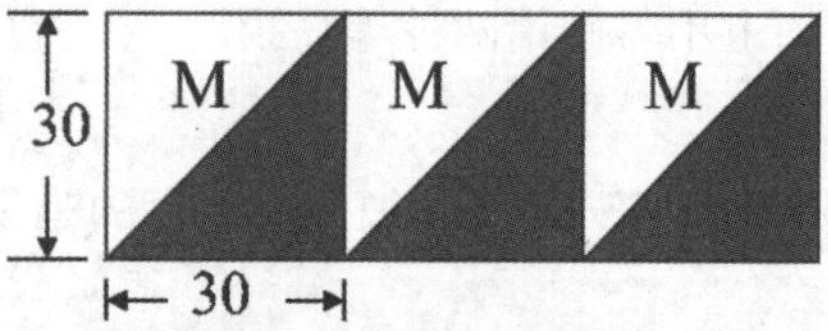

图22-5　点标旗形制及尺寸

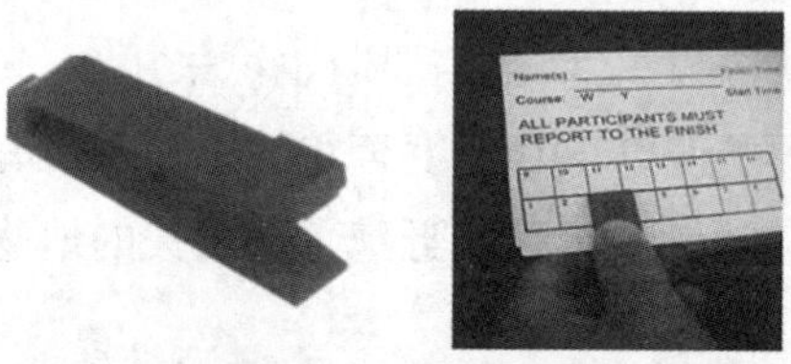

图22-6　机械式点签器及其所打出的齿痕

(二)点签器

点签器是与检查点配合而起作用的,它为运动员提供一个到达位置的凭据。常见点签器有机械式点签器和电子点签器两种。机械式点签器一般用弹性材料制成,顶端装有钢针,钢针的不同排列可以使检查钳印出不同的图案印痕,也有采用印章形式的机械点签器,用印泥印出不同的图案,其目的都是给运动员出具到达检查点凭据。

电子点签器的使用方法为:点签器置于赛场中与之对应的检查点上,当选手在其上打卡时,将这一点的检查点编号和打卡时刻写入选手所持的指卡(见图22-8),同时,点签器中自动备份选手的指卡卡号和打卡时刻,以备赛后有争议时进行数据比对。使用电子点签器系统不仅便于参与者操作,也使组织者工作变得简单,同时也让比赛更加公平公正。

图 22-7 电子点签器计时系统

图 22-8 指卡

四、号码布

定向越野比赛要求运动员必须自始至终佩戴号码布，号码布一般不超过 24 厘米×20 厘米，号码数字的高不小于 12 厘米，字迹要清晰，字体要端正。正规的比赛要求运动员将号码布佩戴于前胸及后背两处。

五、服装与鞋

定向越野对参与者的服装虽没有特殊的要求，但根据此运动特点，参与者对服装的选择应该是：

衣裤——选择紧身而又不至影响呼吸与运动的服装，为防止树枝刮伤和毒虫侵袭，最好穿面料结实的长袖衣和长裤甚至使用护腿。

鞋——选择轻便、柔软而又结实的运动鞋，便于上下陡坡、踩光滑的树叶或走泥泞地，鞋底的防滑性能要好。

第三节 定向越野基础知识

一、阅读定向地图

地图是按照一定的法则，有选择地以二维或多维形式与手段在平面或球面上表示地球（或其他星球）若干现象的图形或图像，它具有严格的数学基础、符号系统、文字注记；地图能科学地反映出自然和社会经济现象的分布特征及其相互关系。地图的特点：有一定的数学法则，有特定的图式符号，有规定的颜色，有规定的文字、数字注记，经过一定的制图方式综合而成。

（一）基本术语

地形：地物和地貌的总称。

地物：地球表面自然形成和人工建造的固定物体，如江河、湖泊、道路、村庄等。

地貌：地球表面高低起伏的各种状态，如山地、平地等。

（二）地图上的比例尺

比例尺是地图必须标示的符号。一幅地图，图幅面积一定，比例尺越大，其包括的实地范围越小，图上量测的精度越高。它是地图上的线段长度与实地相应线段经水平投影的长度之比。它表示地图图形的缩小程度。

比例尺 1∶1000 说明地图上的 1 厘米＝实际地形上的 1000 厘米（10 米）。

1∶3000——1 厘米＝3000 厘米（30 米）。

1∶4000——1 厘米＝4000 厘米（40 米）。

1∶5000——1 厘米＝5000 厘米（50 米）。

1∶10000——1 厘米＝10000 厘米（100 米）。

一般来讲，大多数森林定向图比例尺为 1∶10000，大多数公园定向图比例尺为 1∶5000 或 1∶4000。

二、定向地图上的符号

定向地图是定向运动所使用的地图，是地形图的一种。它提供极为详尽的地表资讯，是定向越野参赛者在比赛过程中定位与导航的依据。定向地图与指北针是定向参赛者能快速找到控制点、完成赛程的主要依据，因此地图必须非常正确与精确，只有这样才能用来测试参赛者的定向能力。地图必须根据参赛者的需求制作，避免提供过多或过少的地形资讯。

定向地图比传统地形图包含更多的资讯，并使用一套标准符号绘制，让使用任何语言的人都可以看懂。除了以等高线表示地形的起伏，定向地图还包含森林密度、水文资讯、空旷地、小径、道路、土堤、石墙、冲沟、渠道、井、坑、围篱、输电线、人造物、建筑、大石与其他地表上的资讯。

符号分为七类：地形（棕色）、石头类（黑色+灰色）、水系（蓝色）、植被（绿色+黄色）、人造特征物（黑色）、特殊符号。

定向地图比例尺为 1∶15000。不能以 1∶15000 清楚标示的地形不适合作为定向越野的场地。短程的竞赛可使用 1∶10000（符号尺寸放大为 150%）。针对教学与训练的需求，也可以使用如 1∶2500 这类小比例尺。地图以五色印刷，这些颜色包含下面几种类型：地形形态、岩石、水体与沼泽、植被、人造物体。技术性的符号会使用额外的颜色叠印。以下介绍的图示均以 1∶15000 为例。

（一）地形

地形的形状用轮廓线表示，附以一些小的特殊符号，如洼地、山丘、山谷和鞍部等，其他岩石和悬崖类符号由黑色符号补充。

1. 等高线

等高线之间的标准垂直间距为 5 米，25 米的等高线可用于较为平缓的地形。在等高线的下端可以画示坡线，表示坡度的方向。但使用示坡线时应放置在凹线处。等高线表示一个小山丘或大洼地时，高度或深度最小应为 1 米。相邻等高线之间的关系非常重要，它表示地形的特征结构（见图 22-9）。

2. 指数等高线

每 5 条等高线就要有 1 条粗的等高线，这是为了读图者快速评估高度差和整体地形的形状。在细节较多的区域，指数等高线可以用普通等高线表示，小闭环等高线和洼地通常不会用指数等高线来表示。指数等高线高度值应该只在无细节遮挡的区域插入，并且是在等高线较高的一侧使用，高度值标签为 15 毫米，以 sans-serif 字体表示，颜色为棕色（见图 22-10）。

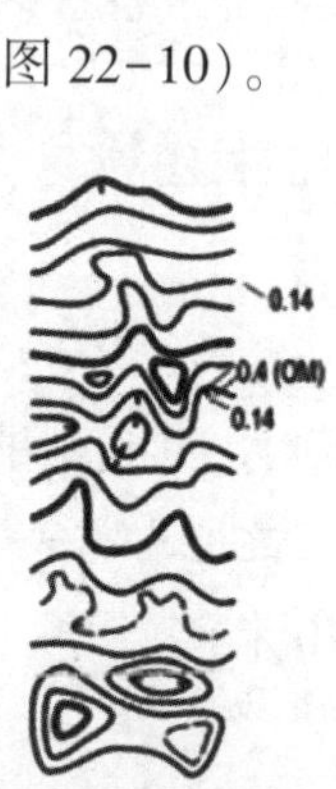

图 22-9　等高线

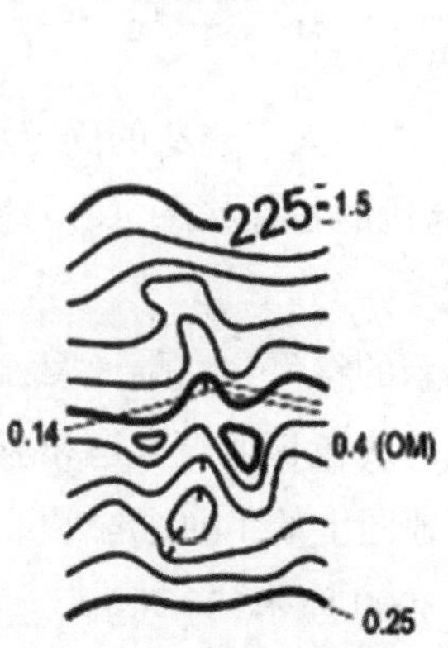

图 22-10　指数等高线

3. 辅助等高线

在等高线不能完全表示地形的时候，就会使用辅助等高线以表示地形特征。在相邻的等高线之间只能使用一条辅助等高线，并且辅助等高线从开始到结束都在这相邻等高线之间。辅助等高线表示洼地或小丘时，用于表示扁平的洼地或小丘与明显洼地或小丘的凹陷程度（最低高度/深度为 1 米）的区别。最小长度（非闭合）：两段线段最小闭环符号直径为 1.1 毫米（实际 16.5 米），颜色为棕色（见图 22-11）。

4. 土崖

土崖是指地面上突然的落差变化，它很容易与周围环境形成鲜明对比。最小落差高度为 1 米，土崖会影响奔跑速度，如果有两个土崖符号相叠，可省略掉其一，不可跨越的土崖要用不可跨越的悬崖符号来表示。最小土崖尺寸长度为 0.6 毫米（实际 9 米），颜色为棕色（见图 22-12）。

图 22-11　辅助等高线

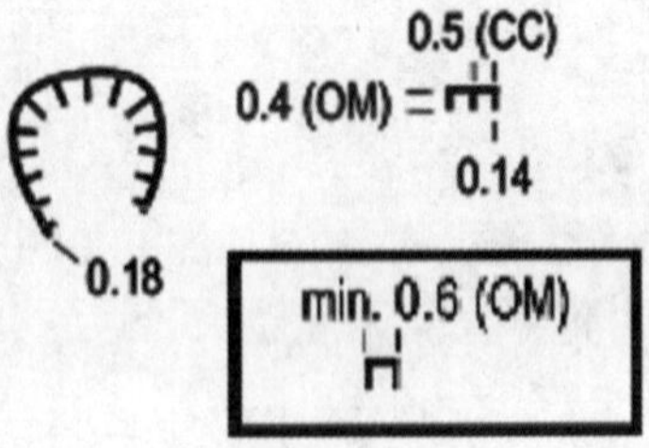

图 22-12　土崖

5. 土墙/垣

土墙/垣最低高度 1 米，地图最小长度为 2.0 毫米（实际 3 米），颜色为棕色（见图 22-13）。

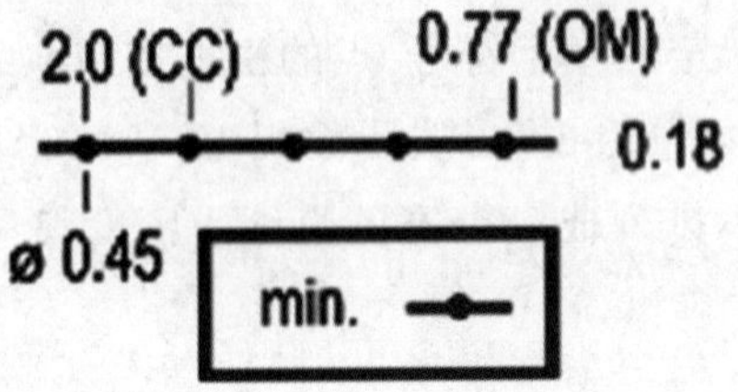

图 22-13　土墙或垣

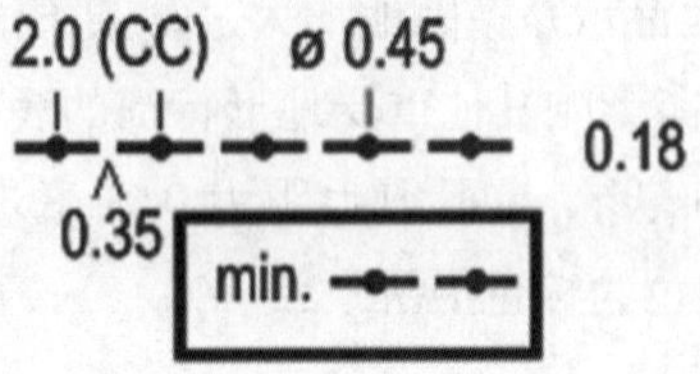

图 22-14　不明显土垣

6. 不明显土垣

最低高度为 0.5 米，地图符号最小长度为两段，颜色为棕色（见图 22-14）。

7. 冲沟或堑壕

如果冲沟用土崖表示太大时，改用一条单线、线的端点呈尖状表示，深度至少 1 米以上。地图符号最小长度为 1.6 毫米（实际 24 米），等高线会围着这个符号表示。颜色为棕色（见图 22-15）。

8. 小冲沟

小冲沟或干沟，最小深度为 0.5 米，地图符号最小长度为三个点以上（1.15 毫米，实际 17 米），等高线不围绕这个符号表示，颜色为棕色（见图 22-16）。

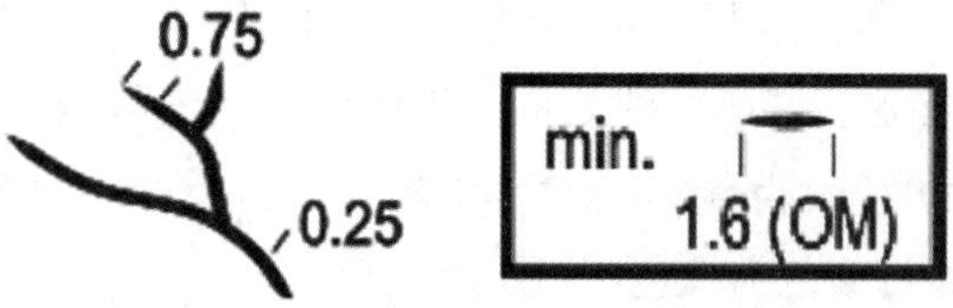

图 22-15　冲沟或堑壕

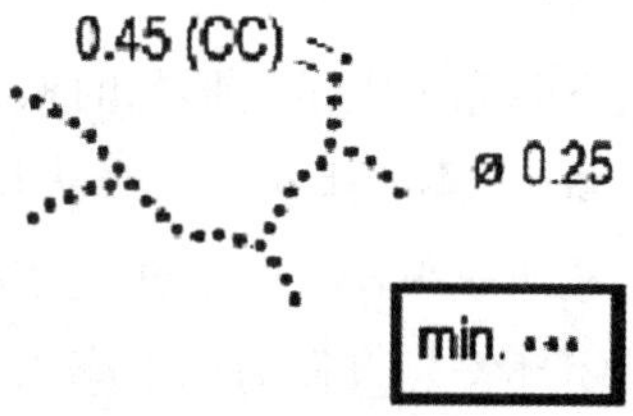

图 22-16　小冲沟

9. 小土堆

指一个不能用等高线表示的明显的土丘或小山丘，最低高度 1 米，符号不与其他符号重叠或连接触碰。符号为点状（实地 7.5 米×7.5 米），颜色为棕色（见图 22-17）。

图 22-17　小土堆

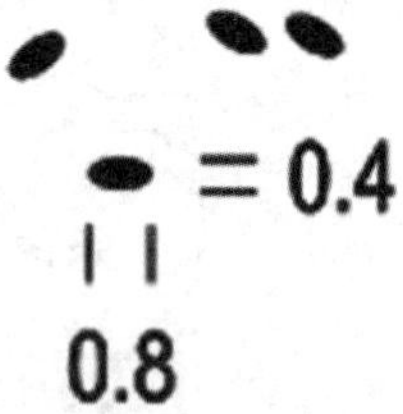

图 22-18　狭长土堆

10. 狭长土堆

指一个不能用等高线表示的明显的狭长土丘或小山丘，最低高度 1 米，符号不与其他符号重叠或连接触碰。符号为点状（实地 12 米×6 米），颜色为棕色（见图 22-18）。

11. 粗糙地（凹凸地）

通常凹凸地标示是指因地形太过复杂不能详细表示而特定的一个符号，点的密度按实地细碎情况的变化随意绘画，但不能影响其他重要地形特征的表示。点的最小数量为 3 个（实际面积 10 米×10 米），点与点的中心距最大为 0.6 毫米，最下中心距为 0.5 毫米。这类符号不排列成一条宽的直线。密度：3～4 点/平方毫米（9%～13%），颜色为棕色（见图 22-19）。

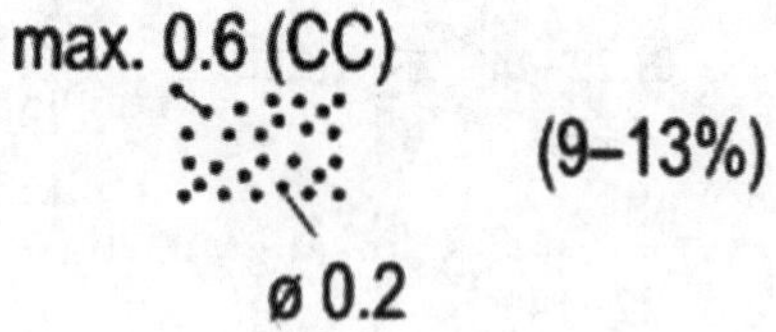

图 22-19　粗糙地（凹凸地）

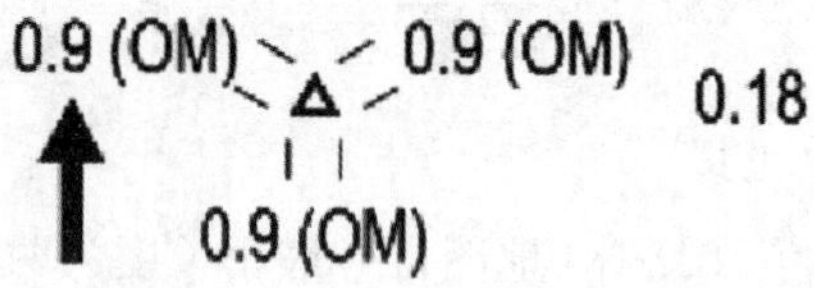

图 22-20　特殊地形表示符

12. 特殊地形表示符

指此地形特征与周围环境有显著差别，应能清楚地区分出来。符号重心为符号位置，朝北。此符号不与其他棕色符号相触碰或重叠。实际面积为 13.5 米×11.5 米，颜色为棕色（见图 22-20）。

（二）岩石与巨石类

岩石是一种特殊的地形特征，岩石符号应有提示危险和是否可跑的信息，可以为读图者选择路线起到很好的辅助作用。岩石用黑色表示，以区分它与其他地形特征，在绘图表示时，要注意突出岩石的特征，如悬崖与地表的形状位置和高差等关系。

1. 不可跨越的悬崖

主要指悬崖、采石场、陡崖等过于陡峭而导致不能通行或有危险的地形。齿线朝落差方向，显示出顶部到底部整个宽度,当宽度过小时,齿线能省略。如在与另一个悬崖之间有条狭窄通道情况下(通道至少要绘画成0.3毫米宽),齿线可以省略。当岩石插入水中,不能沿着水边在悬崖下通行时,可以不绘画岸线或让齿线清晰地超过岸线。不可跨越的悬崖应用等高线表示出其特性。最小长度为0.6毫米(实际9米),颜色为黑色(见图22-21)。

2. 陡崖

指陡崖或采石场(高度至少1米)。朝落差方向不明显时可去掉齿线,如在与另一个悬崖之间有条狭窄通道的情况下(通道至少要绘画成0.2毫米宽),齿线可以省略。不可跨越的悬崖应用等高线表示出其特性。最小长度为0.6毫米(实际9米),此陡崖可跨越,但会影响奔跑速度。颜色为黑色(见图22-22)。

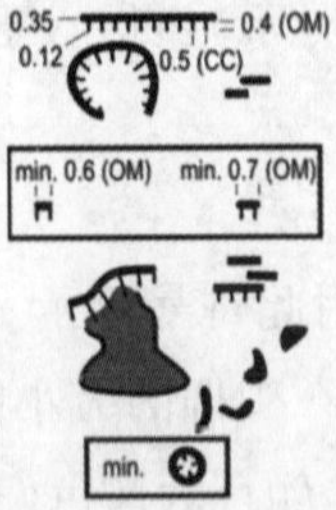

图22-21　不可跨越的悬崖

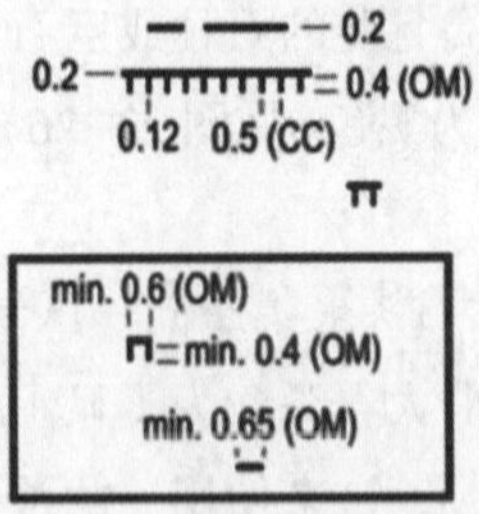

图22-22　陡崖

3. 石质坑或洞穴

指会给参赛者带来危险的岩洞或矿洞。最小深度1米,符号朝北。山洞也使用此符号,但用作表示山洞时,符号的尖端朝向洞穴入口方向。若洞穴口大于5米时,应强调,并使用陡崖符号表示。实际10.5米×12米,颜色为黑色(见图22-23)。

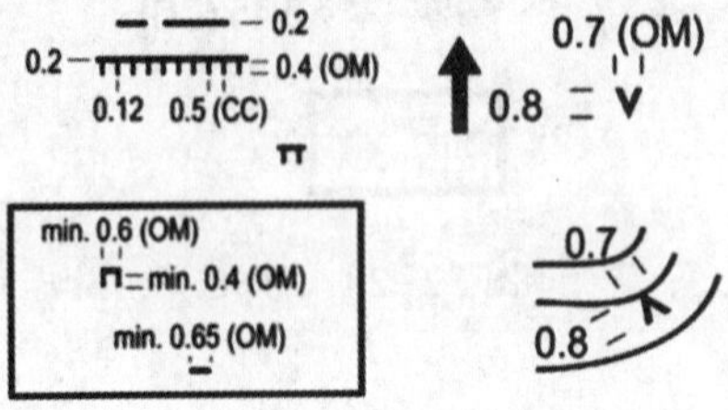

图22-23　石质坑或洞穴

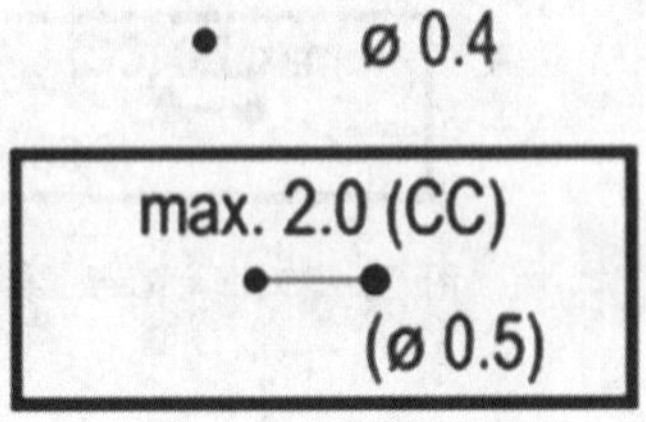

图22-24　大石头

4. 大石头

指可以在实地中立即辨识出来的大石头(高至少1米)。为了显示相邻(相距30米以上)大石头的大小,会用强调的手法来表示其区别。石头直径为0.4毫米(实际6米×6米),大石头0.5毫米(实际7.5米×7.5米),颜色为黑色(见图22-24)。

5. 巨石

指巨大且独特的石头。此类巨石高至少2米。为了显示与相邻(相距30米以上)巨石的大小之间的区别,可以将其符号缩小至0.5毫米(实际7.5米×7.5米)表示,颜色为黑色(见图22-25)。

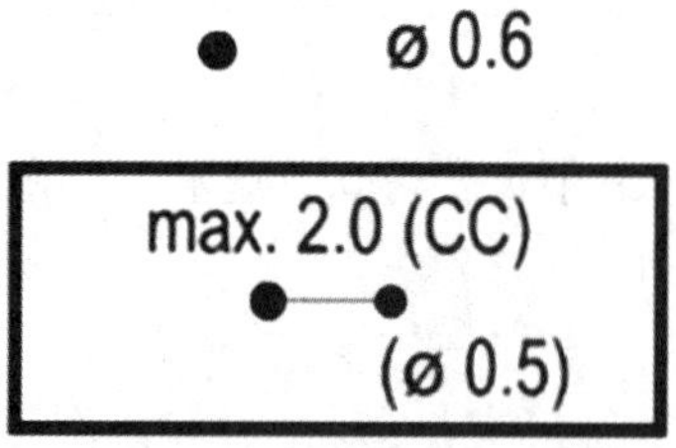

图 23-25　巨石

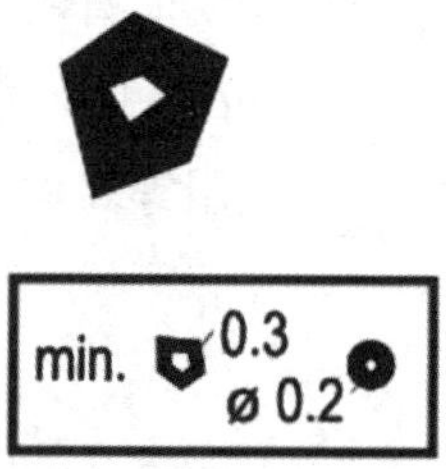

图 22-26　超大巨石

6. 超大巨石

指不可通行的、高且陡的石柱或巨石。最小宽度为 0.8 毫米(实际 12 米)，最小宽度(内部白色)为 0.2 毫米(实际 3 米)，颜色为黑色(见图 22-26)。

7. 大石头群

指一群明显的大石头聚集于同一区域，无法单独表示出来时用此符号标示。大石头群中的石头高至少 1 米，并容易辨识为一群大石头。为了显示相邻(相距 30 米以上)大石头群的大小的区别，可以将这个符号放大 20%(边缘长度 0.96 毫米)来使用。此符号朝北，实际 12 米×10 米，颜色为黑色(见图 22-27)。

8. 沙地

沙地对奔跑速度有一定的影响，能使奔跑速度降到正常速度的 80%～100%。最小尺寸为 1 毫米×1 毫米(实际 15 米×15 米)，颜色为 50%黄色+黑色(见图 22-28)。

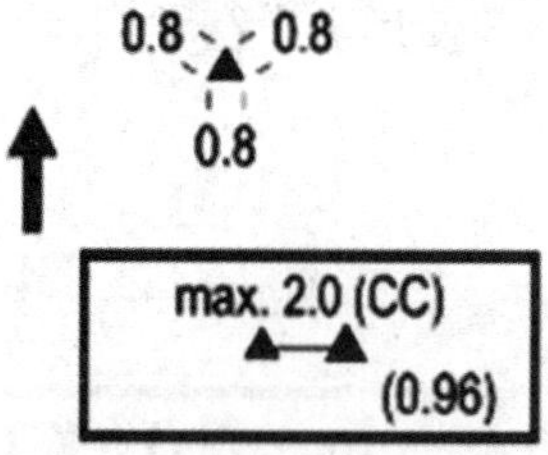

图 22-27　大石头群

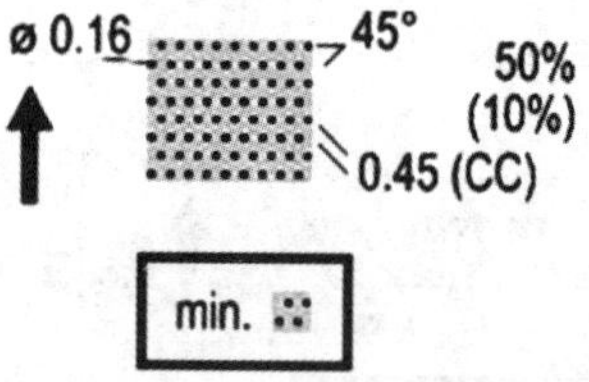

图 22-28　沙地

9. 裸岩地

指没有植被覆盖的裸露的岩石面，若覆盖青草、苔藓或其他低矮灌木时，不使用此符号表示。若岩石面可跑性差，应该用石头符号来表示。最小尺寸为 1 毫米×1 毫米(实际 15 米×15 米)，颜色为灰色(见图 22-29)。

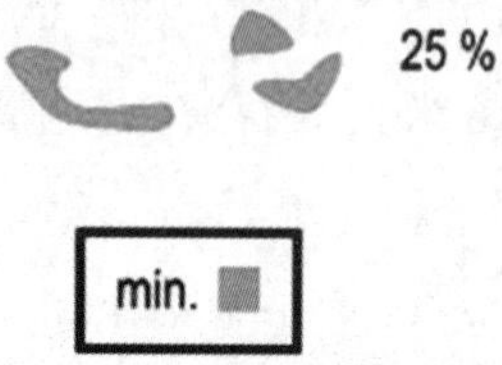

图 22-29　裸岩地

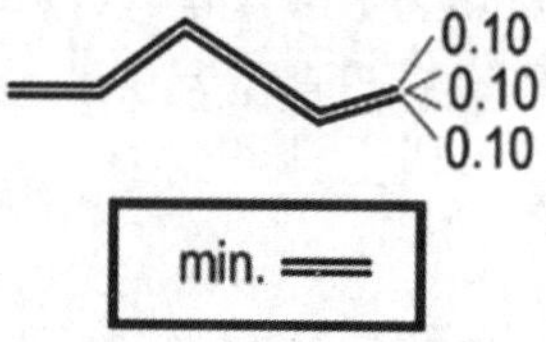

图 22-30　沟槽

10. 沟槽

指岩石或人工沟渠。最小深度为 1 米。最小长度为 2 毫米(实际 30 米)。较短的沟渠可以用最小尺寸表示，不可通行的沟壑用不可跨越的悬崖符号表示，塌陷的沟渠可以用大冲沟符号表示，颜色为黑色(见图 22-30)。

(三)水系

本组符号表示与水相关的特征,表示其通行性。

1. 不可通行水域

用黑色的边界线表示其水域的不可通行性。水的符号可用蓝色100%或70%区域覆盖,一般情况下小区域的水体都使用100%蓝色。最小宽度为0.3米,最小面积为0.5平方毫米,颜色为蓝色、黑色(见图22-31)。

2. 浅水区域

浅水的季节性或周期性水域边线可用蓝色虚线表示,小浅水水体用100%蓝色表示,最小宽度为0.3毫米,最小面积为0.5平方毫米,颜色为50%蓝色(见图23-32)。

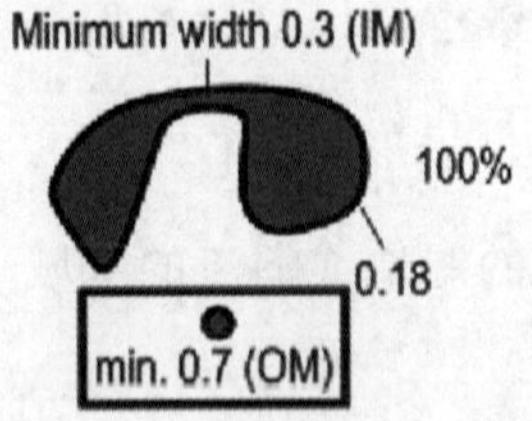

图22-31 不可通行水域

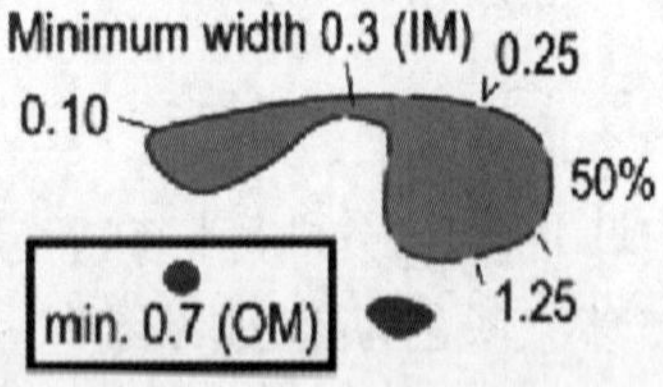

图22-32 浅水区域

3. 水坑

指一个填满水的坑,水域面积小于水域最小尺寸。此符号朝北,实际为10.5米×12米,颜色为蓝色(见图22-33)。

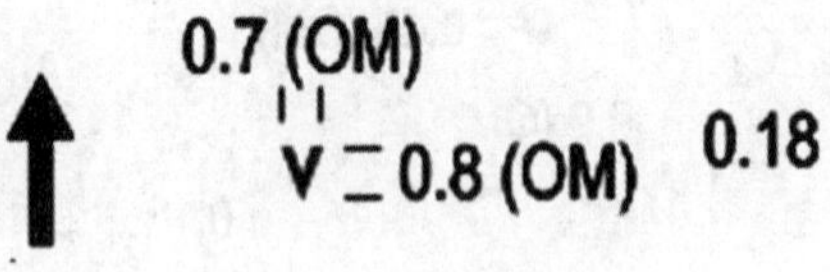

图22-33 水坑

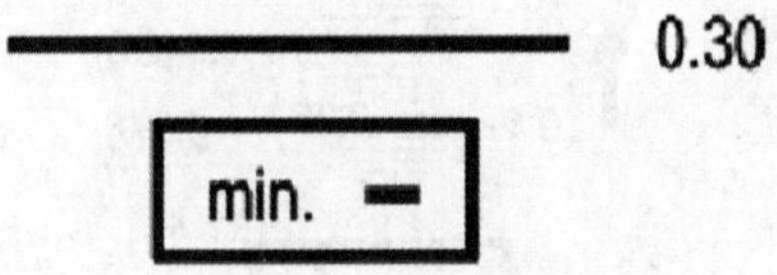

图22-34 可通行的水道

4. 可通行的水道

至少宽2米,最小长度为1毫米(实际15米),颜色为蓝色(见图22-34)。

5. 季节性水渠

指一条自然或人为的小水渠,可能有水,也可能没水。最小长度为2段(2.75毫米,实际41米),颜色为蓝色(见图22-35)。

6. 不可通行沼泽

指对参赛者有危险或不能通过的沼泽。黑色的轮廓线强调了其不可通行的特性,当此符号与不可通行水域符号一起使用时,两者之间的黑色轮廓可省略掉。此符号与磁北线垂直。最小宽度为0.3毫米,最小面积为0.5平方毫米,颜色为50%蓝色、黑色(见图22-36)。

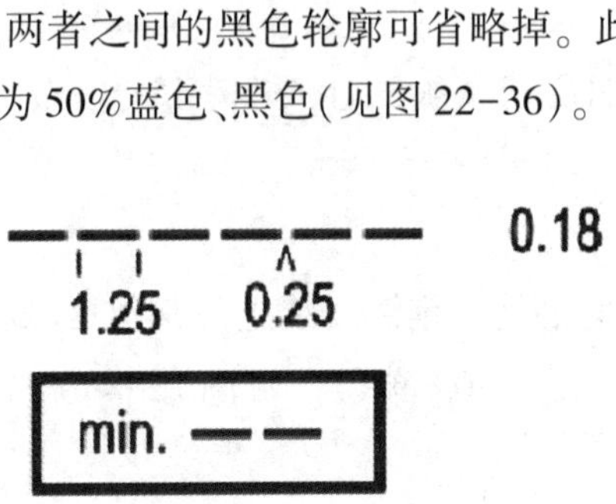

图22-35 季节性水渠

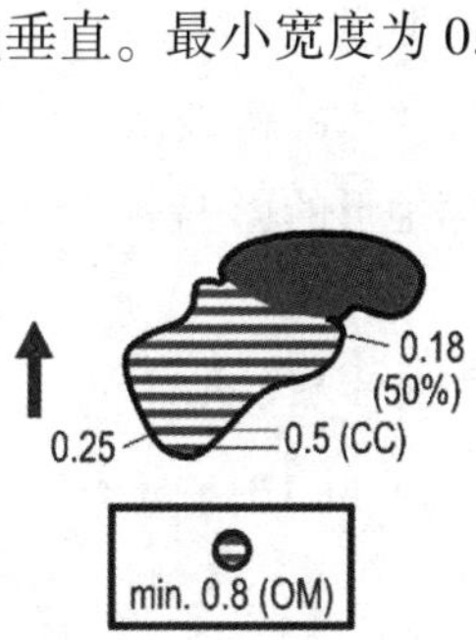

图22-36 不可通行沼泽

7. 沼泽

沼泽通常是指可以通行且边界明显的湿地。此符号可与植被符号组合使用来表示其可跑性和开阔性。此符号与磁北线垂直。最小面积为0.5毫米×0.4毫米(实际7.5米×6米),颜色为蓝色(见图22-37)。

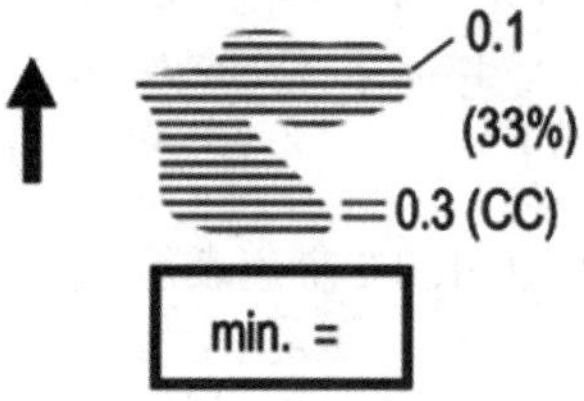

图22-37　沼泽

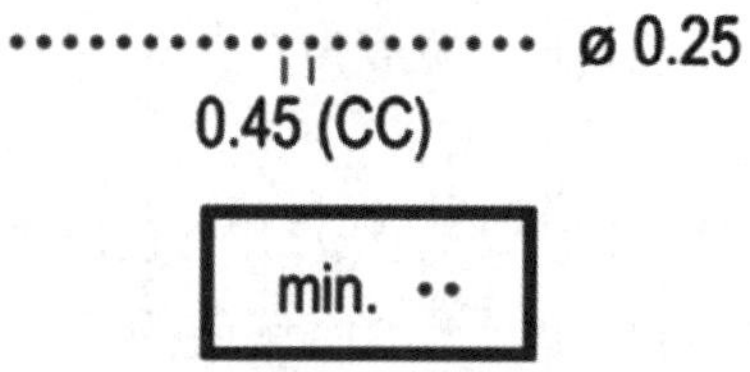

图22-38　小水沟

8. 小水沟

小水沟是指因为过于窄小(不到5米宽),不能用沼泽符号表示的湿地或涓流的水域。最小尺寸为2个点(0.7毫米,实际10.5米),颜色为蓝色(见图22-38)。

9. 半湿地

半湿地是指可通行的季节性湿地,或湿地向硬地过渡的区域。其边界通常并不清楚,此符号可与植被符号组合使用,以显示其可跑性和开阔性。最小面积为2毫米×0.7毫米(实际30米×10.5米),颜色为26%蓝色(见图22-39)。

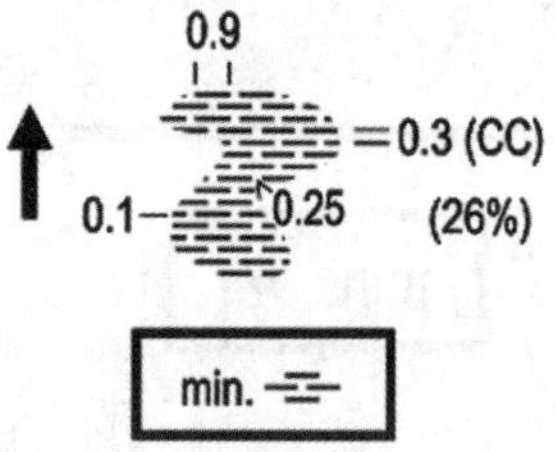

图22-39　半湿地

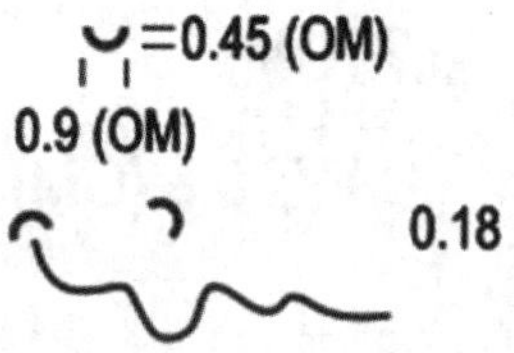

图22-40　喷泉、水源

10. 喷泉、水源

指水涌出的地方,符号朝水流方向,实际为13.5米×7米,颜色为蓝色(见图22-40)。

(四)植被

植被的标示对运动员比赛有重要的影响,因为它可以表示可跑性和可视度,提高地图的可读性。颜色与可跑性基本关系如下:

白色:代表典型的高大树木林地,可以在其间奔跑。

黄色:代表开阔地类型。

绿色:根据植被密度和可跑性来表示。它的可跑性取决于植被的性质(树木的密度、灌木丛、荆棘、荨麻等),也受沼泽、石头等地形的影响。

1. 开阔地

指地表覆盖草、青苔或类似植物的空地,比一般白林地更具可跑性。禁止与其他区域符号组合,最小尺寸为0.7毫米×0.7毫米(实际10.5米×10.5米),颜色为黄色(或70%黄色)(见图22-41)。

2. 稀树开阔地

指在开阔的土地上散布着树木或灌木的区域,可以用黄色区域上配大圆点的常规图案来概括。这些点可能是白色的(分散的树木)或绿色的(零星的灌木/灌木丛)。如果黄色区域占据主导地位,可以使用75%黄色代替全黄色。此符号朝北。最小宽度为 1.5 毫米(实际 22.5 米),最小尺寸为 2 毫米×2 毫米(实际 30 米×30 米),颜色为黄色、白色、50%绿色(见图 22-42)。

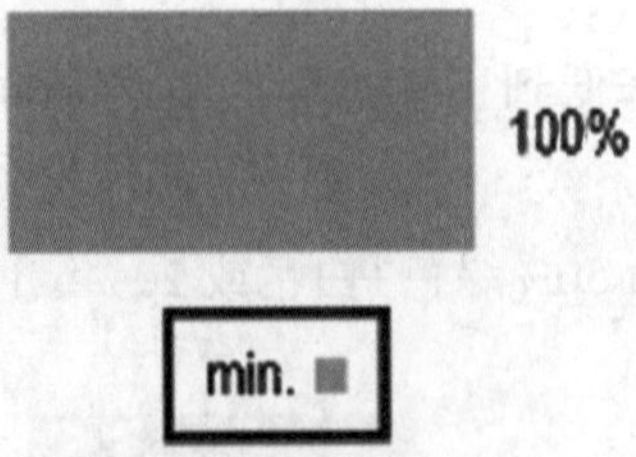

图 22-41 开阔地

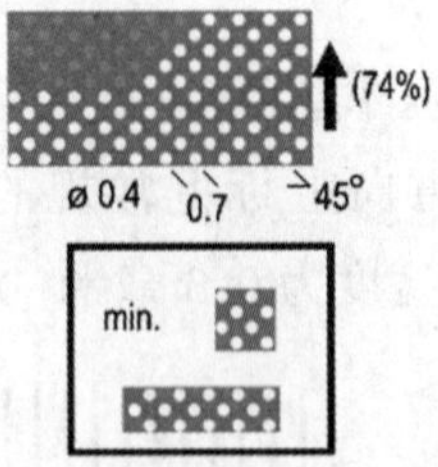

图 22-42 稀树开阔地

3. 粗糙开阔地

粗糙开阔地是指低矮小灌木丛、砍伐地、新植树地(树低于 1 米)以及其他分布有零乱地表植被的空旷地,例如高草地。最小尺寸为 1 毫米×1 毫米(实际 15 米×15 米),符号朝北。颜色为 50%黄色(见图 22-43)。

4. 凌乱开阔地

在粗糙开阔的土地上散布着树木或灌木的区域,可以通过在黄色区域上使用常规的大圆点来概括,这些点可能是白色的(分散的树木)或绿色的(零星的灌木/灌木丛)。此符号朝北。最小宽度为 1.5 毫米(实际 22.5 米),最小尺寸为 2.5 毫米×2.5 毫米(实际 37.5 米×37.5 米),颜色为 50%黄色+白点或 50%绿色(35%黄色)(见图 22-44)。

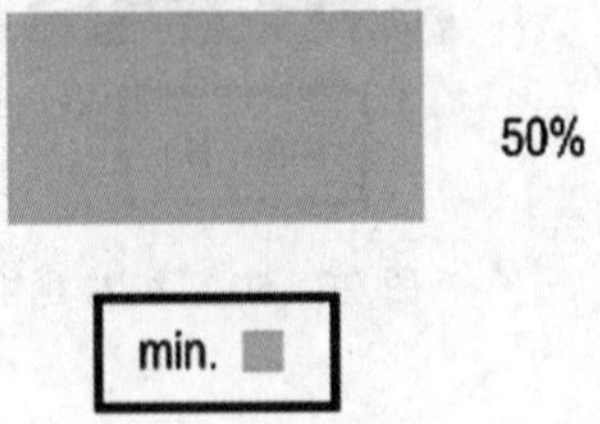

图 22-43 粗糙开阔地

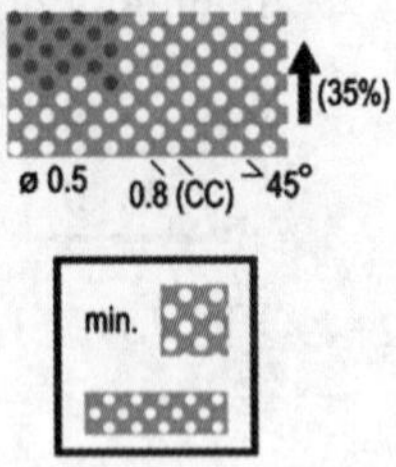

图 22-44 凌乱开阔地

5. 白林

指高大树木形成的奔跑性很好的树林。其他非此类型的树林,在地图上不能留白。最小尺寸为 1 毫米×1 毫米(实际 15 米×15 米),颜色为白色(见图 22-45)。

6. 慢跑森林

指植被茂密(能见度低)的区域,其可跑性为正常速度的 60%~80%。如果此森林在某个方向上好跑,则在此方向上标上常规的白色条纹。最小尺寸为 1 毫米×1 毫米(实际 15 米×15 米),颜色为 20%绿色(见图 22-46)。

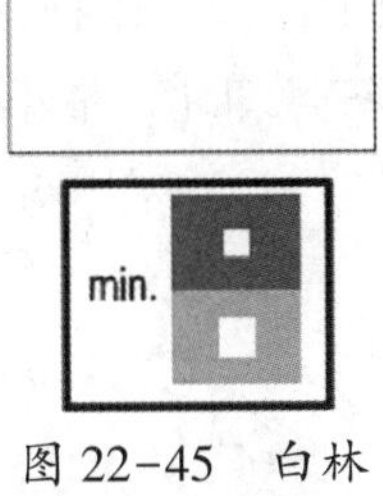

图 22-45 白林

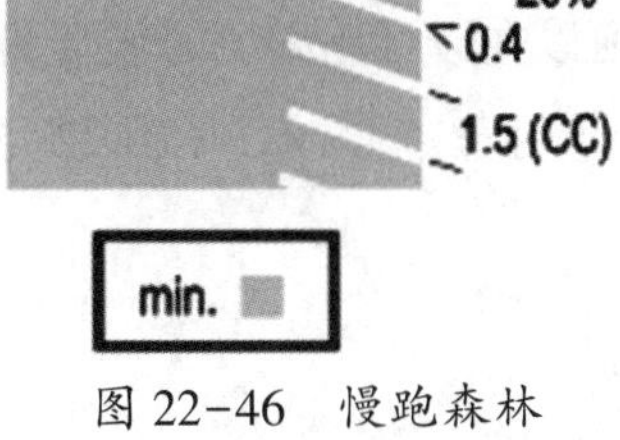

图 22-46 慢跑森林

7. 能见度良好的慢跑低矮灌木

指能见度良好、可跑性较差的低矮灌木区域,例如矮树丛(荆棘、石楠等)。奔跑性会降低到正常速度的

60%~80%。此符号朝北。最小面积为1.5毫米×1毫米(实际22.5米×15米),颜色为14%绿色(见图22-47)。

8. 步行森林

指有浓密的树木或灌木丛(能见度低)的区域,其可跑性降低到正常速度的20%~60%。如果此森林在某个方向上好跑,则在此方向上标上常规的白色或20%绿色条纹。最小面积为0.7毫米×0.7毫米(实际10.5米×10.5米),最小宽度为0.3毫米(实际4.5米),颜色为50%绿色+白色或20%绿色(见图22-48)。

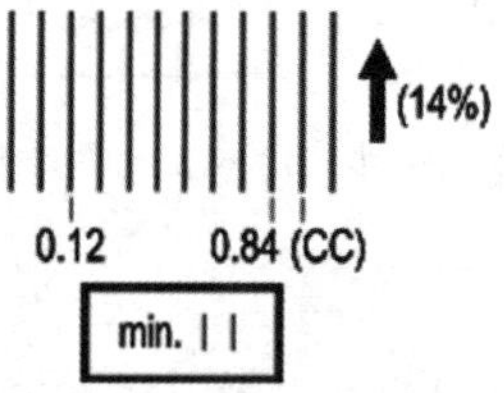

图22-47 能见度良好的慢跑低矮灌木

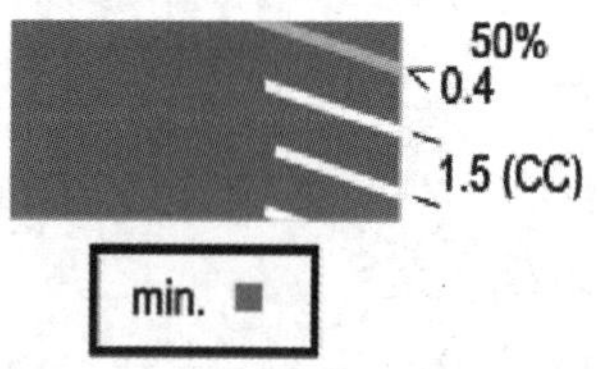

图22-48 步行森林

9. 能见度良好的步行低矮灌木

指能见度良好、通行性差的低矮灌木区域,例如灌木丛、修剪枝等。奔跑速度降低到正常速度的20%~60%。此符号朝北。最小面积为1毫米×1毫米(实际15米×15米),颜色为33%绿色(见图22-49)。

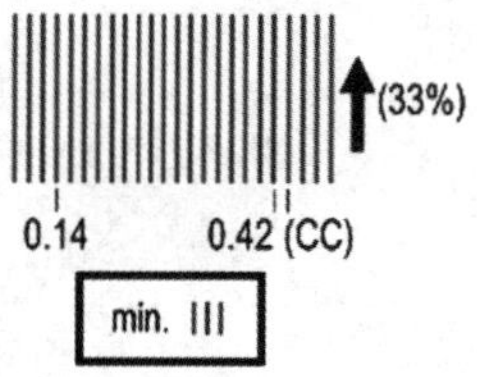

图22-49 能见度良好的步行低矮灌木

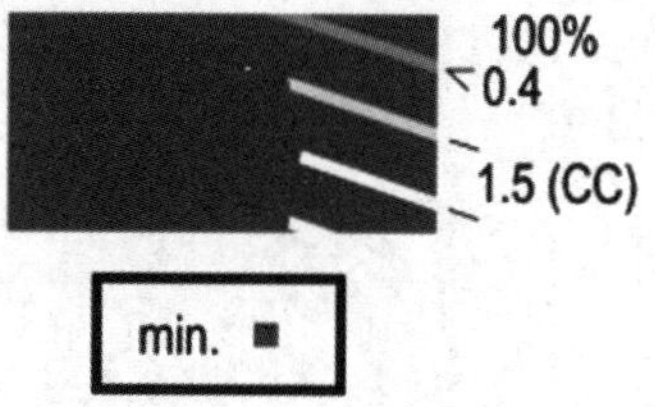

图22-50 极难通行森林

10. 极难通行森林

指茂密的植被(树木或灌木丛),几乎无法通行。可跑性降低到正常速度的20%以下。如果此森林无法穿越或有危险,则用植被不可通行表示。如果此森林在某个方向上好跑,则在此方向上标上常规的白色或20%绿色或50%绿色条纹。最小面积为0.55毫米×0.55毫米(实际8米×8米),最小宽度为0.25毫米(实际3.8米),颜色为绿色+白色(见图22-50)。

11. 不可通行森林

指无法通行的浓密植被(树木或灌木丛)。最小尺寸为0.8毫米×0.8毫米(实际12米×12米),最小宽度为0.35毫米(实际5.25米),颜色为绿色和50%黑色或绿色和50%黑色(见图22-51)。

12. 耕地

通常指用于种植农作物的区域。耕地是季节性禁止进入的地方,为了保护农作物,在耕种期间禁止进入。因为其可跑性不确定,所以在设计路线的时候通常避免通过此区域。此符号朝北。最小尺寸为3毫米×3毫米(实际45米×45米),颜色为黄色、黑色(见图22-52)。

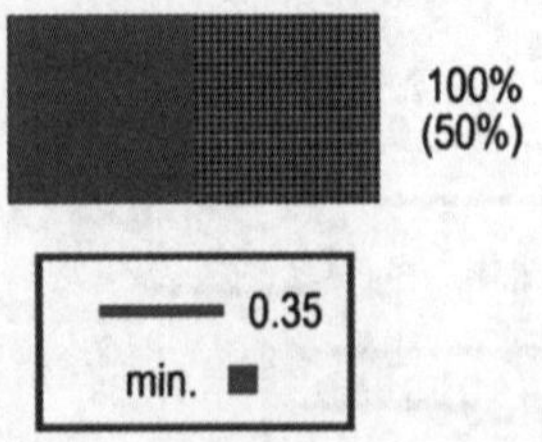

图 22-51 不可通行森林

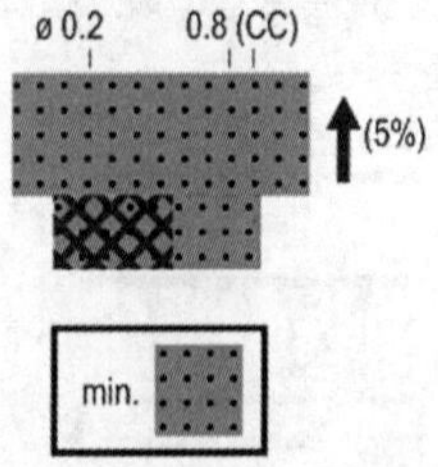

图 22-52 耕地

13. 果林

指种有果树的林地或结有果实的矮树丛种植地。其点成线的排列方向可以朝果树排列种植的方向。最小尺寸为 2 毫米×2 毫米(实际 30 米×30 米),颜色为绿色、黄色(见图 22-53)。

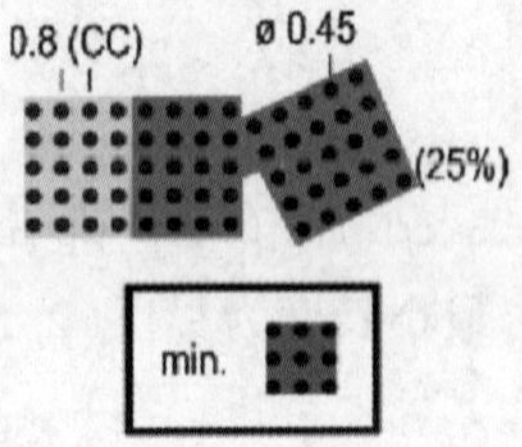

图 22-53 果林

图 22-54 铺装路面

(五)人造特征物

道路和铁道轨道等人造物体可以为参赛者读取地图提供重要的参考信息,一些人造的特征物也成为障碍物,如栏栅、围墙、建筑和禁区等,这些都对提升地图的可读性以及运动员选择路线有很大的帮助。

1. 铺装路面

指沥青、硬砾石、瓦片、混凝土或类似硬化表面的区域。铺砖面会用一条黑线来表示其边界。最小尺寸为 1 毫米×1 毫米(实际 15 米×15 米),颜色为 50%棕色、黑色(见图 22-54)。

2. 宽阔公路

宽阔公路的宽度应该按比例绘制,但小于最小宽度(0. 3±2×0. 14 毫米,实际 8. 7 米)。边界为黑色线条,如果两条马路并排,为了表示清晰,其应间隔路面 50%的宽度。若有两车道并行,则用两条马路表示,中间仅留一条马路黑边。颜色为 50%棕色、黑色(见图 22-55)。

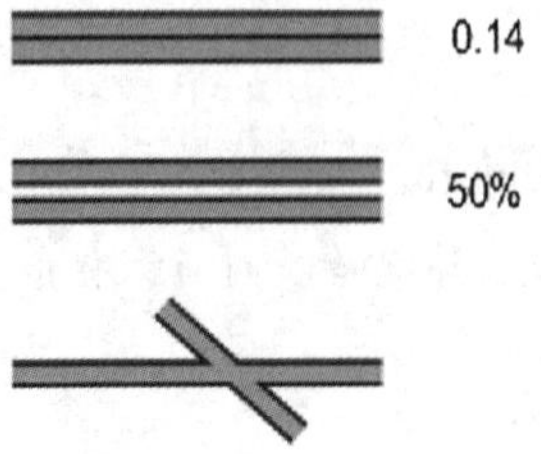

图 22-55 宽阔公路

图 22-56 大路

3. 大路

指在所有天气条件下都适合机动车行驶的道路,宽度小于 5 米,颜色为黑色(图 22-56)。

4. 慢车道

指适合车辆缓慢行驶的道路(用虚线表示)。在表示路径连接时,不能连接在虚线缺口处,需把缺口连接上。最小长度为 2 段(6. 25 毫米,实际 94 米),颜色为黑色(见图 22-57)。

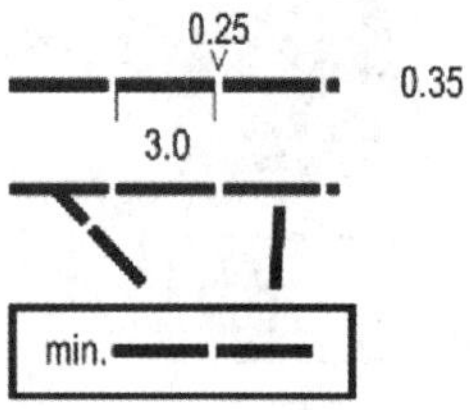

图 22-57　慢车道

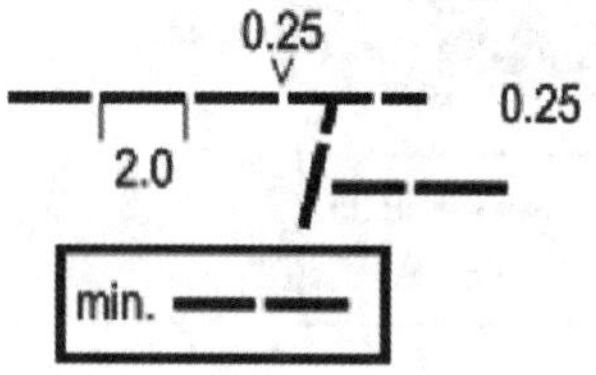

图 22-58　路

5. 路

指仅适合自行车或摩托车通行的容易奔跑的路(用虚线表示)。在表示路径连接时,不能连接在虚线缺口处,需把缺口连接上,若路口不明显,则不连接,空出距离。最小长度为 2 段(4. 25 毫米,实际 64 米),颜色为黑色(见图 22-58)。

6. 小路

指仅可以供人奔跑的小径或森林中临时出现的可走的痕迹线(用虚线表示)。在表示路径连接时,不能连接在虚线缺口处,需把缺口连接上,若路口不明显,则不连接,空出距离。最小长度为 2 段(2. 25 毫米,实际 34 米),颜色为黑色(见图 22-59)。

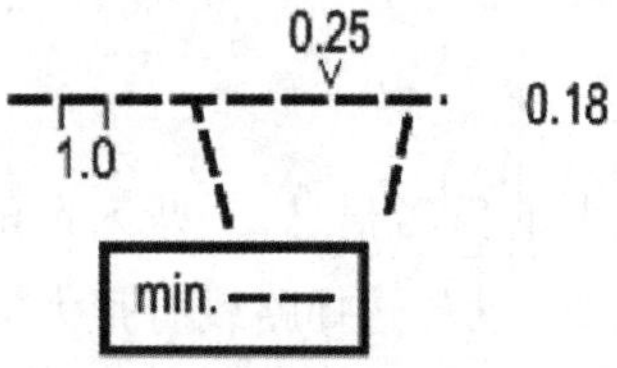

图 22-59　小路

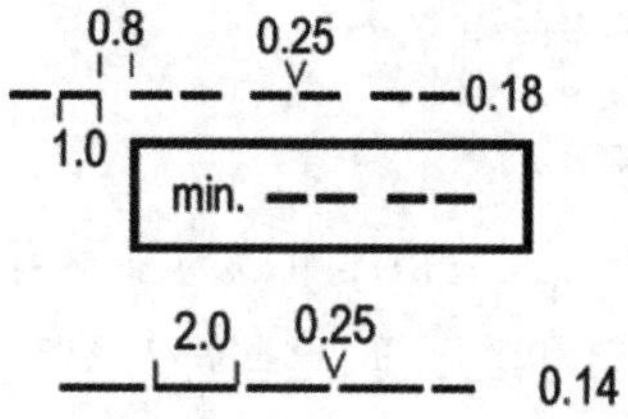

图 22-60　不明显小路

7. 不明显小路

指不太明显的小径或林业开掘道。最小长度为 2 段的双虚线段(5. 3 毫米,实际 79. 5 米),颜色为黑色(见图 22-60)。

8. 轨道

指火车轨道或类似的轨道,如果禁止沿轨道奔跑或穿越,则必须用禁区符号表示。最小长度为 2 段(4 毫米,实际 60 米),颜色为黑、白(见图 22-61)。

9. 电线、索道、滑雪电缆线

用柱状符号表示塔的准确位置,为了地图的可读性,这条线可能会断开。

如果这线没有对参赛者的导航起到作用,则会舍去。最小长度为 5 毫米(实际 75 米),颜色为黑色(见图 22-62)。

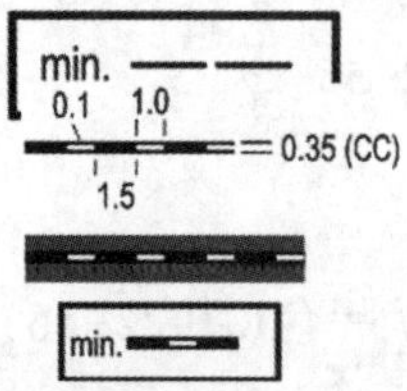

图 22-61　轨道

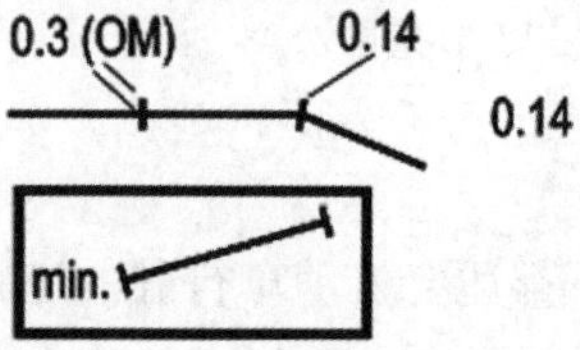

图 22-62　电线、索道、滑雪电缆线

10. 主要输电电线

用双线绘制,两条线之间的间隙表现实地的宽度,为了地图的可读性,这条线可能会断开。颜色为黑色(见图 22-63)。

11. 桥梁、隧道

桥梁和隧道用相同的基本符号表示。如果隧道不可通行则舍去。最小长度为 0.4 毫米(实际 6 米),在路径上连接的桥梁或隧道应断开,在另一面桥梁或隧道符号处重新开始。小人行通道用小线段表示。颜色为黑色(见图 22-64)。

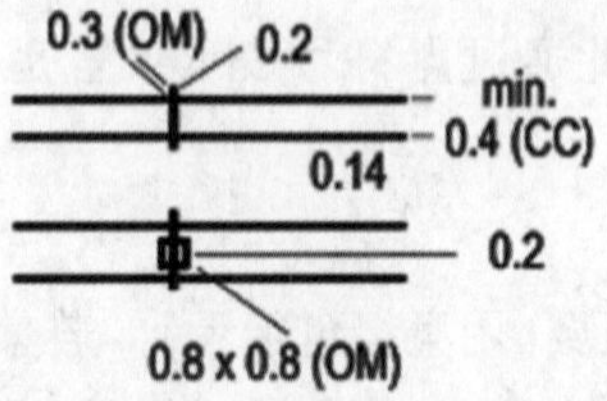

图 22-63 主要输电电线

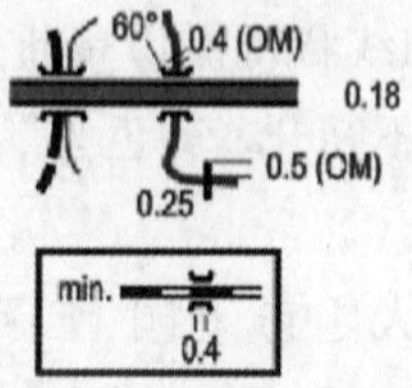

图 22-64 桥梁、隧道

12. 墙

指用石头、混凝土、木材或其他材料建筑的墙体。最小高度为 1 米,最小长度为 2.0 毫米(实际 30 米),颜色为黑色(见图 22-65)。

13. 废墙体

指无明显围墙外观的墙体,最低高度为 0.5 米。最小长度为 2 段(3.65 毫米,实际 55 米),颜色为黑色(见图 22-66)。

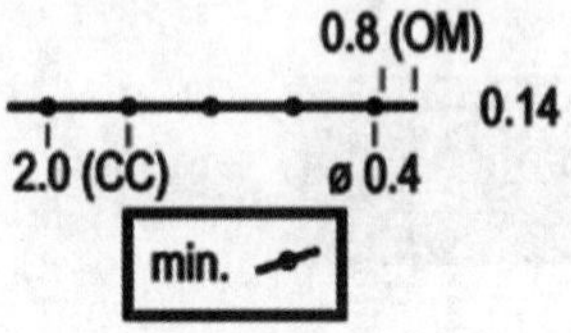

图 22-65 墙

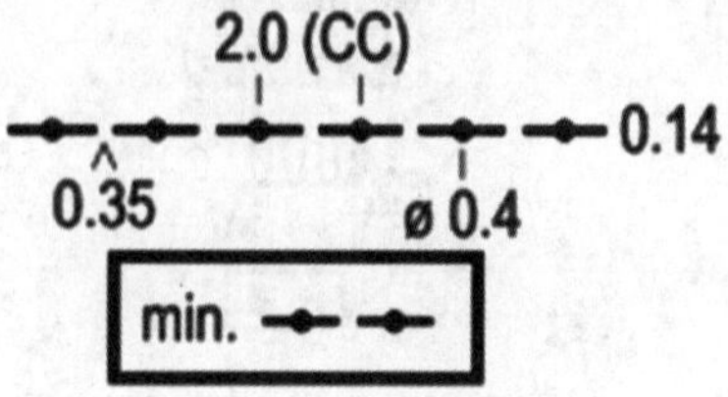

图 22-66 废墙体

14. 不可通过围墙

指高度高于 1.5 米的围墙,最小长度为 3 毫米(实际 45 米),颜色为黑色(见图 22-67)。

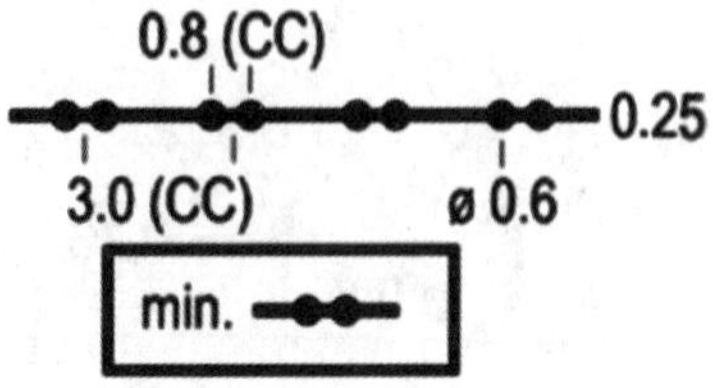

图 22-67 不可通过围墙

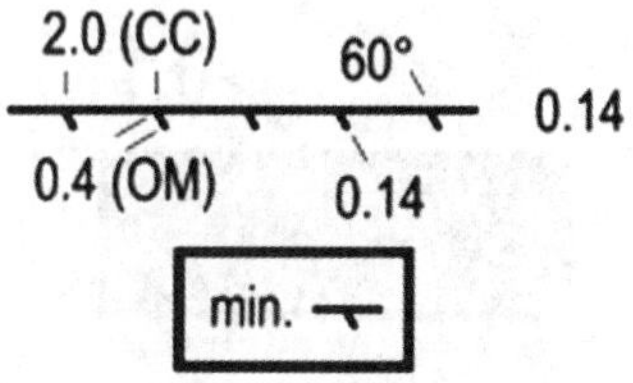

图 22-68 栅栏

15. 栅栏

此标示中如果栅栏形成封闭环,那么锯齿符号应朝内。最小长度为 1.5 毫米(实际 22.5 米),颜色为黑色(见图 22-68)。

16. 不可通行围栏

指无法跨越的篱笆及栅栏等,通常高度超过 1.5 米。如果此篱笆或栅栏形成闭环,那锯齿符号应朝内。最小长度为2毫米(实际30米),颜色为黑色(见图22-69)。

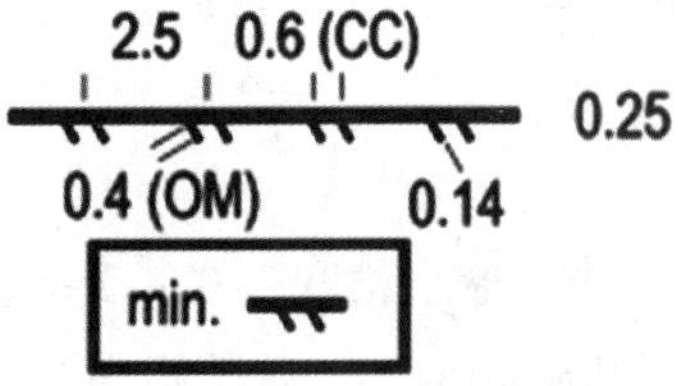

图22-69　不可通行围栏

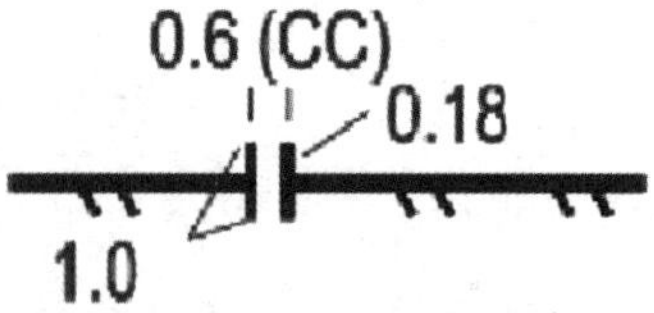

图22-70　通过点

17. 通过点

当围墙、围栏或相似线状特征物有断开可通行口时,用此通过点符号表示。若是有楼梯类物体可以爬过去,则围墙、围栏类符号不断开。颜色为黑色(见图22-70)。

18. 禁止进入区

禁止进入区是指私人住宅、花园、工厂或其他工业区等区域(用墨绿色标示)。若禁止进入区是特别明显的铁路、大型建筑或巨树等不可通过区域,则无需用禁止进入区标示表示,但必须清楚地标示进出这些区域的路口。此类禁止进入区使用黑色边界包围黑色条纹的符号表示,黑色条纹禁区指建筑类物体的区域形状,条纹的方向朝北。最小面积为1毫米×1毫米(实际15米×15米),颜色为黄+50%绿色、黑色(见图22-71)。

19. 建筑

建筑物以其地表面积来表示。超过75米×75米的建筑物用深灰色符号表示。建筑物内的通道标示为0.3毫米(实际4.5米)宽,否则可以不标示。被建筑包围在内的区域直接表示为建筑。最小尺寸为0.5毫米×0.5毫米(实际7.5米×7.5米),颜色为黑色、65%黑色(见图22-72)。

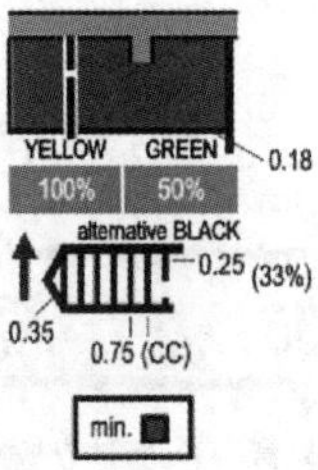

图22-71　禁止进入区

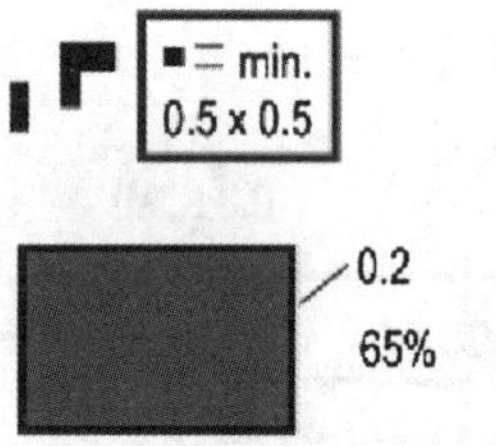

图22-72　建筑

20. 下可通行

指有屋顶的可通行的区域。最小尺寸为0.6毫米×0.6毫米(实际9米×9米),最小(内)宽度为0.3毫米(实际4.5米),颜色为20%黑色(见图22-73)。

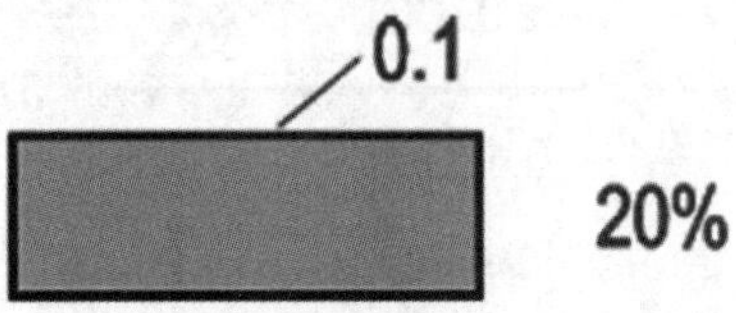

图22-73　下可通行

图22-74　高塔

21. 高塔

指高塔或大型的塔型物。如果这类物体在森林中,则它必须高于周围森林才会在地图上表示出来,颜色为黑色(见图22-74)。

22. 石碑

指石碑、界石、石标等。最低高度为0.5米,实际范围为12米×12米,颜色为黑色(见图22-75)。

图 22-75　石碑

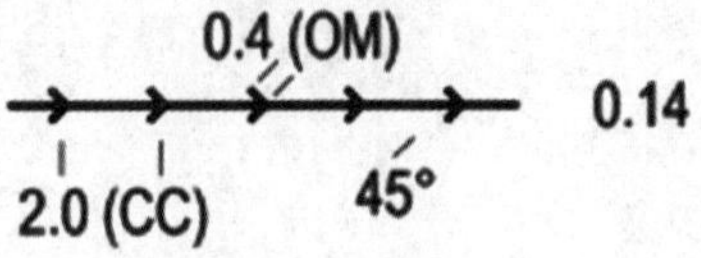

图 22-76　管道

23. 管道

指人造的平置于地面的汽油、水等管道，运动员可以翻越或钻过去。最小长度为 1.5 毫米(实际 22.5 米)，颜色为黑色(见图 22-76)。

24. 不可通行管道

指人造的平置于地面的汽油、水等管道，其高度导致运动员不可翻越或钻过去。最小长度为 2 毫米(实际 30 米)，颜色为黑色(见图 22-77)。

(六)技术符号

1. 磁北线

磁北线是指地图上与纸张两边平行且指向北的线。为了地图的可读性可截断。颜色为蓝色、黑色(见图 22-78)。

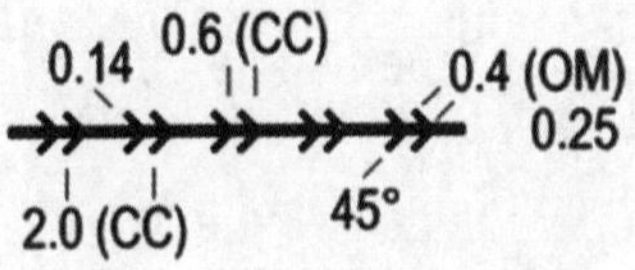

图 22-77　不可通行管道

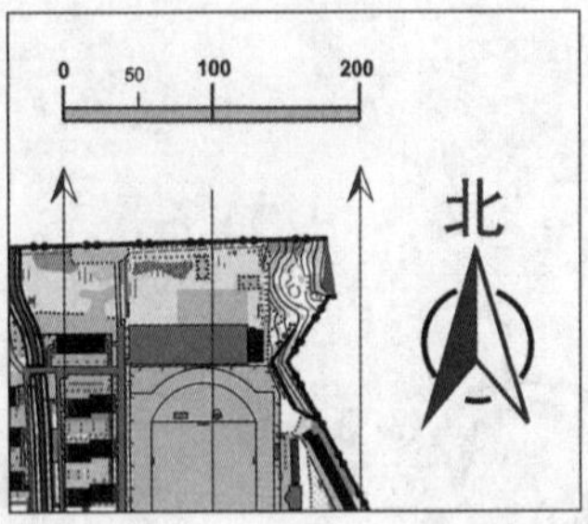

图 22-78　磁北线

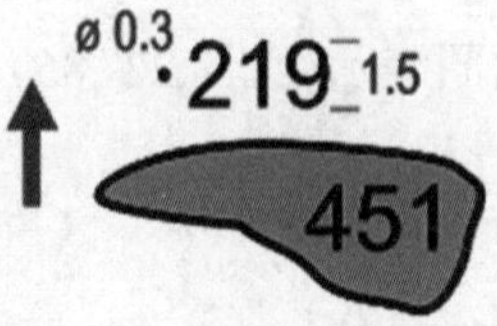

图 22-79　高程数值标记

2. 高程数值标记

高程点用于估算高差，高程使用整数值标记，标记数值朝北。颜色为黑色(见图 22-79)。

(七)套印符号

指叠印在地图上的一些特别符号，用来标示竞赛路线，包含起点、控制点、顺序编号、控制点之间的连线、终点等。同时也用来标示与赛事相关的信息，例如，临时设置的穿越点、禁行路线、急救站、饮水站等地点。所有的套印符号在地图上以套印形式出现，不能掩盖地图细节。

1. 起点

起点用紫色三角形表示(见图 22-80)。

2. 目标点

目标点用单圆圈表示，为了可读性可以断开(见图 22-81)。

3. 连接线

连接起点、目标点、终点的直线，为了可读性可以断开(见图 22-82)

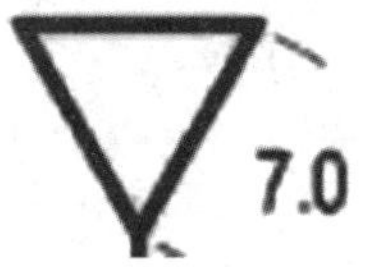

图 22-80　起点

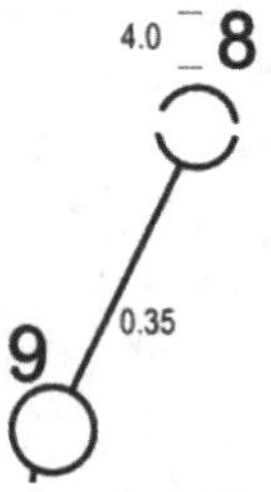

图 22-81　目标点

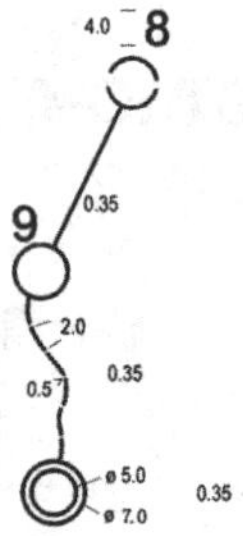

图 22-82　连接线

4. 急救站

用十字标示(见图 22-83)。

5. 饮水站

指设在检查点以外的饮料供应站的位置(见图 22-84)。

图 22-83　急救站

图 22-84　饮水站

6. 终点

用双圆圈表示(见图 22-85)。

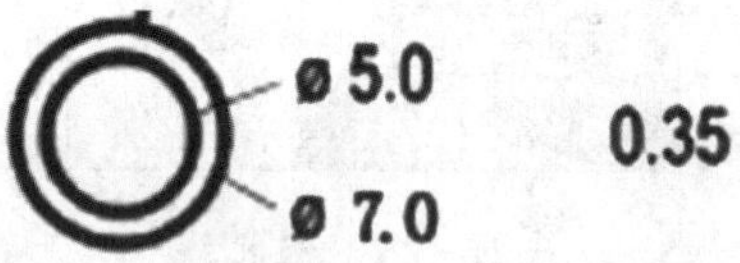

图 22-85　终点

第四节　定向越野基本技、战术

定向越野可以比喻为“找钥匙——打开最后宝藏大门”。即将此运动想象为:有一个宝藏在一栋大厦的某一房间(如 10 号房间),而该房间钥匙在另外一个房间内(如 9 号房间)。而 9 号房间的钥匙在 8 号房间内,8 号房间钥匙在 7 号房间内……以此类推,第一把钥匙在起点所在位置——1 号房间内(此房间门是开着的)。我们要从 1 号房间开始,逐一找到每一把钥匙,才能最终打开宝藏所在的房间大门(到达终点),其间不允许破门而入任何房间,必须用钥匙开门。而这些房间的所在位置并非按照编号顺序分布,它们可能分布在任何一个单元和楼层,这就需要我们按照地图,选择最优化路线,只有这样才能在最短时间内找到各个房间、拿到钥匙,用最快速度到达最终的宝藏房间。

在定向越野实际操作中,这些“房间”就是各个检查点,“宝藏”即为终点(见图 22-86)。

因此,在定向越野中,一名好的选手的技能可以概括为四个方面:第一要在野外能够借助于定向器材迅速地辨别方向;第二要能熟练地使用地图和指北针;第三要善于进行长距离的越野跑;第四需要既果断又细心,能够迅速选择最佳的行进路线。

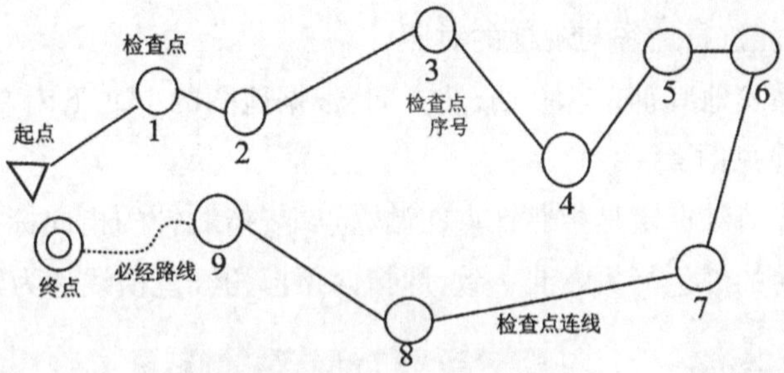

图 22-86　比赛路线

一、基本技术

识图是基础,用图是关键。识图和用图是定向运动训练和比赛中的重点内容。

(一)判定方位

实地正确地判断,先辨别"东南西北"。利用指北针判断:把指北针放平,红色指针所指的方向是北面。人面向北面,左为西,右为东,背后为南。然后在现地的某一个方位确定一个标志物作为具体的方向。

(二)确定站立点

(1)直接确定。当自己所处位置是在明显地形点上时,只要从图上找出该地形点,即可确定站立点。称得上是明显地形点的地物主要有:单个的地物,线状地物的拐弯点、交叉点(呈"十"字形)、交汇点(呈"丁"字形)和端点,面状地物的中心或者有特征的边缘。称得上是明显地形点的地貌主要有:山地、鞍部、洼地,特殊的地貌形态如陡崖、冲沟等,谷地的拐弯、交叉和交汇点,山脊、山背线上的转折点、坡度变换点等(见图 22-87)。

图 22-87　直接确定站立点

图 22-88　利用位置关系确定站立点

(2)利用位置关系确定。当站立点位于明显地形点附近时,可以采用位置关系法。利用位置关系法确定站立点主要依据两个要素,一是站立点至明显点的方向,二是站立点至明显点的距离。在地形起伏明显的地方,还可以结合高差情况进行判定(见图 22-88)。

(三)地图与现地对照

将地图上的地物、地貌符号与现场的地貌相对应,明确地图与现地的对应关系。

(1)标定地图。定向越野使用地图,首先要标定地图。只有在

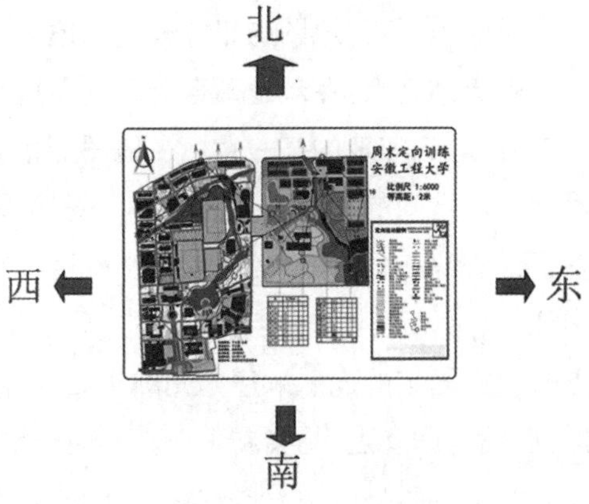

图 22-89　概略标定地图

地图与现地的方向一致时,才能进行地图与现地的对照。

①概略标定地图。首先在实地判别东、南、西、北方向,根据地图的上北下南左西右东的原则使地图与现地的方向相一致,即地图已标定(见图 22-89)。

②用指北针标定地图。红对红标定是指北针点在站立点上,指北针的指向标指向所找目标点,然后使指北针红色指针与地图上指明方向的红色箭头方向一致,即指向顶部的红色横线称为红对红(见图 22-90)。

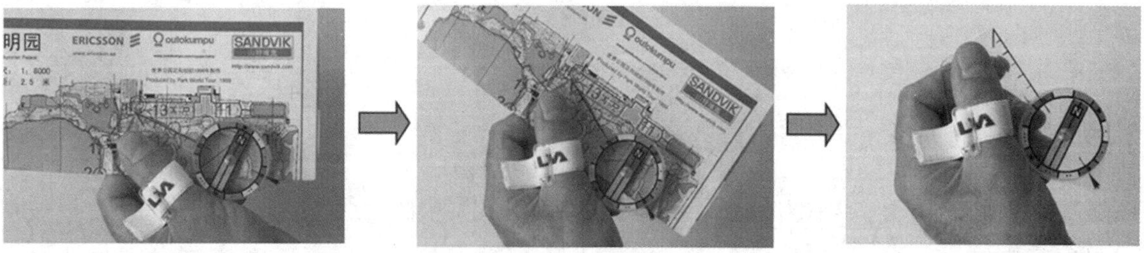

我的位置和我要去的下一个位置　　**红对红**　　**出发**

图 22-90　红对红标定

③利用明显地物、地貌标定地图。明显地物,如小桥、突出树、塔形建筑物、亭子等。明显地貌,如山顶、鞍部、路、河流等。在地图上找到地物、地貌符号,转动地图对照地形(见图 22-91)。

④利用直长地物标定地图。直长地物是指较长的线状地物,如道路、电线、围墙等。在地图上找到直长地物符号,转动地图对照地形(见图 22-92)。

图 22-91　利用明显地物、地貌标定地图

图 22-92　利用直长地物标定地图

(2)对照地形确定站立点和目标点。

对照地形:将地图与相应现场的地物、地貌进行逐一对照。

确定站立点:在现地确定自己站立点在地图上的相应位置。

目标点:实地的某一目标在地图上相应的位置。

三者之间的关系是互为条件。对照地形可以确定站立点和目标点。知道了站立点或目标点在图上的位置,可以提高对照地形的速度和正确性。知道了站立点在图上的位置,可以确定目标点。知道了目标点在图上的位置,可以确定站立点。三者中,确定站立点为重点。但由于可互为条件,因此在对照地形确定站立点、目标点时没有固定的先后顺序。先确定站立点,后对照地形,是指在已知站立点的情况下,后对照地形。先对照地形,后确定站立点,是指在站立点不明的情况下,通过对照地形来确定自己的站立点。确定目标点,以已知的站立点为准,向目标点瞄准方向,估计距离,然后选择前进的路线。注意使指北针红对红。

二、基本战术

基本战术指运动员在出发区领取地图后直到跑完全程整个参赛过程中所具备的能力，分为出发点和终点的动作、运动中动作、检查点动作。

(一)出发动作(起点)

(1)浏览全图明确走向：拿到地图后，首先要浏览全图，弄清楚基本走向，明确出发点与终点的关系，确定自己站立点到第一号检查点的方向，选准路线。

(2)进行图上分析选准路线：根据图上标明的出发点和第一号检查点的位置关系进行图上分析，选择最佳的运动路线。选择路线的基本三原则：

①充分利用道路，坚持“有路不越野”的原则。

②在起伏不大、树林稀疏可跑的地段，坚持“选近不选远”的原则。

③在起伏较大、树林密集、障碍大的地段，坚持“统观全局提前绕”的原则。

(3)标定地图定好向：确保准确迅速，在进入出发前已定好基本方位，拿到地图后先标定地图，后明确跑向。

(4)对照地形选准路线：根据跑向，快速进行地图与实地的对照，依据实地的地形条件选择具体的运动路线，并选好辅助目标，确定目标的图上位置。做到“图上明、方向明、路线明”。

图上明：要明确图上整条路线的具体走向、图上出发点与终点的具体实地位置、出发点至第一号检查点的图上最佳运动路线。

方向明：要明确实地的出发方向。

路线明：要明确出发时实地的具体运动路线。

(二)途中战术

运动中参赛者水平参差不齐，所采用的方法不尽相同。但在行进中必须做到“四个随时”：一是随时标定地图，使地图的方向与现地的方向保持一致。二是随时明确站立点在地图上的位置。三是随时对照周围的地形，把地图上所示的地貌与实地相对应。四是随时保持清醒的头脑，碰到问题要冷静分析，保持方向的正确。在整个途中，根据自身的水平和现地的地形条件，可采用分段运动法、连续运动法、一次记忆运动法、依线运动法、依点运动法和提前绕行法等。另外，在定向越野中，应注意以下一些问题：

(1)尽量按选择的最佳运动路线行进。

(2)宁慢少停。

(3)迷失方向应采用回头法、登高法，重新确定站立点。

①回头法：迷失方向后，可边回忆边沿走过的路线返回到最近的已知站立点，再分析、确定方向，选准路线。

②登高法：选择通视较好、地势较高的位置。根据与已知站立点的距离、大概的方向，结合地图与实地对照确定站立点在地图上的位置，然后选择新的运动路线。

(三)检查点战术

1. 捕捉检查点

参赛者快接近检查点时，要对检查点的实地准确位置做到心中明确，要观察好自己的站位，一边运动一边观察地图与实地对照，以便正确判断检查点的位置，争取一次成功。

2. 注意事项

(1)快到检查点之前，在运动中分析确定一条最佳路线，熟悉路线两侧的主要标志，保证自己以最快的速度打卡，快速离开。避免为后者提供目标。

(2)如果一次捕捉不成功，冷静地分析，控制自己的情绪，不要盲目扩大范围。

(3)当接近目标时速度减慢，寻找预先确定的标志物，寻找检查点，做到眼观六路、耳听八方。

(4)当发现一个检查点后，要看清该点的代号。

(5)找到了检查点，应该冷静地检查、对照说明表的编号与地图上所标的程序及检查卡的序号是否一致、说明表上的代号与点标的代号是否一致，以防找错点。判断准确，快速打卡离开寻找下一目标。

总之，捕捉检查点要做到四个保持，即保持正常的心理状态，保持正确的行进方向，保持适当的速度，保持准确的思维判断。

(四)终点战术

运动员完成最后一个检查点的动作后，依据规定的路线，进行最后的冲刺。到达终点后，把检查卡或打卡器迅速交给裁判，领取成绩单。

(五)注意事项

1. 安全因素及注意事项

定向越野在自然环境中进行，具有一定的危险性。参赛者在活动中都是独立行事，必须靠自身的智慧和体力去解决行程中所遇到的一切艰难险阻，在最短时间内作出正确判断。常见的不安全因素的处理方法和注意事项如下：

(1)迷路。重新确定自己在图上的位置，选择正确路线。

(2)受伤。要尽快与最近检查点的裁判联系，或在检查点等待。

(3)遇到突发情况，必须发出求救信号，可大声呼叫。

(4)在定向越野活动中必须爱护自然、保护环境、爱护比赛所用的各种器材。

2. 比赛注意事项

(1)出发前(在住地)备齐指卡、号码布、参赛证、指北针等。

(2)准时检录，打清除卡，去除身上与比赛无关物品。

(3)在寻找检查点过程中，对打卡器有疑问或遇打卡器失灵，找守点裁判，要求记录到达时间、号码布。

(4)打完终点卡，交地图，去打印成绩(这段时间不计在比赛时间内，可稍作休息)，打印完成绩，可索取成绩条。

(5)赛完回到大会指定区域休息，不得与未赛运动员交流。

思考题

1. 定向越野的价值有哪些？

2. 定向越野如何标定地图？

3. 请简述定向越野中常见的不安全因素的处理方法和注意事项。

体质健康测试篇

第二十三章　大学生体质健康测试

【学习目标】

1. 了解体质基本概念及范畴。
2. 掌握体质测试的注意事项。

第一节　体质基本知识与大学生体质测试

一、体质基本概念及范畴

（一）医学理论概念及范畴

体质，是由先天遗传和后天获得所形成的，是人类个体在形态结构和功能活动方面所固有的、相对稳定的特性，与心理性格具有相关性。个体体质的不同，表现为在生理状态下对外界刺激的反应和适应上的某些差异性，以及发病过程中对某些致病因子的易感性和疾病发展的倾向性。所以，对体质的研究有助于分析疾病的发生和演变，为诊断和治疗疾病提供依据。

医学界对体质的认识，强调了体质研究的重点是个体的特殊状态，带有共性特征的群体体质是建立在个体特征基础上形成的普遍规律；人体体质特征是从受精卵就开始形成，并伴随个体的生长、发育和衰老的全过程；且体质形成的机理是遗传和环境共同作用的结果。但是，该定义忽略了心理状态对体质的影响，认为心理特征属于心理学范畴，属于气质问题，不应该纳入人体体质学研究范畴。

（二）体育学科概念及范畴

体质是人体的质和量的规定性，它是在遗传性和获得性基础上表现出来的人体形态结构、生理功能和心理因素的综合的、相对稳定的特征。体育学科中的体质概念既受到传统中医理论影响，又在与西方的概念对接中形成了自己的理解，并将体质的范畴主要归纳为以下6个方面：

序号	类别	主要内容
1	身体形态发育水平	体格、体形、体重、姿势、营养、身体成分
2	生理功能水平	各器官系统生理机能及机体新陈代谢水平
3	身体素质	速度、力量、耐力、平衡、灵敏性、协调性、柔韧性
4	运动能力发展水平	走、跑、跳、投、攀爬等
5	心理发育水平	认知能力、个性、意志、情感等
6	适应能力	对内外环境的适应能力和对疾病的抵抗能力

(三)体质与健康的关系

体质与健康是“内在”与“外在”的投影关系。体质决定着健康,而健康映射着体质状况,二者密不可分。作为人体质量的内在特征,不同人体质不同,且趋于相对稳定不易改变。健康却易受内外环境刺激而发生动态变化。

世界卫生组织将健康分为身体健康和心理健康,并提出了量的标准,即用“五快”来衡量身体健康状况,用“三良”来衡量心理健康状况。所谓“五快”,包括食得快、说得快、走得快、睡得快、便得快。所谓“三良”,包括良好的个性、良好的处世能力、良好的人际关系。其“健康”概念与体育学科的“体质”概念极为相似。因此,体质与健康是同一概念的不同定义方式。

二、大学生体质测试

(一)大学生体质测试发展历程

少年强则国强。青少年体质健康是关乎国家未来发展、体现综合国力的重要因素。为了及时掌握青少年学生体质健康状况,自1954年起,国家相关部门陆续颁布了诸多法规条例,逐步实施学生体质健康测试工作。依据不同时期国家经济、政治、文化发展的时代背景,大学生体质测试主要经历了以下3个阶段:

1. 萌芽与探索阶段

原国家体委于1954年和1964年分别发布了《准备劳动与卫国体育制度》(简称《劳卫制》)和《青少年体育锻炼标准》,选择性地在有条件的中等以上学校实施学生体质测试。大学生测试内容主要包括射击、手榴弹和负重行军等具有军事化色彩的体能项目。

2. 标准化阶段

原国家体委于1975年发布了《国家体育锻炼标准》,删除了《劳卫制》的军事体能项目,增加了身体素质测试内容。先后于1982年、1988年和1990年进行了3次修订,并于1991年、1995年和2000年进行了3次全国范围的学生体质测试,亦将测试结果作为评价体育教学效果的参考依据之一,开启了学生体质监测的“达标化”。

3. 制度化与科学化阶段

2000年,教育部联合相关部门,建立起每5年1个周期的国民体质监测与公报制度,并于2007年和2014年分别颁布《国家学生体质健康标准》和《国家学生体质健康标准(2014年修订)》(以下简称《标准》)。2014年《标准》完善了评价项目、评价方法以及评价体系,要求各学校每学年开展覆盖各年级学生的体质健康测试工作,并将大学生体质健康测试作为学校评价体系中的重要指标。

(二)大学生体质现状与存在的问题

近年来,我国生产力高速发展,经济和科学技术状况日益改善,人们的生活水平得到提高,但不良的生活方式使人体内的营养超量积累、身体机能也随之下降。2010年全国国民体质监测结果显示,我国青少年健康水平持续20多年下降趋势得到缓解,大学生的身体素质却持续下降;国家体育总局于2015年、2016年、2017和2021年分别发布的《2014年国民体质监测公报》《中国青少年体育发展报告》《中国学生体质监测发展历程》《第五次国民体质监测公报》均显示,大学生的体质逐年下降,特别是耐力和男生上肢力量,不及格仍占较大比率,超重与肥胖率亦逐年递增。这都反映出当今大学生身体素质及健康状况令人担忧。因此加强大学生体质健康状况及其影响因素的研究,进而提出解决对策,对大学生体质健康测试工作的实施具有深远的意义。

1. 体育锻炼习惯缺失

应试教育导致高中阶段的体育教学形同虚设,学生缺乏体育锻炼知识,未能养成良好的锻炼习惯。进入大学后,由于校方及教师的管理及约束力降低,学生自身又未能形成体育锻炼习惯,所以生活作息变得毫无规律,生活习惯变得杂乱无章,每天不仅不锻炼,而且三餐时间也比较随意,所以大学生的体质健康状况不断降低。同时学生体育锻炼方式过于单一,往往只有跑步锻炼和球类运动,长此以往,学生不仅会丧失对体育锻炼的兴趣,而且自我的激励意识也会消失。

2. 对体质健康测试认识浅薄

部分体质健康测试的评价机制不够健全,造成学生对测试的认识浅薄,心态上不够重视,进而严重影响了测试数据的真实性。例如:在男、女1000米和800米测试项目中,学生装作跑完全程,实则有半路插队加入的现象甚至有代跑的现象;在坐位体前屈、仰卧起坐测试的环节中,学生的动作不够规范。在测试过程中作弊情况频繁出现,这样严重降低了测试的工作效率。学生在测试时,穿着五花八门,牛仔裤等着装随处可见。很多同学认为及格就好,随便测测无关紧要,这样的态度能明显看出学生对待测试态度的不重视。

3. 不良的生活方式

据调查,近半的学生有每天不吃早饭的习惯。由于“外卖”风的盛行,每天学生宿舍楼下都有不断拿外卖的同学,学生的饮食结构也变得极其不合理,油炸食品、碳酸饮料比比皆是。加上部分学生长期沉迷于游戏,晚上通宵玩游戏、旷课已经逐渐变成部分学生的生活方式。这些行为都严重影响着学生的身心健康发展,有的学生甚至出现社交障碍。

(三)大学生体质测试的重要性

1. 改善体质健康状况,提升体质健康水平

青年大学生是祖国的未来,是实现国家富强和民族复兴的希望,而拥有健康的体魄是根本保障。以相关评分标准为依据,通过开展体质健康测试工作,对大学生的体质健康状况进行分析和评价,有助于监控、督促和指导大学生的体育锻炼行为,进而改善学生体质健康状况,提升学生体质健康水平。

2. 指导大学生科学锻炼

到如今,大学生体质测试工作已经历了几十余年,测试指标亦进行了数次变化,但基本均包含身体形态、生理机能和身体素质三个维度。这三个维度所含指标基本包含体育学科体质范畴所涉及的所有内容,且各指标的评分标准均是众多体育科研工作者根据大学生生理、心理的发育水平、规律和特点而定,具有较强的科学性。因此,大学生可以以现行的体质测试指标为日常体育锻炼内容,并以相关标准为目标依据,进行科学锻炼。

3. 培养良好的生活方式和终身体育意识

兴趣是最好的老师。通过每学年一次的体测达标测试,并将体质测试得分与学业成绩挂钩,可促使学生走下网络、走出宿舍、走向操场,有效地帮助大学生养成良好的体育锻炼习惯和生活方式,培养终身体育意识。

第二节 大学生体质健康测试主要指标与技术要求

一、身高

(一)测试目的

测试学生身高,与体重测试相配合,计算出学生的身体质量指数(BMI,Body Mass Index),以评定学生的身体肥胖程度,评价学生生长发育的水平及营养状况。BMI=体重/身高的平方(国际单位:千克/平方米)。

(二)场地器材

身高测量计。使用前应校对0点,选择平坦坚固的地方靠墙放置,并调整水平调节地脚,使之处于水平稳定状态;同时应检查立柱是否垂直、连接处是否紧密、有无晃动、零件有无松脱等情况并及时加以纠正。

(三)测试方法

受试者赤足,以立正姿势站在身高测量计的底板上(上肢自然下垂,足跟并拢,足尖分开成60°角)。足跟、骶骨部及两肩胛区与立柱相接触,躯干自然挺直,头部正直,耳屏上缘与眼眶下缘呈水平位,头顶发辫、发结要放开,身体不要晃动(图23-1)。测试人员站在受试者左右侧均可。如使用自动测试仪,待压板碰触头顶后即可结束。如使用手动测试仪,将水平压板轻轻沿立柱下滑,轻压于受试者头顶(图23-2)。测试人员读数时双眼应与压板水平面等高,记录员复述后进行记录。以厘米为单位,精确到小数点后一位。测试误差不得超过0.5厘米。

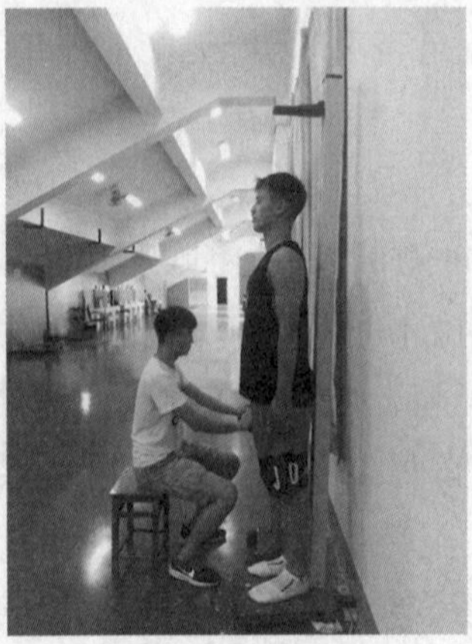

图23-1

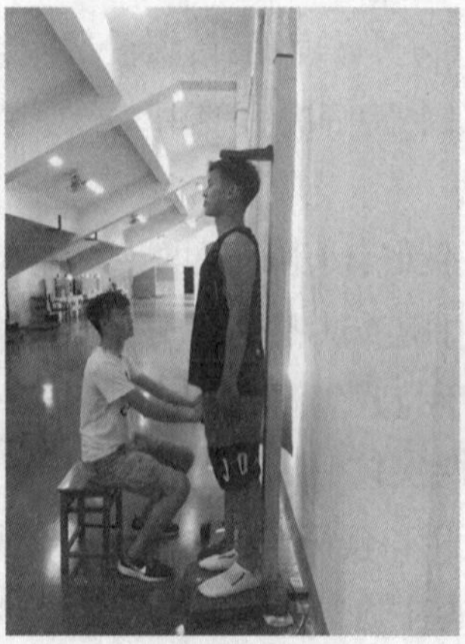

图23-2

(四)注意事项

(1)身高测量计应选择平坦靠墙的地方放置,立柱的刻度尺应面向光源。

(2)严格掌握"三点靠立柱""两点呈水平"的测量姿势要求,测试人员读数时两眼一定要与压板等高,两眼高于压板时要下蹲,低于压板时应垫高。

(3)水平压板与头部接触时,松紧要适度,头发蓬松者要压实,头顶的发辫、发结要放开,饰物要取下。

(4)读数完毕,立即将水平压板轻轻推向安全高度,以防碰坏。

(5)测量身高前,受试者应避免进行剧烈体育活动和体力劳动。

二、体重

(一)测试目的

测试学生的体重,与身高测试相配合,评定学生的身体匀称度,评价学生生长发育的水平及营养状况。

(二)场地器材

杠杆秤、电子体重计。选择平坦坚固的地方放置,使用前应校准,并检验其准确度和灵敏度。准确度要求误差不超过0.1%,即每百千克误差小于0.1千克。

(三)测试方法

测试时,受试者赤足,站在秤台中央,身体保持直立静姿,切勿左右晃动。若使用杠杆秤,读数以千克为单位,精确到小数点后一位,测试误差不超过0.1千克。若使用电子体重计,待数字不再变动时方可读数(图23-1)。

(四)注意事项

(1)测量体重前受试者不得进行剧烈体育活动或体力劳动。

(2)受试者站在秤台中央,上下杠杆秤动作要轻。

(3)每次使用杠杆秤时均需校正。

三、肺活量

(一)测试目的

测试学生的肺的通气功能。

(二)场地器材

肺活量测试仪、一次性吹嘴。肺活量测试仪应放置于平坦桌面。使用前检查电源线、接口、吹气筒与主机连接是否牢固，如为无线传输测试仪，应确保吹气筒电量充足。开机后待显示屏显示“0”即表示进入工作状态，预热3~5分钟后进行灵敏度测试：缓慢试吹，查看显示屏数字变化是否灵敏，有无提前停止、静止、反应迟缓等情况，如有，查其原因，待解决后使用。

(三)测试方法

确保房间通风良好，使用干燥的一次性吹嘴（非一次性口嘴，每测1人后，将吹嘴唾液清除，并消毒干燥后方可再次使用）。叮嘱受试者尽量放松，测试时应以中等速度和力度不间断吹气，切勿过度用力（图23-3）。

(1)令受试者手持吹气筒面对仪器站立，调整吹嘴位置，确保吹嘴与吹气筒连接处及鼻处无漏气情况。

(2)先进行一两次较平日深一些的深吸气（避免耸肩提气，应该像闻花似的慢吸气），然后大口深吸气，将吹嘴紧贴口鼻屏气用口慢慢连续呼气至不能再呼为止。

(3)测试中不得中途二次吸气及停顿。吹气完毕后，显示屏上最终显示的数字即为肺活量毫升值。每位受试者测3次，每次间隔15秒，记录3次数值，选取最大值作为测试结果。以毫升为单位，不保留小数。

图23-3

图23-4

(四)注意事项

(1)肺活量测试仪计量部位的通畅和干燥是仪器准确的关键，要注意防水防潮，保持仪器清洁，用软布擦拭。

(2)每测试10人及测试完毕后用干棉球及时清理和擦干吹气筒内部。严禁用水、酒精等任何液体冲洗吹气筒内部。

(3)请勿用手堵住出气孔（图23-4）。

(4)定期校对仪器。

四、50米跑

(一)测试目的

测试学生速度、灵敏素质及神经系统灵活性的发育水平。

(二)场地器材

50 米直线跑道若干条,地面平坦,地质不限,跑道线要清楚。发令旗一面,口哨一个,秒表(或专用仪器)若干块。使用秒表或仪器前,检查按键灵敏性及电量,在条件允许情况下可用标准秒表进行校正,每分钟误差不得超过 0.2 秒。

(三)测试方法

受试者至少两人为一组测试,采用站立式起跑姿势站于起跑线后(图 23-5)。站立起跑,受试者听到“跑”的口令后开始起跑。发令员在发出口令同时要摆动发令旗。计时员视旗动开表计时,当受试者躯干部到达终点线的垂直面时停表。以秒为单位记录测试成绩,精确到小数点后一位,小数点后第二位数按非 0 进 1 原则进位,如 10.11 秒读成 10.2 秒记录之。

图 23-5

图 23-6

(四)注意事项

(1)受试者测试最好穿运动鞋或平底布鞋,赤足亦可。但不得穿钉鞋、皮鞋、塑料凉鞋。

(2)发现有抢跑者,要当即召回重跑。

(3)叮嘱学生途中跑切勿串道(图 23-6),否则按犯规处理。

(4)遇风时一律顺风跑。

(5)测试前必须充分热身,如身体不适,需向老师报告,否则后果自负。

五、800 米或 1000 米跑

(一)测试目的

测试学生耐力素质的发展水平,特别是心血管、呼吸系统机能及肌肉耐力。

(二)场地器材

400 米、300 米、200 米田径场跑道,地质不限。也可使用其他不规则场地,但必须丈量准确,地面平坦。秒表(或专用仪器)若干块,使用前需要校正,要求同 50 米跑测试。

(三)测试方法

受试者至少两人为一组进行测试。站立式起跑:当听到“跑”的口令后开始起跑。计时员看到旗动开表计时,当受试者的躯干部到达终点线的垂直面时停表。以分、秒为单位记录测试成绩,不计小数。同一场地,可以同时测试男女生 800 米和 1000 米项目。

注意事项和成绩记录方法同 50 米跑。

六、立定跳远

(一)测试目的

测试学生下肢爆发力、身体协调能力的发展水平。

(二)场地器材

沙坑与丈量尺或专用跳远垫、跳远测试仪。沙面应与地面平齐,如无沙坑,可在土质松软的平地上进行。起跳线至沙坑近端距离不得少于30厘米。起跳地面要平坦,不得有凹坑。

(三)测试方法

受试者两脚自然分开站于起跳线后,脚尖不得踩线(图23-7)。两脚原地同时起跳,不得有垫步或连跳动作(图23-8)。丈量起跳线后缘至最近着地点间的垂直距离。每人试跳3次,记录其中最好成绩。以厘米为单位,不计小数。

图23-7

图23-8

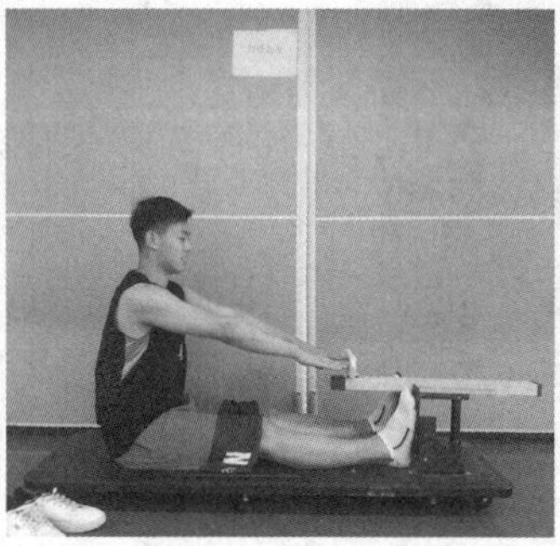
图23-9

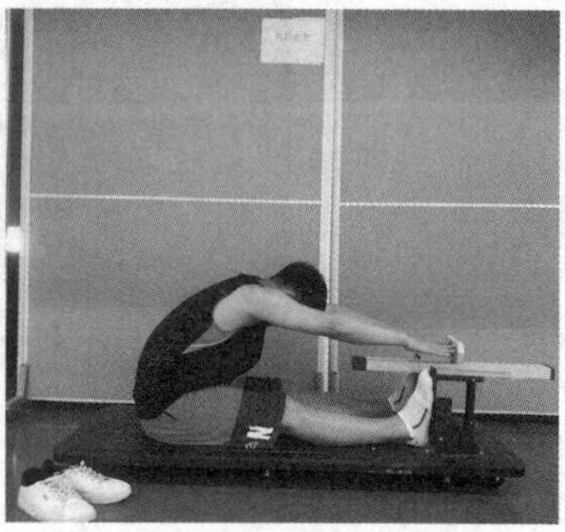
图23-10

(四)注意事项

(1)发现犯规时,此次成绩无效。3次试跳均无成绩者,应允许再跳,直至取得成绩为止。

(2)可以赤足,但不得穿钉鞋、皮鞋、塑料凉鞋参加测试。

(3)叮嘱受试者,测试前必须充分热身,以跑跳类准备活动为主。

七、坐位体前屈

(一)测试目的

测量学生在静止状态下的躯干、腰、髋等关节可能达到的活动幅度,反映这些部位的韧带、肌肉等软组织的伸展性和弹性及学生身体柔韧素质的发展水平。

(二)场地器材

坐位体前屈测试计。

(三)测试方法

受试者赤脚(可穿袜子),两腿伸直,两脚平蹬测试纵板坐在平地上,两脚分开约10~15厘米(图23-9)。上体前屈,两臂向前伸直,用两手中指尖逐渐向前推动游标,直到不能前推为止(图23-10)。测试计的脚蹬纵板内沿平面为0点,向内为负值,向前为正值。记录以厘米为单位,保留一位小数。测试2次,取最好成绩。

(四)注意事项

(1)身体前屈,两臂向前推游标时两腿不能弯曲(图23-11、图23-12)。

(2)受试者应匀速向前推动游标,不得突然发力。

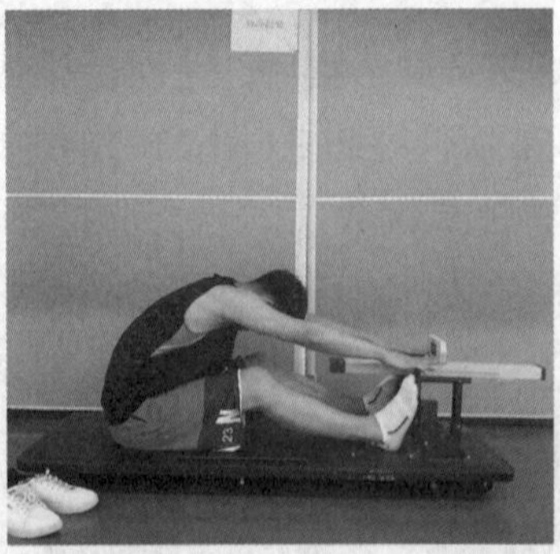

图 23-11

图 23-12

八、引体向上

(一)测试目的

测试学生上肢及核心部位肌肉力量的发展水平。

(二)场地器材

可调节单杠或高横杠,横杠直径以 2.8 厘米为宜。

图 23-13

图 23-14

(三)测试方法

受试者跳起双手正握杠(两手掌心朝前),两手与肩同宽呈直臂悬垂姿势(图 23-13)。静止后,两臂同时用力引体(身体不能有附加动作),上拉到下颌超过横杠上缘后,还原,呈直臂悬垂姿势为完成一次引体向上(图 23-14)。记录引体次数。以不能成功完成一次为止。以次为单位。

(四)注意事项

(1)受试者应双手正握单杠,待身体静止后开始测试。

(2)引体向上时,身体不得有大的摆动,也不得借助其他附加动作撑起。

(3)两次引体向上的间隔时间超过 10 秒时停止测试。

九、仰卧起坐

(一)测试目的

测试学生的腹肌耐力。

(二)场地器材

垫子若干块(或代用品),铺放平坦。

（三）测试方法

受试者仰卧于垫上，两腿稍分开，屈膝呈90°角左右，两手指交叉贴于脑后。一同伴压住其踝关节，以固定其下肢（图23-15）。受试者坐起时两肘触及或超过双膝为完成一次仰卧起坐（图23-16）。仰卧时两肩胛必须触垫。测试人员发出“开始”口令的同时开表计时，记录1分钟内完成次数。1分钟到时，受试者虽已坐起但肘关节未达到双膝者不计该次数，记录精确到个位（图23-17）。

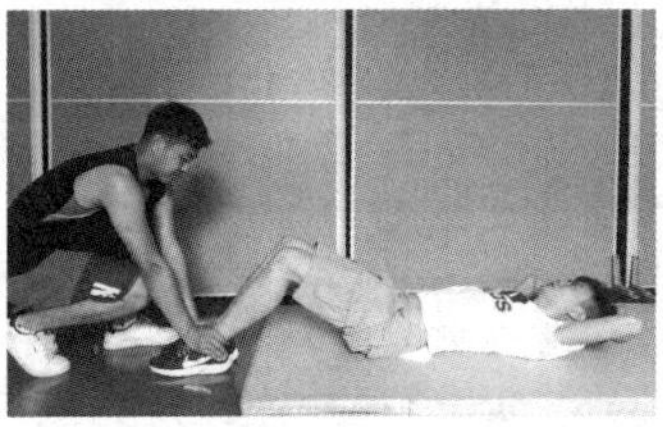

图23-15

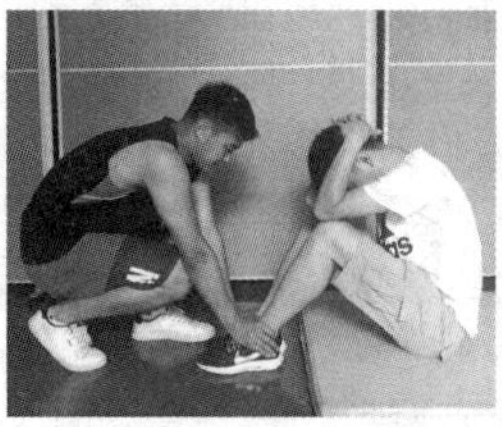

图23-16

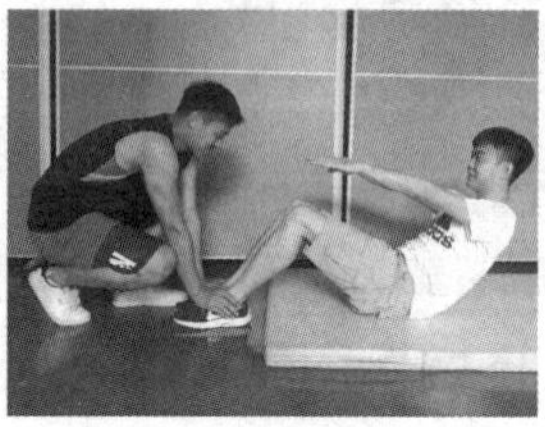

图23-17

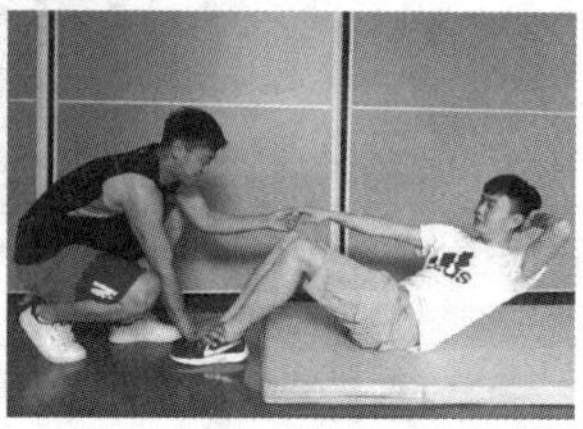

图23-18

（四）注意事项

（1）如发现受试者借用同伴助力、肘部撑垫或臀部起落的力量起坐时，该次不计数（图23-18）。

（2）测试过程中，观测人员应向受试者报数。

（3）受试者双脚必须放于垫上。

第三节　体质健康测试指标锻炼方法

一、身高影响因素和锻炼方法

（一）影响因素

1. 遗传因素

研究表明，子代身高受父母遗传的影响。但遗传因素仅仅决定身高生长的倾向和限度，子女身高很大程度上受到其他因素影响（如环境、体育运动、营养等）。

2. 地域因素

饮食习惯、地理环境、经济发展水平不同，身高生长存在一定的地域差别。国内已有诸多研究表明，不同区域儿童少年身高发育水平存在显著性差异，总体趋势为：中西部儿童身高生长发育最慢，其次为南部，而东部城市儿童身高生长发育较好；华北地区大学生的平均身高最高，西南地区最低，其他地区相差不大。

3. 营养因素

碳水化合物、蛋白质、维生素、锌、铜、铁、钙等营养元素与儿童少年身高生长发育密切相关，特别是蛋白质、矿物质和维生素，是影响细胞增殖、分化和生长激素分泌的重要因素。因此，应合理饮食，确保各营养元素的均衡吸收。

4. 睡眠

睡眠不但是增进儿童少年生长发育的重要过程，也对免疫系统和神经系统的发育有着积极意义。国内外大量研究数据表明，儿童少年的睡眠质量和睡眠时间是影响其身高生长的关键。因为睡眠会在一定程度上影响生长激素的分泌，而生长激素的分泌在儿童的生长发育过程中的作用不可替代。因此，良好的睡眠习惯在儿童生长发育阶段至关重要。

5. 体育运动

适当的体育运动可刺激儿童少年长骨骺软骨不断增生与骨化，延迟骨骺线闭合时间；也可增进骨骼对钙与磷的吸收,加强骨内矿物质沉积,提升骨的生长速度;还可促进新陈代谢,进一步加速骨细胞的增殖,促进骨骼发育。

(二)促进身高发育的锻炼方法

凡是能够增进食欲、促进睡眠、给予骨骼一定程度纵向压力的运动对长高都有益。有效的锻炼项目有:引体向上、悬垂、攀爬、跳跃、游泳、打篮球等。引体向上、悬垂和攀爬可拉伸脊柱、促进椎骨的生长;跳跃、跳绳等能够牵拉全身肌肉和韧带、刺激下肢软骨生长和骨小梁生成;游泳可以使全身各部分都得到充分的舒展和锻炼。

二、体重影响因素和锻炼方法

(一)影响因素

影响青少年体重的因素包括遗传、营养、健康状况、作息规律、运动等。虽然体重的遗传度高达70%,但后天合理的营养摄取、良好的健康状况、规律的作息时间及适量的体育运动等外因亦会对青少年体重产生非常重要的影响。

(二)控制体重的锻炼方法

1. 减重

以减重为目的的运动,宜采用有节律的动力性中小强度有氧运动,如长距离步行、慢跑、游泳、骑自行车、健身操、水中运动等,这些运动具有加速脂肪消耗、抑制脂肪生成、降低食欲、增加基础代谢等生理作用,同时配合力量练习效果更加。虽然高强度有氧运动对改善心肺功能亦有良好作用,但其不利于脂质代谢,减脂效果较差。减重运动的各要素要求如下:

(1)运动中心率:最适运动心率=(220-年龄-安静心率)×(60%~80%)+安静心率。

(2)运动持续时间:初始锻炼者运动时间控制在30分钟左右,经常锻炼者运动时间在40分钟以上。

(3)运动时间段:晚餐前2小时运动比其他时间段的运动减重效果更好。

(4)运动频率:根据运动强度大小,通常运动频率为(3~6)次/周。

(5)饮食:平衡膳食,减少热量摄入。以低热量、营养素含量全面的食品为主,如瘦肉、奶、豆制品、蛋、瓜果、蔬菜、水产品等;严格控制高热量、高糖类食品摄入,如油炸食品、奶油、巧克力、糖等。

2. 增重

体重过轻会引起骨质疏松和骨折概率上升;低体重还会降低机体免疫功能,增加感染风险。因此,增重,特别是增加瘦体重,关乎青少年的身心健康。

健康饮食是增重的关键。日常生活中应规律饮食、少食多餐,每天进餐次数为4~5次,以富含优质蛋白、不饱和脂肪酸以及维生素D等的食物为主。如同减重一样,增重同样离不开运动锻炼。一方面,运动可提高机体代谢能力,加速营养物质吸收和利用,加快身体肌肉合成速度,增强肌肉力量;另一方面,运动还有助于增强食欲,促进消化和吸收。

增重应以大肌肉群参与的抗阻运动为主,每周以进行2~3次为宜。主要的训练动作有卧推、深蹲、硬拉、推举及引体向上等。此外,还可进行心肺耐力训练,以提高机体的有氧耐力水平,对瘦体重的增加也能起到非常好的作用。如果有需要,运动后适量补充必需氨基酸或优质蛋白效果更好。

三、肺活量影响因素和锻炼方法

(一)影响因素

肺活量是评价个体肺通气量和有氧耐力的重要指标。已有研究表明,肺活量与寿命呈显著性正相关关系,被称作“寿命标尺”。其大小与性别、年龄、体型、呼吸肌强弱及胸腔脏器弹性有关。而呼吸肌强弱和胸腔脏器弹性与后天运动锻炼密切相关。

(二)锻炼方法

(1)耐力性运动:慢跑、游泳、打篮球、踢足球、跳绳、骑自行车等,锻炼的时候需要注意呼吸节奏,尽量采用深呼吸。

(2)扩胸类运动:扩胸、振臂类运动,前期徒手,适应后可负重锻炼。

(3)闭(吸)气训练:闭气训练可以训练身体对高氮气以及二氧化碳的承受力,强化身体对缺氧环境的适应能力,同时也能促进肺泡扩张,增加肺活量。闭气前先深呼吸几次,让肺内气体与外界空气充分交换,同时快速用口鼻大力吸气,直到吸不进为止,然后紧闭气道,记录时间。每次闭气之后,深呼吸,恢复几分钟再次进行,每次5组左右,每天3~5次。

四、50米跑影响因素和锻炼方法

(一)影响因素

50米跑主要考查学生的速度、力量和灵敏性,下肢肌肉力量、步频和步长、神经和肌肉组织机能状态、跑步技术等是影响50米跑的主要因素。

(二)锻炼方法

1.发展上肢力量练习

(1)哑铃上举(快速)15次×3组。

(2)哑铃弯举15次×2组。

(3)手握哑铃摆臂30次×3组。要求:从慢到快。

2.发展腰背腹肌力量练习

(1)仰卧起坐:手放于胸前,20次(30秒内完成)×3组。

(2)背起:手放于背后,25次(30秒内完成)×3组,要求:尽量抬高上体。

(3)俯卧直腿上抬:仰卧于垫上,直腿上抬15次×3组。

3.发展腿部力量练习

(1)后蹬跑、高抬腿20米×10次,要求:体会前摆送髋和后蹬的技术动作。

(2)斜坡跑(上坡跑在加速跑后进行)8次,要求:抬腿送髋、后蹬。

(3)橡皮带练习:

①俯卧垫上,脚系橡皮带做屈伸小腿动作。要求:屈快伸慢,15次×4组。

②手扶肋木,斜支撑,一脚系橡皮带做下压后摆练习。要求:抬腿送髋,支撑腿充分蹬地,25次×4组。

(4)原地负重蹲起15次×4组,要求:蹲慢起快。

(5)负重行进间弓箭步20米×5次。

五、800米/1000米跑影响因素和锻炼方法

(一)影响因素

耐力跑主要考查学生的有氧耐力素质,影响因素包括氧运输系统功能、骨骼肌特点、神经系统的调节能力和能量供应特点。

(1)氧运输系统的功能:肺功能、心脏泵血能力、红细胞数量均可影响有氧耐力。

(2)骨骼肌的特点:慢肌纤维百分比高,肌红蛋白、线粒体和氧化酶活性高、毛细血管数量多,有氧耐力较强。

(3)神经系统的调节能力:大脑皮质的稳定性、不同神经中枢间的协调性均可影响有氧耐力。

(4)能量供应特点:糖和脂肪在有氧条件下保持长时间供能的能力,亦可影响有氧耐力。

(二)锻炼方法

1. 速度和专项能力练习

准备活动:平时慢跑1000米,适应后再慢跑1500米,不断延长跑步距离,让耐力增强。另外,还可以进行各种拉长训练、协调训练、冲跑、弹性跑训练等。

速度练习:30米、60米、80米、100米、150米速度练习,在中后期冲刺阶段需要用到,主要提升专项能力。

2. 小力量、一般耐力练习

准备活动:慢跑1500~2000米,增强自身耐力。如果情况允许,可以练习冲跑和弹性跑,增加自身腿部力量和摆臂速度。

持续练习:拿着杠铃跳台阶,提升身体素质,增加腿部力量和抗阻力的能力。

3. 多项身体素质练习

(1)小步跑:这是经典的训练方法,训练效果明显,注意确保膝盖伸直,体会双脚前脚掌拔地感觉。

(2)摆臂练习:眼看前方,身体不要晃动,手臂自然摆动,并不断加快摆臂的速度,直到手臂累为止。

(3)起跑练习:起跑非常关键,因为起跑速度快,可以帮助自身抢占有利位置。所以,在平时要多加练习,可以叫同学帮忙发令,快速摆动手臂和迈腿跑起来。

(4)韧带练习:在跑步过程中,韧带是最容易拉伤的,尤其是在疲劳的状态下。所以,为了避免伤害,需要压好韧带。

六、立定跳远影响因素和锻炼方法

(一)影响因素

立定跳远主要考查学生的下肢肌肉力量、爆发力和全身协调性,影响因素包括下肢肌肉力量、髋关节伸展性、核心部位肌肉量、身体协调性等。

(二)锻炼方法

(1)蹲跳练习:双脚左右开立,脚尖平行,屈膝向下深蹲或半蹲,两臂自然后摆。然后两腿迅速蹬伸,使髋、膝、踝三个关节充分伸直,同时两臂迅速有力向前上摆,最后用脚尖蹬离地面向上跳起,落地时用前脚掌着地屈膝缓冲,接着再跳起。

(2)纵跳摸高:两脚自然开立成半蹲预备姿势,一臂或两臂向上伸直,接着两腿用力蹬伸向上跳起,用单手或双手摸高。每次练习5次,重复6组。

(3)蛙跳练习:两脚分开成半蹲,上体稍前倾,两臂在体后成预备姿势。两腿用力蹬伸,充分伸直髋、膝、踝三个关节,同时两臂迅速前摆,身体向前上方跳起,然后用全脚掌落地屈膝缓冲,两臂摆成预备姿势。连续进行5次,重复6组。

七、坐位体前屈影响因素和锻炼方法

(一)影响因素

坐位体前屈主要考查学生下肢、腰腹、背部等关节和软组织的柔韧性,影响因素包括下肢和腰背部关节的解剖结构、周围软组织的体积大小及韧带、肌腱、肌肉和皮肤的伸展性。

(二)锻炼方法

(1)站位体前屈:两腿并立,两膝伸直,上体前屈,两手掌触地,上体与腿尽量贴近,复原姿势后连续再做(也可两手扶小腿后部来做)。

(2)正踢腿:直立,两臂平举,左脚向前迈出一小步,右腿绷脚面伸直,起腿要轻,急速有力地向上踢腿,高度要高,落腿要稳。两腿交替练习(有难度的练习——腾空飞脚)。

(3)正压腿:一腿直立,另一腿举起放到肋木上,身体正对高腿,上体向前尽量用胸部贴腿,双膝不得弯曲,复原姿势后连续再做,练习一定次数后左右腿互换。

(4)侧压腿:一腿直立,另一腿举起放到肋木上,身体侧对高腿,上体尽量侧屈,用头的一侧贴腿,不要前倾或后仰,复原姿势后连续再做,练习一定次数后左右腿互换。

八、引体向上影响因素和锻炼方法

(一)影响因素

引体向上主要考查学生的相对力量,影响因素为背部、手臂和肩膀部位的肌肉力量。

(二)锻炼方法

(1)手指抓握力量训练。手臂的抓握力量可以通过握力器和指卧撑的方式进行练习。要因人而异,如果本身手臂的抓握力量相对较差,可以先试用握力器来提升力量,然后再进行指卧撑的练习;如果本身手臂的抓握力量相对较强,则可以直接开始指卧撑的练习,而不使用握力器。

(2)上肢和背部力量练习。可以选择斜身引体作为初始的训练动作:选择较低矮的单杠或者足够结实的横杆,离地的最佳高度为练习者身高的1/2,起始位置为练习者横躺在横杆之下。双手伸直握住横杆略宽于肩,双脚支撑地面,从侧面看头、肩、髋、膝、足成一条直线,然后向上拉起身体直至下颚高于横杆上沿,此时保持该状态1秒左右,使肌肉充分得到收缩,然后慢慢将身体复原至起始位置,此时为完成一次练习。练习者可根据自身情况以每组6~10次成组练习,每次练习组数为4~6组,每组间隔休息30~60秒。应注意的是,在练习的过程中身体要始终保持从侧面看头、肩、髋、膝、足在一条直线上,骨盆保持中立位,肩胛骨后缩、下沉,不要耸肩。

(3)腰腹力量练习。可以采用平板支撑的方式来进行练习:练习者俯身趴在垫子上,大臂在肩关节水平屈,与身体夹角呈90°,小臂在肘关节处屈,与大臂夹角呈90°,用小臂与肘关节还有双脚脚尖支撑地面,身体悬空,从侧面看头、肩、髋、膝、足在一条直线上,骨盆保持中立位,肩胛骨后缩、下沉,不要耸肩,两眼平视,腰、腹臀部肌肉收紧,保持正常呼吸节奏,尽可能地坚持更长的时间。如果觉得难度过大,可将脚尖支撑地面改为跪姿,用膝关节支撑,双脚离地。

(4)辅助引体向上练习。在经过一段时间的辅助练习之后,做引体向上的辅助练习:在正常引体向上的基础之上,小腿在膝关节处屈,相互交叉,由同伴在身后托住小腿开始做引体向上,在练习困难时同伴可以发力辅助练习者完成引体向上的练习或使用弹力带辅助练习(注意安全),以此练习可将一系列的辅助练习逐步转变为独立完成引体向上练习。直臂悬垂、屈臂悬垂、悬垂摆动、低杠仰卧引体(有一人抬腿)、屈臂引体等亦可辅助练习引体向上。

九、仰卧起坐影响因素和锻炼方法

(一)影响因素

仰卧起坐主要考查学生腰腹部肌肉力量和耐力,影响因素包括腹部脂肪体积、腹部和髋部肌肉力量与耐力、背部软组织伸展性等。

(二)锻炼方法

(1)空中蹬车。身体仰卧在地板上,下背部紧贴地面,双手放在头侧,手臂打开。将腿抬起,缓慢做蹬自行车的动作。呼气,抬上体,用右肘关节触碰左膝,保持2秒钟,然后还原。再用左肘关节触碰右膝,保持2秒钟,然后慢慢回到开始姿势。这个练习主要发展腹直肌下部肌肉,宜8~15次/组。

(2)仰卧起坐。身体仰卧在地板上,两腿并拢固定,两手抱头,随即呼气,收腹使上体向前慢慢坐起,尽力让头部靠拢腿部,稍停2~3秒钟。然后呼气,接着上体慢慢后仰还原。练习时要求动作平稳、缓慢,头前曲,腿伸直,不要让膝、大腿和臀部抬离板面。这个练习主要发展腹直肌上部,宜8~15次/组。

(3)仰卧两头起。身体仰卧在地板上,两臂伸直在头顶上方,两腿并拢,全身伸直。随即吸气,上体和两腿同时迅速往上举起,使两手指和两脚尖接触,也可将两手在膝后击掌,两腿和上体尽量靠拢。然后再呼气,两手和两腿分开还原成全身仰卧姿势。练习时,动作过程应尽量放慢进行,动作还原过程则要用力控制。手脚相触时要稍"定格"。这个练习主要发展腹直肌,宜8~15次/组。

(4)仰卧举腿。身体仰卧在地板上,双手放在头侧,上体固定不动。随即吸气收腹,两腿并拢伸直慢慢向上向后举至靠近胸部为止,稍停2~3秒钟。然后呼气,两腿慢慢向前放下还原,当两腿下落快要接近地面时再重复上举。练习时上体要固定不动,直腿上举时速度较快,放下还原时稍慢,足屈。这个练习主要发展腹直肌下部肌肉,宜8~15次/组。

(5)举腿卷腹。身体仰卧在地板上,下背部紧贴地面。双手放在头侧,手臂打开。双腿抬起与上身呈90°,双腿交叉,膝关节微屈。呼气,收缩腹肌,抬起上身,下背部不能离地,保持2秒钟,然后慢慢回到开始姿势。要注意保持下颌向胸前微收。这个练习主要发展腹直肌下部,宜8~10次/组。

思考题

1. 体质和身体素质是否相同?
2. 体质测试当中有哪些注意事项?
3. 如何提高体质测试各指标成绩?

附录一 《国家学生体质健康标准》(2014年修订)

说 明

1.《国家学生体质健康标准》(以下简称《标准》)是国家学校教育工作的基础性指导文件和教育质量基本标准,是评价学生综合素质、评估学校工作和衡量各地教育发展的重要依据,是《国家体育锻炼标准》在学校的具体实施,适用于全日制普通小学、初中、普通高中、中等职业学校、普通高等学校的学生。

2. 本标准的修订坚持健康第一,落实《国家中长期教育改革和发展规划纲要(2010-2020年)》《国务院办公厅转发教育部等部门关于进一步加强学校体育工作若干意见的通知》(国办发〔2012〕53号)和《教育部关于印发〈学生体质健康监测评价办法〉等三个文件的通知》(教体艺〔2014〕3号)有关要求,着重提高《标准》应用的信度、效度和区分度,着重强化其教育激励、反馈调整和引导锻炼的功能,着重提高其教育监测和绩效评价的支撑能力。

3. 本标准从身体形态、身体机能和身体素质等方面综合评定学生的体质健康水平,是促进学生体质健康发展、激励学生积极进行身体锻炼的教育手段,是国家学生发展核心素养体系和学业质量标准的重要组成部分,是学生体质健康的个体评价标准。

4. 本标准将适用对象划分为以下组别:小学、初中、高中按每个年级为一组,其中小学为6组、初中为3组、高中为3组。大学一、二年级为一组,三、四年级为一组。

5. 小学、初中、高中、大学各组别的测试指标均为必测指标。其中,身体形态类中的身高、体重,身体机能类中的肺活量,以及身体素质类中的50米跑、坐位体前屈为各年级学生共性指标。

6. 本标准的学年总分由标准分与附加分之和构成,满分为120分。标准分由各单项指标得分与权重乘积之和组成,满分为100分。附加分根据实测成绩确定,即对成绩超过100分的加分指标进行加分,满分为20分;小学的加分指标为1分钟跳绳,加分幅度为20分;初中、高中和大学的加分指标为男生引体向上和1000米跑,女生1分钟仰卧起坐和800米跑,各指标加分幅度均为10分。

7. 根据学生学年总分评定等级:90.0分及以上为优秀,80.0~89.9分为良好,60.0~79.9分为及格,59.9分及以下为不及格。

8. 每个学生每学年评定一次,记入《〈国家学生体质健康标准〉登记卡》(附表1~6)。特殊学制的学校,在填写登记卡时可以按规定和需求相应地增减栏目。学生毕业时的成绩和等级,按毕业当年学年总分的50%与其他学年总分平均得分的50%之和进行评定。

9. 学生测试成绩评定达到良好及以上者,方可参加评优与评奖;成绩达到优秀者,方可获体育奖学分。测试成绩评定不及格者,在本学年度准予补测一次,补测仍不及格,则学年成绩评定为不及格。普通高中、中等职业学校和普通高等学校学生毕业时,《标准》测试的成绩达不到50分者按结业或肄业处理。

10. 学生因病或残疾可向学校提交暂缓或免予执行《标准》的申请,经医疗单位证明,体育教学部门核准,可暂缓或免予执行《标准》,并填写《免予执行〈国家学生体质健康标准〉申请表》(附表7),存入学生档案。确实丧失运动能力、被免予执行《标准》的残疾学生,仍可参加评优与评奖,毕业时《标准》成绩需注明免测。

11. 各学校每学年开展覆盖本校各年级学生的《标准》测试工作,《标准》测试数据经当地教育行政部门按要求审核后,通过"中国学生体质健康网"上传至"国家学生体质健康标准数据管理系统"。测试和数据上传时间由教育行政部门确定。

12. 本标准由教育部负责解释。

附录二　大学生体质测试相关附表

一、单项指标与权重

附表1　单项指标与权重

测试对象	单项指标	权重(%)
大学各年级	体重指数(BMI)	15
	肺活量	15
	50米跑	20
	坐位体前屈	10
	立定跳远	10
	引体向上(男)/1分钟仰卧起坐(女)	10
	1000米跑(男)/800米跑(女)	20

注:体重指数(BMI)=体重(千克)/身高^2(米^2)。

二、单项指标评分表

附表2　男生体重指数(BMI)单项评分表(单位:千克/米^2)

等级	单项得分	大学各年级
正常	100	17.9~23.9
低体重	80	≤17.8
超重		24.0~27.9
肥胖	60	≥28.0

附表3　女生体重指数(BMI)单项评分表(单位:千克/米^2)

等级	单项得分	大学各年级
正常	100	17.2~23.9
低体重	80	≤17.1
超重		24.0~27.9
肥胖	60	≥28.0

附表4 男生肺活量单项评分表(单位:毫升)

等级	单项得分	大一、大二	大三、大四
优秀	100	5040	5140
	95	4920	5020
	90	4800	4900
良好	85	4550	4650
	80	4300	4400
及格	78	4180	4280
	76	4060	4160
	74	3940	4040
	72	3820	3920
	70	3700	3800
	68	3580	3680
	66	3460	3560
	64	3340	3440
	62	3220	3320
	60	3100	3200
不及格	50	2940	3030
	40	2780	2860
	30	2620	2690
	20	2460	2520
	10	2300	2350

附表5　女生肺活量单项评分表(单位:毫升)

等级	单项得分	大一、大二	大三、大四
优秀	100	3400	3450
	95	3350	3400
	90	3300	3350
良好	85	3150	3200
	80	3000	3050
及格	78	2900	2950
	76	2800	2850
	74	2700	2750
	72	2600	2650
	70	2500	2550
	68	2400	2450
	66	2300	2350
	64	2200	2250
	62	2100	2150
	60	2000	2050
不及格	50	1960	2010
	40	1920	1970
	30	1880	1930
	20	1840	1890
	10	1800	1850

附表 6　男生 50 米跑单项评分表(单位:秒)

等级	单项得分	大一、大二	大三、大四
优秀	100	6.7	6.6
	95	6.8	6.7
	90	6.9	6.8
良好	85	7	6.9
	80	7.1	7
及格	78	7.3	7.2
	76	7.5	7.4
	74	7.7	7.6
	72	7.9	7.8
	70	8.1	8
	68	8.3	8.2
	66	8.5	8.4
	64	8.7	8.6
	62	8.9	8.8
	60	9.1	9
不及格	50	9.3	9.2
	40	9.5	9.4
	30	9.7	9.6
	20	9.9	9.8
	10	10.1	10

附表7　女生50米跑单项评分表(单位:秒)

等级	单项得分	大一、大二	大三、大四
优秀	100	7.5	7.4
	95	7.6	7.5
	90	7.7	7.6
良好	85	8	7.9
	80	8.3	8.2
及格	78	8.5	8.4
	76	8.7	8.6
	74	8.9	8.8
	72	9.1	9
	70	9.3	9.2
	68	9.5	9.4
	66	9.7	9.6
	64	9.9	9.8
	62	10.1	10
	60	10.3	10.2
不及格	50	10.5	10.4
	40	10.7	10.6
	30	10.9	10.8
	20	11.1	11
	10	11.3	11.2

附表 8　男生坐位体前屈单项评分表(单位:厘米)

等级	单项得分	大一、大二	大三、大四
优秀	100	24.9	25.1
	95	23.1	23.3
	90	21.3	21.5
良好	85	19.5	19.9
	80	17.7	18.2
及格	78	16.3	16.8
	76	14.9	15.4
	74	13.5	14
	72	12.1	12.6
	70	10.7	11.2
	68	9.3	9.8
	66	7.9	8.4
	64	6.5	7
	62	5.1	5.6
	60	3.7	4.2
不及格	50	2.7	3.2
	40	1.7	2.2
	30	0.7	1.2
	20	-0.3	0.2
	10	-1.3	-0.8

附表9　女生坐位体前屈单项评分表(单位:厘米)

等级	单项得分	大一、大二	大三、大四
优秀	100	25.8	26.3
	95	24.0	24.4
	90	22.2	22.4
良好	85	20.6	21.0
	80	19.0	19.5
及格	78	17.7	18.2
	76	16.4	16.9
	74	15.1	15.6
	72	13.8	14.3
	70	12.5	13.0
	68	11.2	11.7
	66	9.9	10.4
	64	8.6	9.1
	62	7.3	7.8
	60	6.0	6.5
不及格	50	5.2	5.7
	40	4.4	4.9
	30	3.6	4.1
	20	2.8	3.3
	10	2.0	2.5

附表 10　男生立定跳远单项评分表(单位:厘米)

等级	单项得分	大一、大二	大三、大四
优秀	100	273	275
	95	268	270
	90	263	265
良好	85	256	258
	80	248	250
及格	78	244	246
	76	240	242
	74	236	238
	72	232	234
	70	228	230
	68	224	226
	66	220	222
	64	216	218
	62	212	214
	60	208	210
不及格	50	203	205
	40	198	200
	30	193	195
	20	188	190
	10	183	185

附表 11　女生立定跳远单项评分表（单位：厘米）

等级	单项得分	大一、大二	大三、大四
优秀	100	207	208
	95	201	202
	90	195	196
良好	85	188	189
	80	181	182
及格	78	178	179
	76	175	176
	74	172	173
	72	169	170
	70	166	167
	68	163	164
	66	160	161
	64	157	158
	62	154	155
	60	151	152
不及格	50	146	147
	40	141	142
	30	136	137
	20	131	132
	10	126	127

附表 12　男生 1 分钟仰卧起坐、引体向上单项评分表(单位:次)

等级	单项得分	大一、大二	大三、大四
优秀	100	19	20
	95	18	19
	90	17	18
良好	85	16	17
	80	15	16
及格	78		
	76	14	15
	74		
	72	13	14
	70		
	68	12	13
	66		
	64	11	12
	62		
	60	10	11
不及格	50	9	10
	40	8	9
	30	7	8
	20	6	7
	10	5	6

附表13　女生1分钟仰卧起坐单项评分表(单位:次)

等级	单项得分	大一、大二	大三、大四
优秀	100	56	57
	95	54	55
	90	52	53
良好	85	49	50
	80	46	47
及格	78	44	45
	76	42	43
	74	40	41
	72	38	39
	70	36	37
	68	34	35
	66	32	33
	64	30	31
	62	28	29
	60	26	27
不及格	50	24	25
	40	22	23
	30	20	21
	20	18	19
	10	16	17

附表 14　男生 1000 米跑单项评分表(单位:分·秒)

等级	单项得分	大一、大二	大三、大四
优秀	100	3′17″	3′15″
	95	3′22″	3′20″
	90	3′27″	3′25″
良好	85	3′34″	3′32″
	80	3′42″	3′40″
及格	78	3′47″	3′45″
	76	3′52″	3′50″
	74	3′57″	3′55″
	72	4′02″	4′00″
	70	4′07″	4′05″
	68	4′12″	4′10″
	66	4′17″	4′15″
	64	4′22″	4′20″
	62	4′27″	4′25″
	60	4′32″	4′30″
不及格	50	4′52″	4′50″
	40	5′12″	5′10″
	30	5′32″	5′30″
	20	5′52″	5′50″
	10	6′12″	6′10″

附表15　女生800米跑单项评分表(单位:分·秒)

等级	单项得分	大一、大二	大三、大四
优秀	100	3′18″	3′16″
	95	3′24″	3′22″
	90	3′30″	3′28″
良好	85	3′37″	3′35″
	80	3′44″	3′42″
及格	78	3′49″	3′47″
	76	3′54″	3′52″
	74	3′59″	3′57″
	72	4′04″	4′02″
	70	4′09″	4′07″
	68	4′14″	4′12″
	66	4′19″	4′17″
	64	4′24″	4′22″
	62	4′29″	4′27″
	60	4′34″	4′32″
不及格	50	4′44″	4′42″
	40	4′54″	4′52″
	30	5′04″	5′02″
	20	5′14″	5′12″
	10	5′24″	5′22″

三、加分指标评分表

附表16　男生引体向上评分表(单位:次)

加分	大一、大二	大三、大四
10	10	10
9	9	9
8	8	8
7	7	7
6	6	6
5	5	5
4	4	4
3	3	3
2	2	2
1	1	1

附表 17　女生 1 分钟仰卧起坐评分表(单位:次)

加分	大一、大二	大三、大四
10	13	13
9	12	12
8	11	11
7	10	10
6	9	9
5	8	8
4	7	7
3	6	6
2	4	4
1	2	2

注:引体向上、1 分钟仰卧起坐均为高优指标,学生成绩超过单项评分 100 分后,以超过的次数所对应的分数进行加分。

附表 18　男生 1000 米跑评分表(单位:分·秒)

加分	大一、大二	大三、大四
10	-35″	-35″
9	-32″	-32″
8	-29″	-29″
7	-26″	-26″
6	-23″	-23″
5	-20″	-20″
4	-16″	-16″
3	-12″	-12″
2	-8″	-8″
1	-4″	-4″

附表 19　女生 800 米跑评分表(单位:分·秒)

加分	大一、大二	大三、大四
10	-50″	-50″
9	-45″	-45″
8	-40″	-40″
7	-35″	-35″
6	-30″	-30″
5	-25″	-25″
4	-20″	-20″
3	-15″	-15″
2	-10″	-10″
1	-5″	-5″

注:1000 米跑、800 米跑均为低优指标,学生成绩低于单项评分 100 分后,以减少的秒数所对应的分数进行加分。

《国家学生体质健康标准》登记卡(大学样表)

学　校__________

姓　名		性　别		学　号	
院(系)		民　族		出生日期	

单项指标	大一			大二			大三			大四			毕业成绩	
	成绩	得分	等级	成绩	得分	等级	成绩	得分	等级	成绩	得分	等级	得分	等级
体重指数(BMI)(千克/米²)														
肺活量(毫升)														
50米跑(秒)														
坐位体前屈(厘米)														
立定跳远(厘米)														
引体向上(男)/1分钟仰卧起坐(女)(次)														
1000米跑(男)/800米跑(女)(分·秒)														
标准分														
加分指标	成绩	附加分		成绩	附加分		成绩	附加分		成绩	附加分			
引体向上(男)/1分钟仰卧起坐(女)(次)														
1000米跑(男)/800米跑(女)(分·秒)														
学年总分														
等级评定														
体育教师签字														
辅导员签字														

注：高等职业学校、高等专科学校参照本样表执行。

学校签章：　　　　　　　　年　　月　　日

注：以上表格参考《国家学生体质健康标准》(2014年修订)

参考文献

[1]方新普主编.大学体育教程[M].北京:高等教育出版社,2008.

[2]刘建国等主编.田径[M].北京:高等教育出版社,2014.

[3]高峰.田径运动技术研究及实践项目分析[M].北京:中国纺织出版社,2018.

[4]孙民治主编.现代篮球高级教程[M].北京:人民体育出版社,2004.

[5]刘玉林.现代篮球运动研究[M].北京:人民体育出版社,2006.

[6]董青,王洋.大学体育理论与实践教程(第3版)[M].北京:对外经济贸易大学出版社,2017.

[7]曲晓光主编.现代足球训练理念诠释与应用[M].广州:华南理工大学出版社,2009.

[8]王正伦主编.凌空霹雳——排球[M].南京:江苏科学技术出版社,2006.

[9]毛振明主编.现代大学体育[M].北京:教育科学出版社,2015.

[10]李乃琼主编.新编大学体育与健康教程[M].上海:上海交通大学出版社,2018.

[11]任晋军等主编.当代大学体育教程[M].北京:北京体育大学出版社,2014.

[12]范春主编.公共卫生学[M].厦门:厦门大学出版社,2009.

[13]陈恳,何秋华主编.羽毛球运动[M].北京:高等教育出版社,2005.

[14]陶志翔主编.网球运动教程[M].北京:高等教育出版社,2003.

[15]张启迪编著.网球双打技巧[M].北京:人民体育出版社,2004.

[16]林小美主编.大学武术[M].杭州:浙江大学出版社,2008.

[17]文雄,裘进主编.大学体育[M].重庆:重庆大学出版社,2015.

[18]周争蔚主编.散打教学与训练[M].北京:人民体育出版社,2010.

[19]王智慧编著.散打技术与实战训练[M].北京:人民体育出版社,2012.

[20]孙永武,丁兰英,徐诚堂编著.散打[M].福州:福建科学技术出版社,2013.

[21][日]金沢弘和著,黄凌海,刘高鹏编译.空手道六周通[M].北京:人民体育出版社,1993.

[22]沈萌芽,张会景,赵丹彤主编.空手道基础教程[M].北京:北京体育大学出版社,2017.

[23]朱瑞琪编著.武术散打技术理论与裁判[M].北京:人民体育出版社,2015.

[24]毛振明主编.体育教学论[M].北京:高等教育出版社,2005.

[25]张瑞林总主编.跆拳道(第二版)[M].北京:高等教育出版社,2011.

[26]曾于久.竞技跆拳道训练[M].北京:人民体育出版社,2014.

[27]亓昕编著.瑜伽教程[M].北京:北京大学出版社,2013.

[28][美]克丽丝滕·布特拉,斯塔凡·埃尔格雷德著,赵丹彤译.功能性瑜伽:提升运动能力及预防损伤的解决方案[M].北京:人民邮电出版社,2019.

[29]陈玉娟,李立,杨惠玲主编.功能性瑜伽[M].成都:电子科技大学出版社,2018.

[30]马鸿韬.现代健美操训练方法[M].北京:北京体育大学出版社.2005.

[31]姜桂萍主编.体育舞蹈(第二版)[M].北京:高等教育出版社,2017.

[32]钱永健.拓展训练[M].北京:企业管理出版社,2006.

[33]谢恩杰,李萍美,程丽珍主编.学校拓展训练[M].北京:中国科学技术出版社,2007.

[34]常桦主编.自助拓展训练组织与实施手册[M].北京:中国工人出版社,2008.

[35]《健身健美运动教程》编写组编.健身健美运动教程[M].北京:北京体育大学出版社,2016.

[36]赛庆彬编著.定向运动初级教程[M].青岛:中国海洋大学出版社,2012.

[37]高等学校新世纪体育教材编写委员会组编.新世纪体育——定向越野[M].北京:高等教育出版社,2006.

[38]冯双白,茅慧主编.中国舞蹈史及作品鉴赏[M].北京:高等教育出版社,2010.

[39]潘志涛主编.中国民间舞教材与教法[M].上海:上海音乐出版社,2001.

[40]杨武代,杜静歌主编.幼儿园教师舞蹈技能[M].天津:南开大学出版社,2019.

[41]欧建平.外国舞蹈史及作品鉴赏[M].北京:高等教育出版社,2010.

[42]吕艺生.舞蹈教育学[M].上海:上海音乐出版社,2000.